GESTÃO LOGÍSTICA DA CADEIA DE SUPRIMENTOS

EDITORA AFILIADA

G393   Gestão logística da cadeia de suprimentos / Donald J. Bowersox ... [et al.] ; revisão técnica: Alexandre Pignanelli ; tradução: Luiz Claudio de Queiroz Faria. – 4. ed. – Porto Alegre : AMGH, 2014.
xvi, 455 p. : il. ; 28 cm

ISBN 978-85-8055-317-8

1. Logística Empresarial. 2. Administração – Material – Logística. I. Bowersox, Donald J.

CDU 658.7

Catalogação na publicação: Ana Paula M. Magnus – CRB-10/2052

DONALD J. BOWERSOX
DAVID J. CLOSS
M. BIXBY COOPER
JOHN C. BOWERSOX
MICHIGAN STATE UNIVERSITY

QUARTA EDIÇÃO

GESTÃO LOGÍSTICA DA CADEIA DE SUPRIMENTOS

Tradução
Luiz Claudio de Queiroz Faria

Revisão técnica
Alexandre Pignanelli
Doutor em Administração de Empresas pela FGV- EAESP
Professor do Departamento de Administração da Produção e de Operações da FGV-EAESP
Pesquisador do Centro de Excelência em Logística e Supply Chain (GVcelog) da FGV-EAESP

AMGH Editora Ltda.
2014

Obra originalmente publicada sob o título
Supply Chain Logistics Management, 4th Edition
ISBN 0078024056 / 9780078024054

Original edition copyright (c) 2013, The McGraw-Hill Global Education Holdings, LLC., New York, NY 10020. All rights reserved.

Tradução da 3ª edição: *Cláudia Mello Belhassof*

Gerente editorial: *Arysinha Jacques Affonso*

Colaboraram nesta edição:
Editora: *Viviane R. Nepomuceno*
Capa: *Maurício Pamplona* (arte sobre capa original)
Leitura final: *Carolina Hidalgo*
Editoração: *Crayon Editorial*

Reservados todos os direitos de publicação, em língua portuguesa, à
AMGH Editora Ltda., uma parceria entre GRUPO A EDUCAÇÃO S. A. e McGRAW-HILL EDUCATION.
Av. Jerônimo de Ornelas, 670
90040 340 – Porto Alegre – RS
Fone: (51) 3027 7000 Fax: (51) 3027 7070

É proibida a duplicação ou reprodução deste volume, no todo ou em parte, sob quaisquer formas ou por quaisquer meios (eletrônico, mecânico, gravação, fotocópia, distribuição na Web e outros), sem permissão expressa da Editora.

Unidade São Paulo
Av. Embaixador Macedo Soares, 10.735 – Pavilhão 5 – Cond. Espace Center
Vila Anastácio – 05095-035 – São Paulo – SP
Fone: (11) 3665-1100 Fax: (11) 3667-1333

SAC 0800 703-3444 – www.grupoa.com.br

IMPRESSO NO BRASIL
PRINTED IN BRAZIL

Este livro é dedicado à memória do
PROF. DONALD J. BOWERSOX, visionário, mentor e amigo.
Infelizmente e de maneira inesperada, Don faleceu
assim que esta edição revisada foi concluída. O legado
das muitas contribuições de Don para as disciplinas de
logística e gestão da cadeia de suprimentos continuará
vivo com sua família, alunos e colegas.

Os autores também gostariam de reconhecer suas
famílias por seu incentivo e paciência,
já que no fim das contas, são elas que
pagam o maior preço.

Os autores

DONALD J. BOWERSOX (falecido) foi professor universitário e reitor emérito da Michigan State University. Ele recebeu o PhD na Michigan State e trabalhou no setor ao longo de sua carreira. Foi autor de diversos artigos em publicações como *Harvard Business Review*, *Journal of Marketing*, *Journal of Business Logistics* e *Supply Chain Management Review*. Ele foi coautor de *Start Pulling Your Chain: Leading Responsive Supply Chain Transformation*, publicado em 2008. Bowersox conduziu diversas pesquisas, apoiadas pelo setor, para investigar as melhores práticas dos especialistas em logística na América do Norte e em todo o mundo. Foi palestrante frequente em reuniões acadêmicas e do setor.

DAVID J. CLOSS é professor de administração de empresas da cátedra John H. McConnell e presidente do Departamento de Gestão da Cadeia de Suprimentos na Michigan State University. Recebeu seu PhD em marketing e logística na Michigan State. Closs é autor e coautor de muitas publicações em periódicos, anais e relatórios do setor. Também foi um dos principais pesquisadores dos livros *World Class Logistics: The Challenge of Managing Continuous Change* e *21st Century Logistics: Making Supply Chain Integration a Reality*. Closs é palestrante frequente em reuniões acadêmicas e do setor e apresentador em programas educacionais para executivos. Foi editor do *Journal of Business Logistics* e atualmente é editor-executivo da *Logistics Quarterly*.

M. BIXBY COOPER é professor adjunto do Departamento de Gestão da Cadeia de Suprimentos na Michigan State University. É coautor de três livros sobre distribuição e logística, incluindo *World Class Logistics: The Challenge of Managing Continuous Change* e *Strategic Marketing Channel Management*. Ele também atuou por quatro anos no Conselho Executivo da International Customer Service Association, como chefe da Comissão de Pesquisas e Educação.

JOHN C. BOWERSOX é gestor de Atendimento ao Cliente da Kohler Co. É formado pela Michigan State University. Durante a sua gestão na Kohler, ocupou posições no atendimento ao cliente, compras estratégicas e logística na divisão Kitchen and Bath da empresa para o mercado americano. Suas responsabilidades atuais incluem a gestão estratégica e operacional da organização de atendimento ao cliente B2B da Kohler. Bowersox, junto com seu irmão Ed e o falecido pai Donald, receberam o prêmio DSC Movers and Thinkers em Gestão da Cadeia de Suprimentos. Ele é um membro ativo do Council of Supply Chain Management e do CSCMP Young Professionals Committee. Seguidor atento da pesquisa acadêmica e industrial, John é um colaborador frequente nas conferências do setor.

Prefácio

Nas últimas oito décadas, a disciplina de logística empresarial avançou do depósito e da doca de transportes para a sala do conselho de empresas líderes mundiais. Tivemos a oportunidade de participar ativamente dessa evolução por meio de pesquisas, educação e consultoria. *Gestão logística da cadeia de suprimentos* aborda o desenvolvimento e os princípios básicos da disciplina da logística dentro de uma estrutura de cadeia de suprimentos. Apresenta também nossa visão do futuro da logística empresarial e da gestão da cadeia de suprimentos, e seu papel na competitividade empresarial.

Embora os três autores tenham escrito muito, individual e coletivamente, sobre diversos aspectos da logística, a decisão de, inicialmente, escrever e, depois, rever este livro representa a síntese de muitos anos de pesquisa, ampliando e, em muitos aspectos, superando trabalhos anteriores dos autores publicados pela McGraw-Hill. A união das ideias apresentadas aqui oferece uma estrutura da cadeia de suprimentos integrada para o estudo da logística, serve para ampliar o tratamento da gestão da cadeia de suprimentos ao colocá-la de modo firme no contexto da estratégia empresarial integrada, e destaca a crescente importância da logística nas cadeias de suprimentos que apoiam uma economia global.

A logística inclui todas as atividades necessárias para movimentar produtos e informações de, para e entre membros de uma cadeia de suprimentos. A cadeia de suprimentos oferece a estrutura para que empresas e fornecedores, em conjunto, desenvolvam produtos, serviços e informações de modo eficiente, eficaz, relevante e sustentável para os clientes. Assim, *Gestão logística da cadeia de suprimentos* apresenta a missão, os processos empresariais e as estratégias necessárias para efetuar uma gestão logística integrada. Esperamos que o livro atinja três objetivos fundamentais: (1) apresentar uma descrição abrangente das práticas logísticas existentes em uma economia global; (2) descrever modos e meios de se aplicarem os princípios logísticos para obter vantagens competitivas; e (3) oferecer uma abordagem conceitual da logística integrada como competência essencial dentro da estratégia empresarial da cadeia de suprimentos.

Por suas sugestões específicas em relação ao manuscrito, agradecemos a Eduardo Davila – Arizona State University/Tempe; Richard Hoffman – Pennsylvania State University; Jeff Miller – University of Maryland/College Park; Anthonyy S. Roath – University of Oklahoma; Dmitriy Shaltayev – Christopher Newport University; Marjorie Smith – Mountain State University; Alvin J. Williams – University of South Alabama e Zachary Williams – Central Michigan University; todos eles forneceram análises detalhadas e ofereceram muitas sugestões para melhorar a apresentação.

Como membros ativos do *Council of Supply Chain Management Professionals* (Conselho de Profissionais de Gestão da Cadeia de Suprimentos), recebemos com prazer as contribuições de muitos membros do conselho para o desenvolvimento deste original. Em especial, queremos agradecer a ajuda de Rick Blasgen, presidente e CEO do Conselho de Profissionais de Gestão da Cadeia de Suprimentos, e dos funcionários do CSCMP que mantêm a porta aberta para a comunidade acadêmica.

Nos últimos 45 anos, os executivos empresariais que participaram do *Logistics Management Executive Development Seminar* (Seminário Anual de Desenvolvimento de Executivos para Gestão Logística) da Michigan State University foram apresentados aos conceitos básicos expostos neste livro e ofereceram seu tempo e sua experiência gratuitamente. Agradecemos também o apoio duradouro à logística na Michigan State, por meio do financiamento de cátedras oferecido pelo falecido John H. McConnell, fundador da Worthington Industries.

O número de indivíduos envolvidos no ensino de logística no mundo todo aumenta diariamente. A esse grupo em geral, e em especial aos nossos colegas na Michigan State University, cuja consultoria e ajuda possibilitaram-nos realizar e melhorar este livro, expressamos nossos sinceros agradecimentos.

Os professores recebem constante inspiração dos alunos ao longo dos anos, e de certa forma, o dia do julgamento final para uma carreira acadêmica acontece no seminário ou em aula. Somos afortunados por receber os conselhos de muitos estudantes notáveis que atualmente exercem impacto substancial nos mundos acadêmico e empresarial. Em especial, agradecemos a ajuda de alunos que leram este livro antes da publicação e fizeram sugestões de melhoria. Agradecemos também as contribuições de estudantes de doutorado, atuais e do passado, especialmente aos drs. Judith Whipple e Thomas Goldsby, que participaram muito do desenvolvimento de casos e do apoio editorial.

Queremos agradecer as contribuições de Felicia Kramer e Pamela Kingsbury, pela preparação de originais de diversas versões iniciais deste livro, e Cheryl Lundeen, que preparou muitos rascunhos dos originais. Sem Felicia, Pam e Cheryl, este livro publicado em suas muitas variações não seria uma realidade.

Com tanta ajuda competente, é difícil apresentar desculpas para quaisquer erros que possam aparecer. As falhas são exclusivamente de nossa responsabilidade.

DONALD J. BOWERSOX
DAVID J. CLOSS
M. BIXBY COOPER
JOHN C. BOWERSOX

Sumário

PARTE 1
Gestão logística da cadeia de suprimentos

CAPÍTULO 1
Cadeias de suprimentos no século XXI ... 2
A revolução da cadeia de suprimentos 4
Integração gera valor 6
Modelo geral de cadeia de suprimentos 6
Funcionalidade do sistema de
informação 8
Módulos de sistemas de informação
da cadeia de suprimentos.......................... 11
    Integração e administração 12
    Operações da cadeia de suprimentos ... 13
    Planejamento e monitoramento 14
    Tecnologia de Comunicação 15
    Conectividade do Consumidor............. 15
Gestão integrada e processos
da cadeia de suprimentos.......................... 16
    Colaboração... 17
    Extensão empresarial........................... 18
    Prestadores de serviço integrados 19
Capacidade de resposta 21
    Modelo de negócio de base antecipatória
    (empurrado) 21
    Modelo de negócio baseado na resposta
    (puxado).. 21
    Postponement (postergação) 23
    Barreiras à implementação de sistemas
    baseados na resposta (puxados) 25
Sofisticação financeira 25
    Conversão de caixa.............................. 26
    Minimização do tempo de
    permanência 27
    Liberação de caixa............................... 27
Globalização 28
Resumo 29
Questões para revisão 30
Desafios... 30

CAPÍTULO 2
Logística..31
A logística empresarial é grande
e importante.. 32
A proposição de valor logístico 33
    Benefícios dos serviços......................... 33
    Minimização de custos......................... 35
    Geração de valor logístico 35
O funcionamento da logística.................... 36
    Processamento de pedidos 36
    Estoques 37
    Transportes 39
    Armazenamento, manuseio de
    materiais e embalagem 39
    Projeto da rede de instalações............... 40
Operações logísticas.................................. 41
    Fluxo do estoque 41
    Fluxo de informações........................... 43
Objetivos da integração logística 44
    Capacidade de resposta 44
    Redução da variação 44
    Redução de estoques............................ 45
    Consolidação de cargas 45
    Qualidade 45
    Suporte ao ciclo de vida 45
Arranjos operacionais logísticos................. 46
    Escalonado.. 46
    Direto 47
    Combinado 47
Estrutura flexível....................................... 49
Sincronização da cadeia de suprimentos... 51
    Estrutura do ciclo de atividades 52
    Incerteza do ciclo de atividades............ 54
Resumo 56
Questões para revisão 57
Desafios... 57

CAPÍTULO 3
Gestão do relacionamento com os clientes 58
Marketing orientado para o cliente 59
    Marketing transacional versus marketing de relacionamento 60
    Resultados dos serviços da cadeia de suprimentos 61
Serviço ao cliente 63
    Disponibilidade 64
    Desempenho operacional 65
    Confiabilidade do serviço 67
    O pedido perfeito 67
    Plataformas de serviços básicos 68
Satisfação do cliente 69
    Expectativas do cliente 70
    Um modelo de satisfação do cliente 71
    Expectativas crescentes do cliente 73
    Restrições da satisfação do cliente 74
Sucesso do cliente 75
    Como conquistar o sucesso do cliente .. 76
    Serviços com valor agregado 76
Como desenvolver uma estratégia de relacionamento com o cliente 78
    Estrutura para uma escolha estratégica 79
    Gestão do relacionamento com os clientes 80
Resumo 82
Questões para revisão 83
Desafios 83

CAPÍTULO 4
Suprimentos 85
Objetivos de compras 86
    Fornecimento contínuo 86
    Minimização do investimento em estoques 86
    Melhoria da qualidade 86
    Desenvolvimento de fornecedores 87
    Acesso a Tecnologias e Inovações 87
    Menor custo total de propriedade 87
Estratégias de Compras 89
    Comprar ou fazer 89
    Estratégias Alternativas 90
    Portfólio de estratégias de compra 94
Seleção e Avaliação de Fornecedores 96
    Auditorias de Fornecedores 96
    Desenvolvimento de Fornecedores 96
    Monitoramento do Desempenho 97
    Certificação de Fornecedores 98
    Comércio eletrônico e compras 98
Interfaces da logística com suprimentos 99
    Just-in-time 100
    Aquisição de Serviços de Logística 100
    Logística Baseada no Desempenho 101
Resumo 102
Questões para Revisão 102
Desafios 102

CAPÍTULO 5
Manufatura 103
O imperativo da qualidade 104
    Dimensões da qualidade do produto .. 104
    Gestão da qualidade total 106
    Padrões de qualidade 107
Perspectivas da manufatura 107
    Força da marca 108
    Volume 108
    Variedade 109
    Restrições 109
    Prazo de entrega 110
Estratégias de manufatura 111
    Processos Básicos de Manufatura 111
    Combinando a estratégia de produção com as necessidades do mercado 113
    Estratégias Alternativas de Produção . 113
    Custo total de produção 116
Desenvolvimentos Contemporâneos da Manufatura 117
    Customização em Massa 117
    Sistemas enxutos 118
    Produção Flexível 119
    Seis sigma 120
    Planejamento das necessidades 121
    Projeto para Manufatura 121
    Projeto para logística 122
Resumo 123
Questões para revisão 123
Desafios 124

CAPÍTULO 6
Planejamento de operações integradas 125
Planejamento da cadeia de suprimentos.. 126
    Visibilidade na cadeia de suprimentos............ 126
    Consideração simultânea de recursos. 126
    Utilização de recursos............ 127
Aplicações do planejamento da cadeia de suprimentos............ 127
    Planejamento da demanda............ 127
    Planejamento da produção............ 128
    Planejamento logístico............ 128
    Desdobramento do Estoque............ 129
Planejamento de Vendas e Operações..... 130
    O Processo de S&OP............ 131
    Como fazer o S&OP funcionar............ 133
Visão geral do Sistema APS............ 135
    Componentes do Sistema APS............ 136
    Benefícios do planejamento da cadeia de suprimentos............ 139
    Considerações sobre o planejamento de cadeia de suprimentos............ 140
    Planejamento Empresarial Integrado............ 141
    Resumo do planejamento da cadeia de suprimentos............ 142
Planejamento, previsão e reabastecimento colaborativos............ 142
Previsão de demanda............ 144
    Requisitos da previsão............ 145
    Componentes da previsão............ 146
    Processo de previsão............ 148
    Técnicas de previsão............ 150
    Acurácia das previsões............ 155
Resumo............ 156
Questões para revisão............ 157
Desafios............ 157

PARTE 2
Operações logísticas da cadeia de suprimentos

CAPÍTULO 7
Estoques 160
Funcionalidade e definições de estoque... 161
    Funcionalidade do estoque............ 162
    Definições de estoque............ 163
Custo de manutenção de estoques............ 167
    Capital............ 167
    Impostos............ 168
    Seguros............ 168
    Obsolescência............ 168
    Armazenamento............ 168
Planejamento de estoque............ 169
    Quando pedir............ 169
    Quanto pedir............ 170
Administrando a incerteza............ 174
    Incerteza da demanda............ 174
    Incerteza do ciclo de atividades............ 178
    Estoque de segurança com incerteza combinada............ 179
    Estimativa da taxa de atendimento 182
    Reabastecimento em situações de demanda dependente............ 184
Políticas de gerenciamento de estoque..... 184
    Controle de estoque............ 185
    Métodos reativos............ 187
    Métodos de planejamento............ 189
    Reabastecimento colaborativo de estoque............ 193
Práticas de gerenciamento de estoque..... 195
    Classificação de produto/mercado..... 195
    Definição da estratégia para cada segmento............ 196
    Políticas e parâmetros............ 197
Resumo............ 197
Questões para revisão............ 198
Desafios............ 199

CAPÍTULO 8
Transportes 200
Funcionalidade e participantes............ 201
    Funcionalidade............ 201
    Participantes............ 202
Estrutura de transportes............ 203
    Ferroviário............ 205
    Rodoviário............ 206
    Hidroviário............ 208

Dutoviário 209
Aéreo 210
Classificação dos modais 211
Serviços especializados de transporte 212
Serviços de encomendas 212
Transporte intermodal 213
Intermediários não operacionais 214
Economia no setor de transportes 215
Economia da distância 215
Economia do peso 215
Economia da densidade 216
Outros fatores 216
Custos de transporte 217
Administração de transportes 218
Gerência Operacional 218
Consolidação 220
Negociação 222
Controle 222
Auditoria e gestão de reclamações 222
Preços 223
Preço FOB 224
Preço CIF 224
Descontos para coleta 225
Resumo 225
Questões para revisão 226
Desafios 226

CAPÍTULO 9
Armazenamento 227
Armazenamento estratégico 227
Benefícios econômicos 229
Benefícios dos serviços 234
Operações de depósitos 235
Manuseio 235
Armazenamento 237
Classificação de propriedade dos
depósitos 239
Próprios 239
Independentes 240
Terceirizados 241

Distribuição em rede 242
Decisões relacionadas ao depósito 242
Escolha do local 242
Projeto 243
Análise do *mix* de produtos 244
Expansão 244
Manuseio de materiais 244
Layout 244
Dimensionamento 246
Sistemas de gerenciamento
de depósitos 246
Sistema de Gerenciamento de Pátios .. 249
Acurácia e auditorias 249
Segurança 249
Prevenção de acidentes
e manutenção 251
Resumo 251
Questões para revisão 252
Desafios 252

CAPÍTULO 10
Embalagem e manuseio de materiais . 254
Perspectivas sobre as embalagens 254
Embalagem para manuseio eficiente
de materiais 257
Design de embalagens 257
Unitização 258
Comunicação 261
Manuseio de materiais 261
Considerações básicas sobre
o manuseio 261
Sistemas mecanizados 262
Sistemas semiautomatizados 264
Sistemas automatizados 266
Sistemas orientados pela informação . 270
Considerações especiais sobre
o manuseio 271
Resumo 273
Questões para revisão 273
Desafios 274

PARTE 3
Projeto logístico da cadeia de suprimentos

CAPÍTULO 11
Cadeias de suprimentos globais 276
Economias globais.................................... 276
Integração da cadeia de suprimentos
global.. 277
    Logística em uma economia global.... 278
    Estratégias de Globalização................ 279
    Gerenciando a cadeia de
    suprimentos global.............................. 282
Suprimentos globais................................. 286
    Fundamentação lógica para o suprimento
    a partir de países de baixo custo 287
    Desafios para o suprimento a partir
    de países de baixo custo 287
    Orientações para o suprimento 288
Resumo 289
Questões para revisão 290
Desafios... 290

CAPÍTULO 12
Projeto da rede 291
Rede de instalações da empresa............... 292
    Espectro das decisões de localização .. 293
    Presença local: um paradigma
    obsoleto 293
Requisitos para depósito 294
    Aspectos de suprimentos..................... 294
    Aspectos de produção 295
    Aspectos do relacionamento com
    o cliente.. 296
    Justificativas do armazenamento........ 297
Conceito e análise de sistemas 297
Integração do custo total.......................... 298
    Economia dos transportes................... 298
    Economia do estoque.......................... 301
    Rede de custo total.............................. 306

Formulando a estratégia logística 307
    Minimização de custos........................ 307
    Serviço limite.. 308
    Análise de sensibilidade do serviço..... 309
    Finalizando a estratégia 312
Outras Considerações no Projeto
da Rede Logística..................................... 313
Resumo 314
Questões para revisão 315
Desafios... 316

CAPÍTULO 13
Planejamento logístico 317
Metodologia de planejamento 317
Fase I: Definição do problema e
planejamento.. 318
    Análise de viabilidade 318
    Planejamento do projeto..................... 324
Fase II: Coleta e análise de dados............ 327
    Pressupostos e coleta de dados............ 327
    Análise.. 330
Fase III: Recomendações e
implementação... 331
    Recomendações.................................. 331
    Implementação.................................... 332
Métodos e técnicas de análise da
operação da cadeia de suprimentos......... 333
    Decisões de projeto 333
    Lógica do projeto 334
    Decisões de estoque 340
    Decisões de transporte 342
    Análise de linhas de carga 345
    Análise de estoque.............................. 345
Resumo 347
Questões para revisão 347
Desafios... 348

PARTE 4
Administração

CAPÍTULO 14
Colaboração **350**
Organização logística 350
    Agregação funcional 351
    Mudança de ênfase na função para ênfase no processo 353
Desenvolvimento de relações colaborativas 357
    Relações Colaborativas e de Dependência 358
    Desenvolvendo a confiança 359
    Risco, poder e liderança 361
    Estrutura Colaborativa da Cadeia de Suprimentos 363
Gestão de Relacionamentos 367
    Iniciando relacionamentos 367
    Implementando relacionamentos 368
    Mantendo relacionamentos 368
    Terminando Relacionamentos 370
Resumo 370
Questões para revisão 371
Desafios 372

CAPÍTULO 15
Medição do desempenho **373**
Objetivos do sistema de medição 373
Avaliação operacional 374
    Perspectivas funcionais 375
    Medindo o relacionamento com o cliente 380
    Como determinar métricas apropriadas 381
    Medidas abrangentes da cadeia de suprimentos 383

Benchmarking 385
Tecnologia da Informação e Medição 386
Avaliação financeira 387
    Análise de custos e receitas 388
    Modelo estratégico de rentabilidade ... 392
    Requisitos para relatórios financeiros 396
Resumo 398
Questões para revisão 398
Desafios 399

CAPÍTULO 16
Riscos e sustentabilidade **400**
Evolução das Responsabilidades dos Profissionais da Cadeia de Suprimentos 400
Processos e Recursos 402
    Complexidade do produto 402
    Terceirização 404
Gestão de riscos e segurança 405
    Regulamentação 405
    Financeira e tributária 406
    Segurança 407
Sustentabilidade 412
    Ambiental 412
    Ética 414
    Educacional 415
    Econômica 416
    Exemplos de Sustentabilidade na Cadeia de Suprimentos 417
Resumo 424
Questões para revisão 426
Desafios 426

Epílogo **427**
Problemas **429**
Índices **441**

PARTE 1

Gestão logística da cadeia de suprimentos

A Parte 1 determina a importância estratégica da logística para alcançar o sucesso empresarial ao criar valor ao longo das cadeias de suprimentos domésticas e globais. O capítulo inicial aborda a atenção que as empresas dedicam atualmente à gestão da cadeia de suprimentos, que fornece a estrutura dentro da qual as estratégias logísticas são desenvolvidas e executadas. A logística, principal tópico deste livro, é apresentada no Capítulo 2. O conceito de logística integrada é desenvolvido por meio da discussão sobre o modo como tarefas específicas se conjugam para apoiar o atendimento ao cliente, a manufatura e o suprimento. O Capítulo 3 descreve a importância da gestão do relacionamento com os clientes para a logística bem-sucedida. O valor criado pela logística pode servir como um poderoso impulso para o sucesso do cliente. O Capítulo 4 apresenta os conceitos de suprimento e manufatura. O Capítulo 5 apresenta uma visão geral da manufatura no século XXI. A combinação entre atendimento ao cliente, suprimento e manufatura representa as áreas operacionais da cadeia de suprimentos que são ligadas e apoiadas pela logística. O Capítulo 6 fornece uma visão geral da tecnologia da informação aplicável especificamente à logística da cadeia de suprimentos. Um dos principais desafios na gestão integrada da cadeia de suprimentos é o planejamento multifuncional e interempresarial e a implementação operacional.

CAPÍTULO 1

Cadeias de suprimentos no século XXI

RESUMO DO CAPÍTULO

A REVOLUÇÃO DA CADEIA DE SUPRIMENTOS
POR QUE A INTEGRAÇÃO GERA VALOR
MODELO GERAL DE CADEIA DE SUPRIMENTOS
FUNCIONALIDADE DO SISTEMA DE INFORMAÇÃO
MÓDULOS DE SISTEMAS DE INFORMAÇÃO DA CADEIA DE SUPRIMENTOS
INTEGRAÇÃO E ADMINISTRAÇÃO
OPERAÇÕES DA CADEIA DE SUPRIMENTOS
PLANEJAMENTO E MONITORAMENTO
TECNOLOGIA DE COMUNICAÇÃO
CONECTIVIDADE DO CONSUMIDOR
GESTÃO INTEGRADA E PROCESSOS DA CADEIA DE SUPRIMENTOS
COLABORAÇÃO
EXTENSÃO EMPRESARIAL
PRESTADORES DE SERVIÇO INTEGRADOS
CAPACIDADE DE RESPOSTA
MODELO DE NEGÓCIO DE BASE ANTECIPATÓRIA (EMPURRADO)
MODELO DE NEGÓCIO BASEADO NA RESPOSTA (PUXADO)
POSTPONEMENT **(POSTERGAÇÃO)**
BARREIRAS À IMPLEMENTAÇÃO DE SISTEMAS BASEADOS NA RESPOSTA (PUXADOS)
SOFISTICAÇÃO FINANCEIRA
CONVERSÃO DE CAIXA
MINIMIZAÇÃO DO TEMPO DE PERMANÊNCIA
LIBERAÇÃO DE CAIXA
GLOBALIZAÇÃO
RESUMO
QUESTÕES PARA REVISÃO
DESAFIOS

Há pouco tempo, na década de 1990, o tempo médio necessário para uma empresa processar e entregar a um cliente um produto retirado do estoque de um depósito variava entre 15 a 30 dias, às vezes até mais. O processo típico desde o pedido até a entrega envolvia a criação e a transferência do pedido, que geralmente era feito por telefone, fax, intercâmbio eletrônico de dados (**EDI** – *Electronic data interchange*) ou correio; seguia-se o processamento do pedido, que envolvia o uso de sistemas manuais ou computadorizados, a autorização de crédito e a alocação a um depósito para processamento; e, por fim, a entrega do produto para o cliente. Quando tudo ocorria dentro do planejado, o tempo médio para o consumidor receber os produtos adquiridos era longo. Porém, quando algo dava errado, e isso acontecia com frequência – como falta do produto em estoque, uma ordem de serviço perdida ou errada, ou uma entrega para o destino errado –, o tempo total para atender os clientes aumentava ainda mais.

Para melhorar esse tempo longo e imprevisível de atendimento, tornou-se prática comum manter um nível alto de estoque. Por exemplo, estoques de produtos idênticos normalmente eram armazenados por varejistas, atacadistas e fabricantes. Apesar de um estoque tão extenso, a falta de produtos e os atrasos nas entregas eram comuns, devido, em parte, ao grande número de variações no produto.

Essas práticas de negócios admitidas no século XX, bem como a estrutura de canais de distribuição usados para completar a entrega, evoluíram ao longo dos anos de experiência desde a Revolução Industrial. Tais práticas permaneceram ativas e inquestionáveis por muito tempo porque não existia uma alternativa claramente melhor. O processo de distribuição tradicional foi projetado para superar os desafios e alcançar benefícios que há muito deixaram de ser importantes. O mundo industrializado não é mais caracterizado pela escassez. A prosperidade do consumidor e seu desejo de uma ampla variedade de escolha de bens e serviços aumentam continuamente. Na verdade, os consumidores de hoje querem ter opções de bens e serviços que eles possam configurar de acordo com suas especificações individuais. Os desejos mudaram de uma aceitação passiva para um envolvimento ativo no projeto e na entrega de bens e serviços. A capacidade de transporte e o desempenho operacional se tornaram cada vez mais econômicos e confiáveis. Os transportes de hoje são apoiados por sistemas de informação sofisticados que facilitam entregas previsíveis e precisas. A capacidade para acompanhar continuamente as cargas e receber notificações praticamente instantâneas dos atrasos nas entregas é uma prática comum.

Enormes mudanças ocorreram como resultado da tecnologia da informação disponível. Durante a década de 1990, o mundo do comércio sofreu um impacto irreversível por conta do advento dos computadores, da Internet e de uma série de possibilidades acessíveis de transmissão de informações. A informação caracterizada pela velocidade, acessibilidade, acurácia e, acima de tudo, relevância tornou-se a regra. A Internet transformou-se em um modo comum e econômico de realizar transações *business-to-business* (*B2B*). Cada vez mais consumidores estão diretamente ligados às empresas por meio da Internet. Impulsionada por essas forças fundamentais, surgiu rapidamente uma economia global.

O que começou durante a última década do século XX e continuará a se expandir no século XXI é o que os historiadores chamam cada vez mais de **era da informação** ou **era digital**. Na era da informação, a realidade de conectividade de negócios continua a impulsionar uma nova ordem de relacionamentos denominada **gestão da cadeia de suprimentos**. Os administradores estão, cada vez mais, melhorando as práticas tradicionais de marketing, manufatura, compras e logística. Nessa nova ordem dos negócios, os produtos podem ser fabricados de acordo com especificações exatas e rapidamente entregues a consumidores em locais espalhados pelo mundo. Já existem sistemas logísticos com capacidade para entregar produtos em horários exatos. O tempo entre o pedido do cliente e a entrega de uma variedade de produtos pode ser de horas. A ocorrência frequente de falhas de serviço que caracterizavam o passado está cada vez mais sendo substituída por um crescente compromisso administrativo com zero defeito ou com o que comumente é chamado de desempenho **seis sigma**.[1] **Os pedidos perfeitos** – entregar a variedade e a quantidade desejada de produtos no local certo pontualmente, sem danos e com fatura correta –, antes a exceção, agora estão se tornando a expectativa. Talvez o fato mais importante seja que esse desempenho de alto nível está sendo alcançado a um custo total mais baixo e com o comprometimento de menos recursos financeiros que no passado. Toda essa mudança fundamental na estrutura e na estratégia dos empreendimentos de negócios tem sido impulsionada principalmente pela tecnologia da informação.

---

[1] O desempenho seis sigma reflete um nível de realização com uma taxa de erro de 3,4 defeitos por milhão (99,99966%).

Neste capítulo inicial, o modelo de negócio e a proposta de valor da gestão da cadeia de suprimentos são apresentados como uma crescente postura estratégica das empresas contemporâneas. O capítulo analisa o desenvolvimento da revolução da cadeia de suprimentos na prática de negócios. Depois, o conceito é apresentado dentro de uma estrutura estratégica. A seção seguinte discute a importância da funcionalidade do sistema de informação e os módulos que apoiam as operações da cadeia de suprimentos. O capítulo então examina a gestão integrada, a capacidade de resposta, a sofisticação financeira, a globalização e as forças que impulsionam o surgimento da lógica da cadeia de suprimentos. O objetivo geral do Capítulo 1 é posicionar os desafios logísticos de apoiar uma estratégia de cadeia de suprimentos deste século. A cadeia de suprimentos é posicionada como a estrutura estratégica dentro da qual as necessidades logísticas são identificadas e as operações relacionadas são administradas.

A REVOLUÇÃO DA CADEIA DE SUPRIMENTOS

Decidimos descrever o que os administradores estão vivenciando hoje como a **revolução da cadeia de suprimentos** e o consequente **renascimento logístico**. Essas duas mudanças gigantescas na expectativa e na prática relacionadas ao desempenho das operações empresariais estão altamente inter-relacionadas. No entanto, são aspectos significativamente diferentes do pensamento estratégico contemporâneo.

A **gestão da cadeia de suprimentos** consiste na colaboração entre empresas para impulsionar o posicionamento estratégico e melhorar a eficiência operacional. Para cada empresa envolvida, o relacionamento na cadeia de suprimentos reflete uma opção estratégica. Uma estratégia de cadeia de suprimentos é um arranjo organizacional de canais e de negócios baseado na dependência e na colaboração. As operações da cadeia de suprimentos exigem processos gerenciais que atravessam as áreas funcionais dentro de cada empresa e conectam fornecedores, parceiros comerciais e clientes através das fronteiras organizacionais.

Dentro da gestão da cadeia de suprimentos de uma empresa, **logística** é a função necessária para transportar e posicionar geograficamente o estoque. Dessa forma, a logística é um subconjunto de atividades e ocorre dentro do quadro mais abrangente da cadeia. Ela é o processo que cria valor pela gestão e pelo posicionamento do estoque e combina o gerenciamento de pedidos, do estoque, do transporte, do depósito, do manuseio de materiais e da embalagem, integrados por meio de uma rede de instalações. Já a logística integrada serve para vincular e sincronizar a cadeia de suprimentos como um processo contínuo e é essencial para a conectividade efetiva da cadeia. Embora o objetivo do trabalho logístico tenha permanecido essencialmente o mesmo ao longo de décadas, o modo como o trabalho é realizado continua a mudar radicalmente.

O foco fundamental deste livro é a gestão da logística integrada. No entanto, para estudá-la, o leitor deve ter um conhecimento básico da gestão da cadeia de suprimentos, cuja estratégia estabelece a estrutura operacional dentro da qual a logística é realizada. Como analisaremos rapidamente, mudanças drásticas continuam a ocorrer na prática da cadeia de suprimentos. Dessa forma, as melhores práticas de logística, como descritas neste livro, são apresentadas como um trabalho em andamento, sujeito à mudança contínua com base na natureza evolutiva da estrutura e da estratégia da cadeia de suprimentos. O Capítulo 2, "Logística", abrange o renascimento em ação nas melhores práticas de logística e estabelece o pano de fundo para todos os capítulos que se seguem.

À primeira vista, a gestão da cadeia de suprimentos pode parecer um conceito vago. Muito já foi escrito sobre o assunto sem preocupação com as definições fundamentais, a estrutura ou o vocabulário comum. Existe uma confusão acerca do escopo adequado em relação ao que constitui uma cadeia de suprimentos, até que ponto envolve integração com outras empresas em contraste com a integração de operações internas, e como implementá-la melhor em termos de práticas competitivas e restrições legais. Para a maioria dos administradores, o conceito de cadeia de suprimentos tem um apelo intrínseco porque prevê novos arranjos comerciais, gerando um potencial para melhorar a competitividade. O conceito também implica em uma rede altamente eficaz de relações comerciais que serve para melhorar a eficiência ao eliminar o trabalho duplicado e improdutivo. Entender mais especificamente o que constitui a revolução dessa cadeia começa com uma revisão da prática tradicional dos canais de distribuição.

Para superar os desafios do comércio, as empresas desenvolveram relacionamentos comerciais com outras empresas de bens e serviços para realizar atividades essenciais em conjunto. Essa dependência era necessária para obter os benefícios da especialização. Os administradores, após o início da Revolução Industrial, começaram a planejar estrategicamente a competência essencial, a especialização e a economia de escala. O resultado foi a percepção de que trabalhar em conjunto com outras empresas era essencial para o sucesso duradouro. Esse entendimento de que nenhuma empresa pode ser totalmente autossuficiente contrastava com algumas noções anteriores de integração vertical.[2] A dependência entre empresas criou o conceito do que ficou conhecido como **canais de distribuição** ou **de marketing**.

Devido à alta visibilidade dos diferentes tipos de negócios, o estudo inicial para a organização de canais era caracterizado pela classificação com base nos papéis específicos desempenhados durante o processo de distribuição. Por exemplo, uma empresa pode ter sido criada para executar serviços com o valor agregado da venda por atacado. As empresas que fazem negócios com um atacadista têm expectativas em relação a quais serviços irão receber e quanto ao pagamento que devem realizar. Estudos aprofundados de atividades específicas rapidamente identificaram a necessidade de liderança, de um grau de compromisso com a cooperação entre todos os participantes dos canais e de meios para resolver os conflitos. Os estudiosos que realizavam pesquisas relacionadas à estrutura e à estratégia dos canais desenvolveram modelos para classificar as práticas observáveis, que iam desde uma transação única até relacionamentos comerciais duradouros extremamente formalizados.

O caráter colaborador da integração dos canais era um conceito um tanto vago de que todos os envolvidos receberiam benefícios como resultado da cooperação. No entanto, principalmente devido à falta de informações de alta qualidade, a estrutura geral dos canais era erguida sobre uma fundação antagônica. Quando algo dava errado, cada empresa concentrava-se, em primeiro lugar e acima de tudo, em seus próprios objetivos. Assim, em última análise, a dinâmica dos canais era, na maioria das vezes, caracterizada por um ambiente competitivo feroz.

Durante a última década do século XX, a estratégia e a estrutura dos canais começaram a mudar radicalmente. Arranjos tradicionais de canal de distribuição passaram a pensar mais na integração e na colaboração. Antes de rever o modelo de cadeia de suprimentos generalizado, é importante entender por que a integração gera valor.

---

[2] Henry Ford, *Today and Tomorrow* (New York: Doubleday, Page, and Company, 1926). Reimpresso pela Productivity Press (Portland, OR, 1988).

INTEGRAÇÃO GERA VALOR

Para explicar os benefícios e desafios básicos da gestão integrada, é importante observar que os clientes têm no mínimo três perspectivas de valor.

A perspectiva de valor tradicional é o **valor econômico**, que se aproveita da economia de escala como fonte de eficiência. Esta, por sua vez, busca utilizar completamente os ativos fixos para obter o menor custo total. O foco do valor econômico é a eficiência na criação de produtos/serviços; diz respeito a fazer as coisas da melhor maneira possível. O entendimento do cliente acerca do valor econômico é **alta qualidade por um preço baixo**.

A segunda perspectiva de valor é o **valor de mercado**, que consiste na apresentação de uma variedade de produtos no momento e no lugar certos para atingir a eficácia, e concentra-se em obter economia de escopo na apresentação dos produtos/serviços. A criação de shopping centers com diversas lojas, lojas com marketing de massa em grande escala e operações de comércio eletrônico com diversos fornecedores são iniciativas para obter **valor de mercado**. A visão do cliente em termos de valor de mercado é uma **variedade conveniente de produtos/serviços e opções**.

A consecução dos valores econômicos e de mercado é importante para os clientes. No entanto, cada vez mais as empresas estão reconhecendo que o sucesso nos negócios também depende de uma terceira perspectiva de valor, conhecida como **relevância**. Ela envolve a customização de serviços de valor agregado, além de produtos e posicionamento, que trazem uma diferença real para os clientes. O valor de relevância significa os bens e serviços certos, como refletido pelo valor de mercado, a um preço justo, como demonstrado pelo valor econômico, modificados, sequenciados, sincronizados e posicionados de forma a criar uma diversidade valiosa. Para um consumidor, por exemplo, relevância significa transformar ingredientes em refeições prontas para comer. No varejo de produtos em geral, também significa transformar produtos em roupas da moda. Já na manufatura e na montagem, a relevância é alcançada pela integração de componentes específicos para criar produtos que aumentem a funcionalidade desejada por um cliente em particular. A visão do cliente em termos de relevância é um conjunto exclusivo de produtos/serviços.

A combinação simultânea de valor econômico, valor de mercado e valor de relevância exige uma integração total dos processos gerais da empresa e é conhecida como proposição de valores da gestão integrada, como ilustra a Tabela 1.1.

MODELO GERAL DE CADEIA DE SUPRIMENTOS

O conceito geral de uma cadeia de suprimentos integrada costuma ser ilustrado por um diagrama linear que liga as empresas participantes formando uma unidade competitiva coordenada. A Figura 1.1 ilustra um modelo generalizado adaptado de disciplinas de gestão de cadeia de suprimentos da Michigan State University.

Valor econômico	Valor de mercado	Valor de relevância
• Menor custo total	• Variedade atraente	• Customização
• Eficiência de economia de escala	• Eficácia de economia de escopo	• Diversidade segmental
• Criação de bens/serviços	• Apresentação de bens/serviços	• Posicionamento de bens/serviços
Estratégia de Suprimento/Manufatura	**Estratégia de Mercado/Distribuição**	**Estratégia da Cadeia de Suprimentos**

TABELA 1.1 Proposição de valores da gestão integrada.

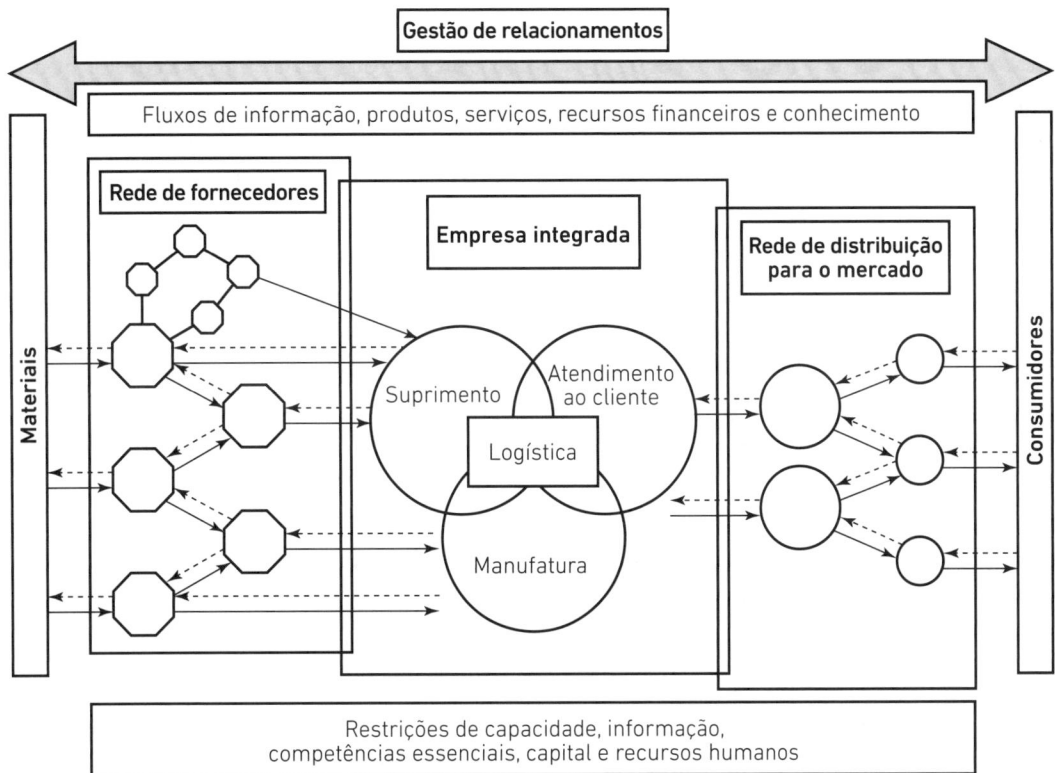

FIGURA 1.1 Estrutura da cadeia de suprimentos integrada.

O contexto de uma cadeia de suprimentos integrada é a colaboração entre empresas dentro de uma estrutura de fluxos e restrições de recursos essenciais. Nesse contexto, a estrutura e a estratégia da cadeia de suprimentos resultam de esforços para alinhar operacionalmente uma empresa com os clientes, bem como com as redes de apoio de distribuidores e fornecedores para obter vantagem competitiva. As operações são, portanto, integradas desde a compra inicial de material até a entrega de bens e serviços aos clientes.[3]

O valor resulta da sinergia entre as empresas que compõem a cadeia de suprimentos como resultado de cinco fluxos críticos: de informação, de produto, de serviço, financeiro e de conhecimento (veja a seta bidirecional no topo da Figura 1.1). A logística é o condutor principal de bens e serviços dentro do arranjo da cadeia de suprimentos. Cada empresa inserida em uma cadeia de suprimentos está envolvida em realizar alguns aspectos da logística em geral. Atingir a integração e a eficiência logísticas é o foco deste livro. O arranjo geral da cadeia de suprimentos ilustrado na Figura 1.1 conecta, de modo lógico e logístico, uma empresa e sua rede de distribuidores e fornecedores aos seus clientes. A mensagem transmitida pela figura é que o processo integrado de criação de valor deve ser alinhado e administrado desde a compra de matéria-prima até a entrega do produto/serviço ao cliente final para garantir eficácia, eficiência, relevância e sustentabilidade.

A perspectiva da cadeia de suprimentos integrada muda os arranjos tradicionais dos canais, que deixam de ser grupos com ligações frágeis entre empresas independentes que compram e vendem estoques entre si e passam a ser uma iniciativa administrativamente coordenada para aumentar o impacto no mercado, a eficiência geral, a melhoria contínua e a

---

[3] Em uma cadeia de suprimentos, os clientes são definidos como pontos de destino. Eles consomem um produto ou utilizam-no como parte integral ou componente de um processo ou outro produto. O ponto fundamental é que o produto original perde sua configuração singular quando consumido. Empresas que compram produtos de fabricantes para revender – por exemplo, atacadistas e varejistas – são chamadas de clientes intermediários.

competitividade. Na prática, muitas complexidades servem para obscurecer a simplicidade de ilustrar as cadeias de suprimentos como diagramas lineares direcionais. Por exemplo, muitas empresas participam simultaneamente de diversas cadeias de suprimentos concorrentes. Visto que uma cadeia se torna a unidade básica da concorrência, empresas que participam de diversos arranjos podem enfrentar questões de lealdade relacionadas à confidencialidade e ao potencial conflito de interesses.

Outro fator que acrescenta complexidade ao entendimento da estrutura da cadeia de suprimentos é o alto nível de mobilidade e mudança observável em arranjos típicos. É interessante notar a fluidez das cadeias de suprimentos, já que as empresas entram e saem sem nenhuma perda aparente da conectividade essencial. Por exemplo, uma empresa e/ou prestador de serviços pode estar ativamente engajada em uma estrutura de cadeia de suprimentos durante alguns momentos, como na época de pico de vendas, mas não na época do balanço anual. Durante o Natal de 2010, a Toys R Us acrescentou nos Estados Unidos 600 lojas temporárias para atender a demanda. Estima-se que 10 mil postos de trabalho foram necessários para operar essas lojas. No total, 45 mil funcionários foram contratados em todo o país para satisfazer as projeções de demanda do período natalino.

FUNCIONALIDADE DO SISTEMA DE INFORMAÇÃO

UM DOS ASPECTOS QUE MAIS FACILITA a gestão da cadeia de suprimentos é a tecnologia da informação. Os sistemas da cadeia de suprimentos iniciam atividades e rastreiam informações sobre processos, facilitam o compartilhamento de informações tanto dentro da empresa quanto entre parceiros da cadeia de suprimentos e auxiliam a tomada de decisão gerencial. Os sistemas abrangentes de informações são formados por uma combinação de subsistemas de transações, de apoio à decisão e de comunicação.

Desde o início, a logística se concentrou no armazenamento e no fluxo de produtos ao longo da cadeia de suprimentos. O fluxo e a exatidão das informações normalmente eram menosprezados porque não eram vistos como críticos para os clientes. Além disso, as taxas de transferência de informação eram limitadas pelos processos manuais. Existem quatro motivos pelos quais a informação oportuna e acurada se tornou mais crítica no projeto e nas operações de sistemas logísticos. Primeiro, os clientes percebem a informação sobre a situação do pedido, a disponibilidade de produtos, o rastreamento da entrega e o faturamento como dimensões necessárias do atendimento ao cliente. Os clientes exigem informações em tempo real. Segundo, com o objetivo de reduzir os ativos totais da cadeia de suprimentos, os gerentes perceberam que a informação pode ser usada para reduzir os requisitos de estoque e de recursos humanos. Em especial, o planejamento das necessidades com base em informações atuais pode reduzir o estoque ao minimizar a incerteza da demanda. Terceiro, a informação aumenta a flexibilidade em relação a como, quando e onde os recursos podem ser utilizados para alcançar vantagens competitivas. E quarto, o aumento da transferência e da troca de informações por meio da Internet está facilitando a colaboração e redefinindo os relacionamentos na cadeia de suprimentos. Um exemplo atual de sistema de informação abrangente que leva a uma melhor utilização da cadeia de suprimentos pode ser encontrado no cenário internacional de transportes. É comum uma empresa redirecionar um contêiner no meio do caminho com base no *feedback* em tempo real dos mercados locais. Essa mudança, viabilizada pela tecnologia da informação, resulta em níveis de serviço mais elevados e, simultaneamente, no aperfeiçoamento da utilização dos recursos.

Os **sistemas de informação da cadeia de suprimentos** formam o laço que une as atividades logísticas a um processo integrado. A integração baseia-se em quatro níveis de funciona-

FIGURA 1.2 Funcionalidade do sistema de informação da cadeia de suprimentos.

lidade: (1) sistemas de transações; (2) controle administrativo; (3) análise de decisões; e (4) planejamento estratégico. A Figura 1.2 ilustra as atividades e as decisões logísticas em cada nível de funcionalidade da informação. Como sugere o formato de pirâmide, as melhorias em controle administrativo, análise de decisões e planejamento estratégico exigem uma base sólida no sistema de transações.

Um **sistema de transações** se caracteriza por regras e procedimentos formalizados e comunicações padronizadas, alto volume de transações e foco operacional diário. A combinação de processos estruturados e grande volume de transações coloca muita ênfase na eficiência do sistema de informação. No nível mais básico, sistemas de transação iniciam e registram as atividades de logística e seus resultados individuais. A típica funcionalidade de transação inclui entrada de pedidos, desdobramento (*deployment*) do estoque, separação de pedidos, expedição, formação de preços, faturamento e questionamentos dos clientes. Por exemplo, a transação de entrada de pedidos do cliente registra no sistema de informação um pedido de produto feito por ele. A transação de entrada de pedidos inicia uma segunda transação quando o estoque é atribuído ao pedido. Uma terceira transação é gerada para orientar as operações do depósito para atender ao pedido. E uma quarta transação inicia o embarque do pedido para o cliente. A transação final gera a fatura e uma conta a receber correspondente. Ao longo do processo, a empresa e o cliente esperam informações em tempo real sobre o *status* do pedido; assim, o ciclo de atividades do pedido do cliente é completado por uma série de transações do sistema de informação.

O segundo nível do sistema de informação da cadeia de suprimentos, o **controle administrativo**, se concentra na medição e no relatório de desempenho. Essa avaliação é necessária para fornecer *feedback* sobre o desempenho e a utilização de recursos da cadeia de suprimentos. Dimensões típicas do desempenho incluem medições de custo, serviço ao cliente, produtividade, qualidade e gerenciamento de ativos. Como exemplo, medições específicas de desempenho incluem os custos de transporte e de armazenamento por tonelada, giro do estoque, taxa de atendimento por unidade, caixas por hora trabalhada e percepção do cliente em relação ao serviço.

Embora seja necessário que o sistema de informação da cadeia de suprimentos relate o histórico de desempenho do sistema, também é preciso identificar as exceções operacionais, pois suas informações são úteis para destacar problemas potenciais, operacionais ou com clientes. Por exemplo, o sistema de informação da cadeia de suprimentos proativo deve conseguir apontar faltas de estoque futuras com base nos requisitos previstos e no estoque planejado. O relatório de exceção também deve identificar restrições potenciais em termos de transporte, armazenamento ou mão de obra. Embora algumas medidas de controle, como o custo, sejam bem definidas, outras medidas, como serviço e qualidade, são menos específicas. Por exemplo, o serviço ao cliente pode ser medido internamente, pela perspectiva da empresa, ou externamente, pela perspectiva do cliente. Embora medidas internas sejam relativamente fáceis de monitorar, informações sobre medidas externas são mais difíceis de obter, já que envolvem o cliente ou outros parceiros externos.

O terceiro nível do sistema de informação da cadeia de suprimentos, a **análise de decisões**, se concentra em ferramentas de *software* para ajudar os administradores a identificar, avaliar e comparar alternativas estratégicas e táticas para melhorar a eficácia. Análises típicas incluem projeto da cadeia de suprimentos, gerenciamento de estoque, alocação de recursos, roteirização de transportes e rentabilidade por segmento. O ideal é que o sistema de informação da cadeia de suprimentos para análise de decisões inclua manutenção, modelagem, análise e relatório de banco de dados. Assim como o controle administrativo, a análise de decisões pode incluir considerações operacionais, como a roteirização de veículos e o planejamento de depósitos. A análise de decisões também está sendo usada para administrar os relacionamentos com os clientes ao determinar os *trade-offs* associados a clientes satisfeitos e bem-sucedidos.

FIGURA 1.3 Uso, características de decisão e justificativas do sistema de informação da cadeia de suprimentos.

O **planejamento estratégico**, último nível do sistema de informação da cadeia de suprimentos, organiza e sintetiza os conteúdos de transações em um banco de dados relacional que ajuda na avaliação de estratégias. Essencialmente, o planejamento estratégico se concentra em informações para avaliar e refinar a estratégia logística e a cadeia de suprimentos. Exemplos de planejamento estratégico incluem as alianças estratégicas, o desenvolvimento e o aperfeiçoamento da competência em manufatura e as oportunidades relacionadas à capacidade de resposta aos clientes. O formato da Figura 1.3 ilustra as características e as justificativas para o desenvolvimento de um sistema de informação da cadeia de suprimentos. Os custos de desenvolvimento e manutenção incluem *hardware*, *software*, comunicação e recursos humanos. No passado, a maior parte dos sistemas desenvolvidos se concentrava em melhorar a eficiência do sistema de transações. Embora esses investimentos originalmente oferecessem retorno em termos de velocidade e menor custo operacional, agora existem poucas oportunidades de melhoria. A maior parte do desenvolvimento e da implementação de um sistema de informação da cadeia de suprimentos agora se concentra no aumento da integração do sistema da cadeia de suprimentos e em melhores tomadas de decisões.

MÓDULOS DE SISTEMAS DE INFORMAÇÃO DA CADEIA DE SUPRIMENTOS

Um sistema de informação da cadeia de suprimentos abrangente inicia, monitora e auxilia a tomada de decisões, relatando as atividades necessárias à realização de operações e planejamento logísticos. Os principais módulos do sistema e suas interfaces, como ilustra a Figura 1.4, são: (1) **Planejamento de Recursos Empresariais** (**ERP** – *Entreprise Resource Planning*); (2) sistemas de comunicação; (3) sistemas de execução; e (4) sistemas de planejamento. A Figura 1.4 oferece uma perspectiva do sistema de informação da cadeia de suprimentos voltada para a aplicação. Essa perspectiva é usada para discutir as características e a funcionalidade específicas de cada módulo.

Os sistemas ERP na Figura 1.4 são a base do sistema de informação logística da maioria das empresas, que mantém dados e processos atuais e históricos para iniciar e monitorar o desempenho. Durante a década de 1990, muitas empresas começaram a substituir módulos desenvolvidos internamente (chamados de "sistemas legados") por sistemas ERP projetados como módulos e processos de transações integradas com um banco de dados em comum. O banco de dados inclui a capacidade de armazenamento de informações sobre as transações operacionais (isto é, baseadas em produtos e em atividades) e financeiras (isto é, com base monetária). Os sistemas ERP facilitam as operações e os relatórios integrados para iniciar,

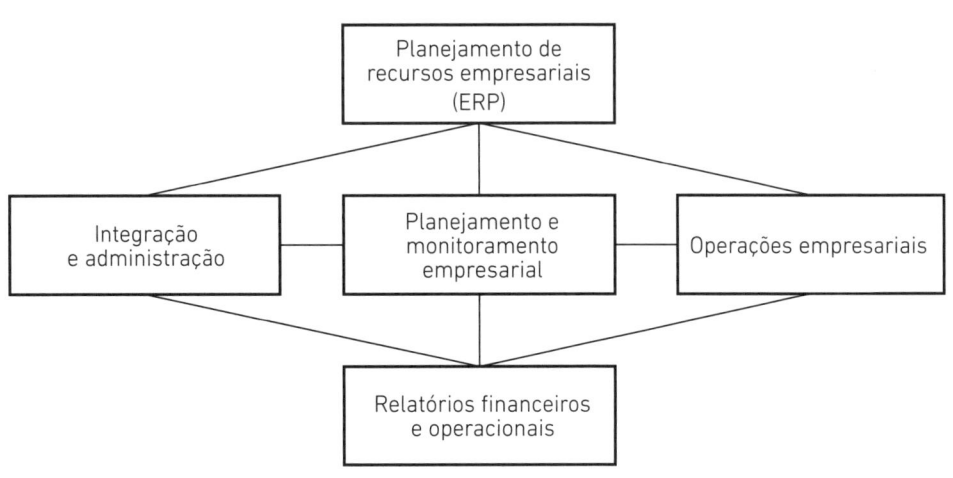

FIGURA 1.4 Estrutura do sistema de informação da cadeia de suprimentos voltada para aplicações.

monitorar e localizar atividades críticas, como atendimento a pedidos e reabastecimento. Os sistemas ERP também incorporam um banco de dados integrado no âmbito de toda a empresa, às vezes denominado *data warehouse*, junto a transações adequadas para facilitar o planejamento e as operações logísticas e a cadeia de suprimentos. As transações da cadeia de suprimentos facilitadas por sistemas ERP incluem entrada e gerenciamento de pedidos, alocação de estoque e expedição. Além dessas aplicações na cadeia de suprimentos, os sistemas ERP normalmente incluem habilidades financeiras, contábeis e de recursos humanos. Aplicações de *data mining*, gestão do conhecimento e outras aplicações de integração empresarial operam usando a base de ERP para desenvolver e organizar o conhecimento referente a clientes, produtos e operações.

INTEGRAÇÃO E ADMINISTRAÇÃO

As aplicações de integração e administração são os módulos ERP que não são especificamente aplicações da cadeia de suprimentos, mas têm interações substanciais com ela. A Figura 1.5 ilustra os principais componentes de integração e administração. Os componentes específicos incluem: (1) administração geral; (2) contas a receber e a pagar; (3) contabilidade financeira do estoque; (4) contabilidade geral; e (5) recursos humanos.

A administração geral inclui as diversas operações para estruturar a empresa e definir seus fluxos de processos. Operações da cadeia de suprimentos usam esses módulos para definir estruturas de relatórios, funcionais e organizacionais, bem como para definir os fluxos de processos, como atendimento a pedidos de clientes e de reabastecimento. Contas a receber e a pagar representam as funções de recebimento de faturas de clientes e pagamento de faturas a fornecedores. Embora normalmente sejam reconhecidas como funções contábeis, há uma interação significativa com as operações da cadeia de suprimentos, já que as contas a pagar são influenciadas pela aquisição de materiais e serviços, e as contas a receber são influenciadas pela entrega e faturamento de pedidos completos. A contabilidade financeira do estoque refere-se ao acompanhamento dos processos de valor agregado por toda a cadeia de suprimentos a fim de facilitar os relatórios de informações financeiras e fiscais. O *timing* e a localização dos processos de valor agregado da cadeia de suprimentos (por exemplo, produção, controle de estoque e embalagem) podem ter influência significativa sobre o que é comunicado ao departamento financeiro (para efeitos fiscais) e aos mercados financeiros (para fins de valorização das ações). A contabilidade geral se refere à estrutura das contas acuradas para monitorar e fazer relatórios de receitas e contas. Como a cadeia de suprimentos envolve uma interação substancial com os processos internos e externos da empresa, a estrutura da contabilidade geral influencia significativamente a capacidade da cadeia de suprimentos para medir, monitorar e registrar os custos relativos à entrega de produtos ou ao serviço aos clientes. O módulo de recursos humanos dos siste-

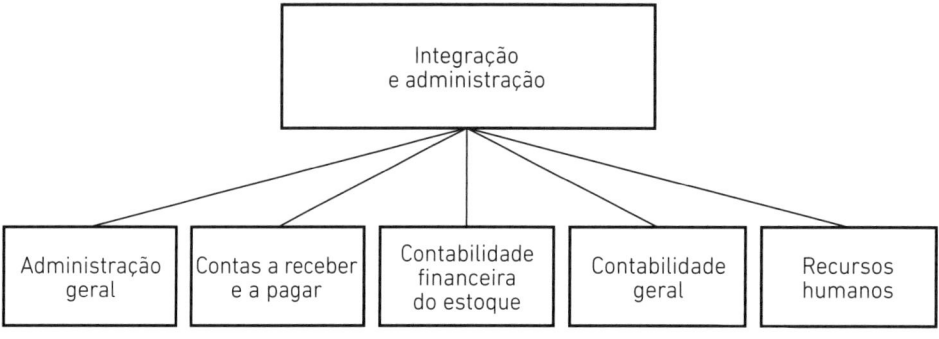

FIGURA 1.5 Componentes de integração e administração.

mas ERP acompanha perfis e níveis de atividade dos funcionários. Como a maioria das empresas tem uma grande quantidade de pessoas envolvidas nas operações da cadeia de suprimentos (por exemplo, manufatura, distribuição e compras), e muitas vezes em diferentes ambientes globais, a capacidade de acompanhar as tabelas salariais e os níveis de atividade é fundamental para tomar decisões eficazes quanto aos funcionários envolvidos na cadeia de suprimentos.

OPERAÇÕES DA CADEIA DE SUPRIMENTOS

As operações empresariais incluem os módulos do sistema de informação necessários para apoiar as operações diárias da cadeia de suprimentos. A Figura 1.6 ilustra os módulos específicos, que incluem: (1) gestão do relacionamento com os clientes; (2) logística; (3) manufatura; (4) compras; e (5) desdobramento (*deployment*) do estoque. Os sistemas de operações empresariais trabalham em conjunto com o sistema ERP da empresa para oferecer funcionalidades específicas para apoiar as operações da cadeia de suprimentos. Enquanto alguns sistemas ERP apoiam as funcionalidades necessárias para a cadeia de suprimentos, outros não incluem algumas delas, como as que auxiliam as operações de depósito e transporte.

Os sistemas de atendimento ao cliente, também conhecidos como **gestão do relacionamento com os clientes** (**CRM** – *Customer Relationship Management*), são aplicações relativamente novas, projetadas para facilitar o compartilhamento de informações entre os clientes, a força de vendas e as operações. O módulo de logística direciona e monitora as atividades logísticas incluindo o gerenciamento de estoque de produtos acabados, dos depósitos, de transportes e o de pátio. O módulo de manufatura programa e aloca os recursos de produção e determina os requisitos de componentes. O módulo de compras inicia e monitora as atividades de aquisição, incluindo a abertura de pedidos de compra, os serviços expressos e o gerencia-

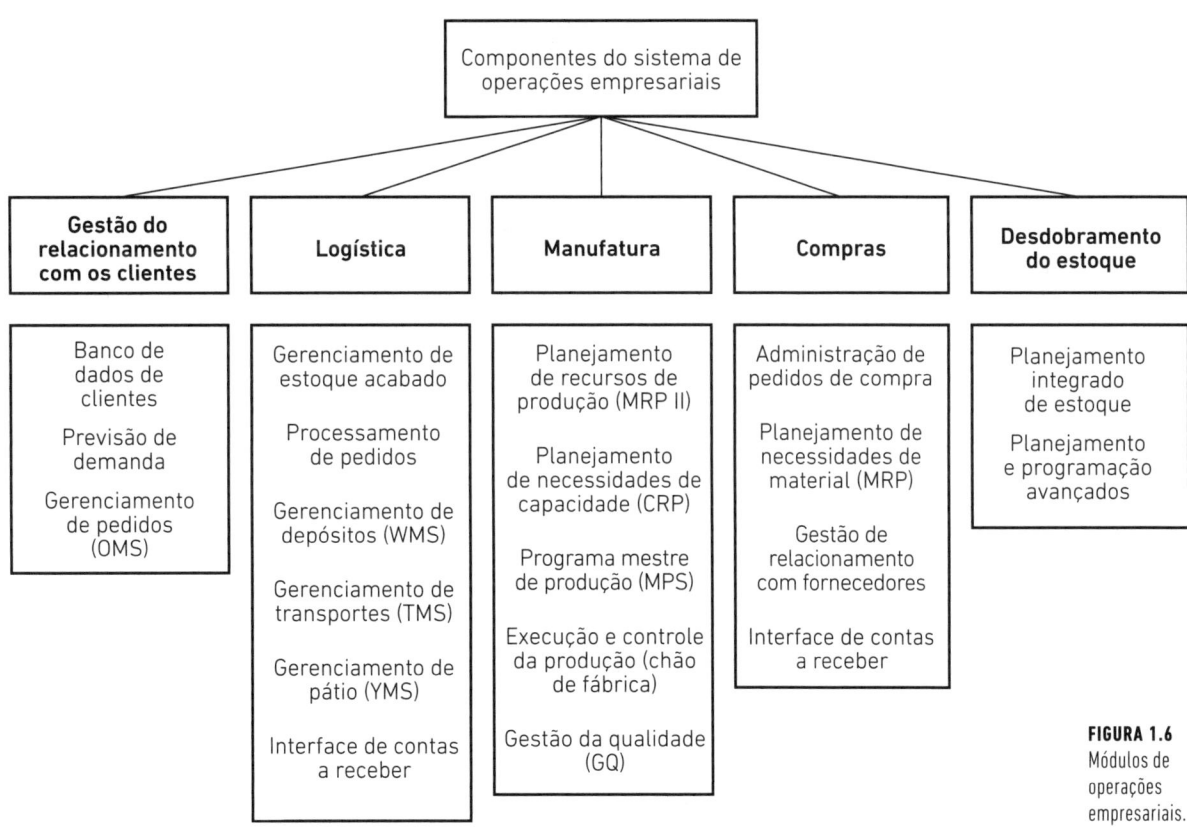

FIGURA 1.6 Módulos de operações empresariais.

mento de fornecedores. O sistema de desdobramento (*deployment*) do estoque programa e monitora o fluxo do material para atender aos requisitos de produção e estoque. Na Figura 1.6 são apresentadas as aplicações mais comuns incluídas em cada módulo. Essas aplicações são discutidas ao longo de todo o livro, em conjunto com os respectivos tópicos operacionais.

O método tradicional de disponibilização da tecnologia sempre foi a operação e manutenção de recursos computacionais privados. Computadores de grande porte são essenciais para operar os vários sistemas de tecnologia da informação necessários para orientar as operações da cadeia de suprimentos. Esse comprometimento com a computação interna mudou rapidamente no século XXI. Em um ritmo crescente as empresas estão adquirindo suporte de tecnologia da informação para a cadeia de suprimentos na forma de sistemas abrigados externamente. Existe uma ampla gama de sistemas, como **gerenciamento de depósitos** (**WMS** – *warehouse management system*), **gerenciamento de transportes** (**TMS** – *transportation management system*) e **gerenciamento de pátio** (**YMS** – *yard management system*), disponibilizada por empresas que desenvolvem e mantêm aplicações especializadas com tecnologia de ponta. Geralmente chamados de ***Software* como Serviço** (**SaaS** – *Software as a Service*), esses pacotes específicos podem ser adquiridos para uso interno ou hospedados externamente. Quando são hospedados por empresas prestadoras de serviços especializados, que fornecem a aplicação utilizando a capacidade de grandes recursos computacionais, a aplicação é classificada como **computação na nuvem** (*cloud computing*).

PLANEJAMENTO E MONITORAMENTO

Planejamento e monitoramento são os processos e tecnologias que facilitam os sistemas de informações de planejamento e coordenação dentro da empresa e entre parceiros da cadeia de suprimentos. A Figura 1.7 ilustra os principais componentes de planejamento e monitoramento empresarial. Os módulos específicos incluem: (1) planejamento de vendas e operações; (2) visibilidade da cadeia de suprimentos e gestão de eventos; e (3) conformidade da cadeia de suprimentos. Como muitas dessas atividades envolvem a interação com outros membros da cadeia de suprimentos, aplicações efetivas exigem uma padronização substancial com outras funções da empresa e com parceiros da cadeia de suprimentos.

O planejamento de vendas e operações (S&OP – *Sales and operation planning*), que será discutido no Capítulo 6, define o processo usado para equilibrar os requisitos de demanda e a capacidade de fornecimento da empresa e de seus parceiros na cadeia de suprimentos. Apesar de o S&OP em si ser um processo que exige coordenação e integração funcional, ele requer tecnologia da informação para avaliar a demanda, a oferta e os *trade-offs* de recursos. Essa

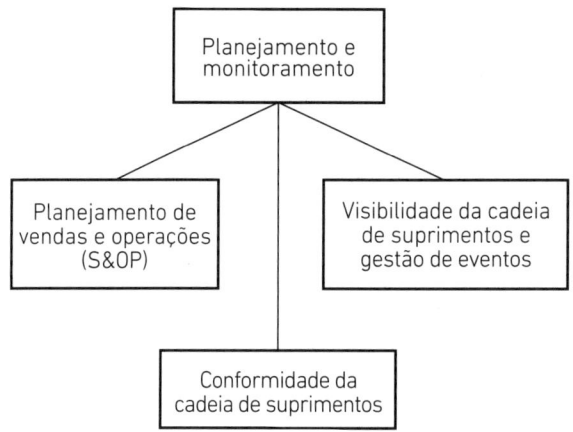

FIGURA 1.7 Módulos de planejamento e monitoramento empresarial.

tecnologia geralmente se caracteriza em aplicações de planejamento e programação. A visibilidade da cadeia de suprimentos e o gestão de eventos monitoram as entregas enquanto estão em trânsito e, cada vez mais, conseguem proativamente sugerir mudanças nos fluxos da cadeia de suprimentos para minimizar o potencial de paralisações na manufatura ou falhas no serviço. Os sistemas de conformidade da cadeia de suprimentos monitoram as informações sobre o fluxo de componentes e produtos para assegurar que eles cumpram com os requisitos regulatórios relacionados a etiquetas, impostos e restrições de segurança.

TECNOLOGIA DE COMUNICAÇÃO

A tecnologia de comunicação é o *hardware* e o *software* técnico que facilitam a troca de informações entre os sistemas e a infraestrutura física dentro da empresa e entre os parceiros na cadeia de suprimentos. O intercâmbio de informações em tempo real entre funções e parceiros da cadeia de suprimentos facilita a coordenação de insumos, produção, estoque, pedidos e entregas aos clientes. Pela perspectiva da cadeia de suprimentos, a disponibilidade de informações comuns e consistentes sobre requisitos, atividades e desempenho entre os parceiros da cadeia de suprimentos aumenta a eficácia, a eficiência, a relevância e a sustentabilidade operacionais.

CONECTIVIDADE DO CONSUMIDOR

O rápido desenvolvimento e disseminação da Internet acrescentaram uma nova dimensão à interface entre as empresas e seus clientes. Tanto os varejistas quanto os fabricantes estão cada vez mais em contato direto com os consumidores finais. Essa conectividade se desenvolveu ao longo de duas dimensões principais da comunicação – conectividade de pedido e conectividade de pós-venda. Cada uma delas tem implicações na cadeia de suprimentos.

Em termos de pedidos, a Internet oferece uma maneira para os consumidores estabelecerem e manterem contato direto com os varejistas e fabricantes. Em essência, essa forma de conectividade bidirecional é uma expansão da tradicional compra por catálogo. Potencializadas pela velocidade e flexibilidade da conectividade via Internet, as comunicações interativas durante o pedido, a determinação da condição do estoque, do tempo e localização do processamento e dos detalhes da entrega do produto podem ser mais diversificadas e abrangentes. Por exemplo, o acompanhamento completo do pedido até a entrega é um recurso comum. Com a facilidade e a velocidade da conectividade via Internet, as informações pertinentes ao pedido total até a entrega domiciliar ou à coleta na loja podem ser monitoradas.

Com relação às devoluções de produtos, ou ao que é chamada frequentemente de **logística reversa**, a Internet oferece uma maneira rápida e precisa para facilitar e monitorar o processo de reparo ou substituição do produto. Além disso, a existência da conectividade direta entre o consumidor final e o fabricante do produto facilita a resolução rápida dos problemas de atendimento ao cliente, relacionados ao uso e à garantia do produto.

Além da tecnologia da informação, o rápido surgimento de novas relações na cadeia de suprimentos está sendo impulsionado por quatro forças relacionadas: (1) gestão integrada e processos da cadeia de suprimentos; (2) capacidade de resposta; (3) sofisticação financeira; e (4) globalização. Essas forças vão continuar a conduzir a estrutura e as iniciativas de estratégia da cadeia de suprimentos em muitos setores durante o futuro próximo. Uma breve discussão sobre cada uma dessas forças que conduzem a cadeia de suprimentos fornece uma base para compreender os desafios que a gestão da cadeia de suprimentos impõe sobre o exigente desempenho da logística.

GESTÃO INTEGRADA E PROCESSOS DA CADEIA DE SUPRIMENTOS

EM TODOS OS ASPECTOS das operações comerciais, a atenção concentra-se em alcançar a melhoria da gestão integrada. O desafio de alcançar a gestão integrada resulta da antiga tradição de atuar e medir o trabalho de acordo com uma base funcional. Desde a Revolução Industrial, o objetivo de alcançar a melhor prática tem focado a atenção dos administradores na especialização funcional.[4] A crença predominante era que, quanto melhor o desempenho de uma função específica, maior a eficiência do processo em geral. Por mais de um século, esse compromisso fundamental com a eficiência funcional tem impulsionado a melhor prática na estrutura organizacional, na avaliação do desempenho e na contabilidade.

Em termos de gestão, as empresas tradicionalmente têm sido estruturadas em departamentos para facilitar o foco, o estabelecimento de rotinas, a padronização e o controle do trabalho. Práticas de contabilidade foram desenvolvidas para medir o desempenho departamental, e a maioria delas concentra-se em funções individuais. Dois exemplos de medidas funcionais comuns são o custo por unidade fabricada e o custo por tonelada transportada. As medidas e alocações de recursos em diferentes funções normalmente eram limitadas aos custos comuns a todas as áreas funcionais do trabalho, como despesas gerais, mão de obra, serviços públicos, seguros, juros, e assim por diante.

A excelência no desempenho da cadeia de suprimentos exige o cumprimento simultâneo de oito processos-chave. A Tabela 1.2 identifica-os e apresenta uma breve descrição de cada um. Embora esses processos integrados não sejam do domínio exclusivo da logística, alguns elementos fundamentais do desempenho logístico são fundamentais para uma empresa alcançar um desempenho operacional de alto nível. Portanto, a estrutura e a estratégia da cadeia de suprimentos e a execução operacional contínua têm de ser voltadas para a realização e a melhoria contínua desses oito processos essenciais, que, por sua vez, formam a essência para conquistar a integração operacional e a excelência no desempenho.

TABELA 1.2 Oito processos integrados da cadeia de suprimentos.

Processo	Descrição
Capacidade de resposta do planejamento da demanda	Avaliação da demanda e do projeto estratégico para alcançar o máximo de capacidade de resposta aos requisitos dos clientes.
Colaboração no relacionamento com clientes	Desenvolvimento e administração dos relacionamentos com os clientes para facilitar o compartilhamento de informações estratégicas, o planejamento conjunto e as operações integradas.
Atendimento do pedido/ prestação de serviços	Capacidade de executar o desempenho superior e sustentável do pedido à entrega e os serviços essenciais relacionados.
Lançamento de novos bens/ serviços	Participação no desenvolvimento de bens e serviços e no lançamento enxuto.
Customização da manufatura	Apoio da estratégia de manufatura e a facilitação do *postponement* (postergação) em toda a cadeia de suprimentos.
Colaboração no relacionamento com fornecedores	Desenvolvimento e administração dos relacionamentos com os fornecedores para facilitar o compartilhamento de informações estratégicas, o planejamento conjunto e as operações integradas.
Apoio ao ciclo de vida	Reparos e apoio aos produtos durante seu ciclo de vida, incluindo garantia, manutenção e consertos.
Logística reversa	Devolução e disposição de produtos de modo seguro e economicamente viável.

---

[4] Frederick W. Taylor, *Scientific Management* (New York: W. W. Norton, 1967).

O desafio fundamental da gestão integrada é redirecionar a tradicional ênfase na funcionalidade em um esforço para se concentrar na realização do processo. Ao longo das últimas décadas, tornou-se cada vez mais claro que as funções, mesmo quando desempenhadas de maneira otimizadas, não necessariamente se combinam ou se agregam para alcançar o menor custo total ou processos altamente eficazes. A gestão integrada de processos procura identificar e alcançar o menor custo total equilibrando os *trade-offs* que existem entre funções. Para ilustrar usando um exemplo logístico, uma empresa pode conseguir reduzir o custo total para atender um cliente com um gasto maior em um transporte mais rápido e mais confiável porque o custo total do estoque associado ao processo pode ser reduzido em um valor maior do que o aumento do custo com um transporte mais rápido. O foco da gestão integrada é o **menor custo total do processo**, o que não necessariamente significa atingir o menor custo para cada função do processo.

O conceito de *trade-off* e o objetivo de menor custo total têm um sentido lógico. Embora enganosamente simples, os administradores continuam a considerar que a identificação, a medição e a implementação de um processo para minimizar o custo total constituem uma tarefa difícil nas operações cotidianas. A indisponibilidade dos dados de desempenho do processo e das medições de custo capazes de quantificar os *trade-offs* entre funções serviu para estimular o desenvolvimento de ferramentas integradas como a Análise de Custo Total, a Engenharia de Processos e o Custeio Baseado em Atividades (ABC – *Activity-Based Costing*).

Três importantes facetas da lógica da cadeia de suprimentos resultaram do aumento da atenção dedicada à gestão integrada: (1) colaboração; (2) extensão empresarial; e (3) prestadores de serviço integrados.

COLABORAÇÃO

Como discutimos anteriormente, a história das empresas tem sido dominada por um desejo de cooperar, porém sempre envolvido em uma estrutura competitiva. Embora a concorrência continue sendo o modelo dominante a guiar as economias de livre mercado, o aumento da importância da colaboração posicionou a cadeia de suprimentos como uma unidade fundamental de concorrência. Na economia global de hoje, os arranjos da cadeia de suprimentos concorrem uns com os outros pela fidelidade do cliente. As que são dominadas pela Sears, pela Target e pelo Walmart concorrem diretamente em muitos mercados. Alinhamentos semelhantes de cadeias de suprimentos podem ser observados em setores que vão desde o entretenimento até alimentos, automóveis e produtos químicos. O alcance estratégico global da Limited Logistics Services é um exemplo da complexidade da moderna gestão de cadeia de suprimentos. Peças de roupas são fabricadas em todo o mundo e vendidas a consumidores de diversos lugares.

O impulso geral para arranjos institucionalizados de trabalho colaborativo foi a aprovação da National Cooperative Research and Development Act (Lei da Cooperação Nacional em Pesquisa e Desenvolvimento) em 1984, que teve o escopo expandido pelas Production Amendments (Emendas de Produção) de 1993 e 2004.[5] Essa legislação norte-americana e sua

---

[5] Em 11 de outubro de 1984, o presidente Reagan aprovou o National Cooperative Research Act (Public Law 98-462) [Lei Nacional de Pesquisa Cooperativa de 1984] em um esforço "para promover a pesquisa e o desenvolvimento, encorajar a inovação, estimular a troca e fazer as modificações necessárias e adequadas na operação das leis antitruste". Essa lei permite que as atividades de pesquisa e desenvolvimento sejam realizadas em conjunto até o ponto em que os protótipos são desenvolvidos. A lei determinou, também, que os litígios antitruste se baseariam na regra da razão, considerando todos os fatores que afetam a concorrência. Uma extensão dessa lei foi aprovada pelo presidente Clinton em 10 de junho de 1993. A extensão, National Cooperative Production Amendments (Emendas de Cooperação Nacional em Produção), permite às *joint ventures* extrapolar a pesquisa para incluir a produção e os testes de um produto, processo ou serviço. Isso gerou uma nova lei, chamada de National Cooperative Research and Production Act (Lei da Cooperação Nacional em Pesquisa e Desenvolvimento) para substituir a lei de 1984. Além disso, esta nova lei estabeleceu um procedimento para as empresas notificarem o Departamento de Justiça norte-americano e a Comissão Federal de Comércio (FTC – Federal Trade Commission) sobre seus acordos de cooperação de modo a se qualificarem para "limitação de dano único em responsabilidades civis antitruste". Em 2004, o presidente Bush aprovou o Standards Development Organization Advancement Act (SDOAA, H. R. 1086) (Lei de Promoção das Organizações de Desenvolvimento de Padrões), que trazia emendas à lei de 1993 para incluir a imunidade às organizações que desenvolvem padrões e, dessa forma, validou ainda mais a doutrina colaborativa.

subsequente modificação assinalaram uma mudança fundamental na tradicional filosofia antitruste do Departamento de Justiça norte-americano. A legislação básica, complementada por regulamentos administrativos, estimulou as empresas a desenvolver iniciativas colaborativas em um esforço para aumentar a competitividade global de empresas com sede nos Estados Unidos. A ampla percepção de que a cooperação é tanto permitida quanto encorajada serviu para estimular a formação de arranjos de cadeias de suprimentos.

Embora todas as formas de combinação de preços permaneçam ilegais, a legislação colaborativa serviu para facilitar o compartilhamento de informações operacionais, tecnológicas e de riscos entre organizações como meio de aumentar a competitividade. A resposta foi uma ampla variedade de novos e inovadores arranjos operacionais. Um desses desenvolvimentos foi o crescimento da visão da extensão empresarial.

EXTENSÃO EMPRESARIAL

O conceito central da extensão empresarial aumentou a influência e o controle gerencial para além das fronteiras da propriedade de uma única empresa para facilitar as operações e o planejamento associados com clientes e fornecedores. A crença fundamental é de que o comportamento colaborativo entre empresas que integram processos maximiza o impacto sobre o consumidor, reduz o risco geral e aumenta a eficiência. A extensão empresarial baseia-se em dois paradigmas fundamentais: compartilhamento de informações e especialização de processos.

O **paradigma do compartilhamento de informações** é a crença amplamente difundida de que alcançar um alto grau de comportamento cooperativo exige que os participantes da cadeia de suprimentos voluntariamente compartilhem informações operacionais e planejem estratégias em conjunto. O objetivo da colaboração entre empresas deve abranger, além dos dados de vendas, os planos acurados de promoção, lançamento de novos produtos e operações cotidianas. É importante enfatizar que o compartilhamento de informações para apoiar a colaboração não deve se limitar a dados de vendas antigos ou, até mesmo, atuais. O mais importante é a disposição para compartilhar informações sobre iniciativas estratégicas futuras para facilitar as operações em conjunto. O princípio orientador é que o compartilhamento de informações entre os participantes da cadeia de suprimentos é essencial para realizar coletivamente tudo o que os clientes exigem com mais rapidez e eficiência.

O **paradigma da especialização de processos** é um compromisso de concentrar os arranjos colaborativos no planejamento de operações conjuntas com o objetivo de eliminar a redundância improdutiva ou sem valor agregado nas empresas de uma cadeia de suprimentos. A ideia básica é planejar os processos gerais da cadeia de suprimentos identificando as competências específicas de cada empresa, além da capacidade e responsabilidade para realizar cada função do trabalho essencial de forma a maximizar os resultados gerais.

As empresas que participam de uma cadeia de suprimentos têm papéis específicos e compartilham objetivos estratégicos. Compartilhar informações e planejar em conjunto pode reduzir o risco relacionado ao posicionamento do estoque. A colaboração pode eliminar o trabalho duplicado ou redundante, como a inspeção de qualidade repetitiva, ao designar e delegar poderes a um membro específico da cadeia de suprimentos para que ele se responsabilize totalmente. Essa integração empresarial estendida lança novos desafios em matéria de medição, compartilhamento de benefícios e riscos, confiança, liderança e solução de conflitos. É claro que os desafios da colaboração e da extensão empresarial constituem novos horizontes administrativos. A terceira força que contribui para o desenvolvimento da cadeia de suprimentos é a atitude gerencial em relação aos prestadores de serviço integrados, que tem mudado rapidamente.

PRESTADORES DE SERVIÇO INTEGRADOS

Como observamos anteriormente, as origens das empresas contemporâneas se fundamentaram na especialização funcional. Não é de surpreender que essas empresas tenham utilizado a prática da **terceirização** do trabalho para outras empresas especialistas no desempenho de funções específicas. Os dois prestadores de serviços logísticos tradicionais são os especialistas em transporte e depósito.

O setor de transporte terceirizado consiste em milhares de transportadoras que se especializam na movimentação de produtos entre localizações geográficas. Ao longo dos anos, muitas transportadoras surgiram, oferecendo aos embarcadores ampla variedade de serviços, utilizando todas as formas ou modos disponíveis de transporte e tecnologia relacionada. A proposta de valor do transporte terceirizado baseia-se na especialização, na eficiência e nas economias de escala. O valor é gerado pela capacidade de uma transportadora prestar serviços de transporte compartilhados por diversos embarcadores. As alternativas de transporte para as empresas são ou investir capital em equipamentos e operações de transporte ou utilizar os serviços de empresas de transporte terceirizado. Naturalmente, um grande número de empresas desenvolve soluções de transporte que combinam os benefícios dessas alternativas.

Além do transporte, um grande número de empresas de serviço normalmente oferece serviços de depósito. Tradicionalmente denominadas de **depósitos independentes**, essas empresas oferecem depósitos complementados por outros serviços especializados. Dois benefícios significativos são obtidos quando as empresas usam depósitos independentes. O primeiro é a eliminação do investimento de capital na construção de depósitos. O segundo é a capacidade de consolidar pequenos volumes para a entrega combinada de produtos de outras empresas que usam o mesmo depósito. Essa consolidação de diversos embarcadores proporciona uma eficiência do transporte que geralmente não ocorre quando as empresas enviam produtos de seus próprios depósitos. Muitas empresas combinam depósitos independentes e próprios em suas redes de suprimentos.

Um exemplo de colaboração de um prestador de serviços integrados é o serviço de distribuição oferecido pela Kane Is Able Inc, que disponibiliza aos clientes do seu centro de distribuição um depósito compartilhado e também o serviço de entrega. Pequenas cargas de diferentes empresas de produção e processamento de alimentos que estejam sendo distribuídas para um único cliente são combinadas em uma entrega consolidada por meio de um processo de distribuição compartilhado; isso resulta em menos caminhões, maior utilização, menos entregas e maior eficiência de manuseio.

Em 1980, a situação dos serviços contratados nos Estados Unidos mudou drasticamente. Em poucos meses, a infraestrutura regulatória econômica e política dos transportes nos Estados Unidos mudou de uma regulamentação econômica para uma social como resultado da aprovação do Motor Carrier Regulatory Reform and Modernization Act (Lei da Reforma e Modernização Regulatórias das Empresas de Transporte Rodoviário) e do Staggers Rail Act (Lei Ferroviária Staggers).[6] Essas mudanças nas leis serviram para dar início a uma tendência de um mercado aberto de transportes, que acabou resultando em menos regulamentação econômica do governo para todas as formas de transporte. Ao longo do tempo, essa tendência se estendeu por todo o mundo e desregulamentou o transporte na maioria das nações industrializadas de livre mercado.

Diferentemente do que acontece com o transporte, as empresas envolvidas no depósito independente não eram operacionalmente regulamentadas pelos governos federais ou esta-

---

[6] Public Laws 96-296 e 96-488, respectivamente.

duais. A maioria das empresas de depósito não prestava serviços de transporte para evitar a regulamentação. No entanto, com a desregulamentação dos transportes, essa prática logo mudou. Da noite para o dia, as empresas de depósito começaram a oferecer serviços de transporte. Da mesma forma, muitas transportadoras começaram a oferecer serviços de depósito aos clientes.

O que ocorreu no setor de serviços logísticos foi uma transformação radical, saindo de uma única função para a terceirização multifuncional. Os **prestadores de serviços integrados** (**ISPs** – *Integrated service providers*) começaram a prestar uma gama de serviços logísticos que incluíam todo o trabalho necessário para atender os clientes, abrangendo desde o recebimento do pedido até a entrega do produto. Em muitas situações, a base dos serviços de transporte e depósito aumentou com uma ampla gama de serviços especiais. Esses serviços customizados normalmente são descritos como **serviços com valor agregado**. Por exemplo, a United Parcel Service (UPS) estoca tênis e agasalhos da Nike em seu depósito em Louisville e processa os pedidos de hora em hora. Toda a comunicação relacionada e a administração financeira são realizadas por um *call center* da UPS. Portanto, a Nike efetivamente terceirizou a logística básica e o serviço com valor agregado relacionado para a UPS.

Os termos comumente usados em todo o setor para descrever os prestadores de serviços integrados são **operadores logísticos 3PL** (*third-party logistics*) e **prestadores de serviços 4PL** (*fourth-party logistics*). De modo geral, os prestadores de serviços integrados costumam ser classificados **com base em ativos** ou **sem base em ativos**. A distinção entre eles é que as empresas baseadas em ativos possuem e operam equipamentos de transporte e instalações de depósito. Por outro lado, as empresas de serviços sem ativos são especializadas em fornecer serviços de informação abrangentes que facilitam os arranjos da cadeia de suprimentos. Os fornecedores 4PL organizam os serviços, normalmente integrando os operadores 3PL de ativos terceirizados em benefício de seus clientes.

Em 2010, o mercado de logística terceirizada foi calculado em US$ 160 bilhões.[7] O crescimento dos prestadores de serviços integrados facilitam tanto a formação quanto o término dos arranjos de cadeias de suprimentos. Assim, os participantes da cadeia de suprimentos têm a oportunidade de aderir às possibilidades do que acaba se tornando uma rede virtual de logística. Essa terceirização ajuda a facilitar a gestão integrada voltada para processos.

Já discutimos como o surgimento da colaboração, da visão da extensão empresarial e o aumento da disponibilidade de prestadores de serviços integrados se combinaram para impulsionar soluções radicalmente novas para a cadeia de suprimentos. A noção de benefícios compartilhados e sinérgicos serviu para solidificar a importância dos relacionamentos entre as empresas que colaboram em uma cadeia de suprimentos. A lógica da extensão empresarial estimulou perspectivas de aumento da eficiência, da eficácia e da relevância como resultado do compartilhamento de informações, do planejamento e da especialização operacional entre os participantes da cadeia de suprimentos. A desregulamentação dos transportes serviu como catalisadora do desenvolvimento dos prestadores de serviços integrados, que redefiniu e expandiu o escopo dos serviços especializados disponíveis para facilitar as operações da cadeia de suprimentos. Combinados, esses três aspectos ajudaram a criar a gestão integrada da cadeia de suprimentos. Também serviram para identificar e solidificar os benefícios estratégicos da gestão integrada, e sua combinação reforçou o valor da especialização em competências essenciais e lançou os desafios e oportunidades da criação de cadeias de suprimentos virtuais.

---

[7] "U.S. 3PL/Contract Logistics Market," Armstrong & Associates, Inc., 2009.

CAPACIDADE DE RESPOSTA

Pode-se argumentar que os desafios e benefícios da gestão integrada ofereceram motivos suficientes para a revolução da cadeia de suprimentos. No entanto, outros aspectos básicos tornam os arranjos da cadeia ainda mais atraente. Uma mudança de paradigmas fundamental no pensamento estratégico ocorreu com o impacto direto da tecnologia da informação. A conectividade das informações gerou o potencial para desenvolver modelos de negócios baseados na resposta (puxados). Para elaborar as extensas implicações desse importante desenvolvimento, é necessário contrastar a prática empresarial tradicional ou **antecipatória** (**empurrada**) com o emergente modelo de negócio **baseado na resposta** (**puxado**), também chamado de **orientado pela demanda**.

MODELO DE NEGÓCIO DE BASE ANTECIPATÓRIA (EMPURRADO)

Desde a Revolução Industrial, o modelo de negócio dominante requer a antecipação do que os clientes demandarão no futuro. Visto que as informações acerca do comportamento de compra não estavam prontamente disponíveis e as empresas, unidas por um vínculo fraco em um canal de distribuição, não se sentiam compelidas a compartilhar seus planos, as operações empresariais eram impulsionadas por previsões. O empresário típico fabricava produtos com base em uma previsão de mercado. Da mesma forma, os atacadistas, distribuidores e varejistas compravam estoque com base em suas previsões e em seus planos promocionais individuais. Como os resultados das previsões, na maioria das vezes, davam errado, havia uma considerável descontinuidade entre o que as empresas planejavam realizar e o que, de fato, acabavam fazendo. Essa descontinuidade normalmente resultava em um estoque não planejado. Devido aos altos custos e riscos associados a conduzir os negócios de modo antecipatório, o relacionamento predominante entre os parceiros comerciais era antagônico; cada empresa tinha de proteger seus próprios interesses.

A Figura 1.8 ilustra as etapas típicas do modelo de negócio de base antecipatória (empurrado): prever, comprar materiais, fabricar, armazenar, vender e entregar. Em empresas não manufatureiras, as operações envolviam a compra antecipada de uma variedade de estoque para atender às vendas esperadas. O ponto principal é que quase todo o trabalho essencial era realizado em **antecipação** às necessidades futuras. A probabilidade de se estimarem erroneamente as requisitos dos clientes tornava o modelo de negócio de base antecipatória (empurrado) altamente arriscado. Além disso, cada empresa no canal de distribuição duplicava o processo empurrado.

MODELO DE NEGÓCIO BASEADO NA RESPOSTA (PUXADO)

A diferença fundamental entre os arranjos de cadeia de suprimentos puxado e empurrado é o cronograma. O modelo de negócio baseado na resposta (puxado) busca reduzir ou eliminar a a dependência das previsões por meio do planejamento conjunto e da troca rápida de informações entre os participantes da cadeia de suprimentos.

A disponibilidade de informação de baixo custo criou a **concorrência baseada no tempo**. Os administradores cada vez mais compartilham informações para melhorar tanto a velocidade quanto a acurácia da logística da cadeia de suprimentos. Para ilustrar, os administradores podem compartilhar informações para melhorar a acurácia das previsões ou até eliminá-las em um esforço para reduzir o desdobramento antecipado do estoque. Essa transformação de negócios em empurrado e puxado é possível porque os administradores de hoje têm tecnologia para rapidamente obter e compartilhar informações acuradas de vendas e exercer melhor controle operacional. Quando todos os membros da cadeia de suprimentos

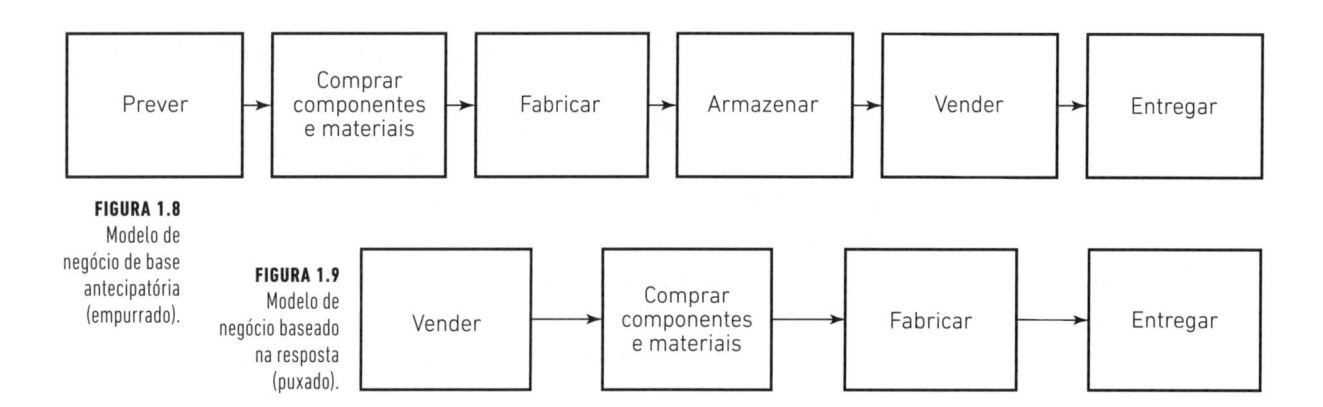

```
Prever → Comprar componentes e materiais → Fabricar → Armazenar → Vender → Entregar
```

FIGURA 1.8 Modelo de negócio de base antecipatória (empurrado).

```
Vender → Comprar componentes e materiais → Fabricar → Entregar
```

FIGURA 1.9 Modelo de negócio baseado na resposta (puxado).

sincronizam suas operações, surgem as oportunidades para reduzir o estoque total e eliminar práticas duplicadas dispendiosas. O mais importante é os clientes receberem rapidamente os produtos que desejam.

A Figura 1.9 ilustra um modelo de negócio baseado na resposta (puxado) que fabrica ou monta produtos de acordo com o pedido do cliente. A diferença fundamental nos modelos puxados é a sequência de eventos que impulsionam a prática empresarial. Também notável, em comparação com a Figura 1.8, é a quantidade menor de etapas necessárias para realizar o processo puxado. Menos etapas normalmente significa custo menor e menos tempo desde o recebimento do pedido até a entrega do produto. A sequência puxada é iniciada por uma venda, vindo em seguida a compra de materiais, fabricação customizada e entrega direta ao cliente.

Em muitas maneiras, o modelo de negócio baseado na resposta (puxado) é semelhante à tradicional produção sob pedido. As principais diferenças entre as operações puxadas modernas e a produção sob pedido tradicional são o tempo de execução e o grau de customização potencial.

Em termos do tempo de execução, o sistema puxado contemporâneo é substancialmente mais rápido que a tradicional produção sob pedido. Está se tornando uma prática comum abastecer diariamente os estoques de lojas com produtos de consumo. Automóveis customizados têm entrega prometida para dez dias úteis, com o objetivo de reduzir ainda mais o ciclo do pedido até a entrega, que até então não era sequer imaginável há poucos anos.

Talvez um atributo ainda mais atraente das cadeias de suprimentos puxadas seja seu potencial para fazer customizações únicas de produtos em pedidos menores do que era comum na fabricação tradicional de um lote sob pedido. A conectividade direta com os clientes por meio da Internet está acelerando a customização. Nos sistemas de distribuição empurrada mais tradicionais, o cliente é um participante passivo. Praticamente o único poder que ele tem no processo tradicional é a decisão de comprar ou não comprar. O envolvimento direto dos clientes em um processo puxado tem no mínimo três benefícios. Em primeiro lugar, o envolvimento proporciona uma capacidade de busca abrangente que serve para expandir a gama de fontes e escolhas que um cliente pode considerar ao selecionar um produto ou serviço. Em segundo lugar, os clientes são mais bem informados sobre preços e, em algumas situações, conseguem obter vantagens em relação aos preços por meio de ofertas e/ou leilões. Por fim, sistemas puxados com muita informação geram inovações como o **quadro de escolhas do cliente** (*customer choice-board*), de onde o cliente projeta ou customiza a configuração de seu próprio produto.

POSTPONEMENT (POSTERGAÇÃO)

No âmago da concorrência baseada no tempo residem o *timing* do desempenho logístico e a capacidade de adiar a customização. O conceito de **postponement** tem sido discutido há muito tempo na literatura de negócios.[8] No entanto, exemplos práticos que o envolvem estão diretamente relacionados aos avanços da tecnologia da informação. As estratégias e práticas de *postponement* reduzem o risco dos sistemas empurrados para o desempenho da cadeia de suprimentos. Como observamos anteriormente, arranjos empurrados exigem que um estoque maior seja produzido e armazenado com base em previsões ou em requisitos planejados. Os arranjos de trabalho, que permitem o *postponement* de manufatura, a customização ou a distribuição final de um produto até o recebimento de um pedido do cliente, reduzem a incidência de manufatura errada ou o desdobramento (*deployment*) incorreto do estoque. Dois tipos de *postponement* são comuns em operações de cadeia de suprimentos puxadas: (1) **postponement de manufatura** ou de forma; e (2) **postponement geográfico** ou logístico.

Postponement de manufatura

O clima de competição global do século XXI está facilitando o desenvolvimento de novas técnicas de fabricação projetadas para aumentar a flexibilidade e a capacidade de resposta ao mesmo tempo que mantém o custo unitário e a qualidade. A prática tradicional concentra-se em alcançar a economia de escala por meio do planejamento de grandes lotes de produção. Por outro lado, a lógica da produção flexível e enxuta é impulsionada pelo desejo de aumentar a capacidade de resposta aos requisitos do consumidor.

A visão do **postponement de manufatura**, ou **de forma**, consiste em fabricar os produtos de acordo com cada pedido, sem nenhum trabalho de preparação ou compra de componente até que as especificações exatas do cliente sejam totalmente conhecidas e a confirmação da compra seja recebida. Esse sonho de fabricar de acordo com a solicitação do cliente não é novo. O que é novo é a expectativa de que a produção flexível possa atingir tal capacidade de resposta sem sacrificar a eficiência. Enquanto a tecnologia puder apoiar estratégias de produção flexíveis no ritmo do mercado, as empresas estarão livres de operações empurradas impulsionadas por previsões.

Na prática, a economia gerada pelo tamanho do lote não pode ser ignorada. O desafio é quantificar os *trade-offs* entre os custos de suprimento, manufatura e logística. Neste momento, é suficiente entender que o *trade-off* ocorre entre o custo e o risco, associados à manufatura empurrada e à perda da economia de escala resultante da introdução de procedimentos flexíveis. A redução do tamanho do lote lida com um *trade-off* entre a programação da linha de produção e os ajustes e os gastos com suprimentos, comparados com o custo e o risco associados ao depósito de produtos finalizados. No tradicional estilo funcional de administração, os cronogramas de produção eram organizados para alcançar o menor custo unitário. Na perspectiva de gestão integrada, o objetivo é atingir a desejada satisfação do cliente pelo menor custo total. Isso pode exigir o *postponement* de manufatura com algum sacrifício do custo unitário para gerar eficiência total na cadeia de suprimentos.

O objetivo operacional do *postponement* de manufatura é manter os produtos em estado neutro, ou não comprometido, pelo maior tempo possível. A aplicação ideal do *postponement* de manufatura consiste em fabricar um produto padrão ou básico em quantidades suficientes para gerar uma economia de escala ao mesmo tempo que se adia a finalização de características, como cor ou acessórios, até o recebimento do pedido certo do cliente. Em um cenário de produção impulsionada pelo *postponement*, a economia de escopo é inserida na equação logística

---

[8] Wroe Alderson, *Marketing Behavior and Executive Action* (Homewood, IL: Richard D. Irwin, Inc., 1957), p. 426.

ao se fabricar um produto básico para satisfazer uma ampla gama de clientes diferentes. Um dos primeiros exemplos comercialmente viáveis do *postponement* de manufatura é a mistura de cores de tintas em lojas para atender as solicitações individuais dos clientes. Aperfeiçoar o processo de mistura nas lojas reduziu drasticamente a quantidade de unidades estocadas em lojas de tintas. Em vez de tentar manter estoques de tintas coloridas pré-misturadas, as lojas estocam cores básicas e customizam uma cor específica. Algumas pessoas acreditam que essa aplicação relativamente simples do *postponement* de manufatura na indústria de tintas foi um fator importante para facilitar o surgimento do setor de reformas direcionado ao consumidor. Da noite para o dia, as lojas de tintas passaram da excessiva falta de estoque para totalmente abastecidas. Além disso, enquanto os consumidores aguardam a composição personalizada da cor da tinta, eles ficam expostos a uma ampla variedade de acessórios de pintura do tipo faça--você-mesmo disponível para compra.

Em outros setores, a prática de manufatura envolve processar e armazenar produtos em grandes volumes, adiando a configuração final de embalagem até que os pedidos dos clientes sejam recebidos. Em algumas situações, os produtos são processados e embalados em latas e a etiqueta com a identificação da marca é colocada posteriormente, quando pedidos específicos dos clientes são recebidos. Outros exemplos de *postponement* de manufatura incluem o aumento da prática de instalar acessórios em lojas de automóveis, equipamentos e motocicletas, customizando, dessa forma, os produtos de acordo com a solicitação do cliente no momento da compra.

Esses exemplos de *postponement* de manufatura têm um fator em comum: eles reduzem a quantidade de unidades mantidas no estoque logístico ao mesmo tempo que apoiam um amplo esforço de marketing e mantêm as economias de escala associadas à produção em massa. Até que o produto seja customizado, ele tem potencial para atender a muitos clientes diferentes.

O impacto do *postponement* de manufatura é duplo. O primeiro é que a variedade de produtos diferenciados transportados antes das vendas pode ser reduzida e, portanto, o risco de falha logística é menor. O segundo impacto, e talvez o mais importante, é o aumento do uso de instalações logísticas para realizar uma operações simples de produção e a montagem final. Visto que esta operação não exige capacidades específicas ou uma economia de escala altamente restritiva, a customização de produtos pode ser melhor quando delegada e realizada perto do mercado consumidor. Essa forma de *postponement* de manufatura é frequentemente denominada **customização tardia**. A missão tradicional dos depósitos em alguns setores mudou significativamente para satisfazer o *postponement* de manufatura. Por exemplo, a Kohler Co. realiza um volume significativo de customizações em seus produto em centros de distribuição operados por ISPs.

Postponement geográfico

De várias maneiras, o ***postponement* logístico** ou **geográfico** é o exato oposto do *postponement* de manufatura. A noção básica do *postponement* geográfico é construir e manter um estoque de toda a linha em uma ou em poucas localizações estratégicas. O desdobramento tardio do estoque é adiado até que os pedidos dos clientes sejam recebidos. Uma vez que o processo logístico é iniciado, todos os esforços se voltam para acelerar a movimentação econômica dos produtos diretamente para os clientes. No conceito do *postponement* geográfico, o risco do desdobramento antecipado do estoque é parcialmente eliminado ao mesmo tempo que a economia de escala da produção é mantida.

Muitas aplicações do *postponement* geográfico envolvem o fornecimento de peças. Peças críticas e de alto custo são mantidas em um estoque central para garantir a disponibilidade para todos os usuários potenciais. Quando ocorre a demanda, os pedidos são transmitidos eletronicamente à central de serviços e os envios expressos são feitos diretamente pela central de serviços avançada, usando transportes rápidos e confiáveis. O resultado final é um serviço ao cliente altamente confiável, com redução do investimento geral em estoque.

O potencial do *postponement* geográfico tem sido facilitado pelo aumento da capacidade dos sistemas logísticos para processar, transmitir e entregar pedidos exatos com alto grau de precisão e velocidade. O *postponement* geográfico substitui o envio antecipado de estoques a depósitos locais pela entrega rápida de produtos customizados. Diferentemente do *postponement* de manufatura, os sistemas que utilizam o *postponement* geográfico mantêm as economias de escala da produção ao mesmo tempo que atendem às solicitações de serviço ao cliente acelerando os embarques diretos.

Combinados, o *postponement* de manufatura e o geográfico oferecem modos alternativos de evitar a distribuição antecipada, já que aguardam os pedidos dos clientes. Os fatores que favorecem uma ou outra forma de *postponement* dependem do volume, do valor, das iniciativas de concorrentes, das economias de escala e dos requisitos de velocidade e consistência da entrega ao consumidor. Em um número cada vez maior de cadeias de suprimentos, os dois tipos de *postponement* são combinados para gerar uma estratégia altamente flexível.

BARREIRAS À IMPLEMENTAÇÃO DE SISTEMAS BASEADOS NA RESPOSTA (PUXADOS)

Na realidade, as melhores práticas de cadeias de suprimentos de hoje não se caracterizam por escolhas únicas de arranjos de base antecipatória (empurrados) ou baseados na resposta (puxados). A maioria das empresas se mantém, de forma significativa, comprometida com arranjos empurrados. No entanto, as estratégias puxadas estão surgindo rapidamente. Talvez a maior barreira à adoção de arranjos baseados na resposta seja a necessidade que as empresas de capital aberto têm de manter os lucros trimestrais planejados. Essa contabilidade gera expectativas relacionadas às vendas contínuas e aos resultados financeiros. Tais expectativas muitas vezes impulsionam estratégias promocionais e de formação de preços que "sobrecarregam o canal" com estoques para gerar vendas oportunas. Por outro lado, nunca é oportuno fazer uma grande redução no estoque do canal. Os esforços para enxugar ou reduzir o estoque com o intuito de implementar uma postura operacional com mais capacidade de resposta exigem a capacidade de absorver uma redução ocasional de vendas entre parceiros da cadeia de suprimentos. Empresas novas têm o posicionamento ideal para implementar sistemas de atendimento baseados na resposta porque não enfrentam o desafio da redução de estoques.

A segunda barreira à implementação de operações puxadas é a necessidade de estabelecer relações colaborativas. A maioria dos administradores de empresas simplesmente não tem treinamento ou experiência no desenvolvimento de arranjos colaborativos feitos para compartilhar benefícios e riscos. Embora geralmente expressem uma alta de crença no potencial de longo prazo das alianças, os administradores normalmente enfrentam uma frustração considerável em relação a como implementar tais arranjos de cadeia de suprimentos.

Em um futuro previsível, a maioria das empresas continuará a implementar estratégias que combinam os arranjos de base antecipatória (empurrados) ou baseados na resposta (puxados) de cadeias de suprimentos. A tendência de aumento do envolvimento em arranjos puxados com clientes e fornecedores específicos continuará a crescer conforme o retorno total de operações baseadas na Internet se materializa.

SOFISTICAÇÃO FINANCEIRA

Poucos administradores questionam os benefícios de se aplicarem as estratégias baseadas no tempo discutidas anteriormente às operações de cadeias de suprimentos. No entanto, uma pergunta válida é: que velocidade é suficiente? A velocidade pelo simples motivo de ser rápido tem pouco valor permanente, se tiver algum.[9] A resposta referente a quanta velocidade é desejável encontra-se no impacto financeiro. O processo de criar valor dita que modos mais rápidos, flexíveis e mais precisos de servir os clientes são justificáveis desde que possam ser fornecidos por preços competitivos. A terceira força que impulsiona uma estratégia competitiva de cadeia de suprimentos é a capacidade de administrar de modo mais apropriado para chegar a arranjos de trabalho financeiramente atraentes.

Os benefícios financeiros da resposta oportuna são claros. A entrega rápida se traduz em menos estoque e menos necessidade de instalações de distribuição. Entrega rápida aos consumidores significa ser necessário menos capital de giro para apoiar as operações da cadeia de suprimentos. Os três aspectos da sofisticação financeira são: conversão de caixa, minimização do tempo de permanência e liberação de caixa.

CONVERSÃO DE CAIXA

O tempo necessário para converter matéria-prima ou estoque em receitas de vendas é denominado **conversão de caixa**, que geralmente se relaciona ao giro de estoque: quanto maior o giro de estoque, mais rápida a conversão de caixa. Um dos objetivos do projeto da cadeia de suprimentos é reduzir e controlar o tempo desde o recebimento do pedido até a entrega, de modo a acelerar os giros de estoque.

Em arranjos comerciais tradicionais, os benefícios relacionados à conversão de caixa normalmente são conquistados à custa dos parceiros comerciais. Devido a práticas normais de desconto em compras e faturamento, em termos operacionais, as empresas podem vender o produto rapidamente e ainda conseguir dar descontos para pagamentos à vista. Para ilustrar, os termos de uma venda que oferece 2% de desconto líquido para pagamento em dez dias indicam que é dado um desconto para pagamento à vista se a fatura for paga dez dias depois da confirmação da entrega. Portanto, se a fatura é de $ 1 mil, um pagamento feito para dez dias receberá um desconto de $ 20. Se a empresa vende o produto com pagamento à vista e antes da data do pagamento da fatura, ela, na verdade, se livra do estoque e pode até receber juros se investir o dinheiro enquanto aguarda a data de pagamento.

Em sistemas puxados, os benefícios da conversão de caixa podem ser compartilhados por meio da administração da velocidade do estoque em toda a cadeia de suprimentos. Essa capacidade de administrar a velocidade do estoque desde a origem até o destino final tem potencial para proporcionar maior eficiência geral do que uma única empresa é capaz de conseguir. Operações coordenadas podem exigir que determinada empresa na cadeia de suprimentos funcione como principal local de estoque de produtos. Tal prática significa que os riscos e os benefícios relacionados ao estoque têm de ser compartilhados pelas empresas participantes. Para facilitar tais arranjos, os membros da cadeia de suprimentos normalmente substituem os descontos pelo **preço líquido**, o que significa que todos os descontos e abatimentos estão embutidos no preço de venda. Portanto, os incentivos pelo pagamento em dia são substituídos por compromissos de desempenho acurado por um preço líquido especificado.

O pagamento da fatura, com base no preço líquido negociado, é completado após a verificação do recebimento físico. Tal pagamento normalmente é feito por Transferência Eletrônica de Fundos (TEF), o que agiliza o fluxo de produtos físicos e de dinheiro entre os parceiros da cadeia de suprimentos. Administrar a logística da cadeia de suprimentos como um processo sincronizado contínuo também serve para reduzir o tempo de permanência.

---

[9] George Stalk, Jr. and Alan M. Webber, "Japan's Dark Side of Time," *Harvard Business Review* (July/August 1993), pp. 93-102.

MINIMIZAÇÃO DO TEMPO DE PERMANÊNCIA

Arranjos tradicionais de distribuição normalmente envolvem unidades de negócios independentes unidas por um vínculo fraco com base em transações individuais. As operações de negócios tradicionais são impulsionadas por uma série de transações **independentes** amortecidas pelo estoque de produtos. Por outro lado, uma cadeia de suprimentos tem potencial para funcionar como uma série sincronizada de unidades de negócios **interdependentes**.

No âmago da alavancagem operacional da cadeia de suprimentos reside o desejo de transferir estoques de acordo com as necessidades, extraindo vantagens do máximo de colaboração e informação possível. Estas podem se concentrar em manter contínuos o fluxo e a velocidade da movimentação do estoque por toda a cadeia de suprimentos. O potencial dessa sincronização é um dos principais benefícios da conectividade da cadeia de suprimentos.

Uma medida significativa da produtividade da cadeia de suprimentos é o **tempo de permanência**, ou seja, a proporção entre o tempo que um ativo fica ocioso e o tempo necessário para satisfazer sua missão designada na cadeia de suprimentos. Por exemplo, o tempo de permanência seria a proporção entre o tempo que uma unidade de estoque fica armazenada e o tempo que passa sendo transportada ou contribuindo de alguma outra forma para atingir objetivos de vendas ou operacionais.

Para reduzir o tempo de permanência, as empresas que colaboram em uma cadeia de suprimentos precisam estar dispostas a eliminar o trabalho duplicado e sem valor agregado. Por exemplo, se três empresas diferentes realizam processos idênticos conforme um produto passa pela cadeia de suprimentos, os tempos ociosos se acumulam. Indicar uma empresa específica para realizar e ser responsável pelo trabalho com valor agregado pode ajudar a reduzir o tempo de permanência total.

Da mesma forma, a chegada no momento adequado e o fluxo de estoque contínuo entre parceiros da cadeia de suprimentos reduzem o tempo de permanência. Quando um produto sai de um fornecedor para um varejista por meio de um *cross-docking* sem parar ou sem desviar para o estoque nos depósitos, o tempo de permanência total é minimizado. Um benefício colateral de diminuir o tempo de permanência e o custo logístico associado é a capacidade de reduzir o investimento em estoque e ativos relacionados.

LIBERAÇÃO DE CAIXA

Um termo popular para descrever os benefícios potenciais da redução de ativos em uma cadeia de suprimentos é **liberação de caixa**.[10] A ideia é reduzir os ativos totais comprometidos com o desempenho da cadeia de abastecimento. Portanto, se um dólar de estoque ou de investimento em um depósito for eliminado por uma cadeia de suprimentos que passou por uma reengenharia, ele será redistribuído. Esse capital livre pode ser reinvestido em projetos que foram considerados arriscados demais em outras ocasiões.

Naturalmente, a oportunidade de liberação de caixa não é exclusiva da cadeia de suprimentos, mas aplica-se a todas as áreas de uma empresa. O que torna o potencial de liberação de caixa de uma cadeia de suprimentos tão atraente é a oportunidade de colaboração entre empresas.

Os benefícios advindos da conversão de caixa, da redução do tempo de permanência e da liberação de caixa se unem para aumentar a atratividade financeira da colaboração eficaz. Outra importante força que impulsiona a expansão da gestão da cadeia de suprimentos é o crescente envolvimento de muitas empresas em operações internacionais.

---

[10] Gene Tyndall et al., *Supercharging Supply Chains* (New York: John Wiley & Sons, 1988), p. 1.

GLOBALIZAÇÃO

Uma estimativa conservadora diz que 90% da demanda global não é totalmente atendida por fornecedores locais. A demanda atual, somada a uma população mundial com projeção de crescimento médio de mais de 200 mil pessoas por dia para a próxima década, resulta em oportunidades substanciais no mercado. A gama do potencial de crescimento de produtos/serviços varia muito entre economias industrializadas e emergentes. Nos setores industrializados da economia global, as oportunidades concentram-se em produtos de consumo de luxo. Essas economias mais avançadas oferecem oportunidades substanciais para a venda de produtos em conjunto com serviços de valor agregado. Embora seja verdade que os consumidores de países em desenvolvimento tenham menor poder de compra que aqueles em países industrializados, a demanda por produtos e as necessidades básicas em tais economias são enormes. Os consumidores de países em desenvolvimento estão mais interessados na qualidade de vida do que na moda ou na tecnologia. Por exemplo, as crescentes populações da Índia e da China oferecem gigantescas oportunidades de mercado em termos de produtos básicos, como alimentos e roupas, e bens de consumo duráveis, como refrigeradores, máquinas de lavar e automóveis. Empresas com objetivos de crescimento agressivos não podem desprezar o comércio no mercado global.

Além do potencial de vendas, o envolvimento nos negócios globais está sendo impulsionado por oportunidades significativas de aumentar a eficiência operacional. Tais eficiências operacionais são realizáveis em pelo menos três áreas. Em primeiro lugar, o mercado global oferece oportunidades importantes para a compra estratégica de matéria-prima e de componentes. Em segundo lugar, vantagens trabalhistas significativas podem ser obtidas para instalações de produção e distribuição localizadas em países em desenvolvimento. Em terceiro lugar, a legislação tributária favorável pode fazer que o desempenho das operações que agregam valor seja altamente atraente em países específicos.

A decisão de iniciar operações globais para aumentar a participação de mercado e obter eficiência operacional segue o caminho natural da expansão de empresas. Normalmente, as empresas entram no mercado global conduzindo operações de importação e exportação. Essas transações de importação e exportação constituem uma parte significativa dos negócios internacionais globalizados. A segunda etapa da internacionalização envolve a presença local da empresa em países estrangeiros e em regiões de comércio internacional. Tal presença pode abranger desde a franquia e o licenciamento de empresas locais até as instalações de manufatura e a distribuição no exterior. A importante diferença entre o envolvimento com exportações e importações e o estabelecimento da presença local é o grau de investimento e envolvimento administrativo característico da segunda etapa. A terceira etapa da internacionalização é a condução integral de operações entre as fronteiras internacionais. Essa etapa mais avançada do envolvimento internacional normalmente é denominada **globalização**.

A logística da internacionalização envolve quatro importantes diferenças em comparação a operações nacionais ou mesmo regionais. A primeira é que a **distância** das operações normais desde o pedido até a entrega é significativamente maior nos negócios internacionais em comparação com os nacionais. A segunda é que, para obedecer às leis e aos regulamentos de todos os órgãos governamentais, a **documentação** necessária para as transações comerciais é consideravelmente mais complexa. A terceira é que as operações logísticas internacionais devem ser projetadas para lidar com uma **diversidade** significativa nas práticas trabalhistas e no ambiente operacional local. A quarta é que a adaptação às variações culturais em relação a como os consumidores **demandam** bens e serviços é essencial para operações logísticas bem-sucedidas.

Por fim, o comércio no século XXI é conduzido em meio a uma ameaça constante de terrorismo, o que exige maior segurança. A intensidade e a gravidade dessa questão envolvem tanto o embarque em si quanto a exposição ao uso da infraestrutura logística para transportar explosivos e produtos químicos. Os aspectos de segurança da logística global são discutidos no Capítulo 16. É importante entender que globalizar com sucesso a cadeia de suprimentos exige o domínio dos desafios logísticos associados.

Embora os princípios logísticos e os ideais da integração da cadeia de suprimentos sejam essencialmente os mesmos em termos globais e locais, as características citadas tornam os ambientes operacionais mais complexos e dispendiosos. O custo global da logística é estimado em mais de 9 trilhões de dólares ao ano.[11] Tais despesas são justificadas em termos do potencial de expansão do mercado e de eficiência operacional. No entanto, a exposição ao risco relacionado à capitalização da gestão da cadeia de suprimentos internacional e seus componentes logísticos exige estratégias e táticas operacionais integradas.

Resumo

O desenvolvimento da capacidade de gestão integrada é fundamental para a melhoria contínua da produtividade. Essa gestão integrada deve se concentrar na melhoria da qualidade tanto em nível funcional quanto nos processos. Em termos das funções, o trabalho crítico deve ser realizado com o mais alto grau de eficiência. Processos que agregam valor ocorrem tanto dentro de empresas quanto entre empresas unidas por cadeias de suprimentos colaborativas. Cada tipo de processo deve ser continuamente melhorado.

A ideia de que todas as empresas – ou a maioria delas – se unirão para criar iniciativas de cadeias de suprimentos altamente colaborativas a qualquer momento em um futuro previsível é um tanto improvável. A dinâmica do sistema de mercado de livre concorrência servirá para chegar a este estado final. No entanto, iniciativas voltadas para a integração interempresarial ao longo da cadeia de suprimentos estão surgindo cada vez mais e, se forem implementadas com sucesso, oferecem modelos de negócios novos e interessantes para gerar vantagens competitivas. Uma vez alcançada, tal integração da cadeia de suprimentos é difícil de ser mantida e está sujeita à redefinição constante. O que funciona hoje pode não funcionar amanhã. Por outro lado, o que não funciona hoje pode funcionar amanhã.

Portanto, as colaborações na cadeia de suprimentos devem ser vistas como altamente dinâmicas. Tais colaborações são atraentes porque oferecem novos horizontes para conquistar posicionamento de mercado e eficiência operacional. As oportunidades da cadeia de suprimentos são desafios que os administradores de logística do século XXI devem analisar e explorar. No entanto, a integração da cadeia de suprimentos é um meio para aumentar a lucratividade e o crescimento, e não um fim em si.

A partir da perspectiva da gestão da logística integrada, as estratégias de cadeia de suprimentos definem a estrutura operacional relevante. O que deve ser realizado na logística é diretamente relacionado à estrutura e à estratégia da cadeia de suprimentos. Quando estrutura e estratégia estiverem posicionadas internacionalmente, o desempenho logístico deverá aceitar os desafios associados à globalização. Em resumo, a estratégia ou a falta de estratégia da cadeia de suprimentos e sua estrutura relacionada servem para moldar o quadro das necessidades logísticas. O Capítulo 2 apresenta a logística em mais detalhes.

---

[11] Roger J. Calantone, "Estimation of Global Logistics Expenditures Using Neural Networks," pesquisa não publicada, Michigan State University (2011).

Questões para revisão

1. Compare o conceito de uma cadeia de suprimentos moderna com canais de distribuição mais tradicionais. Seja específico em relação a semelhanças e diferenças.

2. Que papel específico a logística desempenha nas operações da cadeia de suprimentos?

3. Descreva e exemplifique um prestador de serviços integrados. De que modo o conceito de prestador de serviços integrados difere do de provedores de serviços tradicionais, como transporte e depósito terceirizados?

4. Compare e contraste os modelos de negócios de base antecipatória (empurrados) e baseados na resposta (puxados). Por que a capacidade de resposta se tornou popular na estratégia e na colaboração da cadeia de suprimentos?

5. Compare e contraste o *postponement* geográfico e o de manufatura.

6. Defina e exemplifique conversão de caixa, minimização do tempo de permanência e liberação de caixa. De que modo a estratégia e a estrutura da cadeia de suprimentos influenciam cada um?

Desafios

1. Quais são os desafios operacionais relacionados ao plano da Toys R Us para estabelecer 600 pontos de varejo temporários ou sazonais? Seja específico quanto aos desafios da rede de suprimentos antes, durante e depois da temporada de vendas natalina.

2. Em que os conceitos de SaaS e computação na nuvem diferem dos serviços oferecidos pelos centros tradicionais de serviço de processamento de dados?

3. Discuta como a logística reversa pode gerar valor.

4. Qual é a proposta de valor primária do serviço de distribuição colaborativa da Kane Is Able? Seja específico quanto aos aspectos em que esse serviço difere dos serviços tradicionais oferecidos pelos operadores logísticos.

Logística `CAPÍTULO 2`

RESUMO DO CAPÍTULO

A LOGÍSTICA EMPRESARIAL É GRANDE E IMPORTANTE
A PROPOSIÇÃO DE VALOR LOGÍSTICO
BENEFÍCIOS DOS SERVIÇOS
MINIMIZAÇÃO DE CUSTOS
GERAÇÃO DE VALOR LOGÍSTICO
O FUNCIONAMENTO DA LOGÍSTICA
PROCESSAMENTO DE PEDIDOS
ESTOQUES
TRANSPORTES
ARMAZENAMENTO, MANUSEIO DE MATERIAIS E EMBALAGEM
PROJETO DA REDE DE INSTALAÇÕES
OPERAÇÕES LOGÍSTICAS
FLUXO DO ESTOQUE
FLUXO DE INFORMAÇÕES
OBJETIVOS DA INTEGRAÇÃO LOGÍSTICA
CAPACIDADE DE RESPOSTA
REDUÇÃO DA VARIAÇÃO
REDUÇÃO DE ESTOQUES
CONSOLIDAÇÃO DE CARGAS
QUALIDADE
SUPORTE AO CICLO DE VIDA
ARRANJOS OPERACIONAIS LOGÍSTICOS
ESCALONADO
DIRETO
COMBINADO
ESTRUTURA FLEXÍVEL
SINCRONIZAÇÃO DA CADEIA DE SUPRIMENTOS
ESTRUTURA DO CICLO DE ATIVIDADES
INCERTEZA DO CICLO DE ATIVIDADES
RESUMO
QUESTÕES PARA REVISÃO
DESAFIOS

Nenhuma outra área operacional das empresas envolve a complexidade ou abrange a geografia da logística. Em todo o planeta, 24 horas por dia, sete dias por semana, durante 52 semanas por ano, a logística se preocupa em levar bens e serviços aonde eles são necessários e no momento desejado. É difícil imaginar a realização de qualquer atividade de marketing, manufatura ou comércio internacional sem ela. A maioria dos consumidores em países industriais extremamente desenvolvidos não percebe o alto nível da competência logística. Quando compram produtos – em uma loja, pelo telefone ou pela Internet –, esperam que a entrega do produto seja realizada como prometido. Na verdade, a expectativa do consumidor é de uma logística pontual e sem erros toda vez que fazem um pedido, mesmo nos períodos mais sobrecarregados. Eles têm pouca ou nenhuma tolerância com falhas.

Embora a logística exista desde o começo da civilização, implementar as melhores práticas do século XXI é uma das áreas operacionais mais estimulantes e desafiadoras da gestão da cadeia de suprimentos. Como a logística é, ao mesmo tempo, nova e antiga, decidimos nomear a rápida mudança que está ocorrendo nas melhores práticas como **renascimento**.

A logística envolve a gestão do processamento de pedidos, estoques, transportes e a combinação de armazenamento, manuseio de materiais e embalagem, todos integrados por uma rede de instalações. Seu objetivo é apoiar as necessidades operacionais de suprimento, manufatura e atendimento ao cliente na cadeia de suprimentos. Dentro de uma empresa, o desafio é coordenar a competência funcional em uma cadeia de suprimentos integrada voltada para o serviço aos clientes. No contexto mais amplo da cadeia de suprimentos, é essencial a sincronização operacional com os clientes e com os fornecedores de matéria-prima e serviços para unir as operações internas e externas, tornando-as um processo integrado.

A logística refere-se à responsabilidade de **projetar e administrar sistemas para controlar o transporte e a localização geográfica dos estoques de matérias-primas, de produtos em processo e acabados pelo menor custo total**. Alcançar o menor custo total significa que os ativos financeiros e humanos aplicados na logística devem ser mínimos. Também é necessária para manter as despesas operacionais no nível mais baixo possível. As combinações de recursos, habilidades e sistemas necessários para alcançar uma logística superior são difíceis de integrar, mas, uma vez alcançada, é difícil os concorrentes reproduzirem essa competência integrada.

Este capítulo concentra-se na contribuição da logística à gestão integrada da cadeia de suprimentos. Em primeiro lugar, são enfatizados o custo e o serviço. Em seguida, a proposição de valor logístico é desenvolvida. Depois, as funções tradicionais que se combinam para criar o processo logístico são analisadas. Posteriormente, os objetivos da logística integrada são avaliados. Por fim, a importância da sincronização logística para a integração da cadeia de suprimentos é destacada em termos da estrutura e da dinâmica do ciclo de atividades.

A LOGÍSTICA EMPRESARIAL É GRANDE E IMPORTANTE

É POR MEIO DO PROCESSO logístico que a matéria-prima chega até a capacidade produtiva de uma nação industrializada e os produtos acabados são distribuídos aos consumidores. O recente crescimento do comércio global expandiu o tamanho e a complexidade das operações logísticas.

A logística agrega valor aos processos da cadeia de suprimentos quando o estoque é estrategicamente posicionado para gerar vendas. Criar valor logístico é algo dispendioso. Embora difícil de medir, a maioria dos especialistas concorda que a despesa anual para realizar a logística nos Estados Unidos em 2010 foi de aproximadamente 8,3% dos $ 14,59 bilhões do Produto Interno Bruto (PIB), ou $ 1,211 trilhão.[1] As despesas de transporte em 2010 foram de $ 769 bilhões, o que representou 63,5% do custo logístico total. Como ilustra a Tabela 2.1, a logística empresarial é realmente um grande negócio!

Apesar das elevadas despesas com logística, seu ponto empolgante não é o refreamento ou a redução de custos. A empolgação vem de entender de que modo as empresas usam a competência logística para ajudar a obter vantagens competitivas. Empresas que têm uma competência logística de alto nível conquistam vantagens competitivas como resultado de fornecer um serviço superior a seus clientes mais importantes. As que têm melhor desempenho usam uma tecnologia da informação capaz de monitorar a atividade logística global em tempo real. Tal tecnologia identifica problemas operacionais potenciais e facilita a ação corretiva antes de a falha ocorrer no serviço. Em situações em que a correção oportuna não é possível, os clientes podem receber um aviso antecipado dos problemas que estão ocorrendo, eliminando, assim, a surpresa de uma falha inevitável no serviço. Em muitas situações, ao se trabalhar em colabora-

---

[1] Rosalyn Wilson, 22nd Annual "State of Logistics Report," Council of Supply Chain Management Professionals. Oak Brook, IL, June 2011.

Ano	PIB nominal ($ trilhões)	Custo de Manutenção de Estoques	Custos de Transportes	Custos Administrativos	Custo Logístico Total	Logística (% do PIB)
1980	2,80	220	214	17	451	16,1
1985	4,22	227	274	20	521	12,3
1990	5,80	283	351	25	659	11,4
1995	7,40	302	441	30	773	10,4
2000	9,82	374	594	39	1.007	10,3
2005	12,43	395	739	46	1.180	9,5
2010	14,60	396	769	47	1.212	8,3

Fonte: Adaptado de Rosalyn Wilson, 22nd Annual "State of Logistics Report", Council of Supply Chain Management Professionals. Oak Brook, IL, 2011.

TABELA 2.1 Custos logísticos nos Estados Unidos, 1980-2010 ($ bilhões, exceto PIB).

ção com clientes e fornecedores, é possível tomar uma medida corretiva para evitar paralisações operacionais ou falhas dispendiosas no serviço ao cliente. Por apresentarem um desempenho acima da média do setor em relação à disponibilidade de estoque, à velocidade e consistência das entregas e eficiências operacionais, empresas com sofisticação logística são parceiras ideais para a cadeia de suprimentos.

A PROPOSIÇÃO DE VALOR LOGÍSTICO

ATÉ AQUI, ESTABELECEMOS que a logística deve ser administrada como um esforço integrado para atingir a satisfação do cliente pelo menor custo total. A logística realizada dessa maneira gera **valor**. Nesta seção, discutiremos com mais detalhes os elementos da proposição de valor logístico – serviços e minimização dos custos.

BENEFÍCIOS DOS SERVIÇOS

Praticamente qualquer nível de serviço logístico pode ser realizado se uma empresa estiver disposta a aplicar os recursos necessários. No ambiente operacional de hoje, o fator limitador é econômico, e não tecnológico. Por exemplo, um estoque dedicado pode ser mantido em proximidade geográfica a um cliente importante. Uma frota de caminhões pode ser mantida em constante estado de prontidão para realizar entregas. Para facilitar o processamento de pedidos, podem ser mantidas comunicações dedicadas em tempo real entre um cliente e a operação logística de um fornecedor. Dado esse alto grau de prontidão logística, um produto ou componente pode ser entregue minutos depois do recebimento de uma solicitação do cliente. A disponibilidade pode ser ainda mais rápida quando um fornecedor concorda em consignar estoques dentro das instalações de um cliente, eliminando a necessidade de realizar operações logísticas quando um produto é solicitado. A logística necessária para apoiar a consignação é realizada antes de surgir no cliente a necessidade do produto. Embora esse compromisso extremo com os serviços possa constituir o sonho de um gerente de vendas, ele é dispendioso e normalmente não é necessário para apoiar a maior parte das expectativas dos clientes e das operações de produção.

A questão estratégica fundamental é como ter um desempenho melhor que o dos concorrentes, com uma boa relação custo-benefício. Se uma matéria-prima específica não estiver disponível no momento em que é necessária na produção, pode causar a paralisação de uma fábrica, resultando em um custo significativo, na perda de vendas potenciais e até na perda de negócios com um cliente importante. O impacto de tais falhas sobre o lucro pode ser expressivo. Em contrapartida, o impacto de um atraso inesperado de um ou dois dias na entrega de produtos para reposição de estoque nos depósitos pode ser mínimo ou mesmo insignificante em termos de impacto sobre o desempenho operacional total. Na maioria das situações, o impacto de uma falha logística sobre a relação custo-benefício está diretamente relacionado à importância do serviço para o cliente. Quanto mais significativo o impacto da falha no serviço sobre a empresa de um cliente, maior a prioridade dada ao desempenho logístico sem erros.

O desempenho logístico básico é medido em termos de disponibilidade de estoque, desempenho operacional e confiabilidade do serviço. O termo **serviço logístico básico** descreve o nível de serviço que uma empresa presta a todos os clientes.

A **disponibilidade** envolve ter estoques para atender às constantes necessidades dos clientes em termos de matérias-primas ou produtos. O paradigma tradicional tem sido: quanto maior a disponibilidade desejada, maiores a quantidade e o custo do estoque. A tecnologia da informação, que facilita a flexibilidade do sistema, está proporcionando novas formas de obter alta disponibilidade para os clientes sem um investimento igualmente elevado em estoques. As informações que facilitam a flexibilidade em relação à disponibilidade do estoque são fundamentais para chegar ao desempenho logístico de alto nível.

O **desempenho operacional** lida com o tempo necessário para entregar o pedido de um cliente. O desempenho operacional envolve a **velocidade** e a **consistência** da entrega. Naturalmente, a maioria dos clientes deseja uma entrega rápida. No entanto, ela tem importância limitada se não for consistente com a entrega seguinte. Um cliente obtém poucos benefícios quando um fornecedor promete entrega no dia seguinte mas em geral se atrasa. Para obter operações sem obstáculos, as empresas normalmente se concentram primeiro na consistência da entrega e depois buscam melhorar a velocidade da entrega. Outros aspectos do desempenho operacional também são importantes. O desempenho operacional de uma empresa pode ser avaliado de acordo com sua **flexibilidade** para atender a solicitações incomuns e inesperadas dos clientes. Outro aspecto do desempenho operacional é a frequência das falhas e, quando elas ocorrem, o tempo normal de recuperação. Poucas empresas desempenham seu papel perfeitamente o tempo todo, por isso é importante estimar a probabilidade de algo dar errado. As **falhas** referem-se à probabilidade de erros no desempenho logístico, como produtos danificados, variedade incorreta ou documentação sem rigor. Quando ocorrem as falhas, a competência logística de uma empresa pode ser medida pelo **tempo de recuperação**. O desempenho operacional preocupa-se com o modo como uma empresa lida com todos os aspectos das solicitações dos clientes, incluindo falhas no serviço, dia após dia.

A **confiabilidade do serviço** envolve os atributos relacionados à **qualidade** da logística. O segredo da qualidade é a medição cuidadosa da disponibilidade e do desempenho operacional. Apenas com uma medição abrangente do desempenho é possível determinar se as operações logísticas em geral estão atingindo os objetivos desejados em termos de serviço. Para alcançar a confiabilidade do serviço, é essencial identificar e implementar a disponibilidade do estoque e as medições de desempenho operacional. Para que o desempenho logístico atenda constantemente às expectativas dos clientes, é essencial que a administração esteja comprometida com a melhoria contínua. A qualidade logística não ocorre com facilidade, ela é produto de um cuidadoso planejamento apoiado por treinamento dos funcionários, dedicação operacional, medições abrangentes e melhoria contínua. Para incrementar o desempenho em serviços, é necessário estabelecer objetivos de modo seletivo. Alguns produtos são mais críticos que outros devido à sua importância para o cliente e sua relativa contribuição ao lucro.

O nível do serviço logístico básico deve ser realista em termos das expectativas e solicitações dos clientes. Na maioria dos casos, as empresas se confrontam com situações em que os clientes têm potencial de compra significativamente diferente. Alguns clientes exigem serviços exclusivos ou especiais com valor agregado. Portanto, os administradores devem perceber que os clientes são distintos e que os serviços fornecidos devem ser criados para atender a diferentes solicitações e potenciais de compra. Em geral, as empresas tendem a ser excessivamente otimistas quando se trata do compromisso com o desempenho do serviço básico ao cliente. A incapacidade de atender constantemente a um objetivo de serviços básicos com expectativas muito altas pode resultar em mais problemas operacionais e de relacionamento com os clientes do que se objetivos menos ambiciosos fossem definidos desde o início. Compromissos com serviços extremamente abrangentes também podem diluir a capacidade de uma empresa satisfazer a solicitações especiais de clientes com alto potencial.

MINIMIZAÇÃO DE CUSTOS

O foco da logística pode ser rastreado a partir de progressos relativamente recentes da teoria e da prática do custo total. Em 1956, uma monografia clássica que descrevia o potencial de economia utilizando transporte aéreo proporcionou uma nova perspectiva em relação ao custo logístico.[2] Em um esforço para explicar sob que condições um meio de transporte de alto custo poderia ser justificado, Lewis, Culliton e Steele conceitualizaram o modelo logístico do custo total, que foi definido para incluir todos os gastos necessários para atender aos requisitos logísticos. Os autores ilustraram uma estratégia de distribuição de peças eletrônicas na qual o alto custo variável do transporte aéreo direto da fábrica para o consumidor era mais do que compensado por reduções nos custos de estoque e depósito. Eles concluíram que o modo logístico de menor custo para prestar o serviço desejado ao cliente era centralizar o estoque em um depósito e fazer entregas usando o transporte aéreo.

O conceito de custo total não havia sido aplicado anteriormente às operações logísticas. Provavelmente, devido ao clima econômico da época e ao afastamento radical da prática tradicional, a proposição de custo total gerou muita discussão. A prática administrativa predominante, reforçada pelo controle contábil e financeiro, era concentrar-se em alcançar o menor custo possível para cada função individual da logística com pouca ou nenhuma atenção aos *trade-offs* do custo total integrado. Os administradores tradicionalmente se concentravam em minimizar o custo funcional, como transportes, na expectativa de que tal esforço levaria a custos combinados mais baixos. O desenvolvimento do conceito de custo total abriu as portas para a avaliação de como os custos funcionais se relacionam e causam impacto um no outro. Aprimoramentos subsequentes proporcionaram entendimento mais abrangente dos componentes do custo logístico e identificaram a necessidade crítica de desenvolver habilidades de análise do custo funcional e **do custeio baseado em atividades**. No entanto, a implementação do processo logístico eficaz continua sendo um desafio no século XXI. Diversas práticas antigas de contabilidade, ainda em uso, constituem barreiras à implementação completa de soluções logísticas de custo total.

GERAÇÃO DE VALOR LOGÍSTICO

A chave para alcançar a liderança logística é conhecer a fundo a arte de combinar a competência operacional e o compromisso com o atendimento às expectativas e solicitações fundamentais dos clientes. Esse compromisso com o cliente, em uma estrutura de custos exata, é a **proposição de valor logístico**. Constitui um compromisso exclusivo de uma empresa com um indivíduo ou grupos de clientes selecionados.

A empresa comum busca desenvolver e implementar uma competência logística geral que satisfaça às expectativas dos clientes com um custo total realista. Muito raramente um dos dois

---

[2] Howard T. Lewis, James W. Culliton, and Jack D. Steele, *The Role of Air Freight in Physical Distribution* (Boston: Harvard University Press, 1956).

– menor custo total ou melhor serviço possível ao cliente – constituirá a estratégia logística adequada. Da mesma forma, a combinação desejada será diferente para clientes diferentes. Um esforço logístico bem projetado deve proporcionar alto impacto sobre o cliente ao mesmo tempo que controla a variação operacional e minimiza o comprometimento de estoques. Acima de tudo, ele deve ser relevante para clientes específicos.

As ferramentas que ajudam a administração na medição dos *trade-offs* entre custo e serviço avançaram significativamente. Formular uma estratégia sensata exige habilidade de estimar o custo operacional necessário para atingir níveis alternativos de serviços. Da mesma forma, níveis alternativos de desempenho do sistema são irrelevantes, a menos que sejam vistos como estratégias gerais para suprimento, manufatura e atendimento aos clientes. O projeto da cadeia de suprimentos é o foco da Parte III.

Empresas líderes percebem que um sistema logístico bem projetado e bem administrado pode ajudar a obter vantagens competitivas. Na verdade, como regra geral, empresas que conquistam uma vantagem estratégica com base na competência logística estabelecem a natureza da concorrência no setor em que atuam.

O FUNCIONAMENTO DA LOGÍSTICA

No CONTEXTO DA GESTÃO da cadeia de suprimentos, a logística existe para transportar e posicionar estoques com o objetivo de conquistar benefícios relacionados ao tempo, ao local e à propriedade desejados pelo menor custo total. O estoque tem valor limitado até que esteja posicionado no momento e no local certos para apoiar a transferência de propriedade ou a criação de valor agregado. Se uma empresa não satisfaz consistentemente aos requisitos de tempo e de local, ela não tem nada para vender. Para que uma cadeia de suprimentos extraia o máximo de benefício estratégico da logística, toda a gama de trabalho funcional deve estar integrada. As decisões em uma área funcional terão impacto sobre o custo de todas as outras. É essa inter-relação de funções que desafia a implementação bem-sucedida da gestão logística integrada. A Figura 2.1 apresenta uma representação visual da natureza inter-relacional das cinco áreas do trabalho logístico: (1) processamento de pedidos; (2) estoques; (3) transportes; (4) armazenamento, manuseio de materiais e embalagem; e (5) rede de instalações. O trabalho integrado relacionado a essas áreas funcionais gera as habilidades necessárias para obter valor logístico.

PROCESSAMENTO DE PEDIDOS

O valor da informação acurada para alcançar um desempenho logístico superior tem sido historicamente subestimado. Embora muitos aspectos da informação sejam essenciais para as operações logísticas, o processamento de pedidos é de extrema importância. A ausência de compreensão total dessa importância resultou da falta de entendimento de como a distorção e as falhas operacionais no processamento de pedidos impactam as operações logísticas.[3]

O benefício do rápido fluxo de informações está diretamente relacionado ao equilíbrio do trabalho. Não faz muito sentido uma empresa acumular pedidos em um escritório de vendas local durante uma semana, enviá-los a um escritório regional, processar os pedidos em lote, designá-los a um depósito de distribuição e depois enviá-los por frete aéreo para obter uma entrega rápida. Por outro lado, a comunicação via Internet de pedidos diretamente do cliente, combinada com transporte mais lento e menos dispendioso por terra, pode gerar um serviço de

---

[3] Benson P. Shapito, V. Kasturi Raugau, and John J. Sviokla, "Staple yourself to an order," Harvard Business Review, July-August 1992, pp. 113-121.

entrega mais rápido e constante por um custo total mais baixo. O objetivo principal é equilibrar os componentes do sistema logístico.

A previsão e a comunicação das solicitações dos clientes são as duas áreas de trabalho logístico impulsionadas pela informação. A importância relativa de cada faceta da informação operacional é diretamente associada ao grau em que a cadeia de suprimentos está posicionada para funcionar de modo puxado ou empurrado. Esse equilíbrio entre operações impulsionadas pela capacidade de resposta e pela previsão, discutido no Capítulo 1, constitui a mudança de paradigma básica que está ocorrendo no projeto das cadeias de suprimentos do século XXI. Quanto mais puxado o projeto da cadeia de suprimentos, maior a importância de informações acuradas e oportunas relacionadas ao comportamento de compra do cliente.

Na maioria das cadeias de suprimentos, as solicitações dos clientes são transmitidas no formato de pedidos. O processamento desses pedidos envolve todos os aspectos de administração dessas solicitações, incluindo o recebimento inicial do pedido, a entrega, o faturamento e a cobrança. As habilidades logísticas de uma empresa são tão boas quanto sua competência no processamento de pedidos.

ESTOQUES

As necessidades de estoque de uma empresa estão diretamente ligadas à rede de instalações e ao nível desejado para o serviço ao cliente. Teoricamente, uma empresa pode estocar todos os itens vendidos em todas as instalações dedicadas a servir a cada cliente. Poucas empresas podem sustentar tal estratégia de estoques suntuosa porque o risco e o custo total são proibitivos. O objetivo de uma estratégia de estoques é conseguir o desejado serviço ao cliente com o mínimo de comprometimento de estoque. O excesso de estoque pode compensar deficiências no projeto básico de um sistema logístico, mas acabará resultando em um custo logístico mais alto que o necessário.

Estratégias logísticas devem ser projetadas para manter o menor investimento financeiro possível em estoques. O objetivo principal é conseguir o máximo de giro do estoque ao mesmo tempo que as necessidades de serviço são satisfeitas. Uma estratégia de estoques sensata baseia-se na combinação de cinco aspectos do desdobramento seletivo: (1) segmentação dos principais clientes; (2) rentabilidade do produto; (3) integração dos transportes; (4) desempenho baseado no tempo; e (5) desempenho competitivo.

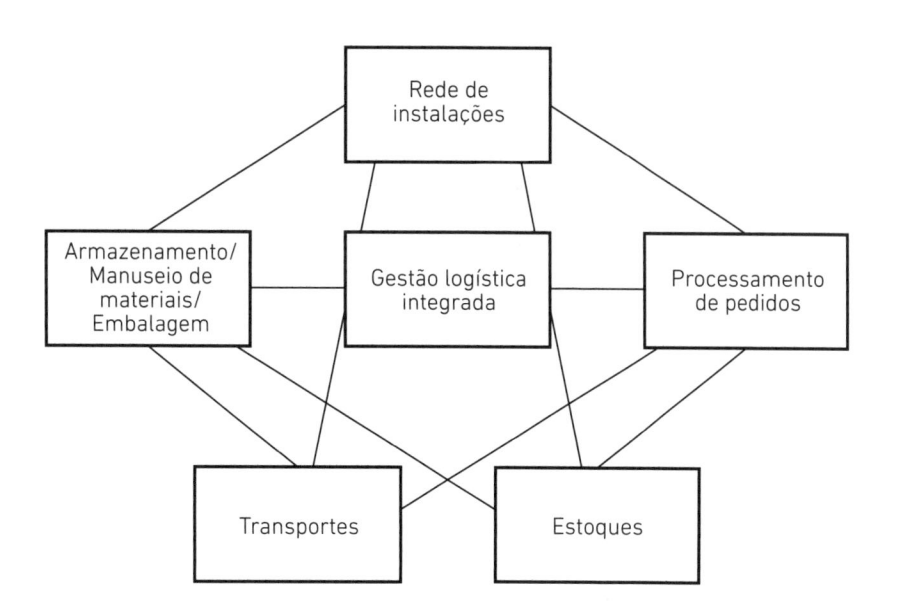

FIGURA 2.1 Logística integrada.

Toda empresa que vende a uma variedade de clientes diferentes enfrenta uma demanda irregular. Alguns clientes são altamente lucrativos e têm excelente potencial de crescimento; outros não. A rentabilidade dos negócios de um cliente depende dos produtos comprados, do volume, do preço, dos serviços com valor agregado exigidos e das atividades complementares necessárias ao desenvolvimento e à manutenção de um relacionamento duradouro. Uma vez que os clientes altamente lucrativos constituem o mercado principal de toda empresa, as estratégias de estoque devem se concentrar neles. A chave para a segmentação logística eficaz está nas prioridades de estoque dedicadas a apoiar os clientes essenciais.

A maioria das empresas passa por uma variação substancial no volume e na lucratividade das diversas linhas de produtos. Se nenhuma restrição for aplicada, uma empresa pode descobrir que menos de 20% de todos os produtos comercializados são responsáveis por mais de 80% do lucro total. Embora a regra conhecida como regra dos 80/20 – ou **princípio de Pareto** – seja comum nos negócios, os administradores devem evitar tais resultados implementando estratégias de estoque baseadas na classificação ABC. Uma avaliação realista do valor incremental agregado pelo estoque de produtos com baixa lucratividade ou baixo volume é fundamental para evitar o excesso de estoque. Por motivos óbvios, uma empresa deseja oferecer alta disponibilidade e entrega consistente de seus produtos mais lucrativos. No entanto, pode ser necessário um alto nível de apoio a itens menos lucrativos com o intuito de fornecer um serviço completo a clientes importantes. A armadilha que se deve evitar é o alto desempenho de serviços em itens menos lucrativos adquiridos por clientes eventuais ou sem importância. Portanto, a análise da lucratividade da linha de produtos é essencial no desenvolvimento de uma política seletiva de estoques.

O plano de estocagem do produto em uma instalação específica tem impacto direto sobre o desempenho do transporte. A maioria das tarifas de frete baseia-se no volume e no tamanho da carga. Sendo assim, uma estratégia sensata pode ser estocar uma gama ou variedade suficiente de produtos em um depósito para poder montar cargas consolidadas. A economia correspondente em transportes pode mais que compensar o aumento do custo de manter o estoque.

O grau de comprometimento de uma empresa com a entrega rápida de produtos para atender aos requisitos de estoque de um cliente é um importante fator competitivo. Se produtos e materiais puderem ser entregues rapidamente, os clientes não terão necessidade de manter grandes estoques. Da mesma forma, se as lojas puderem ser reabastecidas rapidamente, menos estoque de segurança será necessário. A alternativa ao acúmulo de estoques e à manutenção de estoques de segurança é receber um reabastecimento de estoque preciso e no momento correto. Embora tais programas baseados no tempo reduzam o estoque do cliente ao mínimo, a economia deve ser calculada em relação a outros custos da cadeia de suprimentos que ocorrem como resultado do processo logístico sensível ao tempo.

Por fim, as estratégias de estoque não podem ser criadas em um vácuo competitivo. Normalmente, uma empresa é mais desejada que seus concorrentes se puder prometer e cumprir uma entrega rápida e consistente. Portanto, pode ser necessário posicionar o estoque em um depósito específico para obter vantagens competitivas mesmo que tal investimento aumente o custo total. Políticas de desdobramento seletivo de estoques podem ser essenciais para obter uma vantagem de serviço ao cliente ou para neutralizar um ponto forte de um concorrente.

Os estoques de matérias-primas e componentes existem em um sistema logístico por motivos diferentes daqueles do estoque de produtos acabados. Cada tipo de estoque e seu nível devem ser vistos por uma perspectiva de custo total. Entender a inter-relação entre processamento de pedidos, estoques, transportes e rede de instalações é fundamental para a logística integrada.

TRANSPORTES

O transporte é a área operacional da logística que movimenta e posiciona geograficamente os estoques. Devido à sua importância fundamental e ao custo visível, o transporte tradicionalmente tem recebido considerável atenção dos administradores. Quase todas as empresas, grandes e pequenas, têm gestores responsáveis pelo transporte.

As necessidades relacionadas ao transporte podem ser satisfeitas de três maneiras básicas. Primeiro, pode-se operar uma frota particular de veículos. Segundo, podem ser feitos contratos com especialistas dedicados ao transporte. Terceiro, uma empresa pode contratar os serviços de uma ampla variedade de transportadoras que prestam diferentes serviços conforme necessário, de acordo com os tipos de cargas. Do ponto de vista do sistema logístico, três fatores são fundamentais para o desempenho nos transportes: (1) custo; (2) velocidade; e (3) consistência.

O **custo do transporte** é o pagamento por carregamento entre duas localizações geográficas e as despesas de manter o estoque em trânsito. Os sistemas logísticos deveriam utilizar transportes que minimizam o **custo total do sistema**. Isso pode significar que o método menos dispendioso de transporte pode não resultar no menor custo total da logística.

A **velocidade do transporte** é o tempo necessário para completar uma movimentação específica. A velocidade e o custo do transporte se relacionam de duas maneiras. Primeiro, empresas transportadoras capazes de oferecer um serviço mais rápido normalmente cobram tarifas mais altas. Segundo, quanto mais rápido o serviço de transporte, menor o tempo em que o estoque fica em trânsito e indisponível. Portanto, um aspecto crítico da seleção do método de transporte mais desejável é o equilíbrio entre a velocidade e o custo do serviço.

A **consistência do transporte** refere-se às variações no tempo necessárias para realizar uma movimentação específica em certo número de carregamentos. A consistência reflete a confiabilidade do transporte. Durante anos, os gerentes de transporte têm identificado a consistência como o atributo mais importante do transporte de qualidade. Se um envio entre dois locais leva três dias na primeira vez e seis na seguinte, a variação inesperada pode gerar sérios problemas operacionais na cadeia de suprimentos. Quando o transporte não é consistente, é necessário fazer estoques de segurança para se proteger contra interrupções no serviço que têm impacto sobre o comprometimento geral do estoque do comprador e do vendedor. Com o advento da nova tecnologia da informação para controlar e registrar a situação dos carregamentos, os gerentes logísticos começaram a buscar uma movimentação mais rápida ao mesmo tempo que mantinham a consistência. A velocidade e a consistência se combinam para gerar o aspecto da qualidade do transporte.

No projeto de um sistema logístico, deve-se conseguir um equilíbrio delicado entre o custo do transporte e a qualidade do serviço. Em algumas circunstâncias, o transporte lento e de baixo custo é satisfatório. Em outras, um serviço mais rápido pode ser essencial para atingir objetivos operacionais. Encontrar e administrar o composto de transporte desejado por toda a cadeia de suprimentos é uma responsabilidade importante da logística.

ARMAZENAMENTO, MANUSEIO DE MATERIAIS E EMBALAGEM

As três primeiras áreas funcionais da logística – processamento de pedidos, estoques e transportes – podem ser organizadas em uma variedade de arranjos operacionais diferentes. Cada arranjo tem potencial para contribuir em um nível específico de serviço ao cliente com um custo total associado. Em essência, essas funções se combinam para gerar uma solução sistemática para a logística integrada. A quarta funcionalidade – armazenamento, manuseio de materiais e embalagem – também é parte integrante da solução operacional da logística. No entanto, essas funções não têm o *status* independente das discutidas anteriormente. O armazenamento, o manuseio de materiais e a embalagem são partes integrantes de outras áreas logísticas. Por exemplo, o estoque normalmente precisa ser armazenado em momentos específicos ao longo do processo logístico. Veículos de transporte exigem o manuseio do material para uma carga e descarga eficiente. Por fim, os produtos são manuseados com mais eficiência quando embalados em caixas para transporte ou em outros tipos de carregamentos.

Quando são necessárias instalações de distribuição em um sistema logístico, uma empresa pode escolher entre contratar os serviços de um especialista em armazenamento ou operar sua própria instalação. A decisão é mais abrangente do que simplesmente selecionar uma instalação para armazenar o estoque, já que muitas atividades que agregam valor podem ser realizadas durante o tempo em que os produtos estão armazenados. Exemplos de tais atividades incluem classificação, sequenciamento, separação de pedidos, consolidação do transporte e, em alguns casos, a modificação e a montagem do produto relacionadas a estratégias de *postponement*.

Dentro do depósito, o manuseio de materiais é uma atividade importante. Os produtos devem ser recebidos, movimentados, armazenados, classificados e montados para atender os requisitos do pedido do cliente. A mão de obra direta e o capital investidos em equipamentos de manuseio de materiais são elementos significativos do custo logístico total. Quando realizada de forma inadequada, a manipulação pode resultar em substancial dano ao produto. Isso significa que, quanto menos um produto é manuseado, menor é o potencial de danos. Existe uma variedade de dispositivos mecanizados e automatizados para ajudar no manuseio de materiais. Em essência, cada depósito e sua capacidade de manuseio representam um minissistema dentro do processo logístico total.

Finalmente, uma parte importante da armazenagem é o recebimento, processamento e disposição das devoluções e do estoque danificado. Chamada geralmente de **logística reversa**, a maioria das empresas enfrenta a necessidade de processar e dispor o excesso de estoque e os itens danificados e/ou defeituosos.

Para ajudar na eficiência no manuseio, os produtos em forma de latas, garrafas ou caixas normalmente são embalados em unidades maiores. Essa unidade maior, denominada **caixa principal**, tem duas funções importantes. Primeiro, serve para proteger o produto durante o processo logístico. Segundo, ela facilita o manuseio pois gera apenas um volume grande em vez de uma enorme quantidade de pequenas embalagens. Para conseguir manuseio e transporte eficientes, é comum as caixas principais serem consolidadas em unidades de carga maiores.

Quando integrados de maneira eficaz às operações logísticas de uma empresa, o armazenamento, o manuseio de materiais e a embalagem facilitam a velocidade e a facilidade geral do fluxo de produtos por todo o sistema logístico. Na verdade, muitas empresas desenvolveram processos para movimentar variedades de produtos das fábricas diretamente para lojas com pouco manuseio e armazenamento intermediários.

PROJETO DA REDE DE INSTALAÇÕES

A economia clássica negligenciou a importância da localização das instalações e do projeto geral da rede para as operações eficientes. Quando os economistas originalmente discutiram as relações de oferta e demanda, os diferenciais de localização das instalações e de custo do transporte foram considerados inexistentes ou iguais entre os concorrentes.[4] Nas operações de negócios, no entanto, o número, o tamanho e a relação geográfica das instalações utilizadas para executar operações de

---

[4] Alfred Weber, *Theory of the Location of Industries,* trad. Carl J. Friedrich (Chicago: University of Chicago Press, 1928); August Lösch, *Die Rümliche Ordnung der Wirtschaft* (Jena: Gustav Fischer Verlag, 1940); Edgar M. Hoover, *The Location of Economic Activity* (New York: McGraw-Hill Book Company, 1938); Melvin L. Greenhut, *Plant Location in Theory and Practice* (Chapel Hill: University of North Carolina Press, 1956); Walter Isard et al., *Methods of Regional Analysis: An Introduction to Regional Science* (New York: John Wiley & Sons, 1960); Walter Isard, *Location and Space Economy* (Cambridge: The MIT Press, 1968); and Michael J. Webber, *Impact of Uncertainty on Location* (Cambridge: The MIT Press, 1972).

logística afetam diretamente a capacidade de serviço ao cliente e os custos. O projeto da rede de instalações é uma importante responsabilidade da administração logística, visto que a estrutura de instalações de uma empresa é usada para enviar produtos e materiais aos clientes. Instalações logísticas típicas são fábricas, depósitos, operações de *cross-docking* e lojas.

O projeto da rede de instalações preocupa-se em determinar a quantidade e a localização de todos os tipos de instalações necessárias à realização do trabalho logístico. Também é preciso determinar o que e quanto estocar em cada instalação, bem como especificar os clientes. A rede de instalações cria a estrutura na qual as operações logísticas são executadas. Portanto, a rede integra as habilidades de informação e transporte. Tarefas específicas relacionadas ao processamento dos pedidos dos clientes, armazenamento de estoque e manuseio de materiais são realizadas dentro da rede de instalações.

O projeto de uma rede de instalações exige uma análise cuidadosa da variação geográfica. A existência de uma grande diferença entre mercados geográficos é fácil de ilustrar. Os 50 maiores mercados metropolitanos dos Estados Unidos em termos de população são responsáveis pela maior parte das vendas varejistas. Sendo assim, uma empresa que comercializa bens de consumo em escala nacional deve estabelecer uma rede logística capaz de atender aos principais mercados. Existe uma disparidade geográfica semelhante na localização típica de fontes de matérias-primas e componentes. Quando uma empresa está envolvida na logística global, as questões sobre o projeto da rede tornam-se ainda mais complexas.

A importância de modificar continuamente a rede de instalações para se ajustar às alterações nas infraestruturas de demanda e oferta não pode ser ignorada. Os requisitos de variedade de produtos, de clientes, de fornecedores e de produção estão em constante mudança em um ambiente competitivo dinâmico. A escolha de uma rede de localização superior pode representar um passo significativo em direção à conquista de vantagem competitiva.

OPERAÇÕES LOGÍSTICAS

O ESCOPO OPERACIONAL interno das operações logísticas integradas é ilustrado pela área sombreada na Figura 2.2. A informação vinda dos clientes e sobre eles flui por toda a empresa na forma da atividade de venda, das previsões e dos pedidos. As informações vitais são refinadas em ações específicas de manufatura, propaganda e compras. À medida que produtos e materiais são comprados, um fluxo de estoque com valor agregado é iniciado, o que, em última instância, resulta na transferência de propriedade de produtos acabados para os clientes. Portanto, o processo logístico é considerado em termos de dois fluxos inter-relacionados: de estoque e de informações. Embora a integração dos processos internos seja importante para o sucesso, a empresa também deve promover o alinhamento e a integração por toda a cadeia de suprimentos. Para serem totalmente eficazes no ambiente competitivo de hoje, as empresas devem estender sua integração empresarial para incorporar clientes e fornecedores. Essa extensão reflete o posicionamento da logística na perspectiva mais abrangente da gestão da cadeia de suprimentos. A integração da cadeia de suprimentos será discutida mais para a frente neste capítulo (veja "Sincronização da cadeia de suprimentos", p. 51).

FLUXO DO ESTOQUE

A gestão operacional da logística preocupa-se com a movimentação e o armazenamento de estoques na forma de matérias-primas, produtos em processo e produtos acabados. As operações logísticas começam com o carregamento inicial de uma matéria-prima ou componente por um fornecedor e terminam quando um produto manufaturado ou processado é entregue a um cliente.

Desde a compra inicial de uma matéria-prima ou um componente, o processo logístico agrega valor ao movimentar o estoque quando e onde necessário. Se tudo der certo, os materiais e componentes ganham valor a cada etapa de sua transformação em estoque de produtos acabados. Em outras palavras, uma peça individual tem mais valor depois de ser incorporada a uma máquina do que tinha quando era uma peça. Da mesma forma, a máquina tem mais valor depois de ser entregue a um cliente.

Para apoiar a produção, o estoque de produtos em processo deve estar adequadamente posicionado. O custo de cada componente e de sua movimentação torna-se parte do processo com valor agregado. Para um melhor entendimento, é interessante dividir as operações logísticas em três áreas: (1) gestão do relacionamento com os clientes; (2) manufatura; e (3) suprimentos. Esses componentes estão ilustrados na área sombreada da Figura 2.2 como as unidades operacionais logísticas combinadas de uma empresa.

Gestão de relacionamento com os clientes

A movimentação dos produtos acabados até os clientes é o objetivo final da logística. O endereço de entrega do consumidor representa o destino final da cadeia de suprimentos. A disponibilidade de produtos é uma parte vital do esforço de marketing de cada participante do canal. Se uma variedade adequada de produtos não for entregue com eficiência quando e onde necessários, uma grande quantidade de esforço geral de marketing será desperdiçada. Lidar com os diferentes aspectos do atendimento ao cliente normalmente se chama **Gestão do relacionamento com os clientes** (**CRM** – *Customer Relationship Management*). É por meio do processo de gestão de relacionamentos com o cliente que o *timing* e a localização geográfica dos estoques se tornam parte integrante do marketing. Para apoiar a ampla variedade de sistemas de marketing existentes em uma nação desenvolvida, estão disponíveis muitas estratégias diferentes de atendimento ao cliente. Todos os sistemas de relacionamento têm uma característica em comum: eles alinham fabricantes, atacadistas e varejistas em arranjos de cadeia de suprimentos para proporcionar a disponibilidade de produtos aos clientes.

Manufatura

A área de manufatura concentra-se em administrar o estoque de produtos em processo durante seu fluxo pelas etapas da fabricação. A maior responsabilidade logística na manufatura é par-

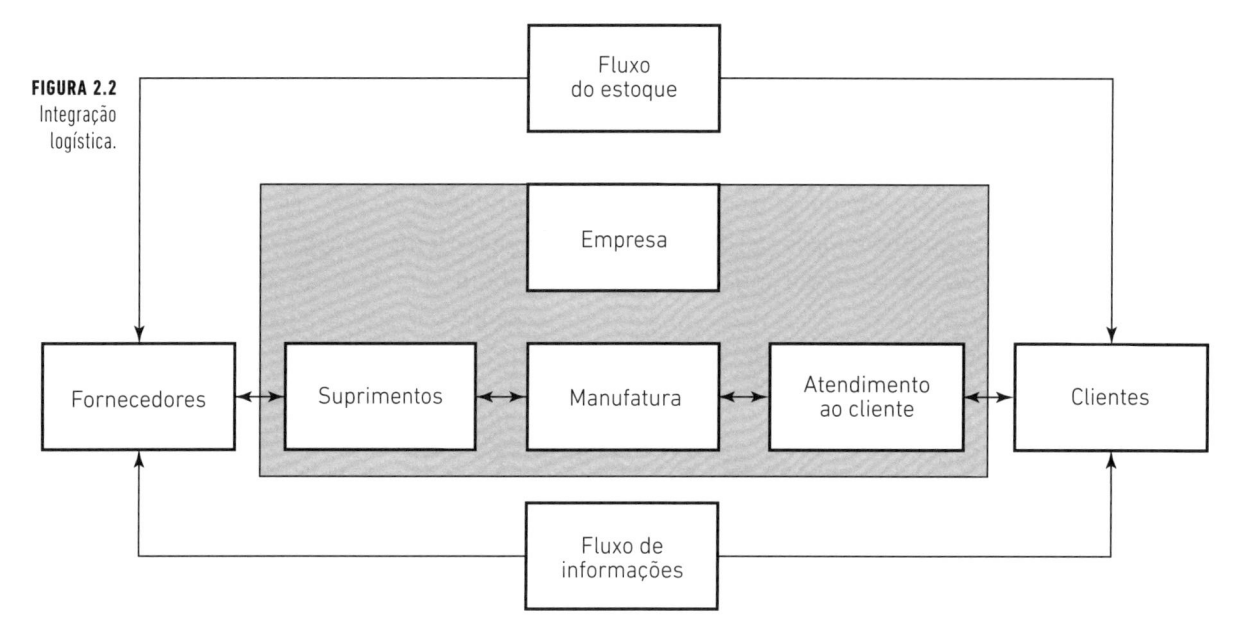

FIGURA 2.2 Integração logística.

ticipar da formulação de um programa mestre de produção (MPS – *Master production schedule*) e arranjar sua implementação por meio da disponibilidade oportuna do estoque de matérias-primas, componentes e produtos em processo. Assim, a preocupação geral da manufatura não é como ela ocorre, mas **o que** é fabricado **quando** e **onde**.

A manufatura é significativamente diferente do CRM, que atende aos clientes e, para isso, deve se ajustar à incerteza da demanda. A manufatura envolve a programação dos requisitos de movimentação que estão sob controle da empresa manufatureira. As incertezas provocadas pelos pedidos dos clientes e pela demanda variável não são comuns nas operações de manufatura. Do ponto de vista do planejamento geral, a separação entre a manufatura e o CRM e as atividades de suprimento cria oportunidades para a especialização e a melhoria da eficiência.

Suprimentos

A área de suprimentos preocupa-se com as compras e o arranjo da movimentação de recebimento de estoque de matérias-primas, peças e/ou produtos acabados de fornecedores para fábricas de produção ou montagem, depósitos ou lojas. Dependendo da situação, o processo de aquisição normalmente é identificado por diferentes nomes. Na manufatura, é denominado **compras**. Em círculos governamentais, a aquisição tradicionalmente é chamada de **licitação**. No atacado e no varejo, **compras** é o termo usado com mais frequência. Em muitos círculos, o processo é denominado **gestão de suprimentos**. Para os objetivos deste livro, o termo **suprimento** incluirá todos os tipos de aquisições. O termo **material** será usado para identificar os estoques em movimento de uma empresa, independentemente de seu grau de preparação para revenda. O termo **produto** será empregado para identificar os produtos com valor agregado que são vendidos aos clientes. Em outras palavras, os materiais estão envolvidos no processo de agregar valor por meio da produção enquanto os produtos estão prontos para o consumo. A distinção fundamental é que os produtos resultam do valor agregado aos materiais durante a manufatura, classificação ou montagem.

Em uma empresa típica, as três áreas operacionais logísticas se sobrepõem. Ver cada uma delas como parte integrante do processo geral de agregação de valor cria uma oportunidade de especializar o desempenho e capitalizar sobre os atributos singulares de cada uma dentro do processo geral. A Tabela 2.2 oferece uma definição mais rigorosa do trabalho cotidiano envolvido em cada subprocesso de logística. O desafio global da cadeia de suprimentos é integrar os processos logísticos das empresas participantes de forma a facilitar a eficiência global.

FLUXO DE INFORMAÇÕES

O fluxo de informações identifica locais específicos dentro de um sistema logístico com necessidades. A informação também integra as três áreas operacionais. Dentro de cada área logística, existem diferentes requisitos de movimentação em relação ao tamanho do pedido, à disponibilidade de estoque e à urgência. O objetivo principal da gestão do fluxo de informações é harmonizar esses diferenciais para melhorar o desempenho total da cadeia de suprimentos. É importante ressaltar que os requisitos de informação são paralelos ao trabalho efetivo aplicado ao atendimento ao cliente, à manufatura e ao suprimento. Embora essas áreas realizem o trabalho logístico efetivo, a informação facilita a coordenação do planejamento e do controle das operações cotidianas. Sem informações acuradas, o esforço envolvido no sistema logístico pode ser mal direcionado.

OBJETIVOS DA INTEGRAÇÃO LOGÍSTICA

Para obter integração logística dentro de um contexto de cadeia de suprimentos, seis objetivos operacionais têm de ser atingidos simultaneamente: (1) capacidade de resposta; (2) redução da variação; (3) redução de estoques; (4) consolidação de cargas; (5) qualidade; e (6) suporte ao ciclo de vida. A importância relativa de cada um está diretamente associada à estratégia logística da empresa.

CAPACIDADE DE RESPOSTA

A capacidade de uma empresa satisfazer as necessidades do cliente de modo oportuno é denominada **capacidade de resposta**. Como observamos antes, a tecnologia da informação está facilitando estratégias baseadas em respostas que permitem que o compromisso operacional seja adiado até o último minuto possível, seguido de uma entrega acelerada. A implementação de estratégias puxadas serve para reduzir os estoques comprometidos ou distribuídos em antecipação às necessidades do cliente. A capacidade de resposta serve para transferir a ênfase operacional da previsão de necessidades futuras para o atendimento aos clientes por meio de um ciclo rápido do pedido até a entrega. Idealmente, em um sistema puxado, o estoque não é distribuído até que um cliente o solicite. Para apoiar esse comprometimento, a empresa deve ter os atributos logísticos de disponibilidade de estoque e entrega pontual assim que o pedido de um cliente é recebido.

REDUÇÃO DA VARIAÇÃO

Todas as áreas operacionais de um sistema logístico são suscetíveis à variação, na qual resulta da falha na realização de qualquer aspecto das operações logísticas como planejado. Por exemplo, um atraso no processamento do pedido de um cliente, uma interrupção inesperada na separação de pedidos, produtos chegando danificados ao local de entrega ao cliente e/ou a falha na entrega pontual no local correto; tudo isso gera variações não planejadas no ciclo do pedido até a entrega. Uma solução comum para se proteger contra a variação prejudicial é o uso de estoques de segurança para amparar as operações. Também é comum usar meios de transporte especializados para superar variantes inesperadas que atrasam a entrega planejada. Essas práticas, por

TABELA 2.2 Preocupações operacionais logísticas específicas sobre gestão do relacionamento com os clientes, manufatura e suprimento no desempenho da logística.

Gestão de relacionamento com os clientes
Atividades relacionadas a oferecer uma gestão do relacionamento com os clientes. Requer a realização de recebimento e processamento de pedidos, desdobramento (*deployment*) dos estoques, armazenamento, manuseio e transporte de saída dentro de uma cadeia de suprimentos. Inclui a responsabilidade de coordenar com o planejamento de marketing em áreas como formação de preços, suporte promocional, níveis de serviço ao cliente, normas de distribuição de crédito, manuseio de produtos devolvidos e suporte ao ciclo de vida. O objetivo principal da distribuição ao mercado é ajudar na geração de receitas, proporcionando os níveis de serviço ao cliente estrategicamente desejados pelo menor custo total.
Manufatura
Atividades relacionadas às operações de planejamento, programação e manufatura. Exige o planejamento da programação mestre e a realização de armazenamento, manuseio, transporte e separação, montagem de *kits*, sequenciamento e uso gradual de componentes. Inclui a responsabilidade pelo armazenamento de estoques em unidades de manufatura e pela maximização da flexibilidade na coordenação do *postponement* geográfico e de montagem entre as operações de manufatura e de gestão de relacionamento com os clientes.
Suprimentos
Atividades relacionadas à obtenção de produtos e materiais de fornecedores externos. Exige a realização de planejamento de recursos, busca de fornecedores, negociação, alocação de pedidos, transporte, recebimento e inspeção de produtos recebidos, armazenamento e manuseio, e controle de qualidade. Inclui a responsabilidade de coordenação com os fornecedores em áreas como programação, continuidade do fornecimento, cobertura de risco e investigação, bem como pesquisas sobre novas fontes de suprimento ou programas. O principal objetivo do suprimento é apoiar organizações de manufatura ou revenda, proporcionando compras adequadas pelo menor custo total.

conta de seu alto custo associado, podem ser minimizadas com o uso de tecnologia da informação para manter um controle logístico positivo. Quando a variação é minimizada, a produtividade logística aumenta. Sendo assim, a **redução da variação**, a eliminação de interrupções no sistema, é um objetivo básico do gerenciamento da logística integrada.

REDUÇÃO DE ESTOQUES

Para atingir o objetivo de **redução de estoques**, um sistema logístico integrado tem de controlar o comprometimento de ativos e a velocidade de giro. O comprometimento de ativos é o valor financeiro do estoque. Já a velocidade de giro reflete o ritmo em que o estoque é reabastecido ao longo do tempo. O conjunto de taxas de giro altas e a disponibilidade de estoque desejada indicam que os ativos dedicados ao estoque estão sendo utilizados de modo eficiente e eficaz; isto é, os ativos gerais comprometidos para apoiar uma operação integrada são minimizados.

É importante ter em mente que o estoque facilita os benefícios desejáveis, porque é fundamental para a obtenção de economias de escala na manufatura e nos suprimentos. O objetivo é reduzir e administrar os estoques no menor nível possível ao mesmo tempo que se atingem as metas de desempenho da cadeia de suprimentos.

CONSOLIDAÇÃO DE CARGAS

Um dos custos logísticos mais significativos é o transporte. Mais de 60 centavos de cada dólar logístico são gastos em transportes. O custo de transportes está diretamente relacionado ao tipo de produto, ao tamanho da carga e à distância percorrida. Muitos sistemas logísticos de atendimento direto dependem de transportes de alta velocidade para pequenas cargas, o que é caro. Um dos objetivos do sistema é conseguir a **consolidação de cargas** em um esforço para reduzir os custos de transporte. Como regra geral, quanto maior uma carga e maior a distância em que será transportada, menor o custo por unidade. A consolidação exige programas inovadores para combinar pequenas cargas de modo a obter uma movimentação consolidada pontual. Esses programas exigem coordenação entre diversas empresas porque transcendem a cadeia de suprimentos. Para ser bem-sucedido, o atendimento do comércio eletrônico direto aos consumidores exige maneiras inovadoras de conseguir uma consolidação eficaz.

QUALIDADE

Um objetivo operacional fundamental é a melhoria contínua da **qualidade**. A Gestão da Qualidade Total (GQT) é uma grande iniciativa na maioria dos aspectos da indústria. Se um produto está com defeito ou se as promessas de serviço não são cumpridas, pouco ou nenhum valor pode ser agregado pelo processo logístico. Os custos logísticos, depois de gastos, não podem ser revertidos ou recuperados. Na verdade, quando a qualidade do produto falha depois da entrega ao cliente e é necessário fazer uma reposição, os custos logísticos aumentam rapidamente. Além desse custo inicial, os produtos têm de ser devolvidos e trocados. Essas movimentações não planejadas normalmente custam mais do que a distribuição original. Por esse motivo, o compromisso com o desempenho do pedido até a entrega com zero defeito é um importante objetivo da logística de ponta.

A logística em si é realizada sob condições desafiadoras. A dificuldade de obter uma logística com zero defeito aumenta pelo fato de que as operações logísticas normalmente são realizadas ao longo de uma ampla área geográfica durante 24 horas e sem supervisão direta.

SUPORTE AO CICLO DE VIDA

O objetivo final do projeto de integração é o **suporte ao ciclo de vida**. Poucos itens são vendidos sem alguma garantia de que o produto funcionará conforme anunciado. Em certas situações, o fluxo original de valor agregado até os clientes tem de ser revertido. A devolução de produtos é comum, como resultado de padrões de qualidade cada vez mais rígidos, data de validade e responsabilidade por consequências danosas. A logística reversa também resulta do aumento da quantidade de leis que estimulam a reciclagem de recipientes de bebidas e materiais da embalagem. A questão significativa em relação à logística reversa é a necessidade de manter o máximo de controle quando existe um risco potencial à saúde, como no caso de um produto contaminado. Uma capacidade de logística reversa bem concebida e coordenada é importante quando as empresas precisam fazer *recall* de produtos. Durante 2010, a Johnson & Johnson se deparou com a necessidade de fazer o *recall* de vários produtos, que durou vários meses, envolvendo uma série de marcas diferentes. A eficiência e a eficácia da sua capacidade predeterminadas de logística reversa foram um fator primordial para o sucesso desses *recalls*. Os requisitos operacionais para a logística reversa variam desde o menor custo total, como devolução de garrafas para reciclagem, até o controle máximo em situações que envolvem produtos defeituosos. Empresas que projetam uma logística reversa eficiente muitas vezes conseguem recuperar o valor por meio da redução da quantidade de produtos que em outros casos seriam descartados ou vendidos com desconto. Uma estratégia integrativa sólida não pode ser formulada sem uma análise cuidadosa dos requisitos da logística reversa.

Para alguns produtos, como impressoras, o lucro principal se encontra na venda de suprimentos e nos serviços pós-venda. A importância do suporte ao ciclo de vida é significativamente diferente em situações nas quais a maior parte dos lucros é obtida no pós-venda. No caso de empresas que vendem bens de consumo duráveis ou equipamentos industriais, o compromisso com o suporte ao ciclo de vida é uma oportunidade de marketing versátil e exigente, bem como um dos maiores custos da operação logística. O suporte ao ciclo de vida requer a logística **berço ao berço**. O apoio dessa logística vai além da logística reversa e da reciclagem, bem como inclui a possibilidade de serviços pós-venda, a retirada de produtos do mercado e a disposição de produtos. A estrutura e a dinâmica da logística da cadeia de suprimentos serão discutidas a seguir.

ARRANJOS OPERACIONAIS LOGÍSTICOS

O POTENCIAL DE OS SERVIÇOS logísticos exercerem impacto favorável sobre os clientes está diretamente relacionado ao projeto do sistema operacional. As variadas facetas dos requisitos do desempenho logístico tornam o projeto operacional uma tarefa complexa, visto que uma estrutura operacional deve equilibrar desempenho, custo e flexibilidade. Quando se considera a variedade de sistemas logísticos usados em todo o mundo para servir a mercados muito diferentes, é impressionante que exista qualquer semelhança estrutural. Mas lembre-se de que todos os arranjos logísticos têm duas características em comum. Primeira, são projetados para administrar estoques. Segunda, a gama de alternativas logísticas é limitada pela tecnologia disponível. Essas duas características tendem a criar os arranjos operacionais comumente observados. Três estruturas amplamente utilizadas são a escalonada, a direta e a combinada.

ESCALONADO

Classificar um sistema logístico como tendo uma estrutura escalonada significa dizer que o fluxo de produtos normalmente ocorre por meio de um arranjo comum de empresas e instalações durante a movimentação desde a origem até o destino final. O uso do escalonamento normalmente implica que a análise do custo total justifica a manutenção de algum nível de estoque ou a realização de atividades específicas em níveis consecutivos de uma cadeia de suprimentos.

Sistemas escalonados usam depósitos para criar variedades de estoque e conseguir economias de consolidação associadas a carregamentos em meios de transporte de grande volume. Estoques posicionados em depósitos estão disponíveis para distribuição rápida e assim atender às necessidades dos clientes. A Figura 2.3 ilustra a típica cadeia de valores escalonada.

Sistemas escalonados típicos usam tanto depósitos de consolidação quanto de fracionamento da carga. Uma instalação de fracionamento de carga normalmente recebe entregas de grandes volumes de uma variedade de fornecedores. O estoque é classificado e armazenado em antecipação às necessidades futuras dos clientes. Centros de distribuição de alimentos operados por grandes redes e atacadistas de produtos alimentícios são exemplos de depósitos de fracionamento de carga. Um depósito de consolidação funciona de modo inverso. A consolidação em geral é exigida por empresas manufatureiras que têm instalações em diferentes localizações geográficas. Os produtos fabricados em diferentes instalações são consolidados em um depósito central para permitir que a empresa embarque variedades de toda a linha de produtos para os clientes. Os grandes fabricantes de bens de consumo são os principais exemplos de empresas que usam sistemas escalonados para a consolidação de toda a linha de produtos. Os depósitos de consolidação também são comuns no abastecimento da produção. As peças e subconjuntos componentes dos produtos, provenientes dos fornecedores, são sequenciados e enviados para as fábricas, conforme a necessidade, para apoiar as operações de produção.

DIRETO

Em contraste com o escalonamento de estoque existem os sistemas logísticos projetados para embarcar produtos diretamente ao destino do cliente a partir de um estoque com localização central ou de uma quantidade limitada de estoques. A distribuição direta normalmente usa os serviços expressos de transportadoras de alta qualidade combinados com a tecnologia da informação para processar rapidamente os pedidos dos clientes e realizar a entrega. Essa combinação de habilidades, projetadas no ciclo de entrega do pedido, reduz os atrasos e supera a separação geográfica dos clientes. Exemplos desse sistema são carregamentos de carga completa da fábrica até o cliente, entrega direta em lojas e as diversas formas de entrega direta ao consumidor necessárias para apoiar as compras via Internet. Estruturas logísticas diretas também são comumente usadas para distribuir componentes e matérias-primas entre as instalações manufatureiras porque o tamanho médio dos carregamentos costuma ser grande.

Quando a economia permite, os executivos da logística preferem as alternativas diretas porque elas reduzem a antecipação de estoques e o manuseio intermediário de produtos. A disposição por meio da logística direta é limitada pelo alto custo dos transportes e pelo potencial de perda de controle. Em geral, a maioria das empresas hoje não administra a quantidade de depósitos que era comum há alguns anos e consegue modificar as estruturas escalonadas e incluir habilidades logísticas diretas. A Figura 2.4 ilustra a adição da habilidade logística direta a uma estrutura logística escalonada.

COMBINADO

O arranjo logístico ideal é uma situação em que os benefícios inerentes das estruturas logísticas escalonada e direta são combinados. Como observamos no Capítulo 1, o ideal é que o investimento preventivo em estoques seja adiado o máximo possível. Estratégias de estoque normalmente posicionam produtos ou materiais de alta rotatividade em depósitos avançados, enquanto outros itens mais arriscados ou dispendiosos são armazenados em uma localização central para entrega direta aos clientes. O investimento básico em serviços e a economia relacionada ao tamanho do pedido determinam a estrutura mais desejável e econômica para atender um cliente específico.

```
[Fornecedor] → [Distribuição industrial ou depósito de consolidação] → [Fabricante] → [Atacadista ou centro de distribuição] → [Varejista] → [Cliente]
```

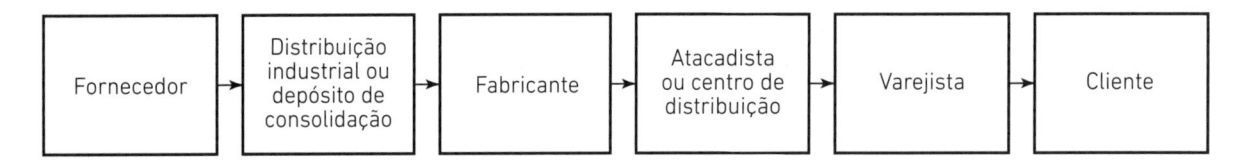

FIGURA 2.3 Logística com estrutura escalonada.

Para ilustrar, peças de reposição de automóveis normalmente são distribuídas aos clientes utilizando uma estratégia logística combinada. Peças específicas, com base no padrão e na densidade da demanda, são estocadas em depósitos localizados a diferentes distâncias das concessionárias e das lojas. Como regra geral, quanto mais lento o giro de determinada peça, mais variável a demanda e, portanto, maior o benefício do estoque centralizado. As peças com baixa rotatividade ou menos compradas podem ser estocadas em um único local que atende clientes no mundo todo. Peças com alta rotatividade e demanda mais previsível são estocadas em depósitos avançados próximos às concessionárias para facilitar a entrega rápida e de baixo custo.

Um exemplo contrastante é uma empresa que vende peças de máquinas a empresas industriais. A natureza desse negócio necessita de uma estratégia de distribuição combinada completamente oposta. Para oferecer um serviço superior aos clientes cujas máquinas apresentam falhas e tempo inoperante inesperado, a empresa estoca produtos com baixa rotatividade em todos os depósitos locais. Em contraste com a empresa automotiva, as peças com alta rotatividade e alta demanda nesse setor podem apresentar uma previsão acurada devido à manutenção preventiva de rotina. O método logístico de menor custo para esses produtos com alta rotatividade é o embarque direto de um depósito central localizado próximo à fábrica de manufatura de peças.

Essas estratégias alternativas, ambas usando diferentes habilidades logísticas, são justificadas com base nas necessidades exclusivas dos clientes, no custo total do serviço e na intensidade da concorrência enfrentada. O fabricante de automóveis é o único fornecedor de peças durante o período de garantia de um carro novo e deve oferecer às concessionárias uma entrega rápida dos itens necessários para consertar os carros dos clientes. As lojas exigem o reabastecimento rápido do estoque de peças para atender os clientes ao mesmo tempo que minimizam o investimento em estoques. Conforme os carros vão ficando velhos e a demanda por peças de reposição aumenta, fornecedores alternativos entram no mercado de peças de reposição. Durante essa etapa altamente competitiva do ciclo de vida do modelo, é necessária uma resposta logística rápida para que a empresa se mantenha competitiva. À medida que o modelo envelhece, a concorrência sai do mercado em redução, deixando o fabricante original como único fornecedor.

O fornecedor de componentes industriais, em contraste com a empresa automotiva, oferece peças de máquinas padronizadas e tem um alto grau de substituição competitiva. Enquanto produtos usados regularmente podem ter sua demanda prevista, produtos com baixa rotativi-

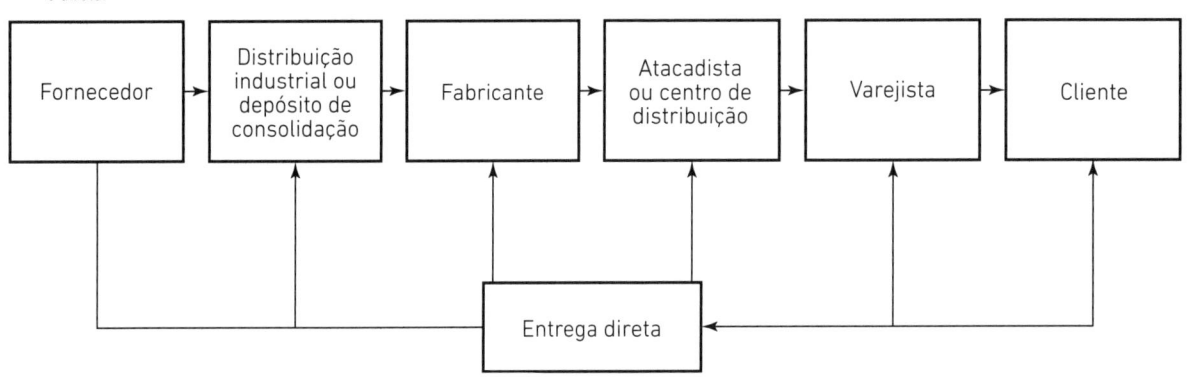

FIGURA 2.4 Combinação de entrega escalonada e direta.

```
[Fornecedor] → [Distribuição industrial ou depósito de consolidação] → [Fabricante] → [Atacadista ou centro de distribuição] → [Varejista] → [Cliente]
                                              ↓
                                     [Entrega direta]
```

dade ou com demanda variável são impossíveis de prever. Nessa situação, os clientes avaliam os fornecedores de acordo com a rapidez com que as paralisações de máquinas são solucionadas. A falha no desempenho, abaixo do nível esperado pelo consumidor, pode abrir as portas para um concorrente mostrar sua habilidade.

Cada empresa enfrenta situações únicas com os clientes e pode usar uma estratégia logística diferente para alcançar a superioridade competitiva. A estratégia que satisfaz as expectativas dos clientes pelo menor custo total normalmente usa uma combinação das capacidades escalonada e direta.

Além da estrutura básica, as capacidades flexíveis podem ser projetadas em um sistema logístico desenvolvendo-se um programa que serve os clientes por meio de instalações alternativas ou diferentes modalidades de transporte.

ESTRUTURA FLEXÍVEL

OPERAÇÕES FLEXÍVEIS SÃO ESTRATÉGIAS contingenciais pré-planejadas para evitar falhas logísticas. Uma emergência típica ocorre quando uma instalação de carregamento específica está sem estoques ou, por algum outro motivo, não consegue completar o pedido de um cliente. Por exemplo, um depósito pode estar sem determinado item e não ter reabastecimento de estoque programado para antes da data de entrega especificada no pedido do cliente. Para prevenir o atraso ou o cancelamento da entrega, uma política operacional de contingência pode designar o pedido total – ou ao menos os itens não disponíveis – para carregamento a partir de um depósito alternativo. O uso de operações flexíveis normalmente se baseia na importância de algum cliente em particular ou na natureza crítica do produto pedido.

A capacidade logística flexível que está se popularizando, em especial por causa da melhoria nas comunicações, implica procedimentos para resolver situações específicas como parte da estratégica logística básica. As regras da logística flexível e os cenários de decisão descrevem maneiras alternativas de atender a necessidades específicas de serviços, como a necessidade de acionar diferentes instalações de carregamento. Uma estratégia que utiliza operações flexíveis é prática comum em quatro situações diferentes.

Primeira, quando o endereço de entrega especificado pelo cliente está perto de um ponto de custo logístico ou tempo de entrega iguais a partir de duas instalações logísticas diferentes. Clientes localizados em pontos indiferentes oferecem à empresa fornecedora a oportunidade de utilizar completamente o estoque disponível e sua capacidade logística. Os pedidos podem ser atendidos pelo depósito com o melhor nível de estoque ou com capacidade de transporte disponível para realizar a entrega pontualmente. Essa forma de logística flexível utiliza toda a capacidade do sistema, uma vez que equilibra o trabalho entre instalações ao mesmo tempo que protege os compromissos com o cliente. O benefício é a eficiência operacional, transparente para o cliente, que recebe um serviço como esperado.

A segunda situação que justifica a distribuição flexível é quando o tamanho do pedido de um cliente cria uma oportunidade para melhorar a eficiência logística se for atendido por um arranjo de canais alternativo. Por exemplo, o método com menor custo total para realizar entregas de pequenos carregamentos pode ser por meio de um distribuidor. Por outro lado, carregamentos maiores podem apresentar o menor custo logístico total se embarcados da fábrica diretamente para os clientes. Desde que todos os métodos alternativos de carregamento atendam às expectativas de entrega, o custo logístico total pode ser reduzido pela implementação de políticas flexíveis.

O terceiro tipo de operação flexível pode resultar de uma estratégia de estoque de produtos selecionados. O custo e o risco associados ao estoque de produtos exigem uma análise minuciosa para determinar quais itens armazenar em cada local. No caso de peças de reposição, uma estratégia comum já mencionada é estocar itens selecionados em depósitos específicos e estocar toda a linha de produtos apenas em uma instalação central. No caso do varejo de produtos em geral, uma loja ou centro de distribuição localizado em uma pequena comunidade pode armazenar apenas uma versão limitada ou restrita de toda a linha de produtos de uma empresa. Quando os consumidores desejam itens não estocados, os pedidos devem ser atendidos a partir de uma instalação alternativa. O termo **instalação central** muitas vezes é usado para descrever estratégias de estoque que nomeiam instalações maiores para apoiar instalações menores e com restrições. O estoque de produtos selecionados por nível escalonado é uma estratégia comum usada para reduzir o risco total do estoque. Os motivos para o estoque escalonado seletivo abrangem desde a baixa contribuição ao lucro de um produto até o alto custo de manutenção de estoques por unidade. Um modo de operacionalizar essa estratégia é por meio da Classificação ABC, que diferencia as políticas de estoque para distintos grupos de produtos. Nas situações que seguem essas estratégias de estoque classificado, pode ser necessário obter a aprovação antecipada do cliente para entrega parcelada de pedidos. No entanto, em algumas situações, empresas que usam estratégias diferenciadas de estoque de produtos conseguem consolidar os pedidos dos clientes para realizar uma entrega total, tornando o arranjo transparente ao consumidor.

O quarto tipo de operação flexível resulta de acordos entre empresas para movimentar carregamentos selecionados fora dos arranjos logísticos escalonados ou diretos existentes. Dois arranjos especiais que estão se tornando populares são arranjos de fluxo via **cross-docking** e de **fornecedores de serviços**. Uma operação de *cross-docking* envolve a chegada de diversos fornecedores em horário determinado na instalação de manuseio e normalmente é realizada em situações nas quais o armazenamento e o manuseio de materiais podem ser evitados. Os estoques recebidos são selecionados na doca e acomodados em caminhões de distribuição para entrega direta ao destino. As operações de *cross-docking* estão se tornando populares no setor varejista, pois possibilitam enviar uma seleção de produtos específicos para determinadas lojas e são métodos comuns de reabastecimento contínuo de estoque para grandes varejistas.

Outra forma de operação flexível é usar **fornecedores de serviços integrados** para preparar os produtos para entrega. Isso é semelhante à consolidação com o objetivo de transporte discutido na seção anterior deste capítulo. No entanto, como forma de logística flexível, os especialistas estão acostumados a evitar o armazenamento e o manuseio de produtos de baixa rotatividade pela via principal da estrutura logística escalonada. Tais prestadores de serviços também podem oferecer importantes serviços com valor agregado. Por exemplo, a Starbucks Coffe Company tem, há mais de uma década, um relacionamento com a OHL, uma prestadora de serviços de logística. A cafeteria tem aproximadamente 17 mil pontos de varejo próprios e licenciados. A OHL fornece apoio logístico para a Starbucks, oferecendo serviços 3PL com suporte tecnológico.

A Figura 2.5 acrescenta o item flexibilidade às estruturas operacionais logísticas previamente ilustradas. Um pré-requisito para as operações flexíveis eficazes é o uso da tecnologia da informação para monitorar o nível do estoque em toda a rede logística e proporcionar a capacidade de alterar rapidamente os métodos de atendimento aos pedidos dos clientes. O uso de operações flexíveis em situações de emergência sempre foi uma situação comum. A melhoria geral na tecnologia da informação tem feito com que as operações flexíveis se tornem parte da estratégia logística básica.

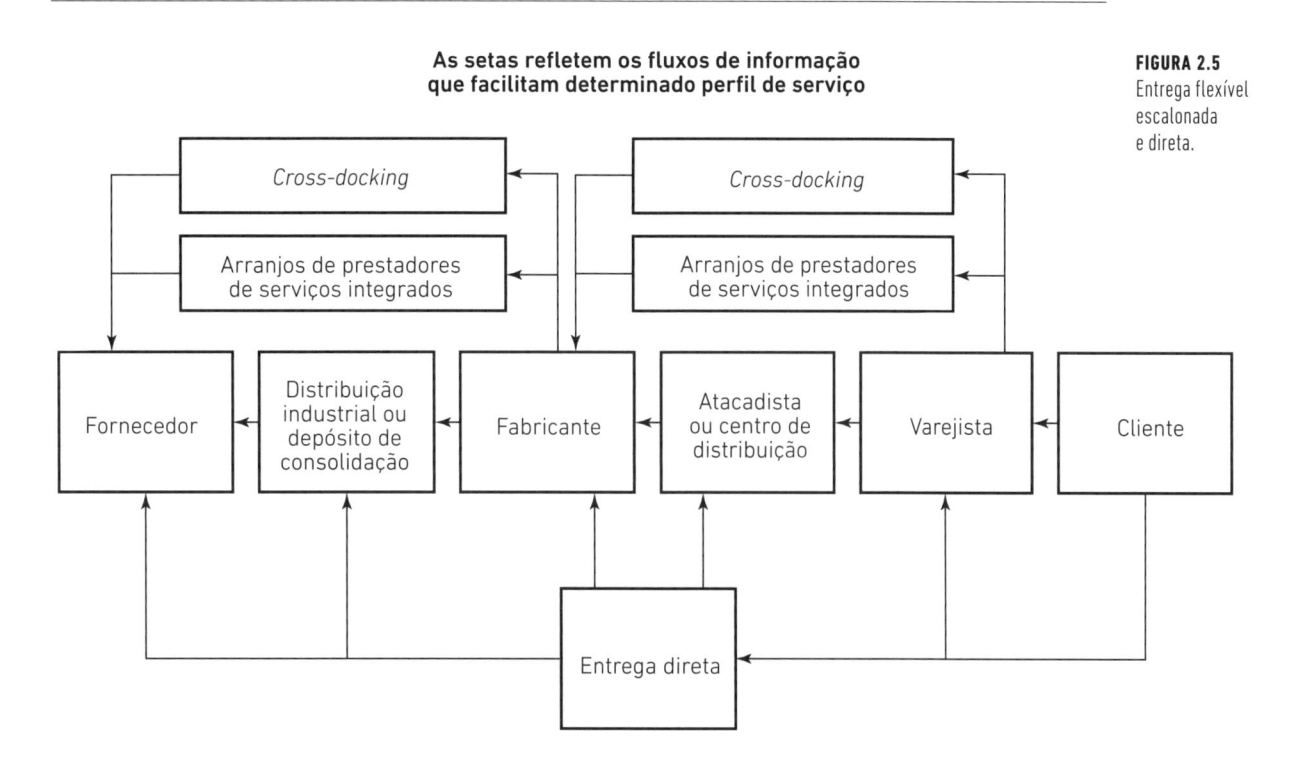

FIGURA 2.5
Entrega flexível escalonada e direta.

As setas refletem os fluxos de informação que facilitam determinado perfil de serviço

SINCRONIZAÇÃO DA CADEIA DE SUPRIMENTOS

A DISCUSSÃO ANTERIOR POSICIONOU a logística como um processo de gestão integrada dentro de uma empresa. Um dos desafios da gestão da cadeia de suprimentos é integrar as operações em diferentes empresas. Em um esforço para facilitar as operações logísticas, os participantes da cadeia de suprimentos devem planejar e implementar operações em conjunto. A integração operacional entre diversas empresas de uma cadeia de suprimentos é denominada **sincronização da cadeia de suprimentos**.

A sincronização da cadeia de suprimentos busca coordenar o fluxo de materiais, os produtos e as informações entre seus parceiros para reduzir o trabalho duplicado e a redundância indesejada. Também busca reestruturar as operações internas das empresas para potencializar a capacidade total da cadeia de suprimentos. Operações potencializadas exigem planejamento conjunto relacionado ao trabalho logístico que cada empresa participante de uma cadeia de suprimentos realizará e pelo qual será responsável. No âmago da integração da cadeia de suprimentos está o objetivo de potencializar as competências essenciais dos participantes para conseguir a redução geral do **tempo de permanência do estoque**.

Como definimos no Capítulo 1, o tempo de permanência é a razão entre o tempo que o estoque fica parado e o tempo em que está sendo produtivamente movimentado para um local desejado na cadeia de suprimentos. Para ilustrar, um produto ou componente estocado em um depósito está ocioso. Por outro lado, a mesma peça em movimento em um meio de transporte a caminho de um cliente está sendo distribuído com eficácia. De modo ideal, a peça será entregue de modo pontual para ser imediatamente usada pelo cliente em um processo que agrega valor. A intenção é integrar diretamente o estoque ao processo de agregar valor do cliente sem que o produto seja colocado no depósito ou em outras situações que impeçam a movimentação contínua. Os benefícios da sincronização servem para apoiar a visão geral de que a velocidade para realizar um serviço específico ou para movimentar um produto tem importância secundária se comparada à sincronização do fornecimento em relação às necessidades de demanda.

ESTRUTURA DO CICLO DE ATIVIDADES

O CICLO DE ATIVIDADES representa os elementos de trabalho necessários para completar a logística relacionada ao atendimento ao cliente, à manufatura ou ao suprimento. Consiste em trabalhos específicos que abrangem desde a identificação das necessidades até a entrega do produto. Por integrar vários aspectos do trabalho, o ciclo de atividades é a unidade principal de análise para o projeto logístico e sua sincronização. Em um nível básico, a informação e o transporte devem conectar todas as empresas que operam em uma cadeia de suprimentos. As localizações operacionais conectadas pela informação e pelo transporte são denominadas **nós**.

Além dos nós e conexões da cadeia de suprimentos, os ciclos de atividades envolvem ativos em estoque. O estoque é medido de acordo com o nível de investimento em ativos alocados para apoiar as operações em um nó ou enquanto um produto ou material está em trânsito. O estoque de produtos necessário aos nós da cadeia de suprimentos consiste em **estoque-base** e **estoque de segurança**. O estoque-base é mantido em um nó e normalmente consiste em metade do tamanho do pedido médio recebido. O estoque de segurança existe como proteção contra variações na demanda ou na duração do ciclo operacional. É nos nós da cadeia de suprimentos e entre eles que o trabalho relacionado à logística é realizado. O estoque é armazenado e flui por meio dos nós, exigindo uma variedade de tipos de manuseio de materiais e, quando necessário, armazenamento. Embora uma quantidade de manuseio e depósito em trânsito aconteça durante o transporte, tal atividade é mínima em comparação à normalmente realizada em um nó da cadeia de suprimentos, como um depósito.

Os ciclos de atividades tornam-se dinâmicos à medida que atendem às **necessidades de entrada/saída**. A **entrada** em um ciclo de atividades é a demanda, em geral um pedido que determina a necessidade de um produto ou material. Uma cadeia de suprimentos que movimenta um grande volume normalmente necessita de uma variedade maior e diferente de ciclos de atividades que uma cadeia com menos movimento. Quando as necessidades operacionais são altamente previsíveis ou com movimento relativamente baixo, a estrutura do ciclo de atividades para fornecer apoio logístico à cadeia de suprimentos pode ser simplificada. Essa estrutura necessária para apoiar a cadeia de suprimentos de uma grande empresa varejista como a Target ou o Walmart é bem mais complexa que os requisitos de estrutura operacional de uma empresa de venda por catálogo.

A **saída** de uma cadeia de suprimentos é o nível de desempenho esperado das operações logísticas combinadas. Desde que os requisitos operacionais sejam satisfeitos, a estrutura do ciclo de atividades da logística combinada da cadeia de suprimentos é **eficaz** no cumprimento de sua missão. A **eficiência** de uma cadeia de suprimentos é uma medida dos gastos de recursos necessários para alcançar a eficácia logística. A eficácia e a eficiência dos ciclos de atividades logísticos são preocupações fundamentais na gestão da cadeia de suprimentos.

Dependendo da missão operacional de determinado ciclo de atividades em uma estrutura da cadeia de suprimentos, o trabalho associado pode estar sob o controle total de uma única empresa ou envolver diversas empresas. Por exemplo, os ciclos de manufatura frequentemente se encontram sob o controle operacional de uma única empresa. Em contrapartida, os ciclos de atividades relacionados ao atendimento ao cliente e ao suprimento normalmente envolvem diversas empresas.

É importante perceber que a frequência e a intensidade das transações variam de um ciclo de atividades para outro. Alguns ciclos de atividades são planejados para facilitar uma compra ou venda única. Nesses casos, a cadeia de suprimentos associada é projetada, implementada e eliminada depois que a transação está completa. Outros ciclos de atividades representam arranjos operacionais duradouros. Um fator complicador é que qualquer operação ou instalação em uma cadeia de suprimentos pode participar simultaneamente de inúmeros arranjos diferentes. Por exemplo, a instalação de armazenamento de um atacadista de ferramentas pode receber regularmente produtos de diversos fabricantes e atender varejistas concorrentes. Da mesma forma, uma transportadora rodoviária pode participar de diversas cadeias de suprimentos, atendendo a uma ampla variedade de setores.

Quando se considera uma cadeia de suprimentos de escopo nacional ou multinacional que está envolvida na comercialização de uma ampla linha de produtos para inúmeros clientes, envolvendo-se em manufatura e montagem e comprando matérias-primas e componentes globalmente, a noção dos ciclos de atividades individuais conectando todas as operações das empresas participantes é difícil de entender. É quase enlouquecedor estimar quantos ciclos de atividades existem na estrutura da cadeia de suprimentos da Kellogg ou da IBM.

Apesar da quantidade e da diferença das missões dos ciclos de atividades que uma cadeia de suprimentos específica realiza para satisfazer suas necessidades logísticas, cada ciclo deve ser individualmente planejado e operacionalmente administrado. **O ciclo de atividades logístico é a unidade básica do projeto e do controle operacional da cadeia de suprimentos. Em essência, a estrutura do ciclo de atividades é a base para a implementação da logística integrada em toda a cadeia de suprimentos**.

A Figura 2.6 retrata uma estrutura escalonada de cadeia de suprimentos que ilustra os ciclos de atividades logísticas básicas. A Figura 2.7 ilustra uma rede de ciclos de atividades flexíveis integrados em uma estrutura multiescalonada.

Três pontos são importantes para entender a arquitetura dos sistemas logísticos de cadeia de suprimentos integrada. Primeiro, como observamos anteriormente, os ciclos de atividades são as unidades fundamentais da logística integrada em toda a cadeia de suprimentos. Segundo, a estrutura do ciclo de atividades de uma cadeia de suprimentos, em termos de arranjos de conexões e nós, é

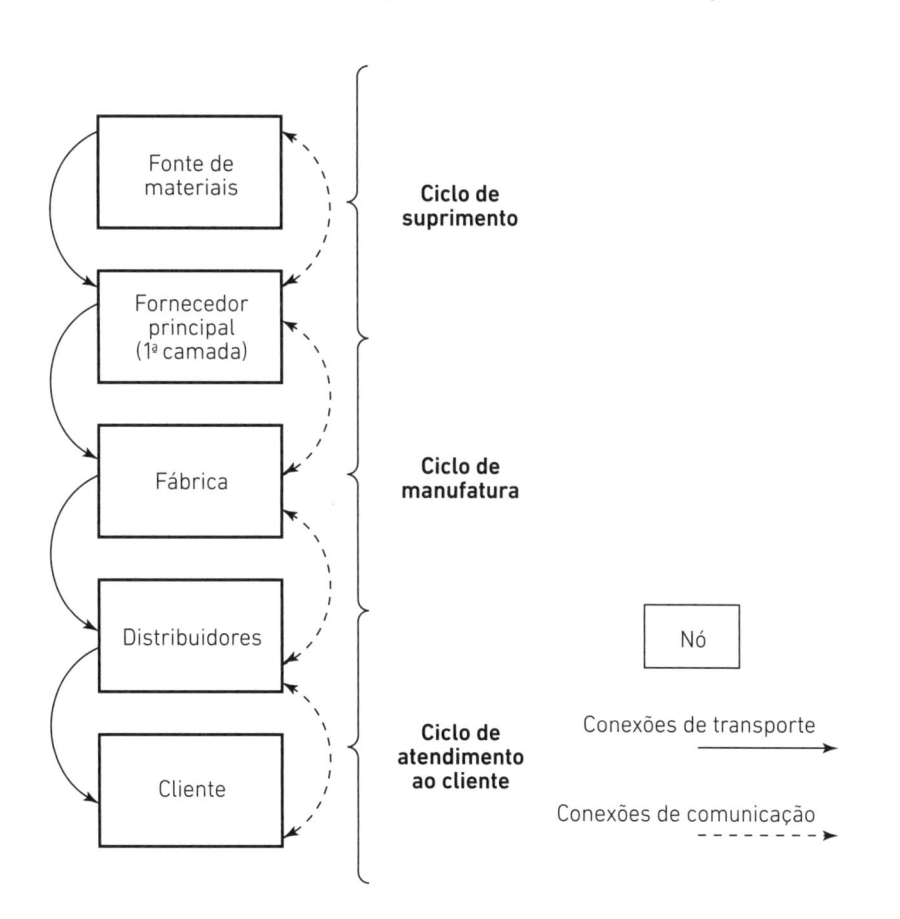

FIGURA 2.6 Ciclos de atividades logísticas.

basicamente a mesma, esteja a empresa preocupada com o atendimento ao cliente, com a manufatura ou com o suprimento. No entanto, existem diferenças consideráveis no grau de controle que uma empresa pode exercer sobre um tipo específico de ciclo de atividades. Terceiro, independentemente da amplitude e da complexidade da estrutura da cadeia de suprimentos geral, as interfaces e os processos de controle essenciais devem ser identificados e avaliados de acordo com os arranjos dos ciclos de atividades individuais e da responsabilidade administrativa associada.

INCERTEZA DO CICLO DE ATIVIDADES

Um dos objetivos principais da logística em todas as áreas operacionais é reduzir a incerteza do ciclo de atividades. O dilema é que a estrutura do ciclo de atividades em si, as condições operacionais e a qualidade das operações logísticas geram variação operacional naturalmente.

A Figura 2.8 mostra o tipo e o tamanho da variação que pode se desenvolver nas operações de ciclo de atividades. A ilustração do ciclo de atividades baseia-se na entrega de produtos acabados. As distribuições de tempo, conforme mostrado, refletem estatisticamente o histórico operacional de cada tarefa do ciclo de atividades. O diagrama ilustra os tempos mínimo e máximo historicamente necessários para realizar cada tarefa e o tempo de distribuição resultante para todo o ciclo de atividades. A linha pontilhada vertical reflete o tempo médio para executar cada tarefa.

Em termos de tarefas específicas, a variação resulta da natureza do trabalho envolvido. A transmissão de pedidos é altamente confiável quando são usadas a transferência eletrônica (EDI) ou as comunicações via Internet, e mais variáveis quando são usados o telefone ou o malote. Independentemente do nível de tecnologia aplicado, a variação operacional ocorrerá como resultado de mudanças diárias na carga de trabalho e na solução de imprevistos.

O tempo e a variação relacionados ao processamento de pedidos são uma função da carga de trabalho, do grau de automação e de políticas de concessão de crédito. A separação de pedidos, a velocidade e o atraso estão diretamente relacionados à capacidade, à sofisticação do manuseio de materiais e à disponibilidade de recursos humanos. Quando um produto está em falta no estoque, o tempo necessário para completar a separação do pedido pode incluir a programação de produção ou a compra de estoque. O tempo de transporte necessário está

FIGURA 2.7 Rede logística flexível multiescalonada.

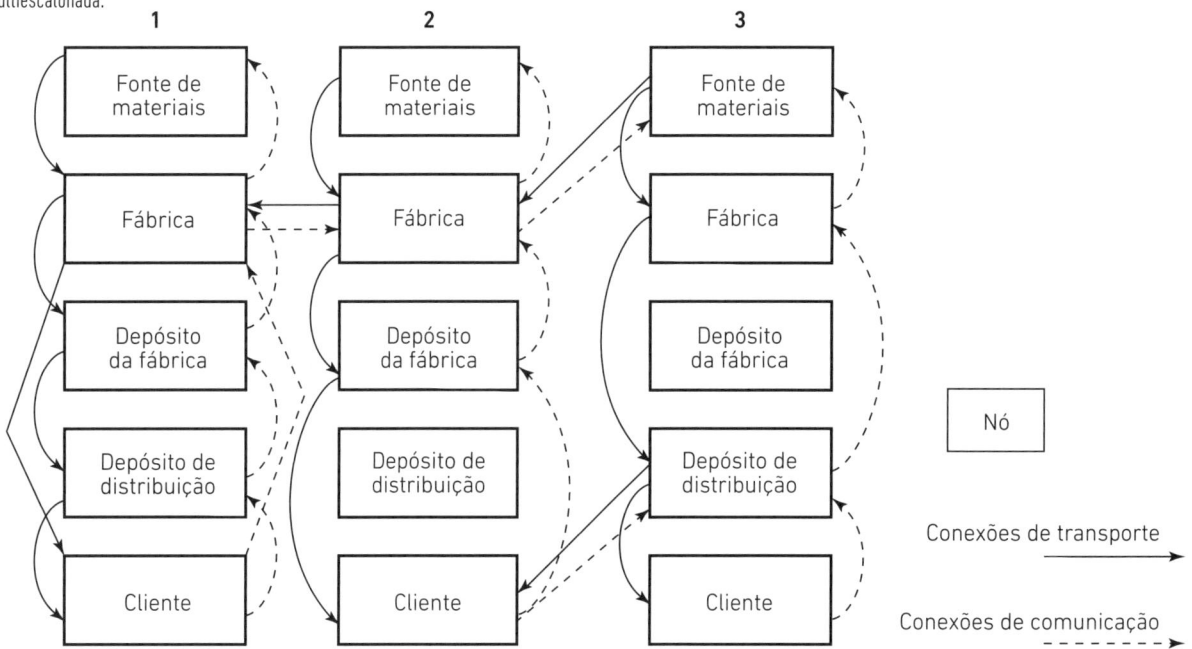

Ciclo de atividades total

FIGURA 2.8 Incerteza do ciclo de atividades.

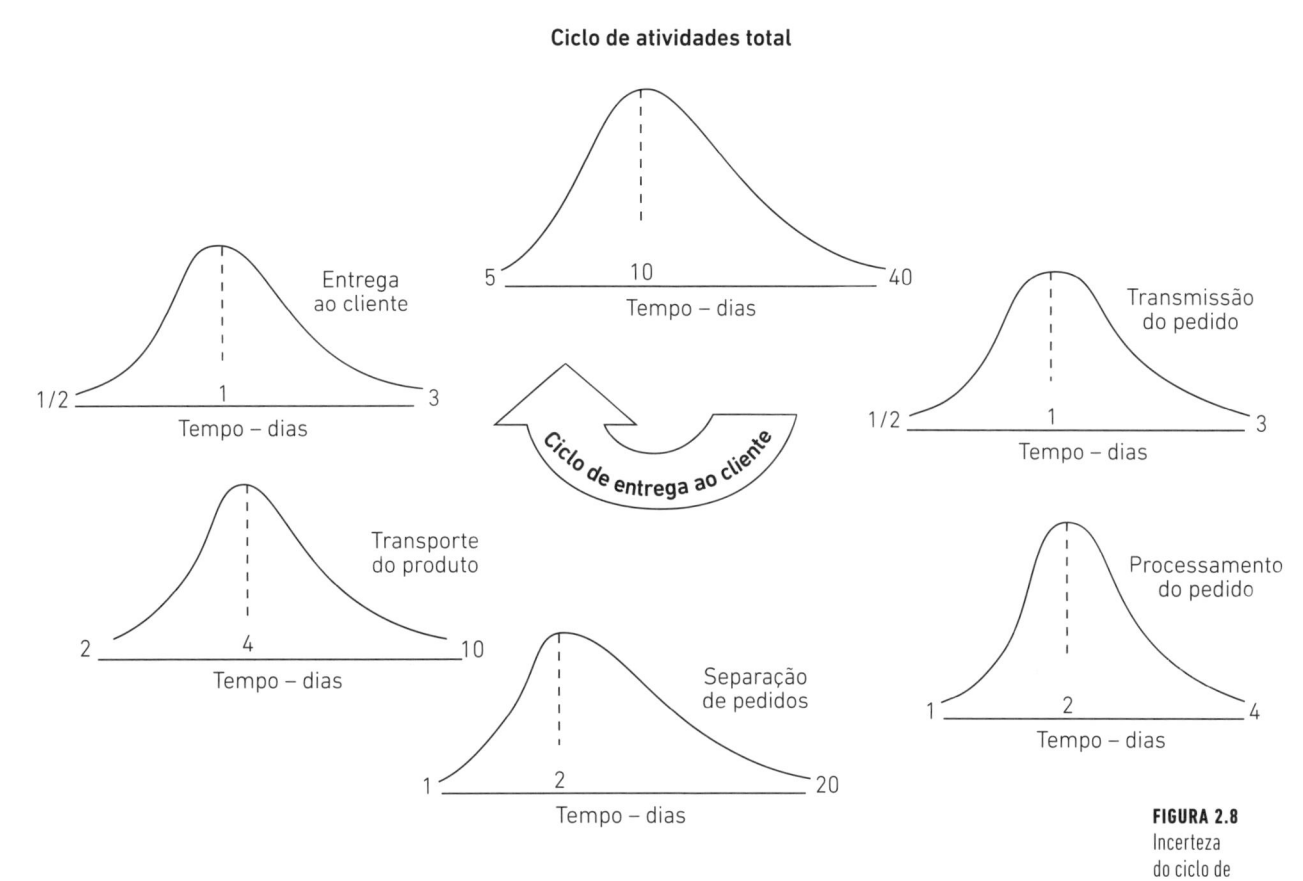

atrelado à distância da entrega, ao tamanho da carga, ao tipo de transporte e às condições operacionais. A entrega final aos clientes pode variar, dependendo do horário de recebimento autorizado, do agendamento de entregas, da disponibilidade de mão de obra e de requisitos especiais de descarga e equipamentos.

Na Figura 2.8, o histórico de tempo total do pedido à entrega varia de cinco a 40 dias. O ciclo de cinco dias considera que cada tarefa será realizada no menor tempo possível, o que é improvável. O ciclo de 40 dias, igualmente improvável, representa o extremo oposto, em que cada tarefa exige o tempo máximo. O desempenho planejado ou almejado do ciclo do pedido até a entrega é controlar a variação combinada de modo que as operações efetivas levem dez dias, sempre que possível. Toda vez que o desempenho real ocorre em um período maior ou menor que 10 dias, pode ser necessária uma ação gerencial para satisfazer as necessidades dos clientes.

O objetivo da sincronização do ciclo de atividades é executar as tarefas no tempo planejado. O atraso na execução, em qualquer ponto ao longo da cadeia de suprimentos, resulta em potencial de paralisação das operações. Tais atrasos exigem que se estabeleçam estoques de segurança para cobrir as variações. Quando a execução de uma etapa é mais rápida do que o esperado, é necessário realizar o trabalho não planejado de manuseio e armazenamento do estoque que chega adiantado. Devido à inconveniência e às despesas relacionadas à entrega atrasada ou adiantada, não é de surpreender que os gerentes logísticos deem tanta importância à consistência operacional. Quando as operações são consistentes, todos os esforços devem se concentrar na redução do tempo necessário para completar o ciclo de atividades ao mínimo possível. Em outras palavras, ciclos mais curtos são desejáveis porque reduzem os ativos totais empregados. No entanto, a importância da velocidade está diretamente relacionada à consistência da execução. Uma vez que ela é o objetivo principal, ciclos de pedidos mais rápidos reduzem o risco dos estoques e melhoram o desempenho do giro.

Resumo

Logística é o processo que conecta os participantes da cadeia de suprimentos em operações integradas. O custo logístico é um gasto importante para a maioria das empresas e dos arranjos de cadeia de suprimentos.

O serviço logístico é medido de acordo com a disponibilidade, o desempenho operacional e a confiabilidade do serviço. Cada aspecto do serviço é estruturado conforme as expectativas e solicitações dos clientes. A logística fornece os atributos essenciais de serviço ao cliente pelo menor custo total possível. Tal compromisso com o cliente, em uma estrutura de custos exata, é a proposição de valor logístico.

O trabalho efetivo da logística é de natureza funcional. A localização das instalações deve ser estabelecida de modo a formar uma rede, as informações devem ser formuladas e compartilhadas, o transporte deve ser arranjado, o estoque deve ser distribuído e, quando necessário, devem ser realizadas atividades de armazenamento, manuseio de materiais e embalagem. Na orientação tradicional, cada tarefa funcional era executada da melhor maneira possível com pouca consideração de como uma área de trabalho afetava a outra. Como o trabalho logístico é extremamente acurado e complexo, há uma tendência natural de manter o foco no desempenho funcional. Embora a excelência funcional seja importante, ela deve apoiar a competência logística geral. Assim, o desempenho integrado de todas as funções logísticas é fundamental.

As funções logísticas se combinam nos três processos operacionais principais: gestão de relacionamento com os clientes, manufatura e suprimento. Para chegar à integração interna, os fluxos de estoques e de informações entre essas áreas devem ser coordenados.

Na sincronização da cadeia de suprimentos, o foco operacional torna-se o ciclo de atividades logístico. O ciclo de atividades também é a unidade principal a ser analisada no projeto logístico. A estrutura do ciclo de atividades proporciona a lógica para a combinação de nós, níveis, conexões e alocação de ativos essenciais à realização das operações de atendimento ao cliente, manufatura e suprimento. Existem muitas semelhanças e inúmeras diferenças críticas entre os ciclos de atividades dedicados a essas áreas operacionais logísticas. Entender completamente essas semelhanças e diferenças é vital para o planejamento e o controle da integração total da cadeia de suprimentos. A proposta básica é que, independentemente de tamanho e complexidade, a integração logística é mais bem compreendida e avaliada por meio da estrutura e da dinâmica dos ciclos de atividades.

O objetivo principal é oferecer um serviço consistente pelo menor custo total possível. O desafio é projetar uma cadeia de suprimentos capaz de realizar o trabalho logístico necessário o mais rápido e – mais importante ainda – de forma mais consistente possível. Atrasos inesperados, bem como execução mais rápida que o esperado, podem se combinar e aumentar ou diminuir o tempo necessário para completar um ciclo de atividades. Tanto a entrega adiantada como a atrasada são indesejáveis e inaceitáveis do ponto de vista operacional.

O Capítulo 2 desenvolveu algumas bases importantes da disciplina logística e de como ela gera valor em um contexto de cadeia de suprimentos. Esses *insights* acerca da natureza do trabalho logístico, da importância de conseguir a integração operacional interna por meio da administração do fluxo de produtos e de informações, de ver a estrutura do ciclo de atividades como a unidade básica de análise, e a gestão da incerteza operacional se combinam e formam um conjunto sólido de conceitos essenciais para apoiar a gestão da cadeia de suprimentos. Logística e cadeia de suprimentos não têm o mesmo conceito. Cadeia de suprimentos é uma estratégia que integra todos os aspectos da satisfação das necessidades do cliente. Logística é o processo de posicionamento e gestão de estoque em toda a cadeia de suprimentos. O Capítulo 3 concentra-se na gestão do atendimento e do relacionamento com clientes, os impulsos principais do desempenho da cadeia de suprimentos.

Questões para Revisão

1. Ilustre um *trade-off* comum que ocorre entre as áreas de trabalho da logística.

2. Discuta e explique a seguinte declaração: "A escolha de uma rede de localização superior pode gerar vantagens competitivas substanciais".

3. Por que as operações de relacionamento com o cliente normalmente são mais variáveis que as de manufatura e as de suprimento?

4. Descreva a proposição de valor logístico. Seja específico em termos de atendimento ao cliente e de custos.

5. Descreva as semelhanças e diferenças fundamentais entre os ciclos de atividades de suprimento, manufatura e gestão de relacionamento com os clientes em relação ao controle logístico.

6. Discuta a incerteza e sua relação com o ciclo de atividades logísticas. Discuta e ilustre de que modo a variação no ciclo de atividades pode ser controlada.

Desafios

1. Como os custos de transportes, medidos como uma porcentagem do custo logístico total, evoluíram desde 1980, quando o setor de transportes não era regulamentado nos Estados Unidos? Como você explica essa tendência?

2. Por que o menor custo total nem sempre é o que o cliente prefere? Ilustre uma situação que apoie a sua resposta.

3. O que se pode ganhar com a ideia de "se grampear a um pedido" (*staple yourself to an order*)? Seja específico e ilustre a sua resposta.

4. Qual é o aspecto potencial negativo da colaboração de longa duração entre a Starbucks e a OHL? Identifique o que você considera como três possíveis problemas nas relações de longo prazo desse tipo e sugira uma maneira de evitar esses possíveis problemas ou de transformá-los em algo positivo.

CAPÍTULO 3
Gestão do relacionamento com os clientes

RESUMO DO CAPÍTULO

MARKETING ORIENTADO PARA O CLIENTE

MARKETING TRANSACIONAL *VERSUS* MARKETING DE RELACIONAMENTO

RESULTADOS DOS SERVIÇOS DA CADEIA DE SUPRIMENTOS

SERVIÇO AO CLIENTE

DISPONIBILIDADE

DESEMPENHO OPERACIONAL

CONFIABILIDADE DO SERVIÇO

O PEDIDO PERFEITO

PLATAFORMAS DE SERVIÇOS BÁSICOS

SATISFAÇÃO DO CLIENTE

EXPECTATIVAS DO CLIENTE

UM MODELO DE SATISFAÇÃO DO CLIENTE

EXPECTATIVAS CRESCENTES DO CLIENTE

RESTRIÇÕES DA SATISFAÇÃO DO CLIENTE

SUCESSO DO CLIENTE

COMO CONQUISTAR O SUCESSO DO CLIENTE

SERVIÇOS COM VALOR AGREGADO

COMO DESENVOLVER UMA ESTRATÉGIA DE ATENDIMENTO AO CLIENTE

ESTRUTURA PARA UMA ESCOLHA ESTRATÉGICA

GESTÃO DO RELACIONAMENTO COM OS CLIENTES

RESUMO

QUESTÕES PARA REVISÃO

DESAFIOS

Embora, sob alguns aspectos, essa ideia seja evidente, é importante definir que a logística contribui para o sucesso de uma organização ao atender as expectativas e os requisitos dos clientes no que diz respeito à entrega e disponibilidade de estoque. Entretanto, o que não é tão evidente é o significado do termo **cliente**. O conceito de gestão da cadeia de suprimentos exige uma consideração minuciosa do que significa exatamente o termo e uma percepção de que há muitas perspectivas diferentes.

Pela perspectiva da cadeia de suprimentos total, o cliente é o usuário final do produto ou serviço cujas necessidades ou requisitos devem ser atendidos. Historicamente, tem sido útil fazer a distinção entre dois tipos de usuário final. O primeiro é o consumidor, um indivíduo ou lar que compra bens e serviços para satisfazer necessidades pessoais. Quando uma família compra um automóvel para ser usado como transporte pessoal, a família é o consumidor da cadeia de suprimentos. O segundo tipo é o usuário final organizacional. As compras são feitas por organizações ou instituições para possibilitar a um usuário realizar uma tarefa ou trabalho na organização. Quando uma empresa compra um automóvel para um vendedor ou adquire ferramentas para serem usadas por um trabalhador na área de montagem em uma fábrica, a empresa é considerada o cliente e o vendedor ou montador é o usuário dos produtos da cadeia de suprimentos. Uma perspectiva da gestão da cadeia de suprimentos exige que todas as empresas envolvidas se concentrem em atender as necessidades e os requisitos dos usuários finais, sejam eles consumidores ou usuários organizacionais.

Há outra visão para designar determinadas empresas como cliente dentro da cadeia de suprimentos. Essa perspectiva reconhece que muitas vezes existem organizações intermediárias entre a empresa e os usuários finais. A terminologia comum geralmente chama essas organizações de **clientes intermediários**. Portanto, na cadeia de suprimentos da Procter & Gamble (P&G), que fornece o sabão em pó Tide a consumidores finais, os supermercados Kroger e Safeway são clientes intermediários; eles compram Tide da P&G com o objetivo de revendê-lo aos consumidores.

Por fim, para um profissional de logística, um cliente é qualquer local de entrega. Destinos típicos abrangem desde as casas dos consumidores e as empresas de varejo e atacado até as docas de recebimento de fábricas e depósitos. Em alguns casos, o cliente é uma organização ou indivíduo que recebe a propriedade do produto ou serviço. Em outras situações, o cliente é uma instalação distinta da mesma empresa ou um parceiro comercial em outro local da cadeia de suprimentos. Por exemplo, é comum o gerente de logística de um depósito pensar nas lojas atendidas como clientes do depósito individualmente, ainda que as lojas sejam parte da mesma organização.

Independentemente da motivação e do objetivo da entrega, o cliente é o ponto focal e a força impulsionadora para determinar as necessidades de desempenho logístico. Para estabelecer uma estratégia logística, é fundamental entender completamente as necessidades do cliente que devem ser atendidas. Este capítulo detalha diversas abordagens para isso. A primeira seção apresenta os conceitos fundamentais que sustentam o marketing orientado para o cliente, com considerações sobre como a logística apoia a estratégia de marketing geral de uma empresa. A segunda seção descreve como os resultados da cadeia de suprimentos têm impacto sobre os usuários finais e como tais resultados devem ser estruturados para atender as suas necessidades. As seções seguintes expõem os níveis cada vez maiores de sofisticação do atendimento aos clientes. Esses níveis variam desde as noções tradicionais do serviço logístico ao cliente e a satisfação dos clientes por meio do atendimento a suas expectativas até o objetivo final de ajudar os clientes a obter sucesso em seus negócios. O capítulo termina com a apresentação de uma estrutura para desenvolver uma estratégia de atendimento ao cliente.

MARKETING ORIENTADO PARA O CLIENTE

Os princípios básicos do marketing orientado para o cliente têm suas raízes no **conceito de marketing**, uma filosofia empresarial que sugere que o foco de uma estratégia de negócios deve estar nos clientes que a empresa deseja atender. Essa filosofia sustenta que, para uma organização atingir seus objetivos, deve ser mais eficaz que seus concorrentes na identificação de necessidades específicas dos clientes e na concentração de recursos e atividades no atendimento a essas necessidades. Evidentemente, muitos aspectos da estratégia de uma empresa devem ser integrados, e a logística é apenas um deles. O conceito de marketing baseia-se em quatro ideias fundamentais: as necessidades e os requisitos dos clientes são mais importantes que produtos ou serviços; clientes diferentes têm necessidades e requisitos distintos; bens e serviços só se tornam significativos quando disponíveis e posicionados a partir da perspectiva do cliente, que é o foco da estratégia logística; e volume é menos importante que lucro.

A crença de que as necessidades do cliente são mais importantes que os bens ou serviços impõe a prioridade de entender totalmente o que orienta as oportunidades de mercado. A chave é entender e desenvolver a combinação de bens e serviços que atenderão a essas necessidades. Por exemplo, se os clientes precisam de aparelhos domésticos com apenas três cores diferentes, não faz muito sentido oferecer seis. Também não faz muito sentido tentar vender apenas aparelhos brancos se, na perspectiva do cliente, as opções de cor forem importantes. A ideia é desenvolver *insights* suficientes sobre as necessidades básicas do cliente de modo que os bens e serviços possam ser ajustados a essas oportunidades. O marketing bem-sucedido começa com um estudo aprofundado dos clientes para identificar os requisitos relacionados a bens e serviços.

O segundo aspecto fundamental do conceito de marketing é que não há um único mercado para qualquer produto ou serviço específico. Todos os mercados são compostos de diferentes segmentos, cada qual com necessidades próprias. A segmentação de mercado eficaz exige que a empresa identifique claramente os segmentos e selecione alvos específicos. Embora uma discussão sobre a segmentação de mercado esteja além do objetivo deste livro, é importante observar que as necessidades logísticas do cliente muitas vezes oferecem uma base eficaz para a classificação. Por exemplo, uma construtora em fase de acabamento de um prédio residencial pode fazer um pedido de aparelhos domésticos semanas antes de serem necessários para instalação, enquanto um consumidor que compra um aparelho para repor um quebrado pode exigir disponibilidade e entrega imediatas. É improvável que uma empresa consiga operar em todos os segmentos de mercado ou atender de modo lucrativo a todas as combinações possíveis de necessidades dos clientes; portanto, o ajuste cuidadoso das capacidades a segmentos específicos é um aspecto essencial do conceito de marketing.

Para que o marketing seja bem-sucedido, bens e serviços devem estar disponíveis para os clientes. Em outras palavras, o terceiro aspecto fundamental do marketing é que os clientes devem poder obter imediatamente os produtos que desejam. Para facilitar a compra, os recursos da empresa vendedora devem estar concentrados nos clientes e no posicionamento do produto. Quatro utilidades econômicas agregam valor para os clientes: **forma**, **propriedade**, **tempo** e **lugar**. A forma do produto é, em grande parte, gerada durante o processo de manufatura. Por exemplo, a utilidade de forma resulta da união de peças e componentes em uma máquina de lavar louças. O marketing cria o desejo de propriedade ao informar a clientes potenciais sobre a disponibilidade do produto/serviço e ao permitir a troca da propriedade, ou seja, que o produto passe do vendedor ao consumidor. A logística fornece as utilidades de tempo e lugar. Essencialmente, isso significa que ela deve garantir que o produto esteja disponível quando e onde desejado pelos clientes, o que exige um esforço significativo e é dispendioso. Transações lucrativas só se materializam quando as quatro utilidades se combinam de modo relevante para os clientes.

O quarto aspecto do conceito de marketing é o foco na lucratividade em contraste com o volume de vendas. Uma importante dimensão do sucesso é o grau de lucratividade resultante de relacionamentos com os clientes, e não do volume vendido. Portanto, as variações nas quatro utilidades básicas – forma, propriedade, tempo e lugar – são justificadas se um cliente ou segmento de clientes valoriza a modificação e está disposto a pagar por ela. No exemplo dos aparelhos domésticos, se um cliente solicita uma cor exclusiva e está disposto a pagar mais por isso, a solicitação pode e deve ser atendida, desde que se possa obter uma margem de contribuição positiva. O refinamento final da estratégia de marketing baseia-se no reconhecimento de que todos os aspectos para oferecer um bem/serviço estão sujeitos a modificações quando justificáveis com base na lucratividade.

MARKETING TRANSACIONAL *VERSUS* MARKETING DE RELACIONAMENTO

Estratégias tradicionais de marketing concentram-se em obter trocas – ou transações – bem-sucedidas com clientes para impulsionar aumentos na receita e nos lucros. Nesta abordagem, denominada **marketing transacional**, as empresas geralmente se orientam pela interação de curto prazo com seus clientes. O conceito tradicional de marketing enfatiza o atendimento às necessidades e requisitos dos clientes, algo que poucas organizações comerciais poderiam questionar. No entanto, do modo como é praticado em muitas empresas, o resultado é o foco na criação de transações individuais bem-sucedidas entre um fornecedor e seus clientes.

Em paralelo ao desenvolvimento do conceito de gestão da cadeia de suprimentos, houve uma mudança na filosofia relacionada à natureza da estratégia de marketing. Essa mudança geralmente é conhecida como **marketing de relacionamento**, que se concentra no desenvolvimento de relações de longo prazo com os principais participantes da cadeia de suprimentos, como clientes finais, clientes intermediários e fornecedores, em um esforço para desenvolver e manter a preferência duradoura e a lealdade. O marketing de relacionamento baseia-se na percepção de que, em muitos setores, é tão importante manter os clientes atuais e conquistar uma parcela maior de suas compras quanto atrair novos clientes.[1]

O máximo em segmentação de mercado e marketing de relacionamento é concentrar-se no cliente individual. Essa abordagem, denominada **micromarketing** ou **marketing *one-to-one***, reconhece que cada cliente individual pode, de fato, ter necessidades singulares. Por exemplo, embora o Walmart e a Target sejam comércios varejistas, suas necessidades em termos de como desejam interagir logisticamente com os fornecedores diferem bastante. Um fabricante que quer fazer negócios com esses dois importantes varejistas deve adaptar suas operações logísticas às necessidades exclusivas de cada um. A melhor maneira de garantir o sucesso organizacional de longo prazo é fazer uma pesquisa intensa e depois atender aos requisitos dos clientes individuais. Tais relacionamentos podem não ser viáveis com todos os clientes. Também é verdade que muitos clientes podem não desejar um relacionamento próximo com todos os fornecedores. No entanto, relacionamentos *one-to-one* podem reduzir significativamente os custos de transação, atender melhor às necessidades dos clientes e fazer que as transações individuais se tornem rotineiras.

RESULTADOS DOS SERVIÇOS DA CADEIA DE SUPRIMENTOS

Imagine uma sociedade na qual cada pessoa é totalmente autossuficiente: cada indivíduo produziria e consumiria todos os bens e serviços necessários para sua sobrevivência, então não haveria necessidade de qualquer atividade econômica relacionada à troca de bens e serviços entre indivíduos. Não há uma sociedade como essa hoje. Na realidade, à medida que os indivíduos começam a se especializar na produção de determinados bens ou serviços, surge um mecanismo para a troca desses bens e serviços a fim de satisfazer as necessidades de consumo das pessoas. Para fazer isso de modo eficiente e eficaz, as empresas devem superar três discrepâncias: a discrepância no **espaço**, no **tempo** e na **quantidade e variedade**.

A discrepância no espaço refere-se ao fato de que o local das atividades de produção e o local do consumo raramente são os mesmos. Considere, por exemplo, o setor de móveis residenciais nos Estados Unidos. A maioria dos móveis residenciais norte-americanos é fabricada em uma pequena área geográfica na Carolina do Norte, enquanto uma boa parte dos móveis de escritório é fabricada no oeste de Michigan. Mas onde há demanda de móveis? Em todos os Estados Unidos! Essa diferença entre o local de produção e o local de consumo é um desafio fundamental de transportes que deve ser superado para realizar as vendas.

A discrepância no tempo refere-se à diferença nos cronogramas da produção e do consumo. Alguns produtos, como produtos agrícolas, são produzidos em pequenos períodos de tempo, mas são continuamente demandados pelos clientes. Em contrapartida, muitos produtos são fabricados em antecipação à demanda dos clientes no futuro. Como a manufatura muitas vezes não ocorre ao mesmo tempo que os produtos são demandados, há necessidade de fazer estoque e armazená-lo. É importante observar que grande parte da discussão deste livro é dedicada aos desafios que as empresas enfrentam para adequar melhor o ritmo da produção com o consumo do mercado.

---

[1] Don Peppers, and Martha Rogers, "Return on Customer: A New Metric of Value Creation," *Journal of Direct, Data, and Digital Marketing Practice* (April-June 2006), pp. 318-321.

A discrepância na quantidade e na variedade refere-se ao fato de que as empresas manufatureiras normalmente se especializam na produção de grandes quantidades de uma variedade limitada de itens. Os clientes, por outro lado, em geral demandam pequenas quantidades de inúmeros itens. Essa diferença entre os setores de produção e consumo da economia deve ser harmonizada de alguma forma para fornecer a variedade de produtos exigida pelos clientes.

Para eliminar essas discrepâncias, Bucklin desenvolveu uma teoria que especifica quatro resultados genéricos do serviço necessários para satisfazer os requisitos dos clientes: (1) conveniência geográfica; (2) tamanho do lote; (3) tempo de espera ou de entrega; e (4) variedade de produtos.[2] Como discutimos anteriormente, clientes diferentes podem apresentar requisitos diferentes em relação a esses serviços. Sendo assim, podem ser necessárias diferentes estruturas da cadeia de suprimentos para atender a essas variações.

Conveniência geográfica

A conveniência geográfica, o primeiro estágio do serviço, refere-se ao tempo e ao esforço necessários para o consumidor fazer a compra. Níveis mais altos de conveniência geográfica são alcançados quando uma cadeia de suprimentos oferece aos clientes acesso a seus produtos em uma grande quantidade de lugares, reduzindo, assim, o esforço de compra. Considere, por exemplo, o setor de móveis residenciais. Alguns fabricantes usam uma estrutura que inclui lojas de departamento, varejistas e inúmeras lojas de rede e independentes especializadas em móveis. A marca de móveis norte-americana Ethan Allen, por outro lado, restringe a disponibilidade da marca a um número limitado de lojas autorizadas. Essa diferença no nível de conveniência geográfica tem importantes implicações para a estrutura total da cadeia de suprimentos e para o custo logístico da cadeia de suprimentos. É claro, também, que alguns clientes estão dispostos a gastar mais tempo e esforço que outros na procura de um produto ou marca desejados.

Tamanho do lote

O segundo resultado do serviço é o tamanho do lote, que se refere à quantidade de unidades que serão adquiridas em cada transação. Quando os clientes têm necessidade de comprar grandes quantidades, eles incorrem em custos de armazenamento e manutenção dos produtos. Quando a cadeia de suprimentos lhes permite comprar em lotes pequenos, eles podem combinar com mais facilidade suas necessidades de consumo com suas compras. Em economias desenvolvidas, cadeias de suprimentos alternativas frequentemente oferecem aos clientes a oportunidade de decidir o tamanho do lote que receberá neste estágio. Por exemplo, clientes que gostariam de comprar toalhas de papel em fardos com 12 ou 24 rolos podem ir ao Sam's Club ou ao Costco. Como alternativa, eles podem comprar um rolo de cada vez na mercearia local ou loja de conveniência. Evidentemente, a cadeia de suprimentos que permite comprar em pequenas quantidades normalmente incorre em maior custo e, portanto, cobra preços mais altos dos clientes.

Tempo de espera ou de entrega

O tempo de espera é o terceiro resultado genérico do serviço. Ele é definido como a quantidade de tempo que um cliente deve esperar entre fazer o pedido e receber os produtos: quanto menor o tempo de espera, maior o nível do serviço da cadeia de suprimentos, que, quando alternativa, oferece a clientes e usuários finais opções relacionadas ao tempo de espera necessário. No setor de computadores pessoais, um consumidor pode visitar uma loja de produtos eletrônicos ou uma loja especializada em computadores, realizar uma compra e carregar um computador para casa literalmente sem tempo de espera. Por outro lado, o cliente pode fazer um

[2] Louis P. Bucklin, *A Theory of Distribution Channel Structure* (Berkeley, CA: IBER Special Publications, 1966).

pedido utilizando um catálogo ou a Internet e aguardar a entrega em casa ou no escritório. De modo geral, quanto maior o tempo de espera, maior a inconveniência para o cliente. No entanto, tais cadeias de suprimentos costumam incorrer em custos menores e os clientes são recompensados com preços mais baixos pela disposição de esperar.

Variedade de produtos

A variedade de produtos são o quarto resultado do serviço. Diferentes cadeias de suprimentos oferecem diversos níveis de variedade a consumidores e usuários finais. Supermercados típicos estão envolvidos em cadeias de suprimentos que fornecem uma ampla variedade de diferentes produtos e marcas, tamanhos etc. de cada tipo. Na verdade, supermercados podem ter mais de 35 mil itens diferentes nas prateleiras. Por outro lado, lojas menores oferecem menos variedade de produtos, geralmente estocando cerca de 8 a 10 mil itens, e normalmente oferecem apenas uma marca ou tamanho de determinado item. Lojas de conveniência podem estocar apenas algumas centenas de itens, oferecendo pouca variedade em comparação a supermercados.

As cadeias de suprimentos fornecem outros resultados a seus clientes. Além dos quatro resultados genéricos discutidos anteriormente, outros pesquisadores identificaram os serviços relacionados à informação, à customização de produtos e ao apoio pós-venda como críticos para alguns clientes. É importante manter em mente que não existe um mercado homogêneo no qual todos os consumidores desejam os mesmos serviços apresentados da mesma maneira. Eles podem divergir na percepção de quais serviços são mais importantes e qual o nível desejado dos serviços para atender suas necessidades. Por exemplo, alguns consumidores podem exigir a disponibilidade imediata de um computador pessoal, enquanto outros preferem esperar três dias por um computador configurado exatamente de acordo com suas necessidades. Além disso, os clientes diferem em termos do valor que estão dispostos a pagar pelos serviços. Uma vez que níveis mais altos de serviço geralmente envolvem custos mais elevados de distribuição ao mercado, as organizações devem avaliar minuciosamente a sensibilidade dos clientes aos preços em relação a seus desejos de tempo de espera reduzido, conveniência e outros resultados do serviço. Atender os requisitos dos clientes em relação aos resultados do serviço tem implicações importantes quanto à configuração das cadeias de suprimentos, a que tipos de empresas participantes elas podem abranger para satisfazer as necessidades de serviços e aos custos do processo. Nossa atenção agora se voltará para considerações mais específicas sobre os requisitos dos clientes em um contexto logístico. Três níveis de comprometimento com o cliente serão discutidos: serviço ao cliente, satisfação do cliente e sucesso do cliente.

SERVIÇO AO CLIENTE

O FUNDAMENTO DO COMPROMETIMENTO LOGÍSTICO com o cliente consiste no fornecimento de serviços a um custo adequado. Embora a maioria dos gestores seniores concorde que o serviço ao cliente é importante, muitas vezes eles têm dificuldade para explicar o que ele é e o que faz. Apesar de expressões comuns do serviço ao cliente incluírem "facilidade de negociar" e "sensível aos clientes", para desenvolver um entendimento completo do serviço ao cliente é necessária uma estrutura mais minuciosa.

Filosoficamente, o serviço ao cliente representa o papel da logística no desempenho do conceito de marketing. Um programa de serviço ao cliente deve identificar e priorizar todas as atividades necessárias para atender aos requisitos logísticos dos clientes, tão bem ou melhor que os concorrentes. Ao estabelecer um programa de serviço ao cliente, é imperativo identificar padrões nítidos de desempenho para cada uma das atividades e medições relativas a esses padrões. Em programas básicos de serviço ao cliente, o foco normalmente se encontra nos aspectos operacionais da logística e em garantir que a organização consiga fornecer os sete "certos" a seus clientes: a quantidade certa do produto certo no momento certo no local certo nas condições certas pelo preço certo com a informação certa.

É evidente que um extraordinário serviço ao cliente agrega valor por toda a cadeia de suprimentos. A preocupação fundamental no desenvolvimento de uma estratégia de serviço é: **o custo para alcançar determinado desempenho em serviços representa um investimento sensato?** Uma análise cuidadosa do desempenho dos concorrentes e da sensibilidade dos clientes aos atributos de serviço é necessária para planejar uma estratégia básica de serviço. No Capítulo 2, os atributos fundamentais de serviço ao cliente, que serão discutidos em detalhes a seguir, foram identificados como disponibilidade, desempenho operacional e confiabilidade do serviço.

DISPONIBILIDADE

Disponibilidade é a capacidade de ter estoque quando um cliente o deseja. Embora isso pareça simples, não é tão incomum uma organização investir tempo, dinheiro e esforços consideráveis para gerar demanda do cliente e depois não ter produtos disponíveis para atender às suas necessidades. A prática tradicional em muitas organizações é estocar produtos em antecipação aos pedidos. Normalmente, um plano de estoque baseia-se na demanda prevista por produtos e pode incluir políticas de estoque diferenciadas para itens específicos, como resultado dos níveis das vendas, rentabilidade, importância de um item para a linha de produtos e valor dos produtos.

Embora os detalhes do estabelecimento de políticas de estoque sejam abordados no Capítulo 7, deve ficar claro que conseguir níveis elevados de disponibilidade de estoque exige muito planejamento. Na verdade, a chave é conseguir tais níveis ao mesmo tempo que se minimiza o investimento geral em estoques e instalações. Programas rigorosos de disponibilidade de estoque não são concebidos ou administrados com base na média; a disponibilidade baseia-se em três medidas de desempenho: frequência da falta de estoque, taxa de atendimento e pedidos completos enviados.

Frequência da falta de estoque

Falta de estoque, como o termo sugere, ocorre quando uma empresa não tem produtos disponíveis para atender à demanda dos clientes. A frequência da falta de estoque refere-se à probabilidade de uma empresa não ter estoque disponível para atender a um pedido. Por exemplo, estudos de lojas de muitos setores revelam que a média das faltas de estoque é de 8%. No caso de itens que estão em promoção, a média das faltas de estoque fica em torno de 16%![3] Entretanto, é importante observar que a ausência de estoque não ocorre de fato até que um cliente deseje um produto. A soma de todas as faltas de estoque de todos os produtos indica se uma empresa está bem posicionada para oferecer comprometimento básico de serviço em termos de disponibilidade de produtos. Embora não considere que alguns produtos podem ser mais críticos que outros em termos de disponibilidade, este é o ponto de partida quando se pensa sobre a disponibilidade de estoques.

Taxa de atendimento

A taxa de atendimento mede a magnitude ou o impacto das faltas de estoque ao longo do tempo. A falta de estoque não afeta o desempenho do serviço até que um cliente demande um

---

[3] Tom Gruen, and Daniel Corsten, "Improve Out-of-Stock Methods at the Shelf," *Chain Store Age* (July 2006), p. 35.

produto. Dessa forma, é importante indicar que o produto não está disponível e determinar quantas unidades o cliente gostaria de pedir. Embora existam diversas abordagens para a medição das taxas de atendimento, que serão discutidas nos Capítulos 7 e 15, uma abordagem comum é a taxa de atendimento por item. Por exemplo, se um cliente quer 100 unidades de um item e apenas 97 estão disponíveis, a taxa de atendimento é de 97%. Para estimar a taxa de atendimento com eficácia, o procedimento típico é avaliar o desempenho ao longo do tempo compreendendo diversos pedidos do cliente. Portanto, o desempenho da taxa de atendimento pode ser avaliado em relação a um cliente ou produto específico ou a qualquer combinação de segmentos de clientes, produtos ou unidades de negócios.

A taxa de atendimento pode ser usada para diferenciar o nível de serviço a ser oferecido em produtos específicos. No exemplo anterior, se todos os 100 produtos do pedido fossem essenciais para um cliente, então uma taxa de atendimento de 97% poderia resultar em falta de estoque na fábrica ou depósito do cliente e interromper gravemente suas operações. Imagine uma linha de montagem programada para produzir 100 automóveis que recebem apenas 97 das peças de freio necessárias. Em situações em que alguns dos itens não são essenciais ao desempenho, uma taxa de atendimento de 97% pode ser aceitável. O cliente pode aceitar um atraso no pedido ou estar disposto a fazer um novo pedido dos itens em falta posteriormente. Estratégias de taxa de atendimento precisam considerar os requisitos dos clientes em relação aos produtos.

Pedidos completos enviados

A medida mais exata do desempenho na disponibilidade de produtos é a quantidade de pedidos completos enviados. Ou seja, o padrão de desempenho aceitável é ter todos os itens que um cliente pede. A falta de apenas um item do pedido significa que o fornecimento não será registrado como completo.

Essas três medidas de disponibilidade se combinam para estabelecer até que ponto a estratégia de estoques de uma empresa está atendendo a demanda dos clientes. Elas também formam a base para a avaliação do nível adequado de disponibilidade a ser incorporado ao programa de serviço logístico básico de uma empresa. Níveis elevados de estoque normalmente são vistos como um modo de aumentar a disponibilidade; no entanto, novas estratégias que usam tecnologia da informação para identificar a demanda em antecipação aos pedidos reais dos clientes têm permitido que algumas organizações atinjam níveis muito altos de desempenho do serviço básico sem aumentos correspondentes no estoque.

DESEMPENHO OPERACIONAL

O desempenho operacional lida com o tempo necessário para entregar o pedido de um cliente. Quer o ciclo de atividades em questão seja o atendimento ao cliente, a manufatura ou o suprimento, o desempenho operacional é definido em termos de velocidade, consistência, flexibilidade e recuperação de falhas.

Velocidade

A velocidade do ciclo de atividades é o tempo decorrido desde a necessidade do cliente de fazer um pedido até a entrega do produto pronto para o uso. O tempo necessário para completar o ciclo de atividades total depende do projeto do sistema logístico. Devido ao nível elevado de tecnologias de comunicação e transportes atuais, os ciclos de pedidos podem ser curtos (algumas horas), mas também podem levar várias semanas ou meses.

Naturalmente, a maioria dos clientes deseja o rápido desempenho do ciclo de pedidos. A velocidade é um ingrediente essencial em muitas estratégias de *just-in-time* e de resposta rápida, uma vez que ciclos de atividades rápidos reduzem as necessidades de estoque dos clientes. A contrapartida é que a velocidade do serviço normalmente é dispendiosa: nem todos os clientes precisam ou desejam a velocidade máxima se isso significar aumento no custo total. A justificativa para a velocidade deve ser encontrada nos *trade-offs* positivos; isto é, a única estrutura relevante para estimar o valor da velocidade do serviço são os benefícios percebidos pelo cliente.

Consistência

A consistência do ciclo de pedidos é medida pela quantidade de vezes que os ciclos reais obedecem ao tempo planejado para sua execução. Embora a velocidade do serviço seja importante, a maioria dos gerentes de logística dá mais valor à consistência porque ela tem impacto direto na possibilidade de o cliente planejar e realizar suas próprias atividades. Por exemplo, se os ciclos de pedidos variam, um cliente deve manter um estoque de segurança para se proteger contra o potencial de entregas em atraso; o grau de variabilidade se traduz diretamente na necessidade de estoques de segurança. Devido às inúmeras atividades envolvidas na execução do ciclo de pedidos, existem muitas fontes potenciais de inconsistência no desempenho (veja a Figura 2.8).[4]

A questão da consistência é fundamental para operações logísticas eficazes, já que está se tornando cada vez mais comum os clientes determinarem a data de entrega e até mesmo agendarem entregas quando fazem pedidos. Essa especificação precisa pode ser feita, considerando o ciclo de atividades de um fornecedor, mas nem sempre esse é o caso. Na verdade, os clientes com frequência fazem pedidos muito antes de sua necessidade de reabastecimento do produto. Em tais situações, é muito difícil os clientes entenderem por que ocorrem falhas em uma entrega que foi planejada. Seu ponto de vista da consistência do fornecedor no desempenho operacional é saber se ele entregou na data e na hora agendadas. Em tais situações, a definição de consistência deve ser modificada. Já não é suficiente avaliar em termos de tempo planejado, como quatro dias para completar o ciclo. É essencial determinar se o ciclo de atividades foi realizado de acordo com as especificações do cliente. Assim, no ambiente logístico de hoje, a consistência é frequentemente vista como o desempenho de uma empresa no que diz respeito à pontualidade na entrega.

Flexibilidade

A flexibilidade envolve a capacidade de uma empresa responder a situações especiais e solicitações incomuns ou inesperadas dos clientes. Por exemplo, o padrão normal de atendimento a um cliente pode ser enviar quantidades que ocupem um caminhão completo para entregas no depósito desse cliente. No entanto, de tempos em tempos, o cliente pode desejar carregamentos menores diretamente para locais individuais de varejo. A competência logística de uma empresa é diretamente relacionada à sua capacidade de atender a essas circunstâncias inesperadas. Eventos típicos que exigem operações flexíveis são: (1) modificação de acordos básicos de serviço, como uma alteração no endereço para envio; (2) apoio a programas exclusivos de vendas ou marketing; (3) lançamento de novo produto; (4) *recall* de produtos; (5) interrupção no fornecimento; (6) customização do serviço básico para clientes ou segmentos específicos; e (7) modificações ou customizações no produto realizadas enquanto ele está no sistema logístico, como marcação de preços, formação de *kits* ou embalagem. De várias maneiras, a essência da excelência logística reside na capacidade de ser flexível.

---

[4] Veja a Figura 2.8, p. 55.

Recuperação de falhas

Qualquer que seja o nível de integração das operações logísticas de uma empresa, sempre ocorrerão falhas. O desempenho contínuo dos serviços em uma base rotineira, diária, é uma tarefa difícil. O ideal é implementar ajustes para evitar ou atender a situações especiais, impedindo, assim, as falhas. Por exemplo, se ocorre a falta de estoque de um item essencial em um depósito que normalmente atende determinado cliente, o item pode ser obtido em uma instalação alternativa pela utilização de alguma forma de transporte rápido. Em tais situações, a falha, na verdade, pode ser informada ao cliente. Embora nem sempre sejam possíveis recuperações transparentes, programas eficazes de serviço ao cliente antecipam as falhas e interrupções que podem ocorrer e traçam planos de contingência para executar a recuperação e medir a conformidade.

CONFIABILIDADE DO SERVIÇO

A confiabilidade do serviço envolve os atributos combinados da logística e diz respeito à capacidade de uma empresa executar todas as atividades relacionadas ao pedido, bem como fornecer aos clientes informações críticas acerca das operações logísticas e seu *status*. Além da disponibilidade e do desempenho operacional, os atributos da confiabilidade também significam produtos embarcados que chegam sem danos; faturas corretas; pedidos enviados aos locais corretos; e quantidade exata de produtos pedidos incluídos no carregamento. Embora esses e outros inúmeros aspectos da confiabilidade geral sejam difíceis de enumerar, a questão é que os clientes exigem que uma ampla variedade de detalhes comerciais seja rotineiramente administrada pelos fornecedores. Além disso, a confiabilidade do serviço envolve a capacidade e a disposição de fornecer informações acuradas aos clientes acerca das operações e do *status* do pedido. Pesquisas indicam que a capacidade de uma empresa em fornecer informações acuradas é um dos atributos mais importantes de um bom programa de serviços.[5] Cada vez mais, os clientes indicam que o aviso antecipado relacionado a problemas, como pedidos incompletos, é mais importante que o pedido completo em si. Clientes odeiam surpresas! Com mais frequência do que se imagina, eles podem concordar com uma entrega incompleta ou atrasada se forem avisados com antecedência.

O PEDIDO PERFEITO

O máximo em serviços logísticos é fazer tudo certo desde a primeira vez. Entregar um pedido completo não é o suficiente se a entrega atrasar. Também não basta entregar um pedido completo pontualmente, mas com fatura incorreta ou produto danificado durante o processo de manuseio e transporte. No passado, a maioria dos gerentes de logística avaliava o desempenho de serviço ao cliente considerando diversas medidas independentes: as taxas de atendimento eram avaliadas de acordo com um padrão de atendimento; a entrega pontual era avaliada com base em um percentual das entregas feitas a tempo em relação a um padrão; as taxas de danos eram avaliadas quanto a um padrão de danos etc. Quando cada uma dessas medidas era aceitável em relação ao padrão, o desempenho geral do serviço era considerado satisfatório.

Recentemente, no entanto, os executivos de logística e cadeia de suprimentos começaram a concentrar sua atenção no zero defeito ou no desempenho seis sigma. Como extensão dos esforços de Gestão da Qualidade Total (GQT) dentro das organizações, os processos logísticos foram submetidos às mesmas avaliações cuidadosas que a produção e outros processos da empresa. Percebeu-se que, se os padrões são estabelecidos de modo

---

[5] Donald J. Bowersox, David J. Closs, and Theodore P. Stank, *21st Century Logistics: Making Supply Chain Integration a Reality* (Oak Brook, IL: Council of Logistics Management, 1999).

independente para cada componente do serviço ao cliente, mesmo que o desempenho seja equivalente ao padrão em cada medida, uma quantidade substancial de clientes poderia ter falhas relacionadas ao pedido. Por exemplo, se os pedidos completos enviados, a média de entregas pontuais, a média de entregas sem danos e a média de documentação correta equivalem, cada um, a 97%, a probabilidade de que um pedido qualquer seja entregue sem defeitos é de aproximadamente 88,5%. Isso porque o potencial de ocorrência de uma falha combinada com qualquer outra falha é de 0,97 × 0,97 × 0,97 × 0,97. O oposto disso, como está claro, é que algum tipo de problema existirá em 11,5% de todos os pedidos.

A ideia de pedido perfeito é que ele seja entregue completo e pontualmente, no local certo, em perfeitas condições, com documentação completa e acurada. A Tabela 3.1 lista as falhas mais comuns que surgem na tentativa de cumprir um pedido perfeito. Cada um desses elementos deve ser compatível com as especificações do cliente. Portanto, entrega completa significa enviar todos os produtos que o cliente solicitou originalmente; entrega pontual significa na data e hora especificadas pelo cliente etc. Em outras palavras, o desempenho do ciclo total de pedidos deve ser executado sem defeitos, a disponibilidade e o desempenho operacional devem ser executados com perfeição e todas as atividades de apoio devem ser realizadas exatamente como prometido ao cliente. Embora talvez não seja possível oferecer zero defeito como estratégia básica de serviço em todos os sentidos e a todos os clientes, tal nível elevado de desempenho às vezes pode ser uma opção.

É lógico que os recursos necessários à implementação da plataforma de pedidos perfeitos são pontos essenciais. Taxas de atendimento extremamente altas exigem níveis elevados de estoque para atender todas as solicitações e variações potenciais de pedidos. No entanto, um serviço tão completo não pode ser totalmente alcançado com base no estoque. Por isso, um modo de elevar o desempenho logístico para pelo menos perto do zero defeito é utilizar uma combinação de alianças com clientes, tecnologia da informação, estratégias de *postponement* e de estoques de produtos e transporte de alta qualidade para ajustar os recursos logísticos às solicitações essenciais dos clientes. Cada um desses tópicos é assunto de uma discussão acurada nos próximos capítulos. Por agora, é suficiente dizer que as empresas que alcançam um excelente serviço logístico ao cliente estão bem conscientes do desafio relacionado a atingir o zero defeito. Por terem pouca tolerância a erros, em conjunto com o compromisso de resolver quaisquer discrepâncias que ocorram, tais empresas podem obter vantagem estratégica sobre seus concorrentes.

PLATAFORMAS DE SERVIÇOS BÁSICOS

Para implementar uma plataforma de serviços básicos, é necessário especificar para todos os clientes o nível de comprometimento em termos de disponibilidade, desempenho operacional e confiabilidade. Não é fácil responder à pergunta fundamental: "Que nível de serviços básicos

TABELA 3.1 Falhas comuns nos pedidos.

Quantidades erradas (para mais ou para menos)
Itens errados
Atraso ou adiantamento na entrega
Informações insuficientes ou incorretas (por exemplo, preços ou códigos promocionais)
Modal de transporte errado
Destino errado
Documentação incorreta (por exemplo, conhecimento de carregamento, fatura)
Itens danificados
Carregamento/sequenciamento de carregamento incorretos
Processamento incorreto de pagamento

o sistema deve fornecer?". O fato é que muitas empresas estabelecem suas plataformas de serviços básicos fundamentadas em dois fatores. O primeiro é a prática dos concorrentes ou a prática aceitável pela indústria. Na maioria delas, existem níveis mínimos e médios de desempenho de serviço. Esses níveis aceitáveis geralmente são bem conhecidos tanto pelos fornecedores quanto pelos clientes de toda a indústria. É comum ouvir executivos de logística e cadeia de suprimentos falarem sobre os compromissos de serviço ao cliente usando termos como "estamos tão bem quanto os concorrentes" ou "superamos o desempenho dos principais concorrentes". O segundo fator advém da estratégia de marketing geral da empresa. Se uma empresa deseja se diferenciar dos concorrentes com base na competência logística, é necessário ter níveis elevados de serviços básicos. Se a empresa se diferencia com base no preço, ela provavelmente se comprometerá com níveis mais baixos de serviço logístico por causa dos recursos exigidos e dos custos relacionados ao alto nível de comprometimento.

O fato é que mesmo empresas com um alto nível de comprometimento com o serviço ao cliente, elas geralmente não assumem uma abordagem total de defeito zero para todos os clientes. O compromisso de serviço comum é o estabelecimento de padrões internos de desempenho para cada componente do serviço. Esses padrões normalmente refletem a prática predominante na indústria em combinação com uma consideração minuciosa do comprometimento de custos e recursos.[6]

Padrões típicos de serviço como taxa de atendimento de 97% ou entrega em três dias podem ser estabelecidos e, depois, o desempenho será monitorado de acordo com esses padrões internos. Embora geralmente se suponha que essa abordagem estratégica resulte em um atendimento aos clientes igual ou melhor que o dos concorrentes, ela não garante que os clientes estejam, de fato, satisfeitos com o desempenho total da indústria ou com o desempenho de uma organização que funciona acima dos padrões da indústria. Na verdade, só há uma maneira de assegurar que os clientes estão satisfeitos: perguntar a eles.

SATISFAÇÃO DO CLIENTE

A SATISFAÇÃO DO CLIENTE há muito tempo tem sido um conceito fundamental da estratégia de marketing e de negócios. No entanto, na construção de um programa de satisfação do cliente, a primeira pergunta a ser respondida é: "O que significa dizer que um cliente está satisfeito?". O método mais simples e mais amplamente aceito de definir a satisfação do cliente é conhecido como **atendimento às expectativas**. Dito de modo simples, se as expectativas de um cliente em relação ao desempenho de um fornecedor são atendidas ou superadas, ele estará satisfeito. Em contrapartida, se o desempenho percebido for pior do que o cliente esperava, ele estará insatisfeito. Inúmeras empresas adotaram essa estrutura de satisfação do cliente e seguem o compromisso de atender ou superar as expectativas dos clientes. Na verdade, muitas organizações foram além ao falar em encantar seus clientes por meio de um desempenho que supera as expectativas.

Embora essa estrutura de satisfação do cliente seja relativamente direta, as implicações para a construção de uma plataforma de serviço ao cliente não o são. Para construir essa plataforma, é necessário explorar mais plenamente a natureza das expectativas do cliente. O que os clientes esperam? De que modo eles formam essas expectativas? Qual é a relação entre a satisfação do cliente e a percepção dele em relação à qualidade total do serviço logístico? Por que muitas empresas não conseguem satisfazer os clientes, e por que tantas empresas são consideradas fracas em termos de qualidade logística? Se uma empresa satisfaz seus clientes, isso é suficiente? As seções a seguir apresentam alguns *insights* sobre essas perguntas críticas.

---

[6] Para uma excelente discussão sobre custos e serviços, veja Mariah M. Jeffery, Renee J. Butler, and Linda C. Malone, "Determining a Cost-Effective Customer Service Level," *Supply Chain Management* (March 2008), p. 225.

TABELA 3.2
Expectativas do cliente em relação ao desempenho logístico.

Confiabilidade. A confiabilidade é um dos aspectos da plataforma de serviços básicos da empresa. Neste contexto, no entanto, ela refere-se ao desempenho de *todas* as atividades, conforme prometido pelo fornecedor. Se este promete fazer uma entrega no dia seguinte ao pedido e a faz em dois dias, ele é considerado não confiável. Se o fornecedor aceita um pedido de 100 caixas de um produto, implicitamente ele está prometendo entregar as caixas. O cliente espera e só fica satisfeito com o fornecedor se todas as caixas são entregues. Os clientes julgam a confiabilidade considerando todos os aspectos da plataforma de serviços básicos. Portanto, eles têm expectativas em relação a danos, acurácia da documentação etc.

Capacidade de resposta. A capacidade de resposta refere-se às expectativas dos clientes em relação à disposição e à capacidade de o fornecedor prestar um serviço imediato. Isso se estende para além da mera entrega e inclui questões relacionadas a uma rápida resposta a dúvidas e à solução de problemas. A capacidade de resposta é claramente um conceito orientado pelo tempo, e os clientes têm expectativas acerca da administração dos prazos de todas as interações.

Acesso. O acesso envolve as expectativas do cliente relacionadas à facilidade de contato e de aproximação com o fornecedor. Por exemplo, é fácil fazer pedidos, obter informações acerca do estoque ou do *status* do pedido?

Comunicação. Comunicação significa manter os clientes informados de modo proativo. Em vez de aguardar os questionamentos do cliente quanto ao *status* do pedido, os clientes têm expectativas relacionadas à notificação do *status* pelo fornecedor, especialmente quando surgem problemas com a entrega ou a disponibilidade. Os clientes não gostam de ser surpreendidos, e é essencial um aviso antecipado.

Credibilidade. A credibilidade refere-se às expectativas do cliente de que as comunicações do fornecedor são, de fato, confiáveis e honestas. Embora seja questionável que fornecedores enganem seus clientes intencionalmente, a credibilidade também inclui a noção de integridade na comunicação necessária.

Segurança. A segurança lida com os sentimentos de risco ou dúvida do cliente ao negociar com um fornecedor. Muitas vezes, os clientes fazem planos com base em sua previsão acerca do desempenho do fornecedor. Por exemplo, eles assumem riscos quando programam a produção e realizam as configurações de máquinas e linhas de produção em antecipação à entrega. Se os pedidos se atrasam ou chegam incompletos, seus planos têm de ser alterados. Outro aspecto da segurança lida com as expectativas do cliente de que suas negociações com um fornecedor serão confidenciais. Isso é especialmente importante em arranjos da cadeia de suprimentos, quando um cliente tem um acordo de operação exclusivo com um fornecedor que também atende a seus concorrentes.

Cortesia. A cortesia envolve a educação, a simpatia e o respeito do pessoal que tem contato com os clientes. Isso pode ser um problema especialmente incômodo, visto que os clientes podem ter contato com inúmeros indivíduos na organização, desde representantes de vendas até pessoal de serviço ao cliente e motoristas de caminhão. A falha de um indivíduo pode destruir os maiores esforços de todos os outros.

Competência. A competência é julgada pelos clientes em cada interação com um fornecedor e, assim como a cortesia, pode ser problemática porque é percebida em todas as interações. Em outras palavras, os clientes julgam a competência dos motoristas de caminhão no momento das entregas; do pessoal dos depósitos quando os pedidos são verificados; do pessoal de serviço ao cliente quando precisa telefonar para a empresa; e assim por diante. A falha de um indivíduo em demonstrar competência afeta a percepção do cliente sobre a organização como um todo.

Tangíveis. Os clientes têm expectativas acerca da aparência física de instalações, equipamentos e pessoal. Considere, por exemplo, um caminhão de entregas que está velho, danificado ou em condições ruins. Tais características tangíveis constituem pistas adicionais usadas pelos clientes como indicadores do desempenho total de uma empresa.

Conhecimento do cliente. Embora os fornecedores pensem em grupos de clientes e segmentos de mercado, os clientes pensam em si mesmos como únicos. Eles têm expectativas em relação aos fornecedores entenderem essa exclusividade e estarem dispostos a atender a seus requisitos específicos.

EXPECTATIVAS DO CLIENTE

É claro que quando os clientes fazem negócios com um fornecedor eles têm diversas expectativas, e muitas giram em torno da plataforma de serviço logístico básico do fornecedor; isto é, eles têm expectativas acerca da disponibilidade, do desempenho operacional e da confiabilidade do serviço. Muitas vezes, eles têm programas internos regulares para monitorar o desempenho do fornecedor em relação a cada uma dessas dimensões do desempenho logístico. Em um estudo pioneiro, Parasuraman, Zeithaml e Berry identificaram 10 expectativas do cliente que formam uma estrutura útil para a avaliação do impacto logístico.[7] A Tabela 3.2 usa essa estrutura para conceitualizar expectativas logísticas específicas.

[7] A. Parasuraman, Valerie Zeithaml, and Leonard L. Berry, "A Conceptual Model of Service Quality and Its Implications for Future Research," Report nº 84-106 (Cambridge, MA: Marketing Science Institute, 1984).

Em um contexto logístico e de cadeia de suprimentos, a ideia das expectativas dos clientes é particularmente complexa porque eles normalmente são organizações de negócios compostas de inúmeras funções e indivíduos. Diferentes departamentos em uma organização-cliente podem priorizar o critério do desempenho de forma diferente ou podem apresentar níveis diferentes de expectativa para cada critério. Por exemplo, alguns departamentos podem se preocupar mais com a capacidade de resposta e com a solução rápida para um questionamento acerca do *status* de um pedido, enquanto outros podem se preocupar mais com o atendimento completo do pedido ou com a pontualidade da entrega. Atender as expectativas dos clientes exige um entendimento de como elas são formadas e dos motivos pelos quais muitas empresas não conseguem satisfazê-las.

UM MODELO DE SATISFAÇÃO DO CLIENTE

A Figura 3.1 apresenta uma estrutura para entender o processo pelo qual os clientes realmente formam suas expectativas em relação ao desempenho do fornecedor. Ela também sugere a existência de algumas lacunas que o fornecedor deve preencher para fomentar a satisfação do cliente.

Diversos fatores influenciam as expectativas dos clientes, tanto em termos da prioridade dada aos critérios discutidos anteriormente quanto do nível de expectativa em relação a cada

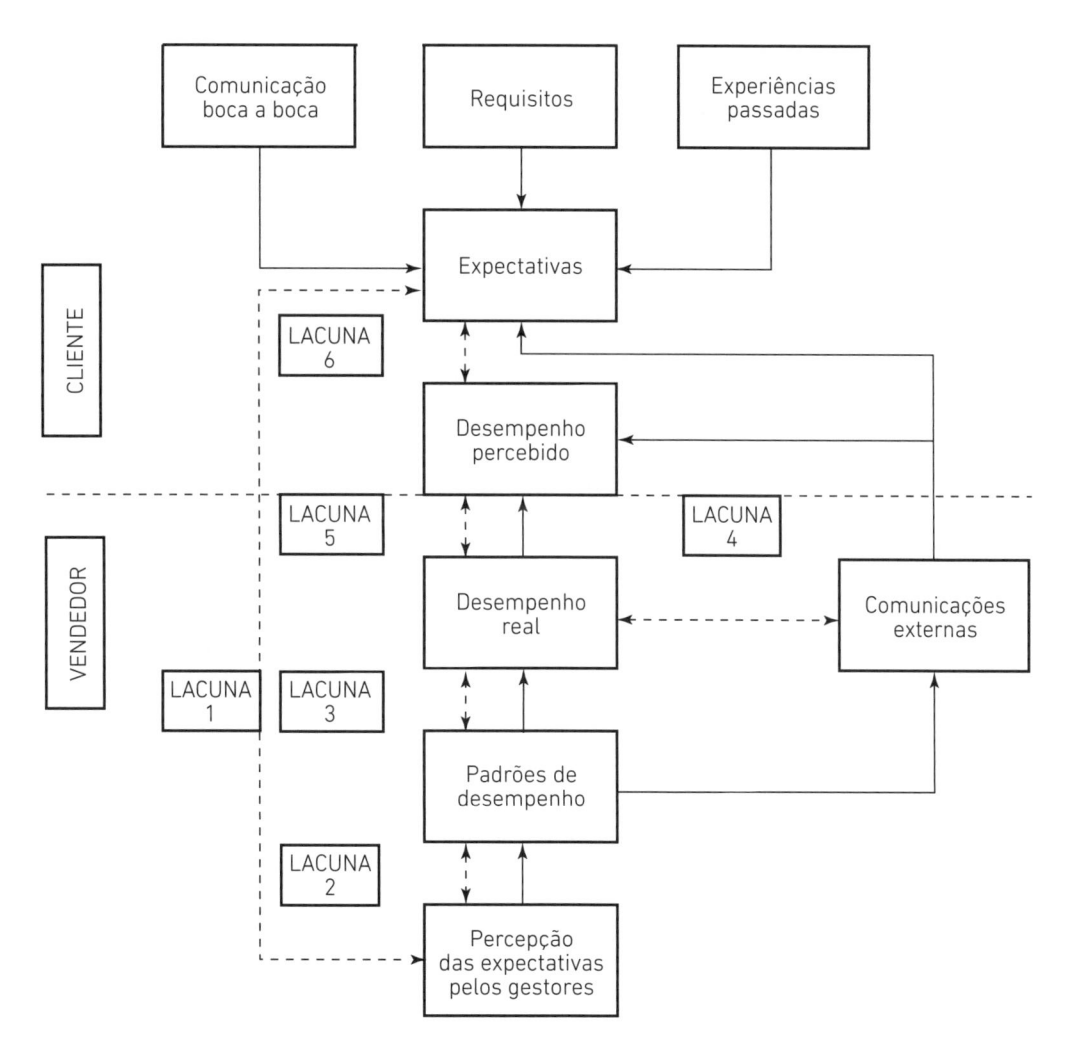

FIGURA 3.1 Modelo de satisfação e qualidade.

Fonte: Adaptado de A. Parasuraman, Valerie Zeithaml, and Leonard L. Berry, "A Conceptual Model of Service Quality and Its Implications for Future Research," Report n. 84-106 (Cambridge, MA: Marketing Science Institute, 1984).

critério. O primeiro desses fatores inclui, simplesmente, as necessidades ou os requisitos dos clientes. No cerne de suas próprias estratégias de negócios, os clientes têm requisitos que dependem do desempenho de seus fornecedores, e, portanto, eles esperam que essas necessidades possam e sejam atendidas. No entanto, é interessante perceber que as expectativas dos clientes frequentemente não são iguais a seus requisitos ou necessidades reais. O desempenho anterior do fornecedor é um grande fator de influência nas suas expectativas. Espera-se que um fornecedor que sempre foi pontual continue realizando entregas com pontualidade. De modo semelhante, espera-se que um fornecedor com fama ruim continue a apresentar o mesmo desempenho ruim. É importante observar que a experiência com o desempenho anterior de um fornecedor também pode influenciar as expectativas dos clientes em relação a outros fornecedores. Por exemplo, quando a Federal Express demonstrou a capacidade de entregar pequenos pacotes de um dia para o outro, muitos clientes começaram a esperar o mesmo de outros fornecedores.

Relacionado à percepção do cliente quanto a uma experiência anterior está o boca a boca. Em outras palavras, os clientes frequentemente se comunicam uns com os outros sobre suas experiências com fornecedores específicos. Em reuniões de associações comerciais e profissionais, a questão dos fornecedores é um tópico comum de discussão entre executivos. Grande parte da discussão pode girar em torno das habilidades de desempenho do fornecedor. Tais discussões ajudam a criar expectativas do cliente. Talvez o fator mais importante a influenciar as expectativas do cliente seja a comunicação que parte do próprio fornecedor. Promessas e compromissos feitos por vendedores ou representantes do serviço ao cliente, declarações contidas em mensagens promocionais e de marketing, até mesmo políticas e procedimentos impressos de uma organização representam as comunicações em que os clientes confiam. Essas comunicações se tornam uma base crítica sobre a qual os clientes formam suas expectativas. A promessa de cumprir uma entrega agendada ou de ter disponibilidade total do produto é uma expectativa na mente do cliente. Na verdade, muitos fornecedores podem ser culpados de gerar seu próprio fracasso ao se comprometerem excessivamente, em uma tentativa de influenciar as expectativas do cliente. O fracasso de muitas empresas em satisfazer seus clientes pode estar na existência de uma ou mais das lacunas identificadas na estrutura.

Lacuna 1: conhecimento

A primeira lacuna – e a mais fundamental – que pode existir é entre as expectativas reais dos clientes e a percepção da empresa em relação a elas. Essa lacuna reflete a falta de conhecimento ou entendimento dos gestores sobre os clientes. Embora possam existir muitos motivos para essa falta de entendimento, é claro que não se pode estabelecer uma plataforma de satisfação do cliente benéfica sem um entendimento minucioso das expectativas do cliente, como elas são priorizadas e formadas. Visto que as vendas normalmente são as maiores responsáveis pelas interações com o cliente, o conhecimento relacionado às expectativas sobre a logística frequentemente é difícil de ser obtido.

Lacuna 2: padrões

Mesmo que exista um entendimento total das expectativas dos clientes, ainda assim é necessário estabelecer padrões de desempenho para a organização. A lacuna dos padrões ocorre quando os padrões internos de desempenho não refletem de modo adequado ou acurado as expectativas do cliente. Esse é exatamente o caso em muitas organizações que desenvolvem sua plataforma de serviços básicos a partir de um exame das habilidades operacionais internas ou um exame superficial do desempenho de serviços dos concorrentes.

Lacuna 3: desempenho

A lacuna do desempenho é a diferença entre o desempenho padrão e o real. Se o padrão é uma taxa de atendimento de 98%, com base em pesquisas com clientes em relação às expectativas deles, e a empresa, na verdade, só chega a 97%, ocorre uma lacuna do desempenho. Deve-se observar que muitas empresas concentram seus esforços para aumentar a satisfação pela eliminação da lacuna do desempenho. No entanto, pode ser que a insatisfação exista como resultado do mau entendimento das expectativas do cliente desde o início.

Lacuna 4: comunicação

O papel da comunicação na satisfação do cliente não pode ser ignorado. Como discutimos anteriormente, o compromisso excessivo ou a promessa de níveis mais elevados de desempenho do que realmente pode ser realizado é uma importante causa de insatisfação do cliente. Não deve haver lacuna entre o que uma empresa consegue fazer e o que se diz aos clientes sobre essa habilidade.

Lacuna 5: percepção

Os clientes frequentemente avaliam o desempenho como sendo pior ou melhor do que o real. Na logística, muitos administradores frequentemente reclamam: "Somos avaliados apenas pelo último pedido". Portanto, embora o desempenho em um longo intervalo de tempo tenha sido muito bom, uma entrega atrasada, incompleta ou abaixo do aceitável pode resultar em uma expressão de extrema insatisfação de um cliente.

Lacuna 6: satisfação/qualidade

A existência de uma ou mais das lacunas citadas leva à percepção do cliente a mensagem de que o desempenho não é bom como se esperava. Em outras palavras, essas lacunas resultam em sua insatisfação. Ao construir uma plataforma para proporcionar a satisfação do cliente, uma empresa deve assegurar que essas lacunas não existam.

EXPECTATIVAS CRESCENTES DO CLIENTE

Por ser um componente importante da GQT, a ideia de melhoria contínua foi aceita pela maioria das organizações. Esse engajamento teve como consequência o aumento progressivo das expectativas dos clientes em relação às habilidades do fornecedor. O desempenho que atende às expectativas do cliente em determinado ano pode resultar em extrema insatisfação no ano seguinte, à medida que os clientes aumentam suas expectativas em relação aos níveis aceitáveis de desempenho.

De certa forma, o aumento nas expectativas pode ser explicado pela dinâmica da concorrência. Como discutimos antes, a maioria dos setores industriais tradicionalmente apresenta níveis implícitos ou explícitos de desempenho considerados adequados. Se uma empresa desejava ser um concorrente sério, geralmente tinha de alcançar essas expectativas mínimas de serviço do setor. No entanto, quando uma empresa do setor concentra-se na logística como competência essencial e apresenta níveis mais altos de desempenho, os clientes passam a esperar que outros fornecedores a sigam. Considere, por exemplo, que depois que a Federal Express lançou o rastreamento em tempo real do *status* da encomenda, a UPS e outras empresas de entrega logo a imitaram.

Mas será que conseguir executar o pedido perfeito garante que os clientes fiquem satisfeitos? Superficialmente, pode parecer que sim. Afinal, se todos os pedidos são entregues sem problemas, qual será o motivo para a insatisfação dos clientes? Parte da resposta a essa pergunta reside no fato de que os pedidos perfeitos, por mais importantes que sejam, lidam com a execução de transações e entregas individuais. A satisfação do cliente é um conceito muito mais amplo, que lida com muitos outros aspectos do relacionamento geral entre fornecedores e clientes. Por exemplo, um cliente pode continuamente receber pedidos perfeitos, mas ficar insatisfeito com aspectos do relacionamento, como dificuldade de obter informações, longas demoras na resposta a questionamentos ou até mesmo a percepção de que algum funcionário do fornecedor não trata o cliente com a cortesia e o respeito adequados. Sendo assim, a satisfação transcende o desempenho operacional e inclui aspectos dos relacionamentos interpessoais.

RESTRIÇÕES DA SATISFAÇÃO DO CLIENTE

Em virtude de seu foco explícito nos clientes, um compromisso com a satisfação representa um passo além de uma plataforma de serviços básicos nos esforços de uma organização em desenvolver relacionamentos com seus clientes. É realista pensar que uma empresa que satisfaça as expectativas dos clientes melhor que seus concorrentes terá alguma vantagem competitiva no mercado. Apesar disso, é importante conhecer alguns dos problemas e restrições da ênfase na satisfação do cliente.

A primeira limitação é que muitos executivos cometem um erro fundamental – ainda que compreensível – ao interpretar a satisfação. Em muitas organizações, supõe-se que clientes satisfeitos também estão felizes, talvez até encantados, com o desempenho do fornecedor. Isso pode, ou não, ser a situação real. Deve-se lembrar que a satisfação é a percepção dos clientes sobre o desempenho real em relação às expectativas, e não a seus requisitos. O exame da Figura 3.2 pode ajudar a explicar essa diferença entre satisfação e felicidade. O fato é que os clientes podem ter a expectativa de que uma empresa não apresentará um desempenho de alto nível. Se o cliente espera um baixo nível de desempenho e, de fato, percebe que a empresa corresponde a essa expectativa, é evidente que o desempenho e a expectativa são equivalentes. Por definição, o cliente está satisfeito. O mesmo vale para expectativas e percepção de nível médio ou alto.

Essa ideia de que níveis baixos de desempenho podem ser considerados satisfatórios é mais bem ilustrada com um exemplo. Suponha que um cliente espera que um fornecedor apresente, ao longo do tempo, uma taxa de atendimento de 95%, ou 10% de atrasos nas entregas, ou 2% de danos. Se o fornecedor de fato apresenta esse nível de desempenho, conforme percebido pelo cliente, ele fica satisfeito. Quando é possível perceber um desempenho com nível mais baixo do que o esperado, isso resulta em insatisfação. Será que o cliente satisfeito está necessariamente feliz com a taxa de atendimento ou com os atrasos nas entregas do fornecedor? Claro que não. Embora as expectativas possam ser atendidas – na verdade, podem ser atendidas tão bem ou melhor que pelos concorrentes – ainda não há garantia de que o cliente ficará feliz. Mesmo um desempenho acima do esperado, embora satisfaça os clientes, pode não resultar de fato em felicidade. Focar nas expectativas do cliente ignora o fato de que elas não são iguais às necessidades ou requisitos.

A segunda limitação a se considerar está relacionada à primeira: clientes satisfeitos não necessariamente são clientes fiéis. Embora suas expectativas estejam sendo atendidas, clientes satisfeitos podem preferir fazer negócios com os concorrentes. Uma das razões para essa escolha é porque eles esperam que um concorrente apresente um desempenho melhor ou, pelo menos, equivalente ao fornecedor anterior. Durante muitos anos, executivos de marketing e de cadeia de suprimentos presumiram que clientes satisfeitos também são clientes fiéis. Mas as pesquisas têm mostrado que muitos clientes que relatam estar satisfeitos por estar com suas expectativas atendidas têm probabilidade de favorecer e fazer negócios com concorrentes. Já

		Expectativa		
		BAIXA	MÉDIA	ALTA
	ALTO	Muito satisfeito	Muito satisfeito	Satisfeito
Desempenho	MÉDIO	Muito satisfeito	Satisfeito	Insatisfeito
	BAIXO	Satisfeito	Insatisfeito	Insatisfeito

FIGURA 3.2 Satisfação não significa felicidade.

que a satisfação existe quando os clientes obtêm o que esperam, eles acabam se contentando frequentemente com menos do que realmente desejam ou precisam. Esse resultado é conhecido como **sacrifício do cliente**.[8]

A terceira limitação da satisfação do cliente é que as empresas frequentemente se esquecem de que a satisfação se encontra nas expectativas e percepções de cada um. Portanto, há uma tendência de agregar as expectativas de diferentes clientes e negligenciar os princípios básicos da estratégia de marketing relacionada às diferenças entre segmentos de clientes, bem como entre clientes individuais. Dito de modo simples, o que satisfaz um cliente pode não satisfazer outro – e muito menos a todos.

Apesar dessas restrições, a satisfação representa um compromisso além dos serviços básicos para atender os clientes. Ela proporciona o reconhecimento explícito de que a única maneira de garantir que eles estão sendo atendidos é concentrar-se neles. Empresas que se concentram principalmente nos padrões da indústria e dos concorrentes em termos de desempenho de serviços têm muito menos probabilidade de descobrir que seus clientes estão muito satisfeitos ou altamente satisfeitos com seu desempenho.

SUCESSO DO CLIENTE

Nos últimos anos, algumas empresas descobriram que há outro compromisso que pode ser firmado para conquistar uma verdadeira vantagem competitiva por meio do desempenho logístico. Esse compromisso baseia-se no reconhecimento de que a capacidade de uma empresa aumentar e expandir sua participação no mercado depende de sua capacidade de atrair e manter os clientes mais bem-sucedidos do setor. Sendo assim, a chave real para o marketing orientado para o cliente encontra-se em usar as habilidades de desempenho da organização para aumentar o sucesso desses clientes. Focar em seu sucesso representa um importante compromisso no atendimento. A Tabela 3.3 resume a evolução que organizações voltadas para o cliente têm experimentado. Observe que o foco no serviço ao cliente é voltado para a instituição de padrões internos de desempenho de serviços básicos. As empresas normalmente avaliam sua atuação de serviço ao cliente de acordo com o cumprimento desses padrões internos. A plataforma de satisfação do cliente é construída sobre o reconhecimento de que os clientes têm expectativas em relação ao desempenho e a única maneira de garantir que eles fiquem satisfeitos é avaliar a percepção que têm quanto ao desempenho em relação a essas expectativas.

O sucesso do cliente retira o foco das expectativas e o coloca nos requisitos reais do cliente. Lembre-se de que, na discussão anterior, mencionamos que os requisitos do cliente, embora formem a base das expectativas, não são a mesma coisa. Os requisitos normalmente são rebaixados a expectativas por causa da percepção do desempenho anterior, do boca a boca ou

---

[8] Joseph B. Pine II, and James N. Gilmore, "Satisfaction, Sacrifice, Surprise," *Strategy and Leadership*, 28, nº 1 (2000), pp. 18-23.

TABELA 3.3 Evolução do pensamento administrativo.

Filosofia	Foco
Serviço ao cliente	Respeitar os padrões internos
Satisfação do cliente	Atender às expectativas
Sucesso do cliente	Atender aos requisitos do cliente

das comunicações da própria empresa. Isso explica por que simplesmente atender as expectativas pode não resultar em clientes felizes. Por exemplo, um cliente pode estar satisfeito com uma taxa de atendimento de 98%, mas, para ser bem-sucedido na execução de sua própria estratégia, pode ser necessária uma taxa de atendimento de 100% em determinados produtos ou componentes.

COMO CONQUISTAR O SUCESSO DO CLIENTE

Evidentemente, um programa de sucesso do cliente envolve entender minuciosamente os requisitos de cada um deles e o compromisso de se concentrar em relacionamentos comerciais de longo prazo com potencial de crescimento e lucratividade. Provavelmente, não será possível acordar tal compromisso com todos os clientes potenciais. Ele exige que as empresas trabalhem intensamente com os clientes para entender requisitos, processos internos, ambiente competitivo e tudo o que for necessário para que o cliente seja bem-sucedido em seu próprio ambiente competitivo. Além disso, exige que a organização desenvolva uma compreensão de como pode utilizar suas próprias habilidades para melhorar o desempenho do cliente, como fez a Raytheon, que adotou e registrou o slogan "o sucesso do cliente é a nossa missão".

De várias maneiras, um programa de sucesso do cliente exige uma perspectiva abrangente de cadeias de suprimentos por parte dos executivos de logística. Isso é mais bem explicado no exame das relações retratadas na Figura 3.3. O típico foco de programas de serviços básicos e de satisfação é tentar atender a padrões e expectativas dos próximos clientes, sejam eles consumidores, usuários finais industriais ou intermediários ou mesmo clientes internos. O modo como esses clientes lidam com seus próprios clientes normalmente não é considerado um problema. Perspectivas de cadeias de suprimentos e programas de sucesso do cliente reconhecem explicitamente que os executivos de logística precisam alterar esse foco. Eles devem entender toda a cadeia de suprimentos e seus diferentes níveis de clientes para desenvolver programas que garantam que todos os pontos da cadeia sejam bem-sucedidos em atender os clientes, e também os que são subsequentes. Se todos os membros da cadeia de suprimentos adotarem essa perspectiva, compartilharão o sucesso.

Garantir que um cliente seja bem-sucedido pode exigir que a empresa reinvente o modo como um produto é fabricado, distribuído ou oferecido para venda. Na verdade, a colaboração entre fornecedores e clientes para encontrar caminhos potenciais para o sucesso pode resultar em grandes inovações em termos de redefinir os processos da cadeia de suprimentos. O assunto geral dos relacionamentos e alianças colaborativos será mais bem desenvolvido no Capítulo 14. Por ora, basta dizer que tais arranjos não são possíveis sem uma quantidade significativa de troca de informações entre as empresas envolvidas com o intuito de facilitar um entendimento profundo dos requisitos e habilidades. No entanto, um modo interessante que muitas empresas encontraram para responder aos desafios do sucesso do cliente é pelo desenvolvimento de serviços com valor agregado.

SERVIÇOS COM VALOR AGREGADO

A ideia de serviço com valor agregado é um incremento significativo na evolução do sucesso do cliente, que, por definição, refere-se a atividades específicas ou singulares que as empresas po-

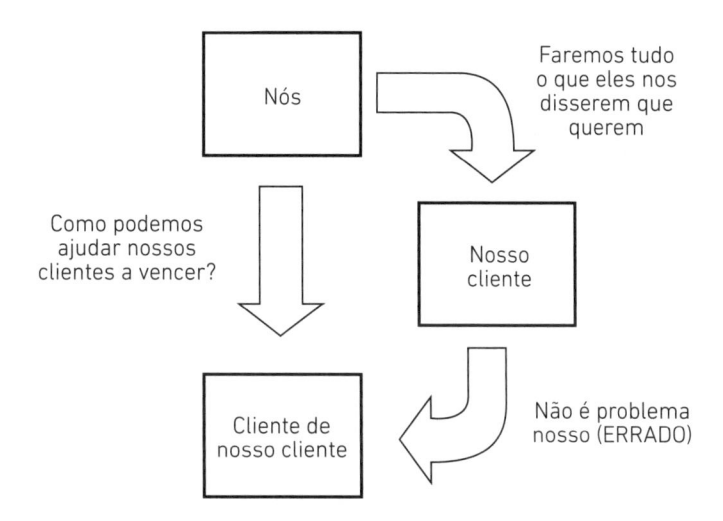

FIGURA 3.3 Caminhando em direção ao sucesso do cliente.

[Diagrama: Nós → "Faremos tudo o que eles nos disserem que querem" → Nosso cliente; Nosso cliente → "Não é problema nosso (ERRADO)" → Cliente de nosso cliente; "Como podemos ajudar nossos clientes a vencer?" de Nós para Cliente de nosso cliente.]

dem desenvolver em conjunto para melhorar sua eficiência, eficácia e relevância. Ele também ajuda a fomentar o sucesso do cliente. E tende a ser específico a cada cliente, o que dificulta generalizar todos os possíveis serviços com valor agregado.

Quando uma empresa se compromete com soluções com valor agregado para os principais clientes, rapidamente se envolve na logística customizada ou personalizada. Assim, passa a realizar tarefas exclusivas para permitir que determinados clientes atinjam seus objetivos. A capacidade da IBM de produzir e entregar computadores pessoais e redes customizados a cada cliente é um exemplo de valor agregado a um produto normalmente padronizado. Em um contexto logístico, as empresas podem providenciar embalagens exclusivas, criar unidades de cargas customizadas, colocar preços em produtos, oferecer serviços de informação exclusivos, prestar serviços de estoque gerenciado pelo fornecedor, fazer arranjos de embarques especiais e assim por diante para melhorar o sucesso do cliente.

Na verdade, alguns serviços com valor agregado que compradores e vendedores contratam envolvem prestadores de serviços integrados posicionados para prestá-los. Transportadoras, empresas de armazenamento e outros especialistas podem estar intimamente envolvidos na cadeia de suprimentos para tornar realidade tais atividades com valor agregado. Neste ponto, alguns exemplos específicos de como eles podem trabalhar dentro de uma cadeia de suprimentos específica para prestar serviços com valor agregado são suficientes. Depósitos próprios ou terceirizados podem ser utilizados para realizar inúmeras atividades de customização. Por exemplo, um cliente varejista pode desejar uma paletização alternativa exclusiva para apoiar suas atividades de *cross-docking* e atender as necessidades exclusivas de produtos de suas lojas individuais. Cada loja exige diferentes quantidades de produtos específicos para manter o desempenho do estoque com o mínimo de investimento. Em outra situação, *kits* de primeiros socorros compostos de diversos itens são montados no depósito à medida que os pedidos chegam, com o intuito de cumprir a configuração exclusiva do *kit* desejada por clientes específicos. Também é comum os depósitos prestarem serviços de separar-etiquetar-reembalar para os fabricantes, com o objetivo de atender as configurações exclusivas de produtos exigidas por diferentes varejistas.

Outra forma de serviço com valor agregado envolve a separação e o sequenciamento de produtos para atender as solicitações específicas de clientes. Por exemplo, uma montadora de automóveis pode exigir que os componentes não apenas sejam recebidos pontualmente, mas também sejam separados e ordenados de modo específico para atender as necessidades de determinados automóveis na linha de montagem. O objetivo é reduzir o manuseio e a inspeção dos componentes recebidos na montadora. Atender esses requisitos rigorosos de entrega está muito além da habilidade de serviços básicos de muitos fornecedores de componentes. O uso de especialistas terceirizados é uma necessidade, sobretudo quando subcomponentes de diversos fornecedores devem ser integrados e depois sequenciados adequadamente.

Serviços com valor agregado podem ser realizados diretamente pelos participantes de uma relação de negócios ou envolver especialistas. Nos últimos anos, tem se tornado cada vez mais comum contratar especialistas devido à sua flexibilidade e capacidade de se concentrar na prestação dos serviços exigidos. De qualquer maneira, independentemente de como as especificidades são organizadas e implementadas, é claro que serviços logísticos com valor agregado são um aspecto crítico dos programas de sucesso do cliente.

COMO DESENVOLVER UMA ESTRATÉGIA DE RELACIONAMENTO COM O CLIENTE

Pela discussão anterior sobre o conceito de marketing e o marketing de relacionamento, concluímos que clientes diferentes provavelmente exigirão diferentes abordagens e estratégias de atendimento ao cliente. O serviço básico ao cliente pode ser adequado para alguns, enquanto a satisfação do cliente e o foco no sucesso podem ser melhor para outros. Na verdade, um princípio básico da logística da cadeia de suprimentos é que os clientes devem ser segmentados com base em suas necessidades de serviço, e a cadeia de suprimentos deve se adaptar para atender esses segmentos.[9]

Por exemplo, a Unilever está presente em 150 países no mundo todo, com cerca de 179 mil empregados, e oferece um portfólio de produtos que ocupa as prateleiras dos mercados com nomes de marcas famosos em categorias como margarinas (I Can't Believe It's Not Butter), molhos de tomate (Ragu), molhos para salada (Hellmann's e Wish-Bone), bebidas (chás Lipton), sorvetes (Good Humor e Breyers), alimentos congelados (Bertolli) e produtos para cuidados pessoais (Dove, Suave e Axe). Como parte da iniciativa "Supply Chain 2010" da empresa, a Unilever fez uma pesquisa de campo com os clientes para entender melhor os requisitos futuros e antecipar tendências. Os tópicos abordados incluíram práticas e técnicas de gestão de pedidos e de estoque para reduzir as situações de falta de estoque, terceirização, modelos de distribuição e diferenciação de serviços, tendências de perfis e frequência de pedidos, planejamento colaborativo por meio de dados de PDV e outros meios, e necessidades de customização de produtos. Entre outros resultados, esses esforços de coleta de dados deixaram claro que os varejistas tinham mais expectativas em relação ao desempenho da cadeia de suprimentos em 2010. A grande maioria dos varejistas preferia prazos de entrega de 24 a 48 horas, com mais da metade expressando a necessidade de entregas diárias. Quase dois terços dos respondentes esperavam uma customização significativa de pedidos ou produtos. Os dados foram avaliados por canal e por cliente para evitar a ilusão de se basear em dados agregados. A principal conclusão foi que a Unilever dos Estados Unidos deve se concentrar muito em iniciativas estratégicas da cadeia de suprimentos voltadas para clientes específicos.[10] Para conseguir isso, empresas como a Unilever precisam de uma estrutura para escolher as estratégias voltadas para clientes específicos, bem como de programas de gestão do relacionamento com os clientes. Discutiremos esses assuntos a seguir.

---

[9] David L. Anderson, Frank F. Britt, and Donovan J. Favre, "The Best of Supply Chain Management Review: The Seven Principles of Supply Chain Success," *Supply Chain Management Review* (April 2007), p. 57.

[10] Adaptado de Sean Monahan, and Robert Nardone, "How Unilever Aligned Its Supply Chain and Business Strategies," *Supply Chain Management Review* (November 2007), p. 44.

ESTRUTURA PARA UMA ESCOLHA ESTRATÉGICA

É evidente que as abordagens de sucesso do cliente consomem muito tempo e recursos. Nenhuma empresa consegue implementar tais abordagens com todos os clientes potenciais. Na verdade, é provável que muitos clientes não desejem esse tipo de relacionamento com todos os fornecedores (ou até mesmo com algum deles). Do ponto de vista estratégico, a empresa deve determinar qual tipo de abordagem de relacionamento é adequada a quais clientes.

Não há resposta fácil para essa pergunta, mas uma das abordagens se baseia no conhecido Princípio de Pareto (também conhecido como Princípio 80/20). Essa regra declara que um percentual grande (talvez 80%) da receita e do lucro da empresa normalmente deriva de um pequeno percentual de seus clientes (apenas 20%). Esses percentuais não são absolutos, mas o conceito é muito claro. Esse princípio também pode ser aplicado aos produtos que uma empresa vende; poucos produtos representam um grande percentual da receita de vendas e dos lucros. A combinação desses fatos leva ao diagrama apresentado na Tabela 3.4,[11] em que os clientes são classificados como A, B, C ou D, com base na rentabilidade, e os produtos são classificados como 1, 2, 3 ou 4 na mesma base. Por exemplo, os clientes A são os extremamente rentáveis; os clientes B, muito rentáveis; os clientes C, pouco rentáveis e os clientes D, não rentáveis. Da mesma forma, os produtos de 1 a 4 apresentam características semelhantes de rentabilidade.[12] Metodologias para determinar a lucratividade específica dos clientes e rentabilidade dos produtos serão discutidas no Capítulo 15.

É provável que apenas um pequeno número de combinações de clientes/produtos seja extremamente rentável. Naturalmente, essas situações são as candidatas mais prováveis a um relacionamento de sucesso do cliente, conforme apresentado no canto superior esquerdo da Tabela 3.4. Também é provável que mesmo os clientes "A" não queiram nem exijam a mesma intensidade de desenvolvimento para todos os produtos. Portanto, a satisfação ou até mesmo os serviços básicos são aceitáveis em tais situações.

As combinações de clientes/produtos que se encaixam no canto inferior direito devem ser cuidadosamente analisadas para determinar se é razoável mantê-las. Em muitos casos, pode haver boas razões para continuar. Por exemplo, eles podem ser clientes novos ou ser empresas pequenas com potencial de crescimento rápido. Da mesma forma, pode ser que algumas características dos produtos precisem ser revistas. No entanto, em alguns casos, pode ser simplesmente uma decisão mais sábia interromper os negócios com um cliente específico e/ou eliminar um produto específico do *mix* total.

Essa discussão pretende ser uma sugestão de escolha estratégica, e não necessariamente a única abordagem. Por exemplo, pode ser necessário manter a estratégia de sucesso do

Categoria de clientes	Categoria de produtos			
	1	2	3	4
A	Sucesso	Sucesso	Sucesso/Satisfação	Serviço básico
B	Sucesso/Satisfação	Sucesso/Satisfação	Serviço básico	Serviço básico
C	Serviço básico	Serviço básico	Serviço básico	Serviço básico/Avaliar
D	Serviço básico/Avaliar	Serviço básico/Avaliar	Serviço básico/Avaliar	Serviço básico/Avaliar

TABELA 3.4 Escolhendo a estratégia de relacionamento com o cliente.

Fonte: Adaptado de Robert Sabbath, and Judith M. Whipple, "Integrating Marketing and Supply Chain Management to Improve Profitability," *CSCMP Explores* 4 (Summer 2007), p. 8.

---

[11] Esta discussão é adaptada e baseada em Robert Sabbath, and Judith M. Whipple, "Integrating Marketing and Supply Chain Management to Improve Profitability," *CSCMP Explores* 4 (Summer 2007), pp. 1-15.

[12] Ibid.

cliente por toda a gama de produtos para um cliente A. Ou pode ser desejável focar no sucesso de um cliente que esteja apresentando rentabilidade limitada para convertê-lo em um cliente de rentabilidade extremamente elevada. O ponto mais importante a lembrar é que o sucesso do cliente deve ser reservado para um número limitado de situações, devido às restrições dos recursos. Outras situações podem exigir uma abordagem de satisfação. No entanto, é claro que, se a empresa decide fazer negócio com um cliente, o serviço básico adequado é um requisito mínimo.

GESTÃO DO RELACIONAMENTO COM OS CLIENTES

O termo **gestão do relacionamento com os clientes** (CRM – *Customer Relationship Management*) tem sido utilizado por muitas empresas para descrever seus esforços em atender melhor as necessidades e os requisitos de cada cliente. No entanto, também se usa o termo CRM para descrever a tecnologia e o *software* utilizados para gerenciar e analisar os dados de inúmeras fontes dentro de uma organização, a fim de adquirir um *insight* maior quanto ao comportamento de compra dos clientes (televendas, *call centers*, compras reais etc.). Vários fornecedores de *software* oferecem pacotes descritos como *software* de CRM para atingir esse objetivo. O CRM é projetado para ampliar a funcionalidade das aplicações ERP de vendas e entrega; ele fornece aos representantes de vendas e aos clientes informações que envolvem o histórico de vendas, a situação do pedido e de entregas, as promoções e as informações de embarque. As informações de *status* históricas e atuais, combinadas com as informações de desenvolvimento de produtos, preços e promoções, permitem que as empresas criem e administrem melhor os pedidos dos clientes. Essa troca oportuna e com rigor de informações entre uma empresa e seus clientes aumenta a probabilidade de que as vendas normais e promocionais sejam cobertas pela disponibilidade de produtos. A Figura 3.4 ilustra o fluxo e os elementos de um sistema de CRM.

Embora as aplicações ERP tradicionais se concentrem em receber os pedidos com eficácia, as empresas estão considerando necessário fazer uma transição e deixar de tratar os clientes como fontes de renda a serem exploradas para tratá-los como ativos a serem cultivados. Embora a tecnologia tradicional de vendas e entregas esteja configurada para receber os pedidos dos clientes em uma ampla gama de formatos e permitir que esses pedidos sejam administrados ao longo do processo de atendimento, é necessário um conjunto maior de competências para administrar o relacionamento global com os clientes. Um sistema de CRM integrado inclui uma combinação de banco de dados baseado em servidor, computadores remotos carregados pelos representantes de vendas e um processo de sincronização, para garantir que os dados da organização e dos representantes de vendas sejam sincronizados e consistentes. Além dessa funcionalidade básica, o CRM, hoje, exige rastreamento das vendas, análise do histórico de vendas, gerenciamento de preços, promoções, gerenciamento do *mix* de produtos e gestão de categorias. Em alguns casos, os clientes esperam que a força de vendas de seus fornecedores administre toda uma categoria de produtos em suas instalações. Por exemplo, está se tornando cada vez mais comum os supermercados esperarem que seus fornecedores administrem tanto o *mix* de produtos quanto as quantidades nas prateleiras em relação às principais categorias desses, como bebidas e produtos de marca. Essa prática, denominada **gestão de categorias**, exige um apoio substancial a informações por parte do fabricante, mas também facilita o compartilhamento de informações.

A Amazon tem sido uma das líderes na tecnologia de CRM no varejo baseado na Internet. Devido à sua interface online e também ao armazenamento de dados e capacidade computacional maciços, a Amazon é capaz de desenvolver perfis de cliente que fornecem uma

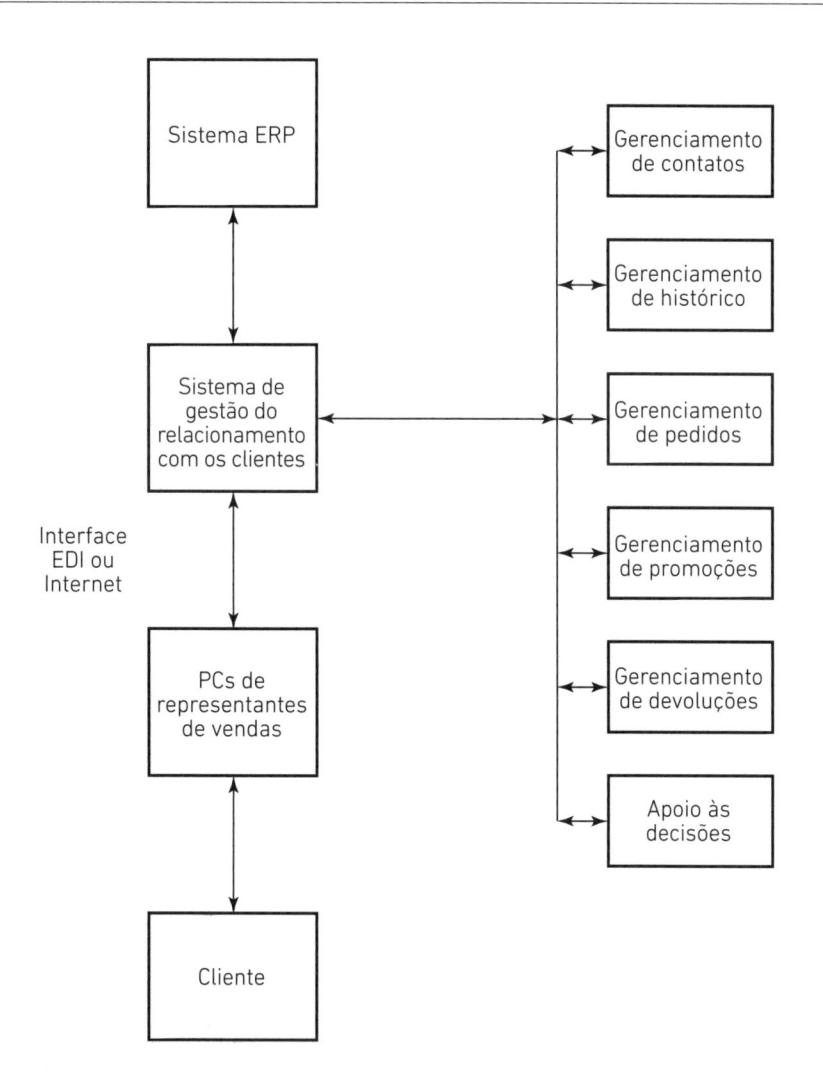

FIGURA 3.4
Sistema típico de gestão do relacionamento com os clientes e sua extensão.

imagem clara dos interesses e hábitos de compra de cada cliente. Por exemplo, os clientes da Amazon costumam receber mensagens de *e-mail* da empresa informando-os sobre novos livros escritos pelos autores cujas obras foram adquiridas anteriormente pelo cliente. Além disso, toda vez que os clientes se conectam ao *site* Amazon.com, eles recebem sugestões sobre outros livros dos quais poderiam gostar com base nas compras anteriores. Também, quando um cliente escolhe um determinado título no *site* da Amazon, ele é informado a respeito de livros que outros clientes compraram, junto ao título escolhido. Todas essas ações certamente beneficiam a Amazon, aumentando a sua receita, e a maioria dos clientes aprecia essa capacidade da Amazon, já que ela acrescenta muito aos seus hábitos de leitura.

O objetivo da gestão do relacionamento com os clientes é desenvolver uma organização centrada no cliente. Embora o CRM certamente envolva a ciência de coletar e analisar dados sobre as necessidades individuais dos clientes e seus hábitos de compra, ele se estende ao processo de desenvolver capacidades que permitem à organização atender a essas necessidades individuais de forma mais completa. O CRM cresceu rapidamente nos últimos anos como um processo para aperfeiçoar o desempenho global de uma empresa por ajudar em uma melhor compreensão e antecipação das necessidades e desejos dos clientes.

As empresas que adotaram o CRM estão comprometidas com a ideia de que os clientes são o único impulsionador de todo o negócio. Além da tecnologia, outros esforços são feitos para compreender mais a fundo os requisitos dos clientes e criar relacionamentos duradouros com os mais críticos. Por exemplo, está se tornando cada vez mais comum os fornecedores manterem um escritório muito próximo ou mesmo dentro das instalações dos clientes mais importantes. Dessa forma, o fornecedor adquire conhecimento crítico das necessidades e planos do cliente e pode antecipar suas ações com um alto grau de acurácia. Por exemplo, a Procter & Gamble tem alguns trabalhadores que vivem e trabalham em Bentonville, Arkansas, sede de seu maior cliente, o Walmart.

A relevância do CRM para a logística encontra-se em sua necessidade de transparência multifuncional. A logística é responsável por muitos dos processos que agregam valor e impulsionam o sucesso do cliente. Um programa de CRM oferece à empresa a plataforma necessária para o desenvolvimento e a gestão de relacionamentos adequados com os clientes. Uma discussão mais profunda do processo real de desenvolvimento e manutenção de relacionamentos na área de logística será apresentada no Capítulo 14.

Resumo

O requisito fundamental da logística é a necessidade de desenvolver relaciomanetos com os clientes, sejam eles usuários finais, intermediários ou mesmo internos. Os conceitos de marketing fornecem a base para o comprometimento com os clientes com foco primordial em suas necessidades (em vez de nos produtos ou serviços), para os requisitos de posicionar bens e serviços no contexto do cliente, para a identificação de segmentos de mercado com necessidades diferentes e para o compromisso de que o volume é menos importante que o lucro.

A implementação contemporânea do conceito de marketing sugere que é mais importante se concentrar no desenvolvimento de relacionamentos com os clientes do que em transações individuais perfeitas. Essa interpretação concentra-se nas necessidades e requisitos de cada cliente como o ingrediente essencial do marketing *one-to-one*. Em um contexto de cadeia de suprimentos, os requisitos do cliente relacionados à conveniência geográfica, tamanho do lote, tempo de espera e variedade devem ser apoiados pelo desempenho logístico.

As organizações constroem sua plataforma de relacionamento com o cliente com três níveis crescentes de comprometimento. O primeiro deles é o serviço logístico básico ao cliente. Para ser competitiva, uma empresa precisa de uma habilidade de serviços básicos que equilibre a disponibilidade, o desempenho operacional e a confiabilidade para todos os clientes. O nível de comprometimento com cada dimensão do serviço requer uma consideração cuidadosa do desempenho dos concorrentes e de análise do custo-benefício. O nível mais alto de compromisso é o desempenho do pedido perfeito, que exige operações logísticas com zero defeito. Tal nível elevado de compromisso geralmente é reservado para os principais clientes de uma empresa.

Ir além do serviço básico para satisfazer o cliente representa o segundo nível de comprometimento. Enquanto o serviço básico concentra-se no desempenho operacional interno da organização, a satisfação do cliente foca nos clientes, em suas expectativas e suas percepções quanto ao desempenho do fornecedor. As expectativas do cliente vão além das considerações logísticas típicas e incluem fatores relacionados à comunicação, ao acesso, à credibilidade, à capacidade de resposta e ao conhecimento específico do cliente, bem como à confiabilidade das operações. Uma empresa pode prestar serviços logísticos que sejam iguais ou até melhores que os dos concorrentes, mas ainda ter clientes insatisfeitos. A falha em satisfazê-los pode surgir da falta de conhecimento sobre suas expectativas, de padrões inadequados e falha de desempenho, da má comunicação ou percepção incorreta do desempenho por parte do cliente ou da empresa. À medida que as expectativas do cliente crescem, os executivos de logística devem monitorar continuamente a satisfação do cliente e o desempenho logístico.

O nível mais alto de comprometimento é conhecido como sucesso do cliente. Enquanto os programas de satisfação buscam atender ou superar as expectativas, uma plataforma voltada para o sucesso concentra-se nas necessidades e nos requisitos do cliente. As expectativas do cliente frequentemente são diferentes das necessidades e dos requisitos. Alcançar o sucesso exige conhecimento íntimo de suas necessidades e de seus requistos operacionais, além de um compromisso por parte do prestador de serviços para aumentar a capacidade do cliente de competir com mais sucesso no mercado. Serviços com valor agregado representam um modo pelo qual a logística pode contribuir para o sucesso do cliente.

Uma estratégia de relacionamento com o cliente exige conhecimento aprofundado dos requisitos logísticos de diferentes segmentos de clientes. A tecnologia de CRM está sendo cada vez mais utilizada para auxiliar nesse processo e fornecer as informações necessárias para a empresa e seus clientes visando relacionamentos efetivos de longo prazo.

Questões para Revisão

1 Explique as diferenças entre marketing transacional e de relacionamento. De que modo essas diferenças levam ao aumento da ênfase no desempenho logístico na gestão da cadeia de suprimentos?

2 Por que os quatro resultados principais dos serviços – conveniência geográfica, tamanho do lote, tempo de espera e variedade de produtos – são importantes para o gerenciamento da logística? Forneça exemplos de empresas concorrentes que diferem no nível de cada resultado do serviço prestado aos clientes.

3 Usando as dez categorias de expectativas dos clientes apresentadas na Tabela 3.2, crie seus próprios exemplos de como os clientes podem avaliar o desempenho de um fornecedor.

4 Compare e contraste as filosofias de serviço ao cliente, satisfação do cliente e sucesso do cliente na gestão da cadeia de suprimentos.

5 O que significam serviços com valor agregado? Por que esses serviços são considerados essenciais em um programa de sucesso do cliente?

6 Explique as "lacunas" de satisfação do cliente exibidas na Figura 3.1.

Desafios

1 Como a Unilever poderia utilizar o modelo para escolha estratégica (Tabela 3.4) na execução de sua iniciativa Supply Chain 2010?

2 Em sua opinião, quais seriam os principais desafios logísticos enfrentados pela Unilever nessa iniciativa?

3 O modelo para a escolha estratégica sugere que a lucratividade do cliente e a rentabilidade do produto são os dois critérios mais importantes. Se você estivesse encarregado de reformular a estratégia de relacionamento com o cliente de uma empresa, como a iniciativa Supply Chain 2010 da Unilever, quais outros critérios você poderia considerar?

4 Leia na íntegra o artigo que descreve a estratégia da Unilever (ver nota de rodapé 10). Depois, acesse as informações sobre o recente desempenho financeiro da Unilever (você pode acessar os relatórios anuais na Internet). Em sua opinião, de que forma esse recente desempenho está relacionado com a estratégia apresentada? Quais outros fatores podem estar afetando o desempenho?

Suprimentos — CAPÍTULO 4

RESUMO DO CAPÍTULO

OBJETIVOS DE COMPRAS
FORNECIMENTO CONTÍNUO
MINIMIZAÇÃO DO INVESTIMENTO EM ESTOQUES
MELHORIA DA QUALIDADE
DESENVOLVIMENTO DE FORNECEDORES
ACESSO A TECNOLOGIAS E INOVAÇÕES
MENOR CUSTO TOTAL DE PROPRIEDADE
ESTRATÉGIAS DE COMPRAS
COMPRAR OU FAZER
ESTRATÉGIAS ALTERNATIVAS
PORTFÓLIO DE ESTRATÉGIAS DE COMPRAS
SELEÇÃO E AVALIAÇÃO DE FORNECEDORES
AUDITORIAS DE FORNECEDORES
DESENVOLVIMENTO DE FORNECEDORES
MONITORAMENTO DO DESEMPENHO
CERTIFICAÇÃO DE FORNECEDORES
COMÉRCIO ELETRÔNICO E COMPRAS
INTERFACES DA LOGÍSTICA COM SUPRIMENTOS
JUST-IN-TIME
AQUISIÇÃO DE SERVIÇOS DE LOGÍSTICA
LOGÍSTICA BASEADA NO DESEMPENHO
RESUMO
QUESTÕES PARA REVISÃO
DESAFIOS

Toda organização, seja ela industrial, atacadista ou varejista, compra matérias-primas, serviços e suprimentos para apoiar suas operações. Historicamente, as compras eram percebidas como uma atividade de funcionários administrativos ou de gerentes de níveis inferiores que tinham a responsabilidade de executar e processar pedidos feitos por outros setores da organização. O papel do setor de compras era obter de um fornecedor o recurso desejado pelo menor preço possível. Essa visão tradicional mudou substancialmente nas últimas décadas. O foco moderno encontra-se no custo total e no desenvolvimento de relacionamentos entre compradores e vendedores; como consequência, as compras foram elevadas à categoria de atividade estratégica.

A crescente importância das compras pode ser atribuída a diversos fatores. O mais básico deles é o reconhecimento do gasto monetário substancial do departamento em uma organização típica e o potencial de economia de uma estratégia viável de compras. O fato é que os produtos e os serviços comprados encontram-se entre os elementos de custo mais alto na maioria das empresas. Em uma tradicional empresa industrial nos Estados Unidos, os produtos e serviços comprados contabilizam cerca de 55 centavos de cada dólar vendido. Para comparar, o gasto médio com mão de obra direta no processo industrial contabiliza cerca de 10 centavos de cada dólar vendido. Embora o gasto percentual dos insumos comprados varie consideravelmente de um setor para outro, é evidente que o potencial de economia da gestão estratégica de compras pode ser substancial.

Relacionada ao custo dos insumos comprados há uma crescente ênfase na terceirização. O resultado é que a quantia gasta em compras aumentou significativamente em muitas organizações. Hoje, as empresas compram não apenas matérias-primas e suprimentos básicos, mas também componentes complexos fabricados com conteúdo de valor agregado muito alto. Elas terceirizam funções a fornecedores para concentrar os recursos internos nas competências essenciais. O resultado é que mais atenção gerencial deve ser dada para como a organização interage e como efetivamente administra sua base de suprimentos. Por exemplo, a General Motors usa sua rede de fornecedores de primeira camada e fornecedores logísticos terceirizados para realizar submontagens e entregar componentes prontos a suas linhas de montagem automotivas conforme necessário. Muitas dessas atividades já foram realizadas internamente pela empresa. Desenvolver e coordenar esses relacionamentos representam aspectos críticos de uma estratégia de compras eficaz. As necessidades logísticas relacionadas a essa estratégia serão identificadas neste capítulo.

OBJETIVOS DE COMPRAS

A EVOLUÇÃO DO FOCO nas compras como uma habilidade organizacional fundamental tem estimulado uma nova perspectiva em relação a seu papel na gestão da cadeia de suprimentos. A ênfase deixou de ser na negociação baseada no antagonismo, com foco na transação individual, e passou a garantir que a empresa esteja posicionada para implementar suas estratégias de produção e marketing com apoio da base de fornecedores. Em particular, um foco considerável é colocado na garantia do fornecimento contínuo, na minimização dos estoques, na melhoria da qualidade, no desenvolvimento de fornecedores, no acesso a tecnologias e inovações, e no menor custo total de propriedade.

FORNECIMENTO CONTÍNUO

A falta de estoque de matérias-primas ou peças componentes pode interromper ou forçar uma alteração nos planos de produção, resultando em custo inesperado. O tempo inoperante devido a interrupções na produção aumenta os custos operacionais e pode resultar na incapacidade de fornecer produtos acabados conforme prometido aos clientes. Imagine o caos resultante se uma linha de montagem automotiva tiver todas as peças disponíveis para produzir um carro, menos os pneus. A montagem de automóveis teria de ser suspensa até que os pneus estivessem disponíveis. Assim, um dos objetivos essenciais das compras é garantir o fornecimento contínuo de matérias-primas, peças e componentes para assegurar as operações de fabricação.

MINIMIZAÇÃO DO INVESTIMENTO EM ESTOQUES

No passado, o tempo inoperante devido à falta de matéria-prima era minimizado pela manutenção de grandes estoques de materiais e componentes para evitar a interrupção no suprimento. No entanto, manter estoques é dispendioso e requer capital. Uma meta das compras é manter a continuidade do suprimento com o mínimo possível de investimento em estoques. Isso exige comparar os custos de manter materiais em estoque e a possibilidade de interrupção na produção. O ideal, evidentemente, é fazer que os materiais necessários cheguem apenas no momento em que estão programados para ser usados no processo industrial, em outras palavras, *just-in-time* (em português, "bem na hora").

MELHORIA DA QUALIDADE

O setor de compras é crítico para os requisitos de qualidade de cada organização. A qualidade de produtos e serviços depende da qualidade dos materiais e componentes usados. Se forem utilizados componentes e materiais de baixa qualidade, o produto final provavelmente não corresponderá aos padrões de qualidade do cliente. Sendo assim, tanto a empresa quanto seus fornecedores têm de estar comprometidos com uma iniciativa de melhoria contínua da qualidade, conforme é discutido no Capítulo 5.

DESENVOLVIMENTO DE FORNECEDORES

Em última análise, compras bem-sucedidas dependem de localizar ou desenvolver fornecedores, analisar suas capacidades e selecionar e trabalhar com eles para conseguir a melhoria contínua. Desenvolver bons relacionamentos com empresas fornecedoras que estejam comprometidas com o sucesso da organização compradora é fundamental no desenvolvimento de fornecedores. É importante fomentar relacionamentos próximos com esses fornecedores no intuito de compartilhar informações e recursos para alcançar resultados melhores. Por exemplo, um fabricante pode compartilhar a programação de produção com fornecedores-chave, o que, por sua vez, permite a eles atender melhor os requisitos de entrega do comprador. Um varejista pode compartilhar informações sobre pontos de venda e planos promocionais para ajudar os fornecedores a atender os requisitos de quantidade em determinados momentos. Essa perspectiva das compras eficazes contrasta radicalmente com o tradicional foco apenas no preço, que acabou criando relacionamentos antagonistas entre as empresas e seus fornecedores.

ACESSO A TECNOLOGIAS E INOVAÇÕES

As empresas encaram os fornecedores como fontes de inovação e novas tecnologias para auxiliar no desenvolvimento de novos produtos e na melhoria dos produtos existentes. Por exemplo, a Procter & Gamble declarou abertamente a sua meta de ter 50% de seus produtos e inovações de processo provenientes de fontes externas à empresa, que utiliza a sua organização de compras como uma fonte importante para estender-se em direção às inovações provenientes dos fornecedores. Um exemplo de sucesso é o desenvolvimento e introdução de um novo produto, o Mr. Clean Magic Eraser. A tecnologia desse produto foi desenvolvida e fornecida para a P&G por um grande fornecedor, a indústria química BASF.[1]

MENOR CUSTO TOTAL DE PROPRIEDADE

Em última análise, a diferença na perspectiva entre a estratégia de compras tradicional, baseada no conflito, e a mais contemporânea e colaborativa pode ser resumida com o foco no **Custo Total de Propriedade** (**TCO** – *Total Cost of Ownership*) em contraste com o foco no preço de compra. Os profissionais de compras reconhecem que, embora o preço de compra de um material ou item continue sendo importante, ele é apenas uma parte do custo total da organização. Os custos de serviço e os custos do ciclo de vida também têm de ser considerados.

Quer seja estabelecido por meio de ofertas competitivas, negociação entre comprador e vendedor, ou simplesmente conste da tabela de preços de um vendedor, o preço de compra e os descontos de um item obviamente são uma preocupação quando se trata de compras. Ninguém quer pagar um preço mais alto que o necessário. A cotação de preços normalmente está relacionada à programação de um ou mais descontos que um comprador pode receber. Por exemplo, descontos por quantidade podem ser oferecidos como atrativo para estimular os compradores a adquirir quantidades maiores, como também podem ser oferecidos para pagamento à vista.

A consideração dos descontos do fornecedor imediatamente leva o comprador para além do simples preço de compra. Outros custos associados têm de ser considerados. Para que os benefícios dos descontos por quantidade sejam dissolvidos no custo total, o comprador tem de quantificar os custos de manutenção de estoques. A compra de maiores quantidades aumenta o estoque médio de materiais ou outros insumos. O tamanho da compra também tem impacto

---

[1] Paul Teague, "P&G Is King of Collaboration," *Purchasing* (September 11, 2008), p. 46.

sobre os custos administrativos associados a ela. Técnicas de tamanho do lote, como o Lote Econômico de Compra (LEC), discutido em detalhes no Capítulo 7, podem ajudar a quantificar esses *trade-offs*.

Os termos de venda e as estruturas de desconto para pagamentos à vista também têm impacto sobre o custo total de propriedade. Um fornecedor que oferece condições de crédito mais favoráveis está, na verdade, influenciando o preço de compra pela perspectiva do comprador. Por exemplo, um desconto para pagamento de uma fatura à vista oferecido por um fornecedor deve ser comparado às ofertas de outros fornecedores.

O que normalmente não é considerado na prática tradicional de compras é o impacto das estruturas de formação de preços e descontos sobre as operações e os custos logísticos. Por exemplo, embora o LEC tradicional considere os custos de manutenção de estoques, geralmente fatores como o impacto do tamanho do lote sobre os custos de transporte ou os custos associados ao recebimento e manuseio de carregamentos de tamanhos diferentes não são incluídos. Muitas dessas considerações logísticas são ignoradas ou recebem pouca atenção quando os compradores tentam chegar ao menor preço de compra. Hoje há um crescente reconhecimento da importância desses custos logísticos para o TCO.

Os vendedores normalmente oferecem alguns serviços padronizados que têm de ser considerados nas compras. Além disso, serviços com valor agregado devem ser avaliados quando as organizações buscam identificar o menor TCO. Muitos desses serviços envolvem operações logísticas e a interface logística entre compradores e vendedores.

O mais simples desses serviços é a entrega. O modo como ela será realizada, quando e em que local têm impacto sobre as estruturas de custo. Em muitos setores, é prática comum cotar um preço que inclui a entrega. Como alternativa, o vendedor pode oferecer ao comprador um abatimento se o item comprado for retirado nas instalações do vendedor. O comprador pode conseguir reduzir os custos totais, não apenas por tirar vantagem de tais abatimentos, mas também por utilizar mais completamente seus próprios meios de transporte.

No Capítulo 3, discutimos os serviços com valor agregado, abrangendo desde a embalagem especial até a preparação de mostruários promocionais. O desempenho de operações de submontagem na fábrica de um fornecedor ou no depósito de um prestador de serviço integrado representa uma extensão do potencial de serviços com valor agregado. A questão é que cada serviço potencial tem um custo para o fornecedor e um preço para o comprador. Um aspecto fundamental para determinar o TCO para as condições de compra é considerar os *trade-offs* envolvidos em termos de valor agregado *versus* custo e preço de cada serviço. Para isso, o preço de compra de um item deve ser **desvinculado** do preço dos serviços considerados. Cada um dos serviços disponíveis deve ter preço independente para que se possa realizar uma análise adequada. Embora a prática tradicional de compras possa menosprezar os serviços com valor agregado na busca pelo menor preço possível, executivos de compras eficazes avaliam se esses serviços devem ser realizados internamente, por fornecedores ou se simplesmente não devem ser realizados. A desvinculação de preço permite ao comprador tomar a decisão mais apropriada.

O aspecto final do menor TCO inclui diversos elementos conhecidos como custos do ciclo de vida. O custo total de materiais ou outros insumos vai além do preço de compra e do serviço com valor agregado e inclui os custos associados ao ciclo de vida desses itens. Alguns desses custos ocorrem antes do recebimento dos itens, outros ocorrem quando o item está sendo usado e alguns ocorrem muito tempo depois do comprador tê-lo usado.

Um aspecto do ciclo de vida envolve as despesas administrativas associadas às compras. As despesas relacionadas à busca de fornecedores potenciais, à negociação, à preparação de pedi-

```
                        ┌─────────────────────────────┐
                        │ Custo total de propriedade  │
                        └─────────────────────────────┘
```

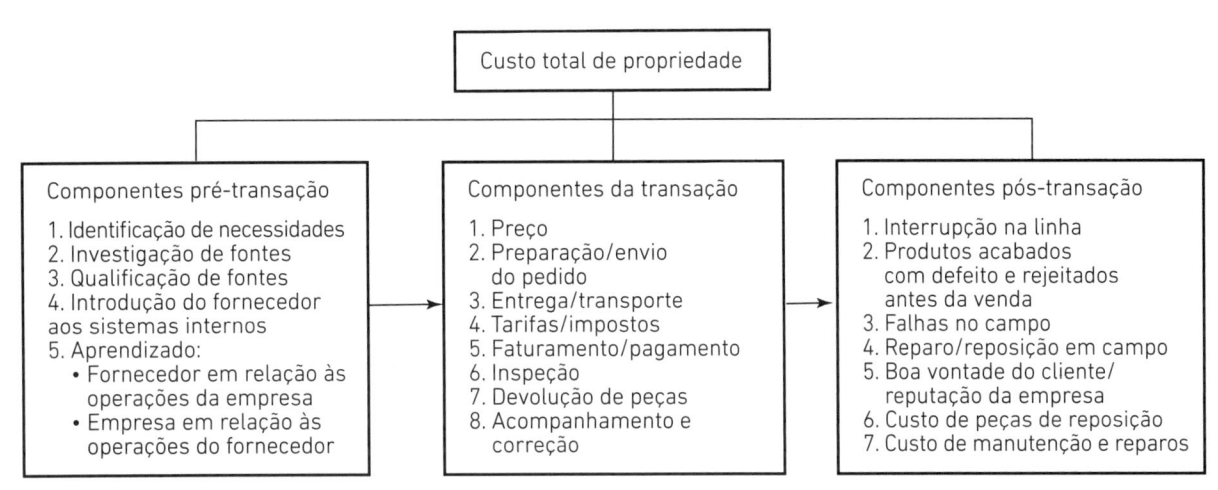

Componentes pré-transação	Componentes da transação	Componentes pós-transação
1. Identificação de necessidades 2. Investigação de fontes 3. Qualificação de fontes 4. Introdução do fornecedor aos sistemas internos 5. Aprendizado: • Fornecedor em relação às operações da empresa • Empresa em relação às operações do fornecedor	1. Preço 2. Preparação/envio do pedido 3. Entrega/transporte 4. Tarifas/impostos 5. Faturamento/pagamento 6. Inspeção 7. Devolução de peças 8. Acompanhamento e correção	1. Interrupção na linha 2. Produtos acabados com defeito e rejeitados antes da venda 3. Falhas no campo 4. Reparo/reposição em campo 5. Boa vontade do cliente/reputação da empresa 6. Custo de peças de reposição 7. Custo de manutenção e reparos

Fonte: Reproduzido com permissão de Michiel Leenders and Harold Fearon, *Purchasing and Supply Management,* 11th ed. (New York: McGraw-Hill Irwin, 1997), p. 334.

FIGURA 4.1 Principais categorias dos componentes do custo total de propriedade.

dos e à transmissão são apenas alguns custos administrativos de compras. O recebimento, a inspeção e o pagamento também são importantes. Os custos relacionados a produtos com defeito e rejeitados e o retrabalho associados à má qualidade do fornecedor também devem ser considerados, bem como a administração de garantias e os reparos. Mesmo os custos associados à reciclagem ou à recuperação de materiais depois da vida útil de um produto acabado podem ter impacto sobre o TCO.

A Figura 4.1 apresenta um modelo dos diversos elementos que o TCO abrange. Quando cada um desses elementos é considerado nas compras, fica evidente que existem inúmeras oportunidades de melhoria na maioria das empresas. Muitas dessas oportunidades surgem dos relacionamentos mais próximos com os fornecedores do que seria possível se a negociação conflituosa de preços dominasse o relacionamento entre comprador e vendedor.

ESTRATÉGIAS DE COMPRAS

A ELABORAÇÃO DE UMA ESTRATÉGIA de compras eficaz é um processo complexo que requer uma análise considerável dos meios mais convenientes para alcançar seus vários objetivos. Primeiro, devem ser tomadas decisões pertinentes a quais produtos e serviços devem ser produzidos ou realizados internamente e quais deveriam ser adquiridos de fornecedores externos. Em seguida, devem ser concebidas as abordagens estratégicas alternativas para lidar com os fornecedores externos. Por fim, deve ser determinada a abordagem estratégica adequada para os diferentes tipos de produtos e serviços que a empresa adquire, resultando em um portfólio de estratégias de compras.

COMPRAR OU FAZER

Conforme foi sugerido anteriormente, uma decisão fundamental que precisa ser tomada em toda empresa diz respeito a quais produtos e serviços deveriam ser produzidos ou executados internamente pela própria empresa e quais deveriam ser adquiridos de um fornecedor. Muitas vezes essa decisão é classificada como suprimento interno *versus* terceirização e começa pelo estabelecimento da necessidade de um determinado produto ou serviço. Esse processo de decisão é chamado frequentemente de "comprar ou fazer" (em inglês, *make or buy*). No passado, os gestores tendiam a se concentrar em um conjunto relativamente pequeno de critérios financeiros para essas decisões. No entanto, a decisão entre comprar ou fazer é uma escolha estratégica extraordinariamente complexa para uma empresa e envolve inúmeras variáveis. Portanto, ela abrange normalmente executivos de várias áreas da empresa, trabalhando em equipes multifuncionais, para assegurar a análise abrangente das questões quantitativas e qualitativas envolvidas nessa decisão.

A análise de comprar ou fazer deve começar com uma avaliação da relação entre um produto ou serviço com as competências principais da empresa. A terceirização das competências principais da empresa traz riscos substanciais. Para reduzir esses riscos e manter o controle, as empresas normalmente mantêm internamente esses processos associados às competências principais, mesmo que a terceirização possa ser uma alternativa de custo mais baixo. Da mesma forma, certos processos podem ser terceirizados mesmo quando a decisão possa envolver um custo mais elevado. Uma vantagem de terceirizar atividades menos importantes é que os recursos financeiros que seriam investidos na execução interna dessas atividades podem ser destinados às competências principais da empresa. Nos últimos anos, essa é a razão principal para muitas empresas terem decidido pela terceirização dos processos de logística e pela concentração dos recursos no desenvolvimento de novos produtos, em tecnologia de produção e em iniciativas de marketing.

Quando se determina que um produto ou serviço é candidato à terceirização, a análise entre comprar ou fazer requer a avaliação dos custos que realçam as vantagens e desvantagens financeiras para a empresa. Nesse ponto, é necessária uma compreensão detalhada do custo total de propriedade. A simples comparação do preço de aquisição de um fornecedor externo com o custo da produção interna não é suficiente. Todos os custos relevantes devem ser considerados.

A análise de custos revela as despesas nas quais uma empresa vai incorrer para produzir internamente um produto ou serviço necessário ou para adquiri-lo de um fornecedor. Essa informação pode identificar a opção de custo mais baixo, mas uma análise completa entre comprar ou fazer também investiga os fatores qualitativos, já que nem sempre é possível quantificar todos os fatores que afetam a decisão. Embora haja muitos fatores qualitativos a considerar, duas questões críticas estão relacionadas à perda do controle e ao risco de fornecimento. A decisão pela terceirização exige que uma empresa abra mão do controle para um fornecedor. A empresa depende da capacidade de um fornecedor para prover a qualidade necessária e o desempenho de entrega a fim de satisfazer as suas necessidades. O risco de fornecimento se refere à possibilidade de um evento imprevisto na aquisição, entrega ou uso que afete negativamente a capacidade de uma empresa em atender os seus clientes. Além dos riscos tradicionais associados à escassez e aos atrasos, os riscos de fornecimento incluem a perda da propriedade intelectual, os possíveis aumentos de preços do fornecedor, problemas de segurança do produto ou outras circunstâncias que atinjam a reputação da empresa. As práticas de globalização dos suprimentos tendem a aumentar o risco de fornecimento. A globalização não só aumenta a probabilidade de atrasos no transporte, mas também aumenta a dificuldade de monitorar as atividades do fornecedor. Por exemplo, em 2007 e novamente em 2009, a divisão Fisher-Price, da Mattel, foi obrigada a fazer um *recall* de brinquedos produzidos por seus fornecedores na China devido a questões de saúde associadas com o uso não autorizado de tintas à base de chumbo.

ESTRATÉGIAS ALTERNATIVAS

Especificamente, foram identificadas quatro abordagens estratégicas para suprimentos: compra pelo usuário, consolidação de volume, integração operacional dos fornecedores e gerenciamento de valor. Embora às vezes essas abordagens sejam consideradas como etapas crescentes de sofisticação das compras, na verdade cada uma delas pode ser conveniente em determinadas circunstâncias. Após discutir sobre cada uma das abordagens, voltaremos a nossa atenção para a avaliação das condições que influenciam a escolha da abordagem mais adequada para produtos e serviços diferentes.

Compra pelo usuário

A abordagem mais simples para os suprimentos é permitir que os próprios usuários determinem suas necessidades de compras, avaliem as fontes de fornecimento e executem o processo de compra. Na verdade, até mesmo nas empresas que possuem uma função de compras centralizada, a compra pelo usuário ainda é comum, ao menos em relação a alguns itens. Por exemplo, não é raro permitir que o pessoal administrativo seja responsável pela compra de materiais básicos de escritório ou que o pessoal da limpeza seja responsável pela aquisição dos produtos de limpeza. Esses itens podem ser considerados insignificantes demais para o sucesso global da empresa a ponto de justificarem mais considerações.

Consolidação de volume

Uma etapa importante no desenvolvimento de uma estratégia de compras eficaz é a consolidação de volume por meio da redução da quantidade de fornecedores. A partir da década de 1980, muitas empresas encararam a realidade de que lidavam com uma grande quantidade de fornecedores para quase todos os materiais ou insumos usados. Na verdade, os livros sobre compras anteriores a essa data enfatizavam que ter diversas fontes de suprimento constituía uma ótima prática. Primeiro, os fornecedores potenciais estavam sempre fazendo ofertas às empresas compradoras, fazendo pressão constante pela cotação de preços baixos. Em segundo lugar, manter diversas fontes reduzia a dependência do comprador em relação aos fornecedores. Isso, por sua vez, servia para reduzir o risco do comprador caso um fornecedor específico enfrentasse interrupções no fornecimento, como uma greve, um incêndio ou problemas internos de qualidade.

Ao consolidar volumes com uma quantidade limitada de fornecedores, o setor de compras também se posiciona para alavancar sua participação nos negócios de um fornecedor. No mínimo, isso aumenta o poder de negociação do comprador em relação ao fornecedor. Mais importante ainda, a consolidação de volume com uma quantidade reduzida de fornecedores proporciona inúmeras vantagens a eles. A vantagem mais evidente de concentrar um grande volume de compras em um fornecedor é que isso permite a ele melhorar as economias de escala dissolvendo o custo fixo em um volume maior de produtos. Além disso, com a garantia de um volume de compras, o fornecedor tem mais probabilidade de investir em capacidade ou processos para melhorar o serviço ao cliente. Quando um comprador muda constantemente de fornecedor, nenhuma empresa tem incentivo para fazer tais investimentos.

Evidentemente, o risco aumenta quando se usa uma fonte única de suprimentos. Por esse motivo, programas de redução da base de fornecedores quase sempre são acompanhados de programas rigorosos de busca, seleção e certificação de fornecedores. Em muitos casos, os executivos de compras trabalham de perto com outras pessoas na organização para desenvolver fornecedores preferenciais ou certificados. Observe que a consolidação de volume não significa, necessariamente, que uma única fonte de suprimentos será usada para qualquer insumo adquirido ou para todos eles. Significa que será usada uma quantidade substancialmente menor de fornecedores do que se usava tradicionalmente na maioria das organizações. Mesmo quando uma única fonte é escolhida, é essencial ter um plano de contingência.

A economia potencial advinda da consolidação de volume não é insignificante. Uma empresa de consultoria estimou que a economia no preço de compra e em outros elementos do custo pode representar de 5 a 15% das compras.² Se a empresa industrial típica gasta 55% de sua receita em itens comprados e pode economizar 10% com a consolidação de volume, há o potencial para chegar a uma melhoria de $ 5,5 milhões sobre uma receita de $ 100 milhões.

Integração operacional dos fornecedores

A integração operacional ocorre quando compradores e vendedores começam a unir seus processos e suas atividades na tentativa de conseguir uma melhoria substancial no desempenho. Tal integração normalmente envolve alianças ou parcerias com fornecedores selecionados para reduzir o custo total e melhorar a integração operacional.

Essa integração assume diversas formas. Por exemplo, o comprador pode permitir que o fornecedor tenha acesso a informações de vendas e pedidos, oferecendo a ele conhecimento contínuo de quais são os produtos mais vendidos. Informações acuradas de vendas permitem que o fornecedor se posicione de modo eficaz para atender as necessidades do comprador com custo reduzido. A sua redução ocorre porque o fornecedor tem mais informações para usar no planejamento e pode reduzir as práticas ineficientes em termos de custo, como previsões e o uso de serviços expressos.

Uma integração operacional maior pode ocorrer quando compradores e fornecedores trabalham em conjunto para identificar os processos necessários para os suprimentos e encontrar maneiras de redesenhar esses processos. Estabelecer conexões de comunicação direta para reduzir o tempo do pedido e eliminar erros de comunicação é um benefício comum desse tipo de integração. Esforços integrativos mais sofisticados podem envolver a eliminação de atividades redundantes que ambas as partes executam. Por exemplo, em alguns relacionamentos sofisticados, atividades como a contagem e a inspeção de produtos recebidos feitas pelo comprador foram eliminadas à medida que os fornecedores assumiram um papel de maior confiança e responsabilidade. Muitas empresas alcançaram uma integração operacional concentrada em arranjos logísticos, como programas de reabastecimento contínuo e estoque gerenciado pelo fornecedor.³ Tal integração tem potencial considerável para reduzir o TCO.

Alguns dos esforços na integração operacional tentam reduzir o custo total por meio do aprendizado bidirecional. Por exemplo, a Honda trabalha com os fornecedores para melhorar a gestão de qualidade destes. Ela visita as instalações do fornecedor e ajuda a identificar formas para melhorar a qualidade. Tais melhorias a beneficiam porque reduzem os custos de retrabalho do fornecedor, que oferece à Honda materiais de melhor qualidade.

O objetivo principal da integração operacional é cortar o desperdício, reduzir os custos e desenvolver um relacionamento que permita tanto ao comprador quanto ao vendedor obter melhorias mútuas. A criatividade combinada entre organizações pode originar uma sinergia que uma empresa, operando isoladamente, não conseguiria alcançar. Estima-se que a integração operacional com um fornecedor pode gerar economias incrementais de 5 a 25% além dos benefícios da consolidação de volume.⁴

Gerenciamento de valor

Alcançar a integração operacional com os fornecedores cria oportunidade para o gerenciamento de valor, que é um aspecto ainda mais intenso da integração com os fornecedores, indo além

---

[2] Matthew Anderson, Les Artman, and Paul B. Katz, "Procurement Pathways," *Logistics* (Spring/Summer 1997), p. 10.

[3] Esses conceitos serão discutidos no Capítulo 7.

[4] Anderson, Artman, and Katz, "Procurement Pathways," p. 10.

do foco nas operações entre comprador e vendedor até um relacionamento mais abrangente e sustentável. Engenharia de valor, complexidade reduzida e envolvimento do fornecedor logo no início do projeto de novos produtos são algumas maneiras pelas quais uma empresa pode trabalhar com os fornecedores para reduzir o TCO.

Engenharia de valor é um conceito que envolve análise minuciosa das necessidades de material e componentes na etapa inicial do projeto de produtos para garantir que um equilíbrio entre o menor custo total e a qualidade seja incorporado ao projeto do novo produto. A Figura 4.2 mostra como o envolvimento do fornecedor logo no início do projeto pode ser fundamental para conseguir reduções de custo. À medida que o processo de desenvolvimento de um novo produto por uma empresa avança, a partir do surgimento da ideia, e percorre as diversas etapas até a comercialização, a flexibilidade da empresa para fazer alterações no projeto é diminuída. Nas etapas iniciais essas alterações são facilmente acomodadas, mas, depois que os protótipos são desenvolvidos, alterar o projeto se torna difícil e dispendioso. Quanto mais cedo um fornecedor é envolvido no projeto, maior a probabilidade de a organização lucrar com o conhecimento e as competências desse fornecedor.

O exemplo de um fabricante de automóveis demonstra o benefício do envolvimento do fornecedor logo no início do projeto: o engenheiro de projetos de uma montadora estava completando o esquema de montagem para um para-choques de um novo modelo quando, durante o processo, o engenheiro do fornecedor (que já havia sido designado apesar de a produção ainda não ter iniciado) perguntou se a localização do suporte poderia ser alterada em cerca de 1,3 cm. O engenheiro de projetos, depois de alguma consideração, respondeu que isso poderia ser feito sem qualquer impacto no produto final; e ficou curioso para saber por que o fornecedor havia solicitado a alteração. A resposta foi que, ao mover a localização, ele poderia usar as ferramentas e os moldes existentes para fabricar o suporte. Com o projeto original, seria necessário um enorme investimento de capital para comprar as novas ferramentas. O resultado foi uma redução de aproximadamente 25% a 30% no custo do suporte.

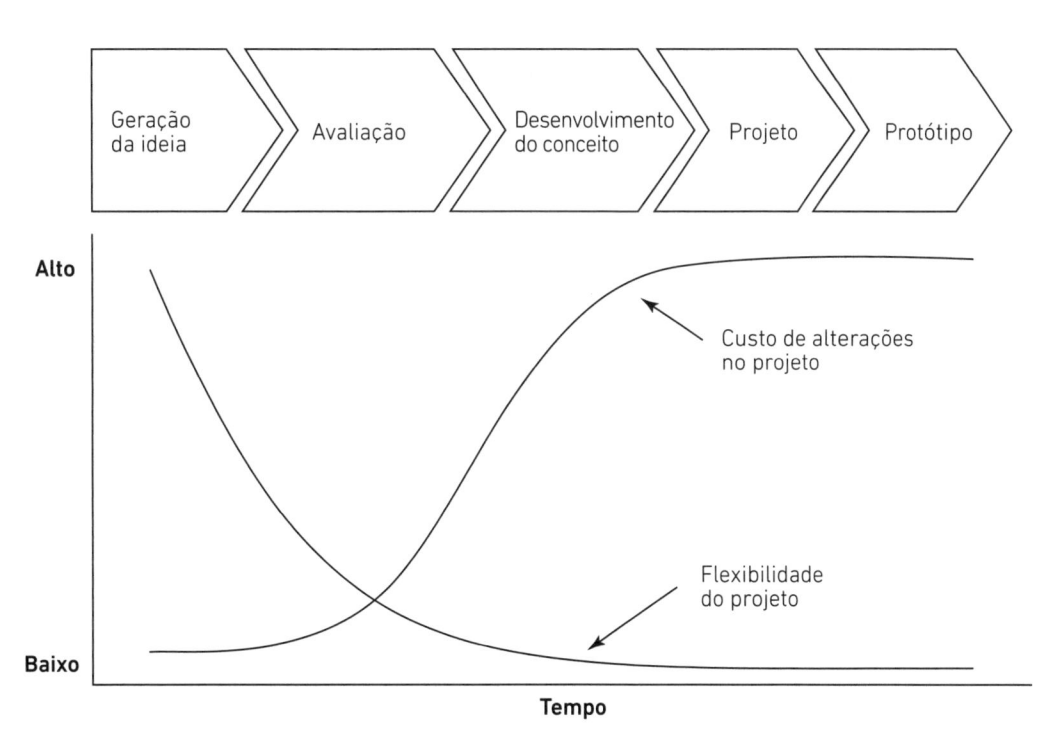

FIGURA 4.2 Flexibilidade e custo das mudanças no projeto.

Fonte: Reproduzido com permissão de Robert M. Monczka et al., *New Product Development; Strategies for Supplier Integration* (Milwaukee: ASQ Quality Press, 2000), p. 6.

Evidentemente, o gerenciamento de valor vai além do setor de compras em uma organização e exige a cooperação de diversos participantes, tanto internos quanto externos. Equipes que representam os setores de compras, engenharia, produção, marketing e logística, bem como profissionais-chave do fornecedor, buscam soluções em conjunto para diminuir o custo total, melhorar o desempenho ou melhorar o atendimento aos requisitos do cliente.

PORTFÓLIO DE ESTRATÉGIAS DE COMPRA

O princípio de Pareto aplica-se às compras da mesma forma que se aplica a quase todas as facetas da atividade empresarial. Nas compras, ele pode ser declarado de forma simples: um pequeno percentual dos materiais, dos produtos e dos serviços adquiridos é responsável por um grande percentual do valor monetário gasto. A questão é que os insumos comprados não são todos iguais. No entanto, muitas organizações usam a mesma abordagem e os mesmos procedimentos para comprar itens em pequena quantidade ou fazer suas compras mais estratégicas. Como resultado, elas gastam os mesmos tempo e recurso para fazer um pedido de US$ 10 mil em matérias-primas ou um pedido de U$ 100 em papel para impressão.

Uma etapa fundamental na determinação das estratégias de compras é compreender exatamente o que a empresa está comprando atualmente (ou planejando comprar) e quanto está sendo gasto atualmente em cada item ou serviço adquirido. A **análise de gastos** é uma ferramenta que identifica quanto está sendo gasto em cada tipo de produto ou serviço em todas as áreas da empresa. Ela também identifica os diversos fornecedores que estão trabalhando. Por exemplo, a análise de gastos em um grande fabricante de equipamentos agrícolas e de construção constatou que em 12 fábricas diferentes a empresa comprava mais de 400 tipos distintos de luvas de trabalho para os funcionários da produção e utilizava 20 fornecedores diferentes. A análise de gastos é uma etapa importante na determinação da estratégia de compras mais adequada para cada um dos produtos e serviços necessários para a empresa.

Porém, seria um erro simplesmente utilizar o valor monetário como base para a segmentação das necessidades. Alguns insumos são materiais estratégicos; outros não. Alguns insumos têm potencial para gerar um alto impacto no sucesso da empresa; outros não. Algumas compras são muito complexas e de alto risco; outras não. Por exemplo, uma falha na entrega pontual de assentos para uma linha de montagem de automóveis poderia ser catastrófica, enquanto não ter produtos de limpeza poderia ser considerado um mero inconveniente.

FIGURA 4.3 Matriz de estratégias de compras.

	Valor para a empresa	
	Baixo	**Alto**
Risco do fornecimento — Alto	Compras de "gargalos" — Vários fornecedores	Compras críticas — Integrar com os fornecedores
Risco do fornecimento — Baixo	Compras de rotina — Reduzir o esforço de compras	Compras para alavancagem — Concentrar as compras

Fonte: Adaptado de Robert Monckza et al., *Purchasing and Supply Chain Management*, 4th ed., (Mason, OH: Southe-Western Cengage Learning, 2009), p. 211.

Enquanto muito provavelmente a consolidação de volume e a redução da base de fornecimento podem ser justificáveis para quase qualquer material e serviço, a integração operacional e o gerenciamento de valor podem ser reservados para as necessidades de compras mais estratégicas.

Uma abordagem para determinar uma estratégia de compras adequada para um produto é apresentada na Figura 4.3. Esse portfólio de estratégias, que é conceitualmente similar à matriz de estratégias com os clientes, mencionada no Capítulo 3, baseia-se em dois critérios: possível risco de fornecimento na aquisição de um item e valor do item para a empresa.

Compras de rotina

As compras de rotina consistem normalmente dos itens que envolvem baixa porcentagem do gasto total da empresa e envolvem um risco de fornecimento muito baixo. Além disso, normalmente não são fundamentais para a empresa e têm pouco impacto no seu desempenho global. Entre os exemplos, temos itens como materiais de escritório e serviços de limpeza, que estão disponíveis em muitas fontes. A estratégia de rotina se concentra na redução do esforço de aquisição para reduzir o custo. Os aspectos específicos da estratégia envolvem, geralmente, a diminuição da quantidade de itens na categoria através da padronização dos mesmos na empresa inteira (lembre-se do exemplo de compra das luvas de trabalho). A utilização de catálogos eletrônicos, o estoque gerenciado pelo fornecedor e os cartões de crédito corporativos, chamados "cartões de compras", podem reduzir os custos de aquisição. Com a utilização de um cartão de compras, os usuários compram diretamente esses itens rotineiros para os quais simplesmente não se justifica o esforço visando uma possível economia de custos.

Compras de "gargalos"

As compras de itens "gargalos" representam um problema único. Embora esses itens sejam uma pequena porcentagem do gasto de uma empresa, o risco do fornecimento é alto e a indisponibilidade pode provocar problemas operacionais importantes para o comprador. Esses itens muitas vezes só estão disponíveis em um pequeno número de fornecedores alternativos. O foco estratégico adequado nessa situação é manter várias fontes de fornecimento e, se for viável, firmar contratos de longo prazo para assegurar a continuidade do fornecimento.

Compras para alavancagem

Assim como as compras de rotina, as compras para alavancagem envolvem pouco risco de fornecimento. Geralmente os itens são *commodities* para os quais existem muitas fontes de fornecimento. No entanto, como o gasto nesses produtos ou serviços é relativamente alto, existe o potencial para consolidar as compras em uma quantidade limitada de fornecedores visando gerar consideráveis economias de escala. A consolidação de volume e a integração operacional dos fornecedores são empregadas normalmente nas compras para alavancagem.

Compras críticas

Normalmente as compras críticas dizem respeito aos itens e serviços estratégicos que envolvem um alto nível de gastos e que são vitais para o sucesso da empresa. Devido à sua importância e ao risco envolvido, há uma forte ênfase na concentração das compras em um fornecedor estratégico preferido. As compras críticas são os itens nos quais a integração operacional do fornecedor e o gerenciamento de valor têm a prioridade mais alta.

SELEÇÃO E AVALIAÇÃO DE FORNECEDORES

A IMPLEMENTAÇÃO E A EXECUÇÃO da estratégia de compras dependem da base de fornecedores da empresa. Os possíveis fornecedores precisam ser identificados, e sua capacidade para atender as necessidades da empresa precisa ser avaliada. O tempo e o esforço necessários para isso variam de acordo com os diferentes tipos de compras. Nas compras de rotina, o processo de escolha e avaliação é relativamente objetivo. As compras de "gargalos" ou estratégicas, porém, geralmente são mais complexas e envolvem auditorias detalhadas da capacidade dos fornecedores. No entanto, pode haver até situações em que nenhum potencial fornecedor satisfaça todas as exigências e o comprador se submeta a um processo conhecido como desenvolvimento de fornecedores. Além disso, as práticas eficazes de suprimentos exigem um processo permanente de monitoramento do desempenho e fornecimento de *feedback* para os fornecedores. Em última análise, alguns fornecedores podem ser reconhecidos como fornecedores certificados.

AUDITORIAS DE FORNECEDORES

Nos programas de auditoria de fornecedores, a empresa-cliente tenta desenvolver um entendimento detalhado da organização e das competências dos fornecedores. Geralmente, equipes multifuncionais da empresa visitam as instalações do fornecedor para realizar auditorias amplas dos processos e sistemas, avaliando com isso a sua capacidade para gerar produtos de qualidade em tempo hábil e de maneira consistente. Por exemplo, os representantes de compras, produção, controle de qualidade e logística visitam as instalações do fornecedor e estudam os processos *in loco*. Os procedimentos de auditoria de fornecedores são empregados para documentar o grau em que todos os processos dos fornecedores estão sob um controle gerencial rigoroso.

Durante a visita ao fornecedor, a equipe de auditoria examina detalhadamente os equipamentos, as instalações e os funcionários desse fornecedor. Os processos de gestão da qualidade e de melhoria contínua do fornecedor são uma área de especial interesse na investigação. O objetivo dessa avaliação não é apenas garantir que o fornecedor tenha atualmente a qualidade de produto e entrega desejada, mas também que essas capacidades críticas sejam mantidas. A de auditoria pode chegar a examinar detidamente os esforços do fornecedor para realizar avaliações similares de seus próprios fornecedores.

Outras áreas de interesse para a equipe de auditoria são a cultura corporativa e a disposição de sua gestão para se comprometer com o fornecimento. Embora compreendam uma avaliação subjetiva, essas caraterísticas podem ser cruciais na avaliação da adequabilidade do fornecedor para relacionamentos de longo prazo.

DESENVOLVIMENTO DE FORNECEDORES

Existem situações em que uma empresa é incapaz de identificar um fornecedor que atenda as suas necessidades, precisando desenvolver um que venha a possuir essa capacidade. Isso significa que a empresa-cliente precisa investir na melhoria das competências e do desempenho dos possíveis fornecedores. Esse processo de desenvolvimento se torna necessário quando:
- a empresa precisa de um produto novo que nenhum fornecedor possui atualmente;
- a empresa quer uma fonte de fornecimento mais conveniente e barata;
- a empresa quer evitar a dependência excessiva de um único fornecedor;
- um fornecedor atual não possui capacidade suficiente para satisfazer a demanda da empresa;
- a empresa encontra um fornecedor com atitudes compatíveis em relação à qualidade, cumprimento de prazos ou flexibilidade, mas que atualmente não produz o item desejado;

- a empresa fica insatisfeita com o mau desempenho frequente dos fornecedores atuais, mas não existe outro possível fornecedor.

MONITORAMENTO DO DESEMPENHO

Nos relacionamentos com os fornecedores é importante estabelecer metas formais para esses fornecedores e medir regularmente o desempenho em relação a essas metas. O setor de compras precisa identificar as características de desempenho fundamentais do fornecedor e conceber um processo para coletar e analisar as informações de desempenho reais. Os fornecedores devem receber *feedback* regularmente quanto ao seu desempenho. Muitas empresas utilizam um "conjunto de indicadores" para essa finalidade.

As características de desempenho fundamentais capturadas em um conjunto de indicadores típico incluem qualidade do produto, desempenho da entrega, redução de custos, serviços e outros atributos de desempenho que são importantes para a empresa. Muitas vezes os conjuntos de indicadores de desempenho ponderam cada atributo, sendo definida uma escala de classificação para cada um deles. Uma pontuação geral é calculada para cada fornecedor utilizando uma média ponderada. A Tabela 4.4 fornece um exemplo simples de conjunto de indicadores de desempenho do fornecedor, que inclui critérios relacionados a compras específicas e também critérios mais subjetivos que poderiam ser avaliados ao longo de um determinado período de tempo. Ao desenvolver os dados para esse tipo de conjunto de indicadores, a área de compras precisa garantir que todos os funcionários que tenham contato com o fornecedor vislumbrem uma oportunidade de oferecer sugestões pertinentes para os critérios, os pesos e as pontuações reais.

Os conjuntos de indicadores de desempenho são utilizados de várias maneiras. Para fornecer *feedback*, os conjuntos de indicadores devem ser analisados com os fornecedores em intervalos periódicos. Ao receber esse *feedback*, os fornecedores têm a oportunidade de reagir e melhorar o seu desempenho. Frequentemente, as empresas chegam até mesmo a exibir comparações relativas entre os fornecedores concorrentes. Algumas empresas categorizam os fornecedores como preferenciais, aceitáveis e em desenvolvimento, e concedem aos fornecedores preferenciais a oportunidade de participar do desenvolvimento de produtos e de conquistar novos contratos. Os fornecedores aceitáveis precisam desenvolver um plano para melhorar o seu desempenho e atingir o nível preferencial; os fornecedores em desenvolvimento precisam se aprimorar ou estão fadados a serem substituídos.

A ADT Security Services, uma divisão da Tyco International, adquire equipamentos de vários fornecedores para serem incluídos nos sistemas de segurança que vende a seus clientes. Esses equipamentos variam de leitoras de cartão que controlam o acesso às instalações até produtos de

Categoria	Peso	Pontuação (pontuação máxima: 100)	Pontuação ponderada
Quantidades corretas	0,15	95	14,25
Nenhum item defeituoso	0,10	100	10,00
Todas as remessas no prazo	0,15	80	12,00
Documentação correta	0,10	95	9,50
Nenhum dano	0,05	90	4,50
Flexibilidade	0,10	80	8,00
Capacidade de resposta	0,20	90	18,00
Comunicação	0,15	90	13,50
Total	1,0		89,75

TABELA 4.4 Exemplo de conjunto de indicadores de desempenho de fornecedores.

vídeo que gravam imagens para fins de vigilância e segurança. Ao lidar com seus fornecedores, parte da estratégia da ADT é formar relacionamentos de longo prazo com fornecedores-chave e classificá-los trimestralmente quanto a critérios como qualidade, entrega e custo. Mas o critério que recebe o maior peso é a "gestão de contas" do fornecedor, que é definida como "a eficiência com que o fornecedor trabalha conosco e atende as nossas solicitações e preocupações". Desse modo, os fornecedores são classificados quanto à capacidade de resposta às necessidades da ADT, comunicação adequada e confiabilidade no cumprimento dos requisitos.

Outro aspecto do conjunto de indicadores trata do nível em que um fornecedor ajuda a empresa a cumprir suas metas de redução de custos. Eles são classificados especificamente quanto "à magnitude da economia de custos" que trazem para a ADT. Os fornecedores ainda são classificados quanto à inovação tecnológica e recebem pontos proporcionalmente à eficácia com que respondem às tendências tecnológicas. Eles são recompensados pela excelência do seu desempenho, mas o conjunto de indicadores não é simplesmente um sistema classificatório; também é utilizado para ajudar as empresas que não estão conseguindo identificar as áreas nas quais precisam melhorar. Muitos dos critérios usados no conjunto de indicadores da ADT exigem claramente uma avaliação subjetiva. É importante observar que a área de compras solicita informações de toda a organização para elaborar o seu processo de classificação. Todas as atividades internas, incluindo engenharia, marketing, vendas e suporte ao produto, bem como o recebimento e a produção, fornecem informações para o processo de classificação.[5]

CERTIFICAÇÃO DE FORNECEDORES

Um fornecedor que satisfaça de maneira consistente os padrões de desempenho estabelecidos pela empresa pode receber a designação de fornecedor certificado. Nesses casos, a empresa-cliente pode eliminar muitos dos processos que resultam em duplicação de esforços e em desperdício de tempo ao lidar com o fornecedor. Por exemplo, os fornecedores certificados podem acessar informações não permitidas a outros fornecedores. A tendência é que os fornecedores certificados sejam os que participam das práticas de estoque gerenciado pelo fornecedor, que traz vantagens substanciais tanto para o cliente quanto para o fornecedor (ver Capítulo 7). A contagem e as inspeções detalhadas que caracterizam os procedimentos de recebimento comuns podem ser eliminadas quando se tem fornecedores certificados, reduzindo assim os gargalos nas docas de recebimento e diminuindo os estoques. Naturalmente, a certificação também pode ser revogada se um fornecedor não mantiver o seu desempenho ou se forem constatados problemas em uma nova auditoria de seus processos.

COMÉRCIO ELETRÔNICO E COMPRAS

A explosão da tecnologia e dos sistemas de informação está exercendo um grande impacto sobre a atividade de compras da maioria das organizações. Grande parte do trabalho cotidiano no setor é tradicionalmente realizado com uma quantidade significativa de burocracia, resultando em processos lentos sujeitos a consideráveis erros humanos. Aplicar a tecnologia às compras tem o potencial considerável de acelerar o processo, ao mesmo tempo em que reduz erros e diminui os custos de aquisição.

Provavelmente, a tecnologia mais comum usada em compras é o **Intercâmbio Eletrônico de Dados** (**EDI** – *Electronic Data Interchange*). O EDI envolve a transmissão eletrônica de dados entre uma empresa e seus fornecedores. Isso permite que duas ou mais empresas obtenham e forneçam informações acuradas e no tempo correto. O uso do EDI envolve a transmissão direta de muitos tipos de dados, incluindo requisições de compras, pedidos de compras,

---

[5] Baseado em: James Carbone, "Scorecard Programa pushes Continuous Supplier Improvement," *Purchasing* (September 17, 2009), p. 42.

confirmação de pedidos de compras, *status* dos pedidos, notificação avançada de embarque e rastreamento e monitoramento de informações. O aumento repentino no uso do EDI é um reconhecimento direto dos benefícios associados, incluindo a padronização de dados, informações mais acuradas e no tempo correto, diminuição dos prazos de entrega com reduções associadas nos estoques e redução nos TCOs.

Outra aplicação de compras no comércio eletrônico é o desenvolvimento de catálogos eletrônicos. Na verdade, disponibilizar informações sobre produtos e quem pode fornecê-los é uma aplicação natural para as comunicações **via Internet**. Os catálogos eletrônicos permitem ter acesso rápido a informações, especificações e preços de produtos, possibilitando aos compradores rapidamente identificar o que querem e fazer pedidos. Muitas empresas desenvolveram seus próprios catálogos eletrônicos *on-line* e esforços vêm sendo dedicados para o desenvolvimento de catálogos incluindo produtos de diversos fornecedores, o que permite que os compradores comparem rapidamente características, especificações e preços.

Plataformas eletrônicas de suprimentos (*e-procurement*) é outro desenvolvimento da área tecnológica. Normalmente, essas plataformas permitem que os usuários procurem vendedores ou compradores de bens ou serviços específicos. Dependendo da abordagem, um comprador pode enviar um pedido de proposta, um pedido de cotação ou pedir ofertas de bens e serviços específicos. As transações podem ser iniciadas e concluídas eletronicamente.

O volume potencial de atividade utilizando as plataformas eletrônicas de suprimentos é enorme. Negócios eletrônicos foram desenvolvidos nas indústrias de peças para aeronaves, produtos químicos, produtos de aço para construção, distribuição de alimentos e até mesmo no varejo. No entanto, há um potencial lado negativo. Muitos fornecedores temem que os negócios eletrônicos se tornem um mecanismo que acabará reforçando as antigas práticas dos compradores de se concentrarem apenas no preço de compra. Se os compradores colocarem seus requisitos e suas necessidades na Internet, principalmente com o objetivo de solicitar cotações de fornecedores alternativos, ou usarem a tecnologia para fazer que os fornecedores entrem em um processo de leilão, alguns temerão que muitas das vantagens da integração com os fornecedores e da gestão do valor sejam influenciadas negativamente.

Em um contexto de gestão da cadeia de suprimentos, a ligação entre uma empresa e seus fornecedores externos é fundamental. Ela proporciona a integração de materiais e recursos de fora da organização nas operações internas. O setor de compras recebe a responsabilidade de garantir que essa transição seja realizada do modo mais eficiente e eficaz possível. Grande parte da preocupação do setor de compras concentra-se na interface logística entre a organização e sua base de fornecedores. Em última instância, o objetivo do setor de compras é integrar o fluxo de materiais de acordo com os requisitos. É função da logística transportar as compras com eficiência até o local desejado. Na próxima seção, estratégias de produção alternativas serão discutidas com foco na identificação dos requisitos logísticos.

INTERFACES DA LOGÍSTICA COM SUPRIMENTOS

A EXECUÇÃO EFICAZ DA ESTRATÉGIA de compras depende, no fim das contas, da logística. A interface entre a logística e as atividades de suprimentos vincula uma empresa com seus fornecedores e, portanto, tem implicações importantes no cumprimento dos objetivos de compras. As compras também podem proporcionar uma vinculação logística da empresa com seus clientes e muitas empresas recorreram à terceirização dos serviços de logística. O *just-in-time*, a terceirização da logística e a logística baseada no desempenho representam três aspectos críticos da interface entre logística e suprimentos dentro de uma empresa.

JUST-IN-TIME

As técnicas *just-in-time* (JIT) receberam considerável atenção e avaliação nos últimos anos em todas as áreas relacionadas à gestão da cadeia de suprimentos. Às vezes denominada produção *just-in-time*, compras *just-in-time* ou entrega *just-in-time*, o objetivo do JIT é coordenar atividades de modo que os materiais e os produtos adquiridos cheguem ao local de produção ou montagem exatamente no momento em que são necessários para o processo de transformação. O ideal seria que os estoques de matéria-prima e produtos em processo fossem minimizados como resultado da redução ou eliminação dos estoques de reserva.

As implicações do JIT são inúmeras. Evidentemente, é necessário lidar com fornecedores que tenham níveis altos e consistentes de qualidade, visto que seus componentes irão diretamente para o produto final. É necessário um desempenho logístico absolutamente confiável que elimine – ou pelo menos reduza – a necessidade de estoques de materiais de reserva. O JIT geralmente exige entregas mais frequentes de menores quantidades de insumos, o que pode exigir a modificação do transporte de entrada. Claramente, para fazer o JIT funcionar, deve haver cooperação e comunicação muito próximas entre o fabricante e os fornecedores. Nas operações JIT, as empresas tentam obter os benefícios da integração vertical, mas evitam a relação formal da propriedade, atingindo muitos dos mesmos fins por meio da coordenação e da integração de processos com os fornecedores.

Originalmente, o JIT era aplicado aos processos industriais caracterizados como MTP (*make-to-plan*), visto que o funcionamento eficaz do sistema depende de uma programação de produção. No entanto, à medida que as estratégias de produção evoluíram com mais ênfase na flexibilidade, na redução das quantidades produzidas por lote e em rápidas alterações na produção, os conceitos do JIT evoluíram e passaram a incluir também a produção ATO (*assemble-to-order*) e a MTO (*make-to-order*) e, na manufatura, atualmente são chamados de **sistemas enxutos**, como dissemos anteriormente. Em muitas situações, fornecedores líderes são usados pelos fabricantes para classificar, segregar e sequenciar materiais à medida que eles fluem para as operações de montagem. O objetivo é reduzir o manuseio e facilitar o JIT contínuo.

Algumas organizações, ao verem as vantagens dos sistemas JIT e reconhecerem os benefícios da integração com os fornecedores, chegaram ao ponto de levar os funcionários dos fornecedores para dentro de suas instalações industriais. Eles têm autonomia para usar os pedidos de compra do cliente, o acesso total às programações de produção e a responsabilidade de programar a chegada de materiais. Originalmente lançado pela Bose Corporation, o termo **JIT II** tem sido aplicado a esses esforços de redução dos custos e da duração do ciclo produtivo.

AQUISIÇÃO DE SERVIÇOS DE LOGÍSTICA

Historicamente, os departamentos de compras na maioria das organizações têm se preocupado basicamente com o "gasto direto" e com as estratégias e relacionamentos com os fornecedores de materiais, componentes e outros insumos físicos necessários para a empresa. A aquisição de serviços de logística era considerada um "gasto indireto" e normalmente não recebia a mesma ênfase estratégica. As abordagens de compra pelo usuário eram a norma em muitas empresas. Essa situação está mudando rapidamente. Com o permanente crescimento da terceirização das competências secundárias, a aquisição de serviços de logística, incluindo transportes, armazenagem e serviços integrados, vem recebendo cada vez mais atenção. O Capítulo 1 mencionou que o mercado de terceirização da logística em 2010 era de aproximadamente US$ 160 bilhões. Um estudo recente das principais indústrias observou que, em média, as empresas gastaram 11% da receita de vendas em logística e que 42% dos gastos são direcionados para a terceirização dos serviços de logística.[6]

O gerenciamento da aquisição dos serviços de logística deveria receber as mesmas considerações estratégicas de qualquer outra categoria de produtos ou serviços. Na verdade, embora o desempenho nas atividades de logística possa não ser uma competência principal de muitas empresas, a importância do serviço de logística para os clientes resulta na classificação dessa categoria de gastos como uma aquisição para alavancagem e/ou crítica em muitas empresas.

A Tyco International é uma empresa que examinou detalhadamente sua estratégia de aquisição de serviços de logística. Ela, que é uma fabricante diversificada e composta de várias unidades de negócio distintas, constatou que a sua despesa total destinada apenas aos serviços de transporte era de US$ 390 milhões. Consequentemente, foi estabelecido um grupo centralizado para focar na estratégia de serviços de logística e nas questões contratuais com os prestadores de serviços. Essa organização centralizada se concentrou em agregar as despesas totais em todas as unidades de negócio e em estabelecer relacionamentos com um pequeno grupo de transportadoras. Isso permite que os gestores de logística dentro de cada unidade de negócio se concentrem nas questões operacionais.

A estratégia da Tyco é complicada pelo vasto alcance geográfico da empresa. Ela utiliza equipes regionais que consistem em funcionários das unidades de negócio e também um grupo de compras centralizado para estabelecer uma lista de prestadores de serviços de transportes para cada modal e região geográfica. Depois, a organização centralizada negocia os contratos com as transportadoras escolhidas. Com esses contratos em vigor, os gestores das operações de logística nas unidades de negócio têm flexibilidade para lidar rotineiramente com transportadoras específicas.[7]

LOGÍSTICA BASEADA NO DESEMPENHO[8]

Recentemente surgiu uma nova abordagem para lidar com os fornecedores chamada **logística baseada no desempenho**, iniciada pelo Departamento de Defesa dos Estados Unidos. A logística baseada no desempenho é utilizada para comprar o que os militares chamam tradicionalmente de apoio logístico. Seu aspecto mais interessante é que os militares compram resultados de desempenho em vez de transações individuais definidas por especificações de produtos. À medida que a terceirização dos serviços de logística cresce, o conceito de logística baseada no desempenho tende a aumentar.

Historicamente, o Departamento de Defesa dizia aos fornecedores o que produzir, quando produzir e quais atividades deveriam ser realizadas, e depois os pagava quando concluíam o trabalho. Nesse arranjo tradicional, quanto mais o fornecedor produzia mais dinheiro ganhava. Com a logística baseada no desempenho, o governo simplesmente diz ao fornecedor quais são os resultados desejados e lhe permite determinar a melhor maneira para cumprir esses requisitos. O governo constatou que essa logística é um meio eficaz para atingir uma qualidade mais alta, obtendo ao mesmo tempo um custo mais baixo. Embora a logística baseada no desempenho tenha se limitado até agora às compras governamentais, espera-se que as empresas comecem a adotar a prática no futuro.

---

[6] Relatado em: Capgemini Consulting, Georgia Institute of Technology, and Panalpina, "15th Annual Third-Party Logistics Study," p. 3, Sept, 2010.

[7] David Hanon, "Tyco Drills Down into Logistics," *Purchasing* (September 17, 2009), p. 45.

[8] Esta seção se baseia no artigo de Kate Vitasek e Steve Geary, "Performance Based Logistics," *World Trade* (June 2008), pp. 62-65.

Resumo

A área de suprimentos em uma organização carrega a responsabilidade pela obtenção dos insumos necessários para apoiar as operações. O foco é multidimensional: tentar manter o fornecimento contínuo, minimizar os prazos de entrega e o estoque de materiais e componentes, e desenvolver fornecedores com capacidade para ajudar a organização a alcançar seus objetivos operacionais. Os profissionais de compras se concentram no Custo Total de Propriedade em vez de apenas no preço de compra. Isso exige a consideração atenta dos *trade-offs* entre o preço de compra, os serviços e a competência logística do fornecedor, a qualidade e a maneira que um item influencia os custos ao longo do ciclo de vida de um produto. As estratégias de compras devem se basear em uma análise detalhada do valor de um item e do risco de fornecimento associado a esse item. Estratégias diferentes são necessárias de acordo com a situação.

A implementação e execução da estratégia de compras envolvem processos detalhados para auditorias, desenvolvimento de fornecedores, monitoramento permanente do desempenho e possível certificação de fornecedores. Existem várias oportunidades para a introdução de práticas de comércio eletrônico no processo. A atividade de compras tem muitas ligações com as operações logísticas da empresa. Os arranjos *just-in-time*, a terceirização da logística e a logística baseada no desempenho representam três exemplos fundamentais dessas ligações.

Questões para Revisão

1. Por que a visão contemporânea de suprimentos como atividade estratégica difere da visão mais tradicional de "comprar"?

2. De que maneira a visão estratégica de suprimentos contribui para a qualidade dos produtos fabricados por uma empresa?

3. Como o menor TCO difere do menor preço de compra?

4. Explique o raciocínio que fundamenta a consolidação de volume. Quais são os riscos associados ao uso de um único fornecedor para um item?

5. Que raciocínio básico explica por que as empresas deveriam segmentar seus requisitos de compras? Explique o conceito de portfólio de estratégias de compras.

6. Explique por que o desempenho logístico é fundamental para o JIT.

Desafios

1. A abordagem da ADT para um conjunto de indicadores de desempenho dos fornecedores foi discutida neste capítulo. Como os critérios subjetivos do conjunto de indicadores poderiam ser pontuados de maneira realista?

2. Além daqueles já discutidos, quais outros critérios de classificação você sugere para a ADT?

3. No texto, foi discutida a aquisição de serviços de logística pela Tyco. Por que a abordagem da Tyco é considerada inovadora?

4. Quais problemas a Tyco poderia enfrentar na tentativa de implementar essa estratégia?

Manufatura

CAPÍTULO 5

RESUMO DO CAPÍTULO

O IMPERATIVO DA QUALIDADE
DIMENSÕES DA QUALIDADE DO PRODUTO
GESTÃO DA QUALIDADE TOTAL
PADRÕES DE QUALIDADE
PERSPECTIVAS DA MANUFATURA
FORÇA DA MARCA
VOLUME
VARIEDADE
RESTRIÇÕES
PRAZO DE ENTREGA
ESTRATÉGIAS DE MANUFATURA
PROCESSOS BÁSICOS DE MANUFATURA
COMBINANDO A ESTRATÉGIA DE PRODUÇÃO COM AS NECESSIDADES DO MERCADO
ESTRATÉGIAS ALTERNATIVAS DE PRODUÇÃO
CUSTO TOTAL DE PRODUÇÃO
DESENVOLVIMENTOS CONTEMPORÂNEOS DA MANUFATURA
CUSTOMIZAÇÃO EM MASSA
SISTEMAS ENXUTOS
PRODUÇÃO FLEXÍVEL
SEIS SIGMA
PLANEJAMENTO DAS NECESSIDADES
PROJETO PARA MANUFATURA
PROJETO PARA LOGÍSTICA
RESUMO
QUESTÕES PARA REVISÃO
DESAFIOS

Um número substancial de empresas na cadeia de suprimentos está envolvido na manufatura dos produtos. Os fabricantes agregam valor fornecendo utilidade de forma, conforme foi discutido no Capítulo 3. Eles convertem matérias-primas, peças e componentes em produtos acabados para satisfazer as necessidades de seus clientes. Naturalmente, os clientes podem ser outros fabricantes que compram os produtos para incorporá-los em seus próprios bens acabados ou podem ser membros intermediários da cadeia de suprimentos como os varejistas, que adquirem uma série de produtos de fabricantes distintos para criar uma variedade interessante para os clientes. Em alguns casos, os fabricantes podem chegar a lidar diretamente com os clientes, como acontece com empresas como a Dell, Apple e outras, que iniciaram relacionamentos diretos por meio de canais de marketing baseados na Internet, conforme foi discutido no Capítulo 1. Este capítulo começa com uma discussão sobre a qualidade do produto pela perspectiva do cliente e discute os programas de gestão da qualidade total. As perspectivas da manufatura, os processos e as estratégias são discutidos com foco nos vários *trade-offs* que podem ser resolvidos por estratégias alternativas de produção. O capítulo se encerra com uma discussão sobre os vários desenvolvimentos contemporâneos da manufatura que estão gerando novas competências estratégicas. O principal interesse do capítulo é explicar as implicações logísticas das decisões relacionadas com os processos e as estratégias de manufatura.

O IMPERATIVO DA QUALIDADE[1]

UMA GRANDE PREOCUPAÇÃO de todas as organizações é a qualidade. Em um mercado competitivo, nenhuma empresa ousa ficar para trás quando se trata de oferecer qualidade aos clientes. Ainda assim, a qualidade continua sendo um conceito de difícil compreensão. No final das contas, a qualidade está nos olhos dos clientes e em como eles percebem uma organização, seus bens e serviços. A qualidade no serviço ao cliente foi abordada no Capítulo 3, considerando expectativas e requisitos. Grande parte do foco na logística da cadeia de suprimentos diz respeito a garantir que os produtos sejam entregues pontualmente, sem danos e com todas as características de serviço necessárias para atender os requisitos do consumidor. Neste capítulo, que aborda o suprimento de materiais e os processos industriais, serão abordadas questões fundamentais da **qualidade do produto**.

DIMENSÕES DA QUALIDADE DO PRODUTO

No contexto físico do produto, a qualidade não é tão simples quanto pode parecer à primeira vista. Na verdade, o termo **qualidade** tem significados diferentes para pessoas diferentes. Embora todos desejem um produto de qualidade, pode acontecer de nem todos concordarem que um item ou marca específico reúne todas as características de qualidade desejadas. A qualidade normalmente é analisada com base em oito dimensões competitivas diferentes.

Desempenho

Talvez o aspecto mais evidente da qualidade, do ponto de vista de um cliente, seja o desempenho, ou o nível de desempenho real do produto em comparação ao nível de desempenho que ele deveria apresentar. Por exemplo, computadores pessoais podem ser julgados quanto à velocidade de processamento; componentes de áudio, em relação à clareza do som e à ausência de ruídos; e máquinas de lavar pratos, de acordo com o nível de limpeza dos pratos. O desempenho superior de um produto geralmente é um atributo objetivo, que pode ser comparado entre itens e marcas. Evidentemente, um item pode, na verdade, ter várias dimensões de desempenho, o que complica a comparação. O computador pessoal é julgado não apenas por sua velocidade de processamento, mas também por características como memória interna, capacidade do disco rígido e inúmeras outras características de desempenho.

Confiabilidade

A confiabilidade refere-se à probabilidade de um produto funcionar durante toda sua vida útil. Também diz respeito à quantidade de defeitos ou reparos que um cliente tem de fazer depois da compra. Considere, por exemplo, o *slogan* da Maytag, "The dependability people" [Pessoas de confiança], e a campanha promocional de longa data que mostra um técnico do departamento de reparos como "a pessoa mais solitária da cidade". A Maytag reforça que seus produtos são mais confiáveis que os dos concorrentes, mostrando que o técnico nunca é chamado para consertar um aparelho quebrado. Assim como o desempenho, a confiabilidade é uma característica da qualidade que pode ser medida objetivamente.

Durabilidade

Embora esteja relacionada à confiabilidade, a durabilidade é um atributo um tanto diferente. Refere-se à expectativa de vida real de um produto. Um automóvel com uma expectativa de

---

[1] Esta seção se baseia no livro de Morgan Swink et. al., *Managing Operations Across the Supply Chain* (New York: McGraw-Hill Irwin, 2001), Chapter 6.

vida de 10 anos pode ser considerado por muitos consumidores um produto de maior durabilidade que um automóvel com expectativa de cinco anos de vida. Evidentemente, o tempo de vida pode ser estendido por meio de reparos ou manutenção preventiva. Portanto, durabilidade e confiabilidade são aspectos da qualidade distintos, mas inter-relacionados.

Conformidade

A conformidade refere-se ao fato de os produtos de uma empresa realmente atenderem a descrição ou especificação exata do projeto. Frequentemente é medida pela avaliação dos produtos rejeitados, do retrabalho ou do índice de defeitos de uma organização. A medição da qualidade no que diz à conformidade normalmente é interna à organização. Por exemplo, se 95% dos produtos de uma empresa atendem as especificações projetadas, essa empresa tem uma taxa de defeitos de 5%. Produtos defeituosos podem ser descartados ou retrabalhados para que fiquem em conformidade.

Atributos

Os clientes com frequência julgam a qualidade de produtos com base na quantidade de funções ou tarefas que eles realizam, independentemente de confiabilidade ou durabilidade. Por exemplo, um televisor com atributos como controle remoto, *picture-in-picture* e configuração na tela normalmente é visto como um produto de melhor qualidade que um modelo básico. Mas, em geral, quanto mais características um produto contém, maior a probabilidade de não apresentar outro atributo de qualidade, como a confiabilidade.

Estética

A estética – o estilo e os materiais específicos usados em um produto – é importante para muitos consumidores que a julgam como sendo fator de qualidade. No setor de roupas, suéteres de caxemira são considerados de melhor qualidade que os de poliéster. No setor de automóveis, bancos de couro no lugar dos de tecido, e madeira ou metal no lugar de plástico são características estéticas que denotam qualidade. Inclui-se na estética a questão do acabamento, como tinta de alto brilho em um automóvel ou costura sem sobreposição. Produtos com *design* exclusivo ou inovador frequentemente são considerados de alta qualidade pelos clientes.

Capacidade de serviço

A capacidade de serviço – facilidade de consertar ou reparar um produto que apresenta falhas – é, para alguns clientes, um aspecto importante da qualidade. Considere, por exemplo, os produtos que contêm um dispositivo com habilidade para diagnosticar e alertar os usuários ou os técnicos de serviço que uma falha está para ocorrer. O ideal é que a capacidade de serviços permita ao cliente consertar o produto com pouco ou nenhum uso de tempo ou dinheiro. Na ausência dessa capacidade de serviços, os clientes geralmente consideram que os itens ou marcas que podem ser consertados com rapidez e menor custo apresentam melhor qualidade.

Qualidade percebida

Como observamos anteriormente, os clientes são os juízes finais da qualidade do produto por meio da percepção do nível em que ele atende seus requisitos. A qualidade percebida baseia-se na experiência do cliente antes, durante e depois da compra de um produto. A qualidade total do produto é uma combinação das oito dimensões, de como elas são combinadas por uma organização e de como essa combinação é percebida pelo cliente. É perfeitamente plausível que dois clientes diferentes percebam duas marcas diferentes como sendo as de melhor qualidade, dependendo de qual combinação de elementos cada um considera mais importante.

GESTÃO DA QUALIDADE TOTAL

Curiosamente, a qualidade nem sempre é definida com clareza dentro de algumas empresas. Além disso, cada gerente funcional tende a enfatizar aspectos diferentes da qualidade. Os gerentes de marketing, por exemplo, se preocupam muito com a estética e os atributos, enquanto os executivos de produção muitas vezes se concentram na conformidade. Para a logística, a preocupação específica envolve as dimensões da qualidade relacionadas ao serviço, à satisfação e ao sucesso. Da perspectiva do cliente, o produto físico não apenas tem de incorporar os elementos desejados, mas também precisa estar disponível de modo oportuno e conveniente.

A **Gestão da Qualidade Total (GQT)** é uma filosofia apoiada por um sistema gerencial voltado para atender as expectativas do cliente em relação a todas as necessidades, contando com a participação de todos os departamentos ou todas as funções de uma organização, quer o cliente seja interno ou externo, um parceiro na cadeia de suprimentos ou um consumidor. Embora as ferramentas e metodologias específicas utilizadas na GQT estejam além do escopo da logística, os elementos conceituais básicos são: (1) compromisso e apoio da alta gerência; (2) manter o foco no cliente em termos de desempenho do produto, do serviço e dos processos; (3) operações integradas dentro das organizações e entre elas; e (4) compromisso com a melhoria contínua.

A palavra "total" em gestão da qualidade total tem várias implicações importantes. Primeira, a qualidade de um produto é determinada, no fim das contas, pela aceitação do cliente e pelo uso que ele faz do produto. Assim, qualquer discussão sobre questões de qualidade começa com um foco em todos os atributos do produto (e do serviço) mais importantes para o cliente. Segunda, a gestão da qualidade é uma atividade global, abrangendo toda a empresa, em vez de uma tarefa técnica. Todos os funcionários em uma empresa contribuem para a qualidade e a melhoria dessa qualidade requer o comprometimento de todos esses funcionários. Com isso, resulta um bom projeto combinado com métodos eficazes de produção e distribuição. Assim, há uma forte ênfase na tomada de decisão por equipes multifuncionais.

Um foco na GQT também exige a compreensão de todos os custos associados com a qualidade. Geralmente, isso requer uma análise com envolvimento e longo alcance. Existem quatro tipos de custos associados com os processos de gestão da qualidade:

- Os custos de avaliação resultam das inspeções realizadas para avaliar os níveis de qualidade. Esses custos incluem os recursos gastos nas inspeções do material recebido, as inspeções de produtos e processos, os salários da equipe de inspeção, os equipamentos de teste e o desenvolvimento dos procedimentos de teste.
- Os custos das falhas internas resultam de falhas de qualidade encontradas antes do envio aos clientes. Esses custos incluem materiais sucateados, recuperação e retrabalho, estoques excessivos de materiais e outros custos de correção.
- Os custos das falhas externas resultam das falhas identificadas depois que os produtos chegam aos clientes. Esses custos incluem o ressarcimento de reclamações, a perda de credibilidade junto ao cliente, a perda de vendas futuras, produtos devolvidos, garantia e atendimento ou reparos em campo.
- Os custos de prevenção resultam dos esforços para evitar as falhas e dos esforços para reduzir os custos de falhas e de avaliação. Esses custos incluem os recursos investidos no planejamento, na análise crítica de novos produtos e nos investimentos em equipamentos de processamento mais capazes, treinamento, controle de processos e projetos de melhoria da qualidade.

É importante observar que, conforme um produto avança pela cadeia de suprimentos, uma falha de qualidade encontrada nos últimos estágios é muito mais onerosa que uma falha encontrada nos estágios iniciais. Nos estágios finais da cadeia de suprimentos, mais recursos foram investidos e mais custos foram incorridos. Um aspecto importante associado com a gestão da qualidade é que no longo prazo a prevenção quase sempre é mais barata que a correção. Sempre vale a pena considerar maneiras de evitar as falhas de qualidade, ao contrário de se concentrar apenas no modo de corrigi-las.

PADRÕES DE QUALIDADE

Estabelecer padrões globais de qualidade é extremamente difícil devido às diferentes circunstâncias, práticas e procedimentos no mundo todo. Como exemplo simples, as tolerâncias de engenharia podem ser medidas em milímetros em um país, enquanto em outro são medidas em décimos de polegada. Apesar disso, um conjunto de padrões foi criado pela **Organização Internacional de Normalização** (**ISO** – *International Organization for Standardization*) e conquistou aceitação mundial.

Uma série de padrões de qualidade foi publicada sob o nome ISO 9000. Incorporando diversos subconjuntos (ISO 9001, 9002 etc.), esses padrões apresentam as definições básicas para a garantia da qualidade e a gestão da qualidade. A ISO 9001, por exemplo, lida com o sistema para projeto de produtos, desenvolvimento, produção, instalação e serviço. Várias organizações em todo o mundo têm autorização para realizar auditorias em empresas, a fim de avaliar suas práticas e procedimentos de GQT. Uma empresa em conformidade com as regras ISO está apta a receber uma certificação. Em 1998, outro conjunto de regras, a ISO 14000, foi publicado, na qual lida com regras e procedimentos para gerenciar o impacto ambiental de uma empresa. A certificação na ISO 9000 e na ISO 14000 indica que uma empresa está em conformidade tanto com padrões de qualidade quanto com padrões ambientais. A maioria dos países hoje aceita as normas ISO e, em muitos casos, as empresas não compram de fornecedores que não tenham recebido a certificação ISO.

PERSPECTIVAS DA MANUFATURA

A VARIEDADE DE PRODUTOS que uma empresa fabrica baseia-se em sua capacidade tecnológica e estratégia de marketing. As empresas aperfeiçoam as competências de manufatura com base nas oportunidades do mercado e na disposição de assumir riscos inovadores. No início, uma empresa de manufatura cria uma variedade de produtos novos como ponto de entrada em seu papel de participante em uma cadeia de suprimentos. O sucesso inicial no mercado serve para definir e esclarecer a competência de uma empresa na percepção dos consumidores e dos fornecedores. Uma empresa que inicia atividades industriais para fabricar peças automotivas será vista pelos parceiros comerciais de forma distinta de uma que fabrica peças de vestuário. Embora os produtos fabricados sejam claramente diferentes, o verdadeiro diferencial entre as empresas está nas competências relacionadas ao conhecimento, à tecnologia, ao processo e à estratégia. Depois de estabelecidos, a imagem e o foco de uma empresa de manufatura são continuamente modificados aos olhos dos parceiros da cadeia de suprimentos no que diz respeito ao modo como ela conduz os negócios, pesquisa e desenvolve novos produtos e como presta serviços com valor agregado. Portanto, a combinação das habilidades e competências exibidas por uma empresa industrial é dinâmica. Em termos de participação na cadeia de suprimentos, a combinação de produtos, serviços, habilidades e competências representa a proposta de valor de uma empresa e proporciona dimensão a suas oportunidades na cadeia de suprimentos. A competência manufatureira de uma empresa baseia-se na força da marca, no volume, na variedade, nas restrições e nos requisitos de prazo de entrega.

FORÇA DA MARCA

Muitas indústrias gastam uma grande parte do orçamento promocional para criar a percepção e a aceitação da marca entre compradores potenciais. Como resultado, elas normalmente são identificadas pela marca de seus produtos. A medição da preferência de compra de um cliente com base na reputação do fabricante, na qualidade do produto e nas capacidades da cadeia de suprimentos é conhecida como **força da marca**.

Os compradores em uma cadeia de suprimentos vão desde consumidores até agentes de compras industriais. Sob condições de mercado em que determinada marca apresenta alto nível de percepção, aceitação e preferência do cliente, pode-se esperar que os fabricantes tenham uma grande influência. Como regra geral, quanto mais forte a imagem da marca do produto de uma empresa entre os compradores, mais influência a organização manufatureira terá na determinação da estrutura e da estratégia da cadeia de suprimentos. Por exemplo, a Deere & Company domina o modo como equipamentos rurais são vendidos, distribuídos e mantidos.

Independentemente da aceitação do cliente, há a realidade de que uma empresa que constrói uma marca e comercializa uma linha específica de produtos pode não realizar, de fato, a manufatura/montagem ou não prestar serviços logísticos associados. É comum uma organização terceirizar algumas ou até mesmo todas as operações de manufatura e logística necessárias à comercialização de um produto. A natureza do processo de manufatura, seu custo e o destino final na cadeia de suprimentos são considerados para determinar a atratividade de tal terceirização. As necessidades logísticas são criadas pela rede geográfica que conecta as instalações das operações de manufatura e as dos fornecedores e clientes. No entanto, a força para determinar a gama de serviços com valor agregado, os requisitos de movimentação física dos produtos, o *timing* e as características do fluxo ao longo da cadeia de suprimentos está diretamente relacionada à força da marca.

VOLUME

Os processos de manufatura podem ser classificados em termos da relação entre o custo unitário e o volume da produção. A perspectiva tradicional é discutir o volume do conhecido princípio da **economia de escala**. O princípio da escala define uma relação em que o custo médio de fabricar um produto diminui à medida que aumenta o volume fabricado. Sobre a economia de escala, a quantidade de produtos deve ser aumentada enquanto esse aumento de volume diminuir o custo médio por unidade fabricada. A economia de escala resulta da eficiência gerada pela especialização do processo, mão de obra, utilização dos ativos fixos, economias geradas pelas compras e diminuição da necessidade de alterações nos processos.

A economia de escala é extremamente importante quando equipamentos de custo fixo alto são usados para converter matéria-prima em produtos acabados. Exemplos típicos são as indústrias de papel, aço e refino de petróleo. Na verdade, algumas empresas de processamento de petróleo desacoplaram as refinarias da estrutura de marketing de sua cadeia de suprimentos e as posicionaram como fornecedoras externas independentes. As refinarias, então, podem vender no mercado aberto a todos os compradores potenciais e explorar totalmente as vantagens da economia de escala.

Em indústrias suscetíveis ao volume, um alto investimento de capital associado ao alto custo de preparação de linhas/*setups* tende a estimular turnos de produção extremamente longos. Conforme o apoio logístico, duas considerações relacionadas ao volume influenciam o projeto da cadeia de suprimentos. Primeira, sua logística tem de se adaptar à quantidade de vezes que um produto é fabricado durante o período de planejamento. Essa frequência da produção tem impacto direto sobre os requisitos logísticos tanto de entrada quanto de saída. Segunda, a quantidade ou tamanho do lote normalmente fabricado durante um turno de produção determina o volume resultante que tem de ser manuseado e armazenado na estrutura logística de uma cadeia de suprimentos.

VARIEDADE

Em contraste com situações de manufatura dominadas pela escala, outras tecnologias manufatureiras enfatizam a flexibilidade. Esses processos industriais caracterizam-se por turnos de produção relativamente frequentes e alta repetição de lotes pequenos. Em contraste com a economia de escala, diz-se que os processos industriais que apresentam variedade e mudam rapidamente a fabricação de um produto para outro ao mesmo tempo que mantêm a eficiência apresentam **economia de escopo**. Escopo significa que um processo industrial pode usar combinações variadas de despesas indiretas, materiais, equipamentos e mão de obra para fabricar diversos produtos.

Essa variedade também se refere à **gama** de produtos que a empresa consegue fabricar usando determinado processo. E essa gama pode resultar do sequenciamento de produtos em uma instalação industrial, bem como do uso de equipamentos gerais em contraste com equipamentos especializados. Alcançar a economia de escopo também está diretamente relacionado à velocidade e ao custo das alterações na fabricação de um produto para outro. No que diz respeito ao apoio logístico, a alta variedade se traduz em lotes de fabricação relativamente pequenos, flexibilidade nos requisitos de materiais e uma ampla gama de produtos fabricados. A alta variedade na fabricação tem impacto direto sobre o tipo de serviços logísticos de transporte e armazenamento necessários para apoiar a manufatura flexível.

RESTRIÇÕES

Todos os processos manufatureiros refletem um equilíbrio entre a economia de escala e a economia de escopo. O volume e a variedade orientam os requisitos de apoio logístico. As restrições interagem com o volume e a variedade para criar planos de produção realistas. As três principais restrições que influenciam as operações de produção são **capacidade**, **equipamento** e **configuração/alteração na produção**. Cada uma dessas restrições orienta o compromisso referente à operação de manufatura ideal. Tal compromisso, planejado no contexto da previsão de vendas e do planejamento de promoções, gera o plano de produção.

Capacidade, como sugere o nome, é a medida de quantos produtos podem ser fabricados por unidade de tempo. Uma empresa que demonstra capacidade de produção com qualidade é de interesse especial. Embora uma fábrica, processo ou máquina possa ter uma capacidade nominal definida, a medida relevante é a capacidade demonstrada por uma empresa de atingir e manter um nível específico de qualidade em um período de tempo previsível. Uma medida da competência industrial é a velocidade em que determinado processo atinge sua capacidade após uma alteração não planejada nos requisitos.[2] Essa **escalabilidade** é alcançada por meio da combinação de agilidade na manufatura, nas compras e na logística.

As restrições de equipamentos se relacionam à flexibilidade no que diz respeito ao uso e à sequência das máquinas específicas para realizar diversas tarefas de produção. A variedade que uma fábrica produz é limitada pela gama de equipamentos disponíveis e pela sequência de trabalho exigida. No entanto, alguns requisitos de produção são mais facilmente acomodados em uma família de máquinas e por meio do uso de sequências de trabalho variáveis do que outros. Em muitas situações, uma máquina ou tarefa específica tende a limitar ou agir como gargalo para o processo de manufatura em geral. Da mesma forma, a capacidade logística para

---

[2] Thomas G. Gunn, *21st Century Manufacturing* (Essex Junction, VT: OM NEO, 1992), Chapter 8.

acomodar diferentes padrões de utilização dos equipamentos pode servir para aumentar ou limitar a flexibilidade do processo industrial. Os executivos da área de produção dedicam tempo e recursos substanciais para eliminar os gargalos que limitam as operações. A estrutura para concentrar a atenção administrativa é apresentada na metodologia da **teoria das restrições**.[3]

As restrições de preparação de linhas/*setups* estão diretamente relacionadas à necessidade de variedade. Houve um progresso substancial na administração de produção para acelerar tanto o tempo das alterações no processo industrial quanto o tempo necessário para alcançar a capacidade demonstrada. Embora antigamente fossem necessárias muitas horas e até mesmo dias para fazer alterações na produção, hoje essas tarefas são realizadas em pouco tempo. Por exemplo, unidades de fabricação modular, como borrifadores de tinta, são configuradas e calibradas fora da linha para depois ser inseridas para borrifar tinta nas linhas de montagem. Evidentemente, todos os esforços para aumentar a velocidade de configuração/alteração na produção dependem diretamente do apoio logístico da cadeia de suprimentos.

PRAZO DE ENTREGA

O prazo de entrega da manufatura é a medida do tempo decorrido entre a liberação de uma ordem de serviço para o chão de fábrica e o término de todo o trabalho necessário para alcançar o *status* de produto pronto para carregamento. Todo processo industrial consome tempo operacional e inoperante.

O **tempo operacional** é a combinação do tempo de configuração/alteração na produção com o real tempo de produção ou execução. Em qualquer situação de fabricação, quanto maior é a proporção do tempo de produção real em relação à duração total do ciclo produtivo, mais eficiente é o processo de conversão. O tempo operacional eficiente tem de ser pesado em relação às questões anteriormente discutidas, relativas ao volume e à variedade.

Os processos industriais também enfrentam atrasos inesperados ou **tempo inoperante**. Durante os períodos em que processo, linha ou máquina estão ociosos devido a filas, espera, interrupções ou falhas no apoio logístico, a eficiência produtiva sofre um impacto negativo. Todas as formas de atraso inesperado representam problemas sérios de "gargalo". Por exemplo, estima-se que entre 75 e 95% de todos os atrasos improdutivos resultem de filas não planejadas nos processos industriais.[4] Desnecessário dizer que a maioria dos executivos tem pouca ou nenhuma tolerância com atrasos inesperados na produção que resultem de entregas atrasadas ou defeituosas de materiais ou componentes críticos. O atraso logístico de um fornecedor que entrega peças ou materiais pode resultar em falhas na manufatura em termos de cumprir a produção planejada. O impacto estratégico de uma empresa é diretamente afetado pelo seu desempenho em relação ao prazo de entrega. Como regra geral, empresas que reduzem o prazo e controlam ou eliminam variações inesperadas no desempenho apresentam maior flexibilidade para atender os requisitos dos clientes ao mesmo tempo que desfrutam de uma manufatura de baixo custo.

O compromisso das operações logísticas de apoiar a produção pode ter impacto sobre a eficiência operacional de diversas maneiras. Os benefícios potenciais da força de uma marca se baseiam no histórico em relação ao atendimento pontual dos requisitos do cliente quanto ao tempo decorrido entre o pedido e a entrega. A eficiência do tamanho de lote, relacionada à frequência e à repetição da produção, depende de um apoio logístico confiável. A decisão de

---

[3] Para entender as origens dessa lógica, veja Eliyahu M. Goldratt and J. Cox, *The Goal* (Croton on Hudson, NY: North River Press, 1984); and Eliyahu M. Goldratt and Robert E. Fox, *The Race* (Croton on Hudson, NY: North River Press, 1986).

[4] Steven A. Melnyk and R. T. Christensen, *Back to Basics: Your Guide to Manufacturing* Excellence (Boca Raton: St. Lucie Press, 2000), pp. 15-17.

produzir em escala maior gera necessidade de apoio logístico. A economia de escala orienta as melhores práticas de compras e o investimento médio em estoque ao longo de toda a cadeia de suprimentos. A decisão de se concentrar na variedade de produção tem impacto sobre as necessidades logísticas porque acrescenta a complexidade de frequentes alterações na produção. O desempenho logístico também é uma variável importante no gerenciamento das restrições, que podem ser criadas ou resolvidas com base na flexibilidade logística. Por fim, a logística é fundamental para alcançar um bom prazo de entrega. Em particular, falhas logísticas podem aumentar o prazo de entrega da manufatura ao introduzir atrasos inesperados.

A logística, bem como todos os outros fatores que têm impacto sobre o desempenho da produção, gera incertezas, que por sua vez, geram necessidades de estoques. Os estoques de segurança são necessários quando as variações da demanda do cliente excede a capacidade da empresa – ou do fornecedor – de entregar a variedade correta de produtos no lugar e no momento certos.

ESTRATÉGIAS DE MANUFATURA

A NATUREZA SINGULAR dos processos de produção e dos requisitos de cada cliente limita o âmbito prático das estratégias de manufatura alternativas, que fica limitado tanto por forças de marketing quanto tecnológicas. As práticas de marketing predominantes servem para fundamentar a estratégia de manufatura em relação à aceitação do consumidor. A tecnologia impulsiona a estratégia para um modelo de produção que seja competitivo. Por exemplo, um fabricante que tem um processo dominado pela economia de escala pode desejar melhorar a flexibilidade do processo. No entanto, normalmente será necessário um investimento significativo para aumentar a frequência e a repetição.

Ao longo do tempo, a natureza mutável do mercado e a tecnologia disponível servirão para alterar a postura estratégica de uma empresa. Considere, por exemplo, a indústria siderúrgica, que foi, durante muito tempo, dominada por processos altamente dependentes da economia de escala. Os últimos anos testemunharam a aceitação do mercado de uma ampla gama de novos materiais em aço combinados a serviços de valor agregado. A Steel Service Center passou a adiar o corte e a moldagem na distribuição de aço para melhorar o atendimento ao cliente. A natureza da produção básica de aço também passou por uma mudança drástica. Novos métodos de processamento estão sendo aperfeiçoados para reduzir a antiga dependência de processos industriais de grande escala. O impacto combinado dessas mudanças no mercado e nos processos alterou a postura estratégica dos produtores de aço.

PROCESSOS BÁSICOS DE MANUFATURA

Existem quatro estruturas de processos básicos na manufatura que diferem quanto ao seu uso adequado para satisfazer as necessidades de produção de uma empresa relacionadas ao volume e à variedade de produtos. As empresas que necessitam de um alto volume de produção, mas com uma pequena variedade de produtos, não são propensas a utilizar os mesmos processos das empresas que produzem quantidades muito pequenas de muitos produtos diferentes. Os processos básicos também diferem quanto ao custo de produção por unidade e outras questões fundamentais como o grau de investimento e de envolvimento do cliente e o uso de equipamentos genéricos *versus* especializados.

Processo de produção por encomenda

Um processo de **produção por encomenda** proporciona alta flexibilidade para produzir uma série de produtos diferentes, mas em volumes limitados. Cada pedido do cliente pode envolver matérias-primas e insumos diferentes. Entre os exemplos de processos de produção por encomenda temos as gráficas, os fabricantes de aeronaves, os fabricantes de móveis customizados e os fabricantes de ferramentas e moldes. A personalização dos produtos tende a ser muito alta, enquanto o volume de cada produto é baixo. A qualificação dos funcionários também tende a ser ampla e o equipamento tende a ser adaptável para a produção de muitos tipos de produtos diferentes. Por exemplo, uma gráfica poderia ter uma máquina impressora com capacidade para imprimir em vários tamanhos de papel diferentes e em várias combinações de cor (isto é, duas, quatro ou seis cores) e qualidade. Os funcionários nesta situação precisam ter um amplo conjunto de habilidades para configurar o equipamento de acordo com pedidos variados. Essa máquina impressora é um bom exemplo de equipamento genérico com flexibilidade para executar muitos trabalhos. No entanto, o fato de cada trabalho ser diferente geralmente exige um tempo ocioso significativo, decorrente da necessidade de configurar especificamente a máquina para cada trabalho novo.

Outra característica da produção por encomenda é que o posicionamento dos equipamentos e, portanto, o fluxo de materiais, tende a ser organizado em torno das características de processamento comuns e não em torno de um determinado produto. Por exemplo, um fabricante de móveis customizados teria, mais provavelmente, uma área para tornos (para produzir os pés de cadeiras ou mesas), uma área separada para envernizar e outra área para estofar. Essa organização é conveniente porque produtos diferentes vão fluir pelo sistema de maneiras diferentes. Por exemplo, uma mesa pode não precisar de torneamento dos pés (uma vez que são quadrados e não redondos) ou de qualquer estofamento. Por outro lado, uma cadeira pode precisar das três operações (tornear, envernizar e estofar) e, assim, seguir um trajeto diferente dentro da fábrica.

Processamento em lotes

Um **processamento em lotes** é essencialmente uma produção por encomenda com alto volume, na qual os mesmos produtos, ou similares, são produzidos de maneira repetida. A variedade de produtos em um processamento em lotes é significativamente mais baixa do que em uma produção por encomenda, mas é grande demais para que os recursos sejam dedicados a um único produto ou família de produtos. Os produtos são gerados em lotes de tamanho moderado em uma única rodada de produção antes de qualquer mudança para a produção de outro item. A John Deere e a Caterpillar tendem a usar processamentos em lotes na produção dos equipamentos agrícolas e de construção maiores e mais caros. Uma padaria que produz bolos, biscoitos e tortas provavelmente utiliza um processamento em lotes, e sua estrutura funciona bem quando há uma alta variedade de produtos, mas cada um deles em um volume relativamente baixo.

Processo de linha de produção

Os **processos de linha de produção** podem produzir altos volumes de produtos relativamente padronizados. Eles são utilizados quando existem muitos clientes que desejam produtos similares, como eletrodomésticos, automóveis e telefones celulares. O fluxo de trabalho é organizado em torno de um único produto. As etapas são organizadas em sequência e decompostas nas menores etapas possíveis. Os funcionários se especializam em uma única tarefa e o equipamento normalmente é projetado para realizar uma única ação. Cada etapa no processo é realizada de maneira repetida, com pouca variação nos produtos. A vantagem dessa abordagem é que tanto o equipamento quanto os funcionários podem ser muito especializados. Uma grande desvantagem é que os funcionários tendem a ficar entediados ou a não terem uma boa compreensão do produto final, já que executam apenas uma pequena etapa entre centenas ou milhares. Um determinado conjunto de opções pode ser introduzido no produto, por meio de um projeto cuidadoso. Por exemplo, os automóveis em uma linha de montagem típica podem ter sistemas de som diferentes instalados ou tipos de estofamento diferentes, mas a variedade em uma linha de montagem específica costuma se limitar a um único modelo até a linha ser interrompida e uma quantidade de tempo significativa ser dedicada às alterações e configurações.

Processamento contínuo

Os **processamentos contínuos** são utilizados para produtos de alto volume, em que a demanda pelo produto é muito grande e pode justificar o investimento de capital necessário. Os processos são muito inflexíveis, já que não podem ser adaptados facilmente para produzir um item diferente. Entre os exemplos de processamento contínuo, temos o refino de petróleo, a produção de substâncias químicas, aço, alumínio e os refrigerantes. Os processamentos contínuos exigem muito capital, são muito padronizados e bastante inflexíveis. Eles tendem a funcionar 24 horas por dia para recuperar o enorme investimento em equipamentos. Embora os processamentos contínuos sejam muito eficientes, os custos de qualquer interrupção na produção, decorrente de equipamentos quebrados, matérias-primas defeituosas ou erros cometidos pelos funcionários, são enormes, chegando frequentemente a dezenas de milhares de dólares por hora de produção perdida.

Essas quatro estruturas gerais de processamento podem ser modificadas para criar mais opções. Por exemplo, mudanças nas práticas administrativas e tecnológicas levaram às vantagens de custo de processos contínuos e de linha de produção de grande volume, aumentando a variedade por meio da **customização em massa**, em que um produto é manufaturado rapidamente e com baixo custo utilizando processo de produção de grande volume. A Dell Computers é um exemplo de customização em massa. Escolhendo entre uma série de opções de componentes e garantias, os clientes podem projetar um computador que melhor atenda as suas necessidades, com o preço que desejam pagar e receber o produto em aproximadamente uma semana. A padronização de peças, a utilização de projetos modulares e a postergação da diferenciação dos produtos são práticas utilizadas na customização em massa.

COMBINANDO A ESTRATÉGIA DE PRODUÇÃO COM AS NECESSIDADES DO MERCADO

No Capítulo 3, as estratégias de marketing típicas foram classificadas como de massa, segmentada e concentrada, ou *one-to-one*. Essas estratégias são diferenciadas, em parte, em relação ao grau desejado de adaptação do produto ou serviço. O marketing de massa exige uma diferenciação limitada do produto/serviço. Em contrapartida, a estratégia de marketing *one-to-one* se apoia na oferta de produtos/serviços exclusivos ou customizados para cada cliente. A postura estratégica de marketing de uma empresa acerca da flexibilidade e da agilidade para se adaptar a requisitos específicos dos clientes é diretamente relacionada à capacidade industrial. Em grau significativo, a capacidade industrial de uma empresa define o âmbito viável da estratégia de marketing eficaz. Para que uma indústria concorra com eficácia, ela deve conseguir integrar a capacidade industrial com uma proposta significativa de valor de marketing.

ESTRATÉGIAS ALTERNATIVAS DE PRODUÇÃO

Existem quatro estratégias de produção comuns empregadas normalmente pelas empresas, que são muito diferentes quanto à sua capacidade de satisfazer as necessidades de cada cliente em relação às especificações exatas dos produtos e, portanto, em relação aos requisitos logísticos para apoiar a sua utilização. A escolha de uma estratégia de produção gera um impacto no tempo, decorrido desde a aceitação do pedido até a entrega para o cliente. As quatro estratégias são **engenharia sob pedido** (**ETO** – *engineer-to-order*), **produção sob pedido** (**MTO** – *make-to-order*), **montagem sob pedido** (**ATO** – *assemble-to-order*) e **produção sob planejamento** (**MTP** – *make-to-plan*). Também é comum referir-se à MTP como **produção para estoque** (**MTS** – *make-to-stock*).

Engenharia sob pedido

Em uma estratégia ETO, os produtos são exclusivos e intensamente personalizados para as necessidades específicas de cada cliente. Entre os exemplos de ETO, temos uma casa feita por encomenda, um navio de cruzeiro, equipamentos industriais especializados e até mesmo uma bicicleta de corrida exclusiva. Por definição, nada acontece com os itens de ETO até o recebimento do pedido do cliente. Uma vez que cada produto de ETO requer um projeto totalmente novo, os materiais necessários para a produção não existem no estoque, embora algumas empresas possam estocar matérias-primas antes de surgir a necessidade dos produtos. Geralmente, os produtos de ETO utilizam um processo de produção por encomenda. Em alguns casos, pode ser utilizado um processamento em lotes, dependendo da quantidade especificada pelo pedido do cliente. Independentemente, o cliente que deseja um produto com projeto personalizado de um fabricante ETO se submete a um tempo muito longo entre o pedido e a entrega.

Produção sob pedido

A produção de itens no regime MTO lembra bastante a produção dos itens em regime ETO pelo fato de um pedido do cliente disparar atividades iniciais do processo. No entanto, as estratégias de MTO são diferentes das de ETO, já que aqui os clientes normalmente pedem produtos com projetos padronizados, com moderadas possibilidades de customização para satisfazer uma necessidade específica. Entre os exemplos de itens em regime MTO, temos os aviões de passageiros, os móveis personalizados e muitos outros produtos de consumo de alta qualidade. Uma empresa de manufatura normalmente não mantém estoques de produtos MTO, já que eles estão sujeitos à personalização para o usuário. No entanto, algumas matérias-primas e alguns componentes de um produto MTO podem ser mantidos em estoque. Assim como os produtos ETO, os fabricantes MTO competem com base na capacidade de satisfazer necessidades específicas dos clientes quanto a um produto, mas o uso de projetos padronizados que possam ser personalizados resulta em uma menor capacidade para satisfazer esses requisitos com exatidão. A produção MTO difere da ETO basicamente na importância das competências de engenharia do produtor. Uma empresa que vende produtos ETO precisa ser capaz de compreender, capturar e comunicar claramente as necessidades exclusivas de cada cliente. Já os produtos MTO são projetados para grupos mais amplos de clientes, de modo que os mesmos não precisam esperar pelo término do projeto do produto. Outra semelhança entre as duas abordagens é que as estratégias de MTO também se baseiam nos processos de produção por encomenda ou processamento em lotes.

Montagem sob pedido

Em uma estratégia de ATO, os componentes que formam a base do produto são fabricados antes dos pedidos dos clientes; no entanto, nenhum bem acabado é criado até um cliente fazer um pedido. Essa configuração ou montagem final reflete o princípio do *postponement* de manufatura ou de forma, discutido no Capítulo 1. Ao postergarem as operações de montagem final, os fabricantes evitam o armazenamento de enormes quantidades e variedades de produtos acabados. A capacidade logística é crítica nas operações de ATO. Na verdade, uma quantidade cada vez maior de finalização de produtos por ATO está sendo realizada nos depósitos da cadeia de suprimentos. O exemplo de rotulagem de produtos, discutido no Capítulo 1, é uma excelente ilustração da configuração do produto final realizada com frequência em uma instalação de armazenagem. A execução completa de uma estratégia de ATO requer que as operações de armazenagem sejam integradas no processo de criação de valor para realizar as operações de customização e montagem.

O atrativo de uma estratégia de produção ATO é que ela tem potencial para combinar as facetas da economia de escala proporcionada pelos processos de linha de produção com um grau de flexibilidade típico dos processos de produção por encomenda ou em lotes. Infelizmente, isso significa que o cliente precisa esperar pelas atividades de montagem do ciclo de manufatura. As empresas de produtos ATO bem-sucedidas buscam manter os tempos de montagem mais curtos possíveis.

Produção sob planejamento

Como regra geral, as estratégias de MTP são comuns nas empresas que aproveitam a economia de escala a partir de longas rodadas de produção utilizando linhas de produção ou processos contínuos. Na verdade, a MTP tem sido a estratégia de produção dominante desde o início da Revolução Industrial. Totalmente dependente de uma previsão de demanda, um estoque significativo de produtos acabados costuma ser produzido antes dos futuros pedidos dos clientes. O grau de customização de produtos é limitado à estratégia de marketing do fabricante quanto à segmentação de mercado e à diferenciação de produtos. Embora qualquer categoria de produtos possa conter várias versões alternativas para satisfazer os desejos de um segmento, cada uma delas é prevista individualmente e as quantidades são produzidas de acordo com essas previsões. O requisito logístico para apoiar a MTP é ter capacidade suficiente para armazenar as quantidades de bens acabados e montar a diversidade correta de produtos de acordo com cada pedido dos clientes. Além disso, os clientes esperam que esses itens estejam amplamente disponíveis e normalmente não estão dispostos a se submeter a atrasos prolongados no tempo decorrido desde o pedido até a entrega.

A estratégia de manufatura claramente tem impacto significativo sobre o prazo de entrega experimentado pelos clientes. A Figura 5.1 resume esse impacto. A escolha entre EDO, MTO, ATO ou MTP determina se um cliente assumirá o custo de aguardar o término de um ou mais dos três ciclos de atividades discutidos no Capítulo 2. Para os itens MTP, como a maioria dos bens de consumo de alta rotatividade, os clientes essencialmente só passam pelo ciclo de atendimento ao cliente, ou seja, o tempo decorrido entre fazer o pedido e o produto ser recebido do fornecedor. A escolha de uma estratégia ATO por um fabricante exige que os clientes também esperem durante o tempo em que o produto está sendo configurado de acordo com seus requisitos. Geralmente, uma estratégia MTO exige que os clientes fiquem sujeitos ao tempo adicional do fabricante para comprar os componentes e os materiais necessários para fazer o produto. A ETO requer que os clientes aguardem todas as parcelas do tempo de processamento.

A Tabela 5.1 resume as características essenciais dos processos e estratégias de manufatura. Cada processo é associado à variedade e ao volume de produtos geralmente fabricados, bem como à estratégia geralmente utilizada e ao consequente impacto sobre os clientes no que diz respeito aos prazos de entrega. No entanto, é preciso ter em mente que as organizações criativas que implementam a customização em massa estão explorando maneiras de misturar diferentes combinações de processos e estratégias. Mais adiante neste capítulo são discutidos os desenvolvimentos contemporâneos que aperfeiçoam as estratégias para satisfazer melhor as necessidades dos clientes.

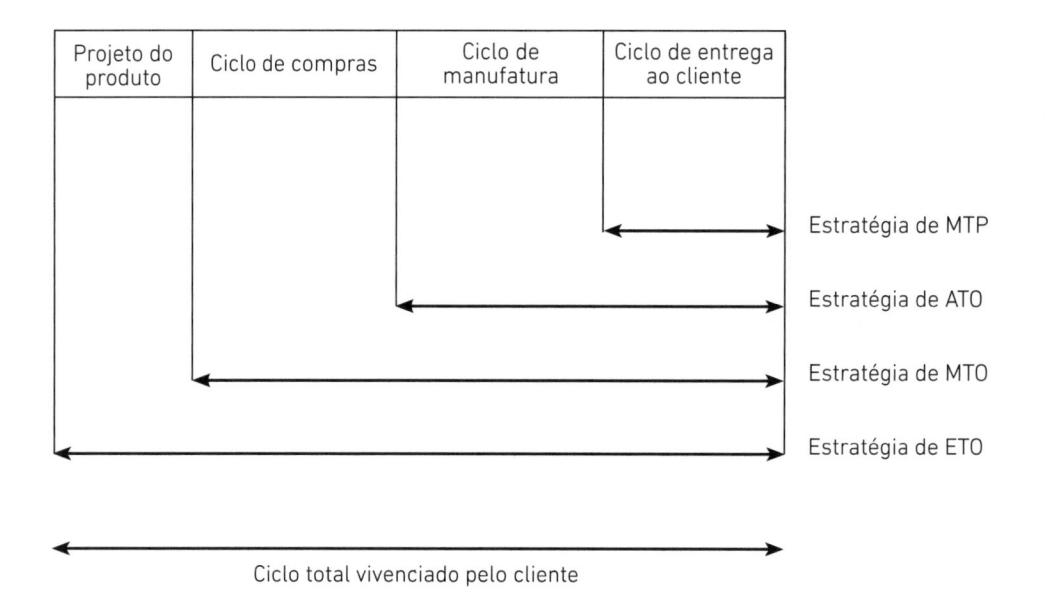

FIGURA 5.1 Estratégias de manufatura e ciclos de atividades.

	Projeto do produto	Ciclo de compras	Ciclo de manufatura	Ciclo de entrega ao cliente

- Estratégia de MTP
- Estratégia de ATO
- Estratégia de MTO
- Estratégia de ETO

Ciclo total vivenciado pelo cliente

TABELA 5.1 Características do processo de manufatura.

	Variedade de produtos	Volume	Estratégia	Prazo de entrega ao cliente
Produção por encomenda	Muito alta	Muito baixo	ETO/MTO	Muito longo
Processamento em lotes	Alta	Baixo	ETO/MTO/ATO	Longo
Linha de produção	Limitada	Alto	ATO/MTP	Curto
Fluxo contínuo	Muito limitada	Muito alto	MTP	Muito curto

CUSTO TOTAL DE PRODUÇÃO

As estratégias de marketing e de manufatura de uma empresa orientam os requisitos de serviço logístico. Por exemplo, estratégias MTO normalmente exigem menos estoque de produtos acabados do que estratégias MTP e ATO. No entanto, as estratégias MTO em geral exigem estoque significativo de componentes e podem resultar em alto custo de atendimento ao cliente. Levando em consideração esses *trade-offs* de custo, o projeto de um sistema de apoio logístico deve se basear no **custo total de produção**.

O custo total de produção consiste em produção/compras, estoque/armazenamento e transporte. Todos os custos citados recebem o impacto da estratégia de produção. Dessa forma, o custo total de produção representa a base da formulação de uma estratégia de atendimento ao cliente. A Figura 5.2 representa um modelo generalizado do custo total de produção **por unidade** em todas as alternativas estratégicas, desde a ETO até a MTO, a ATO e a MTP. Naturalmente, as relações de custo exatas dependem dos detalhes relacionados a situações específicas. O objetivo do projeto é identificar a estratégia de produção que melhor se encaixe na oportunidade de mercado analisada.

Na Figura 5.2, o custo unitário de produção e compras diminui à medida que a quantidade aumenta, refletindo a economia de escala associada à MTP. Os custos de estoque e armazenamento aumentam, refletindo o impacto do aumento do tamanho dos lotes de produção. O custo do transporte por unidade diminui em consequência da consolidação de cargas. Por outro lado, as estratégias ETO refletem custos unitários mais altos de produção e compras que são, em parte, compensados por custos mais baixos de estoque e armazenamento. Na estratégia ETO, o custo do transporte por unidade é mais alto, refletindo pequenas cargas e/ou transporte *premium*. A utilidade da Figura 5.2 está na generalização das relações e na visualização de

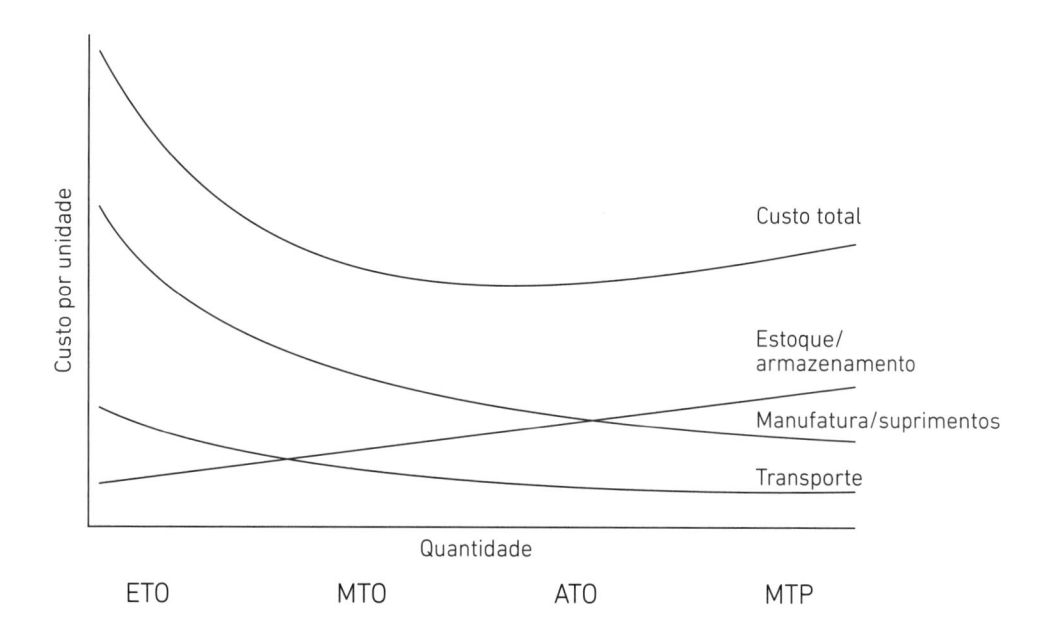

FIGURA 5.2 Custo total de produção.

importantes *trade-offs* multifuncionais. O custo total de produção resulta da integração funcional entre manufatura, compras e logística. Pela perspectiva de gestão integrada, é importante as empresas de manufatura projetarem uma estratégia de cadeia de suprimentos que alcance o menor custo total de produção ao longo de todo o processo.

DESENVOLVIMENTOS CONTEMPORÂNEOS DA MANUFATURA

As seções anteriores se concentraram na exposição das abordagens básicas para a gestão da qualidade, nos processos e nas estratégias de produção e em sua relação com o plano de marketing da empresa. Nos últimos anos, porém, muitos avanços da tecnologia e também a reformulação dos "conceitos básicos" resultaram em vários desenvolvimentos na manufatura. Alguns deles podem parecer contraditórios entre si, enquanto outros são claramente complementares. Essa situação não deve ser surpresa, já que as empresas lutam para descobrir e implementar abordagens que venham a gerar uma vantagem competitiva singular. A seguir, discutimos vários desses desenvolvimentos.

CUSTOMIZAÇÃO EM MASSA

Os processos básicos e as estratégias de produção, discutidos anteriormente, permitiram às empresas satisfazer as demandas dos clientes de maneira eficiente e eficaz durante muitos anos. No entanto, como cada vez mais os clientes têm exigido produtos adaptados exatamente aos seus desejos, os fabricantes se esforçaram para adaptar esses processos com o objetivo de fornecer uma melhor customização dos produtos e manter, ao mesmo tempo, as eficiências necessárias para produzi-los de maneira econômica. O desejo de muitos fabricantes é alcançar as vantagens de custo dos processos contínuos e de linha de produção de alto volume, aumentando simultaneamente a variedade disponibilizada para os clientes. A realização desse objetivo é conhecida como **customização em massa**.

As abordagens como o *postponement* de manufatura e a montagem sob pedido têm sido implementadas em algumas empresas como uma maneira de solucionar o problema. O processo de ATO, utilizado pela Dell, permite uma adaptação considerável dos sistemas de computador ao permitir que os clientes escolham uma gama de componentes a serem configurados para suas necessidades específicas a um preço acessível. Muitas outras empresas se esforçaram para desenvolver capacidades similares.

Por exemplo, nos anos 1990 a Levi Strauss lançou um programa para customizar seus jeans femininos. Historicamente, os jeans femininos não eram vendidos de acordo com as medidas da cintura e do comprimento da costura interna da perna. Em vez disso, eles eram produzidos e vendidos de acordo com uma determinada numeração, o que tinha pouca relação com as medidas corporais. A Levi's lançou um programa chamado "Personal Pair" em uma série de lojas. Um quiosque informatizado nas lojas permitia que as mulheres escolhessem o estilo, o tecido, o tipo de perna, a cor e os botões. As consumidoras também forneciam suas medidas corporais exatas para criar um ajuste perfeito. As consumidoras podiam até mesmo especificar características como "Quero um caimento mais confortável nas coxas". O programa obteve um alto nível de aceitação dos consumidores. No entanto, devido a seus processos de produção, a Levi Strauss não conseguiu manter o programa. Na fábrica, as máquinas de corte de tecido eram projetadas para cortar 60 camadas de tecido de cada vez. Além disso, era difícil encaixar o jeans personalizado no cronograma de produção para itens produzidos em massa. O jeans personalizado também exigia inspeções mais frequentes para garantir que cumprissem as especificações.[5] No fim das contas, a Levi's abandonou o programa.

Existem empresas que alcançaram mais sucesso com a customização em massa. Dois exemplos são a fábrica de chocolates Mars e a Reeebok. Na Mars, um processo contínuo é utilizado para produzir e embalar os M&Ms padrão para distribuição nos mercados e lojas. Os engenheiros na Mars desenvolveram uma inovação na tecnologia de impressão que permitiu a introdução de M&Ms personalizados em 2005. Agora, os clientes podem ter os seus rostos ou mensagens personalizadas impressas em M&Ms produzidos especialmente para o seu pedido. Os M&Ms personalizados seguem o mesmo processo contínuo dos M&Ms padrão até o processo de impressão. Depois, os M&Ms nas cores específicas escolhidas pelo cliente são impressos utilizando imagens fornecidas por ele. Então, os M&Ms são despejados em um entre seis tipos de embalagens e enviados diretamente para a residência do cliente ou para um endereço comercial.

Na Reebok, os clientes podem projetar seus próprios tênis, misturando várias cores, estilos e materiais. Um programa novo chega a permitir que a foto de um cliente seja incorporada ao projeto do calçado. Por exemplo, um consumidor customizou os tênis produzidos nas cores da sua equipe de hóquei favorita e depois acrescentou um apelido adornando a parte traseira do calçado.[6]

A flexibilidade dos processos é essencial para a customização em massa. No *postponement* de manufatura e nos processos de ATO os produtos são montados a partir de módulos padronizados que podem ser armazenados no estoque, reduzindo o tempo decorrido entre o pedido e a entrega. A configuração exata do produto é postergada até o recebimento do pedido de um cliente. O tipo de customização desejado pela Levi Strauss, e alcançado com mais sucesso pela Mars e pela Reebok, exige processos de produção enxutos e flexíveis que possam produzir uma gama mais ampla de produtos do que seria economicamente viável com os processos tradicionais.

SISTEMAS ENXUTOS

Os sistemas **enxutos** têm sido definidos de várias maneiras diferentes, mas, em geral, é uma filosofia de manufatura que enfatiza a minimização da quantidade de todos os recursos (in-

---

[5] Baseado em: Bruce Caldwell, "Trading Size 12 for a Custom Fit," *Information Week* (October 28, 1996), p. 44; and Ari Zeiger, "Customization Nation," *Incentive* (May 1999), pp. 35-40.

[6] Baseado em: Kimberly Palmer, "The Store of YOU," *U.S. News & World Report* (November 3, 2008), p. 54.

cluindo tempo) usados nas operações de uma empresa. Os processos operacionais são considerados enxutos quando são muito eficientes e utilizam poucos recursos. A eliminação do "desperdício" é o princípio definidor de enxuto.

Ao eliminar todo tipo de desperdício no sistema, a abordagem enxuta reduz os custos de mão de obra, matérias-primas e energia na produção. Os sistemas enxutos também enfatizam disponibilizar os produtos que os clientes desejam, exatamente quando eles precisam.

Quando habilidades enxutas são introduzidas em uma empresa, ela pode fabricar quantidades menores e mudar suas saídas rapidamente em resposta a mudanças na demanda dos clientes. Os principais objetivos dos sistemas enxutos são:

1. Fabricar somente os produtos (bens ou serviços) que os clientes querem.
2. Fabricar os produtos o mais próximo possível no momento em que os clientes desejam utilizá-los.
3. Fabricar produtos com qualidade perfeita.
4. Fabricar no menor prazo possível.
5. Fabricar produtos com as características que os clientes querem, e nenhuma outra.
6. Fabricar sem desperdício de mão de obra, materiais ou equipamentos; designar um propósito para cada movimentação para não deixar estoque ocioso.
7. Fabricar com métodos que reforçam o desenvolvimento ocupacional dos trabalhadores.

Note que os dois primeiros objetivos enfatizam a produção *just-in-time*, isto é, a montagem de produtos somente quando os clientes os desejam e no mesmo ritmo da demanda. Se os gerentes de operações conseguirem sincronizar seus sistemas de produção com esse ritmo, eles poderão eliminar muitos desperdícios. Os outros cinco objetivos frequentemente são associados à operação de sistemas enxutos – ênfase na qualidade perfeita, redução do prazo de entrega, eliminação da oferta de produtos indesejados e ênfase maior nos trabalhadores como principais agentes para a melhoria das operações.

PRODUÇÃO FLEXÍVEL

Os sistemas de produção flexíveis algumas vezes foram considerados incoerentes com os princípios dos sistemas enxutos (*lean systems*). Contudo, a flexibilidade é o âmago dos dois primeiros princípios do *lean*, produzindo o que os clientes querem e quando querem. Certamente, é uma tarefa difícil conseguir que os sistemas sejam simultaneamente enxutos e flexíveis. O projeto robusto dos processos é necessário, baseando-se amplamente no talento da força de trabalho (o sétimo princípio do *lean*) e na instauração de uma automação flexível.

A automação flexível envolve o uso de tecnologias automatizadas e sistemas de robótica para adaptar rapidamente os processos de produção aos diferentes requisitos de produto. Para conseguir a adaptação, as empresas manufatureiras se concentram nos sistemas enxutos, pensando no problema dos tempos de preparação de linhas/*setup* necessários para mudar de um produto para outro. Em geral, a redução dos tempos de preparação de linhas/*setup*, além da redução nos custos, possibilita a produção eficiente de pequenas quantidades. Os esforços de redução do tempo de *setup* envolvem a análise dos processos para identificar as etapas que podem ser eliminadas, as que podem ser executadas com mais rapidez ou as que podem ser realizadas em paralelo. A abordagem mais comum para os sistemas enxutos visando a redução do tempo de *setup* é um procedimento sistemático de três fases:

- Fase 1: *separar os* setups *internos dos externos.* Um **setup interno** inclui qualquer procedimento de preparação que ocorra enquanto o equipamento está ocioso. Em contrapartida, um **setup externo** é qualquer atividade de preparação que os funcioná-

rios executam enquanto o equipamento está em operação. Na maioria das vezes, os processos de produção tratam todas as atividades de preparação como *setups* internos e esperam o término de uma rodada de produção para começar o processo de preparação para a próxima. No entanto, muitas atividades podem ser realizadas enquanto o equipamento ainda está operando.
- Fase 2: *converter os* setups *internos em* setups *externos.* Mais uma vez, isso é feito pelo exame do fluxograma do processo e pelo desenvolvimento de um novo processo.
- Fase 3: *racionalizar todas as atividades de um* setup. Essa fase tenta eliminar quaisquer atividades realizadas para ajustes, calibrações, posicionamento elaborado, acertos desnecessários ou rodadas experimentais.

O setor automobilístico fornece um exemplo de organização que aplica os princípios de produção enxuta para atingir um nível de flexibilidade sem precedentes. Historicamente, a maioria das fábricas de automóveis conseguia fazer apenas alguns modelos de um mesmo automóvel. Além disso, a mudança de um modelo para o outro podia levar semanas e envolver despesas imensas. Na fábrica da Honda em Ohio, porém, o tempo necessário foi reduzido para minutos. A mudança de um modelo para o outro exige apenas que os funcionários troquem peças (que lembram mãos humanas) no amplo sistema de robôs automatizados que soldam as peças.[7] A BMW instalou sistemas digitais de impressão automatizada que permitem aos clientes customizarem o teto de um Mini Cooper com suas próprias gravuras. Existem muitas outras possibilidades de customização para esse carro que permitem à BMW produzir o automóvel sob demanda, de acordo com o pedido de cada cliente.[8]

Normalmente, a instauração da produção flexível envolve a modificação dos processos básicos de linha de produção. Uma abordagem alternativa para alcançar a flexibilidade necessária para a customização em massa é a **fábrica focada**, que é essencialmente a adaptação da lógica do processamento por encomenda e por lotes, em que a flexibilidade da produção é mantida, mas os custos são reduzidos. O racional é que uma fábrica focada em algumas tarefas específicas vai superar uma fábrica que tente realizar muitas tarefas distintas. Uma fábrica pode ser focada no mercado, fornecendo uma gama de produtos para clientes com demandas semelhantes ou complementares, ou ela pode ser focada no produto, produzindo bens que tenham requisitos tecnológicos de processamento similares. Frequentemente, utiliza-se uma abordagem de "fábrica dentro da fábrica", onde várias fábricas distintas são abrigadas dentro de uma mesma edificação, aumentando a flexibilidade para lidar com requisitos variados de clientes e produtos. O fluxo de trabalho é direcionado pela especificidade de um pedido do cliente para a "fábrica" adequada que possa realizar o trabalho com mais rapidez e economia.

SEIS SIGMA

Nos últimos anos, o programa **seis sigma** para melhorias na qualidade e nos processos tem sido adotado por muitas grandes empresas nos Estados Unidos e em todo o mundo. Pelas estatísticas, o termo "sigma" refere-se ao desvio-padrão dos valores de saída de um processo e é um indicador de variabilidade. Enquanto os programas tradicionais de gestão da qualidade definiam três sigma como o objetivo, em uma abordagem seis sigma a meta é alcançar um

---

[7] Kate Linebaugh, "Honda's Flexible Plants Provide Edge," *The Wall Street Journal* (September 23, 2008), http://online.wsj.com/article/SB122211673953564349.html.

[8] Fabrizio Salvador, Pablo de Holan, and Frank T. Pilar, "Cracking the Code of Mass Cusomization," *MIT Sloan Management Review* (Spring 2009), p. 72.

processo com desvio-padrão muito menor que a gama de saídas permitidas pelas especificações do produto. Um dos principais objetivos dos programas seis sigma é projetar e melhorar produtos e processos, de modo que a variabilidade seja reduzida. Por exemplo, imagine um processo de esmerilhamento que desbasta automaticamente as peças de metal até uma largura especificada. À medida que o esmeril se desgasta, a largura média das partes processadas aumenta. É esse tipo de movimento que gera problemas de qualidade. Quando um processo é estável e centrado dentro dos limites da especificação, um nível de qualidade três sigma significa que a empresa fabrica produtos sem defeitos 99,74% do tempo. Um processo seis sigma centrado fabrica produtos sem defeitos 99,99966% do tempo. Assim, um processo seis sigma gera apenas 3,4 defeitos por milhão de peças, enquanto um processo de três sigma gera 66.807 defeitos por milhão de peças.

A abordagem seis sigma é, na verdade, um processo estruturado para primeiro identificar as fontes da variabilidade e, em seguida, reduzi-las. Os pioneiros da abordagem seis sigma na Motorola inicialmente escolheram seis desvios-padrão como meta adequada, dada a natureza de seus processos de manufatura. Na verdade, pouquíssimas operações de negócios alcançam um nível seis sigma de qualidade. Mais importante do que a meta absoluta são os processos de melhoria da qualidade que compõem o programa seis sigma.

PLANEJAMENTO DAS NECESSIDADES

Em organizações industriais complexas, um processo conhecido como **Planejamento das Necessidades de Material** (**MRP** – *Materials Requirements Planning*) é usado frequentemente para facilitar a interface entre o comprador e o fornecedor. Os sistemas de MRP tentam gerar benefícios semelhantes aos do JIT: minimizar estoque, manter a alta utilização da capacidade industrial e coordenar a entrega com as atividades de compras e produção. A implementação de sistemas MRP exige alto nível de sofisticação tecnológica. Aplicações de *software* como sistemas avançados de planejamento e programação lidam com a complexidade das informações necessárias, como duração do ciclo produtivo, quantidades disponíveis e pedidas, e capacidade da máquinas para literalmente milhares de materiais em diversos locais de fabricação.

PROJETO PARA MANUFATURA

Nos últimos anos tem sido cada vez mais reconhecido que os problemas de produção e logística são uma consequência do processo de projeto do produto. Muitas empresas projetam seus produtos sem considerar os impactos sobre os processos operacionais necessários para produzi-los ou distribui-los de acordo com os requisitos do cliente. O **projeto para manufatura** (**DFM** – *design for manufacture*) é um termo abrangente que descreve um conjunto de métodos e ferramentas que concentram as atividades de projeto na melhoria da **viabilidade de manufatura** do produto. Viabilidade de manufatura se refere à velocidade, à facilidade, à eficiência em relação ao custo e à confiabilidade com as quais um produto pode ser produzido. Os esforços do DFM empregam muitas táticas para comunicar e evidenciar as necessidades e limitações que a capacidade dos processos de produção impõe ao projeto do produto. Embora o DFM se concentre frequentemente nos aspectos da fabricação do produto, esse tipo de análise consegue abordar muitos processos por toda a cadeia de suprimentos, como:

- Projeto para montagem: concentra-se em minimizar a quantidade de peças e em facilitar os processos de montagem.
- Projeto para assistência técnica: concentra-se em facilitar a desmontagem e a reutilização dos componentes do produto.

- Projeto para seis sigma: avalia sistematicamente a consistência com a qual um produto ou serviço pode ser produzido ou entregue, dadas as capacidades dos processos utilizados.

O DFM envolve reuniões de avaliação do projeto entre os engenheiros de produto e o pessoal de produção. As reuniões nas fases iniciais do projeto e desenvolvimento se concentram geralmente nas decisões de arquitetura do produto, como a quantidade de variações do produto prevista, o potencial para reutilizar peças existentes ou padronizadas em produtos diferentes e o papel da modularidade no projeto do produto. À medida que o projeto do produto se torna mais detalhado e os protótipos são disponibilizados, as reuniões de avaliação do projeto se concentram mais nas questões de componentes e características específicas como as tolerâncias dimensionais, o uso de elementos de fixação ou outros meios de montagem e questões de geometria das peças (como forma e simetria). Os esforços de DFM têm recebido o crédito por melhorias da qualidade dos produtos, poupando ao mesmo tempo milhares ou até milhões de dólares para as empresas.

PROJETO PARA LOGÍSTICA

Assim como o DFM representa um desenvolvimento recente para a manufatura, a interface logística com outras áreas funcionais pode ser substancialmente melhorada pela incorporação de um conceito conhecido como **projeto para logística** (*design for logistics*) nas etapas iniciais do desenvolvimento do produto. Lembre-se de que os objetivos do JIT e do MRP são minimizar os estoques e o manuseio, deixando os materiais e componentes prontos para montagem ou transformação quando necessários. O modo como um produto é projetado assim como os componentes e materiais em si podem ter um impacto significativo sobre esse processo. Em especial, os requisitos de embalagem e de transporte de um produto precisam ser planejados nessa fase. Por exemplo, se os componentes de entrada são embalados em recipientes com quantidade padrão de 50 unidades, mas apenas 30 componentes são necessários para atender as necessidades de produção, haverá desperdício. Além disso, o projeto do produto e do componente tem de levar em conta os métodos de transporte e manuseio interno do material para garantir desempenho logístico livre de danos e eficiente em termos de custo. Considerações semelhantes devem ser feitas no projeto do produto final.

TABELA 5.2 Estrutura de integração estratégica.

Gestão do relacionamento com os clientes	Manufatura	Suprimentos	Logística
Foco em: Estratégias *one-on-one* Ofertas de produtos/ serviços exclusivos Puxado	Produção sob pedido (MTO): Customização em massa Configurações únicas Manufatura flexível Alta variedade	B2B Quantidades discretas Estoque gerenciado pelo fornecedor	Atendimento direto: *Postponement* logístico Pequenos carregamentos
Segmentado: Tamanho limitado Grupos de clientes Produtos diferenciados Misto de puxado e empurrado	Montagem sob pedido (ATO) Ampla variedade Rapidez nas alterações na produção Customização de produtos Alta variedade e alto volume	B2B JIT	*Postponement* de manufatura ou de forma e logístico ATO no depósito Combinação de atendimento direto e via depósitos Carregamentos consolidados
Marketing de massa: Empurrado Pouca diferenciação dos produtos	Produção sob planejamento (MTP): Longos turnos de produção Foco no baixo custo Alto volume/pouca variedade	B2B *Commodity* Leilão Compras eletrônicas	Armazenamento: Estratégia de estoque total *Mix* de produtos Carregamentos de grandes volumes

A Tabela 5.2 resume as relações fundamentais entre a gestão do relacionamento com os clientes, os suprimentos, a produção e os requisitos logísticos discutidos nos três capítulos anteriores. A estrutura é útil para se posicionar em relação à maneira como os requisitos logísticos fluem a partir das estratégias de gestão do relacionamento com os clientes, produção e suprimentos.

Resumo

Uma preocupação importante da manufatura é a qualidade do produto, pré-requisito para qualquer empresa que deseja ser um competidor global. Na verdade, a qualidade do produto tem várias dimensões diferentes. Pode significar confiabilidade, durabilidade, desempenho do produto e conformidade com as especificações projetadas. Da perspectiva do cliente, também pode incluir aspectos dos atributos do produto, da estética ou da capacidade de serviço. Empresas de primeira linha implementaram programas de Gestão da Qualidade Total em todas as atividades, em um esforço para alcançar a qualidade segundo a perspectiva de seus clientes.

Os fabricantes equilibram volumes, variedades e capacidades de produtos com os requisitos e as restrições do cliente. Os processos utilizados refletem as estratégias alternativas relacionadas a ETO, MTP, ATO ou MTO. Por sua vez, os clientes sofrem o impacto da escolha estratégica no que diz respeito ao prazo de entrega total. Vários desenvolvimentos contemporâneos deram nova forma a esses processos e estratégias. Esses desenvolvimentos incluem a customização em massa, os sistemas enxutos, a produção flexível e o seis sigma, e incorporam ainda requisitos de produção e logística ao projeto do produto. O resultado é um conjunto de competências mais integrado, eficiente e eficaz, para atender efetivamente as necessidades dos clientes.

Nos Capítulos 3, 4 e 5, considerações estratégicas relacionadas à gestão do relacionamento com o cliente, às compras e à manufatura foram discutidas por causa de seu impacto combinado sobre os requisitos logísticos. Foram identificados diversos *trade-offs* importantes. A questão fundamental é que a otimização isolada de qualquer área funcional específica sem levar em conta os requisitos e o impacto em outras funções provavelmente não resultará em um desempenho integrado.

Questões para Revisão

1 Usando os televisores como exemplo, de que maneira três marcas diferentes podem ser percebidas por diferentes consumidores como a marca de melhor qualidade no mercado?

2 Explique de que maneira as restrições na produção estão inter-relacionadas às decisões de uma empresa quanto ao volume e à variedade.

3 Por que os custos de manufatura e compras de uma empresa tendem a aumentar quando ela muda de uma estratégia MTP para uma MTO? Por que os custos de estoque tendem a diminuir?

4 De que maneira a estratégia de marketing de uma empresa produz impacto sobre suas decisões em relação à estratégia de produção adequada?

5 Muitas pessoas acham que os sistemas enxutos são incompatíveis com a customização em massa e com a produção flexível. Por que essa conclusão é incorreta?

6 Quais são os elementos-chave do projeto para manufatura ou para logística?

DESAFIOS

1 Por que você acha que a Levi Strauss abandonou o seu programa de customização em massa?

2 Quais abordagens alternativas você recomendaria para a Levi Strauss corresponder com mais aderência às necessidades do cliente?

3 Quais são os fatores críticos para o sucesso da Mars, da BMW e da Reebok em suas estratégias de customização em massa?

4 Escolha um produto que seja importante para você. De que modo um fabricante poderia implementar os fatores críticos para o sucesso que você identificou na pergunta anterior visando à customização em massa do produto escolhido por você?

Planejamento de operações integradas

CAPÍTULO 6

RESUMO DO CAPÍTULO

PLANEJAMENTO DA CADEIA DE SUPRIMENTOS
VISIBILIDADE DA CADEIA DE SUPRIMENTOS
CONSIDERAÇÃO SIMULTÂNEA DE RECURSOS
UTILIZAÇÃO DE RECURSOS
APLICAÇÕES DO PLANEJAMENTO DA CADEIA DE SUPRIMENTOS
PLANEJAMENTO DA DEMANDA
PLANEJAMENTO DA PRODUÇÃO
PLANEJAMENTO LOGÍSTICO
DESDOBRAMENTO DO ESTOQUE
PLANEJAMENTO DE VENDAS E OPERAÇÕES
O PROCESSO DE S&OP
COMO FAZER O S&OP FUNCIONAR
VISÃO GERAL DO SISTEMA APS
COMPONENTES DO SISTEMA APS
BENEFÍCIOS DO PLANEJAMENTO DA CADEIA DE SUPRIMENTOS
CONSIDERAÇÕES SOBRE O PLANEJAMENTO DA CADEIA DE SUPRIMENTOS
PLANEJAMENTO EMPRESARIAL INTEGRADO
RESUMO DO PLANEJAMENTO DA CADEIA DE SUPRIMENTOS
PLANEJAMENTO, PREVISÃO E REABASTECIMENTO COLABORATIVOS
PREVISÃO DE DEMANDA
REQUISITOS DA PREVISÃO
COMPONENTES DA PREVISÃO
PROCESSO DE PREVISÃO
TÉCNICAS DE PREVISÃO
ACURÁCIA DAS PREVISÕES
RESUMO
QUESTÕES PARA REVISÃO
DESAFIOS

O tema dominante da gestão da cadeia de suprimentos é conseguir a integração operacional, e seus benefícios estão diretamente relacionados à captura de eficiências entre funções dentro de uma empresa, bem como entre as diversas empresas que constituem uma cadeia de suprimentos. O capítulo se concentra nos desafios do planejamento operacional da cadeia de suprimentos ao examinar como e por que tal planejamento gera valor e ao detalhar os desafios relacionados ao desenvolvimento de um plano eficaz. O processo de Planejamento de Vendas e Operações (S&OP – *Sales and Operating Planning*) é discutido pela perspectiva da colaboração multifuncional e multiorganizacional eficaz. A discussão sobre o S&OP inclui a descrição e a ilustração do **Sistema de Planejamento e Programação Avançados** (**APS** – *Advanced Planning and Scheduling*), que é seguida por uma discussão sobre iniciativas mais abrangentes de planejamento empresarial integrado que muitas empresas começaram a realizar. Após uma breve discussão sobre **Planejamento, Previsão e Reabastecimento Colaborativos** (**CPFR** – *Collaborate Planning, Forecasting and Replenishment*), o capítulo é concluído com uma discussão abrangente sobre previsão de demanda.

PLANEJAMENTO DA CADEIA DE SUPRIMENTOS

O PLANEJAMENTO OPERACIONAL da cadeia de suprimentos exige a coordenação dos processos identificados no Capítulo 1. A capacidade de resposta do planejamento da demanda, a colaboração no relacionamento com clientes, o atendimento do pedido/prestação de serviço, a customização da manufatura e a colaboração no relacionamento com fornecedores têm de ser coordenados para satisfazer os clientes e usar os recursos de modo eficaz. O sistema que proporciona essa coordenação é o planejamento da cadeia de suprimentos.

O sistema de planejamento da cadeia de suprimentos e os sistemas de informação de apoio buscam integrar as informações e coordenar as decisões gerais de logística e cadeia de suprimentos ao mesmo tempo que reconhecem a dinâmica entre as funções e os processos de outras empresas. Os três fatores que orientam o planejamento eficaz são: (1) visibilidade na cadeia de suprimentos; (2) consideração simultânea de recursos; e (3) utilização de recursos.

VISIBILIDADE NA CADEIA DE SUPRIMENTOS

A primeira razão para o desenvolvimento de um sistema de planejamento é a necessidade de visualizar a localização e a situação do estoque e dos recursos da cadeia de suprimentos. **Visibilidade** não implica apenas monitorar estoques e recursos da cadeia de suprimentos, mas também avaliar e administrar as informações relacionadas aos recursos disponíveis de maneira eficaz. Por exemplo, os fabricantes têm milhares de cargas em trânsito a todo instante e mantêm seu estoque em centenas de locais em todo o mundo. Simplesmente conseguir identificar as cargas e o estoque não é suficiente; a visibilidade na cadeia de suprimentos requer uma gestão de exceção para realçar a necessidade de recursos ou planos de atividade para minimizar ou prevenir problemas potenciais.

Embora os Estados Unidos e seus aliados tenham demonstrado os benefícios do planejamento militar eficaz e do desdobramento da tecnologia durante as guerras do Golfo, o Departamento de Defesa dos Estados Unidos aprendeu que seus sistemas logísticos e de cadeia de suprimentos não seguiram o mesmo padrão. A principal razão citada para o mau desempenho logístico foi a falta de visibilidade na cadeia de suprimentos. Por motivos de desdobramento e segurança, o Departamento de Defesa e seus principais fornecedores não tinham sistemas de informação integrados capazes de documentar ou identificar a situação ou o local do estoque. Havia integração mínima entre cada força militar (Exército, Marinha e Aeronáutica) e seus prestadores de serviço logístico, como a Agência de Logística de Defesa. Essa integração logística não recebera historicamente uma atenção especial. Essa falta de integração, aliada ao medo de que inimigos potenciais poderiam obter vantagens ao invadir o sistema de rastreamento ou ao monitorar as movimentações, resultou em um desempenho que não refletia a moderna gestão da cadeia de suprimentos.

A visibilidade limitada em relação ao estoque em trânsito e aos horários de chegada esperados gerou em uma incerteza significativa na disponibilidade de produtos. A falta de certeza em uma situação na qual a disponibilidade de produtos é crítica resultou em estoque adicional e requisitos para reduzir a probabilidade de falta de estoque. Embora esteja claro que nenhuma força militar pode tolerar falta de suprimentos, estoques excessivos são caros e normalmente desperdiçam recursos críticos.

CONSIDERAÇÃO SIMULTÂNEA DE RECURSOS

Se a visibilidade do sistema de planejamento determina o *status* e a disponibilidade dos recursos, a segunda razão para um sistema de planejamento é a necessidade de considerar a combinação de demanda, capacidade, requisitos de materiais e restrições da cadeia de suprimentos. O projeto da cadeia de suprimentos reflete a demanda dos clientes em termos de quantidade de produtos, pontualidade da entrega e localização. Embora alguns desses requisitos possam ser negociáveis, a logística tem de trabalhar de acordo com os requisitos e os padrões acordados.

As restrições para satisfazer os requisitos do cliente podem ser de material, produção, armazenamento e transportes, que representam as restrições físicas dos processos e das instalações. Métodos de planejamento tradicionais normalmente consideravam as restrições de capacidade de modo sequencial. Por exemplo, faz-se um plano inicial que funciona dentro das restrições de produção. Esse plano é ajustado para refletir as restrições de materiais e insumos. O segundo plano é revisado para considerar as restrições de armazenamento e transporte. Embora os processos e as sequências possam ser diferentes, a tomada de decisão sequencial resulta em um planejamento inferior e na subutilização da capacidade.

Alcançar o desempenho desejado na cadeia de suprimentos requer considerar simultaneamente os requisitos relevantes da cadeia de suprimentos e das restrições de capacidade para identificar *trade-offs* em que o aumento dos custos funcionais, como os de produção ou armazenamento, pode levar à diminuição dos custos totais do sistema. Um sistema de planejamento precisa avaliar quantitativamente os *trade-offs* e sugerir planos que possam otimizar o desempenho geral.

UTILIZAÇÃO DE RECURSOS

As decisões gerenciais de logística e da cadeia de suprimentos influenciam muitos recursos empresariais, incluindo produção, instalações e equipamentos de distribuição, equipamentos de transporte e estoque. Esses recursos consomem uma proporção substancial dos ativos fixos e circulantes de uma empresa típica. O gerenciamento funcional deve se concentrar na utilização de recursos dentro de seu escopo de responsabilidade. Por exemplo, os gestores de produção se concentram em minimizar a utilização de fábricas e equipamentos necessários para operar. O resultado disso são longos turnos de produção exigindo um mínimo de configurações iniciais e alterações na produção. No entanto, invariavelmente eles resultam em mais estoque de produtos acabados, visto que quantidades substanciais são fabricadas em antecipação à demanda projetada. Todo excesso de estoque aumenta a necessidade de capital de giro e de espaço. Turnos de produção mais longos também exigem previsões mais precisas e de prazo mais longo.

Com os *trade-offs* de recursos funcionais em mente, a principal razão que orienta o desenvolvimento de um sistema de planejamento é a necessidade de uma abordagem coordenada que considere as necessidades de serviço ao mesmo tempo que minimiza os recursos combinados da cadeia de suprimentos. Isso é uma capacidade crítica quando o desempenho da cadeia de suprimentos e da empresa coloca grande ênfase na utilização dos ativos gerais.

APLICAÇÕES DO PLANEJAMENTO DA CADEIA DE SUPRIMENTOS

O PLANEJAMENTO DA CADEIA de suprimentos está aumentando em frequência e escopo. Essas aplicações estão evoluindo para facilitar a consideração de uma gama mais ampla de atividades e recursos dentro do escopo dos planos da cadeia de suprimentos. No entanto, existem algumas aplicações comuns para a maioria dos ambientes de planejamento. Eles incluem planejamento da demanda, planejamento da produção e planejamento logístico.

PLANEJAMENTO DA DEMANDA

A crescente complexidade das ofertas de produtos e táticas de marketing em conjunto com ciclos mais curtos de vida do produto requer maior acurácia, flexibilidade e consistência na determinação das necessidades de estoque. Os sistemas de gestão da demanda procuram oferecer essas capacidades.

A gestão da demanda desenvolve a previsão que orienta os processos empurrados da cadeia de suprimentos. As previsões são as projeções de demanda mensal, semanal ou diária que determinam os requisitos de produção e estoque. Cada quantidade projetada pode incluir uma parte dos pedidos futuros colocados em antecipação à demanda do cliente junto a uma parte da demanda prevista com base no histórico. Essencialmente, o processo de gestão da demanda integra previsões baseadas no histórico e outras informações sobre eventos que podem influenciar a atividade de vendas futuras, como planos promocionais, alterações de preços e o lançamento de novos produtos, para obter a melhor visão integrada possível. As técnicas e procedimentos de previsão de demanda serão discutidos mais tarde neste capítulo.

Outro aspecto do processo de gestão da demanda se concentra na criação de consistência nas previsões através de vários produtos e depósitos. A administração integrada eficaz exige uma única previsão para cada item e instalação. Os requisitos agregados e combinados devem refletir um plano que seja consistente com as projeções divisionais e gerais das vendas e finanças da empresa. O sistema de gestão da demanda é o componente de tecnologia da informação do processo de S&OP para desenvolver o plano de marketing sem restrições. O sistema de gestão da demanda começa com uma previsão base e depois incorpora fatores como ciclo de vida do produto, mudanças nos canais de distribuição, táticas de preço e promoções e variações no *mix* de produtos. O sistema de gestão da demanda também atualiza os planos logísticos acurados, previsões exclusivas para cada depósito e produto, com os planos agregados nacionais e de grupos de produtos. Por exemplo, a soma das vendas de cada instalação de armazenamento deve ser consistente com as projeções de vendas nacionais. Da mesma forma, os requisitos de itens precisam ser ajustados para refletir o nível de atividade para itens relacionados. Por exemplo, os requisitos de produtos existentes podem ter de ser reduzidos para refletir a reação do mercado ao lançamento de um novo produto ou os requisitos de um item podem ter de ser ajustados durante a promoção de um item substituto.

PLANEJAMENTO DA PRODUÇÃO

O planejamento da produção usa a declaração de requisitos obtida da gestão da demanda em conjunto com recursos e restrições de produção para desenvolver um plano de manufatura viável. A declaração de requisitos define quais itens serão necessários e quando. Embora haja atualmente uma tendência para manufatura do tipo produção sob pedido (MTO – *Make-to-order*) e montagem sob pedido (ATO – *Assemble-to-order*), essas práticas baseadas em respostas nem sempre são possíveis devido à capacidade de produção, à tecnologia ou a restrições de recursos, estas que ocorrem na forma de disponibilidade de instalações, equipamentos e mão de obra.

Os sistemas de planejamento da produção combinam os planos de requisitos com as restrições de produção. O objetivo é satisfazer os requisitos necessários com o custo total mínimo de produção ao mesmo tempo que não se violam as restrições. O planejamento da produção eficaz resulta em um plano sequencial para fabricar os itens corretos de modo pontual, ao mesmo tempo em que se opera dentro das restrições de instalações, equipamentos e mão de obra. O planejamento da produção identifica os itens que devem ser fabricados em antecipação à necessidade para permanecer dentro das restrições de produção e, ainda assim, minimizar o estoque.

PLANEJAMENTO LOGÍSTICO

O planejamento logístico coordena o transporte, o armazenamento e o estoque dentro da empresa e entre os parceiros da cadeia de suprimentos. Historicamente, os setores de compras e de transporte de produtos acabados tentavam minimizar seus custos de frete individualmente. O setor de compras minimizava a despesa de movimentação de matéria-prima trabalhando com fornecedores e transportadoras que traziam produtos. A logística se concentrava em minimizar a despesa de frete de saída trabalhando com clientes e suas transportadoras. Muitas vezes também há um terceiro foco administrativo relacionado a transportes internacionais. As perspectivas individuais dos transportes normalmente resultam em economias de escala limitadas, compartilhamento limitado de informações e despesas excessivas de movimentação.

O planejamento logístico integra as demandas gerais de movimentação, disponibilidade de veículos e custos de movimentação relevantes em um sistema comum de apoio à decisão que busca minimizar as despesas gerais de frete. A análise sugere maneiras pelas quais o frete pode ser transferido para outras transportadoras ou consolidado para obter economias de escala. Ela também facilita o compartilhamento de informações com transportadoras e outros prestadores de serviço para permitir melhor utilização dos ativos.

O planejamento logístico é essencial para a utilização eficaz dos recursos. A falta de ferramentas precisas e abrangentes de planejamento logístico e da cadeia de suprimentos historicamente resulta em mau uso da capacidade de produção, armazenamento e transporte. O foco cada vez mais forte na melhoria da utilização de ativos em conjunto com a melhoria nas capacidades e técnicas de administração da informação e análise de decisão tornou os sistemas abrangentes de planejamento mais realistas.

O planejamento eficaz requer uma combinação de sistemas de informação para fornecer os dados e gerentes para tomar decisões. A seção a seguir ilustra alguns dos conflitos específicos associados ao S&OP e descreve os principais componentes dos processos e do sistema.

DESDOBRAMENTO DO ESTOQUE

O desdobramento do estoque representa um dos principais fatores de integração dos objetivos de vendas, marketing e finanças. Sua atividade pode ser realizada de forma independente por áreas individuais da cadeia de suprimentos, de maneira integrada pela cadeia como um todo, ou de maneira coordenada por toda a empresa. Quando feita de forma coordenada, a empresa inteira muitas vezes é chamada de Planejamento de Vendas e Operações (S&OP).

Esses objetivos estratégicos são desenvolvidos para um horizonte de planejamento de vários anos e frequentemente incluem atualizações trimestrais. Os objetivos estratégicos de vendas e marketing definem os mercados-alvo, o desenvolvimento de produtos, as promoções, outros planos de marketing e o papel das atividades logísticas com valor agregado, como o nível e a capacidade de serviço. Os propósitos de vendas e marketing são as políticas e os objetivos de atendimento ao cliente que definem a logística, as atividades da cadeia de suprimentos e as metas de desempenho. Estas incluem a disponibilidade de serviços, a capacidade e os elementos de qualidade discutidos anteriormente. Os objetivos estratégico-financeiros definem os níveis da receita, dos recursos financeiros e das atividades, bem como as despesas correspondentes e as restrições de capital e recursos humanos.

A combinação dos objetivos de vendas, de marketing e financeiros define o escopo dos níveis de mercado, produtos, serviços e atividades que os gerentes de logística e da cadeia de suprimentos têm de ajustar no horizonte de planejamento. Objetivos específicos incluem níveis de atividade projetados anual ou trimestralmente, como volume de receita e carregamento. Entre os eventos que têm de ser considerados, estão o lançamento e as promoções de produtos, a apresentação aos mercado e as aquisições. Desse modo ideal, os planos de marketing e financeiro devem ser integrados e consistentes, já que as incoerências resultam em serviço ruim, excesso de estoque ou fracasso em atingir objetivos financeiros.

O processo de desdobramento (*deployment*) do estoque tem de incluir elementos de longo e curto prazos. Os de longo prazo se concentram nos planos anuais ou trimestrais, com a finalidade de coordenar os planos de marketing e financeiros para atingir os objetivos empresariais. Embora as operações logísticas da cadeia de suprimentos não sejam o foco principal, elas merecem alguma consideração, já que os planejadores têm de garantir que haja capacidade suficiente de produção agregada, armazenamento e movimentação. Os de curto prazo se concentram nos planos semanais e diários, com o objetivo de coordenar os recursos logísticos da cadeia de suprimentos, para garantir que as solicitações específicas do cliente possam ser satisfeitas. O propósito principal de um sistema de desdobramento (*deployment*) do estoque é um plano integrado, chamado Sistema de Planejamento de Programação Avançados (APS – *Advanced Planning and Scheduling*). Uma discussão detalhada sobre o sistema APS é apresentada mais adiante neste capítulo.

PLANEJAMENTO DE VENDAS E OPERAÇÕES

O S&OP É UM PROCESSO que coordena os planos de oferta e demanda em toda a empresa, que inclui o compartilhamento de informações e a definição de responsabilidades, visando desenvolver de forma sistemática um planejamento comum e coerente. Embora o S&OP seja um processo organizacional, ele também exige um suporte substancial da tecnologia de informação, podendo variar de algo simples, como algumas planilhas interligadas, até um APS sofisticado, o qual é discutido mais adiante.

Em geral, a tecnologia do S&OP integra as informações da empresa relativas a previsões, disponibilidade de estoque, recursos de produção e outras restrições de recursos.

Os requisitos incluem instalações, equipamentos, mão de obra e estoques necessários para cumprir a missão logística. Por exemplo, o componente de requisitos logísticos programa os envios de produtos acabados das fábricas para os depósitos e, finalmente, para os clientes. A quantidade embarcada é calculada como a diferença entre os requisitos do cliente e o nível de estoque. Os requisitos futuros se baseiam em previsões, pedidos do cliente e promoções. As previsões se baseiam em informações de vendas e marketing, juntamente aos níveis históricos de atividade. Os pedidos do cliente incluem os pedidos atuais, as encomendas futuras já empenhadas e os contratos. A consideração da atividade promocional é particularmente importante no planejamento dos requisitos logísticos, já que frequentemente ela representa uma grande porcentagem da variação no volume e tem um grande impacto sobre a capacidade. A situação atual do estoque é a quantidade de produto disponível para o embarque. A Figura 6.1 ilustra o cálculo para determinar os requisitos logísticos periódicos.

Especificamente, para cada período, dia, semana ou mês do planejamento, a soma da previsão, dos pedidos futuros e do volume promocional representa a demanda do período. Na verdade, essa demanda é uma combinação dos três, pois as previsões atuais podem incorporar alguns pedidos futuros e parte do volume promocional. Os requisitos logísticos do período são determinados como sendo a demanda do período menos a soma do estoque disponível dos recebimentos planejados. Utilizando essa fórmula, cada período termina (em condições ideais) com zero estoque disponível, já que os recebimentos planejados seriam exatamente iguais à demanda do período. Embora a coordenação perfeita da oferta e da demanda seja desejável na perspectiva de gestão do estoque, isso pode não ser possível ou também pode não ser a melhor estratégia global para uma empresa.

+	Previsões (vendas, marketing, informações, históricos, contas)
+	Pedidos dos clientes (pedidos atuais, pedidos futuros já empenhados, contratos)
+	Promoções (promoção, planos de propaganda)
=	Demanda do período
−	Estoque disponível
−	Recebimentos planejados
	Requisitos logísticos do período

FIGURA 6.1
Requisitos logísticos.

O PROCESSO DE S&OP

Um processo integrado de S&OP é cada vez mais necessário para operações eficazes na cadeia de suprimentos e estabelece colaborativamente um plano coordenado para responder às necessidades dos clientes dentro das restrições de recursos da empresa. Tradicionalmente, as empresas têm desenvolvido sequencialmente – e, muitas vezes, independentemente – planos financeiros, operacionais e de vendas. Primeiro, o setor de finanças desenvolve planos de receita de vendas normalmente projetados para atender as expectativas dos acionistas. Depois, o setor de vendas desenvolve planos e táticas de marketing para atender as metas de receita para os grupos de produtos da empresa. Isso inclui estabelecer planos específicos de inovação, formação de preço e promoção para os produtos, com o objetivo de atingir os resultados desejados. Por fim, as operações da cadeia de suprimentos desenvolvem planos logísticos, de materiais e de produção que possam atender as demandas dos clientes dentro das restrições operacionais da empresa e seus parceiros na cadeia de suprimentos. A Figura 6.2 ilustra alguns dos conflitos envolvidos. O setor de vendas gostaria de vender uma grande variedade de produtos, respondendo rapidamente aos clientes e com prazos de entrega pequenos. Na verdade, o objetivo de vendas é maximizar a receita fornecendo aos clientes o que quiserem, quando quiserem. As operações da cadeia de suprimentos preferem minimizar as variações de produto e as alterações na produção, limitar as variações na programação e aumentar o prazo de entrega para obter vantagens das economias de escala. Na verdade, um foco importante das operações da cadeia de suprimentos é obter vantagens nas economias de escala de produção, transportes e manuseio. Como existe um potencial significativo de conflito nesses objetivos – atender as solicitações exclusivas dos clientes *versus* economias de escala operacionais –, é necessário considerar sistematicamente os *trade-offs* e criar planos coerentes de modo colaborativo. Isso inclui desenvolver e estar de acordo com as previsões, os lançamentos de produtos, as táticas de marketing e os planos operacionais que podem cumprir compromissos financeiros e com os clientes dentro das restrições da empresa.

Uma empresa de velas decorativas é utilizada para ilustrar alguns dos *trade-offs* envolvidos. Primeiro, o grupo financeiro fornece à Wall Street as projeções de vendas da empresa para o próximo trimestre. Com as projeções financeiras como objetivo, a área de marketing determina a combinação de volume e preço do *mix* de produtos que poderia alcançar esses objetivos. Frequentemente, para atingir o maior volume, o marketing utiliza algumas táticas, como uma maior variação nos aromas ou nos tamanhos das embalagens, ou outros tipos de inovação. A menos que a empresa possa terceirizar as atividades da cadeia de suprimentos, a maior variação dos produtos costuma desafiar a capacidade atual da cadeia de suprimentos devido ao aumento dos tempos de preparação de linha/*setup*. Assim, dados os objetivos financeiros, as empresas empregam um processo de S&OP para avaliar os *trade-offs* entre o aumento da receita resultante das iniciativas de marketing e o maior custo da cadeia de suprimentos devido à maior complexidade dos produtos ou ao fato de se aproximar do limite de capacidade. Por meio dessa avaliação a empresa consegue determinar a combinação mais rentável das atividades de marketing e da cadeia de suprimentos.

Balanceando objetivos

Operações		Vendas
• Previsões acuradas • Poucos produtos • Turnos longos • Programações estáveis • Prazos de entrega longos • Maximizar a produção	• Capital de giro alto (estoque) • Níveis inferiores de serviço • Qualidade inferior • Margens menores	• Previsões agregadas • Muitas variações nos produtos • Resposta rápida • Alto nível de serviço • Maximizar a receita

Abordagem funcional tradicional do planejamento leva a interesses distintos, ações não otimizadas e melhorias mais lentas

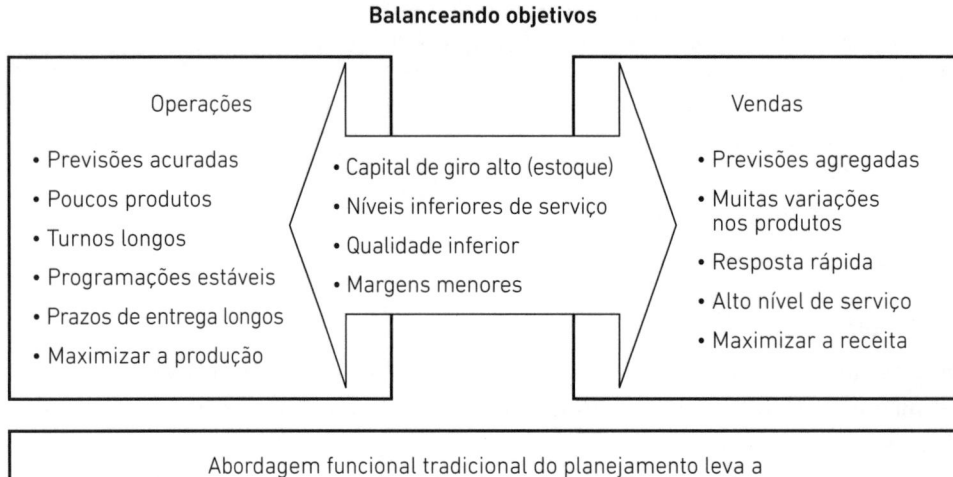

FIGURA 6.2 Conflitos no processo de planejamento.

Embora o S&OP tenha considerações significativas acerca da tecnologia da informação, ele não é apenas uma aplicação da tecnologia da informação. É uma combinação de sistemas de informação, com elementos significativos de planejamento financeiro, de marketing e da cadeia de suprimentos, integrada com processos organizacionais e responsabilidades para desenvolver consenso e executar planos colaborativos. Portanto, um S&OP eficaz exige uma mistura de processos e tecnologias dentro de uma organização colaborativa. A Figura 6.3 ilustra o processo de S&OP. Seu primeiro componente é um planejamento considerando uma previsão financeira e um orçamento correspondente. Esse plano é usado para orientar os níveis de atividade e determinar o volume agregado e as necessidades de recursos. Já o segundo é o plano de vendas, que é desenvolvido a partir do plano de marketing sem restrições. Esse plano determina o nível máximo de vendas e lucratividade que poderia ser atingido se não houvesse restrições operacionais na cadeia de suprimentos. Como indica a Figura 6.3, o plano de marketing sem restrições sintetiza as informações sobre os pedidos recebidos, clientes atuais e novos, concorrentes, margens de venda, potencial de novos produtos, formação de preços e a economia geral para projetar quais seriam as vendas sem as restrições operacionais na cadeia de suprimentos. O componente final do S&OP é o plano de recursos, que é desenvolvido a partir das restrições de recursos internos da empresa e de seus parceiros. O plano operacional sintetiza as demandas e restrições de recursos para identificar e avaliar *trade-offs* potenciais.

O planejamento empresarial e os planos de marketing sem restrições e de recursos são integrados e sincronizados ao longo do processo de S&OP, que exige uma combinação de tecnologia para identificar e avaliar as restrições, bem como os *inputs* gerenciais para determinar quais restrições poderiam ser liberadas na forma de priorização dos envios para os clientes, alterações nos planos de marketing, operações em horas extras ou produção terceirizada. Concluído o processo de S&OP para períodos atuais e futuros, o resultado é um plano comum e coerente que sintetiza os planos financeiro e de marketing da empresa com suas capacidades de recursos. Quando esse plano agregado é aprovado, ele se torna a base para os sistemas de planejamento da cadeia de suprimentos mais acurados. A próxima seção discute algumas dessas aplicações em detalhe.[1]

---

[1] Para uma discussão sobre o conteúdo S&OP, veja Deep R. Parekh, "S&OP More Prevalent, Global," *American Shipper,* June 2008, pp. 28-33.

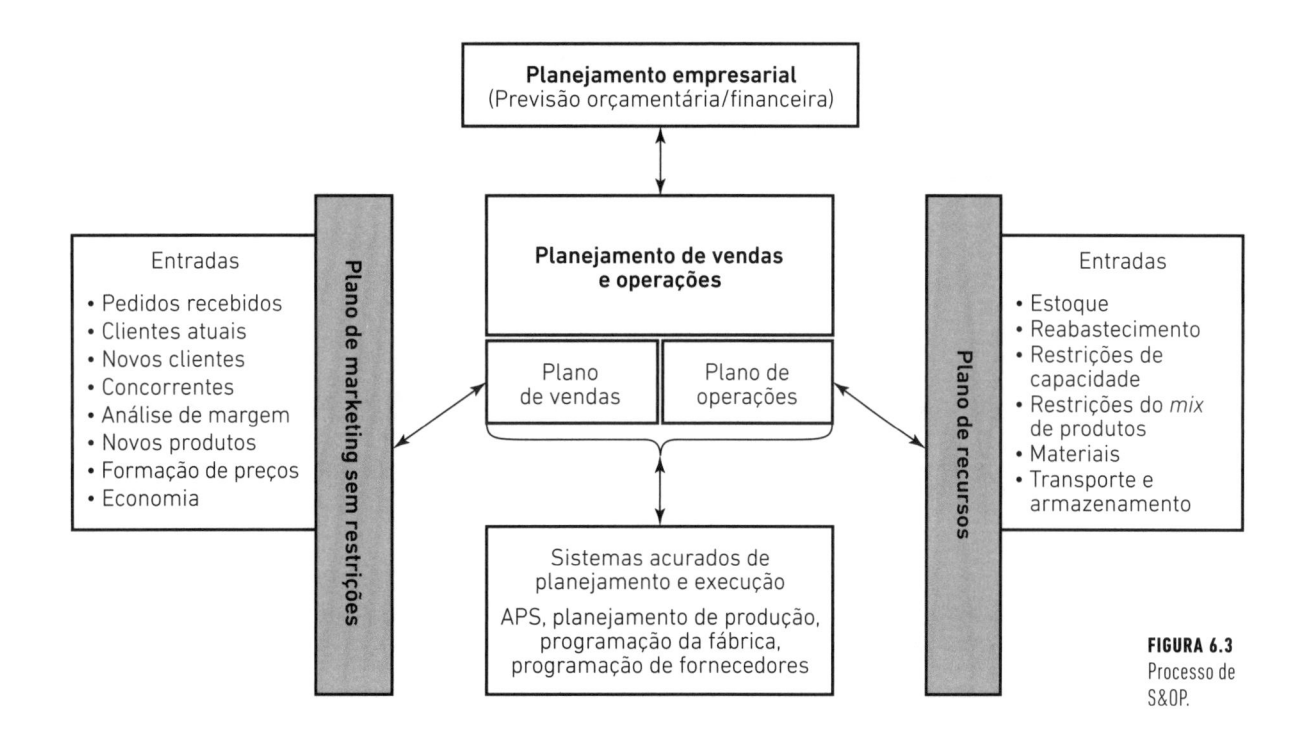

```
                    ┌─────────────────────────────┐
                    │   Planejamento empresarial  │
                    │ (Previsão orçamentária/     │
                    │        financeira)          │
                    └──────────────┬──────────────┘
                                   ↕
┌──────────────────┐    ┌─────────────────────────┐    ┌──────────────────┐
│    Entradas      │    │  Planejamento de vendas │    │    Entradas      │
│                  │    │       e operações       │    │                  │
│• Pedidos         │    ├────────────┬────────────┤    │• Estoque         │
│  recebidos       │←→  │   Plano    │  Plano de  │ ←→ │• Reabastecimento │
│• Clientes atuais │    │ de vendas  │  operações │    │• Restrições de   │
│• Novos clientes  │    └────────────┴────────────┘    │  capacidade      │
│• Concorrentes    │                 ↕                 │• Restrições do   │
│• Análise de      │    ┌─────────────────────────┐    │  mix de produtos │
│  margem          │    │  Sistemas acurados de   │    │• Materiais       │
│• Novos produtos  │    │ planejamento e execução │    │• Transporte e    │
│• Formação de     │    │ APS, planejamento de    │    │  armazenamento   │
│  preços          │    │ produção, programação   │    │                  │
│• Economia        │    │ da fábrica, programação │    │                  │
│                  │    │ de fornecedores         │    │                  │
└──────────────────┘    └─────────────────────────┘    └──────────────────┘
```

FIGURA 6.3 Processo de S&OP.

Embora nem toda empresa use um processo integrado e coordenado de S&OP, praticamente todas elas desenvolvem planos empresariais de marketing e operacionais. Quando o processo de S&OP não é integrado nem colaborativo, não há *feedback* ou sincronização. O resultado é uma alta probabilidade de que ele não seja consistente e de que surjam conflitos. Como indica a Figura 6.2, tais conflitos muitas vezes resultam em clientes insatisfeitos e/ou má utilização de recursos. É importante notar que as setas na Figura 6.3 são bidirecionais, o que indica que um processo de S&OP eficaz exige um fluxo bidirecional de informações e colaboração. As empresas estão se interessando cada dia mais por um processo de S&OP mais formal e colaborativo para facilitar o atendimento a requisitos precisos de clientes cada vez mais exigentes dentro das restrições que estão sendo impostas por empresas cada vez mais preocupadas com seus ativos.

COMO FAZER O S&OP FUNCIONAR

Posicionar o S&OP como um processo essencial de planejamento do negócio requer a plena compreensão da estrutura operacional. O S&OP bem-sucedido requer uma análise colaborativa das informações disponíveis, métricas operacionais compartilhadas e envolvimento da alta liderança. As chaves para a implementação bem-sucedida do S&OP estão apresentadas na Tabela 6.1.

Uma pergunta comum acerca do S&OP é o posicionamento organizacional. É fundamental entender que o S&OP é um processo multifuncional, e não um trabalho específico. É necessário muito trabalho para executar um que seja de sucesso. É preciso executar e monitorar o processo do S&OP continuamente, para assegurar execução bem-sucedida. No mínimo, um plano novo ou atualizado é ideal a cada período operacional sucessivo. Dado o trabalho repetitivo e acurácia necessária para um S&OP bem-sucedido, a alta administração pode justificar a criação de uma unidade organizacional para realizar o planejamento contínuo. E, embora seja lógica, essa criação específica para S&OP tende a fazer que o processo de planejamento seja de responsabilidade dessa unidade e não responsabilidade conjunta de várias unidades organizacionais.

Executar o processo mensalmente
Embora os detalhes de um bom processo de S&OP, como qualquer rotina, possam parecer um pouco maçantes, reduzir a frequência das reuniões mensais só é possível em cenários ideais – no caso das empresas que passam por poucas mudanças em seus mercados, canais, linhas de suprimento ou ofertas de produtos. Essas empresas teriam de operar com pequenos desvios a seus planos e ter os melhores indicadores-chave de desempenho. A maioria não tem, por isso precisa se reunir mensalmente.
Propriedade do processo e clareza dos papéis e responsabilidades
O S&OP requer um entusiasta do processo, alguém que conduza todo o processo para que os gerentes funcionais possam orientar as operações que se alinham com os planos estratégicos de longo prazo da empresa. O líder de S&OP deve ser um facilitador de processos e gerente com envolvimento direto na determinação do direcionamento estratégico da empresa.
Comprometimento organizacional para alcançar acurácia nas previsões
A empresa precisa ter um compromisso e uma visão de longo prazo para realizar as ações necessárias para alcançar alta acurácia nas previsões. O Plano de Demanda orienta toda a cadeia de suprimentos, desde o plano de suprimentos, o plano de produção, o plano de estoque, o plano de fornecedores e o plano financeiro. Se você não tiver um bom controle sobre o que espera que os clientes comprem, é difícil tomar boas decisões na cadeia de suprimentos.
O foco deve estar nos próximos 3 a 12 meses
Embora seja importante compreender em que ponto do orçamento uma empresa está, o foco não deve se voltar para resultados anteriores. O foco deve estar no futuro, examinando como serão os próximos 3 a 12 meses. Um processo de S&OP adequado deve, de fato, ter um horizonte de planejamento de 18 meses. Empresas que têm uma visão de mais longo prazo entendem melhor os aspectos da demanda que influenciam seus negócios; como resultado, seus planos de demanda são muito mais confiáveis, previsíveis e acionáveis.
Um plano integrado que agregue as ações de toda a organização
O propósito fundamental de um processo de S&OP integrado é rever os desvios em previsões operacionais, planos de novos produtos, orçamentos, planos de capital e aqueles referentes a atingir os objetivos do negócio. Cada passo em seu processo de S&OP deve ser orientado por um foco primordial na execução dos planos estratégicos do negócio.
Tomada de decisões da alta direção
Em um processo de S&OP de alto nível, o fim do jogo é a tomada de decisões. Se a alta direção não estiver disposta a tomar medidas, o resultado será apenas uma discussão acalorada sem nenhum benefício para o negócio. Esse problema é típico quando a Reunião Executiva de S&OP serve mais como uma sessão de "relatórios", em que poucas decisões são tomadas e menos itens de ação são atribuídos.
Medição do desempenho da cadeia de suprimentos
Muitos líderes não gostam da perspectiva de ter seu trabalho avaliado mensalmente e em público. Empresas que adotam a medição como ponto de partida para a melhoria contínua se saem muito melhor no S&OP do que aquelas que resistem à medição. Em qualquer processo de S&OP, as métricas são vitais para garantir o sucesso. Elas oferecem indicadores de como a empresa está se saindo e mostram claramente o progresso que tem sido feito para impulsionar melhorias.
Previsão *versus* plano operacional ou orçamento
Na maioria das vezes, a previsão feita pelo S&OP não corresponderá à meta do plano operacional ou do orçamento de uma empresa para determinado ano. Não há problema em esses dois planos não serem iguais em algum ponto. As empresas nunca devem ajustar artificialmente a previsão feita pelo S&OP para coincidir com o orçamento. Como a previsão feita pelo S&OP deve conduzir todas as decisões da cadeia de suprimentos, ajustar artificialmente uma previsão só vai aumentar os custos e não vai ajudar a cumprir o orçamento. O maior valor empresarial é alcançado quando as empresas estão dispostas a analisar as lacunas entre a previsão e o orçamento e a dedicar seu tempo para identificar as ações necessárias para fechar essas lacunas.

TABELA 6.1 Oito chaves para alcançar um desempenho superior usando o S&OP.

Fonte: Reproduzido com permissão de Stephen P. Crane, *CVCR Newsletter*, 3, nº 1, 2008 (Winter).

Para ser eficaz ao longo do tempo, o S&OP deve ser uma responsabilidade compartilhada entre todos os grupos funcionais de uma organização. Nenhuma atividade envolvida na gestão da cadeia de suprimentos requer mais comprometimento e propriedade compartilhada entre organizações do que um S&OP bem-sucedido. Isso significa que a liderança de todas as áreas operacionais chave deve estar comprometida com o processo de S&OP e ser responsável por alcançar o sucesso. O ideal é que esse compromisso seja reforçado por dois fatores. Primeiro, uma parte significativa da remuneração do gerente deve estar vinculada ao bom desempenho do S&OP em geral. Segundo, além da liderança funcional, deve haver envolvimento e responsabilidade regulares no processo de S&OP no nível da liderança geral. Esse comprometimento é essencial para garantir a gestão integrada multifuncional.

Outros requisitos para facilitar o uso do S&OP são:
- existência de um conjunto integrado de indicadores de desempenho operacionais e financeiros;
- visibilidade da cadeia de suprimentos e integração dos dados entre os vários níveis da empresa;
- monitoramento do desempenho e sistema de alerta para viabilizar a resposta rápida a eventos não planejados;
- análises colaborativas e multifuncionais, de modo que a empresa possa escolher a estratégia mais lucrativa entre as alternativas consideradas.

Embora a implementação do S&OP seja complexa, os benefícios são substanciais. Especificamente, as empresas relatam que o S&OP aumenta a qualidade das previsões, aumenta a porcentagem de pedidos perfeitos, reduz o tempo de ciclo da conversão de caixa e aumenta a margem de lucro. O Capítulo 15 detalha cada um desses indicadores.

Como exemplo, a iniciativa S&OP na Newell Rubbermaid melhorou especificamente o fluxo de caixa ao ajudar a empresa a gerar 30% a mais de caixa em 2009, apesar da crise econômica.[2] A segunda fase da iniciativa S&OP da Newell é se concentrar em atingir mais melhorias na previsão, otimização do estoque e capacidade de resposta global da cadeia de suprimentos.

VISÃO GERAL DO SISTEMA APS

PARA SE AJUSTAR AO PLANEJAMENTO e à execução de estratégias eficazes de logística e cadeia de suprimentos, os sistemas de planejamento da cadeia de suprimentos incorporam considerações espaciais e temporais. As considerações espaciais incluem a movimentação entre fornecedores de matéria-prima, fábricas, depósitos, distribuidores, varejistas e cliente final. As considerações temporais incluem o agendamento e a programação dessas movimentações.

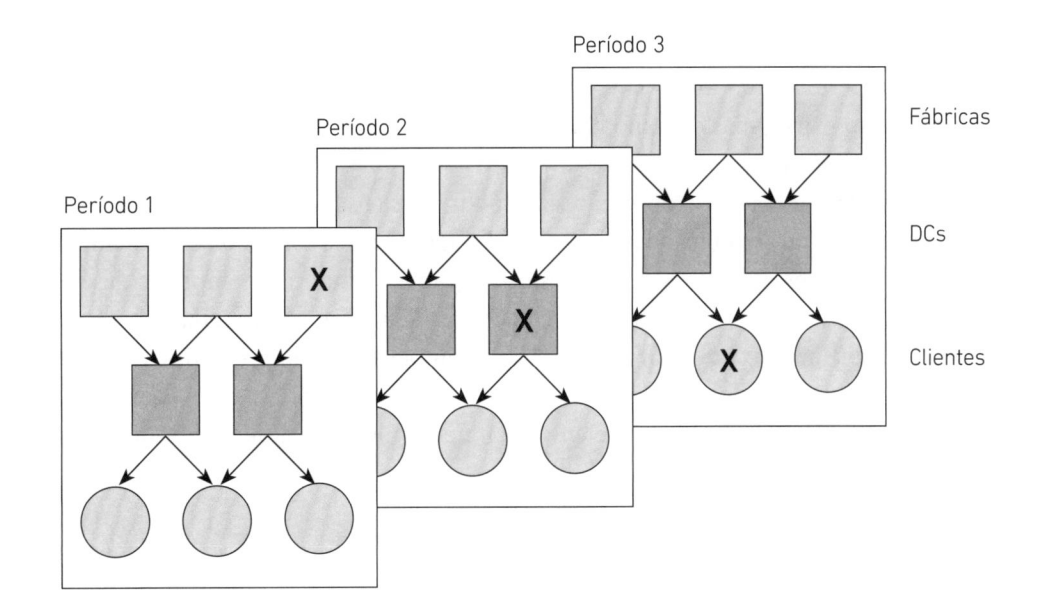

FIGURA 6.4 Visão geral do planejamento e programação avançados.

[2] Anônimo, "Newell Rubbermaid Wins Supply Chain Excellence award from Consumer Goods Technology," *Technology New Focus*, November 24, 2010, p. 1979.

TABELA 6.2 Exemplo de situação de planejamento APS.

	Período de Tempo				
	1	2	3	4	5
Requisito	200	200	300	600	200
Capacidade de Produção	300	300	200	300	300
Alternativa 1 (horas extras):					
Produção	200	200	200	600	200
Estoque	-	-	-	-	-
Alternativa 2 (produção antecipada):					
Produção	300	300	300	300	200
Estoque	100	200	300	-	-

O sistema APS na Figura 6.4 é uma rede que inclui fábricas, depósitos e clientes, bem como o fluxo de transporte. Essa rede reflete a situação e a alocação de recursos em determinado momento, por exemplo, no primeiro dia do mês. O planejamento eficaz exige um processo que possa dividir em etapas e coordenar os requisitos e restrições de recursos ao longo do tempo. Por exemplo, se o produto X é necessário para o cliente no período 3, sua movimentação ao longo da cadeia de suprimentos tem de ser dividida em etapas para ser entregue no período 3. Supondo-se um ciclo de atividades de um período entre cada etapa na cadeia de suprimentos, isso significa que o APS tem de planejar o carregamento de X na fábrica durante o período 1 e o envio a partir do centro de distribuição durante o período 2.

Mais especificamente, suponha que uma empresa esteja enfrentando a situação resumida na Tabela 6.2. Os clientes solicitaram 200 unidades de produto para os próximos cinco períodos, com exceção do período 4, quando uma promoção especial aumenta a demanda para 600 unidades. A capacidade de produção da empresa é de 300 unidades por semana. Nos extremos, a empresa pode escolher entre duas abordagens para satisfazer as solicitações dos clientes dentro das restrições de produção. A alternativa 1 é esperar até o período 4 e, então, fazer turnos de produção extras para atender às solicitações dos clientes. Essa alternativa resulta em custo de produção mais alto, mas em nenhum custo de manutenção ou armazenamento de estoques. A alternativa 2 é fabricar antecipadamente, usando a capacidade extra de 100 unidades antes do período 4. Com essa alternativa, 100 unidades extras são fabricadas e adicionadas ao estoque em todos os períodos até que sejam utilizadas, no período 4. Essa alternativa não exige turnos de produção extras, mas demanda aumento nos custos de manutenção e de armazenamento de estoque. Evidentemente, existem alternativas intermediárias a esses dois extremos. A opção ideal é escolher a combinação que resulta no menor custo combinado de fabricação e estoque. Usando técnicas de otimização linear, o APS identifica os *trade-offs* com melhor relação custo-benefício, considerando todos os custos relevantes. Embora as empresas desejassem considerar esses *trade-offs* anteriormente, a capacidade de análise só permitia a avaliação de dois ou três *trade-offs* importantes para minimizar a complexidade do problema. Ferramentas de planejamento da cadeia de suprimentos, como o APS, oferecem a capacidade de avaliar minuciosamente *trade-offs* complexos que envolvem uma grande quantidade de alternativas.

COMPONENTES DO SISTEMA APS

Embora existam muitas abordagens conceituais para o projeto das aplicações de planejamento da cadeia de suprimentos, como o APS, os principais componentes são fundamentalmente os mesmos: gestão da demanda e gerenciamento, otimização e alocação de recursos. A Figura 6.5 ilustra como esses módulos se relacionam entre si e com o sistema ERP ou legado.

```
┌─────────────────────┬─────────────────────┐
│  Gestão de recursos │→ Alocação de recursos│
├─────────────────────┼─────────────────────┤
│  Gestão da demanda  │ Otimização dos requisitos │
└─────────────────────┴─────────────────────┘
           ↑                    ↓
┌───────────────────────────────────────────┐
│ Planejamento de recursos empresariais (ERP)/ │
│            Sistema legado                 │
└───────────────────────────────────────────┘
```

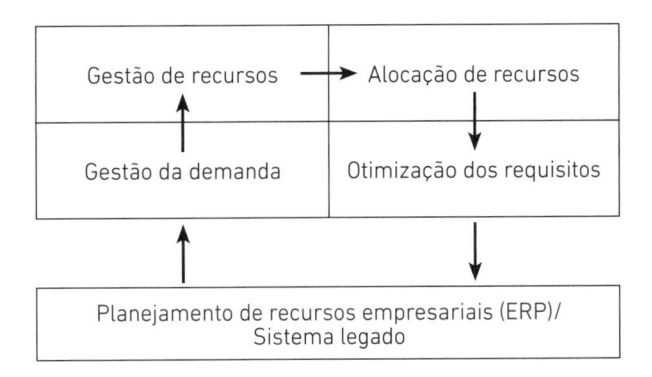

FIGURA 6.5 Módulos do sistema APS.

Os processos e as técnicas para o planejamento da demanda são discutidos na seção sobre Planejamento, previsão e reabastecimento colaborativos deste capítulo.

O módulo de **gestão da demanda** desenvolve as projeções de requisitos para o horizonte de planejamento. Na verdade, ele gera as previsões de venda com base em seu histórico, nos pedidos programados, nas atividades de marketing planejadas e nas informações sobre os clientes. No caso do planejamento das necessidades, as previsões são em termos de pedidos, mas seria em termos de carregamentos no caso do planejamento de transportes. O ideal é que a gestão da demanda trabalhe em colaboração e interação tanto interna, ao longo dos componentes funcionais da empresa, quanto externamente, com os parceiros da cadeia de suprimentos para desenvolver uma previsão comum e coerente para cada período, local e item. A previsão também tem de incorporar o *feedback* dos clientes para integrar a influência das atividades combinadas que geram demanda, como propaganda e promoção.

O componente de **gerenciamento de recursos** define e coordena os recursos e as restrições do sistema da cadeia de suprimentos. Visto que os sistemas APS usam as informações sobre recursos e restrições para avaliar os *trade-offs* associados às decisões da cadeia de suprimentos, a exatidão e a integridade das informações são fundamentais para gerar boas decisões e melhorar a credibilidade do sistema de planejamento. Evidentemente, decisões de planejamento incorretas não apenas subotimizam o desempenho da cadeia de suprimentos, mas também reduzem fortemente a credibilidade da gerência no sistema de planejamento em si. Além da definição de requisitos desenvolvida pelo módulo de gestão da demanda, o APS requer quatro outros tipos de informação: definições de produtos e clientes, definições e custos de recursos, restrições do sistema e objetivo do planejamento.

As definições de produtos e clientes fornecem constantes sobre os produtos e os clientes da empresa para apoiar o processo de planejamento. A definição de um produto inclui sua descrição técnica e física – como peso e dimensão –, e ainda custos-padrão e a lista do material necessário para a produção. No caso dos clientes, informam o local da entrega e as tarefas de distribuição, junto com requisitos especiais de serviço. A combinação de ambos define o que está sendo fabricado, o que está sendo distribuído, onde será entregue e os ciclos de atividades envolvidos na distribuição.

As definições de recursos especificam os recursos físicos usados para realizar as atividades da cadeia de suprimentos, como manufatura, armazenamento e movimentação. Os recursos incluem as taxas de produtividade de equipamentos e dos processos de produção, assim como as instalações de armazenamento e os equipamentos de transporte e sua disponibilidade. Além de definir a existência de recursos específicos, o banco de dados tem de incluir as características de custo e desempenho, bem como os custos associados ao uso de recursos.

As restrições do sistema definem as principais restrições à atividade da cadeia de suprimentos; incluem as restrições de capacidade associadas à produção, ao armazenamento e à movimentação. A capacidade de produção define quantos produtos podem ser fabricados em determinado período e quais são os *trade-offs* associados à fabricação de diversos conjuntos de produtos. A capacidade de armazenamento define a quantidade de produtos que pode ser armazenada em uma instalação específica. A capacidade de movimentação define o volume de produto que pode ser transportado entre as instalações ou para os clientes em determinado período.

A função de planejamento define critérios para o desenvolvimento de uma solução. Funções objetivas típicas incluem a minimização do custo total ou de qualquer de seus subcomponentes, atendendo a todos os requisitos dos clientes, ou a minimização da quantidade de ocorrências em que a capacidade é excedida.

Essa combinação de informações sobre gestão da demanda e gerenciamento de recursos oferece a base para a avaliação que o APS faz acerca das estratégias alternativas para a cadeia de suprimentos. O módulo inclui os bancos de dados que armazenam as definições, os recursos, as restrições e os objetivos, bem como os processos para validá-lo e mantê-lo. Os usuários estão descobrindo que um dos maiores desafios dos sistemas eficazes de planejamento da cadeia de suprimentos é a capacidade de desenvolver e manter dados precisos e coerentes.

O módulo de **otimização de recursos** é o motor computacional ou a "caixa-preta" do sistema de planejamento da cadeia de suprimentos. Combinando os requisitos do módulo de gestão da demanda e as definições, os recursos, as restrições e os objetivos do módulo de gerenciamento de recursos, assim como a programação matemática e heurística, a otimização de recursos determina como atender de modo mais eficaz as solicitações do cliente ao mesmo tempo em que otimiza a utilização de recursos. A programação matemática é uma combinação da programação linear e da programação inteira mista, que é usada para minimizar a função objetivo especificada; e a heurística é composta por regras práticas ou atalhos que reduzem os recursos de tempo ou computacionais necessários para o desenvolvimento de um plano integrado. Na verdade, o módulo de otimização de recursos avalia diversas alternativas de planejamento e sistematicamente avalia os *trade-offs* para identificar as melhores alternativas até que um resultado perto de ótimo seja alcançado. O módulo de otimização de recursos também determina quando as solicitações não podem ser atendidas e quais recursos limitam mais o desempenho da cadeia de suprimentos. Os resultados do módulo de otimização de recursos são planos da cadeia de suprimentos projetados para períodos futuros que minimizam os custos totais ao mesmo tempo que tentam operar dentro das principais restrições de recursos. O plano especifica quais produtos devem ser fabricados e determina os requisitos de movimentação e armazenamento ao longo da cadeia de suprimentos.

O módulo de otimização de recursos também pode ser usado para conduzir análises de sensibilidade ou probabilidade para determinar o impacto de alterações nos requisitos de mercado ou nas restrições. Essas análises permitem ao planejador da cadeia de suprimentos isolar o impacto da incerteza da demanda e do desempenho sobre as capacidades e as operações da cadeia de suprimentos. Usando a ideia de *trade-offs* e o impacto da incerteza, o módulo de otimização de recursos no planejamento da cadeia de suprimentos orienta o planejador no estabelecimento da estratégia mais eficaz de terceirização, produção, movimentação e armazenamento.

Depois que o planejador revisa e avalia os resultados do módulo de otimização de recursos, o módulo de **alocação de recursos** especifica as indicações de recursos e os comunica ao sistema ERP para iniciar as transações adequadas. Os resultados incluem requisitos de compras, produção, armazenamento e transportes. As solicitações específicas podem ser comunicadas ao sistema ERP na forma de transações ou instruções para a realização de uma atividade específica. Cada transação inclui instruções acuradas acerca do tipo de atividade da cadeia de suprimentos, fornecedores, clientes, produtos envolvidos e programação necessária, junto com uma lista de produtos relevantes e quantidades. O módulo de alocação de recursos também fornece informações sobre quando o estoque está "disponível para promessa" (ATP – *Available-to-promise*) ou quando há "capacidade para promessa" (CTP – *Capable-to-promise*). O estoque ATP é usado para designar que, embora o estoque de fato não esteja disponível no momento, ele estará disponível para carregamento ou comprometido para uma data específica no futuro. Na verdade, a designação ATP permite que as empresas comprometam a produção **já programada** para os clientes. O estoque CTP é usado para designar quando os produtos solicitados podem ser prometidos para entrega futura. O CTP exige uma análise muito mais ampla, já que determina se haverá capacidade futura específica, dadas as demandas atuais e projetadas da cadeia de suprimentos. ATP e CTP podem melhorar drasticamente o desempenho e a eficácia da cadeia de suprimentos ao permitir compromissos considerando produção e capacidade futuras. Isso resulta em cumprir os compromissos mais rapidamente com os clientes, menos surpresas e melhor utilização de recursos.

BENEFÍCIOS DO PLANEJAMENTO DA CADEIA DE SUPRIMENTOS

Embora tenhamos discutido alguns benefícios do planejamento da cadeia de suprimentos anteriormente, três grandes benefícios advêm da utilização de um sistema de planejamento. São eles: capacidade de resposta a mudanças, perspectiva abrangente e utilização de recursos.

Primeiro, os gerentes de logística e cadeia de suprimentos têm usado prazos de entrega estendidos e pausas na programação para planejar a atividade futura da cadeia de suprimentos. Por exemplo, uma produção pode ser programada para três a quatro semanas no futuro e então congelada para minimizar imprecisões e permitir a utilização eficaz dos recursos. Longos prazos de entrega e períodos de "congelamento" de programações eram necessários porque o processo de planejamento era complexo e exigia análises substanciais. Embora essa abordagem reduzisse as imprecisões, ela também reduzia substancialmente a flexibilidade e a capacidade de responder à demanda. Os clientes de hoje exigem mais capacidade de resposta às necessidades do mercado, e a demanda por níveis de estoque mais baixos descarta períodos de ciclo longos. As mudanças no mercado e na empresa podem ser realizadas rapidamente nos módulos de gestão da demanda e de gerenciamento de recursos, permitindo que o processo de planejamento use a informação mais recente e exata. O módulo de otimização de recursos, então, decide a alocação, permitindo ciclos de planejamento diários e semanais, em vez de parar por diversas semanas ou meses. O planejamento da cadeia de suprimentos, portanto, resulta em um processo que pode ter muito mais capacidade de resposta a mudanças no mercado ou na empresa.

Segundo, o gerenciamento eficaz da cadeia de suprimentos exige planejamento e coordenação entre todas as funções da empresa e entre os parceiros da cadeia. O processo tem de considerar os *trade-offs* associados à transferência de atividades e recursos entre funções e organizações. Uma perspectiva tão abrangente aumenta substancialmente a complexidade do processo de planejamento. A complexidade resulta da quantidade de organizações, instalações, produtos e ativos que devem ser considerados na coordenação de atividades e recursos em uma cadeia de suprimentos inteira. Os sistemas de planejamento da cadeia de suprimentos oferecem recursos que a consideram estendida e fazem os *trade-offs* adequados para atingir o desempenho ótimo.

Terceiro, o planejamento da cadeia de suprimentos em geral resulta em melhorias substanciais no desempenho. Embora um planejamento mais abrangente e a redução da incerteza normalmente resultem em aperfeiçoamento no serviço ao cliente, outro grande benefício do sistema de planejamento é a melhoria na utilização de recursos.

Um planejamento mais eficaz e baseado em respostas permite uma atribuição mais nivelada de recursos para a capacidade de compras, produção, armazenamento e transporte. O resultado é que a capacidade existente é usada de modo mais eficaz. As empresas também relatam que os sistemas de planejamento da cadeia de suprimentos reduzem significativamente a necessidade de ativos por causa da suavização da demanda de recursos. Essa redução gira em torno de 20% a 25% em fábricas, equipamentos, instalações e estoque.

CONSIDERAÇÕES SOBRE O PLANEJAMENTO DA CADEIA DE SUPRIMENTOS

Embora o planejamento abrangente da cadeia de suprimentos seja uma competência relativamente nova, a perspectiva futura é tão brilhante quanto o desenvolvimento de tecnologias e da capacidade de avaliar e gerenciar com eficácia as cadeias de suprimentos integradas. O planejamento pode apresentar uma perspectiva abrangente e dinâmica de toda a cadeia de suprimentos e se concentrar na redução dos requisitos de ativos, conforme exigem os mercados financeiros. Antes da implementação real, existem muitas considerações acerca da adoção do sistema de planejamento da cadeia de suprimentos. Segundo os gerentes, as principais considerações são: (1) aplicação integrada *versus* anexada; (2) integridade dos dados; e (3) capacitação para uso do aplicativo.

A primeira consideração refere-se ao nível de integração com outras aplicações da cadeia de suprimentos. Tecnicamente, existem três opções para adquirir e implementar aplicações de planejamento. A primeira é desenvolvê-la usando recursos internos da empresa. Isso não é muito comum, já que o desenvolvimento de sistemas de planejamento exige especializações que a maioria das empresas que não são da área de desenvolvimento de *software* não possui. Portanto, não poderiam projetar, desenvolver ou manter com eficácia esses complexos sistemas de planejamento. Além disso, o processo de planejamento de cada setor ou empresa em geral não é diferente o suficiente para obter qualquer vantagem competitiva significativa. As opções dois e três são o uso de uma aplicação de planejamento da cadeia de suprimentos que seja integrada com o sistema ERP da empresa ou de uma aplicação de terceiros que seja **anexada** ao ERP. Alguns fornecedores de ERP, como a SAP, oferecem um APS projetado para ser integrado ao sistema ERP que eles desenvolvem. Entre os benefícios evidentes dessa integração, estão a consistência e a integridade dos dados, bem como a redução da necessidade de transferi-los entre aplicações, o que geralmente resulta em atrasos e erros potenciais. A alternativa é usar uma abordagem **melhor de todos**, que busca identificar o melhor sistema de planejamento da cadeia de suprimentos para a empresa com base em suas características e funcionalidade, e, depois, anexá-lo ao sistema ERP da empresa. O resultado é um sistema de planejamento que atende ou oferece melhor desempenho às necessidades específicas da empresa, mas com um provável custo devido à baixa integração. Embora os fornecedores de aplicações integradas e anexadas de planejamento da cadeia de suprimentos estejam tentando melhorar sua integração com os fornecedores de sistemas ERP, a integração operacional entre os sistemas executivos e de planejamento continua sendo um desafio.

A integridade dos dados é a segunda consideração importante para a implementação do sistema de planejamento da cadeia de suprimentos, o qual confia na integridade absoluta dos dados para a tomada de decisão eficaz. Embora a integridade dos dados seja sempre importante, ela é mais crítica no caso de sistemas de planejamento, uma vez que dados perdidos ou imprecisos podem impactar drasticamente na confiabilidade e na consistência da decisão. Um problema de integridade dos dados citado com frequência se refere ao detalhamento correto dos produtos, como volume e peso. Embora esses dados sejam básicos, não é fácil manter a exatidão quando existe uma grande quantidade de produtos com alterações constantes e lançamentos de novos modelos. Os gerentes comentam que, no processo de implementação das aplicações de planejamento da cadeia de suprimentos, é comum encontrar algumas centenas de produtos com características físicas incorretas ou faltantes. Embora isso não represente um alto percentual de produtos em termos de quantidade, a falta de exatidão pode prejudicar substancialmente a tomada de decisão do sistema de planejamento. Por exemplo, a falta ou a imprecisão do volume ocupado por um item pode levar um sistema de planejamento de transportes calcular uma sobrecarga no veículo de transporte. Especificamente, quando os dados de um produto contêm informações de volume incorretas ou zeradas, o sistema vai indicar que uma grande quantidade dele pode ser carregada em um caminhão. Embora os erros resultantes das imprecisões na integridade dos dados possam ser irrelevantes, o problema maior é que eles reduzem substancialmente a credibilidade dos sistemas de planejamento em geral. Alguns erros altamente visíveis, como a sobrecarga de veículos de transporte ou instalações de armazenamento, levam os gerentes e planejadores a questionar a integridade de todo o sistema e do processo de planejamento. O resultado é que os gerentes e os funcionários operacionais não confiam nos resultados e preferem retroceder aos antigos métodos testados e aprovados de planejamento e programação. Portanto, o potencial para um planejamento melhor é reduzido até que a confiança seja reconquistada. Um forte foco no desenvolvimento e na manutenção da integridade dos dados é fundamental para a implementação eficaz de sistemas de planejamento.

A capacitação para uso do aplicativo é a terceira grande consideração. Em geral, o treinamento do usuário em sistemas de execução e planejamento da cadeia de suprimentos se concentra na mecânica para iniciar as transações. Dessa forma, o usuário é treinado para inserir dados ou parâmetros enquanto o sistema fornece um *feedback* rápido em relação ao da entrada. Os sistemas de planejamento da cadeia de suprimentos são relativamente mais complexos, já que o *feedback* não é imediato e o impacto pode ser extenso. Por exemplo, alterar os requisitos ou a previsão de um item em determinado período pode alterar as programações de produção de itens relacionados do outro lado do mundo. Entender a dinâmica dos sistemas de planejamento é fundamental para uma aplicação bem-sucedida. Esse entendimento exige um conhecimento minucioso da mecânica do sistema APS e das interações entre sistemas. Embora esse conhecimento possa ser iniciado no treinamento, ele deve ser refinado e melhorado por meio da educação e da experiência. A educação em sistemas de planejamento tem de se concentrar nas características e relacionamentos entre as atividades e os processos de gestão da cadeia de suprimentos, tanto internos quanto externos à empresa. O processo educacional tem de ser muito mais amplo que as abordagens de treinamento existentes. A experiência em sistemas de planejamento pode ser desenvolvida por meio de acompanhamento de profissionais experientes e de simulações. O ambiente de acompanhamento oferece experiência prática genuína em um ambiente real, e o simulado oferece um laboratório onde planejadores inexperientes podem observar os resultados em seu ambiente de planejamento, com pouco risco para a empresa. A combinação dessas duas experiências educacionais proporciona uma base sólida para a implementação bem-sucedida de aplicações de planejamento da cadeia de suprimentos.

PLANEJAMENTO EMPRESARIAL INTEGRADO

O S&OP está evoluindo para o **planejamento empresarial integrado** (**IBP** – *integrated business planning*) em muitas empresas. Essa mudança reflete a necessidade de um planejamento empresarial mais abrangente em toda a organização e na cadeia de suprimentos. Como o nome sugere, o S&OP se limita às vendas e às operações. Embora o IBP seja conceitualmente similar ao S&OP, ele é concebido para: (1) incluir maior integração financeira; (2) maior inclusão das iniciativas e das atividades estratégicas; (3) incluir melhor simulação e modelagem das alternativas; e (4) incluir tradução mais fácil entre os níveis de planejamento agregado e detalhado. É provável que a mudança para o IBP continue à medida que as empresas percebam a sua capacidade para satisfazer melhor as necessidades dos clientes, utilizando, ao mesmo tempo, os recursos de maneira mais eficaz.

RESUMO DO PLANEJAMENTO DA CADEIA DE SUPRIMENTOS

O principal objetivo de um sistema APS ou de desdobramento (*deployment*) do estoque é o gerenciamento integrado e coordenado da capacidade de recursos relevantes da cadeia de suprimentos, incluindo fábricas, centros de distribuição e recursos de transporte. O planejamento desse gerenciamento equilibra as demandas do mercado com os recursos de produção. Com base nos níveis de atividade definidos pelo sistema de previsão, essas restrições determinam "gargalos" de materiais e orientam a alocação de recursos para atender as demandas do mercado. Para cada produto, as restrições da capacidade influenciam as definições de "onde, quando e quanto" para as atividades de produção, armazenamento e movimentação. As restrições consideram restrições agregadas, como capacidades periódicas de produção, movimentação e armazenamento.

Problemas de capacidade podem ser resolvidos adquirindo recursos ou especulando/postergando a produção ou a entrega. Ajustes na capacidade podem ser feitos por meio de aquisições ou parcerias, como terceirizar a produção ou alugar instalações. Essa especulação pode reduzir os "gargalos", antecipando as necessidades de capacidade industrial com uma programação prévia ou terceirizando a produção. A postergação (*postponement*) atrasa a produção e o carregamento até que os requisitos específicos sejam conhecidos e a capacidade possa ser alocada. Pode ser necessário oferecer incentivos aos clientes, como descontos ou bonificações, para adiar a entrega. As restrições de capacidade dividem o S&OP da empresa em etapas, levando em conta as restrições financeiras, das instalações e dos recursos humanos. Essas restrições exercem uma grande influência sobre as programações logísticas, de produção e de compras.

PLANEJAMENTO, PREVISÃO E REABASTECIMENTO COLABORATIVOS

Os processos e técnicas de previsão descritos anteriormente alcançaram benefícios significativos ao proporcionar um desempenho logístico superior. No entanto, ainda pode haver eventos dispendiosos não planejados e não coordenados que distorcem o fluxo regular de produtos por toda a cadeia de suprimentos. Essas distorções ocorrem porque as empresas frequentemente não conseguem coordenar suas previsões individuais da demanda do consumidor final e eventos de marketing criados para estimular a demanda. Imagine, por exemplo, que, no começo do mês, o fabricante faça uma previsão de vender 100 mil malas a um cliente varejista específico com propaganda e promoções planejadas para apoiar esse nível de vendas. Enquanto isso, o mesmo varejista faz uma previsão de vender 150 mil peças e planeja eventos promocionais específicos para atingi-la. É claro que o planejamento conjunto e o compartilhamento de informações sobre esses eventos aumentariam a probabilidade de um relacionamento de sucesso.

O **planejamento**, a **previsão** e o **reabastecimento colaborativos** (**CPFR** – *Collaborative planning, forecasting and replenishment*) é um processo utilizado pela indústria de bens de consumo para atingir tal coordenação. Ele não substitui estratégias de reabastecimento, mas as

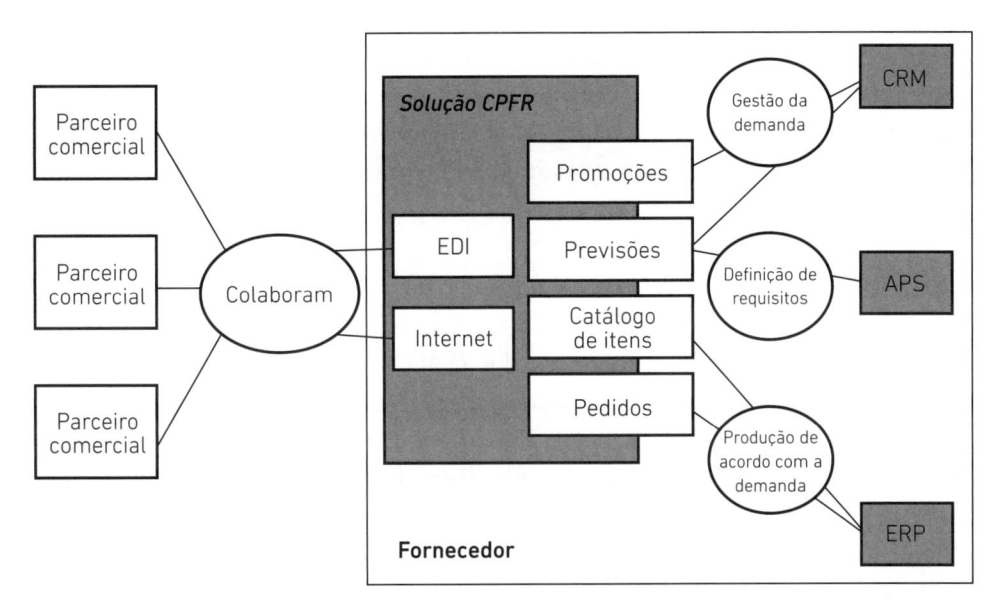

FIGURA 6.6 CPFR no ambiente de tecnologia da informação do varejo.

Fonte: Reproduzido com permissão de Matt Johnson, "Collaboration Data Modeling: CPFR Implementation Guidelines," *Proceedings of the 1999 Annual Conference of the Council of Supply Chain Management Professionals* Oak Brook, IL, p. 17.

complementa com um processo cooperativo. Em essência, o CPFR coordena o processo de planejamento das necessidades entre os parceiros da cadeia de suprimentos para gerar atividades de criação e atendimento da demanda. A Figura 6.6 ilustra os relacionamentos básicos do CPFR. A solução CPFR compartilha informações que envolvem promoções, previsões, dados de produtos e pedidos, usando EDI ou Internet. A informação resultante dessa colaboração é então usada em conjunto e iterativamente pelos planejadores para gerenciar a demanda, determinar as necessidades de reabastecimento e combinar a produção com a demanda.

O primeiro passo no processo CPFR é o planejamento empresarial conjunto, em que um cliente e um fornecedor compartilham, coordenam e racionalizam suas próprias estratégias individuais para criar um plano conjunto, o qual oferece uma visão comum e coerente do que se espera vender, da comercialização e promoção, em que mercado e durante qual período de tempo. A partir dele, cria-se um calendário conjunto para compartilhar informações que determinam o fluxo do produto. Uma previsão de vendas em comum é criada e compartilhada entre o varejista e o fornecedor com base no conhecimento compartilhado do plano de cada parceiro comercial. O CPFR inclui um processo iterativo em que a previsão e o plano das necessidades são compartilhados e refinados entre os parceiros até chegar a um consenso. Com essa previsão consensual, os planos de produção, reabastecimento e entregas são desenvolvidos. O ideal é que a previsão colaborativa se torne um compromisso entre as duas empresas.

Canais de distribuição relacionais prometem muito no que diz ao desempenho logístico superior. Canais convencionais são, por natureza, geradores de conflito, não conseguem reconhecer a dependência entre os pontos e são orientados pelo comércio de informações, e não pelo compartilhamento, e por isso não conseguem alcançar as interfaces logísticas sofisticadas exigidas pelo CPFR. Alianças e parcerias criam relacionamentos duradouros entre parceiros da cadeia de suprimentos. Quando surgem problemas, que são inevitáveis, eles podem ser resolvidos com rapidez. Em último caso, os arranjos em que as empresas trabalham unidas reduzem o custo de fazer negócios para todos os membros do canal. Questões e conceitos relacionados à colaboração eficaz na cadeia de suprimentos serão discutidos com mais detalhes no Capítulo 14.

Como exemplo, a Whirlpool e a Lowe's levaram a colaboração a um passo adiante com a sua iniciativa de realizar conjuntamente o processo de S&OP. A iniciativa, que eles chamam de "Planejamento de Comercialização e Operações", começa com um processo de CPFR robusto para criar um ponto de partida e depois evolui para um planejamento destinado a ambas as empresas.[3]

PREVISÃO DE DEMANDA

ATENDER OS REQUISITOS do cliente na maioria dos arranjos de cadeia de suprimentos inevitavelmente exige uma previsão para orientar o processo. A previsão é uma definição específica do que será vendido, quando e onde. Ela identifica os requisitos para os quais a cadeia de suprimentos deve programar o estoque e os recursos operacionais. Visto que há muitas atividades logísticas e de cadeia de suprimentos que devem ser realizadas antes de uma venda, a previsão é uma habilidade crítica.

A Tabela 6.3 ilustra de que modo a necessidade por previsões é influenciada pelo tempo de resposta de reabastecimento e pelas economias de escala. A previsão com grande acurácia deveria ser um importante foco em situações em que há ciclos de reabastecimento longos e grandes economias de escala. Por outro lado, essas previsões não são tão críticas quando há ciclos de duração mais curta ou menos economias de escala. As variáveis da Tabela 6.3 podem ser aplicadas de duas maneiras. Primeira, pode-se considerar que as características do produto exigem ciclos de longa duração e alta economia de escala e decidir enfatizar a previsão. Alternativamente, pode-se avaliar o potencial de desenvolvimento de previsões com grande acurácia considerando o curto ciclo de vida e uma grande quantidade de variações, e decidir colocar o foco principal deste item na redução do *lead time*. Essas situações ilustram que, embora previsões aprimoradas muitas vezes sejam desejáveis, há outras maneiras de atingir os objetivos de melhoria do serviço ou de redução do estoque. Uma forma é fazer a previsão em um nível mais alto de agregação, a outra é desenvolver uma cadeia de suprimentos puxada capaz de produzir de acordo com os pedidos, reduzindo ainda mais o estoque. Embora as empresas estejam usando esses métodos para reduzir sua necessidade de previsão, ainda há muitas situações em que a previsão é necessária para alcançar objetivos de serviço ou obter vantagens de economias de escala.

TABELA 6.3 Como as características dos produtos influenciam a necessidade por previsões.

	Pequena economia de escala	**Grande economia de escala**
Tempo de resposta longo no reabastecimento de produtos	A previsão acurada não é tão crítica, visto que a empresa tem mais flexibilidade na produção. Por exemplo, a customização do produto final pode ser postergada, de forma a se prever apenas as unidades básicas (isto é, em um nível mais elevado de agregação), já que a customização final acontece perto do momento da demanda.	A previsão com grande acurácia é crítica neste caso, já que é necessário prever para um longo período no futuro para proporcionar economias na produção ou no transporte.
Tempo de resposta curto no reabastecimento de produtos	Quando for possível obter o produto rapidamente e houver economias de escala limitadas, o foco deve sair da previsão para o projeto de um processo puxado e flexível.	Foco no desenvolvimento de uma previsão com grande acurácia, de curto prazo, com maior consideração das táticas de marketing e competitivas, e menor consideração do histórico.

Fonte: Reproduzido com permissão de David J. Closs, *Forecasting And Its Use In Logistics*, Council of Supply Chain Management Professionals, Oak Brook, IL.

[3] "Supply Chain News: Full CSCMP Review and Comment," *Supply Chain Diggest,* October 1, 2010, www.scdigest.com.

Com essas considerações em mente, esta seção foca as necessidades, os benefícios, os métodos, as técnicas, as aplicações e as medições das previsões. Ela fornece o contexto para entender as aplicações logísticas da previsão, assim como seus componentes, seu processo, as técnicas utilizadas, suas aplicações de *software* e os erros de previsão.

REQUISITOS DA PREVISÃO

A logística eficaz exige combinar os requisitos dos clientes em relação aos produtos com a capacidade da empresa e da cadeia de suprimentos. Embora as demandas dos consumidores em em relação ao nível de serviço e as variações do produto estejam aumentando, o foco na redução dos ativos das cadeias de suprimentos ao mesmo tempo exige previsões mais oportunas e acuradas. As previsões logísticas são necessárias para: (1) apoiar o planejamento colaborativo; (2) orientar o planejamento das necessidades; e (3) melhorar o gerenciamento de recursos.

Planejamento colaborativo

Sem colaboração, cada parceiro tenta planejar o nível da demanda de seus próprios clientes, tanto individual quanto coletivamente. O resultado é um estoque especulativo baseado na antecipação à demanda prevista independentemente, resultando em um ciclo interminável de excesso e falta de estoque. Historicamente, os fabricantes têm planejado suas promoções, alterações de preço, lançamentos de novos produtos e eventos especiais por conta própria ou sem a colaboração de seus principais varejistas. Quando nenhum varejista individual era responsável por uma parte substancial do volume de vendas de uma empresa, tal colaboração não era crítica. No entanto, quando um único cliente principal pode se aproximar de 25% das vendas de uma empresa, que é o caso do Walmart com muitos de seus fornecedores, essa coordenação se torna essencial. Sem um plano colaborativo, a combinação entre fornecedor e cliente normalmente resulta em excesso ou falta de estoque. Uma previsão colaborativa, com a qual os parceiros da cadeia de suprimentos concordam, proporciona um objetivo comum que pode ser a base para o desenvolvimento de planos operacionais eficazes. O CPFR já foi abordado neste capítulo.

Planejamento das necessidades

Depois que uma previsão colaborativa é desenvolvida, os especialistas em logística usam as previsões para orientar o planejamento das necessidades. O plano determina as projeções de estoque e o reabastecimento necessário, ou ainda as necessidades de produção para o horizonte planejado. O planejamento de vendas e operações (S&OP), discutido anteriormente neste capítulo, integra previsões, pedidos em aberto, estoque disponível e planos de produção em uma definição da disponibilidade e das necessidades periódicas de estoque. Idealmente, o processo de planejamento das necessidades trabalha em colaboração e interação tanto interna, ao longo das operações da empresa, quanto externamente, com os parceiros da cadeia de suprimentos para desenvolver um plano comum e consistente para cada período, local e item.

Gerenciamento dos recursos

Uma vez completo, o plano pode ser usado para gerenciar processos críticos da cadeia de suprimentos, como produção, estoque e transportes. Previsões acuradas desenvolvidas em colaboração pelos parceiros da cadeia de suprimentos em conjunto com uma definição consistente de seus recursos e restrições permitem uma avaliação eficaz dos *trade-offs* associados às decisões da cadeia de suprimentos. Os *trade-offs* consideram os custos relativos das estratégias da cadeia de suprimentos, como manter excesso de produção ou de capacidade de depósito, produção especulativa ou movimentação do produto, ou, ainda, terceirização. A identificação e avaliação oportunas desses *trade-offs* permitem um ajuste melhor entre a necessidade de recursos e uma utilização superior desses recursos.

COMPONENTES DA PREVISÃO

A previsão é dada normalmente por um valor mensal ou semanal para cada item e local de distribuição. Os componentes da previsão incluem: (1) demanda base; (2) sazonalidade; (3) tendência; (4) cíclico; (5) promocional; e (6) irregular. Supondo-se que a demanda-base é o nível médio das vendas, os outros componentes, exceto a irregular, são fatores multiplicadores do nível básico disponível para apoiar ajustes positivos ou negativos. O modelo de previsão resultante é:

$$F_t = (B_t \times S_t \times T \times C_t \times P_t) + I$$

onde
F_t = previsão para o período t
B_t = nível de demanda base para o período t
S_t = fator de sazonalidade para o período t
T = índice do componente de tendência, refletindo aumento ou diminuição por período de tempo
C_t = fator cíclico para o período t
P_t = fator promocional para o período t
I = quantidade irregular ou aleatória.

Embora muitas previsões não incluam todos os componentes, é importante entender o comportamento de cada um para que sejam acompanhados e incorporados adequadamente. Por exemplo, algumas técnicas de previsão não conseguem solucionar a questão da sazonalidade, enquanto outras a fazem.

A **demanda base** representa a demanda média de longo prazo depois que os demais componentes foram removidos. Ela é calculada pela média de um período de tempo prolongado e faz a previsão de itens sem incluir os componentes de sazonalidade, tendência, cíclico ou promocional.

O componente **sazonal** é uma movimentação anual recorrente de aumento e diminuição na demanda. Um exemplo é a demanda anual de brinquedos, que possui uma demanda baixa em boa parte do ano e um aumento pouco antes do Dia das Crianças e do Natal. Deve-se observar que a sazonalidade discutida aqui se refere ao varejo de consumo. A sazonalidade no nível atacadista precede a demanda de consumo em aproximadamente um trimestre.

O componente **tendência** é a alteração de longo alcance nas vendas periódicas. A tendência pode ter direção positiva, negativa ou neutra. Uma tendência positiva significa que as vendas estão aumentando ao longo do tempo. Por exemplo, a tendência para as vendas de computadores pessoais durante a década de 1990 foi de aumento. Ao longo do ciclo de vida do produto, a direção da tendência pode mudar algumas vezes. Por exemplo, o consumo de cerveja mudou de uma tendência neutra para uma tendência de aumento na década passada. Os aumentos ou diminuições resultam de alterações nos padrões da população em geral ou nos padrões de consumo. Saber qual fator é mais influente nas vendas é importante na hora de fazer tais projeções. Por exemplo, uma redução na taxa de natalidade implica em uma redução na demanda de fraldas descartáveis. No entanto, uma tendência de uso de fraldas descartáveis em vez de fraldas de pano pode resultar em aumento da demanda de uma categoria específica de produtos apesar de o tamanho do mercado total estar diminuindo. Esses são exemplos óbvios da tendência da previsão. Embora o impacto da tendência sobre as previsões logísticas de curto alcance seja sutil, ele ainda deve ser considerado. Diferentemente de outros componentes da previsão, a tendência influencia a demanda base em períodos de tempo sucessivos. A relação específica é:

$$B_{t+1} = B_t \times T$$

onde
B_{t+1} = demanda base no período $t + 1$
B_t = demanda base no período t
T = índice do componente de tendência

O índice de tendência com valor maior que 1,0 indica que a demanda periódica está aumentando, enquanto um valor menor que 1,0 indica a tendência de diminuição.

O componente **cíclico** é caracterizado por alterações periódicas na demanda por mais de um ano. Esses ciclos podem ser positivos ou negativos. Um exemplo é o ciclo comercial no qual a economia normalmente oscila a cada três ou cinco anos. A demanda por moradias, bem como a resultante demanda por equipamentos domésticos, normalmente é vinculada a esse ciclo.

O componente **promocional** caracteriza as oscilações da demanda causadas pelas atividades de marketing de uma empresa, como propaganda, ofertas e promoções. Essas oscilações muitas vezes podem ser caracterizadas por aumentos nas vendas durante a promoção, seguidos de reduções à medida que os consumidores vendem ou usam o estoque comprado para obter vantagens da promoção. As promoções podem ser ofertas aos consumidores ou promoções comerciais oferecidas apenas a atacadistas e varejistas; podem ser também regulares e, portanto, acontecerem na mesma época todo ano. A partir da perspectiva de previsão, um componente de promoção regular se assemelha a um componente sazonal. Um componente de promoção irregular não ocorre necessariamente durante o mesmo período de tempo, por isso deve ser acompanhado e considerado separadamente. O componente promocional é particularmente importante de acompanhar, especialmente em indústrias de bens de consumo, visto que exerce uma grande influência sobre a variação de vendas. Em alguns setores, a atividade promocional explica 50% a 80% das variações de volume. Portanto, as promoções resultam em demandas com mais oscilações do que o normal (sem as promoções). O componente promocional é diferente dos outros componentes da previsão porque o momento e a grandeza são controlados, em grande parte, pela empresa. Sendo assim, deve ser possível incluir informações originárias dos departamentos de vendas ou marketing da empresa em relação ao momento e ao provável impacto dos planos promocionais programados. Os benefícios da coordenação de tais ofertas promocionais entre parceiros de canal proporcionam o fundamento lógico para as práticas de previsão colaborativa.

O componente **irregular** inclui as quantidades aleatórias ou imprevisíveis que não se encaixam nas outras categorias. Por conta de sua natureza aleatória, esse componente é impossível de prever. No desenvolvimento de um processo de previsão, o objetivo é minimizar a grandeza do componente aleatório por meio do monitoramento e da previsão dos outros componentes.

PROCESSO DE PREVISÃO

O planejamento e a coordenação da logística exigem a melhor estimativa possível da demanda. Embora a previsão esteja longe de ser uma ciência exata, o processo de gerenciamento de previsões deve incorporar dados de diversas fontes, técnicas matemáticas e estatísticas adequadas, competências de apoio à decisão e indivíduos treinados e motivados.

As previsões operacionais da cadeia de suprimentos normalmente são desenvolvidas para períodos diários, semanais ou mensais. Um eficaz processo de gerenciamento de previsões exige diversos componentes, como ilustra a Figura 6.7. A base do processo é o banco de dados de previsões, incluindo pedidos em aberto, demanda histórica e as táticas usadas para estimular a demanda, como promoções, ofertas especiais ou alterações no produto. O ideal é que o banco de dados de previsões seja parte do *data warehouse* de um sistema de planejamento de recursos empresariais (ERP – *Enterprise Resource Planning*), embora algumas empresas mantenham bancos de dados independentes. Outros dados ambientais, tais como o estado da economia e ações dos concorrentes, muitas vezes são incluídos nesse banco de dados. Para apoiar uma previsão eficaz, ele tem de incluir informações de histórico e planejamento de modo a facilitar sua manipulação, resumo, análise e criação de relatórios.

Por fim, o desenvolvimento de uma previsão eficaz requer um processo que integre três componentes: técnica, sistema de apoio e gerenciamento. O bloco na parte direita da Figura 6.7 ilustra o que seria ideal se uma empresa pudesse usar uma previsão comum e coerente para todas as funções de planejamento.

Técnica

O componente da técnica envolve o cálculo matemático ou estatístico usado para combinar os componentes básico, sazonal, de tendência e cíclico e os elementos do histórico de promoções para encontrar uma previsão. As técnicas incluem o modelo de séries temporais, em que cada histórico de vendas é um fator importante; e o modelo de correlação, em que os relacionamentos com outras variáveis independentes são os principais orientadores da previsão. Técnicas específicas serão discutidas na seção de técnicas de previsão deste capítulo. Embora elas possam facilmente conectar padrões históricos para transformá-los em previsões futuras, não fazem isso de modo a incorporar a entrada de eventos futuros antecipados. Como resultado, é cada vez mais evidente que a exatidão exige a integração das técnicas de previsão com sistemas adequados de apoio e gerenciamento.

Sistema de apoio

O sistema de apoio à previsão inclui a inteligência da cadeia de suprimentos para coletar e analisar dados, desenvolver a previsão e transmiti-la para os funcionários relevantes e para os sistemas de planejamento. Esse componente permite a consideração de fatores externos, como o impacto de promoções, greves, alterações de preço, mudanças na linha de produtos, atividade dos concorrentes e condições econômicas. Por exemplo, se a empresa planeja promover embala-

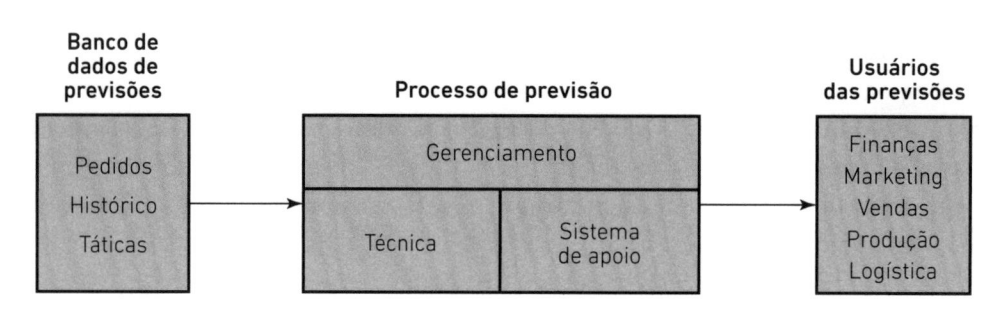

FIGURA 6.7 Processo de gerenciamento de previsões.

gens de 12 unidades de uma bebida, é razoável presumir que as vendas de embalagens de dois litros diminuirão. O sistema deve ser projetado não apenas para permitir a consideração desses fatores, mas também para estimulá-los. Como outro exemplo, o gerente de marketing pode saber que a promoção programada para o mês seguinte tem probabilidade de aumentar as vendas em 15%. No entanto, se o sistema de apoio à previsão dificulta ajustar os números previstos para o mês seguinte, os ajustes da previsão podem não ocorrer. De modo semelhante, quando é anunciada a mudança do tamanho de uma embalagem, é provável que o histórico de previsões tenha de ser alterado para refletir o novo tamanho de embalagem de modo que as previsões futuras reflitam tamanhos e volumes corretos. Se isso for difícil de realizar dentro das restrições do sistema, o indivíduo que faz a previsão provavelmente não considerará os ajustes. Portanto, é muito importante que um processo eficaz de previsão inclua um sistema de apoio para facilitar a manutenção, atualização e manipulação do banco de dados e das previsões.

Gerenciamento

O gerenciamento de previsões inclui os aspectos organizacional, processual, motivacional e humano da previsão e sua integração às outras funções da empresa. O aspecto organizacional refere-se aos papéis e às responsabilidades individuais. É importante que esses impactos sejam especificados em detalhes na definição da função de gerenciamento das previsões. Se uma previsão integrada for desejável, é necessário definir especificamente a responsabilidade da previsão de cada organização e depois cobrar delas as medições específicas. O gerenciamento eficaz das previsões exige que a responsabilidade organizacional e as orientações dos procedimentos sejam documentadas e medidas. A administração eficaz também exige que analistas de previsão sejam treinados tanto no processo quanto na inclusão de previsões nas operações logísticas da cadeia de suprimentos.

Simulações dinâmicas ilustram o impacto de inconsistências nas previsões para diferentes membros da cadeia de suprimentos. Desde o estímulo inicial até o *feedback*, o custo da comunicação direta de vendas ou previsões é ofuscado pelo custo de uma mensagem falha. Visto que grande parte das ações de uma cadeia de suprimentos é iniciada em antecipação a transações futuras, comunicações que contenham previsões ou projeções excessivamente otimistas podem estimular o trabalho inútil. A análise das comunicações entre membros do canal sugere que a antecipação tem a tendência de se amplificar à medida que caminha entre os participantes da cadeia de suprimentos, especialmente se a informação vai além do consumidor final. Cada erro na interpretação dos requisitos da transação gera um distúrbio em todo o canal logístico. Em um trabalho clássico, Forrester simulou inter-relacionamentos no canal para demonstrar como ele pode assumir um padrão corretivo oscilante, resultando em uma série de ajustes às necessidades reais do mercado.[4] A Figura 6.8 ilustra as oscilações de estoque que podem ocorrer quando o varejista aumenta a demanda em 10% mas não informa diretamente os outros membros do canal.

A Figura 6.8 ilustra que um aumento de 10% na demanda varejista sem uma comunicação clara para os outros membros da cadeia de suprimentos resulta em oscilações de estoque de 16% para o distribuidor, 28% para o depósito da fábrica e 40% para a produção da fábrica. Essas oscilações, que costumam ser chamadas de efeito chicote, evidentemente aumentam a variação da cadeia de suprimentos, o que eleva os custos e diminui a utilização dos ativos.

Pela própria natureza de sua missão, um canal de distribuição deve responder aos requisitos das transações. O sistema deve estar pronto para iniciar uma ação logística após receber uma

---

[4] Jay W. Forrester, *Industrial Dynamics* (Cambridge, MA: The MIT Press, 1961).

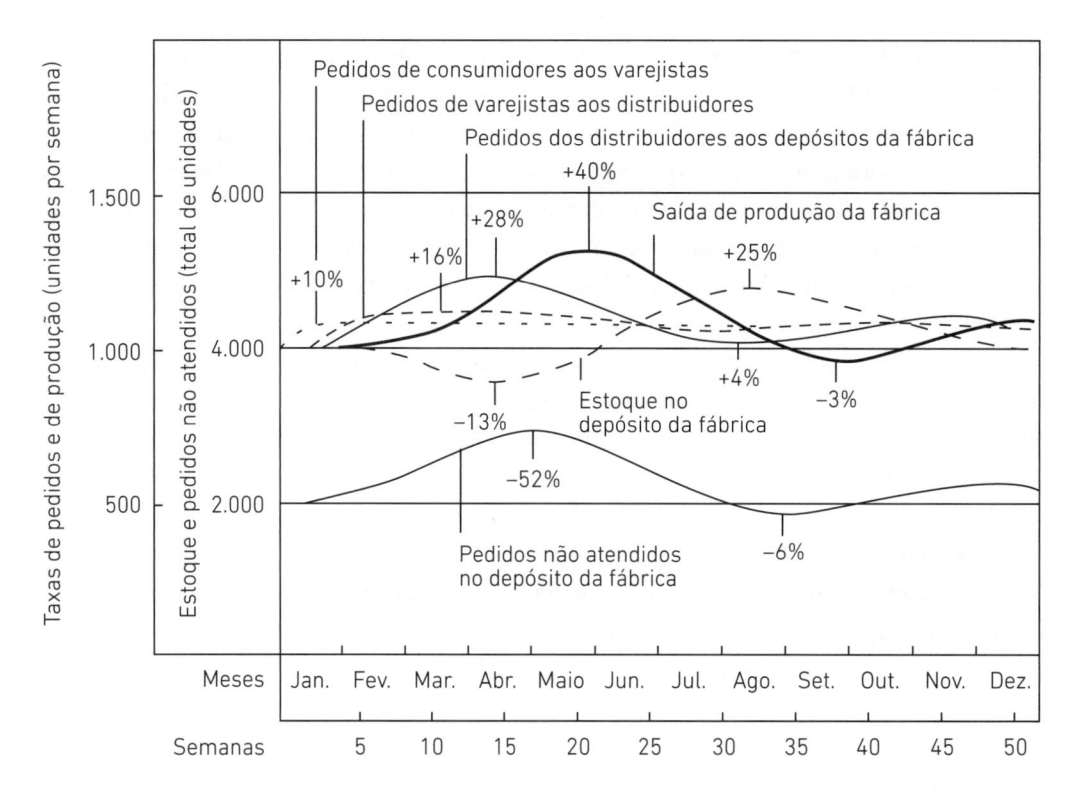

FIGURA 6.8 Resposta de uma simulação de sistema de produção e distribuição a um aumento inesperado de 10% na demanda do varejo.

Fonte: Reproduzido com permissão de Jay W. Forrester, *Industrial Dynamics* (Waltham, MA: Pegasus Communications, 1961), http://www.pegasuscom.com.

mensagem. Deve-se tomar cuidado extremo para estruturar a função de comunicação com um alto grau de confiabilidade ao mesmo tempo que se mantém a flexibilidade necessária para fazer mudanças e adaptações.

É importante perceber que um processo de previsão significativo exige uma combinação integrada e coerente de componentes. Historicamente, pensava-se que um esforço intenso em um componente individual, como a técnica, poderia superar os problemas dos outros componentes. Por exemplo, acreditava-se que era possível identificar uma técnica de previsão "perfeita" que superasse a necessidade de sistemas de apoio e de um processo coerente. Há uma crescente percepção de que os três componentes devem trabalhar em conjunto. O processo de projeto deve considerar adequadamente os pontos fortes e fracos de cada componente individual, e projetar com o objetivo de atingir o desempenho ótimo do sistema integrado.

Embora a técnica de previsão seja apenas um componente do processo geral de gestão da demanda, é importante entender a amplitude de técnicas disponíveis e as medidas para avaliá-las.

TÉCNICAS DE PREVISÃO

A previsão de demanda exige escolher técnicas matemáticas ou estatísticas adequadas para gerar previsões periódicas. O uso eficaz de uma técnica exige combinar características da situação com as habilidades da técnica. Alguns critérios para avaliar a aplicabilidade de uma técnica incluem: (1) exatidão; (2) horizonte de tempo da previsão; (3) o valor da previsão; (4) disponibilidade de dados; (5) tipo de padrão dos dados; e (6) experiência de quem fará a previsão.[5] Cada técnica de previsão alternativa deve ser avaliada qualitativa e quantitativamente em relação a esses seis critérios.

[5] Spyros Makridakis, Steven Wheelright, and Robert Hyndman, *Forecasting, Methods and Applications*, 3rd ed. (New York: John Wiley & Sons, 1997).

Existem três categorias de técnicas de previsão: (1) qualitativa; (2) séries temporais; e (3) causal. Uma técnica qualitativa usa dados como opinião de especialistas e informações especiais para prever o futuro, e pode considerar o passado ou não. Uma técnica de séries temporais concentra-se totalmente nos padrões históricos e nas mudanças de padrões para gerar previsões. Uma técnica causal, como a regressão, usa informações refinadas e específicas sobre variáveis para desenvolver uma relação entre um evento principal e uma atividade prevista.

Qualitativa

Técnicas qualitativas apoiam-se na especialização e são um tanto dispendiosas e demoradas. São ideais para situações em que são necessários poucos dados históricos e muita avaliação administrativa. Usar os dados da força de vendas como base da previsão para uma nova região ou um novo produto é um exemplo de aplicação de técnicas qualitativas de previsão na cadeia de suprimentos. No entanto, tais métodos geralmente não são adequados para a previsão na cadeia de suprimentos devido ao tempo exigido para gerar as previsões detalhadas. Previsões qualitativas são desenvolvidas por meio de pesquisas, painéis e reuniões de consenso.

Séries temporais

Técnicas de séries temporais são métodos estatísticos usados quando há disponibilidade de dados históricos de vendas com padrões e tendências relativamente claros e estáveis. Usando-se esses dados, a análise de séries temporais é aplicada para identificar sazonalidade, padrões cíclicos e tendências. Depois que os componentes individuais da previsão são identificados, as técnicas de séries temporais supõem que o futuro refletirá o passado, ou seja, os padrões de demanda passados continuarão no futuro. Esse pressuposto é razoavelmente correto no curto prazo, portanto essas técnicas são mais adequadas para previsões de pouco alcance.

Quando a taxa de crescimento, ou tendência, muda significativamente, o padrão de demanda passa por um ponto crítico. Visto que as técnicas de séries temporais usam padrões de demanda históricos e médias ponderadas de pontos de dados, elas normalmente não são sensíveis a esses pontos críticos. Como resultado, outras abordagens devem ser integradas às técnicas de séries temporais para determinar quando é provável que ocorram pontos críticos.

As técnicas de séries temporais incluem uma variedade de métodos que analisam o padrão e o movimento de dados históricos para estabelecer características recorrentes. Com base em características específicas, podem ser usadas técnicas com níveis de sofisticação variados para desenvolver previsões com séries temporais. Em ordem crescente de complexidade, podemos citar quatro técnicas de séries temporais: (1) médias móveis; (2) suavização exponencial; (3) suavização expandida; e (4) suavização ajustável.

A previsão por **médias móveis** usa a média dos períodos de vendas mais recentes. Ela pode usar qualquer quantidade de períodos de tempo anteriores, embora médias de 1, 3, 4 e 12 períodos sejam comuns. Uma média móvel de 1 período resulta na previsão do próximo período sendo projetada pelas vendas do último período. Uma média móvel de 12 períodos, por exemplo, usa a média dos últimos 12 períodos. Cada vez que os dados reais de um novo período se tornam disponíveis, eles substituem os dados do período mais antigo; portanto, o número de períodos de tempo incluídos na média se mantém constante.

Embora as médias móveis sejam fáceis de calcular, existem diversas restrições. A mais significativa é que elas não reagem ou reagem devagar às mudanças e deve-se manter e atualizar uma grande quantidade de dados históricos para o cálculo das previsões. Se as variações do histórico de vendas forem grandes, o valor médio não será confiável para gerar previsões úteis. Além da demanda base, as médias móveis não consideram os demais componentes já discutidos.

Matematicamente, a média móvel é expressa da seguinte maneira:

$$F_t = \frac{\sum_{i=1}^{n} S_{t-i}}{n}$$

onde

F_t = previsão por média móvel para o período de tempo t
S_{t-i} = vendas no período de tempo i
n = quantidade total de períodos de tempo

Por exemplo, uma previsão para abril com base em vendas de 120, 150 e 90 nos três meses anteriores é calculada da seguinte maneira:

$$F_{abril} = \frac{120 + 150 + 90}{3}$$
$$= 120$$

Para superar parcialmente essas deficiências, foram introduzidas as médias móveis ponderadas para obter maior exatidão. O peso enfatiza as observações recentes. A **suavização exponencial** é uma forma de média móvel ponderada. Ela baseia a estimativa de vendas futuras na média ponderada dos níveis anteriores de demanda e previsão. A nova previsão é uma função da previsão antiga incrementada por uma fração do diferencial entre a previsão antiga e as vendas reais. O incremento de ajuste é denominado **fator alfa**. O formato básico do modelo é

$$F_t = \alpha D_{t-1} + (1 - \alpha) F_{t-1}$$

onde

F_t = previsão de vendas para o período de tempo t
F_{t-1} = previsão para o período de tempo $t - 1$
D_{t-1} = demanda real no período de tempo $t - 1$
α = fator alfa ou constante de suavização ($0 \leq \alpha \leq 1$)

Para ilustrar, suponha que as previsões para o período de tempo mais recente foram 100 e as vendas reais foram de 110 unidades. Além disso, suponha que o fator alfa empregado é 0,2. Então, por substituição,

$$F_t = \alpha D_{t-1} + (1 - \alpha) F_{t-1}$$
$$= (0,2)(110) + (1 - 0,2)(100)$$
$$= 22 + 80$$
$$= 102$$

Sendo assim, a previsão para o período t é de venda de 102 unidades do produto.

A principal vantagem da suavização exponencial é que ela permite calcular rapidamente uma nova previsão sem registros históricos e atualizações substanciais. Portanto, a suavização exponencial é altamente adaptável à previsão computadorizada. Dependendo do valor da constante de suavização, também é possível monitorar e alterar a sensibilidade da técnica.

A principal decisão a tomar quando se usa a suavização exponencial é a escolha do fator alfa. Se for utilizado um fator igual a 1, o efeito líquido é usar as vendas do período mais recente como previsão para o próximo período. Um valor muito baixo, como 0,01, tem o efeito líquido de reduzir a previsão a praticamente uma média móvel simples. Fatores alfa altos tornam a previsão muito sensível a mudanças e, portanto, altamente reativa. Fatores alfa baixos tendem a reagir lentamente às mudanças e, portanto, minimizam a reação a flutuações aleatórias. No entanto, a técnica não consegue apontar a diferença entre sazonalidade e flutuação aleatória. Logo, a suavização exponencial não elimina a necessidade de julgamento. Na escolha do fator alfa, a pessoa que faz a previsão enfrenta o *trade-off* entre eliminar as flutuações aleatórias ou ter uma previsão que reaja completamente a alterações na demanda.

A **suavização exponencial expandida** incorpora a influência da tendência e da sazonalidade quando valores específicos desses componentes podem ser identificados. O cálculo da suavização expandida é semelhante ao do modelo de suavização simples, exceto que há três componentes e três constantes de suavização para representar os componentes de demanda base, de tendência e de sazonalidade.

Assim como a suavização exponencial, a suavização expandida permite calcular novas previsões rapidamente, com o mínimo de dados. A capacidade de reação da técnica depende dos valores das constantes de suavização. Valores mais altos dessas constantes proporcionam capacidade de resposta rápida, mas podem levar ao excesso de reação e a problemas de exatidão da previsão.

A **suavização ajustável** proporciona uma revisão regular da validade do fator alfa. O valor de alfa é revisado na conclusão de cada período de previsão com o objetivo de determinar o valor exato que teria resultado em uma previsão perfeita para o período anterior. Uma vez determinado, o fator alfa usado para gerar a previsão subsequente é ajustado para o valor que teria gerado uma previsão perfeita. Portanto, a avaliação gerencial é parcialmente substituída por um método sistemático e coerente de atualização de alfa. A maioria dos *softwares* de previsão tem habilidade para avaliar sistematicamente constantes de suavização alternativas para identificar uma que teria gerado o melhor desempenho nos períodos de tempo mais recentes.

Formas mais sofisticadas de suavização ajustável incluem um sinal de acompanhamento automático para monitorar erros. Quando ele é disparado devido ao excesso de erros, a constante é automaticamente aumentada para tornar a previsão mais reativa aos períodos recentes de suavização. Se as vendas do período recente demonstram mudanças substanciais, o aumento na reatividade deve reduzir o erro das previsões. Quando este diminui, o sinal de acompanhamento automaticamente volta a constante de suavização ao seu valor original. Embora as técnicas adaptáveis sejam projetadas para realizar ajustes sistemáticos no caso de erro, seu ponto fraco é às vezes reagir excessivamente e interpretar um erro aleatório como tendência ou sazonalidade. Esse equívoco leva a mais erros no futuro.

Causal

A previsão por regressão estima as vendas de um item com base nos valores de outros fatores independentes. Se for possível identificar uma boa relação, por exemplo, entre preço e consumo, a informação pode ser usada para prever necessidades com eficácia. A previsão causal ou por regressão funciona bem quando uma variável principal, como o preço, pode ser identificada. No entanto, essas situações não são particularmente comuns para aplicações em cadeias de suprimentos. É denominada **regressão simples** se a previsão do item baseia-se em um único fator. O uso de mais de um fator de previsão constitui a **regressão múltipla**, e suas previsões usam a correlação entre um evento principal ou previsível e a demanda dependente de vendas. Não é necessário que uma relação de causa e efeito entre as vendas do produto e o evento independente exista se um alto grau de correlação estiver constantemente presente. Uma correlação supõe que as vendas previstas são precedidas por algum fator principal independente, como as vendas de um produto relacionado. No entanto, o uso mais confiável da previsão de vendas por regressão baseia-se em uma relação de causa e efeito. Visto que a regressão pode, de modo eficaz, considerar fatores e eventos externos, as técnicas causais são mais adequadas para previsões agregadas ou de longo prazo. Por exemplo, técnicas causais são comumente usadas para gerar previsões de vendas anuais ou nacionais. A partir da discussão anterior, deve estar claro que *softwares* de previsão oferecem uma ampla gama de habilidades tanto em termos de técnicas quanto de sofisticação. A Tabela 6.4 apresenta um resumo das aplicações e das restrições das técnicas de previsão disponíveis.

TABELA 6.4 Resumo das técnicas de previsão.

Técnicas de previsão	Descrição	Aplicação	Limitações
Média móvel	Uma média simples dos períodos anteriores de vendas.	Útil quando só há componentes de demanda base e irregular.	Não é útil quando há sazonalidade ou tendência significativa.
Suavização exponencial	Uma média móvel exponencialmente ponderada que usa constantes de suavização para dar maior peso às demandas mais recentes.	Útil quando é necessário manter dados e gerar previsões para uma grande quantidade de itens que incorporam componentes de tendência e sazonalidade individuais.	Não é tão útil quando há outros fatores que influenciam a demanda, como promoções, alterações de preços, ou ações dos concorrentes que não são programadas com regularidade.
Séries temporais	Usam os períodos de tempo como variável independente para prever os padrões de demanda futura.	Úteis quando os padrões de demanda se repetem com alguns componentes cíclicos, sazonais ou de tendência.	Não respondem rapidamente às mudanças, visto serem necessários diversos períodos para que o modelo identifique as mudanças e a previsão responda às alterações nos padrões; essas séries são geralmente mais sensíveis que a técnica de regressão, pois não assumem um tipo específico de relação (por exemplo, linearidade); também exigem uma avaliação na escolha das variáveis que devem ser incluídas.
Regressão	Usa outras variáveis independentes, como preço, planos promocionais ou volumes de produtos relacionados, para prever as vendas.	Útil quando há uma forte relação linear ou não linear entre as variáveis independentes e a demanda.	Não respondem rapidamente às mudanças, visto serem necessários diversos períodos para que o modelo identifique as mudanças e a previsão responda às alterações nos padrões; também exigem uma avaliação na escolha das variáveis que devem ser incluídas.
Multivariada	Usam técnicas estatísticas mais complexas para identificar relações mais complexas no histórico de demanda, tais como: análise espectral, análise de Fourier, funções de transferência e redes neurais.	Úteis quando há uma relação complexa, geralmente linear ou não linear, entre os padrões históricos e a demanda. A análise identifica e avalia conjuntos alternativos de parâmetros para determinar o melhor ajuste e usa-o para prever a demanda futura. Essas técnicas muitas vezes são mais úteis para fazer previsões macro, como consumo de energia, crescimento econômico ou transporte agregado.	Embora haja fatores quantitativos para escolher o melhor modelo, com frequência também há uma avaliação substancial envolvida, então essas técnicas muitas vezes não são adequadas para previsões acuradas de itens, locais e unidades de tempo.

Fonte: Reproduzido com permissão de David J. Closs, *Forecasting and Its Use In Logistics,* Council of Supply Chain Management Professionals, Oak Brook, IL.

ACURÁCIA DAS PREVISÕES

A acurácia das previsões refere-se à diferença entre as previsões e as vendas reais correspondentes. Melhorar a acurácia exige medir e analisar os erros. Embora um erro de previsão geralmente possa ser definido como a diferença entre a demanda real e a prevista, é necessária uma definição mais exata para o cálculo e a comparação. A Tabela 6.5 apresenta a demanda mensal e a previsão para um modelo específico de computador pessoal em um centro de distribuição regional. Esse exemplo ilustra medições alternativas de erros de previsão.

Uma abordagem para a medição de erros é somá-los ao longo do tempo, como ilustrado na coluna 4. Com essa abordagem, os desvios são somados ao longo do ano e calcula-se a média simples. Como ilustrado, o desvio médio está muito próximo de zero, apesar de haver alguns meses com desvio significativo. A preocupação com essa abordagem é que desvios positivos cancelam os negativos, mascarando um sério problema na previsão. Para evitar esse problema, uma abordagem alternativa é ignorar o "sinal" e avaliar o desvio absoluto. A coluna 5 ilustra o cálculo do desvio absoluto e o **desvio absoluto médio** (**DAM**; em inglês, **MAD** – *Mean Absolute Deviation*) resultante. Para comparar previsões, normalmente se calculam os percentuais. O **erro percentual absoluto médio** (**MAPE** – *Mean Absolute Percentage Error*) é calculado dividindo o desvio absoluto médio pela demanda média.

Outra consideração é o nível da medição ou agregação. Supondo-se que sejam registrados detalhes de cada item, o erro de previsão pode ser calculado para combinações de itens e locais, grupos de itens ou locais, e para todo o país. Em geral, mais agregação resulta em menos erros relativos de previsão. Por exemplo, a Figura 6.9 ilustra erros de previsão comparativos nos níveis nacional, de marca e de itens/locais. A figura mostra o erro de previsão relativo mínimo, máximo e médio para um conjunto de empresas que vendem bens de consumo. Como ilustra a Figura 6.9, embora um erro relativo de 40% seja a média para o nível de agregação de item/local, ele refletiria uma previsão muito ruim se medido em nível nacional.

TABELA 6.5 Demanda e previsão mensais de computadores.

(1) Mês	(2) Demanda	(3) Previsão	(4) Desvio	(5) Desvio absoluto
Janeiro	100	110	−10	10
Fevereiro	110	90	20	20
Março	90	90	0	0
Abril	130	120	10	10
Maio	70	90	−20	20
Junho	110	120	−10	10
Julho	120	120	0	0
Agosto	90	110	−20	20
Setembro	120	70	50	50
Outubro	90	130	−40	40
Novembro	80	90	−10	10
Dezembro	90	100	−10	10
Soma	1200	1240	−40	200
Média	100	103,3	−3,3	16,7[a]
Percentual (erro/média)				17,1%[b]

a = Desvio absoluto médio (DAM).
b = Média de (erro de previsão mensal/demanda mensal).

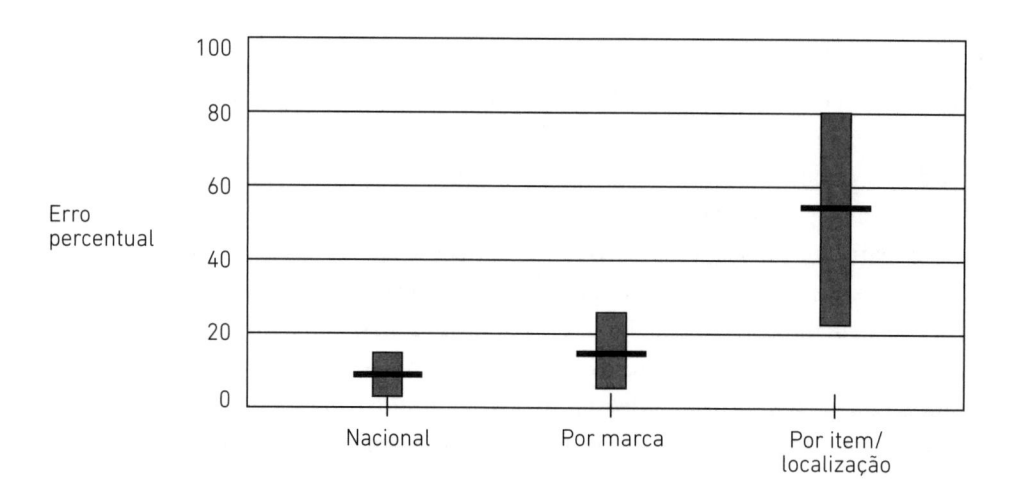

FIGURA 6.9 Comparação entre erros de previsão.

Resumo

A gestão eficaz da cadeia de suprimentos exige planejamento e colaboração multifuncional e multiempresarial. O planejamento bem-sucedido da cadeia de suprimentos exige: (1) visibilidade na cadeia de suprimentos; (2) consideração simultânea de recursos; e (3) utilização de recursos. Alcançar esses três requisitos com sucesso depende da colaboração entre os membros da cadeia.

A execução sincronizada de planejamento da demanda, planejamento da produção e planejamento logístico é necessária para conseguir um plano integrado geral. A maioria das empresas tem implementado um processo de S&OP para orientar um planejamento integrado de sucesso. Para ser bem-sucedido, o S&OP requer atenção e orientação contínuas da alta direção. Embora haja necessidade de muito trabalho e coordenação para o S&OP bem-sucedido, é importante ter em mente que ele é um processo, e não função de um indivíduo ou organização. Ultimamente, as empresas estão se movendo em direção ao Planejamento Empresarial Integrado (IBP), devido à sua maior abrangência. Tornou-se prática comum os participantes da cadeia de suprimentos de várias organizações desenvolverem e implementarem em conjunto os processos de CPFR.

Na maioria das cadeias de suprimentos, os requisitos dos clientes devem ser antecipados por previsões, que incluem diversos componentes, sendo os principais: a demanda base, a tendência e a sazonalidade. Embora esses componentes externos sejam significativos, a variação da demanda também resulta de ações operacionais, como promoções, alterações de preço e lançamentos de novos produtos. O processo de previsão deve incorporar uma combinação de técnicas, sistemas de apoio e gerenciamento. As técnicas de previsão proporcionam um ponto de partida quantitativo, o sistema de apoio refina os dados considerando as mudanças do mercado, e o gerenciamento de previsões fornece um processo para guiar e monitorar o esforço total. Existem técnicas de previsão qualitativas e causais, mas a maioria das previsões logísticas e de cadeias de suprimentos é desenvolvida por meio de métodos de séries temporais. Embora tenha havido alguns avanços nas técnicas e nos métodos de previsão, as melhorias mais substanciais foram alcançadas com o uso de técnicas colaborativas, como o CPFR, que envolvem diversos parceiros da cadeia de suprimentos.

Questões para revisão

1. De que maneira a visibilidade da cadeia de suprimentos melhora o processo de planejamento?

2. Descreva o processo de S&OP. Quais os principais *trade-offs* a ser considerados em sua implementação?

3. Identifique e discuta os principais componentes da previsão. Por que é importante decompor a demanda nesses componentes no desenvolvimento de novas previsões?

4. Compare e contraste as técnicas de previsão baseadas em séries temporais e causal. Sob quais condições cada uma delas seria adequada?

5. Discuta de que modo uma pequena alteração da demanda no âmbito varejista pode ter um impacto significativo sobre a variação da cadeia de suprimentos em distribuidores, fabricantes e fornecedores.

6. Descreva os principais componentes de um Sistema de Planejamento e Programação Avançado. Quais são os principais desafios para a implementação de um sistema como esse?

Desafios

1. O Planejamento e Programação Avançados podem ser realizados no nível da empresa, divisional ou geográfico. Descreva os desafios e os benefícios de cada estratégia. Em quais situações você recomendaria que uma empresa implementasse o APS no nível da empresa, da divisão ou geográfico e por quê?

2. O CPFR revelou-se capaz de melhorar a precisão das previsões para os fabricantes. Quais são os principais desafios associados ao uso do CPRF? Dado que ele demonstrou seus benefícios, discuta quando o CPFR deve ou não ser utilizado pelas empresas.

3. O capítulo descreve uma situação onde a Whirlpool e a Lowe's estão trabalhando em colaboração para desenvolverem conjuntamente um plano de comercialização e operações. Quais são os benefícios e riscos para cada organização? Quais são os desafios para a Whirlpool, já que ela tem outros clientes importantes a considerar?

4. Suponha que a previsão eficaz exija uma combinação de técnica, sistemas de apoio e gerenciamento. O seu supervisor em uma empresa de bens de consumo lhe pediu para identificar algumas iniciativas destinadas a melhorar a acurácia das previsões. Quais iniciativas específicas você recomendaria que fossem consideradas em relação aos componentes de técnica, sistemas de apoio e gerenciamento?

PARTE 2

Operações logísticas da cadeia de suprimentos

A Parte 2 deste livro consiste em quatro capítulos que descrevem os detalhes das atividades e das funções logísticas. O Capítulo 7 concentra-se no gerenciamento de estoque, incluindo sua fundamentação lógica, os custos associados à sua manutenção, os procedimentos para estabelecer e monitorar níveis adequados de estoque e uma estrutura para administrar os recursos de estoque. O Capítulo 8 descreve a infraestrutura dos transportes, incluindo papel, funcionalidade e princípios. O capítulo segue com uma discussão dos aspectos mais gerenciais das operações de transporte, como aspectos econômicos, preço e administração. Em conjunto, os custos relacionados a estoques e transportes representam a parte mais significativa das despesas logísticas totais. O Capítulo 9 discute a justificativa econômica e de serviços para o armazenamento e as atividades necessárias ao projeto e às operações das instalações. O Capítulo 10 aborda o ambiente interno de um depósito ao analisar as tecnologias de embalagem e manuseio de materiais, suas necessidades e sua eficiência, seguidos de uma avaliação sobre a capacidade e os *trade-offs* dos equipamentos necessários para esse manuseio. É por meio do desempenho integrado de atividades individuais que os objetivos da logística da cadeia de suprimentos são alcançados.

CAPÍTULO 7 — Estoques

RESUMO DO CAPÍTULO

FUNCIONALIDADE E DEFINIÇÕES DE ESTOQUE
FUNCIONALIDADE DO ESTOQUE
DEFINIÇÕES DE ESTOQUE

CUSTO DE MANUTENÇÃO DE ESTOQUES
CAPITAL
IMPOSTOS
SEGUROS
OBSOLESCÊNCIA
ARMAZENAMENTO

PLANEJAMENTO DE ESTOQUE
QUANDO PEDIR
QUANTO PEDIR

ADMINISTRANDO A INCERTEZA
INCERTEZA DA DEMANDA
INCERTEZA DO CICLO DE ATIVIDADES
ESTOQUE DE SEGURANÇA COM INCERTEZA COMBINADA
ESTIMATIVA DA TAXA DE ATENDIMENTO
REABASTECIMENTO EM SITUAÇÕES DE DEMANDA DEPENDENTE

POLÍTICAS DE GERENCIAMENTO DE ESTOQUE
CONTROLE DE ESTOQUE
MÉTODOS REATIVOS
MÉTODOS DE PLANEJAMENTO
REABASTECIMENTO COLABORATIVO DE ESTOQUE

PRÁTICAS DE GERENCIAMENTO DE ESTOQUE
CLASSIFICAÇÃO DE PRODUTO/MERCADO
DEFINIÇÃO DA ESTRATÉGIA PARA CADA SEGMENTO
POLÍTICAS E PARÂMETROS

RESUMO
QUESTÕES PARA REVISÃO
DESAFIOS

As decisões relacionadas ao estoque são de alto risco e de alto impacto para a cadeia de suprimentos. O estoque comprometido com o apoio a vendas futuras impulsiona diversas atividades antecipatórias na cadeia de suprimentos. Sem a quantidade adequada de estoque, podem ocorrer a perda de vendas e a insatisfação do cliente. Da mesma forma, o planejamento de estoques é fundamental para a produção. A falta de material ou componentes pode interromper a produção ou forçar modificações na programação de produção, o que envolve custos adicionais e uma potencial escassez de produtos. Assim como a escassez pode atrapalhar os planos de marketing e de produção, o excesso de estoque também pode gerar problemas operacionais. Ele aumenta os custos e reduz a lucratividade por causa do armazenamento adicional, capital de giro, seguros, impostos e obsolescência. O gerenciamento dos recursos de estoque exige conhecimento sobre sua funcionalidade, princípios, custos, impacto e dinâmica.

FUNCIONALIDADE E DEFINIÇÕES DE ESTOQUE

O GERENCIAMENTO DE ESTOQUE envolve riscos que variam de acordo com a posição da empresa no canal de distribuição. As medições típicas do comprometimento do estoque são duração, intensidade e extensão.

Para um fabricante, o risco do estoque é de longo prazo. O comprometimento do estoque do fabricante começa com a compra da matéria-prima e dos componentes, inclui produtos em processo e termina com produtos acabados. Além disso, os produtos acabados com frequência são colocados em depósitos antecipando a demanda dos clientes. Em algumas situações, os fabricantes precisam consignar estoque em instalações de clientes. Por exemplo, muitos varejistas de grande porte exigem que os fabricantes armazenem seus produtos nas prateleiras das lojas e esperem para receber o pagamento depois que os clientes comprarem os produtos. Na verdade, essa prática transfere todo o risco do estoque para o fabricante. Embora um fabricante normalmente tenha uma linha de produtos menor que a de um varejista ou atacadista, o comprometimento do estoque do fabricante é intenso e de longa duração.

Um atacadista compra grandes quantidades dos fabricantes e vende quantidades menores aos varejistas. A justificativa econômica de um atacadista é ter capacidade para oferecer aos clientes uma variedade de produtos de diferentes fabricantes em quantidades específicas. Quando os produtos são sazonais, é possível que se exija do atacadista uma posição de estoque bem adiantada em relação à época de vendas, aumentando, assim, a profundidade e a duração do risco. Um dos maiores desafios da venda por atacado é a expansão da linha de produtos até o ponto em que a extensão do risco do estoque se aproxima do varejista ao mesmo tempo que se mantêm a intensidade e a duração do risco, características da venda por atacado tradicional. Nos últimos anos, varejistas poderosos estão gerando um aumento substancial da intensidade e da duração do risco ao transferir a responsabilidade pelo estoque para os atacadistas.

Para um varejista, o gerenciamento de estoque diz respeito à velocidade de comprar e vender. Os varejistas adquirem uma ampla variedade de produtos e assumem um risco substancial no processo de comercialização. O risco do estoque do varejo pode ser visto como amplo, mas não intenso. Devido ao alto custo da localização das lojas, os varejistas dão muita ênfase ao giro de estoque, que é a medida da velocidade do estoque, sendo calculada como a razão das vendas de um período sobre o estoque médio.

Embora os varejistas assumam uma posição de risco perante uma ampla variedade de produtos, sua posição para um produto específico não é intensa. O risco é diluído por mais de 30 mil itens em um supermercado típico. Um grande varejista que oferece produtos gerais e alimentos com frequência ultrapassa 50 mil itens. Como precisam enfrentar essa extensão, eles tentam reduzir o risco pressionando fabricantes e atacadistas a assumir mais responsabilidade pelo estoque. Empurrar o estoque para os níveis superiores do canal resulta na demanda do varejista por entregas rápidas de produtos variados de atacadistas e fabricantes. Varejistas especializados, em contraste com os varejistas de massa, normalmente apresentam menor extensão de risco de estoque por lidarem com uma variedade menor. No entanto, eles têm de assumir maior risco em relação à intensidade e duração da manutenção de estoques.

Se uma empresa planeja operar em mais de um nível no canal de distribuição, deve estar preparada para assumir o risco de estoque envolvido. Por exemplo, uma rede de alimentação que opera um depósito regional assume o risco relacionado à função de atacadista, além das operações normais de varejo. Quando uma empresa se torna verticalmente integrada, o estoque tem de ser gerenciado em diversos níveis da cadeia de suprimentos.

FUNCIONALIDADE DO ESTOQUE

Do ponto de vista do estoque, a situação ideal é uma cadeia de suprimentos baseada na resposta. Em diversos pontos dos capítulos anteriores, a praticidade de implementar uma cadeia de suprimentos totalmente baseada na resposta (puxada) foi discutida em termos dos custos totais e da oportunidade de apoio ao cliente. Embora uma cadeia de suprimentos com estoque zero normalmente não seja alcançável, é importante lembrar que cada centavo investido em estoque é um *trade-off* no que diz respeito ao uso alternativo dos ativos.

Estoque é um ativo atual que deve oferecer retorno sobre o capital investido. O retorno sobre investimentos em estoque é o lucro marginal sobre vendas que não ocorreria sem o estoque. Especialistas em contabilidade reconheceram, há muito tempo, que é difícil medir o custo real e os benefícios do estoque nos lucros e perdas corporativos.[1] A falta de sofisticação nas medidas dificulta a avaliação dos *trade-offs* entre níveis de serviço, eficiências operacionais e níveis de estoque. Embora os níveis de estoque agregado nos diversos setores da economia tenham diminuído, muitas empresas ainda mantêm mais estoque do que o necessário para apoiar seus requisitos comerciais. As forças que orientam essa generalização são mais bem entendidas por meio da análise das quatro principais funções do estoque. A Tabela 7.1 resume a funcionalidade do estoque.

Essas quatro funções – **especialização geográfica**, **desacoplamento**, **equilíbrio entre oferta e demanda** e **proteção contra incertezas** – exigem investimentos em estoque para atingir objetivos operacionais. Embora a logística, como discutimos no Capítulo 2, tenha feito progressos significativos na redução do estoque geral da cadeia de suprimentos, o estoque adequadamente distribuído gera valor e reduz o custo total. Dada uma estratégia de marketing/produção específica, os estoques planejados e comprometidos para as operações só podem ser reduzidos a um nível coerente com o desempenho das quatro funções do estoque. Todo estoque que ultrapassa o nível mínimo representa comprometimento em excesso.

No nível mínimo, o estoque investido para atingir especialização geográfica e desacoplamento só pode ser modificado por alterações na localização da instalação da rede e nos processos operacionais da empresa. As montadoras de automóveis usam a especialização geográfica distribuindo chapas metálicas e para-choques nas regiões mais frias, pois nessas regiões normal-

TABELA 7.1 Funcionalidade do estoque.

Especialização geográfica	Permite o posicionamento geográfico em diversas unidades de produção e distribuição de uma empresa. Estoques mantidos em diferentes locais e etapas do processo de criação de valor permitem a especialização.
Desacoplamento	Permite a economia de escala dentro de uma única instalação e consente que cada processo opere com eficiência máxima, em vez de fazer que a velocidade de todo o processo seja limitada pelo mais lento.
Equilíbrio entre oferta/demanda	Acomoda o tempo decorrido entre a disponibilidade de estoque (fabricação, crescimento ou extração) e o consumo.
Proteção contra incertezas	Acomoda a incerteza relacionada à demanda em excesso ou atrasos previstos ou inesperados no recebimento e no processamento de pedidos. Normalmente é chamada de estoque de segurança.

[1] Douglas M. Lambert, *The Development of an Inventory Costing Methodology* (Chicago: National Council of Physical Distribution Management, 1976), p. 3; and *Inventory Carrying Cost, Memorandum 611* (Chicago: Drake Sheahan/Stewart Dougall, Inc., 1974).

mente ocorrem mais acidentes devido à neve e ao gelo. Desacoplamento é a separação de um processo de fabricação do processo de vendas. Por exemplo, o processo de fabricação pode buscar economias de escala importantes, ao mesmo tempo em que as vendas ocorrem em taxas relativamente baixas. Nessa situação, as empresas podem usar o desacoplamento para produzir um estoque em quantidades suficientemente grandes para alcançar economias de escala, mesmo que tenha de gerenciar um estoque maior antes da venda. O estoque para equilibrar a oferta e a demanda é necessário quando os tempos relacionados ao fornecimento dos produtos são diferentes daqueles da demanda. Por exemplo, as frutas e os legumes têm uma safra relativamente limitada, mas os consumidores desejam consumi-los o ano inteiro e vão comprá-los durante esse período. Outro exemplo é a demanda sazonal de brinquedos e produtos de jardinagem, onde as vendas ocorrem em um período de tempo muito curto, mas a produção ocorre o ano inteiro. Equilibrar o estoque é necessário para que os padrões da oferta correspondam aos da demanda. O estoque de segurança é necessário quando há incerteza na oferta e na demanda. Quando não há certeza em relação a quando o produto estará disponível (oferta) e em relação a quando o consumidor o deseja (demanda), pode ser necessário manter um estoque de segurança.

Os estoques de segurança representam o maior potencial para a melhoria do desempenho logístico. O nível de estoque de segurança é de natureza operacional e pode ser ajustado rapidamente no caso de um erro ou mudança de política. Existe uma série de técnicas para auxiliar a gerência no planejamento dos estoques de segurança. O foco deste capítulo é a análise das relações do estoque de segurança e o desenvolvimento de políticas de estoques.

DEFINIÇÕES DE ESTOQUE

No projeto de políticas de estoque, devem ser consideradas relações específicas de estoques. A administração deve entender essas relações para determinar a política de estoque em relação a quando e quanto pedir. A política de estoque orienta o desempenho desejado dos estoques. Os dois indicadores principais do desempenho dos estoques são o **nível de serviço** e o **estoque médio**.

Política de estoque

O primeiro aspecto da política de estoque consiste em instruções a respeito do que comprar ou fabricar, quando agir e em que quantidade. Também inclui decisões sobre o posicionamento geográfico do estoque. Por exemplo, algumas empresas podem decidir adiar seu posicionamento mantendo estoques nas fábricas. Outras podem usar uma estratégia mais especulativa de posicionamento de produtos em mercados locais ou depósitos regionais. É vantajoso usar uma estratégia de *postponement* geográfico, centralizando a posição de estoque dos itens com alta incerteza na demanda ou alto valor. O posicionamento especulativo pode ser mais conveniente para os itens com valor relativamente baixo ou que exijam rápida acessibilidade por parte dos clientes. O desenvolvimento de uma política de estoque sólida é a dimensão mais difícil do gerenciamento de estoque.

O segundo aspecto refere-se à prática de gerenciamento de estoque. Uma abordagem envolve gerenciar o estoque independentemente, **em cada instalação**. No outro extremo está o gerenciamento centralizado do estoque em todas as suas instalações, que exige comunicação e coordenação eficazes. O aumento da disponibilidade de tecnologia da informação e os sistemas de planejamento integrado permitem que mais empresas implementem o planejamento centralizado do estoque. Sistemas centralizados de planejamento de estoque podem reduzir a incerteza da demanda entre os locais de distribuição.

Nível de serviço

O nível de serviço é uma meta de desempenho especificada pela direção da organização. Define os objetivos de desempenho do estoque. O nível de serviço com frequência é medido em termos da duração do ciclo de pedido, da taxa de atendimento por unidade, da taxa de atendimento por linha, da taxa de atendimento de pedidos ou de qualquer combinação entre esses indicadores. **Ciclo de atividades** é o tempo decorrido entre a liberação de um pedido de compra por um cliente e o recebimento do pedido. **Taxa de atendimento por unidade** é o percentual de caixas ou unidades pedidas que são enviadas conforme solicitado. Por exemplo, uma taxa de atendimento por unidade de 95% indica que, em média, 95 entre 100 caixas são atendidas a partir do estoque disponível. As cinco caixas restantes são pedidos pendentes ou cancelados. **Taxa de atendimento por linhas** é o percentual de linhas (itens de cada linha em um pedido do cliente) atendidas por completo. **Taxa de atendimento de pedidos** é o percentual de pedidos atendidos por completo.

O gerenciamento de estoque é um importante elemento da estratégia da logística da cadeia de suprimentos que deve ser integrado para atingir objetivos gerais de serviços. Embora uma estratégia para atingir um alto nível de serviço seja aumentar o estoque, uma abordagem alternativa pode ser o uso de transportes mais rápidos ou mais confiáveis e a colaboração com clientes e prestadores de serviço para reduzir a incerteza.

Estoque médio

Materiais, componentes, produtos em processo e produtos acabados normalmente mantidos no sistema logístico são chamados de **estoque**, e a sua quantidade típica ao longo do tempo é chamada de **estoque médio**. Do ponto de vista da política, a meta dos níveis de estoque deve ser planejada para cada instalação. A Figura 7.1 ilustra os ciclos de atividades de um item em um local. No máximo, a instalação tem $ 70 mil em estoque durante o ciclo de atividades normal e, no mínimo, $ 30 mil. A diferença entre esses dois níveis, $ 40 mil ($ 70 mil – $ 30 mil), é o tamanho do pedido de compra, o que resulta em um estoque cíclico de $ 20 mil ($ 40 mil/2). Estoque cíclico ou estoque base é a parte do estoque médio que resulta do reabastecimento. O nível de estoque chega ao máximo após o recebimento do pedido. Os clientes consomem o estoque até que seu nível chegue ao mínimo. Antes disso, inicia-se um pedido de reabastecimento para que o estoque seja reposto antes de faltar, e que deve ser iniciado quando o estoque disponível for menor ou igual à demanda prevista durante o período do ciclo de atividades. A quantidade de produtos pedida para reabastecimento é denominada **tamanho do pedido de**

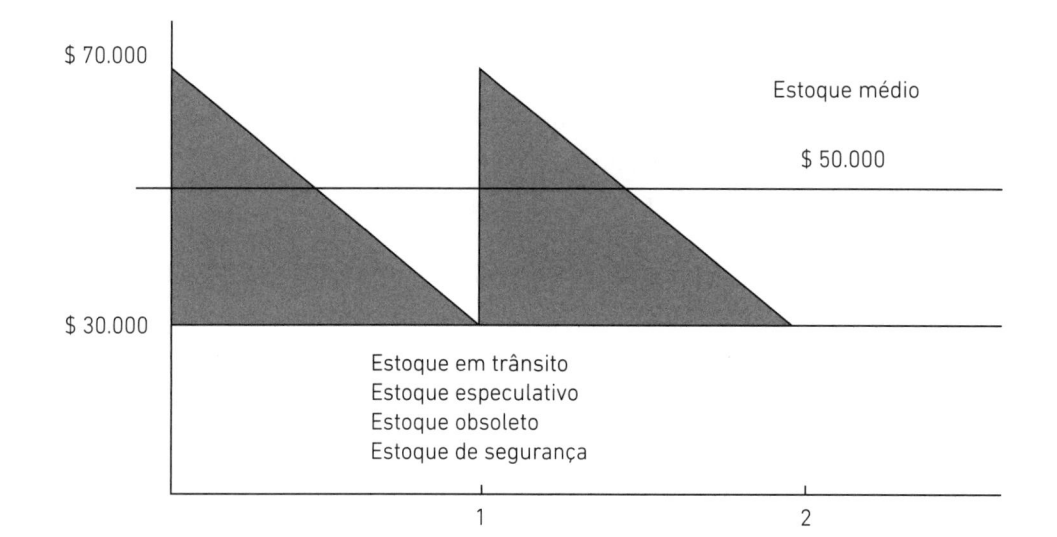

FIGURA 7.1 Ciclo de estoque para produtos típicos.

compra. Dada sua formulação básica, o estoque cíclico ou estoque base médio equivale à metade do tamanho do pedido de compra.

O **estoque em trânsito** representa a quantidade normalmente em percurso entre instalações ou pedidos ainda não recebidos. **Estoque obsoleto** é o estoque que está fora do período de validade ou não tem demanda recente. Em algum momento ele é doado, destruído ou vendido com prejuízo. O **estoque especulativo** é comprado antes de ser necessário para proteger uma operação cambial, para aproveitar um desconto especial ou para se preparar para um possível problema com mão de obra. Um exemplo moderno de compra de estoque especulativo ocorre todo ano quando muitos países da Ásia e do Pacífico celebram por várias semanas o Ano-Novo Chinês, resultando no fechamento planejado de fábricas.

O restante do estoque no típico sistema logístico é o **estoque de segurança**, o qual é mantido em um sistema logístico para proteção contra a incerteza na demanda e no ciclo de atividades. Ele só é usado perto do final dos ciclos de reabastecimento quando a incerteza tiver causado uma demanda maior que a esperada ou períodos de ciclo de atividades mais longos que o esperado. Portanto, o estoque médio consiste em **metade do tamanho do pedido de compra mais o estoque de segurança e o estoque em trânsito ($ 70.000 – $ 30.000/2 + $ 30.000)**.

Estoque médio para diversos ciclos de atividades

Na formulação inicial da política, é necessário determinar quanto comprar em um momento específico. Para ilustrar, suponha que o ciclo de atividades de reabastecimento tenha 10 dias de duração e a taxa de vendas seja de 10 unidades por dia. Suponha, também, que o tamanho do pedido de compra seja de 200 unidades.

A Figura 7.2 ilustra essa relação. Esse tipo de gráfico é denominado **diagrama de serra** devido à série de triângulos retângulos que apresenta. Uma vez que existe uma total certeza em relação ao uso e ao ciclo de atividades, os pedidos são agendados para chegar assim que a última unidade é vendida. Sendo assim, não há necessidade de estoque de segurança. Como a taxa de vendas no exemplo é de 10 unidades por dia e são necessários 10 dias para completar o reabastecimento do estoque, uma política de reabastecimento sólida pode ser comprar 200 unidades a cada 20 dias. Dadas essas condições, podemos especificar a terminologia comum relacionada à formulação das políticas.

Primeiro, o **ponto de reposição** é especificado como 100 unidades em estoque. Ele define quando um pedido de reabastecimento é iniciado. Neste exemplo, sempre que a quantidade disponível cai para 100, é feito um pedido adicional de 200 unidades. O resultado dessa política

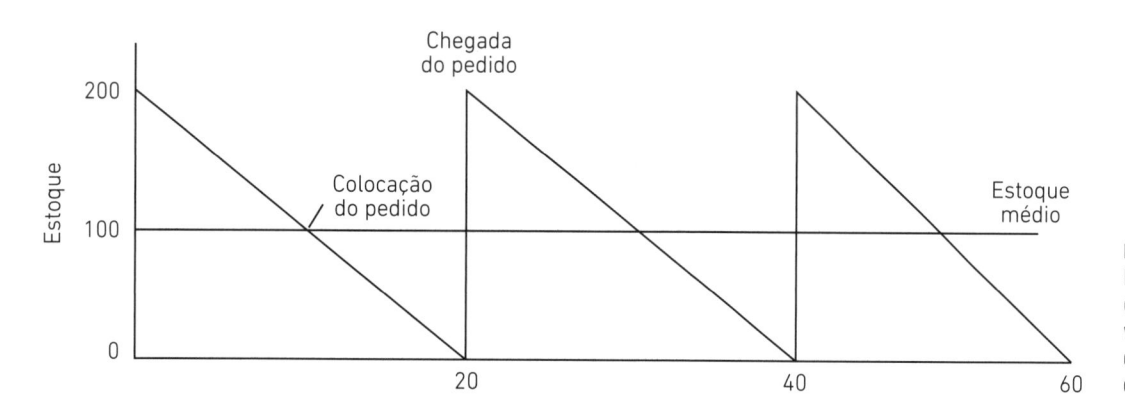

FIGURA 7.2 Relação de estoque para vendas e ciclo de atividades constantes.

é que o nível diário de estoque varia de um máximo de 200 a um mínimo de zero ao longo do ciclo de atividades.

Segundo, o estoque médio é de 100 unidades, visto que o estoque disponível ultrapassa 100 unidades na metade do tempo, ou durante 10 dias, e fica abaixo de 100 unidades na outra metade. Na verdade, o estoque médio é igual à metade do tamanho do pedido de compra de 200 unidades.

Terceiro, supondo-se um ano de trabalho de 240 dias, serão necessárias 12 compras ao longo do ano. Portanto, no período de um ano, 200 unidades serão compradas 12 vezes, totalizando 2.400 unidades. Espera-se que as vendas sejam iguais a 10 unidades por dia ao longo de 240 dias, totalizando 2.400 unidades. Como já discutido, o estoque médio é de 100 unidades. Portanto, serão 24 **giros de estoque** (2.400 de vendas totais/100 unidades de estoque médio).

Em tempo, o puro tédio dessas operações de rotina poderia levar a gerência a questionar sobre esse arranjo. O que aconteceria se os pedidos fossem feitos com frequência maior do que a cada 20 dias? Por que não pedir 100 unidades a cada 10 dias? Por que pedir a cada 20 dias? Por que não repor 600 unidades a cada 60 dias? Supondo que o ciclo de reabastecimento continua sendo de 10 dias, qual seria o impacto de cada uma dessas políticas de pedidos alternativas sobre o ponto de reposição, o estoque médio e o giro de estoque?

A política de pedir um volume menor, de 100 unidades a cada 10 dias, significa que dois pedidos sempre estariam pendentes. Portanto, o ponto de reposição seria mantido em 100 unidades disponíveis para atender a média de vendas diárias de 10 unidades ao longo do ciclo de estoque de 20 dias. No entanto, o estoque médio disponível cairia para 50 unidades, e o giro de estoque aumentaria para 48 vezes ao ano. A política de pedir 600 unidades a cada 60 dias resultaria em um estoque médio de 300 unidades e um giro de aproximadamente oito vezes ao ano. Essas políticas de reabastecimento alternativas estão ilustradas na Figura 7.3.

A figura ilustra que o estoque médio é uma função do tamanho do pedido de compras. Lotes de compra menores resultam em estoque médio mais baixo, mas existem outros fatores, como incerteza do ciclo de atividades, descontos nas compras e economias de transporte, que são importantes na determinação do tamanho do pedido de compra.

Uma política do tamanho do pedido de compra exato pode ser determinada por meio do equilíbrio entre o custo do pedido e o custo de manutenção do estoque médio. O modelo do **Lote Econômico de Compra** (**LEC**) oferece equilíbrio na quantidade específica desses dois componentes críticos do custo. Ao determinar o LEC e dividi-lo pela demanda anual, determinam-se a frequência e o tamanho dos pedidos de reabastecimento que minimizam o custo total do estoque cíclico. Antes de examinarmos o LEC, é necessário identificar os custos associados aos pedidos e à manutenção de estoques.

FIGURA 7.3 Tamanhos alternativos do pedido de compra e estoque médio.

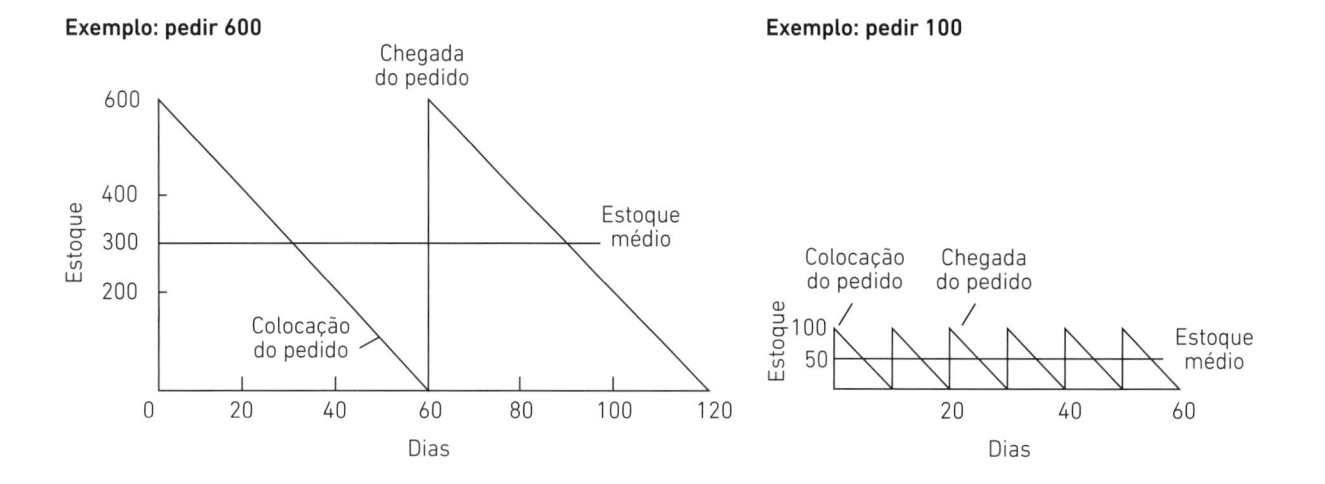

Demanda independente *versus* dependente

Normalmente, as cadeias de suprimento são formadas por uma combinação de demandas independentes e dependentes. No lado do consumidor na cadeia de suprimentos, a maior parte da demanda é independente, já que ele geralmente não avisa ao varejista que está chegando para adquirir um produto. Os consumidores chegam à loja e geralmente esperam que o produto esteja na prateleira. Embora os varejistas possam prever a demanda com base em padrões históricos, eles devem se antecipar às necessidades do cliente mantendo o estoque preposicionado na loja. Essa situação costuma ser chamada de estoque *just-in-case*, porque ele já deve estar posicionado no caso de o consumidor entrar na loja. No lado do fornecedor na cadeia de suprimentos, o estoque de componentes pode ser caracterizado como dependente. Uma situação de demanda dependente é característica das peças que são montadas nos produtos acabados, como ocorre nos fabricantes de automóveis ou produtos eletrônicos. No caso da demanda dependente, o fabricante estabelece um cronograma de produção que normalmente é compartilhado com seus fornecedores. Com base no cronograma de produção, o fornecedor consegue antecipar a demanda e o prazo de entrega necessários das peças. Por exemplo, para uma montadora de automóveis com um cronograma de produção de 1.000 veículos por dia, o fornecedor de pneus agendaria a chegada de 5.000 pneus por dia para atender o cronograma de produção. Nas situações de demanda dependente, é possível utilizar a distribuição *just-in-time*, já que não há incerteza na demanda depois que o cronograma de produção do produto acabado for estabelecido e compartilhado com os fornecedores.

CUSTO DE MANUTENÇÃO DE ESTOQUES

O CUSTO DE MANUTENÇÃO DE ESTOQUES é a despesa associada ao ato de manter produtos em estoque. Tais despesas são calculadas pela multiplicação de uma taxa de manutenção de estoques pelo valor do estoque médio. A prática contábil padrão é avaliar o estoque pelo custo de compra ou de fabricação, e não pelo preço de venda.

Supondo-se uma taxa anual de manutenção de estoques de 20%, as despesas anuais de estoque em uma empresa com $ 1 milhão de estoque médio seriam de $ 200 mil (20% × $ 1 mil). Embora o cálculo da despesa com manutenção de estoque seja básico, determinar a taxa de manutenção adequada é menos simples.

Determinar a taxa de manutenção exige definir os custos relacionados ao estoque. As contas financeiras relevantes para o custo de manutenção de estoques são capital, seguros, obsolescência, armazenamento e impostos. Embora o custo de capital normalmente se baseie na política administrativa, os impostos, seguros, obsolescência e armazenamento relacionados às despesas variam de acordo com os atributos específicos de cada produto.

CAPITAL

A importância adequada ao capital investido em estoque varia amplamente. As contribuições do capital vai desde a taxa de juros preferencial até um percentual determinado pela alta gerência. A lógica para o uso da taxa de juros preferencial ou de uma taxa específica indexada à taxa preferencial é que o dinheiro para repor o capital investido em estoque pode ser obtido em mercados financeiros por aquela taxa. Os custos de capital indicados pela alta gerência baseiam-se no retorno sobre o investimento esperado ou almejado para o capital empregado. Essas taxas almejadas normalmente são denominadas taxas **de retorno mínimas**.

O custo de capital pode variar significativamente de acordo com a empresa ou o setor. Empresas agressivas no uso de capital normalmente aplicam um percentual mais alto de custo de capital. Da mesma forma, indústrias com produtos de alto valor ou com produtos com ciclo de vida curto aplicam custo de capital mais alto para gerar estoques mais baixos. Por exemplo, as empresas de produtos eletrônicos ou do setor farmacêutico podem usar altas taxas de remuneração do capital (20-30%), já que esperam um retorno elevado sobre o seu investimento em desenvolvimento e seus produtos têm ciclos de vida curtos, enquanto os fornecedores de alimentos e bebidas podem aceitar taxas de retorno mínimas (5-15%), visto que seus produtos têm ciclos de vida mais longos e um risco relativamente mais baixo.

Em geral, quando a alta gerência não estabelece uma política de custo de capital clara – o que acontece com certa frequência –, há confusão no sistema. No caso do planejamento da logística da cadeia de suprimentos, o custo do capital deve ser claramente especificado, já que exerce impacto significativo sobre o projeto e o desempenho do sistema.

IMPOSTOS

Em muitas regiões, as autoridades locais avaliam os impostos sobre os estoques mantidos pelas empresas. O valor do imposto e o modo de avaliação variam de acordo com o local. As despesas com impostos normalmente são uma taxação direta com base no nível do estoque em determinado dia do ano ou no nível médio de estoque ao longo de um período. Em muitos casos, a isenção fiscal, como o *status* da Zona Franca, é disponibilizada pelas autoridades locais e estaduais.

SEGUROS

O custo dos seguros é calculado com base no risco estimado ou na perda ao longo do tempo. O risco de perda depende do produto e da instalação que o armazena. Por exemplo, produtos de alto valor que são facilmente roubados e produtos perigosos têm custo de seguro alto. O custo dos seguros também é influenciado pelas características das instalações: câmeras de segurança e sistemas de *sprinkler* instalados podem ajudar a reduzir o risco. Depois de 11 de setembro de 2001, questões relacionadas com o risco de terrorismo se tornaram uma grande preocupação no projeto da cadeia de suprimentos.

OBSOLESCÊNCIA

O custo de obsolescência é resultado da deterioração dos produtos durante o armazenamento. Um ótimo exemplo de obsolescência é o de produtos com data limite recomendada para venda por causa de seu prazo de validade, como alimentos e produtos farmacêuticos. A obsolescência também gera prejuízo financeiro quando um produto sai de moda ou não tem mais demanda. Seus custos normalmente são estimados com base na experiência anterior relacionada a remarcações de preço, doações ou quantidade de produto destruído. Essa despesa representa o percentual do valor do estoque médio declarado obsoleto a cada ano.

ARMAZENAMENTO

O custo de armazenamento é a despesa com instalações associada à manutenção de produtos. Ele deve ser alocado nos requisitos de produtos específicos, já que não é diretamente relacionado ao valor do estoque. Em depósitos independentes ou terceirizados, as tarifas de armazenamento são cobradas individualmente. O custo da ocupação anual total de determinado produto pode, então, ser calculado pela multiplicação do espaço físico médio diário ocupado pelo fator de custo padrão para um período específico. Esse número pode, então, ser dividido pelo total de unidades de produtos processados pela instalação para determinar o custo médio de armazenamento por unidade de produto.

Componentes	Média (%)	Faixa típica (%)
Custo de capital	10,00	4-40
Impostos	1,00	0,5-2
Seguros	1,00	0-2
Obsolescência	1,00	0,5-2
Armazenamento	2,00	0-4
Totais	15,00	5-50

TABELA 7.2 Componentes do custo de manutenção de estoques.

A Tabela 7.2 ilustra os componentes do custo anual de manutenção de estoques e a faixa típica de custos de cada um deles. Deve estar claro que a taxa final de manutenção usada por uma empresa é uma questão de política gerencial. Decisões sobre custo de estoque são importantes porque participam de um *trade-off* com outros componentes do custo logístico no projeto do sistema e nas decisões operacionais.

PLANEJAMENTO DE ESTOQUE

O PLANEJAMENTO DE ESTOQUE consiste em determinar quando e quanto pedir. Quando pedir é determinado pela média e pela variação na demanda e no reabastecimento. Quanto pedir é determinado pelo tamanho do pedido de compra. O controle de estoque é o processo de monitorar sua situação.

QUANDO PEDIR

Como discutimos anteriormente, o ponto de reposição define quando um pedido de reabastecimento deve ser iniciado. O ponto de reposição pode ser especificado em unidades ou dias de suprimento. Esta discussão concentra-se na determinação do ponto de reposição sob condições de certeza da demanda e do ciclo de atividades.

A fórmula básica do ponto de reposição é:

$$ROP = D \times T$$

onde
  ROP = ponto de reposição em unidades
  D = média da demanda diária em unidades
  T = duração média do ciclo de atividades em dias

Para ilustrar esse cálculo, suponha uma demanda de 20 unidades/dia e um ciclo de atividades de 10 dias. Neste caso,

$$\begin{aligned} ROP &= D \times T \\ &= 20 \text{ unidades/dias} \times 10 \text{ dias} \\ &= 200 \text{ unidades.} \end{aligned}$$

Uma forma alternativa é definir o ponto de reposição em relação aos dias de suprimento. No exemplo anterior, esse ponto é de 10 dias.

O uso de fórmulas de ponto de reposição implica que o pedido de reabastecimento chegará no momento programado. Quando existe incerteza na demanda ou na duração do ciclo de atividades, há necessidade de estoque de segurança. Quando houver necessidade de estoque de segurança para acomodar a incerteza, a fórmula do ponto de reposição é:

$$ROP = D \times T + SS$$

onde
    ROP = ponto de reposição em unidades
       D = média da demanda diária em unidades
       T = duração média do ciclo de atividades em dias
     SS = estoque de segurança em unidades

O cálculo do estoque de segurança sob condições de incerteza será discutido posteriormente neste capítulo.

QUANTO PEDIR

O tamanho do lote equilibra o custo de manutenção de estoques com o custo do pedido. A chave para entender a relação é lembrar-se de que o estoque médio é igual à metade do tamanho do pedido de compra. Portanto, quanto maior o tamanho do pedido de compra, maior o estoque médio e, consequentemente, maior o custo anual de manutenção de estoques. No entanto, quanto maior o tamanho do pedido de compra, menos pedidos são necessários por período e, consequentemente, menor o custo total do pedido. As fórmulas do tamanho do pedido de compra identificam as quantidades exatas em que o total anual do custo combinado de manutenção de estoques e de pedidos é o menor para determinado volume de vendas. A Figura 7.4 ilustra essas relações. O ponto em que a soma dos custos do pedido e de manutenção é minimizada representa o menor custo total. O objetivo é identificar o tamanho do pedido de compra que minimiza o custo total de manutenção de estoques e do pedido.

Lote econômico de compra

O lote econômico de compra (LEC) é a prática de reabastecimento que minimiza o custo combinado de manutenção de estoques e de pedidos. A identificação dessa quantidade pressupõe que a demanda e os custos sejam relativamente estáveis ao longo do ano. Como o LEC é calculado com base em cada produto, a fórmula básica não considera o impacto do pedido conjunto de diversos produtos.

FIGURA 7.4
Lote econômico de compra.

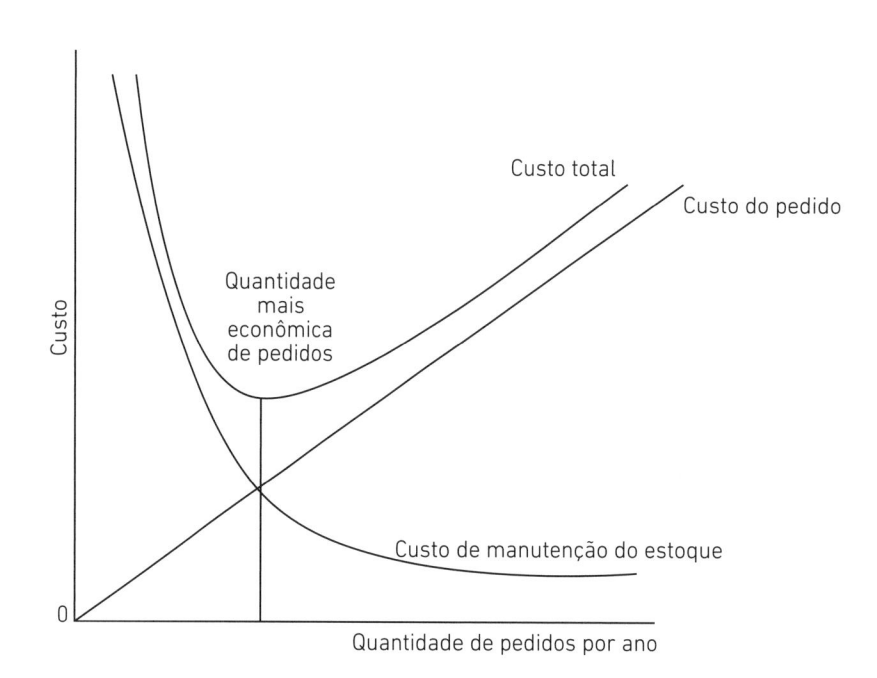

Demanda anual	2.400 unidades
Custo unitário do produto	$ 5,00
Taxa de manutenção de estoques	20% ao ano
Custo do pedido	$ 19,00 por pedido

TABELA 7.3 Fatores para determinar o LEC.

O método mais eficiente para o cálculo do LEC é matemático. Já apresentamos, neste capítulo, um dilema relacionado à política acerca da escolha entre pedir 100, 200 ou 600 unidades de um produto. A resposta pode ser encontrada pelo cálculo do LEC. A Tabela 7.3 contém as informações necessárias.

Para fazer os cálculos adequados, a fórmula do LEC é:

$$LEC = \sqrt{\frac{2C_oD}{C_iU}}$$

onde
LEC = lote econômico de compra
C_o = custo do pedido
C_i = taxa anual de manutenção de estoques
D = volume de vendas anuais (unidades)
U = custo unitário do produto

Usando os dados da Tabela 7.3,

$$LEC = \sqrt{\frac{2 \times 19 \times 2.400}{0,20 \times 5,00}}$$

$$= \sqrt{91.200}$$

$$= 302 \text{ (arredondado para 300)}.$$

O custo total do pedido representaria $ 152 (2.400/300 × $ 19,00), e o custo de manutenção de estoques $ 150 [300/2 × (5 × 0,20)]. Portanto, arredondando para permitir o pedido em múltiplos de 100 unidades, o custo dos pedidos e o custo de manutenção de estoques são equacionados.

Para se beneficiar do arranjo de compras mais econômico, os pedidos devem ser colocados na quantidade de 300 unidades, e não em 100, 200 ou 600. Portanto, ao longo do ano, seriam feitos oito pedidos e o estoque médio seria de 150 unidades. Voltando à Figura 7.4, o impacto de fazer pedidos em quantidades iguais a 300 em vez de 200 pode ser identificado. Um LEC de 300 implica que um estoque adicional foi acrescentado ao sistema. O estoque médio foi aumentado de 100 para 150 unidades disponíveis.

Embora o LEC determine uma quantidade ótima de reabastecimento, ele também exige alguns pressupostos um tanto rígidos. Os principais pressupostos do modelo LEC simples são: (1) toda demanda é atendida; (2) a taxa de demanda é contínua, constante e conhecida; (3) a duração do ciclo de atividades de reabastecimento é constante e conhecida; (4) há um preço constante para o produto que independe do tamanho do pedido de compra ou do tempo; (5) há um horizonte de planejamento infinito; (6) não há interação entre vários itens do estoque; (7) não há estoque em trânsito; e (8) não há qualquer limite à disponibilidade de capital. As restrições impostas por alguns desses pressupostos podem ser superadas por extensões computacionais; no entanto, o conceito de LEC ilustra a importância dos *trade-offs* associados aos custos de manutenção de estoques e de pedidos.

As relações que envolvem o ciclo de atividades do estoque, o custo do estoque e o lote econômico são úteis para orientar o planejamento de estoque. Primeiro, o LEC encontra-se no ponto em que os custos do pedido e de manutenção de estoques são iguais. Segundo, o estoque médio é igual à metade do tamanho do pedido de compra. Terceiro, o custo do produto, com todos os outros fatores permanecendo iguais, terá uma relação direta com a frequência dos pedidos de reabastecimento. Na verdade, quanto maior for o valor do produto, mais frequentemente será pedido.

Embora a fórmula do LEC seja relativamente simples, outros fatores têm de ser considerados nas aplicações reais. Esses fatores referem-se a diversos ajustes necessários para obter vantagem de situações especiais de compra e características de unitização. Três ajustes típicos são as tarifas de transporte de grandes quantidades, os descontos por quantidade e outros ajustes do LEC.

Tarifas de transporte de grandes quantidades

Na fórmula do LEC, não foi considerado o impacto dos transportes sobre o tamanho do pedido de compras. Independentemente do fato de o produto ser vendido incluindo a entrega ou de a propriedade ser transferida na origem, o custo dos transportes tem de ser pago pelos participantes da cadeia de suprimentos. Esforços colaborativos para comprar em quantidades que minimizem o custo total são essenciais para arranjos logísticos sólidos.

Como regra geral, quanto maior o peso de um pedido, menor o custo do transporte por quilo, seja qual for a origem e o destino.[2] Um desconto na tarifa do frete para carregamentos maiores é comum em todos os meios de transporte. Portanto, sendo todos os outros fatores iguais, os arranjos de cadeias de suprimentos devem facilitar lotes que oferecem o máximo de economia nos transportes. Esses lotes podem ser maiores que a quantidade determinada pelo LEC. Aumentar o tamanho do pedido tem um impacto duplo sobre o custo do estoque. Para ilustrar, vamos supor que na compra calculada anteriormente e recomendada pelo LEC (300 unidades), a tarifa de transporte seja mais favorável para a compra de 480 unidades. O primeiro impacto de fazer um pedido maior é aumentar o estoque médio de 150 para 240 unidades. Nesse caso, comprar em quantidades maiores aumenta o custo de manutenção de estoques.

O segundo impacto é a diminuição na quantidade de pedidos necessários para satisfazer as necessidades anuais. A diminuição na quantidade de pedidos aumenta o tamanho das cargas, facilitando um custo menor de transporte por unidade.

Para completar a análise, é necessário formular o custo total com e sem economia no transporte. Embora esse cálculo possa ser feito diretamente pela modificação da fórmula do LEC, a comparação direta gera uma resposta mais inspirada. Os únicos dados adicionais são a tarifa de frete aplicável a pedidos de 300 e 480 unidades. A Tabela 7.4 fornece os dados necessários para completar a análise.

TABELA 7.4 Dados de LEC necessários à consideração das economias em transportes.

Demanda anual	2.400 unidades
Custo unitário do produto	$ 5,00
Taxa de manutenção de estoques	20% ao ano
Custo do pedido	$ 19,00 por pedido
Tarifa para pequenas cargas	$ 1,00 por unidade
Tarifa para grandes cargas	$ 0,75 por unidade

[2] Para determinar as tarifas de transporte, as quantidades geralmente devem ser convertidas em peso ou volume.

	Alternativa 1: LEC$_1$ = 300	Alternativa 2: LEC$_2$ = 480
Custo de manutenção de estoques	$ 150,00	$ 240,00
Custo do pedido	$ 152,00	$ 95,00
Custos de transportes	$ 2.400,00	$ 1.800,00
Custo total	$ 2.702,00	$ 2.135,00

TABELA 7.5 LEC modificado pela tarifa de transporte de grandes quantidades.

A Tabela 7.5 ilustra a análise do custo total. Reduzir o custo total anual comprando 480 unidades cinco vezes ao ano em vez da solução original do LEC, de 300 unidades oito vezes ao ano, resulta em uma economia de aproximadamente $ 570,00.

O impacto das tarifas de transporte de grandes quantidades sobre o custo total de compras não pode ser negligenciado. No exemplo anterior, a tarifa equivalente por unidade caiu de $ 1 para $ 0,75, ou 25%. Portanto, qualquer LEC deve ser testado em relação à sensibilidade ao custo de transporte para diversas frações de peso.

Outra questão ilustrada nos dados da Tabela 7.5 é o fato de que alterações substanciais no tamanho de um pedido e a quantidade de pedidos por ano resultam em apenas uma alteração modesta no custo do pedido e da manutenção de estoques. A quantidade do LEC de 300 apresentava um custo anual total de $ 302,00, enquanto o tamanho do pedido de compra revisado apresentava um custo comparativo de $ 335,00.

As fórmulas do LEC são muito mais sensíveis a alterações significativas no ciclo ou na frequência dos pedidos. Da mesma forma, alterações substanciais em fatores de custo são necessárias para alterar significativamente o lote econômico de compra.

Por fim, dois fatores relativos ao custo do estoque sob condições de compra na origem são dignos de nota. A compra na origem FOB (*Free on Board*) significa que o comprador é responsável pelo custo do frete e pelo risco enquanto o produto estiver em trânsito. Sendo assim, qualquer alteração no fracionamento do peso que necessite um método de carregamento com tempo de trânsito diferente deve ser considerada, sendo o custo ou as economias adicionais relevantes na análise do custo total.

Segundo, o custo do transporte deve ser acrescentado ao preço de compra para determinar o valor dos produtos em estoque. Depois que o estoque é recebido, o custo do produto deve ser ajustado para refletir o transporte de chegada.[3]

Descontos por quantidade

Os descontos por compra em quantidade representam uma extensão do LEC análoga às tarifas de transporte de grandes quantidades. A Tabela 7.6 ilustra um exemplo de programa de descontos. Os de quantidade podem ser calculados diretamente com a fórmula básica do LEC por meio do cálculo do custo total em qualquer preço de compra relacionado a grandes quantidades, como no processo usado no cálculo do impacto da tarifa de transporte, para determinar os LEC associados. Se o desconto em qualquer quantidade associada for suficiente para compensar o custo logístico de manutenção de estoques menos o custo reduzido do pedido, então o desconto por

Custo	Quantidade comprada
$ 5,00	1–99
$ 4,50	100–200
$ 4,00	201–300
$ 3,50	301–400
$ 3,00	401–500

TABELA 7.6 Exemplo de descontos por quantidade.

[3] A formação de preços será discutida com mais detalhes no Capítulo 8.

quantidade é uma opção viável. Deve-se observar que os descontos por quantidade e as tarifas de transporte de grandes quantidades incentivam, cada um, o aumento das quantidades compradas. Isso não significa necessariamente que a compra com menor custo total sempre será de volume maior do que seria com o LEC básico.

Outros ajustes do LEC

Outras situações especiais podem justificar ajustes no LEC básico. Exemplos são: (1) tamanho do lote de fabricação; (2) compra de diversos itens; (3) capital limitado; (4) frota própria; e (5) unitização. O tamanho do lote de fabricação refere-se às quantidades mais econômicas sob uma perspectiva de produção. A compra de diversos itens refere-se a situações em que mais de um produto é comprado simultaneamente, então os descontos por quantidade e transporte têm de considerar o impacto das combinações dos produtos. O capital limitado descreve situações com restrições orçamentárias para o investimento total em estoque. Visto que o pedido de diversos produtos deve ser feito dentro das restrições orçamentárias, os lotes de compra devem reconhecer a necessidade de alocar o investimento em estoque em toda a linha de produtos. Esse compromisso com as restrições orçamentárias é comum nos varejistas, devido à grande quantidade de itens comprados. A frota própria pode influenciar o tamanho do pedido de compra, já que os meios de transporte apresentam um custo fixo que deve ser considerado.[4] Ao se decidir por usar uma frota própria para transportar os produtos, a empresa deve tentar comprar em quantidades que usem completamente a capacidade disponível. A disponibilidade de espaço na viagem de retorno pode justificar a compra de produtos mais cedo do que seria determinado pelo LEC.

Outra consideração ao se determinar o tamanho do pedido de compra é a unitização. Muitos produtos são armazenados e movimentados em unidades padrão, como caixas ou paletes. Como tais unidades normalmente são projetadas para se ajustar nos veículos de transporte, pode haver custos significativos quando o LEC não reflete unidades padrão. Como exemplo, suponha que a quantidade em um palete completo seja de 200 unidades de um produto específico. Usar um LEC de 300 unidades exigiria carregamentos de 1,5 palete. Sob a perspectiva de manuseio ou utilização do transporte, provavelmente é mais eficaz comprar um ou dois paletes de modo alternado ou permanente.

ADMINISTRANDO A INCERTEZA

Para entender os princípios básicos, foi útil, como feito até aqui, entender as relações de estoque em condições de certeza. No entanto, a formulação da política de estoque tem de considerar a incerteza, e há dois tipos que exercem impacto direto sobre a política de estoque. A **incerteza da demanda** envolve a variação de vendas durante o reabastecimento do estoque, e a **incerteza do ciclo de atividades** envolve a variação do tempo de reabastecimento do estoque.

INCERTEZA DA DEMANDA

A previsão de vendas estima a demanda durante o ciclo de reabastecimento do estoque. Mesmo com uma boa previsão, a demanda durante esse ciclo normalmente ultrapassa ou fica abaixo do planejado. Para se proteger contra a falta de estoque quando a demanda ultrapassa a previsão, um estoque de segurança é acrescentado ao estoque base. Em condições de incerteza da demanda, o estoque médio representa metade do tamanho do pedido de compra mais o

---

[4] Veja o Capítulo 8. Nestas situações, o custo do dinheiro investido em estoque deve ser adequadamente considerado quando os bens são pagos na origem.

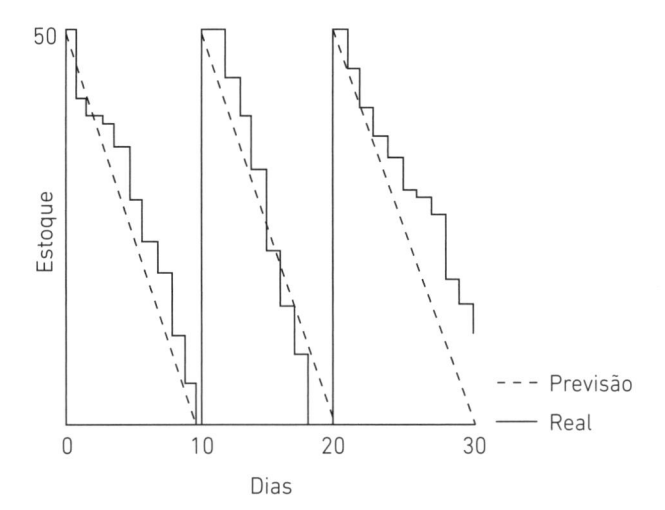

FIGURA 7.5 Relação entre estoque, incerteza da demanda e ciclo de atividades constante.

estoque de segurança. A Figura 7.5 ilustra o ciclo de abastecimento em condições de incerteza da demanda. A linha pontilhada representa a previsão. A linha cheia indica o estoque disponível ao longo de diversos ciclos de atividades. A tarefa de planejar o estoque de segurança requer três etapas. Primeira, deve-se prever a probabilidade de falta de estoque. Segunda, a demanda durante um período de falta de estoque deve ser estimada. E terceira, é necessária uma decisão sobre a política em relação ao nível desejado de proteção contra faltas de estoque.

Suponha que o ciclo de abastecimento é de 10 dias. O histórico indica vendas diárias em uma faixa de 0 a 10 unidades, com média de vendas diárias de 5 unidades. Supõe-se que o lote econômico é de 50, o ponto de reposição é 50, o estoque médio planejado é 25 e a previsão de vendas durante o ciclo de atividades é de 50 unidades.

Durante o primeiro ciclo, embora a demanda diária tenha variado, a média de 5 unidades por dia foi mantida. A demanda total durante o ciclo 1 foi de 50 unidades, como esperado. Durante o ciclo 2, a demanda totalizou 50 unidades nos primeiros oito dias, resultando em falta de estoque. Portanto, não foi possível vender nos dias 9 e 10. Durante o ciclo 3, a demanda alcançou um total de 39 unidades. O terceiro ciclo de atividades terminou com 11 unidades ainda no estoque. Ao longo do período de 30 dias, as vendas totais foram de 139 unidades, com uma média de vendas diárias de 4,6 unidades.

A partir do histórico apresentado na Tabela 7.7, observa-se que ocorreu falta de estoque em dois dos 30 dias totais. Como as vendas nunca ultrapassam 10 unidades por dia, não existe possibilidade alguma de falta de estoque nos primeiros cinco dias do ciclo de reabastecimento.

TABELA 7.7 Demandas típicas durante três ciclos de reabastecimento.

	Ciclo 1 – Conforme previsto		Ciclo 2 – Falta de estoque		Ciclo 3 – Excesso de estoque	
Dia	Demanda	Acumulada	Demanda	Acumulada	Demanda	Acumulada
1	9	9	0	0	5	5
2	2	11	6	6	5	10
3	1	12	5	11	4	14
4	3	15	7	18	3	17
5	7	22	10	28	4	21
6	5	27	7	35	1	22
7	4	31	6	41	2	24
8	8	39	9	50	8	32
9	6	45	Falta de estoque	50	3	35
10	5	50	Falta de estoque	50	4	39

A falta de estoque poderia ocorrer nos dias 6 a 10, na remota possibilidade de a demanda média dos primeiros cinco dias do ciclo ter sido de 10 unidades por dia e de nenhum estoque ter sido reposto no período anterior. Uma vez que durante os três ciclos de atividades só foram vendidas 10 unidades em uma ocasião, é evidente que o risco real da falta de estoque só ocorra nos últimos poucos dias do ciclo de atividades e apenas quando as vendas ultrapassarem a média por uma margem substancial.[5] É possível fazer uma aproximação do potencial de vendas nos dias 9 e 10 do ciclo 2. Poderiam ter sido vendidas no máximo 20 unidades se houvesse estoque disponível. Por outro lado, é remotamente possível que, mesmo que o estoque estivesse disponível, não ocorresse demanda nenhuma nos dias 9 e 10. Para uma demanda média de 4 a 5 unidades por dia, uma avaliação razoável das vendas perdidas é de 8 a 10 unidades.

Deve estar claro que o risco de falta de estoque criado pelas variações nas vendas é limitado a um curto período e inclui um pequeno percentual das vendas totais. Embora a análise de vendas apresentada na Tabela 7.7 ajude a entender a oportunidade, o curso de ação apropriado ainda não é claro. É possível usar probabilidade estatística para ajudar no planejamento do estoque de segurança.

O histórico de vendas para o período de 30 dias foi agregado na Tabela 7.8 como uma distribuição de frequência. O principal objetivo de uma distribuição de frequência é observar as variações em torno da média da demanda diária. Dada uma média esperada de 5 unidades por dia, a demanda ultrapassou a média em 11 dias e ficou abaixo da média em 12 dias. Um modo alternativo de ilustrar uma distribuição de frequência é por meio de um gráfico de barras, como na Figura 7.6.

Dada a frequência histórica da demanda, é possível calcular o estoque de segurança necessário para fornecer um grau específico de proteção contra a falta de estoque. A teoria da probabilidade se baseia na possibilidade aleatória de uma ocorrência específica entre várias. A situação ilustrada usa uma amostra de 28 dias. Na aplicação real, seria desejável uma amostra maior.

A probabilidade das ocorrências pressupõe um padrão em torno de uma medida de tendência central, que é o valor médio de todas as ocorrências. Embora inúmeras distribuições de frequência possam ser usadas no gerenciamento de estoque, a mais comum é a **distribuição normal**.

Uma distribuição normal é caracterizada por uma curva simétrica em formato de sino, como ilustrado na Figura 7.7. A característica essencial de uma distribuição normal é que as

TABELA 7.8 Distribuição de frequência da demanda.

Demanda diária (em unidades)	Frequência (dias)
Falta de estoque	2
0	1
1	2
2	2
3	3
4	4
5	5
6	3
7	3
8	2
9	2
10	1

[5] Neste exemplo, são usadas estatísticas diárias. Uma alternativa, tecnicamente mais correta do ponto de vista estatístico, é utilizar a demanda ao longo de diversos ciclos de atividades. As maiores limitações desta alternativa são o longo período de tempo e a dificuldade de coletar os dados necessários.

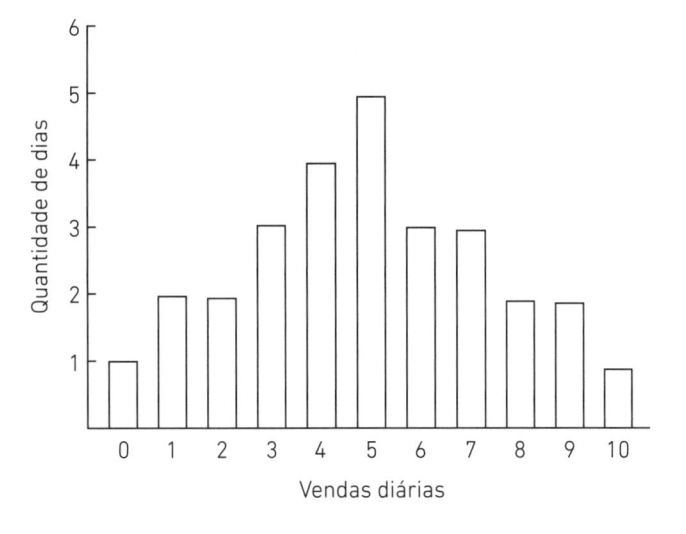

FIGURA 7.6 Evolução da demanda.

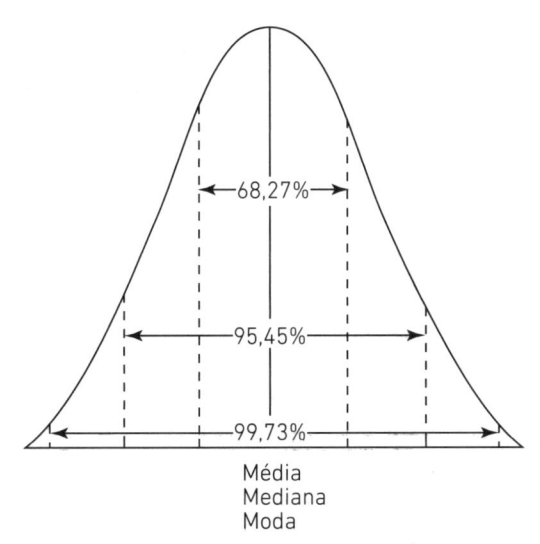

FIGURA 7.7 Distribuição normal.

três medidas de tendência central têm valor igual. O valor da **média**, a observação da **mediana** (meio) e a **moda** (observação com maior frequência) têm todos o mesmo valor. Quando essas três medidas são quase idênticas, a distribuição de frequência é **normal**.

A base para prever a demanda durante um ciclo de atividades usando uma distribuição normal é o **desvio-padrão** das observações em torno das três medidas de tendência central. Ele é a dispersão das observações dentro de áreas específicas sob a curva normal. Para a aplicação de gerenciamento de estoque, a observação é a venda unitária por dia, e a dispersão é a variação nas vendas diárias. A um desvio-padrão, ocorrem 68,27% de todos os eventos. Isso significa que 68,27% dos dias durante um ciclo de atividades apresentarão vendas diárias a ± 1 desvio-padrão da média de vendas diárias. A ± 2 desvios-padrão, ocorrem 95,45% de todas as observações. A ± 3 desvios-padrão, são incluídas 99,73% de todas as observações. Em termos de política de estoque, o desvio-padrão oferece um método de estimar o estoque de segurança necessário para atingir um grau específico de proteção contra faltas de estoque.

A primeira etapa no estabelecimento do estoque de segurança é calcular o desvio-padrão. A maioria das calculadoras e planilhas calcula, mas, se um desses auxiliares não estiver disponível, outro método para calculá-lo é:

$$\sigma = \sqrt{\frac{\sum F_i D_i^2}{n}}$$

onde

σ = desvio-padrão
F_i = frequência da observação i
D_i = desvio entre a média e a observação i
n = total de observações disponíveis

Os dados necessários para determinar o desvio-padrão estão na Tabela 7.9.

Considere que o desvio-padrão dos dados na tabela abaixo esteja arredondado para 3 unidades. Ao se estabelecer o estoque de segurança, dois desvios-padrão, ou 6 unidades, protegeriam contra 95,45% de todas as observações incluídas na distribuição. No entanto, as únicas situações preocupantes na determinação das necessidades de estoque de segurança são observações que ultrapassam o valor médio. Não existem problemas relativos ao estoque para satisfazer a demanda igual ou inferior à média. Portanto, em 50% dos dias, não é necessário um estoque de segurança. A proteção do estoque de segurança no nível de 95%, na verdade, protegerá contra 97,72% de todas as observações possíveis. A cobertura de 95% abrangerá todas as situações quando a demanda estiver a ± 2 desvios-padrão da média mais os 2,72% referente ao tempo em que a demanda for mais de 2 desvios-padrão abaixo da média. Esse benefício adicional é consequência do que se costuma chamar de aplicação estatística **unilateral**.

O exemplo citado ilustra como a probabilidade estatística pode auxiliar na quantificação da incerteza da demanda, mas as condições da demanda não são a única fonte de incerteza. Os ciclos de atividades também podem variar.

INCERTEZA DO CICLO DE ATIVIDADES

A incerteza do ciclo de atividades significa que as operações não podem assumir uma entrega consistente. O planejador deve esperar que a experiência real do ciclo de atividades fique perto do valor esperado e tenha um desvio devido às variações na entrega.

TABELA 7.9 Cálculo do desvio-padrão da demanda diária.

Unidades	Frequência (F_i)	Desvio da média (D_i)	Desvio ao quadrado (D_i^2)	$F_i D_i^2$
0	1	−5	25	25
1	2	−4	16	32
2	2	−3	9	18
3	3	−2	4	12
4	4	−1	1	4
5	5	0	0	0
6	3	+1	1	3
7	3	+2	4	12
8	2	+3	9	18
9	2	+4	16	32
10	1	+5	25	25
$n = 28$	$\overline{S} = S$			$\sum F_i D_i^2 = 181$

$$\sigma = \sqrt{\frac{\sum F_i D_i^2}{n}} = \sqrt{\frac{181}{28}} = 2{,}54$$

Ciclo de atividades (dias)	Frequência (F_i)	Desvio da média (D_i)	Desvio ao quadrado (D_i^2)	$F_i D_i^2$
6	2	−4	16	32
7	4	−3	9	36
8	6	−2	4	24
9	8	−1	1	8
10	10	0	0	0
11	8	+1	1	8
12	6	+2	4	24
13	4	+3	9	36
14	2	+4	16	32

$$\sum F_i D_i^2 = 200$$

$$\sigma = \sqrt{\frac{\sum F_i D_i^2}{n}} = \sqrt{\frac{200}{50}} \sqrt{4} = 2 \text{ dias}$$

TABELA 7.10 Cálculo do desvio-padrão da duração do ciclo de reabastecimento.

A Tabela 7.10 apresenta uma amostra de distribuição de frequência ao longo de diversos ciclos de atividades. Embora 10 dias seja o mais frequente, a experiência de reabastecimento varia de 6 a 14 dias. Se o ciclo de atividades segue uma distribuição normal, seria possível esperar que um ciclo de atividades individual ficasse entre 8 e 12 dias 68,27% das vezes.

Do ponto de vista prático, quando os dias do ciclo ficam abaixo de 10, não há necessidade de estoque de segurança. Se o ciclo de atividades ficasse constantemente abaixo do ciclo de atividades planejado, seria válido um ajuste na duração esperada. A situação de preocupação mais imediata ocorre quando o ciclo de atividades ultrapassa 10 dias.

Do ponto de vista da probabilidade de ultrapassar 10 dias, a frequência de tais ocorrências, segundo os dados da Tabela 7.10, pode ser reapresentada em razão dos ciclos de atividades maiores que 10 dias e iguais ou menores que 10 dias. Nos dados do exemplo, o desvio-padrão não se alteraria porque a distribuição é normal. No entanto, se a experiência real fosse excessivamente desviada da duração do ciclo esperada, então uma **distribuição de Poisson** poderia ser mais apropriada. Nas distribuições de frequência de Poisson, o desvio-padrão é igual à raiz quadrada da média. Como regra geral, quanto menor a média, maior o grau de desvio. Isso porque não é possível ter valores negativos para a demanda ou para a duração do ciclo de atividades.

ESTOQUE DE SEGURANÇA COM INCERTEZA COMBINADA

A situação típica que o planejador de estoques enfrenta está ilustrada na Figura 7.8, na qual existem tanto incertezas de demanda quanto de ciclo de atividades. O planejamento de tais incertezas exige a combinação de duas variáveis independentes. A duração do ciclo, pelo menos no curto prazo, independe da demanda diária. No entanto, no estabelecimento de estoques de segurança, o impacto conjunto da probabilidade de variação tanto da demanda quanto do ciclo de atividades deve ser determinado. A Tabela 7.11 apresenta um resumo do desempenho de vendas e do ciclo de reabastecimento. A chave para entender as relações potenciais nos dados da Tabela 7.11 é o ciclo de atividades de 10 dias. A demanda total durante esses dias potencialmente abrange de 0 a 100 unidades. Em cada dia do ciclo, a probabilidade da demanda é independente do dia anterior durante todo esse ciclo. Supondo a abrangência total das situações potenciais ilustradas na Tabela 7.11, as vendas totais durante um ciclo de atividades pode abranger de 0 a 140 unidades. Com essa relação básica entre os dois tipos de incerteza em

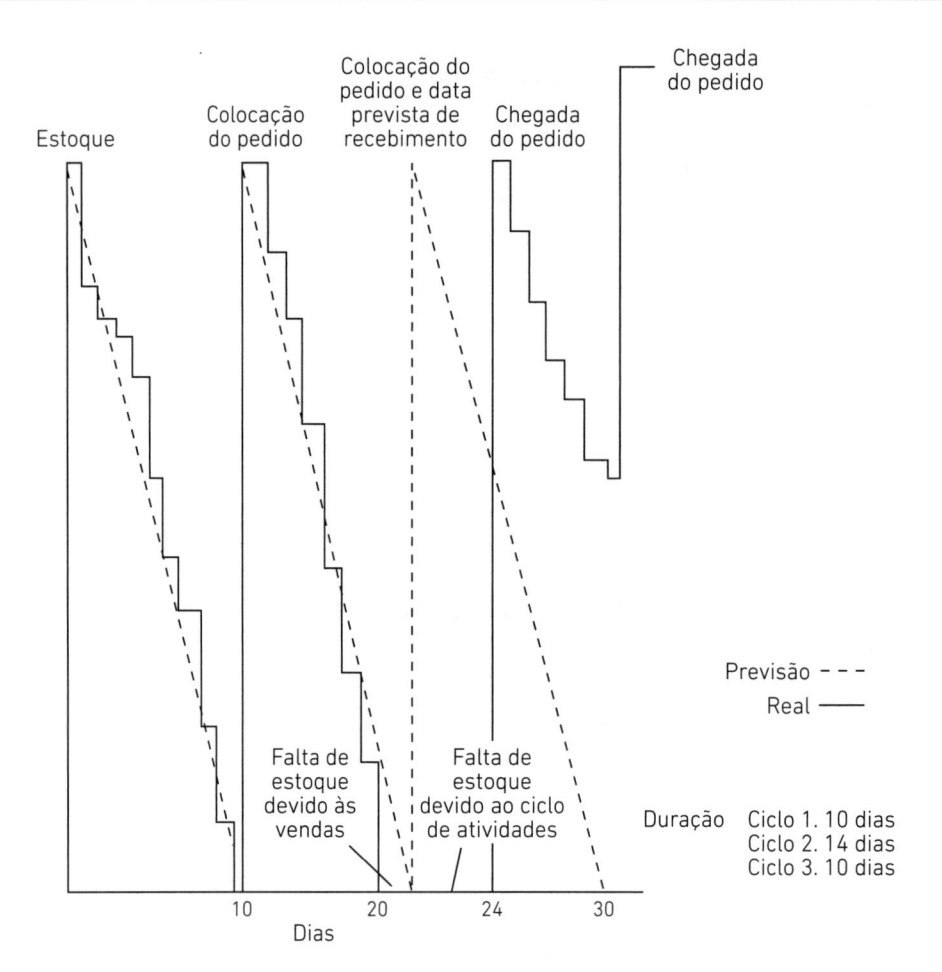

FIGURA 7.8 Combinação de incerteza na demanda e no ciclo de atividades.

mente, as necessidades de estoque de segurança podem ser determinadas tanto por procedimentos numéricos como por convolução.

A **composição numérica** de duas variáveis independentes envolve expansão multinominal. Esse tipo de procedimento exige muito cálculo. Um método direto é determinar os desvios-padrão da incerteza da demanda e do ciclo de atividades e depois aproximar o desvio-padrão combinado usando a fórmula de convolução:

$$\sigma_c = \sqrt{TS_D^2 + D^2 S_t^2}$$

onde

σ_c = desvio-padrão das probabilidades combinadas
T = duração média do ciclo de atividades
S_t = desvio-padrão do ciclo de atividades
D = média das vendas diárias
S_D = desvio-padrão das vendas diárias

Substituindo-se pelos dados da Tabela 7.11,

$$\sigma_c = \sqrt{10,00(2,54)^2 + (5,00)^2 (2)^2}$$
$$= \sqrt{64,52 + 100} = \sqrt{164,52}$$
$$= 12,83 \text{ (arredondado para 13)}.$$

Distribuição da demanda		Distribuição do ciclo de reabastecimento	
Vendas diárias	Frequência	Dias	Frequência
0	1	6	2
1	2	7	4
2	2	8	6
3	3	9	8
4	4	10	10
5	5	11	8
6	3	12	6
7	3	13	4
8	2	14	2
9	2		
10	1		
$n = 28$		$n = 50$	
$D = 5$		$T = 10$	
$S_D = 2{,}54$		$S_t = 2$	

TABELA 7.11 Distribuição de frequência – incerteza na demanda e no reabastecimento.

Essa fórmula estima o desvio-padrão combinado ou por convolução de T dias com uma demanda média de D por dia quando os desvios-padrão individuais são S_t e S_D, respectivamente. A média da distribuição combinada é o produto de T e D, ou 50,00 (10,00 × 5,00).

Portanto, dada uma distribuição de frequência de vendas diárias de 0 a 10 unidades por dia e uma faixa de duração do ciclo de reabastecimento de 6 a 14 dias, são necessárias 13 unidades (um desvio-padrão multiplicado por 13 unidades) de estoque de segurança para proteger 84,14% de todos os ciclos de atividades. Para proteger no nível de 97,72%, é necessário um estoque de segurança de 26 unidades. Esses níveis pressupõem uma distribuição de "uma cauda", já que não é necessário se proteger contra a demanda abaixo da média durante o ciclo.

É importante observar que o evento específico contra o qual se está protegendo é a falta de estoque durante o ciclo de atividades. Os níveis de 84,14% e 97,72% não indicam a disponibilidade de produto. Esses percentuais refletem a probabilidade de falta de estoque durante determinado ciclo de pedido. Por exemplo, com um estoque de segurança de 13 unidades, as faltas de estoque seriam esperadas durante 15,86% (100 – 84,14) dos ciclos de atividades. Embora esse percentual apresente a probabilidade de falta de estoque, ele não estima a magnitude. A magnitude relativa da falta de estoque indica o percentual de unidades em falta relacionado à demanda, que depende do número de ciclos.

Assumindo pedidos de 50 unidades, as necessidades de estoque médio seriam de 25 unidades se um estoque de segurança não fosse desejado. O estoque médio com dois desvios-padrão de estoque de segurança é de 51 unidades [25 + (2 × 13)]. Esse nível de estoque protegeria contra faltas durante 97,72% dos ciclos de atividades. A Tabela 7.12 resume as al-

	Pedido	Estoque de segurança	Estoque médio
Assumindo vendas S constantes e ciclo de atividades T constante	50	0	25
Assumindo proteção de demanda +2σ e ciclo de atividades T constante	50	6	31
Assumindo demanda S constante e proteção do ciclo de atividades +2σ	50	20	45
Assumindo +2σ em conjunto para demanda e ciclo de atividades	50	26	51

TABELA 7.12 Impacto no estoque médio resultante de alterações no planejamento.

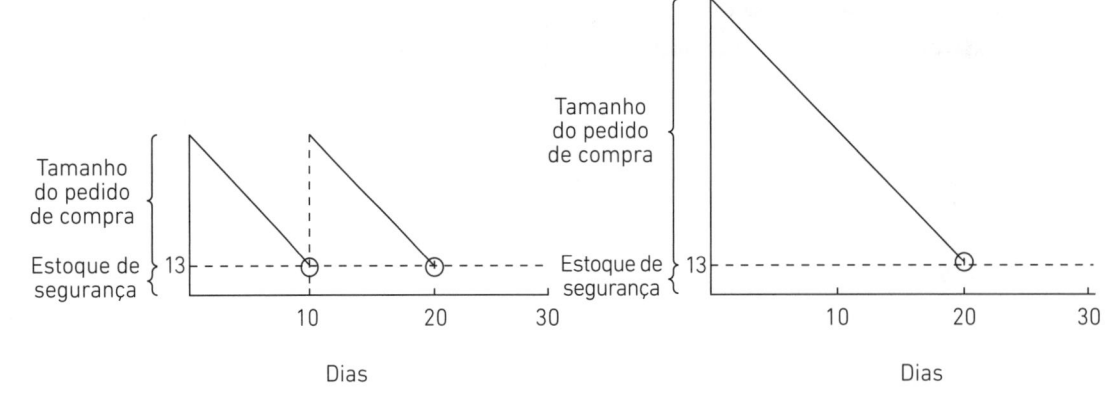

FIGURA 7.9 Impacto do tamanho do pedido de compra sobre a magnitude da falta de estoque.

ternativas que o planejador encontra em termos de pressupostos e do impacto correspondente sobre o estoque médio.

ESTIMATIVA DA TAXA DE ATENDIMENTO

A taxa de atendimento é a magnitude da falta de estoque, e não a probabilidade. A taxa de atendimento por unidade é o percentual de unidades que podem ser atendidas quando solicitadas do estoque disponível. A Figura 7.9 ilustra, por meio de um gráfico, a diferença entre a probabilidade e a magnitude da falta de estoque. Ambas as ilustrações na Figura 7.9 têm um estoque de segurança de um desvio-padrão ou 13 unidades. Nas duas situações, em qualquer ciclo de atividades, a probabilidade de falta de estoque é de 31,73%. No entanto, em um período de 20 dias, a figura ilustra duas ocasiões em que o estoque pode ser reduzido a zero. Essas ocasiões estão nos finais dos ciclos. Se o tamanho do pedido de compra for duplicado, a possibilidade de falta de estoque ocorre apenas uma vez durante o ciclo de 20 dias. Portanto, embora as duas situações apresentem o mesmo padrão de demanda, a primeira tem mais oportunidades e potencial de falta de estoque. Em geral, para determinado nível de estoque de segurança, aumentar o tamanho do pedido diminui a magnitude relativa de faltas de estoque e, por outro lado, aumenta a disponibilidade de serviço ao cliente.

A fórmula matemática da relação é:

$$SL = 1 - \frac{f(k)\sigma_c}{Q}$$

onde

SL = o nível de disponibilidade do produto
$f(k)$ = uma função da distribuição normal que fornece a área na cauda direita da distribuição
σ_c = o desvio-padrão combinado considerando a incerteza da demanda e do ciclo de atividades
Q = o tamanho do pedido de compra

Para completar o exemplo, suponha que uma empresa desejasse 99% de disponibilidade de produto ou taxa de atendimento. Suponha que Q fosse de 300 unidades. A Tabela 7.13 resume a informação necessária.

Visto que $f(k)$ é o termo usado para calcular as necessidades de estoque de segurança, a equação anterior deve ser resolvida para $f(k)$ usando-se manipulação algébrica. O resultado é:

TABELA 7.13 Informações para determinar o estoque de segurança necessário.

Nível desejado de serviço	99%
σ_c	13
Q	300

$$f(k) = (1 - SL) \times (Q / \sigma_c)$$

Substituindo-se pelos dados da Tabela 7.13,

$$f(k) = (1 - 0{,}99) \times (300/13)$$
$$= 0{,}01 \times 23{,}08 = 0{,}2308$$

O valor calculado de $f(k)$ é, então, comparado com os valores na Tabela 7.14 para encontrar um que se aproxime mais do valor calculado. Para este exemplo, o valor de k que se encaixa na condição é 0,4. O estoque de segurança necessário é:

$$SS = k \times \sigma_c$$

onde
SS = estoque de segurança em unidades
k = o fator k correspondente a $f(k)$
σ_c = o desvio-padrão combinado

Então, substituindo-se pelos dados do exemplo,

$$SS = k \times \sigma_c$$
$$= 0{,}4 \times 13 = 5{,}2 \text{ unidades.}$$

k	f(k)	k	f(k)
0,0	0,3989	1,6	0,0232
0,1	0,3509	1,7	0,0182
0,2	0,3068	1,8	0,0143
0,3	0,2667	1,9	0,0111
0,4	0,2304	2,0	0,0085
0,5	0,1977	2,1	0,0065
0,6	0,1686	2,2	0,0049
0,7	0,1428	2,3	0,0037
0,8	0,1202	2,4	0,0027
0,9	0,1004	2,5	0,0020
1,0	0,0833	2,6	0,0015
1,1	0,0686	2,7	0,0011
1,2	0,0561	2,8	0,0008
1,3	0,0455	2,9	0,0005
1,4	0,0366	3,0	0,0004
1,5	0,0293	3,1	0,0003

TABELA 7.14
Integral para a distribuição normal padronizada.

Tamanho do pedido de compra (Q)	k	Estoque de segurança	Estoque médio
300	0,40	5	155
200	0,70	8	108
100	1,05	14	64
50	1,40	18	43
25	1,70	22	34

TABELA 7.15
Impacto do tamanho do pedido de compra sobre o estoque de segurança e sobre o estoque médio.

O estoque de segurança necessário para garantir uma taxa de atendimento de 99% quando o tamanho do pedido de compra for de 300 unidades é de aproximadamente 5 unidades. A Tabela 7.15 mostra como o cálculo dos níveis de estoque de segurança e do estoque médio varia para outros lotes de compra. Um tamanho do pedido de compra maior pode ser usado para compensar a diminuição dos níveis do estoque de segurança, ou vice-versa. A existência desse *trade-off* implica uma combinação de lotes de compra que resultará no nível desejado de serviço ao cliente com custo mínimo.

REABASTECIMENTO EM SITUAÇÕES DE DEMANDA DEPENDENTE

Em relação ao reabastecimento em situações de demanda dependente, as necessidades de estoque são uma função de eventos conhecidos que geralmente não são aleatórios. Portanto, a demanda dependente não exige previsão porque não há incerteza. Logo, não seria necessário um estoque de segurança específico para apoiar um programa de compras em etapas, como **Planejamento de Necessidades de Materiais** (**MRP** – *Materials Requirements Planning*).[6] O objetivo básico de dividir em etapas é que as peças e submontagens não precisam estar no estoque interno, desde que sejam entregues quando necessárias ou *just-in-time*.

A ideia de não manter estoque de segurança em condições de demanda dependente se apoia em dois pressupostos. Primeiro, o reabastecimento das compras para apoiar o planejamento é previsível e constante. Segundo, revendedores e fornecedores mantêm estoques adequados para atender 100% das necessidades de compras. O segundo pressuposto pode ser operacionalmente obtido com o uso de contratos de compras orientados pelo volume, que garantem revendedores e fornecedores para compras eventuais. Nesses casos, ainda existe a necessidade de estoque de segurança para a cadeia de suprimentos como um todo, embora a responsabilidade principal recaia sobre o fornecedor.

O pressuposto de certeza do ciclo de atividades é mais difícil de atingir. Mesmo em situações em que se utiliza uma frota dedicada, sempre há a presença de um elemento de incerteza. O resultado prático é que os estoques de segurança existem na maioria das situações de demanda dependente.

Três abordagens básicas têm sido usadas para considerar os estoques de segurança em situações de demanda dependente. A primeira, uma prática comum, é adicionar um **tempo de segurança** no planejamento das necessidades. Por exemplo, um componente é comprado antes do necessário para garantir sua chegada a tempo. A segunda abordagem é aumentar o pedido em uma quantidade especificada por uma estimativa de erro esperado no planejamento. Por exemplo, suponha que o erro no planejamento não ultrapassará 5%. Esse procedimento é denominado **demanda dependente superestimada**. O resultado líquido é realizar as compras de todos os componentes na proporção do uso esperado e acrescentar um extra para cobrir erros no planejamento. Componentes comuns a diferentes produtos finais ou submontagens cobertos pela superestimativa naturalmente serão estocados em quantidades maiores do que peças e componentes de uso único. A terceira é utilizar as técnicas estatísticas já discutidas para estabelecer estoques de segurança diretamente para o componente em vez de ir para o item de demanda dependente.

POLÍTICAS DE GERENCIAMENTO DE ESTOQUE

O GERENCIAMENTO DE ESTOQUE implementa a política de estoque. A abordagem reativa ou puxada usa a demanda do cliente para puxar o produto pelo canal de distribuição. Uma filosofia alternativa é uma abordagem de planejamento que aloca estoque de modo proativo com base

---

[6] Estes conceitos serão discutidos mais à frente neste capítulo, sob o título "Planejamento das necessidades".

na demanda prevista e na disponibilidade do produto. Uma terceira lógica – híbrida – usa uma combinação de puxar e empurrar.

CONTROLE DE ESTOQUE

A prática de gestão utilizada para implementar uma política de estoque é o **controle de estoque**, que monitora as unidades disponíveis em um local específico e rastreia acréscimos e diminuições. O monitoramento e o rastreamento podem ser realizados de modo manual ou computadorizado.

O controle de estoque define com que frequência os níveis de estoque são analisados para determinar quando e quanto comprar. Ele é realizado de forma contínua ou periódica.

Análise contínua

Um processo contínuo de controle de estoque analisa continuamente a situação do estoque para determinar a necessidade de reabastecimento. Para utilizar a análise contínua, é necessário o rastreamento de todos os itens. A análise contínua é implementada por meio de um ponto de reposição e de um tamanho do pedido de compra.

Como discutimos anteriormente,

$$ROP = D \times T + SS$$

onde
- ROP = ponto de reposição em unidades
- D = média da demanda diária em unidades
- T = duração média do ciclo de atividades em dias
- SS = estoque de segurança em unidades

O tamanho do pedido de compra é determinado por meio do LEC.

A título de ilustração, suponha que não haja incerteza, portanto não há necessidade de estoque de segurança. A Tabela 7.16 resume as características de demanda, o ciclo de atividades e o tamanho do pedido de compra. Para este exemplo,

$$ROP = D \times T + SS$$
$$= 20 \text{ unidades/dia} \times 10 \text{ dias} + 0 = 200 \text{ unidades}$$

A análise contínua compara o estoque disponível e os pedidos já colocados com o ponto de reposição do item. Se a quantidade disponível somada à pedida for menor que o ponto de reposição estabelecido, inicia-se um pedido de reabastecimento.

Matematicamente, o processo é:

$$\text{Se } I + Q_O \leq ROP, \text{ então pedir } Q$$

onde
- I = estoque disponível
- Q_O = quantidade de produtos em pedidos já colocados

Demanda diária média	20 unidades
Ciclo de atividades	10 dias
Tamanho do pedido de compra	200 unidades

TABELA 7.16 Exemplo de características de demanda, ciclo de atividades e tamanho do pedido de compra.

ROP = ponto de reposição em unidades
Q = tamanho do pedido de compra em unidades

No caso do exemplo anterior, um pedido de reabastecimento de 200 unidades é colocado sempre que a soma do estoque disponível com os pedidos já colocados por menor ou igual a 200. Como o ponto de reposição é igual ao tamanho do pedido de compra, o lote do reabastecimento anterior chega assim que o próximo reabastecimento for iniciado. O nível de estoque médio para um sistema de análise contínua é:

$$I_{med} = Q/2 + SS$$

onde
I_{med} = estoque médio em unidades
Q = tamanho do pedido de compra em unidades
SS = estoque de segurança em unidades

O estoque médio no caso do exemplo anterior é calculado como:

$$I_{med} = Q/2 + SS$$
$$= 200/2 + 0 = 100 \text{ unidades.}$$

A maioria dos exemplos ao longo deste livro baseia-se em um sistema de análise contínua com um ponto de reposição fixo. Essa abordagem de reposição pressupõe que os pedidos serão colocados quando o ponto de reposição for atingido, e que o método de controle oferecerá um monitoramento contínuo da situação do estoque. Se esses dois pressupostos não forem satisfeitos, os parâmetros de controle (**ROP** e **Q**) que determinam a análise contínua devem ser aperfeiçoados.

Análise periódica

O controle de estoque periódico analisa a situação do estoque de um item em intervalos de tempo regulares, como toda semana ou todo mês. Para a análise periódica, o ponto de reposição deve ser ajustado para considerar os intervalos entre as análises. A fórmula para calcular o ponto de reposição da análise periódica é:

$$ROP = D(T + P/2) + SS$$

onde
ROP = ponto de reposição
D = média da demanda diária
T = duração média do ciclo de atividades
P = intervalo entre as análises em dias
SS = estoque de segurança

Como as contagens de estoque ocorrem periodicamente, qualquer item poderia ficar abaixo do ponto de reposição antes do período de análise. Portanto, supõe-se que o estoque ficará abaixo da situação ideal de reposição antes da contagem periódica aproximadamente metade das vezes em que se faz a análise. Supondo-se um período de análise de sete dias em condições semelhantes às do exemplo da análise contínua, o ROP seria calculado como se segue:

$$\text{ROP} = D(T + P/2) + \text{SS}$$
$$= 20(10 + 7/2) + 0 = 20(10 + 3{,}5) = 270 \text{ unidades.}$$

A fórmula do estoque médio no caso da análise periódica é:

$$I_{med} = Q/2 + (P \times D)/2 + \text{SS}$$

onde
 I_{med} = estoque médio em unidades
 Q = tamanho do pedido de compra em unidades
 P = intervalo entre as análises em dias
 D = média da demanda diária em unidades
 SS = estoque de segurança em unidades

No caso do exemplo anterior, o estoque médio é calculado como:

$$I_{med} = Q/2 + (P \times D)/2 + \text{SS}$$
$$= 200/2 + (7 \times 10)/2 + 0 = 100 + 35 = 135 \text{ unidades}$$

Devido ao intervalo de tempo introduzido pela análise periódica, os sistemas de controle periódico geralmente exigem estoques médios maiores do que os sistemas contínuos. A frequência ideal para a revisão depende de uma combinação de volume, valor e processo de reposição do item. Os itens com alto volume e valor devem empregar a revisão contínua para minimizar o estoque e o risco de desabastecimento. Já os que precisam ser reabastecidos em grupo normalmente seriam revistos periodicamente, pois, de qualquer maneira, eles precisam ser pedidos em conjunto.

MÉTODOS REATIVOS

O **sistema reativo** ou **puxado**, como sugere o nome, responde às necessidades de estoque de um membro do canal movimentando o produto através do canal de distribuição. Os envios de reabastecimento iniciam quando os níveis de estoque disponível nos depósitos ficam abaixo de um mínimo predeterminado, o ponto de reposição. A quantidade solicitada normalmente se baseia em uma fórmula de tamanho do lote, embora possa ser uma quantidade variável calculada de acordo com os níveis atuais de estoque e um nível máximo predeterminado.

O processo básico de análise contínua ou periódica discutido exemplifica um sistema puxado típico. A Figura 7.10 ilustra um ambiente de estoque reativo para um depósito que atenda dois atacadistas. A figura mostra o estoque atual (I), o ponto de reposição (ROP), o tamanho do pedido de compra (Q) e a média da demanda diária (D) para cada atacadista. Uma análise do estoque indica que o atacadista A deve fazer um pedido de reposição de 200 unidades ao depósito. Como o estoque atual está acima do ROP no atacadista B, não é necessária uma ação de reposição no momento. No entanto, uma análise mais meticulosa ilustra que as ações independentes do atacadista A possivelmente causarão uma falta de estoque no atacadista B em poucos dias. O atacadista B possivelmente terá uma falta de estoque porque o nível está próximo do ponto de reposição e o depósito do fabricante não terá estoque suficiente para reabastecê-lo.

Depósito do fabricante
- I: 250
- ROP: 200
- Q: 400

Atacadista A
- I: 45
- ROP: 50
- Q: 200
- D: 5

Atacadista B
- I: 80
- ROP: 75
- Q: 200
- D: 14

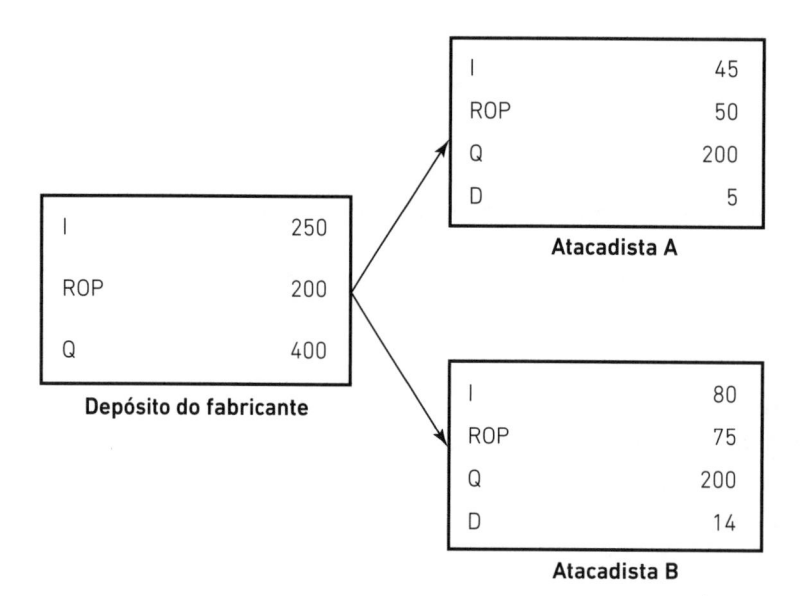

FIGURA 7.10 Um ambiente de estoque reativo.

A lógica clássica do estoque reativo fundamenta-se em alguns pressupostos. Primeiro, o sistema baseia-se no pressuposto básico de que todos os clientes, mercados e produtos contribuem igualmente para os lucros.

Segundo, um sistema puxado supõe capacidade infinita na fonte. Esse pressuposto implica que o produto pode ser fabricado conforme desejado e armazenado nas instalações de produção até que seja solicitado por algum membro da cadeia de suprimentos.

Terceiro, a lógica reativa do estoque supõe disponibilidade infinita de estoque no local de suprimento. A combinação dos pressupostos 2 e 3 implica relativa certeza no reabastecimento. A lógica reativa do estoque não gera pedidos atrasados ou falta de estoque no processamento de pedidos de reabastecimento.

Quarto, as regras de decisão reativas supõem que a duração do ciclo de atividades pode ser prevista e independente. Isso significa que cada ciclo de atividades é um evento aleatório e que geralmente não ocorrem ciclos maiores nos pedidos de reabastecimento subsequentes. Embora a lógica reativa não suponha controle sobre a duração do ciclo, muitos gerentes, na verdade, são capazes de influenciá-la por meio de estratégias de serviços expressos e fontes alternativas.

Quinto, a lógica reativa do estoque funciona melhor quando os padrões de demanda do cliente são relativamente estáveis e consistentes. O ideal é que eles sejam estáveis ao longo do ciclo de planejamento relevante para que os parâmetros de estoque estatisticamente desenvolvidos funcionem corretamente. A maioria das regras de decisão dos sistemas puxados pressupõe padrões de demanda baseados em distribuições normais, gama ou de Poisson. Quando a função real de demanda não se parece com nenhuma das funções citadas, as regras estatísticas de decisão de estoque baseadas nesses pressupostos não funcionarão corretamente.

Sexto, sistemas puxados de estoque determinam o momento e a quantidade dos pedidos de reabastecimento de cada depósito de distribuição independentemente de todos os outros locais, incluindo a fonte de suprimentos. Portanto, há pouco potencial para coordenar de modo eficaz as necessidades de estoque em diversos depósitos de distribuição. A capacidade de usar favoravelmente as informações sobre os estoques não é utilizada – um defeito sério quando a informação e sua comunicação estão entre os poucos recursos cujos custos estão diminuindo na cadeia de suprimentos.

O último pressuposto característico dos sistemas puxados de estoque é que a duração do ciclo de atividades não pode estar correlacionada à demanda. O pressuposto é necessário para desenvolver uma aproximação precisa da variância da demanda ao longo do ciclo de ativida-

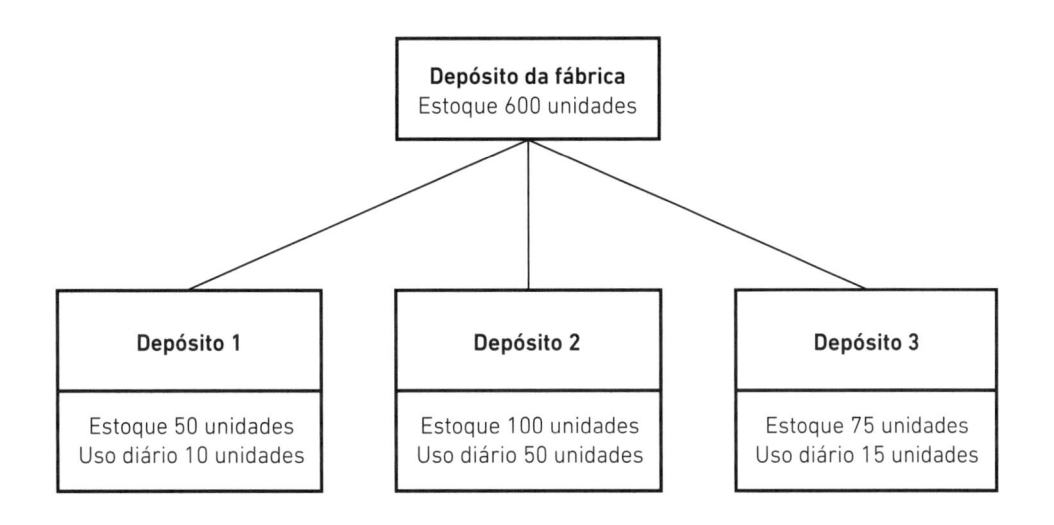

```
                    ┌─────────────────────────┐
                    │   Depósito da fábrica   │
                    │   Estoque 600 unidades  │
                    └─────────────────────────┘
                   ╱            │            ╲
                  ╱             │             ╲
    ┌──────────────────┐ ┌──────────────────┐ ┌──────────────────┐
    │    Depósito 1    │ │    Depósito 2    │ │    Depósito 3    │
    ├──────────────────┤ ├──────────────────┤ ├──────────────────┤
    │ Estoque 50       │ │ Estoque 100      │ │ Estoque 75       │
    │  unidades        │ │  unidades        │ │  unidades        │
    │ Uso diário 10    │ │ Uso diário 50    │ │ Uso diário 15    │
    │  unidades        │ │  unidades        │ │  unidades        │
    └──────────────────┘ └──────────────────┘ └──────────────────┘
```

FIGURA 7.11 Exemplo de alocação proporcional.

des. Em muitas situações, níveis mais altos de demanda geram ciclos de atividades de reabastecimento mais longos, visto que também aumentam as demandas sobre os recursos de estoque e transportes. Isso implica que períodos de alta demanda não devem necessariamente corresponder a ciclos de atividades mais longos causados por falta de estoque ou disponibilidade limitada de produtos.

Operacionalmente, a maioria dos gerentes de estoque restringe o impacto de tais restrições por meio do uso habilidoso de alterações manuais. No entanto, essas alterações frequentemente levam a decisões ineficazes de estoque, já que o plano resultante baseia-se em regras e políticas gerenciais incoerentes.

MÉTODOS DE PLANEJAMENTO

Os métodos de planejamento de estoque usam um banco de dados compartilhado para coordenar as necessidades de estoque em diversos locais ou etapas da cadeia de suprimentos. As atividades de planejamento podem ocorrer no nível do depósito da fábrica para coordenar a alocação de estoques e a entrega a vários destinos. O planejamento também pode coordenar as necessidades de estoque de diversos parceiros do canal, como fabricantes e varejistas. Os sistemas de **Planejamento e Programação Avançados** (**APS** – *Advanced Peanning Scheduling*), discutidos no Capítulo 5, ilustram a capacidade de planejamento de aplicações. Embora esses sistemas automatizem o processo, é importante que os gerentes de logística entendam a lógica e os pressupostos fundamentais. Dois métodos de planejamento de estoque são a alocação proporcional e o **Planejamento de Necessidades de Distribuição** (**DRP** – *Distribution Requirements Planning*).

Alocação proporcional

Um método simplificado de planejamento de estoque que fornece a cada instalação de distribuição uma parte equitativa do estoque disponível é denominado **alocação proporcional**. A Figura 7.11 ilustra a estrutura da rede, o nível atual de estoque e as necessidades diárias de três depósitos atendidos por um único depósito de fábrica.

Usando a alocação proporcional, o planejador do estoque determina a quantidade de produtos que pode ser alocada para cada depósito a partir do estoque disponível na fábrica. Para esse exemplo, suponha que é desejável manter 100 unidades no depósito da fábrica; portanto, 500 unidades estão disponíveis para ser alocadas. O cálculo para determinar a quantidade de dias de suprimento é:

$$DS = \frac{AQ + \sum_{j=1}^{n} I_j}{\sum_{j=1}^{n} D_j}$$

onde

DS = dias de suprimento para o estoque dos depósitos
AQ = unidades de estoque a serem alocadas a partir do depósito da fábrica
I_j = estoque em unidades no depósito j
D_j = demanda diária do depósito j

Neste exemplo,

$$DS = \frac{500 + (50 + 100 + 75)}{10 + 50 + 15}$$

$$= \frac{500 + 225}{75} = 9{,}67 \text{ dias}$$

A alocação proporcional dita, portanto, que cada depósito deve ter estoque para 9,67 dias de demanda. A quantidade a ser alocada para cada depósito é determinada por:

$$A_j = (DS - I_j/D_j) \times D_j$$

onde

A_j = quantidade alocada para o depósito j
DS = dias de suprimento que cada depósito deve ter
I_j = estoque em unidades no depósito j
D_j = demanda diária do depósito j

A quantidade alocada para o depósito 1 neste exemplo é:

$$A_1 = (9{,}67 - 50/10) \times 10$$
$$= (9{,}67 - 5) \times 10$$
$$= 4{,}67 \times 10 = 46{,}7 \text{ (arredondado para 47 unidades)}.$$

As alocações para os depósitos 2 e 3 podem ser determinadas de modo semelhante e representam 383 e 70 unidades, respectivamente.

Embora a alocação proporcional coordene os níveis de estoque em diferentes locais, ela não considera fatores específicos como diferenças na duração do ciclo de atividades, LEC ou necessidades de estoque de segurança. Os métodos de alocação proporcional, portanto, são limitados na capacidade de gerenciar múltiplos estoques.

Planejamento das necessidades

O planejamento das necessidades é uma abordagem que integra toda a cadeia de suprimentos levando em consideração necessidades únicas. Ele normalmente é classificado como Planejamento das Necessidades de Material (MRP) ou Planejamento das Necessidades de Distribuição (DRP). Existe uma diferença fundamental entre as duas técnicas. O MRP é orientado por uma programação de produção. Por outro lado, o DRP é orientado pela demanda da cadeia de suprimentos. Então, enquanto o MRP geralmente opera em uma situação de deman-

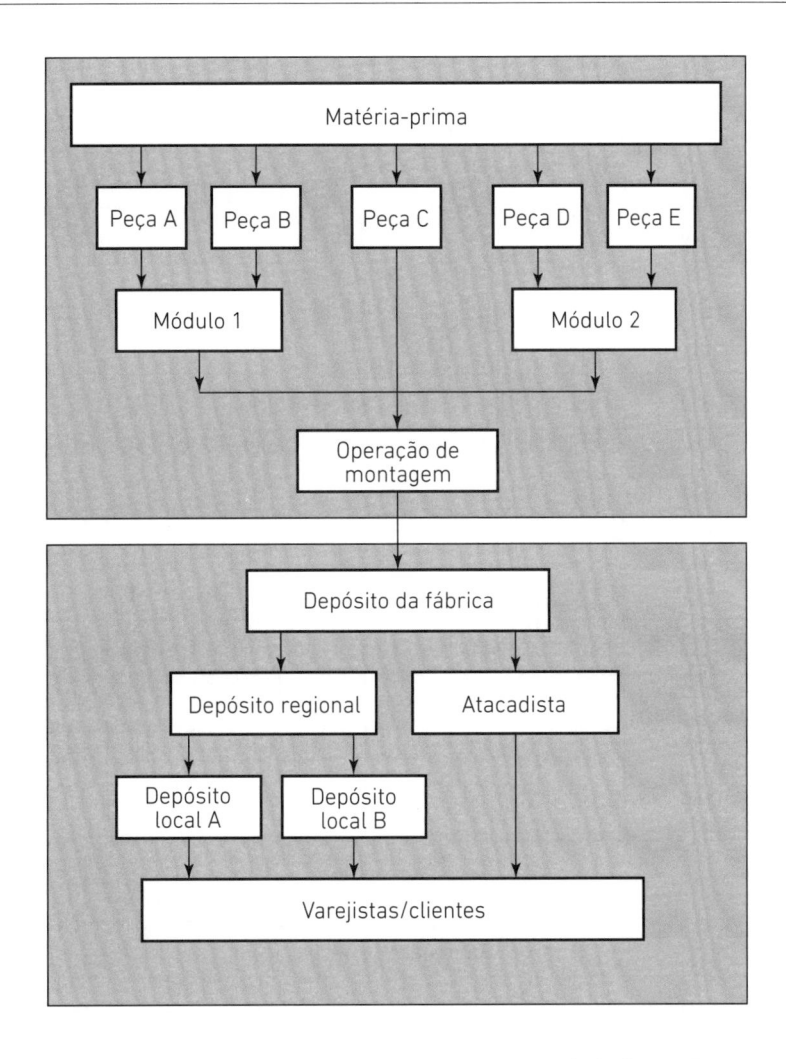

FIGURA 7.12 Projeto conceitual de sistema integrado MRP/DRP.

da dependente, o DRP é aplicável em um ambiente de demanda independente onde necessidades incertas dos clientes orientam as necessidades de estoque. O MRP coordena a programação e a integração de materiais para transformá-los em produtos acabados e, assim, controlar o estoque até que a produção ou a montagem sejam completadas. O DRP assume responsabilidade pela coordenação depois que os produtos acabados são recebidos no depósito da fábrica.

A Figura 7.12 ilustra o projeto conceitual de um sistema combinado MRP/DRP que integra o planejamento de produtos acabados, produtos em processo e matérias-primas. A metade superior da figura ilustra um sistema MRP que divide em etapas as chegadas da matéria-prima para apoiar a programação de produção. O resultado da execução do MRP é um estoque de produtos acabados no local de fabricação. A metade inferior da figura mostra o sistema DRP que aloca o estoque de produtos acabados do local de fabricação para os depósitos de distribuição e, por fim, para os clientes. Ele divide em etapas os movimentos para coordenar as chegadas de estoque visando atender as necessidades dos clientes e seus compromissos. Os sistemas MRP e DRP interagem no local de fabricação. Uma boa coordenação entre os dois sistemas resulta em um nível mínimo de necessidade de estoque de segurança. O DRP coordena os níveis de estoque, as programações e, quando necessário, reprograma a movimentação de estoque entre os níveis da cadeia.

A ferramenta de planejamento fundamental para o DRP é a programação, que coordena as necessidades ao longo de todo o horizonte de planejamento. Há uma programação para cada item em cada depósito. As programações para o mesmo item são integradas para determinar as necessidades gerais das instalações, como um depósito de fábrica.

Depósito leste

	Saldo disponível	\multicolumn{8}{c}{Semanas}
		1	2	3	4	5	6	7	8
Necessidades brutas		100	120	150	130	100	80	70	90
Recebimentos programados		0	0	400	0	0	0	400	0
Disponível projetado	400	300	180	430	300	200	120	450	360
Pedidos planejados		400	0	0	0	400	0	0	0

Estoque de segurança: 100
Tamanho do pedido de compra: 400
Duração do ciclo: 2 semanas

Depósito da fábrica

	Saldo disponível	1	2	3	4	5	6	7	8
Necessidades brutas		400	150	0	150	550	0	0	0
Recebimentos programados		0	600	0	600	0	0	0	0
Disponível projetado	600	200	650	650	1100	550	550	550	550
Pedidos planejados		600	0	600	0	0	0	0	0

Estoque de segurança: 100
Tamanho do pedido de compra: 600
Duração do ciclo: 1 semana

Depósito oeste

	Saldo disponível	1	2	3	4	5	6	7	8
Necessidades brutas		40	50	60	90	70	100	40	30
Recebimentos programados		0	0	150	0	150	150	0	0
Disponível projetado	200	160	110	200	110	190	240	200	170
Pedidos planejados		0	150	0	150	150	0	0	0

Estoque de segurança: 50
Tamanho do pedido de compra: 150
Duração do ciclo: 1 semana

Necessidade - - - - - →
Embarque ⎯⎯⎯→

FIGURA 7.13 Exemplo de planejamento das necessidades de distribuição.

A Figura 7.13 mostra programações de DRP para dois depósitos e uma instalação central de suprimentos. Essas programações são desenvolvidas usando-se incrementos de tempo semanais conhecidos como **unidades de tempo**. Cada intervalo projeta um período de atividade. Embora os incrementos semanais sejam os mais comuns, também podem ser usados incrementos diários ou mensais. Para cada local e item, a programação registra o saldo disponível, o estoque de segurança, a duração do ciclo de atividades e o tamanho do pedido de compra. Além disso, para cada período de planejamento, a programação registra as necessidades brutas, os recebimentos programados e o estoque disponível projetado. Usando a combinação de necessidades e disponibilidade projetada, o DRP determina os pedidos planejados necessários para atender as necessidades antecipadas. As necessidades brutas refletem a demanda dos clientes e de outras instalações de distribuição supridas pelo local em questão. No caso da Figura 7.13, as necessidades brutas da instalação central de suprimento refletem as demandas em cascata dos depósitos do leste e do oeste. Os recebimentos programados são os carregamentos que vão chegar no depósito de distribuição. O estoque disponível projetado se refere à previsão do nível de estoque no final da semana. É igual ao nível de estoque disponível na semana anterior menos as necessidades brutas da semana atual mais quaisquer recebimentos programados. Embora as abordagens de planejamento para o gerenciamento de estoque ofereçam benefícios significativos, elas têm algumas restrições.

Primeira, os sistemas de planejamento de estoque exigem previsões acuradas e coordenadas para cada depósito. A previsão é necessária para orientar o fluxo de produtos ao longo da cadeia de suprimentos. O ideal é que o sistema não mantenha excesso de estoque em qualquer local, assim há pouco espaço para erro em um sistema de estoque enxuto. Quando esse nível de detalhamento da previsão é possível, os sistemas de planejamento de estoque funcionam bem.

Segunda, o planejamento de estoque exige movimentações consistentes e confiáveis de produtos entre as instalações de armazenamento. Enquanto ciclos de atividades variáveis podem ser acomodados em prazos de entrega ajustados, essa incerteza reduz a eficácia do sistema de planejamento.

Terceira, os sistemas de planejamento integrado estão sujeitos à instabilidade do sistema ou à reprogramação frequente devido a interrupções na produção ou atrasos na entrega. Essa "agitação" do sistema leva a uma flutuação na utilização da capacidade, custos de reprogramação e confusão nas entregas. Isso é intensificado pela característica volátil do ambiente operacional da logística da cadeia de suprimentos. Incertezas como a baixa confiabilidade dos transportes e das entregas dos fornecedores podem causar "agitações" no DRP.

REABASTECIMENTO COLABORATIVO DE ESTOQUE

Nos Capítulos 5 e 6, o CPFR foi apresentado e discutido como um grande esforço colaborativo entre os parceiros da cadeia de suprimentos. Diversas iniciativas colaborativas concentram-se apenas no reabastecimento de estoque. Os programas de reabastecimento são projetados para dinamizar o fluxo de produtos ao longo da cadeia de suprimentos. Existem diversas técnicas específicas para o reabastecimento colaborativo, todas elas apoiadas nos relacionamentos da cadeia de suprimentos para reabastecer rapidamente o estoque com base no planejamento conjunto ou na experiência real de vendas. A intenção é reduzir a dependência das previsões, e tomar decisões de quando e onde será necessário posicionar o estoque de acordo com a demanda *just-in-time*. Os programas de reabastecimento colaborativo eficazes exigem alto grau de cooperação e compartilhamento de informação entre os parceiros da cadeia de suprimentos. Técnicas específicas de reabastecimento colaborativo de estoque incluem resposta rápida, estoque gerenciado pelos fornecedores e reabastecimento por perfis.

Resposta rápida

Um esforço cooperativo impulsionado pela tecnologia entre varejistas e fornecedores para aumentar a velocidade do estoque ao mesmo tempo em que garante o suprimento de produtos de acordo com os padrões de compra do consumidor é a resposta rápida (QR – *quick response*). A QR é implementada pelo compartilhamento das vendas de produtos específicos no varejo entre os participantes da cadeia de suprimentos para garantir a disponibilidade correta dos produtos quando e onde for necessário. Em vez de funcionar com um ciclo de pedido de 15 a 30 dias, os arranjos de QR podem reabastecer o estoque do varejo em poucos dias. A contínua troca de informações acerca da disponibilidade e da entrega reduz a incerteza em toda a cadeia e cria a oportunidade de flexibilidade máxima. Com uma resposta rápida e confiável dos pedidos, o estoque pode ser comprometido conforme necessário, resultando no aumento do giro de estoque e em maior disponibilidade. O sistema do Walmart é um excelente exemplo do poder de compartilhamento das vendas para facilitar a QR.

	Empurrado com baixa incerteza	Puxado com baixa incerteza	Empurrado com alta incerteza	Puxado com alta incerteza
Serviço ao cliente Taxa de atendimento (%)	97,69	99,66	96,44	99,29
Estoques Estoque do fornecedor	12,88	13,24	14,82	13,61
Estoque do fabricante	6,05	6,12	7,03	6,09
Estoque do distribuidor	5,38	5,86	5,04	5,63
Estoque do varejista	30,84	15,79	32,86	20,30
Estoque do sistema	55,15	41,01	59,76	45,83

TABELA 7.17 Características comparadas de serviço e estoque em sistemas puxados e empurrados.

Fonte: Adaptado de David J. Closs et al., "An Empirical Comparison of Anticipatory and Response-Based Supply Chain Strategies," *International Journal of Logistics Management* 9, nº 2 (1998), pp. 21-34. Reproduzido com permissão.

Use lógica de planejamento nas seguintes condições	Use lógica reativa nas seguintes condições
Segmentos altamente rentáveis	Incerteza na duração do ciclo
Demanda dependente	Incerteza na demanda
Economias de escala	Restrições de capacidade no destino
Incerteza no suprimento	
Restrições de capacidade na fonte	
Acúmulo de oferta sazonal	

TABELA 7.18 Lógicas de gerenciamento de estoque sugeridos.

Estoque gerenciado pelos fornecedores

O estoque gerenciado pelos fornecedores (VMI – *vendor-managed invetory*) é uma modificação da resposta rápida que elimina a necessidade de pedidos de reabastecimento. O objetivo é estabelecer um arranjo de cadeia de suprimentos tão flexível e eficiente que o estoque do varejo seja continuamente reabastecido. O fator diferencial entre a QR e o VMI está na responsabilidade por estabelecer os níveis de estoque desejados e tomar as decisões de renová-lo. Na QR, o cliente toma as decisões. No VMI, o fornecedor assume mais responsabilidade e de modo eficaz gerencia uma categoria de estoque para o cliente. Ao receber transmissões diárias sobre as vendas no varejo ou os envios dos depósitos, o fornecedor assume a responsabilidade por reabastecer o estoque do varejo nas quantidades, cores, tamanhos e estilos necessários. O fornecedor se compromete a manter o estoque do cliente e sua celeridade. Em algumas situações, o reabastecimento envolve *cross-docking* ou entrega direta às lojas varejistas, técnicas projetadas para eliminar a necessidade de armazenamento entre o fornecedor e o cliente.

Reabastecimento por perfis

Alguns fabricantes, atacadistas e varejistas estão experimentando uma colaboração ainda mais sofisticada, conhecida como reabastecimento por perfis (*profile replenisment*). Essa estratégia expande a QR e o VMI, dando aos fornecedores o direito de antecipar necessidades futuras de acordo com seu conhecimento geral de uma categoria de produtos. O perfil de uma categoria detalha a combinação de tamanhos, cores e produtos associados que normalmente são vendidos em certo tipo de loja. Devido à responsabilidade associada ao reabastecimento por perfis, o fornecedor pode simplificar o envolvimento do varejista eliminando a necessidade de monitorar as vendas unitárias e o nível de estoque de produtos com alta rotatividade. Os produtos da Gerber, fabricante de alimentos infantis, utilizam o reabastecimento por perfis em alguns dos seus principais clientes, já que a empresa tem um melhor conhecimento das combinações de produtos que os consumidores vão comprar que a maioria dos varejistas.

Muitas empresas, especialmente fabricantes, estão usando lógica DRP e até mesmo APS para coordenar o planejamento de estoque com os principais clientes. Os fabricantes estão ampliando sua estrutura de planejamento para incluir os depósitos dos clientes e, em alguns casos, as lojas. Essas capacidades de planejamento integrado facilitam a coordenação e o gerenciamento, por parte dos fabricantes, do estoque dos clientes.

O planejamento colaborativo compartilha de modo eficaz as necessidades e a disponibilidade de estoque entre os parceiros da cadeia de suprimentos, reduzindo, assim, a incerteza. A Tabela 7.17 ilustra o impacto sobre o serviço e o estoque em um ambiente simulado de condições de baixa e alta incerteza.[7] A Tabela 7.18 ilustra as considerações gerenciais que orientam as adaptações da lógica de controle.

PRÁTICAS DE GERENCIAMENTO DE ESTOQUE

UMA ESTRATÉGIA DE GERENCIAMENTO integrado de estoque define as políticas e processos usados para determinar onde colocá-lo e quando iniciar o reabastecimento, bem como quanto alocar. O processo de desenvolvimento da estratégia envolve três etapas para classificar produtos e mercados, definir estratégias para cada um e implementar políticas e parâmetros.

CLASSIFICAÇÃO DE PRODUTO/MERCADO

O objetivo da classificação de produto/mercado é concentrar e aprimorar os esforços de gerenciamento de estoque. A classificação de produto/mercado, que também é chamada de **classificação ABC**, agrupa produtos, mercados ou clientes com características semelhantes para facilitar o gerenciamento de estoque. O processo de classificação reconhece que nem todos os produtos e mercados têm as mesmas características ou grau de importância. Um sólido gerenciamento de estoque exige que a classificação seja coerente com a estratégia e os objetivos de serviço da empresa.

A classificação pode se basear em uma variedade de medidas. As mais comuns são vendas, contribuição ao lucro, valor do estoque, taxa de uso e categoria do item. O típico processo de classificação sequencia os produtos ou mercados de modo que entradas com características semelhantes sejam agrupadas. A Tabela 7.19 ilustra a classificação de produtos de acordo com as vendas. Eles são classificados em ordem decrescente segundo o volume de vendas, de modo que os produtos de grande volume estejam listados em primeiro lugar, seguidos dos de baixa rotatividade. A classificação por volume de vendas é um dos métodos mais antigos para estabelecer políticas seletivas de estoque. Para a maioria das aplicações de marketing ou logística, um pequeno percentual das entidades é responsável por um alto percentual do volume. Essa operacionalização normalmente é chamada de **regra dos 80/20** ou **lei de Pareto**. A regra dos 80/20, que se baseia em amplas observações, declara que, em uma empresa típica, 80% do volume de vendas normalmente se refere a 20% dos produtos. Um corolário dessa regra é que 80% das vendas da empresa se referem a 20% dos clientes. A perspectiva reversa da regra declararia que os outros 20% das vendas são obtidos com 80% dos produtos, clientes etc. Em termos gerais, a regra dos 80/20 implica que a maioria das vendas resulta de relativamente poucos produtos ou clientes.

Depois que os itens são classificados ou agrupados, é comum rotular cada categoria com um código ou descrição. Produtos de alta rotatividade e alto volume são descritos normalmente como itens A; itens de volume moderado, B; e os de baixo volume ou baixa rotatividade, C.

---

[7] David J. Closs et al., "An Empirical Comparison of Anticipatory and Response-Based Supply Chain Strategies," *International Journal of Logistics Management* 9, nº 2 (1998), pp. 21-34.

TABELA 7.19 Classificação de produto/mercado (vendas).

Identificação do produto	Vendas anuais (em $ 1.000)	Percentual de vendas totais (%)	Vendas acumuladas (%)	Produtos (%)	Categoria do produto
1	45 mil	30,0	30,0	5	A
2	35 mil	23,3	53,3	10	A
3	25 mil	16,7	70,0	15	A
4	15 mil	10,0	80,0	20	A
5	8 mil	5,3	85,3	25	B
6	5 mil	3,3	88,6	30	B
7	4 mil	2,7	91,3	35	B
8	3 mil	2,0	93,3	40	B
9	2 mil	1,3	94,6	45	B
10	1 mil	0,7	95,3	50	B
11	1 mil	0,7	96,0	55	C
12	1 mil	0,7	96,7	60	C
13	1 mil	0,7	97,4	65	C
14	750	0,5	97,9	70	C
15	750	0,5	98,4	75	C
16	750	0,5	98,9	80	C
17	500	0,3	99,2	85	C
18	500	0,3	99,5	90	C
19	500	0,3	99,8	95	C
20	250	0,2	100,0	100	C
	$ 150 mil				

Esses rótulos com códigos indicam por que esse processo muitas vezes é denominado análise ABC. Embora essa classificação normalmente use três categorias, algumas empresas usam quatro ou cinco para refinar ainda mais as classificações. O agrupamento de produtos semelhantes facilita os esforços gerenciais de estabelecer estratégias de estoque concentradas para segmentos específicos de produtos. Por exemplo, produtos de alto volume ou alta rotatividade não raro são alvo de níveis mais altos de serviço. Isso com frequência exige que os itens de alta rotatividade tenham mais estoque de segurança. Por outro lado, para reduzir os níveis gerais de estoque, itens de baixa rotatividade podem ter menos estoque de segurança, resultando em níveis mais baixos de serviço.

Em situações especiais, os sistemas de classificação podem se basear em diversos fatores. Por exemplo, a margem bruta do produto e a importância para os clientes podem ser ponderadas para desenvolver um índice combinado em vez de simplesmente usar o volume de vendas. A classificação ponderada, então, agruparia os itens com características semelhantes de lucratividade e importância. A política de estoque, incluindo os níveis de estoque de segurança, é, então, estabelecida com o uso da classificação ponderada.

A forma de classificação define os grupos de produtos ou mercados com estratégias de estoque semelhantes. O uso de grupos de itens facilita a identificação e a especificação das estratégias de estoque sem exigir o desenvolvimento enfadonho de estratégias individuais para cada item. É muito mais fácil monitorar e gerenciar de 3 a 10 grupos do que centenas de itens individualmente.

DEFINIÇÃO DA ESTRATÉGIA PARA CADA SEGMENTO

A segunda etapa é definir a estratégia de estoque para cada grupo ou segmento de produto/mercado. A estratégia inclui a especificação de todos os aspectos do processo de gerenciamento

Classificação ABC	Objetivo de serviço (%)	Procedimento de previsão	Período de análise	Gerenciamento de estoque	Monitoramento
A (Promocional)	99	CPFR	Contínua	Planejamento – DRP	Diário
A (Regular)	98	Histórico de vendas	Contínua	Planejamento – DRP	Diário
B	95	Histórico de vendas	Semanal	Planejamento – DRP	Semanal
C	90	Histórico de vendas	Quinzenal	Ponto de reposição	Quinzenal

TABELA 7.20 Estratégia integrada.

de estoque, incluindo objetivos de serviço, método de previsão, técnica de gerenciamento e ciclo de análise.

A chave para estabelecer estratégias de gerenciamento seletivas é a percepção de que os segmentos de produtos têm diferentes graus de importância no que se refere ao cumprimento da missão da empresa. Diferenças importantes na capacidade de resposta do estoque devem ser incluídas nas políticas e procedimentos usados para o gerenciamento de estoque.

A Tabela 7.20 ilustra uma amostra de estratégia integrada para quatro categorias de itens. Nesse caso, os itens estão agrupados por volume de vendas ABC e como item promocional ou regular de estoque. Itens promocionais são os normalmente vendidos em esforços especiais de marketing que resultam em considerável aumento da demanda. Aumento dos padrões de demanda são característicos de períodos promocionais com alto volume seguidos de períodos pós-promoção, com demanda relativamente baixa.

A Tabela 7.20 ilustra um esquema de segmentação gerencial com base em objetivos de serviço, processo de previsão de demanda, período de análise do estoque, abordagem de gerenciamento de estoque e frequência do monitoramento. Características adicionais do processo de gerenciamento de estoque podem ser apropriadas para algumas empresas. Também podem ser excluídas algumas das citadas. Embora essa tabela não seja apresentada como uma estrutura abrangente de estratégia de estoque, ela ilustra questões que têm de ser consideradas.

POLÍTICAS E PARÂMETROS

A etapa final na implementação de uma estratégia de gerenciamento de estoque é detalhar os procedimentos e parâmetros. Os procedimentos definem as necessidades de dados, os *softwares*, os objetivos de desempenho e as diretrizes para a tomada de decisões. Os parâmetros delineiam valores como duração do período de análise, objetivos de serviço, percentual de custo de manutenção de estoques, lotes de compra e pontos de reposição. A combinação de parâmetros determina ou pode ser usada para calcular as quantidades exatas necessárias para tomar decisões relativas ao gerenciamento de estoque.

Resumo

O estoque normalmente representa o segundo maior componente do custo logístico, depois do transporte. Os riscos associados à manutenção de estoque aumentam à medida que os produtos caminham ao longo da cadeia de suprimentos e se aproximam do cliente, porque o risco de o produto estar no local errado ou na forma incorreta aumenta, já que os gastos para distribuí-lo já foram efetuados. Fora o risco de vendas perdidas devido a faltas de estoque porque um estoque adequado não está disponível, outros riscos incluem obsolescência, furtos e danos. Além disso, o custo de manutenção de estoques é significativamente influenciado pelo custo do capital investido no estoque. A especialização geográfica, o desacoplamento, o equilíbrio entre oferta e demanda e a proteção contra incertezas fornecem o raciocínio básico para a manutenção de estoques. Embora haja interesse substancial na redução do estoque da cadeia de suprimentos em geral, o estoque agrega valor e pode resultar em custos mais baixos com o uso dos *trade-offs* apropriados.

Pela perspectiva da logística da cadeia de suprimentos, os principais elementos de estoque controláveis são o estoque do ciclo de reabastecimento (estoque cíclico), o estoque de segurança e o estoque em trânsito. O estoque cíclico apropriado pode ser determinado usando-se a fórmula do LEC para refletir o *trade-off* entre os custos de armazenamento e de pedido. O estoque de segurança depende da média e da variância da demanda e do ciclo de reabastecimento. O estoque em trânsito depende do meio de transporte.

O gerenciamento de estoque usa uma combinação de lógica reativa e de planejamento. A lógica reativa é mais adequada no caso de itens com baixo volume e elevadas incertezas no ciclo de atividades e da demanda, porque adia o risco de especulação de estoque. A lógica de planejamento de estoque é adequada no caso de itens de alto volume com demanda relativamente estável. Os métodos de planejamento de estoque oferecem potencial para o gerenciamento eficaz porque se aproveitam do aumento das informações e das economias de escala. A lógica adaptativa combina as duas alternativas dependendo do produto e das condições do mercado. A colaboração proporciona uma forma de as partes da cadeia de suprimentos obterem eficiência e eficácia relacionadas ao estoque.

QUESTÕES PARA REVISÃO

1. Discuta a relação entre nível de serviço, incerteza, estoque de segurança e tamanho do pedido de compra. Como é possível fazer *trade-offs* entre esses elementos?

2. Discuta o risco de varejistas, atacadistas e fabricantes manterem estoques. Por que tem havido a tendência de empurrar o estoque para a parte mais à montante do canal de distribuição?

3. Qual é a diferença entre a probabilidade de faltar estoque e a magnitude da falta de estoque?

4. Ilustre como as classificações ABC de estoque podem ser usadas com produtos e clientes. Quais são os benefícios e as considerações ao classificar o estoque por produto, cliente e produto/cliente?

5. Estratégias de estoque baseadas no cliente permitem o uso de diferentes níveis de disponibilidade para clientes específicos. Discuta a lógica desse tipo de estratégia. Essas estratégias são discriminatórias? Justifique sua opinião.

6. Discuta as diferenças entre lógica reativa e planejada de estoque. Quais são as vantagens e os riscos associados a cada uma delas? Quais são as suas implicações?

DESAFIOS

1. Dados de estoque agregados sugerem que, embora os níveis gerais de estoque estejam caindo, o percentual relativo mantido pelos fabricantes está aumentando. Você considera essa observação verdadeira ou falsa? Por quê? Descreva como essa mudança poderia beneficiar as operações de todo o canal e como os fabricantes poderiam tirar vantagem dessa mudança.

2. Os consumidores estão apresentando uma demanda cada vez maior pela customização de produtos na forma de atributos, rotulagem, cor ou embalagem. Qual é o impacto dessa tendência no estoque da cadeia de suprimentos? Quais estratégias as empresas e cadeias de suprimentos podem usar para minimizar esse impacto?

3. Muitos varejistas, e em alguns casos atacadistas, estão provocando seus fornecedores a disponibilizarem o estoque gerenciado pelo fornecedor e o estoque consignado sem custo adicional para o cliente. Na verdade, o cliente está tentando transferir o risco e a responsabilidade do estoque para o fornecedor sem pagar por isso. Descreva as iniciativas que o fornecedor pode utilizar para recuperar parte do valor quando tiver que atender esses requisitos do cliente.

4. Você foi solicitado a estimar uma taxa relativa ao custo de manutenção de estoques para dar suporte às iniciativas de planejamento da cadeia de suprimentos da sua empresa. Identifique e descreva os componentes do custo de manutenção de estoques. Analise as várias abordagens para determinar o componente do custo de oportunidade e explique a lógica de cada uma das abordagens. Como parte da tarefa, você precisa recomendar qual abordagem você empregaria e por quê. Você também deve identificar as implicações da decisão sobre custo de oportunidade para as decisões relacionadas ao projeto da cadeia de suprimentos.

CAPÍTULO 8 Transportes

RESUMO DO CAPÍTULO

FUNCIONALIDADE E PARTICIPANTES
FUNCIONALIDADE
PARTICIPANTES

ESTRUTURA DE TRANSPORTES
FERROVIÁRIO
RODOVIÁRIO
HIDROVIÁRIO
DUTOVIÁRIO
AÉREO
CLASSIFICAÇÃO DOS MODAIS

SERVIÇOS ESPECIALIZADOS DE TRANSPORTES
SERVIÇOS DE ENCOMENDAS
TRANSPORTE INTERMODAL
INTERMEDIÁRIOS NÃO OPERACIONAIS

ECONOMIA NO SETOR DE TRANSPORTES
ECONOMIA DA DISTÂNCIA
ECONOMIA DO PESO
ECONOMIA DA DENSIDADE
OUTROS FATORES
CUSTOS DE TRANSPORTE

ADMINISTRAÇÃO DE TRANSPORTES
GERÊNCIA OPERACIONAL
CONSOLIDAÇÃO
NEGOCIAÇÃO
CONTROLE
AUDITORIA E GESTÃO DE RECLAMAÇÕES

PREÇOS
PREÇO FOB
PREÇO CIF
DESCONTOS PARA COLETA

O transporte normalmente representa a maior despesa logística. Os gestores de transportes comprometem ou gerenciam mais de 60% das despesas logísticas totais de uma empresa típica. São também responsáveis pela movimentação do estoque através da cadeia de suprimentos de uma empresa e para os clientes. Hoje, existe uma ampla gama de opções de transporte para apoiar a logística da cadeia de suprimentos. A escolha mais importante é entre utilizar transportadoras contratadas ou uma frota própria operada pela empresa. Muitos gestores de transportes optam por utilizar uma combinação de serviços de transportes próprios e contratados.

Quando a decisão é de contratar serviços de transportes, os gestores de uma empresa têm uma ampla gama de opções. Além do transporte, muitos prestadores de serviço também oferecem uma grande variedade de serviços com valor agregado, como separação de produtos, sequenciamento, modificação e entrega *just-in-time* ou garantida. A precisão na entrega do produto ajuda uma empresa a reduzir o estoque, armazenamento e manuseio de materiais. Desse modo, o valor do serviço de transporte pode ser maior que aquele referente à simples movimentação do produto de um local para o outro. À medida que as expectativas operacionais se tornam mais precisas, os ciclos de atividade do pedido até a entrega se tornam mais curtos e as margens de erro operacional se aproximam de zero, os gestores bem-sucedidos acabam descobrindo que **não existe transporte barato**. A menos que ele seja gerenciado de maneira eficaz e eficiente, as compras, a produção e a gestão do relacionamento com os clientes não vão satisfazer as expectativas. Este capítulo fornece um panorama global sobre transportes e sobre como ele é gerenciado durante o processo logístico.

FUNCIONALIDADE E PARTICIPANTES

O TRANSPORTE É UM ELEMENTO muito visível da logística. Os consumidores estão acostumados a ver caminhões e trens transportando produtos ou estacionados nas instalações de uma empresa. Poucos consumidores entendem completamente o quanto nosso sistema econômico depende de um transporte econômico e confiável. Esta seção apresenta os fundamentos dos transportes ao analisar sua funcionalidade e seus agentes participantes.

FUNCIONALIDADE

As empresas de transporte prestam dois serviços principais: movimentação e armazenamento de produtos.

Movimentação de produtos

Seja na forma de matérias-primas, componentes, produtos em processo ou acabados, a função básica dos transportes é movimentar o estoque para destinos específicos pela cadeia de suprimentos. O desempenho dos transportes é vital para as compras, a fabricação e o atendimento ao cliente. O transporte também tem um papel fundamental no desempenho da logística reversa. Sem um transporte confiável, a maioria das atividades comerciais não funcionaria. O transporte consome recursos de tempo, financeiros e ambientais.

O transporte tem um elemento restritivo porque o estoque geralmente fica inacessível durante seu processo. O estoque preso no sistema de transporte é denominado **estoque em trânsito**. Naturalmente, ao projetar sistemas logísticos, os gerentes se esforçam para reduzi-lo a um nível mínimo. Avanços na tecnologia da informação melhoraram significativamente o acesso ao estoque em trânsito e à situação das entregas, ao fornecer o local e o momento exatos dos eventos.

O transporte também usa recursos financeiros. Os custos de transportes resultam de fatores como mão de obra do motorista, operação do veículo, capital investido em equipamentos e administração. Além disso, a perda de produtos e os danos representam custos expressivos.

O transporte exerce um impacto tanto direto quanto indireto sobre os recursos ambientais. Direto porque os transportes representam um dos maiores consumidores de combustível e óleo na economia mundial. Embora o nível de consumo de combustível e óleo tenha melhorado depois do lançamento de veículos mais eficientes, o consumo total ainda permanece alto. E indireto porque os transportes exercem impacto sobre o meio ambiente por causa de congestionamentos, poluição do ar e poluição sonora.

Armazenamento de produtos

Um aspecto menos visível do transporte é o desempenho do armazenamento de produtos. Enquanto um produto está em um veículo de transporte, ele está armazenado. Veículos de transporte também podem ser usados para armazenar produtos na origem ou no destino do carregamento. Se o estoque envolvido estiver programado para ser embarcado dentro de poucos dias para um local diferente, o custo para descarregar, armazenar e recarregar o produto pode ser mais alto do que o custo temporário de uso de um veículo de transporte para armazenamento.[1]

Outro serviço dos transportes com implicações relacionadas ao armazenamento é a **alteração de rota**, que ocorre quando o destino de um carregamento é alterado depois que o produto está em trânsito. Por exemplo, o destino de um produto inicialmente enviado de Chicago a Los Angeles pode ser alterado para Seattle enquanto está em trânsito. Portanto, embora dispendioso, armazenar produtos em veículos de transporte pode justificar uma perspectiva de custo total ou de desempenho quando se consideram os custos de carga e descarga, as restrições de capacidade e a habilidade de ampliar os prazos de entrega.

PARTICIPANTES

As decisões de transporte são influenciadas por seis participantes: (1) embarcador, às vezes denominado **consignador**; (2) destinatário, tradicionalmente denominado **consignatário**; (3) transportadoras e agentes; (4) governo; (5) Internet; e (6) o público. A Figura 8.1 ilustra a relação entre os participantes envolvidos. Para entender a complexidade do ambiente de transporte, é importante analisarmos o papel e a perspectiva de cada participante.

Embarcador e destinatário

O embarcador e o destinatário têm um interesse comum na movimentação de produtos da origem até o destino dentro de determinado tempo e pelo menor custo. Os serviços relacionados ao transporte incluem horários de coleta e entrega, previsão do tempo em trânsito e zero de perdas e danos, bem como faturamento e troca de informações precisas e pontuais.

Transportadora e agentes

A transportadora, uma empresa que realiza o serviço de transporte, deseja maximizar sua renda pela movimentação ao mesmo tempo que reduz os custos associados. Como empresas de

FIGURA 8.1
Relacionamento entre os participantes do setor de transportes.

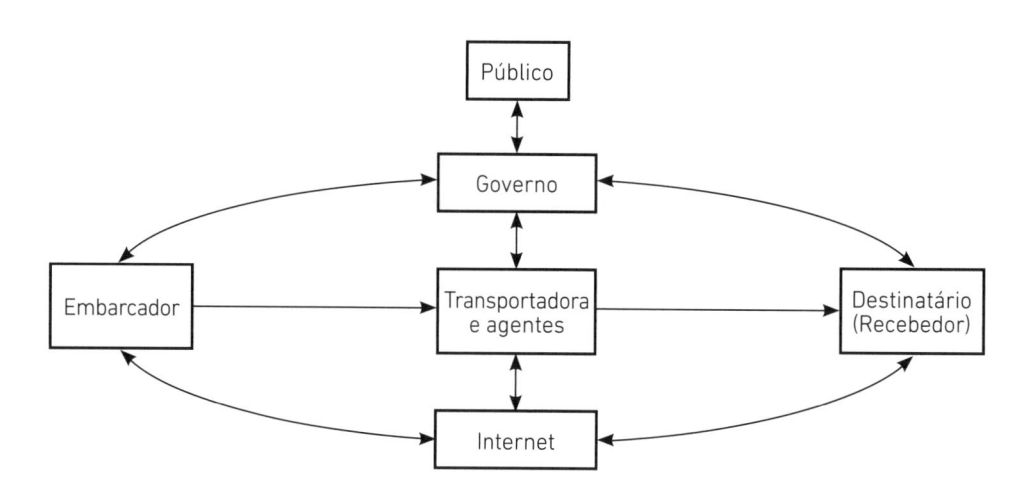

---

[1] Os termos técnicos de encargos relacionados com a utilização de veículos de transporte para armazenamento são **demurrage** para vagões ferroviários e **detenção** para caminhões.

serviços, as transportadoras desejam cobrar de seus clientes a tarifa mais alta possível ao mesmo tempo que minimizam os custos de mão de obra, combustível e veículos necessários para realizar a movimentação. Para atingir esse objetivo, ela procura coordenar os horários de coleta e entrega para agrupar ou consolidar o carregamento de muitos embarcadores diferentes em movimentações que proporcionem economia de escala e de distância. Agentes de transporte e agentes de cargas facilitam a coordenação entre transportadoras e clientes.

Governo

O governo tem um interesse efetivo nos transportes por causa da importância crítica de serviços confiáveis para o bem-estar econômico e social. O governo deseja um ambiente de transporte estável e eficiente para apoiar o crescimento econômico.

Um ambiente de transporte estável e eficiente requer que as transportadoras prestem serviços essenciais por um custo razoável. Devido ao impacto direto dos transportes sobre o sucesso econômico, os governos tradicionalmente têm estado envolvidos na supervisão das práticas de transporte. O governo historicamente regulamentou as transportadoras ao restringir os mercados a que elas podiam atender e ao aprovar os preços que poderiam cobrar. Os governos também incentivam o desenvolvimento das transportadoras ao apoiar pesquisas e fornecer direitos preferenciais, como em rodovias e aeroportos.

Internet

Um avanço recente no setor de transportes é uma ampla variedade de serviços baseados na Internet. A principal vantagem da comunicação via Internet é a capacidade de as transportadoras compartilharem informação em tempo real com clientes e fornecedores. Além da comunicação direta pela Internet entre empresas envolvidas nas operações logísticas, uma ampla variedade de empresas baseadas na web foram lançadas nos últimos anos. Essas empresas normalmente fornecem dois tipos de ambientes. O primeiro é o mercado de troca de informações para coordenar a capacidade de carga da transportadora com carregamentos disponíveis.

Além da coordenação de cargas, a segunda forma de troca de informações baseada na Internet está relacionada à compra de combustível, equipamentos, peças e suprimentos. As trocas de informações via Internet proporcionam às transportadoras a oportunidade de agregar suas compras e identificar oportunidades com uma ampla gama de revendedores potenciais.

Público

O último participante do sistema de transportes, o público, se preocupa com a acessibilidade, as despesas e a eficácia dos transportes, além das preocupações com padrões ambientais e de segurança. O público cria indiretamente a demanda de transportes ao comprar produtos, embora saiba que para minimizar o custo de transportes é preciso considerar o impacto ambiental e a segurança. Os efeitos da poluição do ar e do vazamento de combustíveis são uma questão social significativa relacionada aos transportes. O custo do impacto ambiental e da segurança é pago, em última instância, pelos consumidores.

ESTRUTURA DE TRANSPORTES

A estrutura de transporte de cargas consiste em infraestrutura física, veículos e transportadoras que operam dentro de cinco modais básicos de transportes. Um **modal** identifica um método ou forma de transporte básico. Os cinco modais básicos de transportes são ferroviário, rodoviário, hidroviário, dutoviário e aéreo.

A importância relativa de cada modal de transporte nos Estados Unidos é medida em quilometragem, volume de tráfego, receita e natureza da carga transportada. A Tabela 8.1 fornece um resumo dos gastos com transportes por modal de 1960 a 2009. As Tabelas 8.2 e 8.3 fornecem a participação em tonelagem e receita por modal em 2009 e a projeção para 2015 e 2021. Esses dados confirmam que a participação rodoviária no transporte de cargas doméstico ultrapassa em muito a dos outros modais combinados. Embora todos eles sejam vitais para uma estrutura nacional de transportes sólida, fica claro que a economia dos Estados Unidos, tanto atual quanto projetada, depende dos caminhões. A discussão a seguir fornece uma breve visão geral das características essenciais de cada modal.

TABELA 8.1 Gastos com frete nos Estados Unidos (US$ bilhões).

	1960	1970	1980	1990	2000	2009
Rodoviário	32,3	62,5	155,3	270,1	481,0	542,0
Ferroviário	9,0	11,9	27,9	30,0	36,0	50,0
Hidroviário	3,4	5,3	15,3	20,1	26,0	29,0
Dutoviário	0,9	1,4	7,6	8,3	9,0	10,0
Aéreo	0,4	1,2	4,0	13,7	27,0	29,0
Outros transportadores	0,4	0,4	1,1	4,0	10,0	28,0
Outros custos	1,3	1,4	2,4	3,7	5,0	9,0
Total Geral	47,8	83,9	213,7	350,8	594,0	697,0
PIB (US$ trilhões)	0,5	1.046	2.831	5.832	9.960	14.256
Percentual do PIB	9,00%	8,03%	7,55%	6,02%	5,92%	4,89%

Fonte: U.S. Freight Transportation Forecast to 2021, American Trucking Associations, Inc., 2010, p. 25.

TABELA 8.2 Cargas domésticas por modal e volume.

Modal	Volume (milhões de toneladas)			Participação do modal (%)			Variação percentual
	2009	2015	2021	2009	2015	2021	2009-2015
Rodoviário	8.949	10.515	11.498	68,0%	69,8%	70,7%	29,9%
Ferroviário	1.773	1.957	2.033	13,6%	13,0%	12,5%	14,6%
Intermodal ferroviário	139	193	253	1,1%	1,3%	1,6%	82,6%
Aéreo	12	15	18	0,1%	0,1%	0,1%	57,3%
Hidroviário	829	929	964	6,4%	6,2%	5,9%	16,4%
Dutoviário	1.417	1.453	1.502	10,9%	9,6%	9,2%	6,0%
Total	13.018	15.061	16.269				

Fonte: U.S. Freight Transportation Forecast to 2021, American Trucking Associations, Inc., 2010, p. 25.

TABELA 8.3 Cargas domésticas por modal e receita.

Modal	Volume (milhões de toneladas)			Participação do modal (%)			Variação percentual
	2009	2015	2021	2009	2015	2021	2009-2015
Rodoviário	544	748	933	81,9%	82,8%	83,0%	71,4%
Ferroviário	40	51	61	6,0%	5,7%	5,4%	51,6%
Intermodal ferroviário	9	16	24	1,4%	1,7%	2,1%	151,1%
Aéreo	20	29	40	3,0%	3,2%	3,6%	99,5%
Hidroviário	10	13	15	1,5%	1,5%	1,3%	51,5%
Dutoviário	41	46	51	6,2%	5,1%	4,5%	24,6%
Total	665	903	1.123				

Fonte: U.S. Freight Transportation Forecast to 2021, American Trucking Associations, Inc., 2010, p. 25.

FERROVIÁRIO

Em termos históricos, as ferrovias sempre transportaram a maior quantidade de toneladas por quilômetro dentro dos Estados Unidos. Uma "tonelada-quilômetro" é uma medida padrão da atividade de frete que combina peso e distância. Como resultado do desenvolvimento primordial de uma ampla rede ferroviária que conectava quase todas as cidades e vilas, as ferrovias dominaram a tonelagem de cargas intermunicipais até depois da Segunda Guerra Mundial. Essa superioridade resultou desde o início da capacidade de transportar grandes cargas com economia e de oferecer frequência nos serviços. No entanto, com os avanços tecnológicos, uma grande concorrência das transportadoras rodoviárias começou a se desenvolver depois da Segunda Guerra Mundial.

As ferrovias já estiveram em 1º lugar entre todos os modais em termos de quantidade de quilômetros de serviço. O amplo desenvolvimento de estradas e rodovias para apoiar o crescimento dos automóveis e caminhões depois da Segunda Guerra Mundial logo mudou essa classificação. Em 1970, havia 206.265 milhas de trilhos ferroviários nos Estados Unidos. Em 2005, a milhagem de trilhos havia diminuído para 95.830, como resultado de um abandono significativo.[2] Desde 2005 a milhagem ferroviária se estabilizou.

A capacidade de transportar de modo eficiente grandes quantidades de cargas por longas distâncias é a principal razão de as ferrovias continuarem a lidar com percentuais significativos de cargas intermunicipais. As operações ferroviárias têm custos fixos altos devido ao valor de equipamentos, faixas de domínio e trilhos, pátios de manobra e terminais. No entanto, as ferrovias apresentam custos operacionais variáveis relativamente baixos. O desenvolvimento de motores a diesel reduziu o custo variável da tonelada-quilômetro, e a eletrificação reduziu ainda mais os custos. Modificações nos acordos trabalhistas reduziram as necessidades de recursos humanos, resultando em reduções no custo variável.

Como consequência da desregulamentação e do desenvolvimento empresarial, o tráfego ferroviário mudou do transporte de uma ampla gama de produtos para o transporte de cargas específicas. A essência da tonelagem ferroviária vem de setores extrativistas localizados a uma distância considerável de hidrovias e itens pesados como automóveis, equipamentos agrícolas e máquinas. A estrutura de custos fixos e variáveis das ferrovias oferece vantagens competitivas para movimentações de longa distância. Em meados da década de 1970, as ferrovias começaram a segmentar o mercado de transportes concentrando-se no tráfego de vagões de carga, contêineres e intermodal. As ferrovias aumentaram sua capacidade de resposta a necessidades específicas dos clientes enfatizando os setores graneleiros e de indústrias pesadas em contraste com o serviço de vagão de carga tradicional. As operações intermodais foram expandidas pela formação de alianças com as transportadoras rodoviárias. Por exemplo, a United Parcel Service, primariamente uma transportadora rodoviária, é a maior usuária do serviço ferroviário de transporte de carretas nos Estados Unidos.

Para oferecer um serviço melhor aos principais clientes, as ferrovias contemporâneas se concentraram no desenvolvimento de equipamentos especializados, como vagões fechados com três andares para automóveis, vagões especiais para eletrodomésticos, trens dedicados, vagões articulados e vagões plataforma com empilhamento duplo de contêineres. Uma inovação recente foi a introdução da tecnologia de contêiner sobre vagão plataforma (COFC – *container-an-flatcar*) de 16 metros com controle de temperatura.[3] Essas tecnologias estão sendo aplicadas pelas ferrovias para reduzir o peso, aumentar a capacidade de carga e facilitar os intercâmbios. As três últimas inovações serão explicadas em mais detalhes.

---

[2] U.S. Department of Transportation, Bureau of Transportation Statistics, *Pocket Guide to Transportation* (Washington, DC: U.S. Government Printing Office, 2006).

[3] "Trucking Firm Introduces Temp-Controlled Containers for Rail," *Cargo Business News*, October 3, 2010.

Em um trem dedicado, toda a capacidade é comprometida no transporte de um único produto. Normalmente, são produtos a granel, como carvão ou grãos. Trens dedicados também têm sido usados para apoiar operações de montagem na indústria automobilística. O trem unitário é mais rápido e menos dispendioso de operar que os trens tradicionais, visto que pode ter uma rota direta e sem paradas da origem até o destino.

Vagões articulados possuem um chassi estendido que pode carregar até dez contêineres em uma única unidade flexível. O conceito é reduzir o tempo necessário para montar os trens nos pátios.

Os vagões plataforma com empilhamento duplo de contêineres, como diz o nome, são projetados para transportar dois níveis de contêineres em uma única plataforma, duplicando, assim, a capacidade de cada vagão. Para permitir o crescimento do empilhamento duplo de contêineres, foi preciso ampliar a altura dos túneis ferroviários das principais ferrovias dos Estados Unidos para 6,5 metros. Essa ampliação foi cara para as ferrovias e não estava concluída na maioria das vias férreas até o outono de 2006. Essa ampliação permite hoje que dois contêineres de 2,9 metros, um tamanho padronizado mundialmente, sejam empilhados para o transporte intermunicipal.[4]

Os exemplos citados não são, de forma alguma, uma ampla análise das recentes inovações ferroviárias. São representantes de tentativas de manter e aumentar a participação das ferrovias no mercado. É claro que mudanças significativas continuam a ocorrer nas ferrovias tradicionais. Os desafios dos anos 1970, de sobrevivência e potencial nacionalização, foram substituídos por uma malha ferroviária revitalizada. As ferrovias atualmente exercem uma influência importante e altamente concentrada sobre a estrutura de transportes como líderes intermodais do século XXI. Muitos observadores acreditam que os congestionamentos crescentes e os aumentos nos custos dos combustíveis servirão para vitalizar ainda mais o setor ferroviário em geral.

Em grande medida, o futuro das ferrovias está na adoção da tecnologia de trens de alta velocidade. O desenvolvimento de trens que se desloquem rapidamente nos transportes ferroviários interestaduais tem sido um problema persistente para as ferrovias americanas, que foram deixadas para trás pela inovação estrangeira. O famoso trem-bala japonês, que mantém velocidade de até 320 km/h, tem se mantido em operação permanente desde 1964. Os novos trens japoneses por levitação magnética estão sendo testados em velocidades superiores a 580 km/h. Já os trens de alta velocidade na França (575 km/h) e na China (486 km/h) estão sendo utilizados comercialmente. Atualmente, a China possui a maior rede ferroviária de alta velocidade do mundo, projetada para ultrapassar a marca de 16 mil km de trilhos em 2020. Por isso, está claro que as ferrovias americanas estão sendo ultrapassadas pelos desenvolvimentos nesses outros países.[5]

RODOVIÁRIO

O transporte rodoviário se expandiu rapidamente desde o fim da Segunda Guerra Mundial. O crescimento acelerado do setor de transportes rodoviários é resultado da velocidade conjugada com a capacidade de operar porta a porta.

Os caminhões têm flexibilidade porque são capazes de operar em diversas rodovias. Mais de 1,5 milhão de km de estradas estão disponíveis para os caminhões nos Estados Unidos, o que representa mais quilometragem que todos os outros modais de superfície em conjunto. A frota norte-americana de caminhões de estrada excede o 1,7 milhão de tratores rodoviários (cavalos mecânicos) e os 4,9 milhões de carretas.[6]

---

[4] *USA Today*, October 10, 2006, p. 3A.

[5] Anita Chang, *Associated Press Release*, December 6, 2010.

[6] U.S. Department of Transportation, Bureau of Transportation Statistics, "Highway Statistics, 2006," Washington, DC, 2006.

Em comparação com as ferrovias, os caminhões têm um investimento fixo relativamente baixo em instalações de terminais e operam em estradas financiadas e mantidas com dinheiro público. Embora os custos de taxas de licenciamento, pedágios e impostos sejam consideráveis, essas despesas estão diretamente relacionadas ao número de caminhões e de quilômetros em que se opera. O custo variável por quilômetro para transportadoras rodoviárias é alto porque elas requerem uma unidade de força e um motorista para cada carreta ou combinação de carretas enfileiradas. As necessidades de mão de obra também são altas devido às restrições de segurança do motorista e a necessidade substancial de mão de obra nos terminais de carga e descarga. As operações de caminhões são caracterizadas por custos fixos baixos e custos variáveis altos. Em comparação com as ferrovias, as transportadoras rodoviárias lidam de modo mais eficiente com pequenos carregamentos movimentados em curtas distâncias.

As características do transporte rodoviário favorecem os negócios relacionados à indústria e à distribuição, em distâncias de até 800 km para produtos de valor alto. Os caminhões tomaram uma parte significativa dos transportes por trem na indústria de produtos médios e leves. Como consequência da flexibilidade na entrega, as transportadoras rodoviárias dominam a movimentação de carga dos atacadistas e depósitos para as lojas. A perspectiva de futuro para o transporte rodoviário continua brilhante. Hoje, com exceção de produtos em pequenos pacotes que se movimentam por meio de serviço aéreo especial, quase todos os carregamentos intermunicipais de menos de 15 mil libras (cerca de 7 mil kg) são transportados por caminhões.

O setor de transportes rodoviários não está livre de problemas. As principais dificuldades são o aumento do custo de reposição de equipamentos, a manutenção, a segurança, a falta de motoristas, a regulamentação de horário de trabalho dos caminhoneiros, os salários dos trabalhadores dos terminais e o custo do combustível. Embora o aumento da folha de pagamento influencie todos os meios de transporte, o setor rodoviário usa muita mão de obra, o que faz que os salários altos sejam uma grande preocupação. Para evitar essa tendência, as transportadoras têm se concentrado na melhoria da programação das rotas de transporte, em sistemas de faturamento computadorizado, em terminais mecanizados, em arranjos que carregam duas ou três carretas com uma única unidade de força, e na participação em sistemas de transporte intermodal coordenado. Os tamanhos dos caminhões e os pesos permitidos nas rodovias federais estão congelados desde 1993. No outono de 2010, foi introduzida uma legislação conjunta no Senado e na Câmara dos Deputados dos Estados Unidos, permitindo que os estados acabassem com a restrição federal do peso de 36 toneladas em caminhões de cinco eixos. Na proposta, que não se transformou em lei, o limite de peso nas rodovias interestaduais aumentaria para 44 toneladas, juntamente ao acréscimo de um sexto eixo na traseira das carretas de 16 metros de comprimento.[7]

Outro problema enfrentado pelo setor rodoviário é o cumprimento do Acordo de Livre Comércio da América do Norte (**NAFTA**). Enquanto os caminhões se movimentam de maneira irrestrita entre o Canadá e os Estados Unidos, esse não é o caso do México, o segundo maior comprador de produtos exportados pelos Estados Unidos. Muitos acham que seguir as diretrizes originais do NAFTA é uma das maiores barreiras enfrentadas pelos Estados Unidos no incentivo do crescimento econômico.[8]

Uma alternativa para o serviço de caminhões contratados individualmente são os caminhões de propriedade do embarcador ou operados por prestadores de serviços logísticos integrados (ISPs – *Integrated Service Providers*), que são contratados para realizar serviços de transporte para embarcadores específicos.

---

[7] Safe and Efficient Transportation Act (SETA).

[8] Ken Burns, "It's Time to Implement Cross-Border Trucking," *Inbound Logistics*, August 2010, p. 30.

Cerca de 55% de toda a tonelagem intermunicipal é carregada por caminhões de propriedade do embarcador ou controlada por ele. Depois da desregulamentação nos Estados Unidos, essa proporção alcançou a taxa máxima de 66% em 1987. O declínio para 55% foi resultado de os embarcadores perceberem as inúmeras complexidades e problemas de operação de uma frota própria. O crescimento da quantidade de caminhões operados por prestadores de serviços integrados oferece um serviço que combina a flexibilidade da frota própria com o potencial de consolidação dos operadores contratados. Um prestador de serviços integrados pode prestar serviços a diversos embarcadores e, assim, obter tanto economias de escala quanto de distância.

Desde 1980, a desregulamentação alterou drasticamente a natureza do transporte rodoviário terceirizado nos Estados Unidos. Os segmentos do setor, que ficaram mais bem definidos após a desregulamentação, incluem carga completa (**TL** – *Truckload*), carga fracionada (**LTL** – *Less-than-truckload*) e especialidades. A mudança drástica se relaciona ao tipo de transportadora que opera em cada categoria.

O segmento TL inclui cargas de mais de 15 mil libras que geralmente não exigem paradas intermediárias entre a origem e o destino. Embora grandes empresas como a Schneider National e a J. B. Hunt prestem serviço de TL em âmbito nacional, o segmento é caracterizado por uma grande quantidade de transportadoras relativamente pequenas e que geralmente são muito competitivas tratando-se de preços.

O segmento LTL envolve carregamentos de menos de 15 mil libras que comumente devem ser consolidados para alcançar a capacidade da carreta. Como resultado dos custos dos terminais de origem e de destino e das despesas de marketing relativamente maiores, o segmento LTL tem um percentual de custos fixos maior do que o segmento TL. As características operacionais do segmento de frete LTL causaram extensa consolidação no setor, resultando em poucas transportadoras nacionais relativamente grandes e uma sólida rede regional de pequenas transportadoras. As cinco maiores transportadoras LTL em receita no ano de 2009 foram a FedEx Freight, YRC National, Com-Way Freight, UPS Freight e ABF Freight System.[9]

As empresas de especialidades incluem transportadoras de grandes volumes (granel) até pequenas encomendas, como a Waste Management e a United Parcel Service (UPS). Elas se concentram nas necessidades de transporte específicas de um mercado ou produto. As transportadoras de especialidades geralmente não são concorrentes diretas dos outros dois segmentos.

Com base apenas no tamanho do setor de transportes rodoviários e nos serviços prestados, fica bastante claro que o transporte em estradas continuará a funcionar como eixo principal das operações logísticas.

HIDROVIÁRIO

O transporte hidroviário é o mais antigo meio de transporte. Os navios a vela foram substituídos por barcos a vapor no início do século XIX e a diesel na década de 1920. Geralmente se faz a distinção entre o transporte em águas profundas (marítimo) e o transporte em vias navegáveis internas (fluvial ou lacustre).

O transporte em águas domésticas, que nos Estados Unidos envolve os Grandes Lagos, canais e rios navegáveis, tem mantido uma participação anual de tonelagem-quilômetro relativamente constante, na faixa de 19% a 30% ao longo das últimas quatro décadas. Embora a participação tenha se mantido relativamente constante, a composição tem mudado drasticamente. A quantidade de toneladas-quilômetros em rios e canais aumentou em mais de 113 milhões entre 1965 e 2006, enquanto as toneladas-quilômetros nos Grandes Lagos diminu-

---

[9] John D. Schulz, "Trucking Game Changing Movement," *Supply Chain Management Review*, May-June, 2010, pp. 56s-66s.

íram em mais de 13 milhões durante o mesmo período. Esses números refletem tanto uma mudança do transporte de produtos a granel em ferrovias e rodovias para movimentações hidroviárias em rios e canais na costa, de menor custo, bem como uma mudança das movimentações em lagos para o transporte rodoviário.

Sem incluir os Grandes Lagos ou a navegação costeira, existem nos Estados Unidos 42 mil km de hidrovias interiores. O tamanho dessa rede se manteve estável ao longo da década passada e espera-se que continue assim em um futuro próximo. Existem menos quilômetros no sistema de vias navegáveis internas do que em qualquer outro meio de transporte.

A principal vantagem do transporte hidroviário é a capacidade de transportar carregamentos extremamente grandes. Esse transporte utiliza dois tipos de navios para movimentação: navios de águas profundas geralmente projetados para o transporte costeiro, oceânico e nos Grandes Lagos e barcas que operam em rios e canais e têm mais flexibilidade.

O transporte hidroviário fica entre o transporte ferroviário e o rodoviário em relação aos custos fixos. Embora as transportadoras hidroviárias tenham de desenvolver e operar seus próprios terminais, as hidrovias são desenvolvidas e mantidas pelo governo, resultando em custos fixos moderados, em comparação com o transporte ferroviário. As principais desvantagens do transporte hidroviário são o alcance limitado de operações e a baixa velocidade. A menos que a origem e o destino da movimentação sejam adjacentes a uma via navegável, há necessidade de transporte complementar por ferrovia ou caminhão. A capacidade do modal hidroviário de transportar uma alta tonelagem por um baixo custo variável aumenta a demanda por esse modal quando são desejadas baixas tarifas e a velocidade é uma consideração secundária.

O transporte hidroviário continuará a ser uma opção viável de transporte no futuro da logística da cadeia de suprimentos. A baixa velocidade de trânsito do transporte em rios oferece uma forma de armazenamento de produtos em trânsito que pode beneficiar o projeto do sistema logístico. Além disso, o Acordo de Livre Comércio da América do Norte continua a oferecer o potencial de aumento da utilização do Canal de São Lourenço para unir novos mercados produtores e consumidores nas cidades portuárias do México, Meio Oeste e Canadá. Por fim, o transporte hidroviário continua a ser o principal meio de transporte para a logística global.

DUTOVIÁRIO

Os dutos são uma parte significativa do sistema de transportes dos Estados Unidos. Eles respondem por cerca de 67,8% de toda a movimentação de petróleo bruto e refinado em toneladas-quilômetros. Em 2005, 256.710 km de dutos estavam em operação nos Estados Unidos.[10]

Além dos produtos de petróleo, outro produto importante transportado por dutos é o gás natural. Assim como os dutos de petróleo, eles são propriedade do governo e operados por empresas privadas, e muitas empresas de gás funcionam como distribuidoras e fornecedores de serviço de transporte.

A natureza básica de um duto é singular em comparação com qualquer outro modal de transporte. Os dutos funcionam 24 horas por dia, sete dias por semana, e são paralisados apenas por operações de troca de produtos e manutenção. Diferentemente dos outros modais, não há contêiner ou veículo vazio que deve retornar. Os dutos têm o mais alto custo fixo e o mais baixo custo variável entre os modais de transporte. Os altos custos fixos resultam de sua estrutura física, das faixas de domínio, da construção e das necessidades das estações de controle, e da capacidade de bombeamento. Uma vez que os dutos não necessitam de muita mão de obra,

---

[10] Association of Oil Pipelines, "Safety and Efficiency," Washington, DC, 2010.

o custo operacional variável é extremamente baixo depois que ele é construído. Uma desvantagem evidente é que os dutos não são flexíveis e são limitados em relação aos produtos que podem transportar, visto que apenas produtos na forma de gás, líquido ou massa semifluida podem ser movimentados.

Experimentos sobre a movimentação potencial de produtos sólidos na forma de pasta fluida ou suspensão líquida continuam em desenvolvimento. Os dutos de pasta de carvão provaram ser um modo eficiente e econômico de transportá-lo por grandes distâncias, porém exigem enormes quantidades de água, o que os torna uma séria preocupação entre os ambientalistas.

AÉREO

O mais novo e menos utilizado modo de transportes de cargas é o aéreo. Sua vantagem significativa se encontra na velocidade na qual um carregamento pode ser transportado. Um carregamento costa a costa dos Estados Unidos por via aérea requer apenas horas, em contraste com outros modais de transporte. Embora seja mais caro, a velocidade do transporte aéreo permite que outros aspectos da logística, como armazenamento e estoque, sejam reduzidos ou eliminados.

O transporte aéreo, apesar de ter ótimo desempenho, ainda permanece mais um potencial do que uma realidade. Ele é responsável por 1% das toneladas-quilômetros intermunicipais transportadoras nos Estados Unidos. A capacidade do transporte aéreo é limitada pelo tamanho e pela capacidade de carga e pela disponibilidade de aeronaves. Tradicionalmente, o frete aéreo era transportado em voos regulares de passageiros. Embora a prática fosse econômica, ela resultava em uma capacidade e flexibilidade limitadas nas operações de frete. O alto custo dos aviões, combinado com a natureza errática da demanda por fretes aéreos, serviu para limitar a viabilidade econômica das aeronaves dedicadas apenas a operações de carga.

No entanto, o advento das transportadoras aéreas *premium*, como Federal Express e United Parcel Air, lançou o serviço de frete aéreo global programado. Embora esse serviço especializado fosse originalmente destinado a documentos de alta prioridade, ele se expandiu para incluir o frete de encomendas em geral. Por exemplo, essas transportadoras integraram seus serviços para incluir entregas de peças durante a noite, saindo de centros de distribuição centralizados localizados perto de suas centrais de operação de tráfego aéreo. A entrega aérea à noite a partir de um depósito centralizado é atraente para empresas com uma grande quantidade de produtos de alto valor e necessidades de serviço que dependem de tempo.

O custo fixo do transporte aéreo é baixo, se comparado a ferrovias, hidrovias e dutos. Na verdade, o transporte aéreo fica em segundo lugar, perdendo apenas para o transporte rodoviário em relação ao baixo custo fixo. Aerovias e aeroportos geralmente são desenvolvidos e mantidos pelo governo. Os custos fixos do frete aéreo estão associados à compra de aeronaves e à necessidade de sistemas de manuseio especializados e contêineres de carga. Por outro lado, o custo variável do frete aéreo é extremamente alto, como consequência do custo de combustível, tarifas aeroportuárias, manutenção e intensidade de mão de obra nas tripulações em voo e em terra.

Visto que os aeroportos necessitam de terrenos significativamente grandes, eles geralmente são limitados em relação à integração com outros modais de transporte. No entanto, existe um interesse substancial na integração do transporte aéreo com outros modais e no desenvolvimento de aeroportos apenas de carga para eliminar o conflito com o serviço de passageiros. Por exemplo, o Alliance Airport, localizado perto de Fort Worth, Texas, foi projetado para integrar a distribuição por vias aéreas, ferroviárias e rodoviárias a partir de um único local.

Nenhuma produto específico domina o tráfego de operações de cargas aéreas. Talvez a melhor definição seja que a maioria da carga tem alto valor e alta prioridade. Quando o período de comercialização de um produto é extremamente limitado, como presentes de Natal, roupas de alta-costura, peixes frescos ou flores naturais, o transporte aéreo pode ser o único método de transporte prático para apoiar as operações globais. A logística rotineira de produtos como computadores, peças de reposição e suprimentos médicos também utiliza o frete aéreo.

CLASSIFICAÇÃO DOS MODAIS

A Tabela 8.4 compara a estrutura de custos fixos e variáveis de cada modal. A Tabela 8.5 classifica as características operacionais dos modais em relação à velocidade, à disponibilidade, à confiabilidade, à capacidade e à frequência.

Velocidade se refere ao tempo decorrido na movimentação. O frete aéreo é o mais rápido de todos os modais. **Disponibilidade** se refere à capacidade de um modal atender qualquer par de locais. As transportadoras rodoviárias apresentam a maior disponibilidade, visto que podem se dirigir diretamente a pontos de origem e destino. **Confiabilidade** se refere à variação potencial da programação de entrega esperada ou especificada. Devido à continuidade do serviço e à pouca interferência por conta do tempo e de congestionamentos, os dutos têm a melhor classificação quanto à confiabilidade. **Capacidade** é a habilidade de um modal manusear qualquer requisito de transporte, como o tamanho da carga. O transporte hidroviário é o que apresenta maior capacidade. A classificação final é a **frequência**, que se refere à quantidade de movimentações programadas. Os dutos, novamente por conta da continuidade do serviço entre dois pontos, lideram todos os modais em termos de frequência.

Como ilustra a Tabela 8.5, o apelo do transporte rodoviário é explicado, em parte, pela alta classificação nas cinco características operacionais. As transportadoras rodoviárias ficam em primeiro ou segundo lugar em todas as categorias, exceto capacidade. Embora melhorias substanciais na capacidade rodoviária tenham resultado do relaxamento das restrições de tamanho e peso em estradas interestaduais e da aprovação do uso de carretas múltiplas para uma unidade de força, não é realista supor que o transporte rodoviário superará a capacidade do transporte ferroviário ou hidroviário.

TABELA 8.4 Estrutura de custos de cada modal.

Ferroviário. Alto custo fixo de equipamentos, terminais, trilhos etc. Baixo custo variável.

Rodoviário. Baixo custo fixo (estradas prontas e fornecidas pelo dinheiro público). Custo variável médio (combustível, manutenção etc.).

Hidroviário. Custo fixo médio (navios e equipamentos). Baixo custo variável (capacidade de transportar grande quantidade de carga).

Dutoviário. Custo fixo mais alto de todos (dutos, faixas de domínio, construção, necessidade de estações de controle e capacidade de bombeamento). Custo variável mais baixo de todos (não há custo de mão de obra significativo).

Aéreo. Baixo custo fixo (aeronaves e sistemas de manuseio e carga). Alto custo variável (combustível, mão de obra, manutenção etc.).

TABELA 8.5 Características operacionais relativas por modal de transporte.*

Características operacionais	Ferroviário	Rodoviário	Hidroviário	Dutoviário	Aéreo
Velocidade	3	2	4	5	1
Disponibilidade	2	1	4	5	3
Confiabilidade	3	2	4	1	5
Capacidade	2	3	1	5	4
Frequência	4	2	5	1	3
Total	14	10	18	17	16

*A classificação mais baixa é a melhor.

SERVIÇOS ESPECIALIZADOS DE TRANSPORTE

Os SERVIÇOS DE TRANSPORTE são realizados utilizando uma combinação de modais. Cada vez mais as transportadoras desenvolvem serviços em modais integrados para atender de forma mais eficiente e eficaz as necessidades dos clientes. A seção a seguir analisa a gama atual de serviços especializados oferecidos por diferentes transportadoras.

SERVIÇOS DE ENCOMENDAS

Ao longo das últimas décadas, existia um problema sério na disponibilidade de transporte de pequenas cargas. Era difícil as transportadoras comuns fornecerem serviço de pequenas encomendas a um preço razoável devido aos custos das despesas gerais associadas às operações de terminais e linhas de serviço. Essas despesas gerais forçaram as transportadoras rodoviárias a implementar uma **tarifa mínima**. Ela se aplica a todos os fretes, independentemente de tamanho ou distância. Como resultado da tarifa mínima e da falta de alternativas, havia uma oportunidade para as empresas que ofereciam serviços especializados para entrar no mercado de pequenos volumes ou serviço de encomendas.

Os serviços de encomenda representam uma parte importante da logística, e a influência das empresas desse segmento está aumentando graças ao seu tamanho e à capacidade *intermodal*. O advento do e-commerce e a necessidade de atendimento do "último quilômetro", direto ao consumidor, têm aumentado significativamente a demanda por entrega de encomendas. Embora os serviços de encomenda estejam se expandindo, eles não se encaixam perfeitamente no esquema tradicional de classificação dos modais. As encomendas são regularmente transportadas usando linhas de serviços ferroviários, rodoviários e aéreos. Os serviços de encomendas oferecem serviços comuns e *premium*.

Diversas transportadoras oferecem serviços de entregas dentro de áreas metropolitanas. Outras oferecem serviços de entrega de encomendas em âmbito nacional e global. As transportadoras mais conhecidas nos Estados Unidos são a United Parcel Service (UPS), a United States Postal Service (USPS) e a Federal Express Ground.

O primeiro serviço amplamente reconhecido de encomendas aéreas foi lançado pela Federal Express em 1973, que fornecia um serviço noturno de alcance nacional, utilizando uma frota dedicada de aeronaves de carga. Desde a sua criação, o serviço original da FedEx expandiu-se internacionalmente. Atualmente, a empresa oferece serviços LTL e TL.

O serviço original oferecido pela UPS era a entrega de encomendas locais a lojas de departamentos. Hoje, a UPS oferece uma ampla gama de serviços de encomenda. Na verdade, a UPS expandiu o escopo de suas operações gerais enviando encomendas para todos os Estados Unidos e globalmente para consumidores e empresas. Embora a UPS forneça serviços logísticos relacionados a todo tipo de produto, a especialização em pequenas encomendas permite um serviço noturno com uma ótima relação custo-benefício entre a maioria das cidades num raio de 500 km.

Os correios norte-americanos (USPS) operam serviços de encomendas via terrestre e aéreo. As tarifas para postagem de encomendas se baseiam no peso e na distância. Geralmente, as encomendas têm de ser entregues a uma agência postal para originar o carregamento. No entanto, no caso de grandes usuários e quando é conveniente para os correios, providencia-se a coleta no local do remetente. O transporte intermunicipal é realizado por meio da compra de serviços aéreos, rodoviários, ferroviários e até mesmo hidroviários de transportadoras contratadas. A entrega é feita no destino pelos correios.

Em 2006, a gama de serviços prestados pelo USPS foi significativamente ampliada com a aprovação da Lei de Responsabilidade e Melhoria do Serviço Postal (PAEA – *Postal*

Accountability and Enhancement Act). O USPS tem uma vantagem no "último quilômetro" sobre todas as outras transportadoras de encomendas porque tem estrutura para fazer entregas diariamente em todos os lares dos Estados Unidos. Essa lei deu aos correios norte-americanos flexibilidade para a formação de preços. A prática tradicional de cobrar o mesmo preço por unidade de carga foi alterada para incluir o preço por volume comercial, descontos e redução nos preços *on-line*. Em 2010, o USPS introduziu um novo serviço chamado "Se couber nós enviamos" (*If it fits it ships*). Esse serviço oferece uma tarifa única para qualquer encomenda entre dois endereços dentro dos Estados Unidos se o volume couber em qualquer um dos cinco diferentes tamanhos de caixas. Essas tarifas são fixas, independentemente do peso da encomenda.

A importância dos serviços de encomenda para o sistema logístico não pode ser subestimada. Uma das formas de expansão do mercado nos Estados Unidos é o varejo sem loja física, no qual os pedidos são feitos pela Internet, por telefone ou correio para entrega em casa. As empresas que se especializam neste atendimento final ao consumidor estão crescendo rapidamente.

TRANSPORTE INTERMODAL

O transporte intermodal combina dois ou mais modais para obter vantagens da economia inerente de cada um e, assim, fornecer um serviço integrado por um custo total mais baixo. Muitos esforços têm sido feitos ao longo dos anos para integrar diferentes modais de transporte. As primeiras tentativas de coordenação modal remontam ao início da década de 1920, mas, durante os anos de regulamentação dos transportes nos Estados Unidos, a cooperação era limitada por restrições projetadas para coibir as práticas de monopólio. As ofertas de transporte intermodal começaram a se desenvolver com mais sucesso na década de 1950, com o advento do serviço integrado entre ferrovias e rodovias, normalmente chamado de ***piggyback***. Esse típico arranjo intermodal combina a flexibilidade do transporte rodoviário para curtas distâncias com o baixo custo associado ao transporte ferroviário para distâncias mais longas. A popularidade dessas ofertas tem aumentado significativamente como forma de atingir um transporte mais eficiente e eficaz.

Tecnicamente, o transporte coordenado ou intermodal pode ser combinado entre todos os modais básicos. Jargões como *fishyback*, hidroferroviário (*trainship*) e rodoaéreo se tornaram termos consagrados no setor de transportes.

TOFC/COFC

Os sistemas intermodais mais conhecidos e mais amplamente usados são a **carreta sobre vagão plataforma** (**TOFC** – *Trailer on a flatcar*) e o **contêiner sobre vagão plataforma** (**COFC** – *Container on a flatcar*). Contêineres são as caixas utilizadas para o armazenamento e a movimentação intermodal de produtos entre meios de transporte rodoviário, ferroviário e hidroviário. Os contêineres normalmente têm 2,5 metros de altura e largura e 6 ou 12 metros de comprimento. As carretas, por outro lado, têm largura e altura semelhantes, mas podem ter até 16 metros de comprimento e rodas próprias. Como o nome define, uma carreta ou contêiner é colocado sobre um vagão plataforma ferroviário para a realização de parte do transporte, e puxado por um caminhão na origem e no destino. Desde o desenvolvimento original do TOFC, diversas combinações de carreta ou contêiner sobre vagão plataforma – empilhamento duplo, por exemplo – têm surgido.

Embora o conceito de TOFC facilite a transferência direta entre os meios de transporte ferroviário e rodoviário, ele também apresenta diversas restrições técnicas. A carreta com rodas, transferida para um vagão, pode gerar problemas relacionados à resistência ao vento, danos e peso. O uso de contêineres reduz esses problemas potenciais, visto que podem ser duplamente empilhados e são facilmente transferidos para transportadoras hidroviárias. No entanto, eles exigem equipamentos especiais para a parte rodoviária da entrega ou coleta.

Navio porta-contêiner

Fishyback, transporte hidroferroviário (*trainship*) e navio porta-contêiner são exemplos da forma mais antiga de transporte intermodal. Utilizam vias navegáveis, um dos meios de transporte menos dispendiosos para movimentação de carga. Uma comparação feita pela Agência de Administração Marítima dos Estados Unidos (Maritime Administration) mostrou que 15 chatas puxadas por um único rebocador tem capacidade equivalente a 225 vagões de trem ou 900 caminhões.[11]

O conceito de *fishyback*, transporte hidroferroviário e navio porta contêiner envolve colocar uma carreta de caminhão, vagão de trem ou contêiner em uma balsa ou navio para transportá-los em vias navegáveis no continente. Esses serviços são prestados também em águas costeiras entre os portos do Atlântico e do Golfo, e entre os Grandes Lagos e pontos costeiros.

Uma variante dessa opção intermodal é o conceito de **ponte terrestre** (*land bridge*), que movimenta contêineres em uma combinação de transporte marítimo e ferroviário. A ponte terrestre é comumente usada no caso de contêineres que se movimentam entre a Europa e o Círculo do Pacífico para reduzir o tempo e os custos do transporte. Por exemplo, os contêineres são enviados à Costa Oeste da América do Norte a partir do Círculo do Pacífico, colocados em vagões de trem e transportados por terra até a Costa Leste, e depois recarregados em navios para ser transportados até a Europa. O conceito de ponte terrestre se baseia no benefício das combinações entre os transportes marítimo e ferroviário que utilizam uma única tarifa, que é mais baixa que o custo total combinado das duas tarifas separadas.

Está em curso uma expansão do Canal do Panamá, orçada em mais de US$ 5 bilhões e com a conclusão prevista para 2014. Embora não faça parte diretamente da infraestrutura de transportes dos Estados Unidos, o novo canal terá um impacto importante no transporte de cargas de/para o continente norte-americano. Depois de ampliado, o canal será capaz de suportar os maiores navios cargueiros e porta contêineres em serviço, atual e projetado. A ampliação vai aumentar bastante o acesso dos portos da Costa do Golfo, no Sudoeste dos Estados Unidos, ao tráfego do Extremo Oriente. O canal ampliado também terá capacidade de transbordo. Prevê-se que essa nova capacidade aumente o papel do canal no transporte multimodal Norte-Sul.[12]

INTERMEDIÁRIOS NÃO OPERACIONAIS

O setor de transportes geral também inclui diversos tipos de empresas que não possuem ou operam equipamentos. Esses intermediários não operacionais agenciam serviços de outras empresas. Um agente de transportes tem certa semelhança com um atacadista em um canal de marketing.

Os intermediários não operacionais encontram justificativa econômica oferecendo aos embarcadores tarifas mais baixas para a movimentação entre dois locais do que seria possível pelo carregamento direto por meio de uma transportadora comum. Devido às peculiaridades na estrutura de tarifas das transportadoras comuns, como tarifas mínimas de frete, sobretarifas e tarifas para volumes abaixo do mínimo, existem condições em que os intermediários não operacionais podem facilitar a economia para os embarcadores. Interessantemente, há casos em

---

[11] U.S. Waterborne Foreign Trade Containerized Cargo, "Top 25 U.S. Ports," January-June 2004, Port Import Export Reporting Services. MARAD waterborne traffic statistics, <http://www.marad.dot.gov/MARAD>.

[12] Toby Gooley, "Panama Aims to become a Crossroads of Global Trade," *DC Velocity*, October 1, 2010, and Joseph O'Reilly, "U.S. Ports Dig Panama Gold," *Inbound Logistics*, September, 2010, pp. 18-22.

que os intermediários não operacionais cobram tarifas mais altas que as oferecidas pelas transportadoras. A justificativa para as tarifas mais altas se baseia na capacidade de conseguir uma entrega mais rápida e/ou mais serviços com valor agregado. Os principais intermediários são os agentes de cargas, as associações de embarcadores e os agentes de transportes.

Os **agentes de cargas** são empresas com objetivo de lucro que consolidam pequenos carregamentos de diversos clientes em um grande carregamento e, depois, utilizam uma transportadora rodoviária ou aérea comum para realizar o transporte. No local de destino, o agente de carga divide a carga consolidada de acordo com os carregamentos menores originais. A entrega local pode ser – ou não – realizada pelo agente de carga. A principal vantagem do agente de carga é a tarifa mais baixa por unidade de peso obtida pela consolidação em grandes cargas.

As **associações de embarcadores** são operacionalmente semelhantes aos agentes de cargas porque consolidam pequenos carregamentos para obter economia de custo. As associações de embarcadores são entidades voluntárias, sem fins lucrativos, nas quais os membros, que operam em um setor específico, colaboram para obter economia na compra de pequenos carregamentos. Normalmente, os membros adquirem produtos de revendedores comuns ou de fontes de suprimento localizados em determinada região. Uma prática comum é comprar pequenas quantidades em intervalos frequentes para minimizar o estoque no varejo. A participação em uma associação de embarcadores normalmente significa maior velocidade na entrega, visto que uma grande quantidade de produtos diferentes pode ser comprada em um local, como o distrito de roupas da cidade de Nova York.

Os **agentes de transporte** são intermediários que coordenam os arranjos de transporte para embarcadores, destinatários e transportadoras. Eles também conseguem carregamentos para transportadoras independentes e motoristas que possuem seus próprios caminhões. Os agentes de transportes normalmente operam com base em comissão e fornecem serviços amplos, como combinação de cargas, negociação de tarifas, faturamento e rastreamento. Toda a área de operações dos agentes de transportes é altamente adaptável às transações com base na Internet e está se tornando mais importante como resultado da crescente globalização.

ECONOMIA NO SETOR DE TRANSPORTES

A ECONOMIA NO SETOR de transportes é impulsionada por vários fatores que influenciam as tarifas. Os fatores principais são a distância, o peso e a densidade. Esses fatores importantes são discutidos a seguir na perspectiva do embarcador.

ECONOMIA DA DISTÂNCIA

A distância exerce uma grande influência sobre o custo dos transportes porque contribui diretamente para as despesas variáveis, como mão de obra, combustível e manutenção. A Figura 8.2 ilustra a relação geral entre distância e custo do transporte. Dois pontos importantes são elucidados. Primeiro, a curva de custo não começa em zero porque há custos fixos associados à coleta e à entrega da carga, independentemente da distância. Segundo, a curva de custo aumenta em uma taxa cada vez menor, em função da distância. Essa característica é conhecida como **princípio da atenuação** (*tapering*).

ECONOMIA DO PESO

O segundo fator é o peso da carga. Assim como ocorre em outras atividades logísticas, existem economias de escala para a maioria das movimentações de transporte. Essa relação, ilustrada na Figura 8.3, indica que o custo do transporte por unidade de peso diminui à medida que o

FIGURA 8.2 Relação geral entre distância e custo do transporte.

FIGURA 8.3 Relação geral entre peso e custo do transporte/peso.

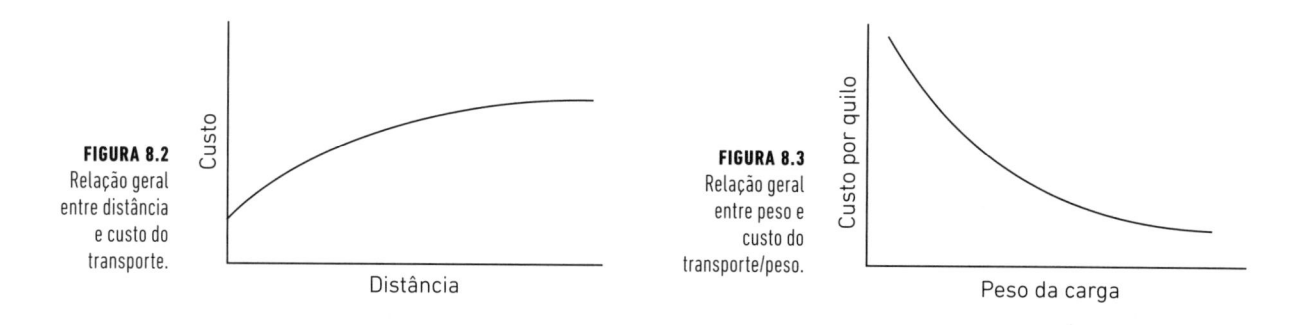

tamanho da carga aumenta. Isso ocorre porque os custos fixos de coleta, entrega e administração são distribuídos pelo peso adicional. Essa relação é limitada pelo tamanho do veículo de transporte. Quando ele está completo, a relação recomeça com cada veículo adicional. A implicação gerencial é que pequenas cargas devem ser consolidadas em cargas maiores para maximizar as economias de escala.

ECONOMIA DA DENSIDADE

O terceiro fator é a densidade do produto. Densidade é a combinação de peso e volume. Peso e volume são importantes porque o custo de transporte para qualquer movimentação normalmente é cotado por unidade de peso. Em se tratando de peso e volume, os veículos em geral são mais limitados pelo volume do que pelo peso. Visto que as despesas reais com veículos, mão de obra e combustível não são significativamente influenciadas pelo peso, produtos com maior densidade permitem que o custo fixo do transporte seja dividido por uma quantidade maior de peso. Como resultado, os com maior densidade costumam apresentar custo de transporte mais baixo por unidade de peso. A Figura 8.4 mostra que o custo do transporte por unidade de peso diminui à medida que a densidade do produto aumenta. Em geral, os gerentes de transporte buscam aumentar a densidade do produto para que o volume do veículo possa ser totalmente utilizado.

OUTROS FATORES

Vários outros fatores são importantes para a economia do setor de transportes. Quatro deles são discutidos a seguir.

Capacidade de acondicionamento

A capacidade de acondicionamento se refere ao modo como as dimensões do produto se encaixam no meio de transporte. Tamanhos e formatos estranhos de embalagens, bem como tamanho ou comprimento excessivo, podem não se encaixar bem nos veículos, resultando em perda de capacidade de transporte. Embora a densidade e a capacidade de acondicionamento se assemelhem, é possível ter itens com densidades semelhantes, mas com capacidade de acondicionamento muito diferentes. Itens com formato retangular são muito mais fáceis de acondicionar

FIGURA 8.4 Relação geral entre densidade e custo do transporte/quilo.

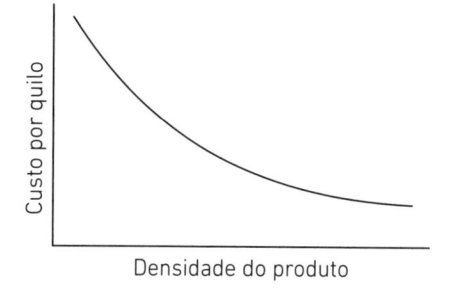

do que itens com formatos estranhos. Por exemplo, embora blocos e barras de aço possam ter a mesma densidade física, as barras são mais difíceis de acondicionar do que os blocos por causa do comprimento e formato. A capacidade de acondicionamento também é influenciada por outros aspectos do tamanho, visto que grandes quantidades de itens podem ser aninhadas em situações em que seja difícil acondicioná-los em pequenas quantidades. Por exemplo, é possível conseguir um aninhamento significativo para um caminhão repleto de latas de lixo, embora seja difícil acondicionar uma única lata.

Manuseio

Pode ser necessária a utilização de equipamentos especiais de manuseio para carregar e descarregar caminhões, vagões ou navios. Além desses equipamentos especiais, o modo como os produtos são fisicamente agrupados em caixas ou paletes para transporte e armazenamento terá impacto sobre o custo de manuseio.

Risco

O risco diz respeito às características de produtos que podem resultar em danos. As transportadoras podem ter apólices de seguro para se proteger contra danos potenciais ou aceitar a responsabilidade financeira. Os embarcadores podem reduzir o risco e, em última instância, o custo de transporte, ao melhorarem as embalagens ou reduzirem a suscetibilidade a perdas ou danos.

Mercado

Por fim, os fatores relacionados ao mercado, como volume e balanceamento das rotas, influenciam o custo do transporte. Uma **rota de transporte** se refere às movimentações entre pontos de origem e destino. Como os veículos e os motoristas normalmente retornam à origem, eles devem buscar uma **carga de retorno** ou o veículo retornará **completamente vazio**. Quando ocorrem movimentações de retorno com o veículo vazio, os custos de mão de obra, combustível e manutenção são alocados apenas à movimentação de ida. Portanto, a situação ideal é conseguir uma movimentação de carga de ida e volta (balanceada). No entanto, isso raramente acontece, devido a diferenças na demanda entre os locais de produção e consumo. O local da demanda e a sazonalidade resultam em tarifas de transporte que mudam de acordo com a direção e a estação do ano. O projeto do sistema logístico deve considerar esses fatores para obter economias nas viagens de retorno sempre que possível.

CUSTOS DE TRANSPORTE

A segunda dimensão da economia e formação de preço no setor de transportes se refere aos critérios usados para alocar os custos. A alocação de custos é, principalmente, uma preocupação da transportadora, mas, uma vez que as estruturas de custo influenciam a capacidade de negociação, a perspectiva do embarcador também é importante. Os custos de transportes são classificados em diversas categorias.

Variáveis

Os custos que mudam de modo previsível e direto em relação a algum nível de atividade são denominados **custos variáveis**. Sua categoria inclui os custos diretos da transportadora associados à movimentação de cada carga. Essas despesas geralmente são medidas como um custo por quilômetro ou por unidade de peso. Os típicos componentes dos custos variáveis incluem mão de obra, combustível e manutenção.

Fixos

As despesas que não se alteram no curto prazo e devem ser pagas mesmo quando a empresa não está operando, como durante um feriado ou uma greve, são denominadas **custos fixos**. A categoria de custos fixos inclui custos que não são diretamente influenciados pelo volume da carga. No caso de empresas de transporte, os componentes de custo fixo incluem veículos, terminais, faixas de domínio, sistemas de informação e equipamento de apoio. No curto prazo, as despesas associadas a ativos fixos devem ser cobertas por cobranças acima dos custos variáveis com base na carga.

Associados

As despesas geradas pela decisão de prestar determinado serviço são denominadas **custos associados**. Por exemplo, quando uma transportadora decide levar um caminhão completo do ponto A até o ponto B, há uma decisão implícita de incorrer em um custo **conjunto** associado à viagem de retorno do ponto B ao A. O custo deve ser coberto pelo embarcador original do ponto A até o B ou deve-se encontrar uma carga para a viagem de retorno. Os custos associados têm impacto significativo sobre as tarifas de transporte porque as cotações das transportadoras têm de incluir os custos associados implícitos baseados em uma avaliação sobre a recuperação dos custos na viagem de retorno.

Comuns

Esta categoria inclui os custos em que a transportadora incorre em nome de todos os embarcadores ou de embarcadores selecionados. Os **custos comuns**, como despesas de terminal ou administrativas, são caracterizados como despesas gerais. Essas despesas normalmente são repassadas a um embarcador de acordo com o nível de atividade, como o número de despachos ou programações de entrega realizadas.

ADMINISTRAÇÃO DE TRANSPORTES

A GESTÃO DOS TRANSPORTES envolve uma grande variedade de responsabilidade por planejamento, execução e administração. As empresas cada vez mais implementam Sistemas de Gerenciamento de Transportes (TMS – *Transportation Management System*) como partes das estratégias de tecnologia de informação integrada. Em geral, um TMS deve identificar e avaliar proativamente estratégias e táticas alternativas de transporte para determinar os melhores métodos para movimentar o produto dentro das restrições existentes. Como mostra a Tabela 8.6, isso inclui a capacidade de selecionar modais, planejar e consolidar cargas com outros embarcadores, obter vantagens com o balanceamento das rotas, gerar rotas para veículos e otimizar o uso de equipamentos de transporte. Os principais resultados de um TMS são economias nos custos e aumento da funcionalidade para proporcionar tempos de entrega confiáveis.

A funcionalidade geral de um TMS pode ser descrita em termos de cinco capacidades: (1) gerência operacional; (2) consolidação; (3) negociação; (4) controle; e (5) auditoria e gestão de reclamações.

GERÊNCIA OPERACIONAL

Sob uma perspectiva operacional, os elementos fundamentais da gerência de transporte são programação de veículos e da gerência de pátio, planejamento de cargas, roteirização e gestão das transportadoras.

Consolidação dos pedidos
Otimização de rotas
Administração de tarifas de transportes
Links EDI com as transportadoras
Rastreamento de carga pela Internet
Gerência integrada de reclamações
Identificação do modal mais econômico: encomenda, carga fracionada, carga completa, distribuição combinada, paradas em trânsito
Cálculo da melhor rota
Seleção de transportadoras com base no custo e no serviço, incluindo desempenho
Gerenciamento de pátio

TABELA 8.6
Funções típicas do sistema de gerenciamento de transportes.

Programação de veículos e gerência de pátio

Uma das maiores responsabilidades do departamento de transportes é a programação dos veículos e a gerência de pátio. A programação é um processo importante tanto nas transportadoras próprias quanto no transporte terceirizado. Um gargalo operacional sério e dispendioso pode ser resultado de veículos de transporte aguardando para ser carregados ou descarregados. A adequada gerência de pátio exige cuidado no planejamento de cargas, utilização de veículos e programação de motoristas. Além disso, é preciso planejar, coordenar e monitorar a manutenção preventiva dos veículos. Por fim, qualquer necessidade de veículo especializado tem de ser planejada e implementada.

O arranjo de programação de entrega e coleta tem relação direta com a programação de veículos. Para evitar longos períodos de espera e melhorar a utilização dos veículos, é importante programar antecipadamente as posições ou espaços nas docas. Está se tornando prática comum estabelecer programações padrões para facilitar a carga e descarga. Algumas empresas estão implementando a prática de fixar agendamentos antecipados no momento do fechamento do pedido. Cada vez mais, a programação eficaz de veículos é fundamental para implementar arranjos logísticos baseados no tempo. Por exemplo, arranjos de *cross-docking* são totalmente dependentes de uma programação precisa da chegada e partida dos veículos.

Planejamento de cargas

O modo como as cargas são planejadas tem impacto direto sobre a eficiência dos transportes. No caso de caminhões, a capacidade é limitada no que se refere a peso e volume. O planejamento da sequência da montagem de carga de uma carreta considera as características físicas dos produtos e o tamanho das cargas individuais, bem como a sequência de entrega.

Roteirização e aviso antecipado de embarque

Uma parte importante da eficiência nos transportes é a **roteirização** de cargas. De uma perspectiva administrativa, o departamento de transportes é responsável por garantir que a roteirização seja efetuada de modo eficiente ao mesmo tempo em que atende as necessidades essenciais de serviço ao cliente. É comum os embarcadores enviarem eletronicamente aos destinatários um aviso antecipado de embarque. Embora os detalhes desse documento variem, o objetivo principal é dar tempo adequado para planejar a chegada, agendar a entrega e planejar a separação do conteúdo. O modo como as entregas são planejadas tem de levar em consideração os requisitos específicos dos clientes em termos de tempo, local e serviços especiais de descarga.

Administração da movimentação

Os gerentes de transporte têm a responsabilidade básica de administrar o desempenho dos transportes próprios ou contratados. Uma administração eficaz exige medição e avaliação contínuas do desempenho das transportadoras. O desenvolvimento da tecnologia da informação melhorou significativamente a confiabilidade das informações sobre cargas. O fato de a maioria dos embarcadores ter reduzido sua base de transportadoras tem simplificado muito a administração. A administração eficaz exige seleção, integração e avaliação de transportadoras.

Uma responsabilidade básica do departamento de transportes é selecionar as transportadoras. De uma forma ou outra, todas as empresas usam os serviços de transportadoras contratadas. Mesmo aquelas comprometidas com frotas próprias regularmente solicitam os serviços complementares de outras transportadoras para completar as necessidades de transporte.

CONSOLIDAÇÃO

Discutimos a importância da consolidação de cargas em diversas partes deste livro. O fato de os custos de frete estarem diretamente relacionados ao tamanho da carga e à distância do percurso estimula a consolidação de cargas. Usando as palavras que o ex-presidente Truman tornou famosas, *the buck stops here* (algo como "a responsabilidade fica por aqui"), podemos dizer que o gerenciamento de transportes é a função empresarial responsável por conseguir a consolidação de cargas.

O método tradicional de consolidação de cargas era combinar cargas fracionadas enviadas a um certo local. O objetivo da consolidação de saída era simples. A economia de transporte na movimentação de uma carga consolidada *versus* várias cargas pequenas individuais normalmente era suficiente para pagar o manuseio e a entrega local ao mesmo tempo que gerava redução no custo total.

A mudança para a logística baseada na resposta introduziu novos desafios sobre a consolidação. A logística baseada no tempo tende a transferir o impacto da incerteza na demanda para aspectos que vão desde o estoque de segurança até a criação de pequenos carregamentos. Todos os membros da cadeia de suprimentos buscam reduzir o tempo de permanência do estoque por meio de melhor sincronização entre o abastecimento e a demanda. Isso resulta em pedidos pequenos e mais frequentes. O aumento dos pequenos carregamentos não apenas resulta em um custo mais alto de transporte como também significa mais manuseio e congestionamento nas docas.

Para controlar o custo de transportes quando se usa uma estratégia baseada em tempo, a atenção gerencial deve se voltar para o desenvolvimento de meios mais sofisticados para concretizar os benefícios da consolidação do transporte. Para planejar a consolidação de cargas, é necessário ter informações confiáveis sobre a situação do estoque atual e planejado. Também é preferível poder comprometer a produção programada para atingir as consolidações desejadas. Em termos práticos, as consolidações devem ser planejadas antes do processamento dos pedidos e da separação dos produtos no depósito, para evitar atrasos. Todos os aspectos da consolidação exigem informações pontuais e relevantes sobre as atividades planejadas.

Do ponto de vista operacional, as técnicas de consolidação de cargas podem ser classificadas como **reativas** ou **proativas**. Ambos os tipos são importantes para atingir eficiência nos transportes.

Consolidação reativa

O método reativo de consolidação não tenta influenciar a composição e o cronograma das movimentações de transporte. O esforço de consolidação reage aos carregamentos à medida que eles surgem e busca combinar pedidos individuais em carregamentos maiores. Talvez o exemplo mais visível de um serviço reativo eficaz seja a seleção e consolidação noturna de encomendas pela United Parcel Service.

Do ponto de vista operacional, existem três maneiras de alcançar uma consolidação reativa: (1) área de mercado; (2) entrega programada; e (3) entrega combinada.

O método mais básico de consolidação é combinar pequenos carregamentos direcionados a diferentes clientes dentro de uma **área de mercado** geográfica. Esse procedimento não interrompe o fluxo natural da carga alterando o cronograma das entregas. Em vez disso, a quantidade total de carga para uma área de mercado oferece a base para a consolidação.

A dificuldade de desenvolvimento de consolidações por área de mercado reside na variação do volume diário. Para compensar essa variação de volume, três arranjos operacionais são comumente usados. Primeiro, as cargas consolidadas podem ser enviadas a um ponto intermediário de fracionamento de carga para economizar no transporte. Nesse local, cada encomenda é separada e enviada a seu destino. Segundo, as empresas podem preferir manter as cargas consolidadas para entregas programadas em dias específicos a determinados destinos. Terceiro, a consolidação de pequenas encomendas pode ser alcançada pela utilização dos serviços de uma empresa de logística terceirizada para combinar as entregas. Os dois últimos métodos exigem arranjos especiais, que serão discutidos em mais detalhes a seguir.

A limitação de envios para mercados específicos em determinados dias da semana é denominada **entrega programada por área**, que normalmente é comunicado aos clientes de um modo que destaque os benefícios mútuos da consolidação. A empresa de transporte promete ao cliente que todos os pedidos recebidos antes de determinado horário de fechamento terão entrega garantida no próximo dia programado.

A participação em uma **entrega combinada** normalmente significa que um agente de carga, um depósito independente ou uma empresa transportadora consegue a consolidação de diversos embarcadores que atendem a mesma área geográfica de mercado. Os prestadores de serviço integrados que oferecem serviços de consolidação combinada normalmente têm cronogramas permanentes de entrega para destinos com grande volume de cargas. É comum, no caso desse tipo de arranjo, a empresa de consolidação também prestar outros serviços com valor agregado, como reconfiguração, sequenciamento ou separação de carga para atender os requisitos do cliente.

Consolidação proativa

Embora os esforços reativos de desenvolvimento de consolidações de transporte tenham sido bem-sucedidos, duas forças impulsionam uma abordagem mais proativa. Primeira, o impacto dos sistemas logísticos baseados em resposta está gerando uma quantidade maior de pequenos carregamentos. Essa tendência tem sido intensificada pelo crescimento do comércio eletrônico. Segunda, a consolidação proativa reflete o desejo de embarcadores, transportadoras e destinatários de participar das economias relacionadas à consolidação.

Um passo importante para obter a consolidação proativa é o **planejamento anterior ao pedido**, em razão de quantidade e cronograma, para facilitar a movimentação da carga consolidada. Dito de forma simples, a criação de pedidos não deve se restringir aos momentos padrão de compra ou a regras de reabastecimento de estoque. A participação do comprador na criação do pedido pode facilitar bastante a consolidação proativa de cargas.

Oportunidades significativas de consolidação de cargas também surgem quando empresas não relacionadas entre si puderem ser coordenadas. Normalmente denominada **consolidação de cargas de vários embarcadores**, a ideia geral dessa modalidade de consolidação vem sendo integrada às operações das transportadoras de cargas fracionadas. A nova iniciativa é planejar em conjunto o armazenamento e o processamento de pedidos em diferentes empresas para facilitar essa consolidação. A consolidação de cargas de vários embarcadores é um serviço com valor agregado oferecido por um número cada vez maior de prestadores de serviço integrados. Da mesma forma, as empresas têm usado arranjos coordenados até mesmo com os concorrentes para atingir eficiência logística.

NEGOCIAÇÃO

Para qualquer necessidade de transporte, é responsabilidade do departamento de transportes obter a tarifa mais baixa possível de acordo com o serviço necessário.

O tarifário vigente representa o ponto de partida na negociação de serviços de transporte. A chave para uma negociação eficaz é buscar acordos "ganha-ganha", nos quais transportadoras e embarcadores partilham os ganhos de produtividade. Como já indicamos diversas vezes ao longo deste livro, o menor custo possível de transporte pode não ser o menor custo logístico total. O departamento de transportes deve buscar a menor tarifa coerente com os padrões de serviço. Por exemplo, se for necessária uma entrega em dois dias, ele seleciona o método que garantirá o cumprimento desse padrão pelo menor custo possível. Dadas as considerações especiais de transporte, diversos fatores discutidos ao longo desta seção devem orientar a negociação de tarifa. No entanto, no contexto de construção de sólidos relacionamentos com as transportadoras, os gerentes de transporte devem buscar tarifas justas e equitativas.

CONTROLE

Outras responsabilidades importantes sob o controle da gerência de transportes são o rastreamento, os serviços expressos e a administração das horas de serviço dos motoristas. **Rastreamento** é um procedimento para, entre outros objetivos, localizar cargas perdidas ou atrasadas. Ocasionalmente, pode ocorrer de carregamentos em uma rede de transportes desviarem ou atrasarem. A maioria das grandes transportadoras mantém um rastreamento on-line para ajudar os embarcadores a localizar uma carga. O rastreamento deve ser iniciado pelo departamento de transportes do embarcador, mas, depois de iniciado, cabe à transportadora fornecer a informação desejada. **Serviços expressos** envolvem solicitações do embarcador à transportadora para que a prioridade máxima seja dada a certos itens, que devem então ser movimentados o mais rápido possível. Já a **administração das horas de serviços dos motoristas** envolve o planejamento necessário para assegurar que os motoristas tenham o tempo de descanso adequado entre as jornadas de trabalho. Nos casos do transporte próprio, a administração das horas de serviço é responsabilidade direta do departamento de transportes. Já no caso de transportadoras contratadas, a supervisão fica a cargo da administração da transportadora.

AUDITORIA E GESTÃO DE RECLAMAÇÕES

Quando o serviço de transporte ou as tarifas não são realizadas de acordo com o prometido, os embarcadores podem fazer reclamações para obter restituição. As reclamações normalmente são classificadas como **perdas e danos** ou **sobretarifa/subtarifa**. As por perdas e danos ocorrem quando um embarcador exige que a transportadora pague por parte ou pelo total de perdas financeiras resultantes de mau desempenho. Como o nome define, elas em geral acontecem quando o produto é perdido ou danificado enquanto está em trânsito. Já as reclamações por sobretarifa/subtarifa ocorrem quando o valor cobrado é diferente do esperado e normalmente são resolvidas por meio de procedimentos de auditorias de conhecimentos de frete.

Contratos estipulam qual o procedimento adequado para fazer reclamações e ajudam a definir quais são as partes responsáveis. Dois fatores sobre a gestão de reclamações são fundamentais. Primeiro, deve-se dar atenção especial à gestão de reclamações porque as reparações só são conseguidas mediante programas rigorosos de auditoria. Segundo, grandes quantidades de reclamações indicam transportadoras que não estão cumprindo suas obrigações de serviço. Independentemente dos valores recuperados por meio de reclamações, a interrupção no serviço ao cliente resultante de perdas e danos tem impacto sobre a reputação de um embarcador.

Uma prática comum no setor de bens de consumo é a reconciliação do conteúdo real da carga com o Aviso Antecipado de Embarque. O desafio é fazer a correspondência entre as contagens reais dos volumes e itens enviados e as quantidades pedidas e previstas. Esse é um problema importante, dado o maior uso de estratégias de *cross-docking* nos centros de distribuição. É uma prática comum os varejistas emitirem faturas cobrando os fornecedores pelo não atendimento do conteúdo e da quantidade planejados para o pedido.

A auditoria de conhecimentos de frete é uma responsabilidade importante do departamento de transportes. O objetivo da auditoria é garantir a exatidão do conhecimento de frete. A complexidade das tarifas de transportes resulta em uma probabilidade de erro maior do que na maioria das outras decisões de compra. Existem dois tipos de auditoria de frete. Uma **pré-auditoria** determina as tarifas adequadas antes do pagamento de um conhecimento de frete, e uma **pós-auditoria** faz o mesmo depois que o pagamento foi realizado. A auditoria pode ser externa ou interna. Se for externa, contratam-se empresas especializadas em auditoria de frete, utilizando especialistas para grupos específicos de produtos. Isso geralmente é mais eficiente do que o uso de funcionários internos, que podem não ter o mesmo nível de especialização. O pagamento de uma auditoria externa normalmente se baseia em um percentual das restituições conseguidas por sobretarifas. É fundamental que uma empresa altamente ética seja usada com esse objetivo, visto que o conhecimento de frete contém informações valiosas sobre clientes e mercados, e as atividades empresariais podem ser negativamente afetadas se as informações confidenciais não forem assim mantidas.

Normalmente se usa uma combinação de auditoria interna e externa, dependendo do valor do conhecimento de frete. Por exemplo, um conhecimento de $ 600,00 com um erro de 10% resulta em uma restituição de $ 60,00, mas um conhecimento de $ 50,00 com um erro de 10% resulta em uma restituição de apenas $ 5,00. Portanto, conhecimentos com maior potencial de recuperação podem ser auditados internamente.

É prática comum as empresas determinarem e pagarem o frete no momento em que uma carga é entregue a uma transportadora. Isso transfere a responsabilidade da auditoria para a transportadora, que deve, então, fazer uma reclamação por subtarifa a ser paga pelo embarcador.

PREÇOS

A FORMAÇÃO DE PREÇOS é um aspecto estratégico importante, que tem impacto direto sobre as operações logísticas. Os termos e condições da formação de preços determinam qual das partes é responsável pela realização de atividades logísticas. Uma grande tendência na estratégia de preços tem sido a **desvinculação** do preço de produtos e materiais para que serviços como transportes, que eram tradicionalmente incluídos no preço, se tornem itens separados e visíveis. As práticas de formação de preços têm impacto direto sobre a programação e a estabilidade das operações logísticas. Nesta seção, diversas estruturas básicas de formação de preços são analisadas, seguidas de uma discussão sobre as áreas de impacto da formação de preços. Não faremos nenhuma tentativa de avaliar a ampla gama de questões econômicas e psicológicas acerca da estratégia de preços. O foco será na relação entre a formação de preços, as operações logísticas e as decisões de transporte. As decisões de formação de preços determinam em qual das partes da transação cabem a realização de atividades logísticas, a transferência de propriedade e a responsabilidade. O preço FOB na origem e preço CIF na entrega são os dois métodos mais comuns.

PREÇO FOB

O termo FOB tecnicamente significa *free on board* ou *freight on board*. Inúmeras variações do preço FOB são usadas na prática. **FOB na origem** é o modo mais simples de cotar preços. Nesse caso, o vendedor indica o preço no ponto de origem e concorda em preparar uma carga para ser embarcada no meio de transporte, mas não assume nenhuma outra responsabilidade. O comprador seleciona o modal de transporte, escolhe uma transportadora, paga as tarifas de transporte e assume o risco por perdas e/ou danos em trânsito. No **preço FOB no destino**, a propriedade não passa para o comprador até que a entrega seja efetuada. No preço FOB no destino, o vendedor providencia o transporte e as tarifas são acrescentadas à fatura de venda. A empresa que está pagando o frete não assume necessariamente a responsabilidade pela propriedade dos bens em trânsito, pelo custo do frete ou pela apresentação de reclamações sobre frete. Essas são questões de negociação fundamentais para a colaboração na cadeia de suprimentos.

PREÇO CIF

A principal diferença entre **FOB** e **preço na entrega** (também conhecido por CIF – *Cost Insurance and Freight*) é que, neste caso, o vendedor estabelece um preço que inclui o transporte. Em outras palavras, o custo de transportes não é especificado como um item separado. Existem diversas variações do preço CIF.

No caso do **preço por zona única**, os compradores pagam um único preço, independentemente de onde estão localizados. Esse preço reflete o custo médio de transporte do vendedor. Na prática, alguns clientes pagam mais do que o justo pelo transporte, enquanto outros são subsidiados. O United States Postal Service usa uma política de preços por zona única para todos os Estados Unidos no caso de cartas de primeira classe. A mesma taxa ou tarifa de postagem é cobrada para determinado tamanho e peso, independentemente da distância percorrida até o destino.

O preço por zona única normalmente é usado quando os custos de transporte são um percentual relativamente pequeno do preço de venda. A principal vantagem para o vendedor é o alto grau de controle logístico. Para o comprador, apesar de se basear em médias, esses sistemas de formação de preços apresentam a vantagem da simplicidade.

A prática de **preços por zonas múltiplas** determina preços diferentes para áreas geográficas específicas. A ideia por trás disso é que os diferenciais de custo logístico podem ser atribuídos de modo mais justo quando duas ou mais zonas – normalmente baseadas na distância – são usadas para a cotação do preço CIF. Transportadoras de encomendas, como a UPS, usam preços por zonas múltiplas.

A formação de preços na entrega mais complicada e controversa é o **sistema de formação de preços a partir de um ponto (local) – base**, no qual o valor na entrega final é determinado pelo preço de tabela do produto mais o custo de transporte a partir de um ponto inicial, normalmente o local de fabricação. Esse ponto é usado para o cálculo do preço CIF quer a carga realmente se origine no local-base ou não. A formação de preços por ponto-base é comum no carregamento de automóveis montados das fábricas de produção para as concessionárias.

A Figura 8.5 ilustra como um sistema de preços por ponto-base normalmente gera retornos líquidos diferentes para um vendedor. O cliente recebe a cotação de preço na entrega de $ 100,00 por unidade. A fábrica A é o ponto-base. O custo real de transporte da fábrica A até o cliente é de $ 25,00 por unidade. O preço inicial do produto na fábrica A é $ 85,00 por unidade. Os custos de transporte das fábricas B e C são $ 20,00 e $ 35,00 por unidade, respectivamente.

Quando os envios são feitos a partir da fábrica A, o recebimento líquido da empresa é de $ 75,00 por unidade: o preço de $ 100,00 na entrega menos o custo de transporte de $ 25,00. O recebimento líquido varia se os envios forem feitos a partir da fábrica B ou C. Com um

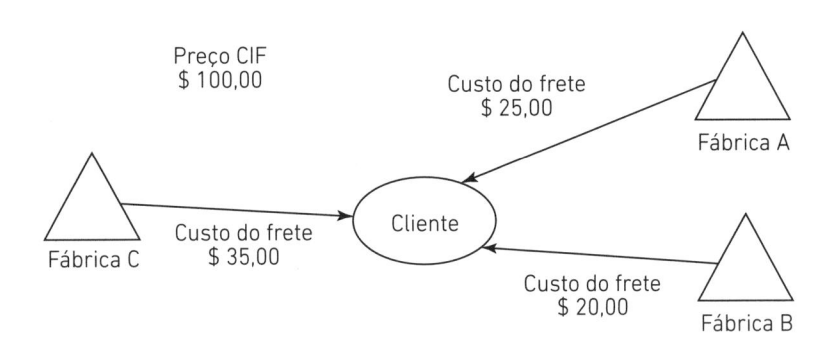

FIGURA 8.5 Formação de preços por ponto-base.

```
Fábrica C  --Custo do frete $35,00-->  Cliente  <--Custo do frete $25,00--  Fábrica A
                                         ^
                                         |
                              Custo do frete $20,00
                                         |
                                      Fábrica B

Preço CIF $100,00
```

preço na entrega de $ 100,00, a fábrica B recebe $ 5,00 de **frete fantasma** em carregamentos para um cliente, o qual ocorre quando um comprador paga custos de transporte mais altos que os custos reais de movimentação da carga. Se a fábrica C for a origem da carga, a empresa tem de absorver $ 10,00 dos custos de transporte. A **assimilação de fretes** ocorre quando um vendedor paga todo ou uma parte do custo real de transporte e não recupera totalmente essa despesa. Em outras palavras, o vendedor decide absorver os custos de transporte para ser competitivo.

A formação de preços por ponto-base simplifica as cotações de preço, mas pode ter um impacto negativo sobre a colaboração dos clientes com a cadeia de suprimentos. Por exemplo, se os clientes descobrirem que estão pagando mais pelo transporte do que os custos de frete reais, ficarão insatisfeitos com o serviço. Essas práticas de formação de preços também podem resultar em alta absorção de frete para os vendedores.

DESCONTOS PARA COLETA

Os descontos para coleta são equivalentes à compra de produtos com base em FOB na origem. Os compradores recebem um desconto no preço da entrega padrão se eles ou um representante coletarem os produtos nas instalações do vendedor e realizarem o transporte. Um comprador também pode utilizar uma transportadora contratada ou um **prestador de serviços integrados** para fazer a coleta dos produtos. No setor alimentício, que tradicionalmente pratica preços CIF, as empresas economizam significativamente utilizando transportes próprios e contratados para realizar a coleta, em vez de comprar os produtos com base em preços CIF.

Embora exista certa confusão sobre como estabelecer um desconto para coleta, uma regra cautelosa é que o vendedor determine o mesmo desconto para todos os compradores diretamente concorrentes. Um desconto uniforme para coleta muitas vezes torna-se um incentivo financeiro oferecido ao cliente mais próximo do ponto de coleta. Outras políticas comuns oferecem descontos para coleta equivalentes à tarifa comum de transportadora aplicável à carga.

Os descontos para coleta oferecem benefícios potenciais tanto ao vendedor quanto ao comprador. Os embarcadores são obrigados a lidar com menos cargas pequenas, reduzindo, assim, a necessidade de extensa consolidação de frete de saída. Os compradores ganham controle antecipado sobre os produtos e estão em posição de conseguir melhor utilização dos veículos de transporte e dos motoristas.

RESUMO

O transporte normalmente representa a maior despesa na maioria das operações logísticas.

Este capítulo introduziu os princípios mais importantes da economia dos transportes. O conhecimento da economia neste setor é essencial para a gestão eficaz da logística. Os principais fatores envolvidos com os custos de transporte são a distância, o volume, a densidade, a capacidade de acondicionamento, o manuseio, o risco e os fatores de mercado.

As responsabilidades fundamentais da administração de transportes são a gerencia operacional, a consolidação, a negociação, o controle, a auditoria e a gestão de reclamações. A maioria dos gestores de transportes coordena a administração usando um Sistema de Gerenciamento de Transportes (TMS – *Transport Management System*). A decisão de realizar as tarefas administrativas discutidas por meio de um departamento de transportes internos ou de um prestador de serviços integrados depende da política de cada empresa.

Por fim, as decisões sobre transportes e preços estão intimamente relacionadas. A crescente prática de desvincular o preço dos produtos e os serviços relacionados, como o transporte, aumentou o envolvimento dos gestores de logística na administração geral dos preços.

Questões para revisão

1 Compare e contraste os princípios de economia de escala e economia da distância para o setor de transportes. Esclareça como eles se combinam para criar transportes eficientes.

2 Qual é a justificativa econômica para o rápido crescimento dos serviços *premium* de encomendas?

3 As transportadoras ferroviárias têm o maior percentual de toneladas-quilômetro do frete intermunicipal, mas as transportadoras rodoviárias têm a maior receita. Como você explica essa relação?

4 Os cinco modais básicos de transporte estão disponíveis há muitas décadas. Isso será sempre assim ou você consegue identificar um sexto modal que pode se tornar economicamente viável em um futuro próximo?

5 Foram apresentados sete fatores econômicos que influenciam o custo dos transportes. Escolha um produto específico e discuta como cada fator contribui para a determinação de uma tarifa de frete.

Desafios

1 Em sua opinião, qual será o principal impacto da decisão do Walmart de praticar preços FOB com seus fornecedores? O objetivo declarado dessa iniciativa é reduzir os custos do transporte que chega aos centros de distribuição do Walmart. Como a relação comercial poderia ser afetada se, em algum momento no futuro, a empresa decidir ignorar os seus centros de distribuição e movimentar os produtos diretamente dos fornecedores para as suas lojas?

2 Os defensores das tarifas LTL por volume acham que os métodos tradicionais de formação de preços são excessivamente complicados e que diminuem a eficiência dos transportes. Como um recém-formado em logística, suponha que o seu chefe peça para você fazer uma avaliação da formação de preço LTL tradicional versus LTL por volume. Defina a sua posição como um embarcador ou uma transportadora.

Armazenamento

CAPÍTULO 9

RESUMO DO CAPÍTULO

ARMAZENAMENTO ESTRATÉGICO
BENEFÍCIOS ECONÔMICOS
BENEFÍCIOS DOS SERVIÇOS
OPERAÇÕES DE DEPÓSITOS
MANUSEIO
ARMAZENAMENTO
CLASSIFICAÇÃO DE PROPRIEDADE DOS DEPÓSITOS
PRÓPRIOS
INDEPENDENTES
TERCEIRIZADOS
DISTRIBUIÇÃO EM REDE
DECISÕES RELACIONADAS AO DEPÓSITO
ESCOLHA DO LOCAL
PROJETO
ANÁLISE DO *MIX* DE PRODUTOS
EXPANSÃO
MANUSEIO DE MATERIAIS
LAYOUT
DIMENSIONAMENTO
SISTEMAS DE GERENCIAMENTO DE DEPÓSITOS
SISTEMAS DE GERENCIAMENTO DE PÁTIOS
ACURÁCIA E AUDITORIAS
SEGURANÇA
PREVENÇÃO DE ACIDENTES E MANUTENÇÃO
RESUMO
QUESTÕES PARA REVISÃO
DESAFIOS

O armazenamento incorpora diversos aspectos diferentes das operações logísticas. Devido aos muitos tipos de depósitos, a apresentação não se encaixa nos esquemas padrões de classificação usados em áreas como gerenciamento de pedidos, gestão de estoque e transportes. Um depósito tradicionalmente é visto como um local para manter ou armazenar estoque. No entanto, nos sistemas logísticos contemporâneos, a função do depósito é vista mais apropriadamente como a de combinar estoques para atender as necessidades do cliente. O ideal é manter o mínimo possível de produtos armazenados. Este capítulo apresenta a base para o entendimento do valor que o armazenamento acrescenta ao processo logístico. A discussão é relevante para todos os tipos de depósitos, incluindo centros de distribuição, terminais de consolidação, instalações de fracionamento de carga e terminais de *cross-docking*.

ARMAZENAMENTO ESTRATÉGICO

EMBORA OS SISTEMAS LOGÍSTICOS eficazes não devam ser projetados para manter estoque por longos períodos, existem ocasiões em que o armazenamento por um período maior é justificável por questões de custo e serviço.

O armazenamento sempre foi um aspecto importante do desenvolvimento econômico. Na era pré-industrial, ele era realizado em lares individuais forçados a funcionar como unidades econômicas autossuficientes.

À medida que a capacidade de transporte se desenvolveu, tornou-se possível empenhar-se na especialização. O armazenamento de produtos foi transferido dos lares para os varejistas, atacadistas e fabricantes. Os depósitos mantinham o estoque em *pipelines* logísticos, que serviam para coordenar o abastecimento de produtos e a demanda dos consumidores. Como o valor do armazenamento estratégico não era muito bem compreendido, os depósitos muitas vezes eram considerados um mal necessário que aumentava os custos do processo de distribuição. O conceito de que os intermediários simplesmente aumentam custos segue essa mesma crença. Em tempos mais antigos, a necessidade de entregar variedades de produtos era limitada. A produtividade da mão de obra, a eficiência no manuseio de materiais e o giro do estoque não eram grandes preocupações. Como a mão de obra era relativamente barata, os recursos humanos eram usados livremente. Pouca consideração era dedicada à eficiência na utilização do espaço, aos métodos de trabalho ou ao manuseio de materiais. Apesar desses problemas, esses depósitos iniciais proporcionavam uma ponte necessária entre a fabricação e a comercialização.

Depois da Segunda Guerra Mundial, a atenção gerencial se voltou para o armazenamento estratégico. Os administradores passaram a questionar a necessidade das grandes redes de depósitos. Nos setores de distribuição, como atacado e varejo, dedicar um depósito com uma linha completa de produtos para cada território de vendas era considerado a melhor prática. À medida que as técnicas de previsão de demanda e programação de produção melhoraram, os administradores questionaram essa forma arriscada de desdobramento estoque. O planejamento da produção se tornou mais confiável à medida que as interrupções e os atrasos na fabricação diminuíram. A produção e o consumo sazonais ainda demandavam armazenamento, mas a necessidade geral do estoque para apoiar padrões estáveis de fabricação e consumo foi reduzida.

A alteração dos requisitos do varejo mais do que compensou qualquer redução no armazenamento produzida por essas melhorias na fabricação. As lojas, ao enfrentarem o desafio de fornecer aos consumidores uma variedade crescente de produtos, achavam mais difícil manter a economia nas compras e nos transportes quando compravam direto dos fornecedores. O custo de transportar pequenas cargas fazia que as compras diretas fossem proibitivas. Isso gerou uma oportunidade para abrir depósitos estrategicamente localizados para reabastecer de forma pontual e econômica os depósitos dos varejistas. Atacadistas mais desenvolvidos e varejistas integrados desenvolveram sistemas de armazenamento avançados para apoiar logisticamente o reabastecimento no varejo. Portanto, o foco do armazenamento passou de estocagem passiva para variedade estratégica. O termo **centro de distribuição** passou a ser amplamente usado por todos os setores para refletir esse aspecto dinâmico do armazenamento tradicional.

As melhorias na eficiência do armazenamento no varejo logo foram adotadas pelos fabricantes. Para eles, o armazenamento estratégico oferecia um modo de redução do tempo de permanência de materiais e peças, e se tornou parte integrante das estratégias *just-in-time* (JIT) e produção sem estoque. Embora a ideia básica do JIT seja reduzir o estoque de produtos em processo, essas estratégias de produção precisam de uma logística confiável. Alcançar tal apoio logístico em um mercado global normalmente requer depósitos estrategicamente localizados. Utilizar um estoque de peças concentrado em um depósito central reduz a necessidade de estoque em cada instalação de montagem. Os produtos podem ser adquiridos e enviados ao depósito central estrategicamente localizado, obtendo-se a vantagem do transporte consolidado. No depósito, os produtos são separados, sequenciados e enviados para instalações de produção quando necessário. Quando totalmente integradas, as instalações de separação e sequenciamento se tornam uma extensão vital da manufatura.

No lado exterior – voltado para o mercado – da manufatura, os depósitos podem ser usados para criar variedade de produtos para ser embarcados para o cliente. A capacidade de receber carregamentos de produtos variados oferece aos clientes duas vantagens específicas. Primeira, o custo logístico é reduzido porque uma variedade de produtos pode ser entregue ao mesmo tempo que se obtém vantagem do transporte consolidado. Segunda, o estoque de produtos de baixa rotatividade pode ser reduzido devido à capacidade de receber quantidades menores como parte de um carregamento consolidado maior. Fabricantes que oferecem carregamentos de produtos selecionados e sequenciados de modo pontual normalmente obtêm vantagem competitiva por isso.

Um objetivo importante no armazenamento é maximizar a flexibilidade, a qual é facilitada pela tecnologia da informação. A tecnologia tem influenciado quase todos os aspectos do funcionamento de depósitos ao criar maneiras inéditas e melhores de realizar o armazenamento e o manuseio. A flexibilidade é outro fator essencial para conseguir responder à demanda sempre diferente do cliente em termos de variedade de produtos, serviços com valor agregado e do modo como as cargas são sequenciadas e apresentadas. A tecnologia da informação facilita a flexibilidade ao permitir que os operadores de depósitos reajam rapidamente às alterações nos requisitos dos clientes.

O armazenamento estratégico serve para atender os requisitos relacionados à **presença local**. Embora os benefícios da presença local possam não ser tão evidentes quanto outros benefícios dos serviços, ela é citada por executivos como uma grande vantagem dos depósitos locais. A crença básica é de que o depósito local pode responder mais rapidamente às necessidades do cliente do que um depósito mais distante. Acredita-se que a presença de um depósito local aumentará a participação no mercado e, potencialmente, a lucratividade. Embora a presença local seja uma estratégia frequentemente discutida, existem poucas pesquisas consistentes para confirmar ou rejeitar sua relevância. Além disso, transportes mais confiáveis e processamento eletrônico de pedidos estão diminuindo o intervalo do tempo de resposta independentemente da distância. A menos que um depósito seja justificável em termos econômicos ou de serviço, é pouco provável que a presença local influencie favoravelmente os resultados operacionais. O fato é que uma rede de depósitos estrategicamente localizados proporciona aos principais clientes a ideia de que eles estão apoiados logisticamente.

Benefícios obtidos a partir do depósito estratégico são classificados como econômicos e de serviços. Nenhum depósito deve ser incluído em um sistema logístico a menos que totalmente justificado com base em uma combinação de custo e serviço. O ideal é que um depósito ofereça simultaneamente benefícios econômicos e de serviços.

BENEFÍCIOS ECONÔMICOS

Os benefícios econômicos do armazenamento ocorrem quando os custos logísticos gerais são reduzidos. Por exemplo, se adicionar um depósito a um sistema logístico diminui o custo geral de transportes em um valor maior que o investimento necessário e o custo operacional, o custo total será reduzido. Quando é possível obter reduções no custo total, o depósito é economicamente justificável. Quatro benefícios econômicos básicos são: (1) consolidação e fracionamento de carga; (2) reconfiguração; (3) estocagem sazonal; e (4) logística reversa.

Consolidação e fracionamento de carga

Os benefícios econômicos da consolidação e do fracionamento de carga são a redução do custo de transportes usando-se a capacidade do depósito para agrupar cargas.

Na consolidação o depósito recebe os materiais de diversas fontes que são combinados em quantidades exatas em um único grande carregamento para um destino específico. Os benefícios da consolidação são a aplicação da tarifa de frete mais baixa possível, entrega pontual e controlada e redução do congestionamento na doca de recebimento de determinado cliente. O depósito permite que tanto a movimentação de entrada a partir da origem quanto a movimentação de saída para o destino sejam consolidadas em um carregamento maior, o que geralmente resulta em tarifas de transporte mais baixas por unidade e, na maioria das vezes, em entrega mais rápida.

Uma operação de fracionamento recebe uma única grande carga e organiza a entrega para diversos destinos. A economia de escala é alcançada por meio do transporte de uma carga consolidada maior. O depósito ou terminal de fracionamento separa ou divide os pedidos individuais e organiza a entrega local.

Tanto os arranjos de consolidação quanto de fracionamento usam a capacidade do depósito para melhorar a eficiência dos transportes. Muitos arranjos logísticos envolvem consolidação e fracionamento. A Figura 9.1 ilustra cada atividade.

Reconfiguração

O benefício básico da reconfiguração é alterar o padrão da carga à medida que ela flui da origem para o destino. Três formas de reconfiguração – cross-docking, composição (*mixing*) e montagem – são amplamente realizadas nos sistemas logísticos.

O objetivo do **cross-docking** é combinar produtos de diversas origens em uma variedade pré-especificada para determinado cliente. Os varejistas fazem uso extensivo das operações de *cross-docking* para reabastecer estoques de alta rotatividade. O *cross-docking* requer a entrega com extrema pontualidade por parte de cada fabricante. À medida que os produtos são recebidos e descarregados no depósito, eles são separados por destino. Na maioria das vezes, o cliente já comunicou o volume exato de cada produto para cada destino. Os fabricantes, por sua vez, já podem ter separado, carregado e rotulado a quantidade apropriada para cada destino. Então, o produto é movimentado pela doca de recebimento até chegar a um caminhão dedicado ao destino da entrega. Depois que os caminhões estão carregados com produtos combinados de diversos fabricantes, eles são liberados para o transporte até o destino. O alto grau de acurácia necessário para o *cross-docking* eficaz torna a operação altamente dependente da tecnologia da informação.

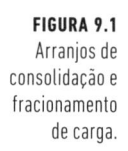

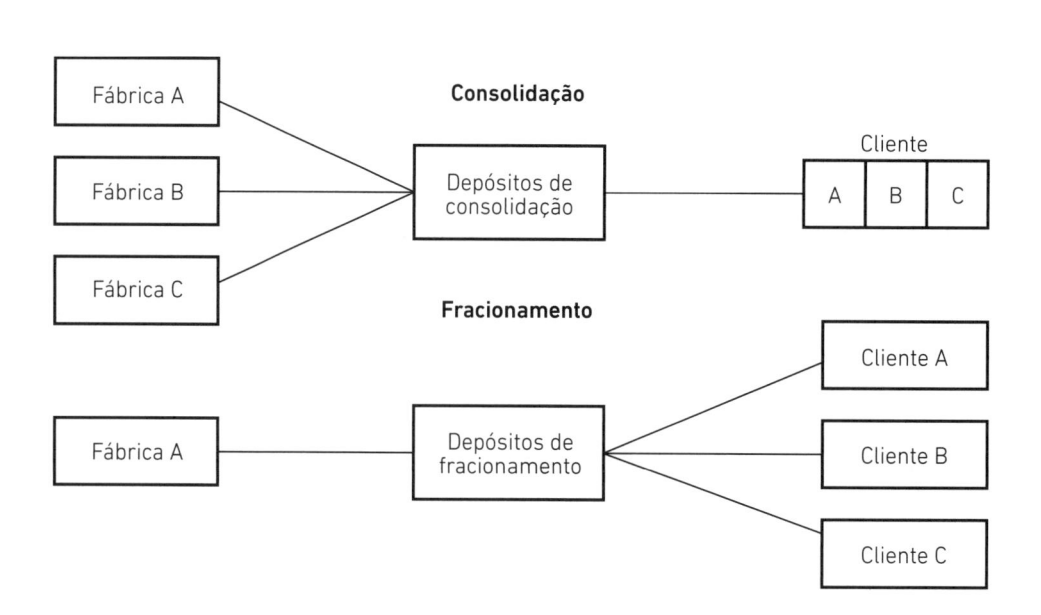

FIGURA 9.1 Arranjos de consolidação e fracionamento de carga.

A Meijer Superstores criou um processo eficaz para a distribuição *cross-docking*. Em determinados dias, os fornecedores são solicitados a chegar em um horário específico com as entregas de mercadorias na instalação de *cross-docking* da Meijer. Antes da sua chegada, os fabricantes receberam pedidos dos compradores da Meijer quanto a quantidades e itens específicos com base no histórico de dados de cada loja. Em um horário determinado, os caminhões dos fornecedores participantes começam a descarregar simultaneamente em uma esteira rolante e os produtos são movimentados por meio de leitura eletrônica. Essa leitura gera a comprovação do recebimento para fins de pagamento e designa cada produto a uma determinada loja. Depois, cada item é direcionado para um veículo específico para cada loja. Enquanto o item é carregado no veículo, mais uma leitura eletrônica é feita. Essa segunda leitura gera a confirmação de que o item adequado está sendo enviado para cada loja e também fornece informações de controle contábeis. O processo de *cross-docking* inteiro exige duas horas para ser executado. Os caminhões que chegam na instalação de *cross-docking* às 15h00 são descarregados e liberados às 17h00. Aqueles que partem chegam às lojas de acordo com o tempo de trânsito, podendo ser agendados para descarregamento. O item que chega à loja pode ser disponibilizado para compra pelos clientes pouco tempo depois da chegada à loja. Assim, os produtos carregados pela manhã, provenientes de fornecedores próximos como a Kellogg ou a Gerber, podem ser recebidos pela Meijer, transferidos da instalação de *cross-docking* para as lojas, comprados e, em alguns casos, até mesmo consumidos no mesmo dia.

Um resultado final semelhante ao *cross-docking* é conseguido por meio da **composição**. No entanto, a composição normalmente é realizada em um local intermediário entre a origem e o destino da carga. Em uma operação típica de composição, cargas completas de produtos são enviadas da origem aos depósitos. Esses carregamentos são planejados de modo a minimizar o custo do transporte de chegada. Quando chegam ao depósito de composição, as cargas são descarregadas e separadas na combinação desejada pelo cliente. A composição em trânsito tem sido tradicionalmente apoiada por tarifas especiais de transporte que oferecem incentivos financeiros para facilitar o processo.[1] Durante o processo de composição, os produtos que chegam podem ser combinados com outros regularmente estocados no depósito. Depósitos que realizam composição em trânsito têm o efeito final de reduzir o armazenamento geral de produtos em um sistema logístico ao mesmo tempo que conseguem variedades específicas para cada cliente e minimizam os custos de transporte.

O objetivo da **montagem** é apoiar as operações de manufatura. Produtos e componentes são montados a partir de uma variedade de fornecedores de segunda camada por depósitos localizados perto das instalações de manufatura. Embora as organizações de manufatura tradicionalmente realizavam a tarefa de montagem no passado, tornou-se comum utilizar serviços com valor agregado de um fornecedor principal, de primeira camada, ou de um **prestador de serviços integrados**, para separar, sequenciar e entregar componentes necessários à manufatura. Assim como o *cross-docking* e a composição, a montagem serve para conseguir um agrupamento de estoque em momento e local específicos. As empresas automotivas têm tido sucesso em incentivar os seus fornecedores de pneus a se instalarem perto das plantas de montagem. Por exemplo, na montadora da Honda em Marysville, Ohio, um fornecedor de pneus entrega unidades pré-montadas de rodas com pneus diretamente na fábrica para serem colocadas nos carros na linha de montagem. Com base na programação de montagem, o fornecedor de primeira camada faz a pré-montagem da roda e do pneu combinando com a cor do veículo,

---

[1] Veja o Capítulo 8.

instala os componentes adequados do conjunto de freio e efetua toda a inspeção de qualidade. No momento adequado, um conjunto roda-pneu é transportado por esteira rolante a partir de um prédio adjacente e chega à linha de montagem final para colocação no automóvel. A Figura 9.2 ilustra essas três formas de reconfiguração.

FIGURA 9.2
Formas de reconfiguração.

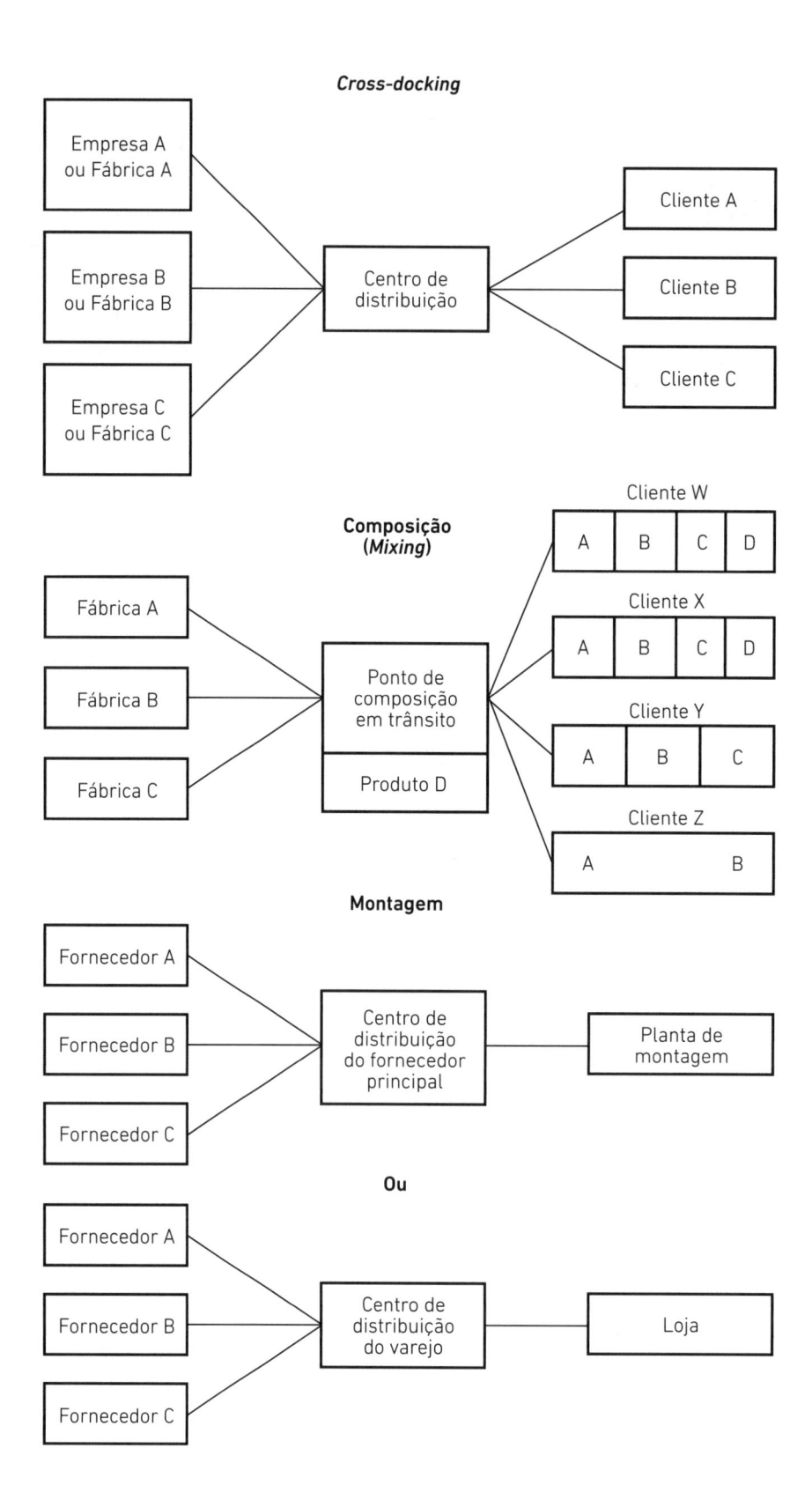

Cross-docking

```
Empresa A ou Fábrica A ─┐
Empresa B ou Fábrica B ─┼─ Centro de distribuição ─┬─ Cliente A
Empresa C ou Fábrica C ─┘                          ├─ Cliente B
                                                    └─ Cliente C
```

Composição (*Mixing*)

```
Fábrica A ─┐
Fábrica B ─┼─ Ponto de composição em trânsito / Produto D
Fábrica C ─┘
```

Cliente W: | A | B | C | D |
Cliente X: | A | B | C | D |
Cliente Y: | A | B | C |
Cliente Z: | A | B |

Montagem

```
Fornecedor A ─┐
Fornecedor B ─┼─ Centro de distribuição do fornecedor principal ── Planta de montagem
Fornecedor C ─┘
```

Ou

```
Fornecedor A ─┐
Fornecedor B ─┼─ Centro de distribuição do varejo ── Loja
Fornecedor C ─┘
```

Estocagem sazonal

O benefício econômico direto da estocagem é atender a produção ou a demanda sazonal. Por exemplo, móveis de jardim e brinquedos normalmente são fabricados durante o ano todo, mas são vendidos em determinados períodos mais curtos. Em contrapartida, produtos agrícolas são colhidos em épocas específicas, e o consumo subsequente ocorre ao longo de todo o ano. Ambas as situações exigem estocagem para apoiar os esforços de marketing. O armazenamento proporciona lastro de estoque, que permite uma produção eficiente dentro das restrições impostas pelas fontes de insumos e pelos consumidores.

Processamento de logística reversa

Grande parte do trabalho físico relacionado à logística reversa é realizado em depósitos. A logística reversa inclui as atividades que apoiam: (1) gerenciamento de devoluções; (2) remanufatura e reparo; (3) revenda; (4) reciclagem; e (5) disposição. O gerenciamento de devoluções é projetado para facilitar o fluxo reverso de produtos que não foram vendidos ou para receber produtos retirados do mercado (*recalls*). As instalações de remanufatura e reparo facilitam o fluxo reverso de produtos depois de sua vida útil. Produtos recondicionados podem ser reaproveitados ou vendidos, conforme o caso. O produto em si ou seus componentes são, então, atualizados para ser vendidos por um preço mais baixo. Muitos fabricantes de computadores e equipamentos eletrônicos utilizam a remanufatura para aumentar os lucros depois da época de lançamento. Revendedores usam coordenação e fluxo reverso para posicionar e revender um produto quando o usuário original não precisa mais dele. A Agência de Logística Militar (Defense Logistics Agency) tem um programa de revenda abrangente para facilitar a transferência e venda de equipamentos usados para outras instalações militares ou agências do governo. A reciclagem devolve o produto depois de sua vida útil com o objetivo de o decompor em seus materiais componentes para que eles sejam reutilizados com eficácia. Metais, plásticos e commodities preciosas (ouro, prata etc.) normalmente são o foco das atividades de reciclagem. Quando o material não pode ser reutilizado com eficácia, ainda pode precisar da logística reversa para ser disposto de forma adequada.

O estoque controlado é composto por materiais perigosos e produtos retirados do mercado por apresentarem problemas potenciais relacionados à saúde do consumidor ou ao meio ambiente. O retorno de estoque controlado tem de ser realizado sob uma avaliação operacional rigorosa que previne a disposição inapropriada. Como se pode esperar, diversas agências governamentais norte-americanas, como a Comissão de Segurança de Produtos para os Consumidores (Consumer Product Safety Commission), o Departamento de Transportes (**DOT** – *Department of Transportation*), a Agência de Proteção Ambiental (**EPA** – *Environmental Protection Agency*), a Agência de Administração de Alimentos e Medicamentos (**FDA** – *Food and Drug Administration*) e a Administração de Saúde e Segurança Ocupacional (**OSHA** – *Occupational Safety and Health Administration*), estão diretamente envolvidas na disposição de estoque controlado.

Tradicionalmente, pouca atenção era dada ao retorno do estoque regular. O produto regular envolvido em um processo de retorno em geral está danificado ou passou da data de venda recomendada. Embora alguns produtos não possam ser vendidos por causa de danos nos depósitos, a maioria retorna do estoque do varejo ou é devolução dos consumidores.

Embora o retorno seja difícil no caso do estoque regular, é muito mais desafiador no caso do estoque controlado. Em ambas as situações de devolução, o fluxo de produtos não apresenta o processo ordenado característico da movimentação de saída. A movimentação reversa normalmente consiste em embalagens individuais, contrastando com a movimentação de saída de caixas e paletes. As embalagens muitas vezes estão destruídas e o produto não é embalado corretamente. Os produtos devolvidos em geral exigem classificação e inspeção manuais significativas para determinar a disposição apropriada. No entanto, a oportunidade de recuperação do custo por meio do reembolso e da reciclagem é expressiva. Devido à crescente importância da logística reversa, alguns prestadores de serviços integrados desenvolveram negócios lucrativos ao se especializarem em serviços relacionados.

BENEFÍCIOS DOS SERVIÇOS

Os depósitos podem prestar serviços que contribuem para o crescimento da receita. Quando a existência de um depósito é justificada principalmente pelo serviço, o raciocínio de apoio é que a melhoria nas vendas mais do que compensará o custo adicional. É uma tarefa difícil quantificar o retorno sobre o investimento em relação ao serviço, já que também é difícil medi-lo. Por exemplo, abrir um depósito para servir a um mercado específico pode aumentar os custos, mas também deve aumentar as vendas, a receita e – potencialmente – a margem bruta. Os depósitos podem prestar serviços como resultado de: (1) estoque ocasional; (2) estoque de linhas completas; e (3) serviços com valor agregado.

Estoque ocasional

O estoque ocasional normalmente é usado para apoiar o atendimento ao cliente. Fabricantes de produtos altamente sazonais costumam ter estoque ocasional. Em vez de manter o estoque em um depósito o ano todo ou enviar produtos aos clientes diretamente das fábricas, a capacidade de resposta em períodos de pico de vendas pode ser melhorada por meio de um posicionamento de estoque temporário em mercados estratégicos. De acordo com esse conceito, o estoque selecionado é posicionado em um depósito no mercado local em antecipação às necessidades do cliente durante o período crítico de vendas. Utilizar depósitos para fazer estoque ocasional permite que eles sejam colocados em uma variedade de mercados adjacentes aos principais clientes um pouco antes do período de vendas sazonais. Por exemplo, empresas de fertilizantes agrícolas às vezes fazem estoque ocasional perto de fazendeiros em antecipação ao período de cultivo. Depois dessa época, o estoque ocasional é reduzido ou eliminado.

Estoque de linhas completas

O uso tradicional de depósitos por fabricantes, atacadistas e varejistas contempla normalmente uma grande variedade de produtos em antecipação aos pedidos dos clientes. Varejistas e atacadistas típicos oferecem variedades que representam diversos produtos de diferentes fabricantes. Na verdade, esses depósitos proporcionam a possibilidade de comprar em um único lugar produtos de diversos fabricantes.

A diferença entre estoque ocasional e estoque de linhas completas é o grau e a duração da utilização do depósito. Uma empresa que segue uma estratégia de estoque ocasional armazena temporariamente uma pequena variedade de produtos em diversos depósitos por um período de tempo limitado. O depósito de estoque de linhas completas normalmente é mais restrito a poucos locais estratégicos e funciona o ano todo. Depósitos de estoque de linhas completas melhoram o serviço reduzindo a quantidade de fornecedores com que um cliente deve lidar em termos logísticos. As variedades combinadas também tornam possíveis carregamentos maiores e econômicos.

Serviços com valor agregado

A demanda por serviços altamente personalizados transformou os depósitos de distribuição modernos em instalações que se especializam na prestação de **serviços com valor agregado** (**VAS** – *Value-Added Services*). Um serviço com valor agregado é qualquer trabalho que gera um valor maior para os clientes e que normalmente altera as características físicas ou a confi-

Cross-docking/transferência de cargas	Atendimento aos pedidos
Devoluções de clientes	Separação/embalagem
Entrega em domicílio	Distribuição combinada (pool)
Consolidação dinâmica durante o transporte	Consertos, reparos e recondicionamentos
Kan Ban	Gestão de embalagens retornáveis
Formação de kits	Logística reversa
Rotulagem/pré-etiquetagem	Aplicação de etiqueta RFID
Controle de lote	Sequenciamento/medição
Customização em massa/postponement	Embalagens especiais
Manufatura	Apoio ao varejo/entrega direta ao varejo

TABELA 9.1 Serviços com valor agregado.

guração de produtos apresentando-os aos clientes de modo exclusivo ou personalizado. A Tabela 9.1 apresenta uma lista de serviços com valor agregado típicos.

Os depósitos podem adiar a configuração do produto final ao completar a embalagem, rotulá-lo ou até mesmo com a realização de etapas simples de processamento. Depois que o pedido de certo cliente é recebido, o depósito pode completar a rotulagem e finalizar a embalagem. Exemplos de *postponement* variam desde embalagens de produtos farmacêuticos na Bristol Meyers Squibb até a personalização de eletrodomésticos na Whirlpool.

O *postponement* proporciona dois benefícios econômicos. Primeiro, o risco é minimizado porque a personalização da embalagem não é realizada em antecipação aos pedidos de clientes ou para atender uma previsão. Segundo, o estoque total pode ser reduzido usando estoques do produto básico para apoiar as necessidades de rotulagem e embalagem de diversos clientes. A combinação de redução do risco e estoque menor pode resultar na diminuição do custo total do serviço mesmo que a embalagem feita no depósito seja mais dispendiosa por unidade do que se fosse completada durante a fabricação.[2]

OPERAÇÕES DE DEPÓSITOS

UMA VEZ DEFINIDA A MISSÃO de um depósito, a atenção gerencial se volta para a operação. Um depósito típico contém materiais, peças e produtos acabados. As operações de um depósito consistem em manuseio e estocagem. O objetivo é receber produtos, armazená-los conforme solicitado, juntá-los para formar pedidos completos e enviá-los aos clientes, tudo de modo eficiente. Essa ênfase no fluxo de produtos transforma o depósito moderno em uma instalação de combinação de produtos. Como tal, grande parte da atenção gerencial se volta para como projetar as operações de modo a facilitar o manuseio eficiente.

MANUSEIO

A primeira consideração é a continuidade e eficiência da movimentação por todo o depósito. Ou seja, é melhor um empregado usar um equipamento de manuseio para realizar movimentações mais longas do que realizar diversos pequenos manuseios para obter a mesma movimentação total do estoque. Passar os produtos das mãos de um manuseador para outro ou movimentar produtos de uma parte do equipamento para outra desperdiça tempo e aumenta o potencial de danos aos produtos. Portanto, como regra geral, movimentações mais longas em depósitos são preferíveis. Os produtos, uma vez em movimento, devem ser continuamente movimentados até chegar ao destino final.

---

[2] Para uma discussão mais abrangente das estratégias de *postponement*, veja o Capítulo 1.

As economias de escala justificam a movimentação das maiores quantidades ou cargas possíveis. Em vez de movimentar caixas individuais, os procedimentos de manuseio devem ser projetados para movimentar caixas agrupadas em paletes, estrados ou contêineres. O objetivo geral do manuseio de materiais é separar as cargas de chegada e transformá-las em variedades exclusivas para os clientes. As três principais atividades de manuseio são recebimento, manuseio durante a estocagem e embarque.

Recebimento

A maioria dos produtos e materiais chega aos depósitos em caminhões de grande volume. A primeira atividade de manuseio é a descarga. Na maioria dos depósitos, a descarga é realizada mecanicamente, usando uma combinação de empilhadeiras, esteiras rolantes e processos manuais. Quando a carga está empilhada na carreta, o procedimento típico é colocar os produtos manualmente em paletes ou em uma esteira rolante. Quando o produto chega unitizado em paletes ou em contêineres, empilhadeiras são usadas para movimentar os produtos do veículo até o depósito. O principal benefício de receber cargas unitizadas é a capacidade de descarregar rapidamente e de liberar o veículo de transporte de chegada.

Manuseio durante a estocagem

O manuseio durante a estocagem consiste em movimentações que são realizadas dentro do depósito. Depois do recebimento e deslocamento para um local de espera, o produto normalmente é movimentado dentro da instalação para armazenamento ou processamento do pedido. Por fim, quando um pedido é processado, é necessário separar os produtos solicitados e movimentá-los para uma área de embarque. Esses dois tipos de manuseio durante a estocagem normalmente são denominados **transferência** e **separação**.

Existem pelo menos duas e, às vezes, três movimentações de transferência em um depósito típico. O produto é inicialmente movimentado da área de recebimento para um local de estocagem. Essa movimentação normalmente é feita por uma empilhadeira quando a carga está em paletes ou estrados e por outros meios mecânicos no caso de outros tipos de unidade de carga. A segunda movimentação interna pode ser necessária antes da montagem do pedido, dependendo dos procedimentos operacionais do depósito. Quando as unidades de carga têm de ser fracionadas para a separação do pedido, elas normalmente são transferidas da área de armazenamento para uma área de separação ou seleção de pedidos. Quando os produtos são grandes ou a granel, como eletrodomésticos, essa movimentação intermediária para uma área de seleção pode não ser necessária. Esse tipo de produto normalmente é separado da área de armazenamento e transferido diretamente para a área de espera para o carregamento. A área de espera é adjacente à área de carregamento. Em depósitos de separação de pedidos, o pedido montado do cliente é transferido da área de separação para a área de espera para o carregamento. Caracteristicamente, o manuseio durante a estocagem envolve movimentações de menor volume do que o recebimento, mas ainda são produtos relativamente semelhantes.

A separação de pedidos é uma das principais atividades de manuseio durante a estocagem. O processo de separação exige que materiais, peças e produtos sejam agrupados para facilitar a montagem do pedido. É comum uma área do depósito ser designada como área de separação ou seleção para montar os pedidos. Para cada pedido, a combinação de produtos deve ser selecionada e embalada para atender as necessidades do pedido de um cliente específico.

Uma tecnologia emergente, o **identificador por radiofrequência** (**RFID** – *Radio-Frequency Identificator*), promete muito nas áreas de *layout* de depósito, recebimento, separação de pedidos e carregamento. Devido ao grande número de diferentes produtos processados e manuseados em um centro de distribuição típico, a tecnologia RFID tem muito potencial para aumentar a eficiência operacional. A implantação dessa tecnologia no projeto do depósito e no manuseio de materiais será discutida no Capítulo 10.

Embarque

O embarque consiste na verificação do pedido e no carregamento para o veículo de transporte. Assim como no recebimento, as empresas podem usar esteiras rolantes ou equipamentos de manuseio como empilhadeiras para movimentar produtos da área de espera para a carreta ou para o contêiner. Em comparação com o recebimento, o embarque em depósitos deve acomodar movimentações de volume relativamente baixo de uma combinação variada de produtos, reduzindo, assim, o potencial de economias de escala. As unidades de carga de embarque estão se tornando cada vez mais populares porque é possível economizar um tempo considerável no carregamento de veículos. Uma unidade de carga consiste em produtos unitizados ou paletizados. Para facilitar esse carregamento e a subsequente descarga na entrega, muitos clientes solicitam aos fornecedores que enviem combinações mistas de produtos em uma única carreta ou palete. A alternativa a essa opção é empilhar caixas diretamente no veículo de transporte. A verificação do conteúdo de carregamento normalmente é necessária quando o produto muda de dono. A verificação pode se limitar a uma simples contagem de caixas ou uma análise de cada peça para verificar a marca, o tamanho e, em alguns casos, o número de série apropriado para garantir a acurácia do carregamento. Carretas rodoviárias em geral são lacradas no momento em que estão completamente carregadas e prontas para o embarque. O lacre serve para comprovar que o conteúdo não foi alterado durante o transporte. A certificação de que os lacres não foram adulterados tornou-se um fator crucial na segurança depois de 11 de setembro de 2001.[3]

ARMAZENAMENTO

No planejamento do *layout* de depósitos, é essencial que os produtos recebam locais específicos, ou **posições**, com base nas características individuais. As variáveis de produto mais importantes a serem consideradas no planejamento de posicionamento são a rotatividade do produto, o peso e os requisitos especiais de armazenamento.

A rotatividade do produto é o principal fator que orienta o *layout* de depósito. Produtos de alto volume devem ser posicionados no depósito de modo a minimizar a distância de movimentação. Por exemplo, produtos de alta rotatividade devem ser posicionados perto de portas, corredores principais e em níveis mais baixos nas prateleiras de armazenamento. Esse posicionamento minimiza o manuseio durante o armazenamento e reduz a necessidade de movimentações verticais frequentes. Por outro lado, produtos com baixo volume normalmente ficam em locais mais distantes dos corredores principais ou em posições mais altas nas prateleiras de armazenamento. A Figura 9.3 ilustra um plano de armazenamento baseado na rotatividade do produto.

De modo semelhante, o plano de armazenamento deve considerar o peso do produto e as características especiais. Itens relativamente pesados devem ficar em locais mais baixos para minimizar o uso de equipamentos de elevação. Produtos a granel ou de baixa densidade exigem mais volume. O chão próximo às paredes externas é ideal para esses itens. Por outro lado, itens pequenos podem exigir prateleiras, caixas ou gavetas para armazenamento. O plano de armazenamento integrado deve considerar as características de cada produto.

---

[3] Veja o Capítulo 16.

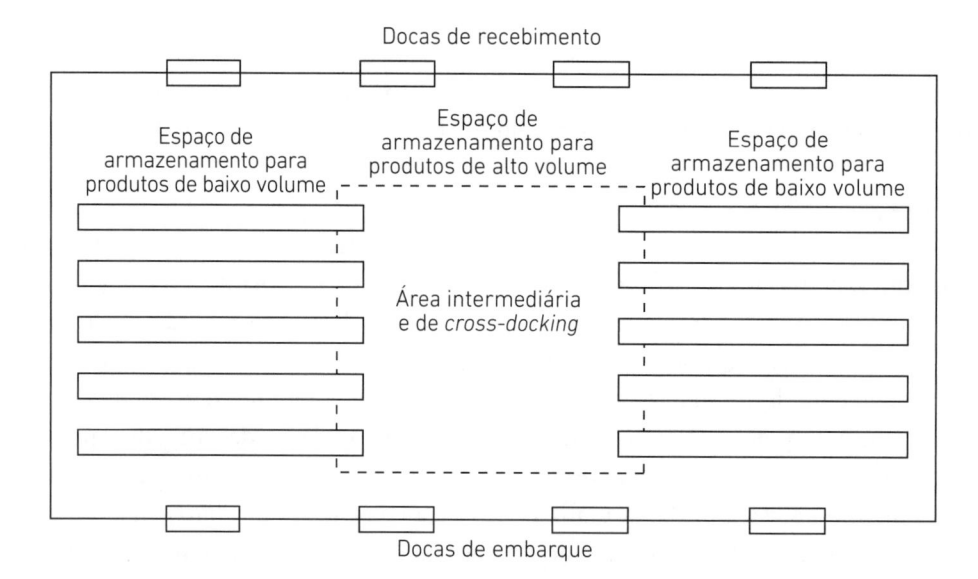

FIGURA 9.3 Plano de armazenamento baseado na rotatividade do produto.

[Diagrama: Docas de recebimento na parte superior e Docas de embarque na parte inferior. Espaço de armazenamento para produtos de baixo volume nas laterais; Espaço de armazenamento para produtos de alto volume ao centro superior; Área intermediária e de *cross-docking* no centro.]

Um depósito típico utiliza uma combinação de alternativas **ativa** e **estendida** de estocagem de produtos. Depósitos que servem diretamente os clientes normalmente se concentram em estocagem ativa de curto prazo. Por outro lado, outros depósitos podem usar estocagem estendida para armazenar estoque especulativo, sazonal ou obsoleto. Nas operações de controle e medição em depósitos, é importante diferenciar os requisitos e a capacidade de desempenho da estocagem ativa e da estendida.

Estocagem ativa

Independentemente da rotatividade do estoque, a maioria dos produtos tem de ser estocada por pelo menos um período curto. A estocagem para o reabastecimento de estoque é denominada estocagem ativa, a qual deve fornecer estoque suficiente para atender as demandas periódicas dos clientes. A necessidade de estocagem ativa normalmente está relacionada à capacidade de obter economias de escala no transporte ou no manuseio. No caso da estocagem ativa, os processos e tecnologias de manuseio de materiais têm de se concentrar na movimentação rápida e na flexibilidade, com o mínimo de consideração acerca da estocagem estendida.

O conceito de estocagem ativa inclui o ***cross-docking***, que usa os depósitos para consolidação e configuração, ao mesmo tempo que mantém pouco ou nenhum estoque armazenado. A consequente necessidade de estoque reduzido favorece a técnica de *cross-docking* que enfatiza a movimentação e desestimula a estocagem. O ***cross-docking*** é mais adequado a produtos de alto volume e alta rotatividade, em que as quantidades são razoavelmente previsíveis. Embora o ***cross-docking*** apresente requisitos mínimos em relação às necessidades de estocagem, ele exige que o produto seja rapidamente descarregado, desunitizado, agrupado e sequenciado na configuração adequada a cada cliente, e recarregado no veículo de transporte. Como resultado, a ênfase do manuseio de materiais recai sobre a movimentação rápida e orientada por informações precisas.

Estocagem estendida

Quando o estoque é mantido por períodos além do necessário para o reabastecimento normal dos estoques para clientes, a estocagem é classificada como **estendida**. Em algumas situações especiais, a estocagem pode ser necessária por diversos meses antes do carregamento para o cliente. A estocagem estendida usa processos e tecnologias de manuseio de materiais que se concentram na utilização máxima do espaço com o mínimo de necessidade de acesso rápido.

Um depósito pode ser usado para a estocagem estendida por uma série de motivos. Alguns produtos, como itens sazonais, exigem estocagem para aguardar a demanda ou para distribuir o suprimento ao longo do tempo. Os outros motivos incluem itens de demanda muito irregular, necessidade de maturação, compras especulativas e descontos.

O acondicionamento de produtos às vezes exige estocagem estendida, como no caso da maturação de bananas. Os depósitos de alimentos normalmente possuem ambientes para maturação com o objetivo de manter os produtos até que eles atinjam a qualidade máxima. A estocagem também pode ser necessária para verificações prolongadas de qualidade.

Os depósitos também podem manter os produtos por um longo tempo quando eles são comprados para fins de especulação. A magnitude da compra especulativa depende dos produtos e dos setores específicos envolvidos, mas é muito comum no comércio de *commodities* e de itens sazonais. Por exemplo, se um aumento no preço de um item é esperado, é comum uma empresa comprar antecipadamente pelo preço atual e estocar o produto para uso posterior. Nesse caso, o desconto ou economia é a compensação pela estocagem estendida e pelo custo de manutenção de estoques. *Commodities* como grãos, petróleo e lenha podem ser compradas e estocadas por motivos especulativos.

O depósito também pode ser usado para auxiliar a obtenção de descontos especiais. Descontos em compras antecipadas podem justificar a estocagem estendida. O gerente de compras pode obter uma substancial redução de preço durante determinada época do ano. Sob tais condições, espera-se que o depósito mantenha o estoque em excesso da estocagem ativa. Fabricantes de fertilizantes, brinquedos e móveis de jardim muitas vezes tentam repassar o fardo da estocagem para os clientes ao oferecerem bonificações pelo armazenamento fora de estação.

CLASSIFICAÇÃO DE PROPRIEDADE DOS DEPÓSITOS

Os depósitos normalmente são classificados com base na propriedade. Um depósito **próprio** é operado pela empresa que possui o produto manuseado e armazenado nas instalações. Um depósito **independente**, por outro lado, é operado como uma empresa independente que oferece uma gama de serviços, como armazenamento, manuseio e transporte. Os operadores de depósitos independentes normalmente oferecem um conjunto de serviços relativamente padronizados aos clientes. Os **depósitos terceirizados**, que são uma extensão personalizada dos depósitos independentes, combinam os benefícios dos depósitos terceirizados e próprios. Os depósitos terceirizados representam um acordo de negócios de longo prazo que oferece serviços logísticos exclusivos ou personalizados a um número limitado de clientes. O cliente e o operador do depósito normalmente partilham os riscos associados à operação. As diferenças importantes entre os operadores terceirizados e independentes são a duração do relacionamento, o grau de serviços exclusivos ou personalizados e o compartilhamento de benefícios e riscos.

PRÓPRIOS

Um depósito próprio normalmente é operado pela empresa que possui o produto. As instalações físicas, no entanto, podem ser próprias ou alugadas. A decisão relacionada à propriedade ou ao aluguel é essencialmente financeira. Às vezes não é possível encontrar um depósito para alugar que seja adequado aos requisitos logísticos específicos; por exemplo, a natureza física de um prédio disponível pode não ser condizente com o manuseio eficiente de materiais, possuir instalações com prateleiras impróprias para o estoque ou com restrições nas docas de carregamento/recebimento e colunas de apoio. A única forma de ação adequada nesse caso pode ser projetar e construir um novo local.

Os principais benefícios do depósito próprio são controle, flexibilidade, custo e mais alguns aspectos intangíveis. Eles oferecem controle substancial, visto que a gerência tem autoridade para priorizar as atividades. Esse controle facilita a integração das operações do depósito com o equilíbrio das operações logísticas de uma empresa.

Depósitos próprios normalmente oferecem maior flexibilidade, já que as políticas operacionais, as horas de serviço e os procedimentos podem ser ajustados para atender os requisitos de clientes e produtos específicos. Empresas com clientes ou produtos muito especializados muitas vezes têm motivação para possuir e operar depósitos.

Em geral, esses depósitos são considerados menos dispendiosos porque as instalações privadas não são operadas com o objetivo de obter lucro. Como resultado, os componentes de custo fixo e variável de um depósito próprio podem ser inferiores aos de suas contrapartes contratadas.

Por fim, depósitos próprios podem oferecer benefícios intangíveis; este tipo de depósito pode estimular no cliente uma percepção de capacidade de resposta e estabilidade da empresa. Essa percepção pode proporcionar um marketing de imagem positivo quando o depósito é comparado aos concorrentes.

Apesar dos benefícios citados, o uso de depósitos próprios está diminuindo devido a um crescente interesse gerencial de reduzir o capital investido em ativos logísticos. Além disso, o benefício do custo percebido do depósito próprio é potencialmente compensado pela capacidade de um depósito independente de obter economia operacional de escala e de escopo como resultado da combinação de diversos clientes.

INDEPENDENTES

Os depósitos independentes são amplamente utilizados nos sistemas logísticos. Quase qualquer combinação de serviços pode ser conseguida por contrato de longo ou curto prazo. Os depósitos independentes tradicionalmente podem ser classificados com base na especialização operacional, como (1) produtos gerais; (2) refrigerados; (3) *commodities* especiais; (4) alfandegados; e (5) equipamentos e móveis residenciais.

Depósitos de produtos gerais são projetados para manusear produtos embalados como eletrônicos, papel, alimentos, eletroportáteis e suprimentos residenciais. Depósitos refrigerados normalmente oferecem capacidade de congelamento ou resfriamento projetada para proteger produtos alimentícios, médicos, fotográficos e químicos que exigem temperaturas especiais. Depósitos de *commodities* especiais são projetados para lidar com materiais a granel ou itens que exigem manuseio especial, como pneus e roupas. Depósitos de produtos alfandegados são licenciados pelo governo para armazenar produtos antes do pagamento de impostos ou de encargos de importação/exportação. Eles exercem um controle rígido sobre as movimentações de entrada e saída das instalações, visto que documentos têm de acompanhar cada movimentação. Por fim, os depósitos de equipamentos ou móveis residenciais são especializados no manuseio e armazenamento de itens grandes e volumosos, como eletrodomésticos e móveis. Evidentemente, muitos depósitos oferecem uma combinação de serviços. Os depósitos independentes proporcionam flexibilidade e benefícios dos serviços partilhados. Têm potencial para oferecer experiência operacional e administrativa, já que armazenar é seu negócio principal.

De uma perspectiva financeira, o armazenamento independente pode gerar um custo operacional inferior ao de instalações privadas. Esse diferencial no custo variável pode resultar de escalas de salários mais baixos, melhor produtividade e compartilhamento de despesas gerais entre os clientes. Os depósitos independentes normalmente não exigem investimento de capital por parte dos clientes, e quando o desempenho é avaliado de acordo com o retorno sobre o investimento, podem ser uma alternativa atraente. O armazenamento independente oferece flexibilidade em relação ao tamanho e à quantidade de depósitos, permitindo, assim, que os usuários respondam às demandas dos fornecedores, dos clientes e sazonais. Em comparação, os depósitos próprios são difíceis de mudar porque as instalações tiveram de ser construídas, expandidas ou compradas, e precisam ser vendidas quando não forem mais necessárias.

O armazenamento independente também pode apresentar o potencial de partilhar economias de escala, já que as necessidades combinadas dos usuários podem ser alavancadas. Essa alavancagem divide os custos fixos e pode justificar o investimento em equipamentos de manuseio de última geração. Um depósito independente também pode alavancar os transportes oferecendo a consolidação de cargas de diversos clientes. Por exemplo, em vez de pedir ao fornecedor A e ao fornecedor B que entreguem produtos a uma loja a partir de seus próprios depósitos, um depósito independente que atende os dois clientes pode combinar a entrega, proporcionando, assim, uma redução no custo de transporte para o cliente.

Muitas empresas utilizam depósitos independentes para atender os clientes por causa do custo variável, escalabilidade, gama de serviços e flexibilidade. Eles cobram dos clientes uma tarifa básica para o manuseio de entrada e saída, além do armazenamento. No caso do manuseio, a tarifa é cobrada com base na quantidade de caixas ou quilos movimentada. No caso do armazenamento, a tarifa é cobrada com base na quantidade de caixas ou quilos armazenada durante determinado período. Serviços especiais ou com valor agregado prestados por depósitos independentes normalmente recebem preços com base em negociação.

TERCEIRIZADOS

Os depósitos terceirizados combinam as características de funcionamento dos próprios e dos independentes. Um relacionamento contratual de longo prazo normalmente resultará em um custo total inferior ao de um depósito independente. Ao mesmo tempo, as operações de depósitos terceirizados podem oferecer os benefícios de experiência, flexibilidade, escalabilidade e economia de escala compartilhando dos recursos administrativos, mão de obra, equipamentos e informações entre diversos clientes.

Os depósitos terceirizados normalmente oferecem um conjunto de serviços logísticos como gerenciamento de transportes, controle de estoque, processamento de pedidos, serviço ao cliente e processamento de devoluções. Empresas terceirizadas de logística, normalmente denominadas **prestadores de serviços integrados**, são capazes de assumir toda a responsabilidade logística para um empresa.

Por exemplo, a Kraft Foods está utilizando cada vez mais armazenamento terceirizado para substituir instalações para alimentos congelados e secos. Desde o final da década de 1990, a Kraft trabalha com a AmeriCold Logistics, uma empresa de serviços integrados de armazenamento e distribuição, para realizar serviços de armazenamento, manuseio e distribuição. O acordo tem diversos benefícios para ambas as partes. O acordo contratual de longo prazo permite que a Kraft expanda sua rede de distribuição sem incorrer no tempo ou custo de construí-la. Como a Kraft tem certeza de que sempre haverá espaço para novos produtos, sua rede de distribuição está protegida. A AmeriCold não precisa se preocupar em vender espaço à Kraft. Além disso, quanto mais a Kraft utiliza os serviços da AmeriCold, melhor a capacidade da empresa de armazenamento terceirizado de entender as necessidades do cliente e fornecer serviços personalizados.

DISTRIBUIÇÃO EM REDE

Como seria de esperar, muitas empresas usam uma combinação de instalações próprias, independentes e terceirizadas. A utilização completa do depósito ao longo do ano é rara. Como regra gerencial, um depósito típico será completamente utilizado por 75 a 85% do tempo; então, entre 15 e 25% do tempo, o espaço necessário para acomodar produtos em situações de pico não será utilizado. Nesses casos, uma estratégia de distribuição pode ser o uso de depósitos próprios ou terceirizados para cobrir o requisito de 75% enquanto instalações independentes são usadas para atender a demanda de pico.

Desenvolver uma estratégia de rede de depósitos exige respostas a duas perguntas fundamentais. A primeira é quantos depósitos devem ser instalados. A segunda pergunta se concentra em que tipos de depósitos devem ser utilizados em mercados específicos. Para muitas empresas, a resposta é a combinação de alternativas de armazenamento, diferenciadas por produto e por cliente. Especificamente, alguns grupos de clientes serão mais bem servidos por um depósito próprio, enquanto depósitos independentes ou terceirizados podem ser adequados para outros. Essa segmentação de depósitos fica cada vez mais popular à medida que os clientes estão exigindo maior personalização nas capacidades e nos serviços com valor agregado.

DECISÕES RELACIONADAS AO DEPÓSITO

O CONCEITO BÁSICO de que os depósitos funcionam como recinto de armazenamento e manuseio de materiais exige uma análise acurada antes de se determinar o tamanho, o tipo e o formato da instalação física. Esta seção avalia questões de planejamento que estabelecem o perfil do depósito, que, por sua vez, determina a eficiência possível no manuseio.

ESCOLHA DO LOCAL

A primeira tarefa é identificar a localização geral e, depois, a específica. A região geral se refere à área geográfica onde um depósito ativo é importante pelas perspectivas de serviço, economia e estratégia. A questão geral se concentra na área geográfica ampla ilustrada, por exemplo, pela necessidade de colocar um depósito no centro-oeste dos Estados Unidos, o que geralmente significa ter uma instalação em Illinois, Indiana ou Wisconsin. Por outro lado, um varejista como a Target ou a Home Depot normalmente escolhe um local para o depósito que seja central ao número de locais previstos para suas lojas. Portanto, a seleção e a quantidade de lojas determinam a localização do depósito de apoio. O projeto da rede é discutido no Capítulo 12.

Depois que a localização do depósito geral é determinada, deve-se identificar o local específico para construir o prédio. Áreas típicas para instalar depósitos são regiões comerciais e áreas distantes ou suburbanas. Os fatores que orientam a escolha do local são disponibilidade de serviços e custo. O custo da propriedade é o fator mais importante. Um depósito não precisa estar localizado em uma grande área industrial. Em muitas cidades, eles se situam em instalações industriais e em áreas destinadas a indústrias leves ou pesadas. A maioria dos depósitos pode funcionar legalmente sob as restrições impostas a propriedades comerciais em geral.

Além do custo de compra, as despesas de instalação e operação, como acesso de meios de transporte, infraestrutura de serviços públicos, impostos e seguros, exigem avaliação. O custo dos serviços essenciais pode variar de um local para outro. Por exemplo, uma empresa de distribuição de alimentos recentemente rejeitou o que parecia ser um local totalmente satisfatório para um depósito por causa das tarifas projetadas de seguros. Ele ficava perto do final da tubulação de água. Durante a maior parte do dia, havia disponibilidade de pressão de água adequada para atender os requisitos operacionais e de emergência. No entanto, era possível que um problema com a água surgisse durante dois períodos curtos a cada dia. Das 6h30 às 8h30 da manhã e das 15h às 17h, a demanda geral por água ao longo da tubulação era tão grande que não havia pressão suficiente disponível para lidar com emergências. Devido a essa deficiência, seriam necessárias tarifas de seguro mais altas e o local foi rejeitado.

Muitos outros requisitos têm de ser satisfeitos antes da compra de um local. Ele tem de oferecer espaço adequado para expansão. Os serviços públicos necessários têm de estar disponíveis. O solo tem de conseguir suportar a estrutura. O local tem de ser suficientemente alto para permitir a drenagem adequada de água. Requisitos adicionais podem ser necessários em determinadas situações, dependendo da estrutura a ser construída. Por essas e outras razões, a escolha final do local tem de ser precedida de extensa análise.

PROJETO

O projeto do depósito tem de considerar as características de movimentação dos produtos. Três fatores a serem determinados durante o processo de projeto são a quantidade de andares a incluir na instalação física, um plano de utilização do espaço e o fluxo de produtos.

O projeto ideal de depósito é um prédio de um andar que elimina a necessidade de movimentar os produtos verticalmente. O uso de dispositivos de manuseio vertical, como elevadores e esteiras rolantes, para movimentar produtos de um andar para outro requer tempo e energia e normalmente gera "gargalos" no manuseio. Sendo assim, embora nem sempre seja possível, em especial em distritos comerciais em que o terreno é limitado ou caro, como regra geral, os depósitos de distribuição devem ser projetados para ser operações em um único andar para facilitar o manuseio de materiais.

O projeto do depósito deve maximizar a utilização do espaço. A maioria dos depósitos é projetada com pés-direitos de 7,5 a 9 metros de altura, embora alguns equipamentos de manuseio automático possam trabalhar com eficácia em alturas de mais de 30 metros. A altura máxima de um depósito é limitada pela habilidade de levantamento seguro de equipamentos de

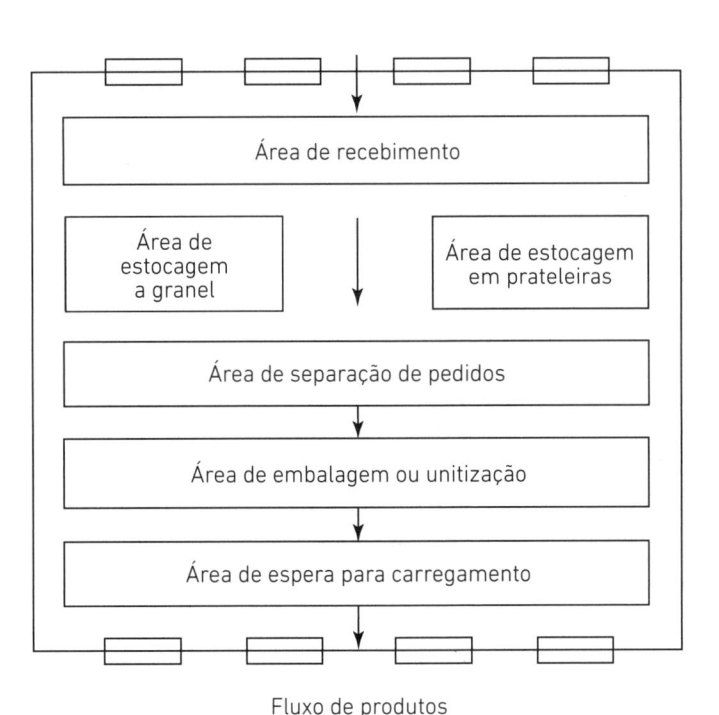

FIGURA 9.4 Projeto básico de depósito.

Fluxo de produtos

manuseio de materiais, como empilhadeiras, projeto de prateleiras e regulamentos de segurança contra incêndios impostos pelos sistemas de *sprinkler*.

O projeto do depósito deve facilitar o fluxo de produtos direto e contínuo por todo o prédio. Isso vale se o produto estiver se movimentando para ser armazenado ou estiver em *cross--docking*. Em geral, isso significa que o produto deve ser recebido em um lado do prédio, armazenado conforme necessário no meio e embarcado a partir do outro lado. A Figura 9.4 ilustra o fluxo de produtos em linha reta que facilita a velocidade ao mesmo tempo que minimiza o congestionamento e o manuseio redundante.

ANÁLISE DO *MIX* DE PRODUTOS

Uma área importante é a análise dos produtos que serão distribuídos pelo depósito. O projeto e a operação de um depósito dependem do *mix* de produtos. Cada produto tem de ser analisado de acordo com suas vendas anuais, demanda, peso, volume e embalagem. Também é importante determinar o tamanho, o volume e o peso total do pedido médio a ser processado pelo depósito. Esses dados fornecem as informações necessárias para a determinação do espaço, do projeto e do *layout* de depósito, dos equipamentos de manuseio de materiais, procedimentos operacionais e controles.

EXPANSÃO

Como os depósitos são cada vez mais importantes nas redes de cadeia de suprimentos, sua futura expansão deve ser considerada durante a fase inicial de planejamento. É comum estabelecer planos de expansão de 5 a 10 anos. A expansão potencial pode justificar a compra ou opção por um local três a cinco vezes maior que o necessário à construção inicial.

O projeto do prédio também deve prever expansões futuras. Algumas paredes podem ser construídas com divisórias para permitir a remoção rápida. As áreas do térreo, projetadas para suportar movimentações pesadas, podem ser estendidas durante a construção inicial para facilitar a expansão.

MANUSEIO DE MATERIAIS

Um sistema de manuseio de materiais é o principal orientador do projeto do depósito. Como observamos anteriormente, a movimentação e a separação de produtos são as principais funções de um depósito. Consequentemente, o depósito é visto como uma estrutura projetada para facilitar o fluxo eficiente de produtos. Vale destacar que o sistema de manuseio de materiais tem de ser selecionado no início do processo de desenvolvimento do depósito. Os equipamentos e a tecnologia de manuseio de materiais serão discutidos no Capítulo 10.

LAYOUT

O *layout* das áreas de estocagem de um depósito tem de ser planejado para facilitar o fluxo de produtos. O *layout* e o sistema de manuseio de materiais são integrados. Além disso, deve-se dedicar atenção especial à localização, quantidade e projeto das docas de recebimento e carregamento.

É difícil generalizar os *layouts* de depósitos, já que eles normalmente são personalizados para atender os requisitos de manuseio de produtos específicos. Se forem usados paletes, uma etapa inicial é determinar o tamanho adequado. Um palete de tamanho não padronizado pode ser desejável no caso de produtos especializados. Os tamanhos de palete mais comuns são 1 × 1,20 metro e 0,80 × 1 metro. Em geral, quanto maior a capacidade de carga de um palete, menor o custo de movimentação por quilo ao longo de determinada distância. Um operador de empilhadeira pode movimentar uma carga maior no mesmo período e com o mesmo esfor-

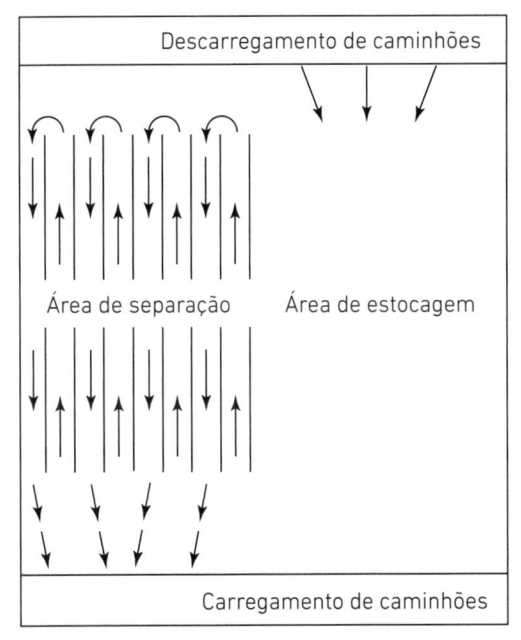

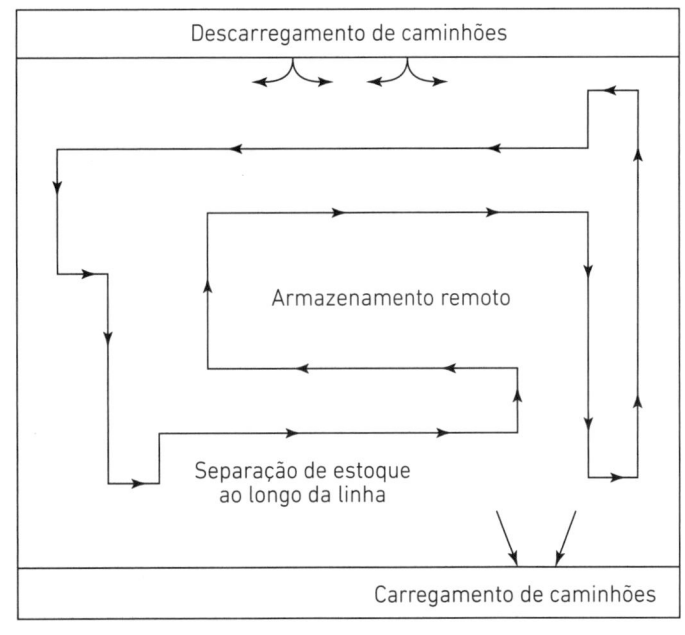

FIGURA 9.5
Layouts A e B.

ço necessário para movimentar uma carga menor. A análise das caixas do produto, dos padrões de empilhamento e das práticas do setor determinará o tamanho de palete mais adequado à operação. Independentemente do tamanho selecionado, a gerência deve adotar um tamanho de palete para ser usado em todo o depósito.

A segunda etapa no planejamento do *layout* de depósito envolve o posicionamento dos paletes. A prática mais comum no posicionamento dos paletes é a colocação a 90 graus. O posicionamento quadrado é amplamente utilizado devido à facilidade de criar o *layout*. A colocação a 90 graus significa que o palete é posicionado perpendicularmente ao corredor. A colocação de produtos específicos em locais selecionados em paletes é denominada **posicionamento**. Naturalmente, a chave para um *layout* eficiente é um plano bem elaborado de posicionamento.

Por fim, os equipamentos de manuseio têm de ser integrados para finalizar o *layout*. O caminho e o tempo de fluxo dos produtos dependem do sistema de manuseio de materiais. Para ilustrar a relação entre o manuseio de materiais e o *layout*, a Figura 9.5 mostra dois sistemas e seus respectivos *layouts*. Esses exemplos representam dois entre muitos *layouts* possíveis.

O *layout* A ilustra um sistema de manuseio de materiais que utiliza empilhadeiras para movimentações de entrada e de transferência de estoque e unidades de tração com reboques para a separação de pedidos. Esse cenário pressupõe que os produtos podem ser paletizados. Esse *layout* está muito simplificado porque os escritórios, áreas especiais e outros detalhes foram omitidos.

A planta baixa do *layout* A é aproximadamente quadrada. Os defensores do *layout* quadrado acreditam que ele proporciona a melhor estrutura para a eficiência operacional geral. Como indicamos anteriormente neste capítulo, os produtos devem ser posicionados em uma área específica do depósito para a separação de pedidos. Esse é o caso do *layout* A. Essa área é denominada **área de separação**. Seu objetivo principal é minimizar a distância que os separadores de pedidos têm de percorrer para montar um pedido.

A área de separação é apoiada pela **área de estocagem**. Quando os produtos são recebidos, eles são paletizados e movidos para ela. A área de separação é reabastecida a partir da estocagem conforme necessário. Dentro da área de separação, os produtos são posicionados de acordo com o peso, o volume e a velocidade de reabastecimento com o objetivo de minimizar a movimentação de saída. Os pedidos de clientes são montados por um separador de pedidos que usa uma unidade de tração para puxar reboques por meio da área de separação. As setas no *layout* A indicam o fluxo de separação de produtos.

O *layout* B ilustra um sistema de manuseio de materiais que utiliza empilhadeiras para movimentar os produtos que chegam e para movimentações de transferência. Uma linha contínua é usada para a separação de pedidos. A planta baixa do *layout* B é retangular. Em um sistema que usa uma linha de movimentação contínua, a compacta área de separação é substituída pela separação de pedidos diretamente da área de armazenamento. Os produtos são movimentados das áreas de recebimento para as posições de armazenamento adjacentes à linha de movimentação. Os pedidos, então, são separados diretamente do armazenamento e colocados em carrinhos, que se movimentam por meio do depósito ao longo da linha. Os produtos são armazenados ou posicionados de modo a minimizar a movimentação de entrada. O ponto fraco da linha contínua é que ela facilita a separação de todos os produtos em velocidade e frequência iguais e não considera as necessidades especiais dos produtos de alta rotatividade. As setas no *layout* B indicam as principais movimentações de produtos. O percurso no centro do *layout* ilustra o caminho da linha.

Conforme indicamos, tanto o *layout* A quanto o B estão muito simplificados. O objetivo é ilustrar as abordagens extremamente diferentes que os gerentes desenvolvem para conciliar a relação entre o manuseio de materiais e o *layout* do depósito.

DIMENSIONAMENTO

Diversas técnicas estão disponíveis para ajudar na estimativa do tamanho do depósito. Cada método começa com uma projeção do volume total que se espera movimentar no depósito por determinado período. A projeção é usada para estimar os estoques cíclico e de segurança de cada produto a ser estocado no depósito. Algumas técnicas consideram tanto o estoque normal quanto o de pico. Não considerar as taxas de utilização pode resultar em um prédio maior que o necessário. É importante observar, no entanto, que uma das principais queixas dos gerentes de depósito é quanto ao tamanho do depósito, normalmente subestimado. Um bom método empírico é permitir um espaço adicional de 10% para acomodar aumentos de volume, novos produtos e oportunidades inéditas de negócio.

SISTEMAS DE GERENCIAMENTO DE DEPÓSITOS

O desenvolvimento de procedimentos de trabalho caminha lado a lado com o treinamento dos funcionários do depósito. Muitas empresas depende de um **Sistema de Gerenciamento de Depósitos** (**WMS** – *Warehouse Management System*) para padronizar procedimentos de trabalho e estimular as melhores práticas.

Um dos principais usos de um WMS é coordenar a separação de pedidos, e seus dois métodos básicos são a **separação discreta** e a **separação em ondas**, também conhecida como **separação em lotes**. Na seleção discreta, um pedido específico do cliente é separado e preparado para o carregamento como uma tarefa de trabalho específica. A separação discreta de pedidos normalmente é usada quando o conteúdo e o manuseio do pedido são críticos.

A separação em lotes pode ser projetada e operacionalizada de diversas maneiras. Uma onda pode ser coordenada por uma área do depósito em que todas as quantidades de todos os produtos necessários para completar todos os pedidos dos clientes são separados ao mesmo tempo. Usando esse tipo de separação em ondas, os funcionários normalmente se responsabilizam por uma parte específica do depósito. As ondas também podem ser planejadas em torno de um destino e/ou transportadora, por exemplo, todas as cargas da UPS para a costa leste. Como cada funcionário tem um conhecimento profundo da área de separação específica do depósito ou do procedimento de carregamento, normalmente ocorrem menos erros de separação quando se usa a separação em ondas.

O WMS também coordena procedimentos de trabalho que são importantes para o recebimento e o carregamento. É fundamental ter procedimentos para receber e para garantir a entrada dos produtos nos registros de estoque. Se forem usados paletes, os produtos devem ser empilhados em padrões apropriados para garantir o máximo de estabilidade da carga e uma contagem coerente de caixas. Os funcionários que trabalham no carregamento precisam ter conhecimento de práticas de carregamento de carretas. Em tipos específicos de operação, sobretudo quando o produto muda de dono, os itens têm de ser verificados durante o carregamento.

Os procedimentos de trabalho não são restritos aos funcionários da operação. Devem ser estabelecidos procedimentos para a administração e a manutenção. O reabastecimento do estoque do depósito pode gerar problemas operacionais se não houver procedimentos adequados para pedidos. Normalmente, há uma interação limitada entre os compradores e os funcionários do depósito, embora tal comunicação esteja melhorando em organizações que realizam uma gestão integrada da cadeia de suprimentos. Os compradores tendem a comprar em quantidades que apresentem o melhor preço, e dão pouca atenção às quantidades compatíveis com o palete ou com o espaço disponível no depósito.

O ideal é que os compradores se coordenem com os funcionários do depósito antes de fazer pedidos volumosos ou de introduzir novos produtos. A experiência de algumas empresas tem forçado os gerentes a exigir que os compradores determinem antecipadamente o espaço de depósito necessário antes de fazer um pedido. Outro problema potencial é a quantidade de caixas compradas. O objetivo é comprar em quantidades múltiplas de acomodação em paletes. Por exemplo, se um produto é empilhado em paletes em um padrão de 50 caixas, o

Sistema de gerenciamento de depósitos

Funções essenciais
Recebimento
Posicionamento
Contagem cíclica
Separação
Gerenciamento de tarefas
Análise de qualidade
Reabastecimento
Embalagem
Cross-docking circunstancial
Controle de estoque
Gerenciamento de ordens de serviço
Carregamento

Funções avançadas
Gerenciamento de pátio
Gerenciamento de mão de obra
Otimização de depósitos
Serviços com valor agregado
Cross-docking planejado
Gerenciamento de devoluções

Sistemas de interface (*middleware*)

ERP – TMS – Manuseio de materiais – Sistemas de planejamento da cadeia de suprimentos

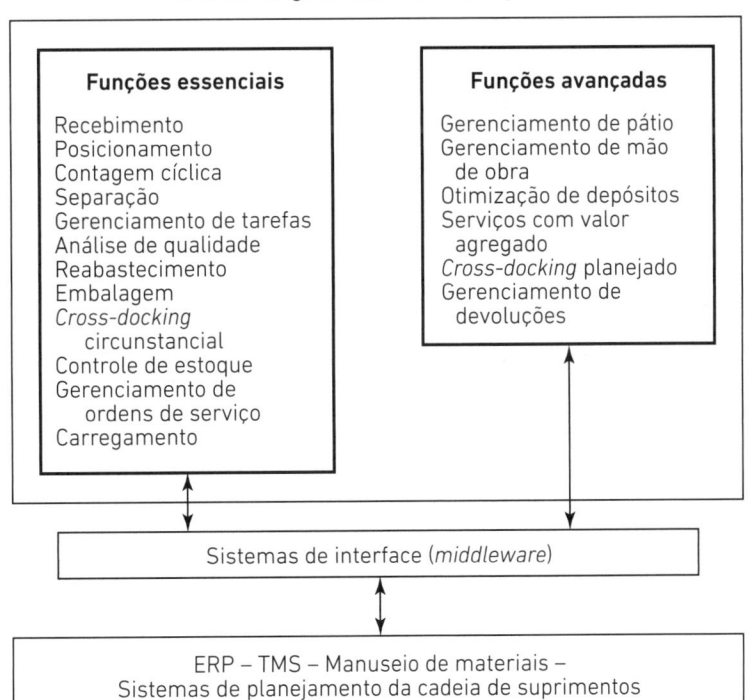

FIGURA 9.6 Funcionamento do sistema de gerenciamento de depósitos.

comprador deve comprar em múltiplos de 50. Se for feito um pedido de 120 caixas, quando o produto chegar, as caixas preencherão dois paletes e sobrarão 20 para um terceiro palete. As 20 caixas adicionais exigirão o volume de armazenamento normalmente usado por um palete com 50 caixas e o mesmo nível de capacidade de manuseio de materiais.

A Figura 9.6 ilustra a gama de atividades coordenadas por um WMS avançado. As funções históricas de um sistema de depósito se concentravam em receber carregamentos, guardar o estoque e separar pedidos. Atividades padrão tradicionais são listadas sob funções essenciais. A Figura 9.6 mostra outras atividades-padrão tradicionais na categoria de nome **funções essenciais**. Os depósitos de hoje têm de oferecer uma gama mais ampla de serviços, já que frequentemente realizam *postponement* de manufatura ou de forma. Eles também gerenciam mais estoque com base em *just-in-time*. A Figura 9.6 ilustra algumas dessas atividades indicadas como **funções avançadas**. O gerenciamento de pátio, às vezes função do **Sistema de Gerenciamento de Transportes** (**TMS** – *Transportation Management System*) de uma empresa, refere-se ao processo de gerenciar os veículos e o estoque dentro deles enquanto estão no pátio do depósito. Um giro de estoque mais rápido exige maior visibilidade do estoque, mesmo quando está dentro dos veículos de transporte. O gerenciamento de mão de obra diz respeito à maximização do uso da mão de obra do depósito. Historicamente, ela é bastante especializada, permitindo um planejamento relativamente fácil. Hoje, no entanto, espera-se que a mão de obra do depósito realize uma gama maior de atividades para reduzir a quantidade de funcionários necessários. A otimização do depósito se refere à escolha do melhor local interno para armazenar e separar os produtos com o objetivo de minimizar o tempo e a movimentação. **Serviços com valor agregado** dizem respeito à coordenação das atividades do depósito para personalizar produtos, como embalagem, rotulagem e montagem de *kits* e mostruários.

Cross-docking planejado é a integração de duas ou mais partes do pedido de um cliente fornecidas por fontes diferentes sem mantê-las no estoque. Essa estratégia às vezes é

TABELA 9.2 Funções do WMS e apoio à decisão.

Função selecionada	Benefícios de apoio à decisão
Armazenamento	Aumento da produtividade e da utilização do espaço.
Intercalação de tarefas	Roteirização de empilhadeiras por demanda, em vez de por tarefas, áreas ou sequência predeterminadas.
Separação/reabastecimento	Separação direta a partir de um ou mais locais, incluindo separação de produtos de acordo com a data de validade. Facilita o reabastecimento dos estoques nos locais de separação, quando apropriado.
Posicionamento	Posicionamento variável ou fixo para melhorar a utilização do espaço.
Cross-docking	Facilita o recebimento direto para o fluxo de carregamento.
Visibilidade do estoque	Rastreamento de lotes específicos no depósito, bem como a visibilidade diária dos recebimentos. Controle de lotes específicos por data.
Solução para filas em tarefas	Identificação de formas alternativas de resolver de modo rápido ou eficiente os "gargalos" ou filas nas tarefas.
Estratégia de separação	Procedimentos para execução de estratégias selecionadas de separação.
Correção de erros	Capacidade de identificar, resolver e corrigir erros de dados em tempo real. Capacidade de identificar e resolver diferenças em pedidos de compra ou avisos antecipados de carregamento e nas quantidades ou produtos recebidos de modo eficaz.
Simulações	Apresentação de cenários de apoio à decisão em tempo real para ajudar a tomada de decisões operacionais.
Produtos devolvidos	Facilita o processamento e a realização de auditoria em programas de logística reversa.
Contagem cíclica	Capacidade de conduzir e conciliar contagens de estoque em tempo real.

Fonte: Reimpresso com permissão de Bowersox et al., "RFID Applications Within the Four Walls of a Consumer Package Goods Warehouse," from Marketing and Supply Chain Working Paper, Michigan State University, 2005.

usada no setor de computadores para unir uma unidade de processamento e um monitor no depósito um pouco antes de entregar o conjunto para o cliente final. Uma vez que não há estoque de qualquer peça no depósito, a atividade de *cross-docking* exige planejamento e coordenação precisos.

Por fim, uma outra função avançada é a capacidade de gerenciar as atividades de logística reversa, como devoluções, reparos e reciclagem. Tanto os interesses dos clientes quanto os ambientais estão aumentando a demanda de que as cadeias de suprimentos possam atender os requisitos de logística reversa. A Tabela 9.2 resume as funções e os benefícios de apoio à decisão de um WMS.

SISTEMA DE GERENCIAMENTO DE PÁTIOS

Uma parte importante da tecnologia de informação relacionada ao armazenamento é o **Sistema de Gerenciamento de Pátio** (**YMS** – *Yard Management System*). Em essência, o YMS interliga o depósito com os veículos de transporte de entrada e saída. Essa coordenação assume a forma de organização das docas para receber os produtos pedidos e os veículos para os transportes de saída. Pela perspectiva de desempenho, o YMS é o programador. Para o alto nível de eficiência no transporte e armazenamento, é essencial sequenciar de maneira conveniente a atividade de entrada e saída do depósito. Também é importante manter um controle preciso de quais produtos e veículos de transporte se encontram no pátio do depósito ou da fábrica. Existem muitas histórias que ilustram, por exemplo, o esforço de um fornecedor em acelerar uma entrega para cumprir o combinado com o cliente e ver seu caminhão ficar retido no pátio por falta de disponibilidade das docas de recebimento. Uma maneira adequada de interpretar o YMS é como um *software* que vincula e coordena o transporte (TMS) com o depóstio (WMS).

ACURÁCIA E AUDITORIAS

As funções de um WMS exigem a verificação constante do estoque para manter a efetividade operacional. A acurácia do estoque normalmente é mantida por contagens físicas anuais ou pela contagem de partes específicas do estoque de modo planejado. A **contagem cíclica** é a auditoria do estoque selecionado em uma programação cíclica. A seleção de itens individuais a serem contados e verificados pode se basear em uma área específica do depósito, na frequência de movimentação ou no giro de estoque. Depois da contagem, as discrepâncias entre os estoques físico e do WMS são conciliadas para garantir a contínua validade do sistema.

As auditorias sobre a acurácia do estoque são apenas um tipo de auditoria, normalmente usada para manter e melhorar a eficiência operacional do depósito. As auditorias também são usadas para manter a segurança, garantir o cumprimento de regulamentações, orientar melhorias em procedimentos e facilitar mudanças em processos.

SEGURANÇA

De modo geral, a segurança em um depósito envolve a proteção contra furtos e roubos, deterioração e qualquer forma de interrupção operacional. Todas as formas de segurança exigem atenção gerencial.

Furtos e Roubos

Nas operações em depósitos, é necessário se proteger contra furtos, que podem ser realizados por funcionários ou ladrões, bem como de tumultos e distúrbios relacionados a atos terroristas. Procedimentos de segurança típicos devem ser estritamente cumpridos em todos os depósitos.

A segurança começa na porta de entrada. Como procedimento padrão, apenas funcionários autorizados devem ter permissão para entrar nas instalações e permanecer na área. A entrada no pátio do depósito deve ser controlada por um único portão. Sem exceção, nenhum automóvel particular, independentemente do cargo administrativo ou do *status* do cliente, deve ter permissão para entrar no pátio ou na área adjacente ao depósito.

Para ilustrar a importância de regras de segurança, a experiência a seguir pode ser útil. Uma empresa determinou que nenhum veículo particular teria permissão de entrar no pátio do depósito. Foram feitas exceções a dois empregados do escritório com necessidades especiais. Certa noite, depois do trabalho, um desses empregados descobriu um pacote colado com fita debaixo de um dos para-lamas de seu carro. Uma verificação posterior revelou que seu carro era praticamente um caminhão de entregas. O acontecido foi prontamente relatado ao departamento de segurança, que pediu ao funcionário que não alterasse nenhum pacote colado ao carro e para continuar a estacionar dentro do pátio. Ao longo dos dias seguintes, a situação foi completamente revelada, com a prisão e condenação de sete funcionários do depósito que confessaram ter roubado milhares de dólares em produtos da empresa. A empresa teria se saído bem melhor se tivesse fornecido um transporte aos dois empregados com necessidades especiais do estacionamento normal até seus locais de trabalho.

A falta de estoque é sempre uma grande preocupação nas operações. Muitas ocorrências acontecem devido a erros durante a separação de pedidos e o carregamento, mas o objetivo do departamento de segurança é restringir os furtos por todos os ângulos. A maioria dos furtos ocorre durante as horas normais de trabalho.

Sistemas de controle de estoque e processamento de pedidos ajudam a proteger os produtos de ser carregados para fora do depósito a menos que estejam acompanhadas de um documento de liberação. Se forem autorizadas amostras para uso de vendedores, esses produtos devem ser mantidos em um estoque separado. Nem todos os furtos ocorrem de modo individual. Esquemas organizados entre funcionários do depósito e motoristas podem resultar em separação em excesso ou na substituição de produtos de baixo valor por produtos de alto valor com o objetivo de retirar produtos não autorizados do depósito. A rotatividade de empregados nas funções, a contagem total de volumes e ocasionais verificações completas da carga podem reduzir a vulnerabilidade a esse tipo de esquema.

Uma preocupação logística é a crescente incidência de roubo de cargas de caminhões carregados em pátios ou estradas. Sua prevenção é, em essência, um assunto da polícia, mas os roubos dentro de pátios podem ser eliminados por rígidos controles de segurança. Os roubos nas estradas é um sério problema em países em desenvolvimento. O gerente de uma empresa de bebidas relatou que incluía nos orçamentos a perda de um caminhão por semana em suas operações na América do Sul. Ele instruiu os motoristas a simplesmente desligar o caminhão e sair, em vez de arriscar suas vidas. Procedimentos e tecnologias relacionadas a problemas referentes a terrorismo serão discutidos no Capítulo 16.

Danos

Dentro do depósito, inúmeros fatores podem estragar um produto. A forma mais evidente de deterioração é o dano derivado do manuseio descuidado de materiais. Por exemplo, quando paletes são empilhados em grandes alturas, uma alteração notável na umidade ou na temperatura pode fazer que as caixas na parte de baixo da pilha entrem em colapso. O ambiente do depósito deve ser cuidadosamente controlado e medido para proporcionar proteção adequada aos produtos. O descuido de funcionários do depósito é uma grande preocupação. Nesse caso, a empilhadeira pode ser a pior inimiga. Independentemente da frequência com que os operadores de empilhadeiras são alertados quanto ao excesso de carga, alguns ainda exageram no volume quando não são bem supervisionados. Em dada situação, uma pilha de quatro paletes foi derrubada de uma empilhadeira na doca de recebimento de um depósito de alimentos. O procedimento padrão era movimentar dois paletes de cada vez. O custo dos produtos danificados ficou acima do lucro médio diário de dois supermercados. A deterioração de produtos advinda do manuseio descuidado dentro do depósito é uma forma de perda contra a qual não existe seguro ou compensação de receita.

Outra importante forma de deterioração é a incompatibilidade de produtos armazenados ou transportados em conjunto. Por exemplo, deve-se tomar cuidado ao armazenar ou transportar chocolate para garantir que ele não absorva os odores dos produtos com os quais está sendo transportado, como certos produtos de limpeza.

PREVENÇÃO DE ACIDENTES E MANUTENÇÃO

A prevenção de acidentes é uma preocupação da gerência de um depósito. Um programa abrangente de prevenção de acidentes exige avaliação constante dos procedimentos de trabalho e dos equipamentos para localizar e tomar medidas corretivas para eliminar condições inseguras antes que aconteçam acidentes. Os acidentes ocorrem quando os trabalhadores são descuidados ou expostos a perigos mecânicos ou físicos. O piso de um depósito pode causar acidentes se não estiver adequadamente limpo. Durante as operações normais, depósitos de borracha e vidro se acumulam nos corredores e, de tempos em tempos, embalagens violadas podem fazer que os produtos sejam derramados no chão. Nesses casos, procedimentos de limpeza adequados podem reduzir o risco de acidentes. A proteção ambiental se tornou uma grande preocupação de órgãos governamentais e não pode ser negligenciada pela gerência.

Um programa de manutenção preventiva é necessário para equipamentos de manuseio de materiais. Diferentemente das máquinas de produção, equipamentos de movimentação não são estacionários, então é mais difícil fazer uma manutenção adequada. Um programa de manutenção preventiva com verificações periódicas dos equipamentos de manuseio deve ser aplicado em todos os depósitos.

Resumo

Os depósitos existem para contribuir para a eficiência da produção e da distribuição. Embora o papel tradicional dos depósitos tenha sido o armazenamento de estoque, hoje eles apresentam uma proposta de valor mais ampla em termo de benefícios econômicos e de serviço. Os benefícios econômicos incluem consolidação e fracionamento de carga, reconfiguração, armazenamento sazonal e logística reversa. Os benefícios de serviço incluem estoque ocasional, estoque de linhas completas e serviços com valor agregado. A perspectiva do armazenamento está mudando de uma missão tradicional de estocagem para uma função caracterizada por customização, velocidade e movimentação.

Centros de distribuição e depósitos são projetados para realizar as principais atividades de manuseio e armazenamento de estoque. O manuseio inclui recebimento de cargas de entrada; manuseio dentro do depósito para realizar a movimentação entre diferentes tipos de armazenamento – como de longo prazo, a granel e para separação –; e embalagem e envio aos clientes. A estocagem ativa facilita o *cross-docking*, a consolidação, o fracionamento de carga e o *postponement*. As atividades de estocagem estendida facilitam o equilíbrio entre oferta, a demanda e a especulação.

Os depósitos normalmente são classificados com base na propriedade. Um depósito próprio é operado pela empresa que possui os produtos armazenados nas instalações. Um depósito independente é operado de modo independente e oferece diversos serviços com valor agregado. Um depósito terceirizado é um acordo empresarial de longo prazo que oferece serviços personalizados a um número limitado de clientes. Uma estratégia de armazenamento integrada muitas vezes incorpora uma combinação de opções de propriedade de depósitos.

Existem diversas decisões gerenciais no planejamento e início das operações de depósitos, incluindo escolha do local, projeto, análise do *mix* de produtos, expansão, manuseio de materiais, *layout*, dimensionamento, WMS, acurácia e auditorias, segurança, prevenção de acidentes e manutenção. Cada uma dessas atividades exige esforço gerencial considerável para garantir que as instalações sejam inauguradas e administradas de modo tranquilo e possam acomodar mudanças rapidamente e com sucesso, sempre que necessário, para atender as demandas empresariais do momento.

QUESTÕES PARA REVISÃO

1 Discuta e ilustre a justificativa econômica para o estabelecimento de um depósito.

2 Por que um depósito poderia ser descrito como um "mal necessário"?

3 Sob que condições seria interessante combinar depósitos próprios e independentes em um sistema logístico?

4 Qual papel os operadores de depósitos desempenham em estratégias de *postponement*?

5 Discuta e ilustre o papel dos depósitos na logística reversa.

6 Explique a seguinte afirmativa: "Um depósito deveria consistir apenas de paredes para proteger um sistema de manuseio eficiente".

DESAFIOS

1 O que você considera como os principais benefícios do processo de *cross-docking* da Meijer? Com quais aspectos do *cross-docking* você se preocuparia? Como faria uma análise de custo-benefício da operação de *cross-docking*?

2 Suponha que você seja o responsável pela produção industrial na instalação de Honda em Marysville. Em um determinado dia, o fornecedor de primeira camada que conduz a operação de montagem de roda-pneu adjacente à instalação fornece a combinação errada de roda-pneu para a linha de montagem, resultando em um carro azul com rodas projetadas para um carro branco. Como você solucionaria esse problema?

3 Suponha que você trabalhe em uma empresa do ramo farmacêutico e que enfrente um *recall* em nível nacional sem precedentes. O produto em questão não é considerado uma ameaça à saúde, mas o *recall* tem uma alta visibilidade na mídia. Como você agiria? Seja específico no que diz respeito à sua sequência de ações, ao racional utilizado e às iniciativas de relações públicas.

4. A Canadian Tire é uma das maiores empresas do Canadá. Eles controlam quatro grandes centros de distribuição, que atendem mais de 470 lojas de pneus. Recentemente, eles instalaram um YMS, que foi integrado aos seus sistemas WMS e TMS. Sua expectativa era a melhoria do desempenho na utilização dos transportes rodoviários, na produtividade dos motoristas e na utilização das docas dos depósitos. Como um funcionário relativamente novo em logística, lhe pediram para desenvolver um sistema de avaliação destinado a medir a melhoria da produtividade na operação. Embora a gestão não queira uma avaliação do impacto financeiro, ela está interessada em desenvolver *benchmarks* para medir a melhoria inicial e sustentável da produtividade. A tarefa é sua – o que você faria?

CAPÍTULO 10 | Embalagem e manuseio de materiais

RESUMO DO CAPÍTULO

PERSPECTIVAS SOBRE AS EMBALAGENS
EMBALAGEM PARA MANUSEIO EFICIENTE DE MATERIAIS
DESIGN DE EMBALAGENS
UNITIZAÇÃO
COMUNICAÇÃO
MANUSEIO DE MATERIAIS
CONSIDERAÇÕES BÁSICAS SOBRE O MANUSEIO
SISTEMAS MECANIZADOS
SISTEMAS SEMIAUTOMATIZADOS
SISTEMAS AUTOMATIZADOS
SISTEMAS ORIENTADOS PELA INFORMAÇÃO
CONSIDERAÇÕES ESPECIAIS SOBRE O MANUSEIO
RESUMO
QUESTÕES PARA REVISÃO
DESAFIOS

Dentro de um depósito e enquanto os produtos são transportados pelo sistema logístico, a embalagem serve para identificá-los e protegê-los. Ela, contendo um produto, é a unidade que será movimentada pelo sistema de manuseio de materiais de uma empresa. Por esse motivo, embalagem e manuseio de materiais serão discutidos em conjunto.

PERSPECTIVAS SOBRE AS EMBALAGENS[1]

A EMBALAGEM NORMALMENTE é vista como voltada **para o consumidor**, concentrada no marketing, ou **industrial**, concentrada na logística. A principal preocupação das operações logísticas é o *design* da embalagem industrial. Produtos ou peças individuais normalmente são agrupados em caixas de papelão, sacolas, latas ou barris para serem protegidos contra danos e manuseados com eficiência. Recipientes usados para agrupar produtos individuais são denominados **caixas principais**. Quando elas são agrupadas em unidades maiores para facilitar o manuseio, diz-se que passaram por uma **conteinerização** ou **unitização**.

Caixas principais e unidades de carga são as unidades básicas de manuseio para as operações logísticas. O peso, volume e potencial de dano da caixa principal determinam os requisitos de transporte e manuseio de materiais. Se a embalagem não é projetada para o processamento logístico eficiente, o desempenho de todo o sistema sofre. A embalagem e as unidades de cargas afetam toda a movimentação e os custos de armazenamento da cadeia de suprimentos.

A quantidade ou a apresentação para venda no varejo não deve ser o maior determinante do tamanho da caixa principal. Por exemplo, cervejas, muitas vezes vendidas no varejo em pacotes com seis unidades, normalmente são acondicionadas em caixas principais com 24 unidades. A caixa principal deve ser grande o bastante para proporcionar economia de escala no manuseio, mas leve o suficiente para facilitar o transporte por um indivíduo sem ajuda mecânica.

---

[1] Os autores expressam sua gratidão à professora Diana Tweede da Michigan State University School of Packaging pela ajuda na elaboração desta seção.

Um dos principais objetivos da logística é projetar as operações de modo a manusear uma variedade limitada de caixas principais padronizadas. A padronização das caixas principais facilita o manuseio e o transporte de materiais. A importância da padronização pode ser ilustrada por um exemplo adaptado de um varejista de sapatos.

O sistema logístico utilizado pelo varejista para enviar sapatos do depósito para as lojas consistia em reutilizar caixas dos fornecedores. Os pares de sapato eram agrupados da melhor maneira possível em caixas reaproveitadas. Ou seja, cada loja recebia uma variedade de tamanhos de caixas. O método de separação de pedidos usado para montar o pedido de uma loja era usar listas de separação sequenciadas no depósito que agrupavam os sapatos por estilo e quantidade. Os sapatos eram selecionados no depósito, embalados em caixas e, depois, manualmente empilhados em um carrinho para serem transportados para a doca de carregamento. As caixas eram, então, carregadas em caminhões para a entrega nas lojas. Embora a lista de separação de pedidos apresentasse um sumário de todos os sapatos no carregamento, era impossível para as lojas determinar o conteúdo de qualquer caixa.

Compreender o manuseio de materiais e as operações de loja como um sistema integrado resultou em uma decisão de descontinuar o uso de caixas reaproveitadas. O novo procedimento determinou o uso de uma caixa principal padronizada que facilitava a separação de pedidos e o manuseio de materiais. A nova prática logística foi projetada em torno de dois conceitos. Primeiro, as caixas principais padronizadas foram adotadas para permitir a movimentação contínua em esteiras rolantes do ponto de separação de pedidos no depósito até o carregamento dos caminhões. Segundo, um sistema integrado e informatizado para garantir que cada caixa principal padronizada fosse empilhada de modo a atingir o máximo de utilização do volume. Pelo novo sistema, uma lista de separação era gerada para cada caixa. Depois que os pares de sapatos eram colocados na caixa, a lista de separação era afixada à caixa, fornecendo um resumo do conteúdo aos funcionários das lojas.

As vantagens de uma caixa principal padronizada se estendeu até o depósito das lojas. Como o conteúdo de cada caixa principal era facilmente verificado, não era mais necessário buscar em diversas caixas para encontrar um estilo ou tamanho de sapato enquanto o cliente aguardava. As caixas principais padronizadas também podiam ser empilhadas com mais facilidade, resultando em menos congestionamento no depósito. Por fim, a identificação total do conteúdo das caixas principais facilitou o gerenciamento de estoque e o reabastecimento.

O novo sistema integrado exigiu a compra de caixas principais, visto que cada uma só pode ser reaproveitada cerca de três vezes. No entanto, esse custo adicional foi mais do que justificado pela redução da mão de obra necessária para separação de pedidos, movimentação contínua das caixas para os caminhões e utilização mais eficiente dos veículos de transporte. Uma vez que cada caixa principal era ocupada até perto de sua capacidade, o espaço livre nas caixas foi reduzido. O tamanho da caixa principal padronizada foi escolhido para obter o máximo de conformidade com uma carreta rodoviária de grande porte, eliminando, assim, o espaço livre no empilhamento. O resultado final do uso de caixas principais padronizadas foi uma redução substancial no custo total, combinada com um sistema de manuseio de materiais muito mais eficaz tanto no depósito quanto na loja de sapatos.

Esse exemplo ilustra a importância do planejamento integrado da logística e o princípio do menor custo total. No entanto, a questão mais importante é que a padronização das caixas principais facilitou a integração da cadeia de suprimentos.

Naturalmente, poucas organizações podem reduzir seus requisitos de caixas principais a um único tamanho que acondicione tudo. Quando são necessárias caixas principais de mais de um tamanho, deve-se tomar extremo cuidado para chegar a uma variedade de unidades

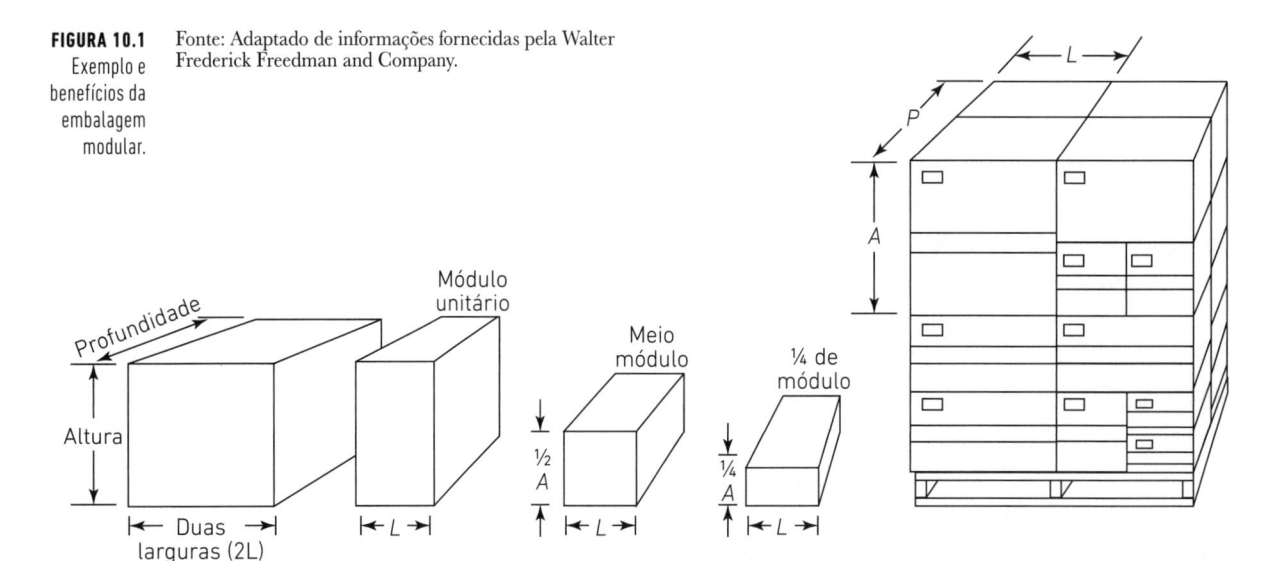

FIGURA 10.1 Fonte: Adaptado de informações fornecidas pela Walter Frederick Freedman and Company.
Exemplo e benefícios da embalagem modular.

compatíveis. A Figura 10.1 ilustra esse conceito, utilizando quatro tamanhos de caixas principais padrão que atingem compatibilidade modular.

Evidentemente, as considerações logísticas não conseguem dominar completamente o *design* das embalagens. A embalagem ideal para o manuseio e transporte de materiais seria um cubo perfeito com a máxima densidade possível. Raramente essa embalagem existirá. A questão importante é que os requisitos logísticos devem ser avaliados em conjunto com considerações de produção, marketing e *design* do produto na finalização da escolha da caixa principal.

Outra preocupação logística quanto à embalagem é o grau de proteção desejada. O *design* e o material da embalagem devem ser combinados para atingir o nível desejado de proteção sem incorrer em custos de excesso de proteção. É possível projetar uma embalagem com o material correto, mas sem oferecer a proteção necessária. Chegar a uma solução de embalagem satisfatória envolve definir o grau de dano admissível no que se refere às condições gerais esperadas e, depois, isolar uma combinação de *design* e materiais que consiga atender essas especificações. Para o *design* de embalagens, existem dois princípios básicos. Primeiro, o custo da proteção completa, na maioria dos casos, será proibitivo. Segundo, uma boa embalagem é uma mistura adequada de *design* e materiais.

Uma preocupação logística relevante é a relação entre o tamanho da caixa principal, o tamanho do pedido e a quantidade de apresentação no varejo. Pela perspectiva de manuseio de materiais, as caixas principais devem ser padronizadas e razoavelmente grandes para minimizar o número de unidades manuseadas no depósito. Para facilitar o manuseio no depósito, é desejável fazer que os varejistas comprem caixas principais em quantidades múltiplas. No entanto, no caso de um produto de baixa rotatividade, uma caixa principal pode conter excesso de estoque substancial de um item que só vende uma unidade por semana, mas é embalado em uma caixa com 48. Por fim, com o objetivo de reduzir a mão de obra, os varejistas muitas vezes colocam as caixas principais abertas nas prateleiras para que os produtos individuais não tenham de ser descarregados e colocados nas prateleiras. As caixas principais que atendem aos requisitos do varejo em termos de espaço na prateleira são preferíveis.

A determinação do *design* final da embalagem exige uma grande quantidade de testes para garantir que tanto as preocupações de marketing quanto as de logística sejam satisfeitas. Enquanto os aspectos de marketing geralmente são foco de pesquisas com clientes, a pesquisa de embalagem sob a ótica logística é realizada a partir de testes de laboratório ou experimentais. A análise laboratorial proporciona um modo confiável de avaliar o *design* da embalagem como resultado de avanços nos equipamentos de teste e das técnicas de medição. Existem equipamentos com registro automático disponíveis para medir a severidade e as características de um eventual impacto enquanto um pacote está em trânsito. Em grande parte, o cuidado no *design* de embalagens vem sendo estimulado por regulamentações governamentais sobre materiais perigosos.

As quatro causas mais comuns de danos em produtos em um sistema logístico são vibração, impacto, perfuração e compressão. Podem ocorrer inúmeros danos sempre que um pacote está sendo transportado ou manuseado. Acompanhar cargas de teste é caro e difícil de realizar em uma base científica. Para obter o máximo de acurácia, podem ser usadas simulações computadorizadas para reproduzir as condições típicas que um pacote enfrentará no sistema logístico. Existem equipamentos de teste em laboratório disponíveis para avaliar o impacto de colisões, considerando a interação entre a fragilidade do produto e os materiais e o *design* da embalagem.

EMBALAGEM PARA MANUSEIO EFICIENTE DE MATERIAIS

A UTILIDADE DA EMBALAGEM está no impacto que exerce sobre a produtividade e eficiência logísticas. Todas as operações logísticas são afetadas pela embalagem – desde o carregamento de caminhões e a separação de pedidos no depósito até o veículo de transporte e a utilização do volume disponível de armazenamento. A eficiência no manuseio de materiais em todas essas situações é bastante influenciada pelas características de *design* da embalagem, unitização e comunicação.

DESIGN DE EMBALAGENS

A embalagem de produtos em configurações padronizadas e as quantidades nos lotes contribuem com a eficiência logística. Por exemplo, a utilização do volume pode ser melhorada reduzindo o tamanho da embalagem, concentrando produtos como suco de laranja ou amaciante de roupas, eliminando o ar dentro das embalagens e fazendo o carregamento dos itens desmontados, aninhados e com o uso mínimo de materiais auxiliares para o armazenamento. Na maioria dos casos, o uso desses materiais auxiliares, como flocos de isopor, pode ser minimizado pela simples redução do tamanho da caixa. A Ikea, varejista sueca de móveis desmontados, enfatiza a minimização do volume ocupado a tal ponto que transporta travesseiros embalados a vácuo. A Ikea usa uma estratégia de embalagem para minimizar o volume ocupado com o objetivo de competir com sucesso nos Estados Unidos, embora a empresa embarque móveis na Suécia. A Hewlett-Packard envia impressoras dos Estados Unidos para a Europa usando frete aéreo e embalagem mínima. A empresa embala as unidades de carga com filme plástico termorretrátil (*shrink*) para proporcionar estabilidade e reduzir o potencial de danos. Além de diminuir os custos de transporte, a prática reduz os impostos de importação, visto que um valor agregado substancial é postergado até que o produto seja finalmente montado e vendido na Europa.

A minimização do volume ocupado é mais importante no caso de produtos leves, como móveis de jardim montados, que **consomem o volume** de um veículo de transporte antes de os limites de peso serem atingidos. Por outro lado, produtos pesados, como bolas de aço ou líquidos em garrafas de vidro, **consomem o limite de peso** de um veículo de transporte antes de o volume total ser ocupado. Quando um veículo ou contêiner tem seu limite de peso consumido, a empresa acaba embarcando ar no espaço que não pode ser ocupado com produtos. O peso total às vezes pode ser reduzido por alterações no produto ou na embalagem. Por exemplo, substituir as garrafas de vidro por garrafas de plástico aumenta significativamente a quantidade de garrafas que podem ser carregadas em uma carreta. A Gerber Baby Food decidiu usar garrafas de plástico, em parte, para reduzir as despesas de transporte.

Em outro exemplo, a H.H. Brown Shoe Company relatou a redução dos seus custos de transporte de 11% para 17%, utilizando ao mesmo tempo 20% a menos de contêineres de carga em consequência de uma reformulação. Foi relatado que o uso de caixas com formato mais retangular do que quadrado melhorou a utilização dos contêineres e carretas.[2]

A minimização do volume ocupado e do peso representa um desafio especial para as operações de pedido por correio e comércio eletrônico. Essas operações tendem a usar embalagens padronizadas para gerar eficiências operacionais e nas compras. Isso resulta, muitas vezes, em embalagens que exigem excesso de calços e outros materiais auxiliares, que aumentam o custo de frete. A natureza dos produtos e a amplitude de linhas de produto do comércio eletrônico normalmente exigem que diversas embalagens sejam combinadas em um único pedido. Isso é uma grande preocupação para os consumidores que estão se tornando mais conscientes do custo de frete e do manuseio das encomendas, bem como sobre as questões ambientais relacionadas à disposição de embalagens.

UNITIZAÇÃO

O processo de agrupamento de caixas principais em uma unidade física para facilitar o manuseio ou transporte de materiais é denominado **unitização** ou **conteinerização**. O conceito inclui todas as formas de agrupamento de produtos, desde juntar duas caixas principais uma à outra com fita até o uso de equipamentos de transporte especializados. Todos os tipos de unitização têm o objetivo básico de melhorar a eficiência no manuseio e no transporte. As unidades de carga oferecem muitos benefícios em relação ao manuseio de caixas principais individuais. Primeiro, o tempo de descarregamento e o congestionamento no destino são minimizados. Segundo, produtos embarcados em unidades de carga facilitam o manuseio. As unidades de carga utilizam aproximadamente um quinto do tempo necessário para carga ou descarga de embalagens individuais. A verificação de cargas na chegada também é simplificada, já que os documentos podem conter códigos de barra. O estoque pode ser rapidamente posicionado para separar pedidos. Por fim, os danos em trânsito são reduzidos pelo carregamento de unidades de carga e pelo uso de equipamentos de transporte especializados. Todos esses fatores reduzem o custo logístico. A discussão a seguir se limita aos métodos de unitização até a capacidade do equipamento de transporte.

Recipientes rígidos

Os recipientes rígidos oferecem um dispositivo no qual as caixas principais ou produtos soltos são unitizados. A premissa é que colocar produtos dentro de um contêiner selado proporcionará proteção e facilitará o manuseio. O uso de contêineres manuseados e transportados por equipamentos especiais e navios é prática comum nos transportes aéreos e hidroviários. Na distribuição doméstica, a conteinerização oferece eficiência substancial no transporte e redução no manuseio de produtos. Cerca de metade do custo total de transporte de produtos domésticos está na transferência de produtos entre veículos, manuseio em docas e plataformas, embalagem e em reclamações por perdas e danos. As empresas aéreas usam a conteinerização rígida para transportar cargas e bagagem dos passageiros. Os recipientes, que são projetados para caber na área de carga da aeronave, facilitam a carga e a descarga ao mesmo tempo que reduzem os danos e os furtos de produtos. A Tabela 10.1 resume os benefícios da conteinerização rígida.

Recipientes reaproveitáveis têm sido tradicionalmente usados para distribuir alguns produtos. A maioria das embalagens reaproveitáveis é de aço ou plástico, embora algumas empresas, conforme já observado, reaproveitem caixas de papelão. Os fabricantes de automóveis reaproveitam *racks* para carregar peças entre fábricas, e as empresas de produtos químicos reaproveitam barris de aço. Há uma crescente tendência, no entanto, de aplicações de embalagens

[2] <http://www.cargobusinessnews.com/news/100410/nesw1.html>.

Melhora a eficiência geral na movimentação de materiais.
Reduz o dano no manuseio e no transporte.
Reduz furtos.
Reduz a necessidade de embalagens protetoras.
Oferece maior proteção contra elementos do ambiente.
Oferece uma unidade de carga que pode ser reutilizada inúmeras vezes, reduzindo, assim, o desperdício e a necessidade de disposição do recipiente.

TABELA 10.1 Benefícios da conteinerização rígida.

reaproveitáveis para muitos itens e peças pequenas, como produtos alimentícios perecíveis, cargas entre fábricas e transportes do depósito até lojas.

Recipientes reaproveitáveis são especialmente adequados em ambientes integrados em que há uma razoável segurança para o contêiner entre embarcadores e clientes. A indústria automobilística faz muito uso de *racks* e embalagens reaproveitáveis entre fornecedores de componentes e as montadoras. Em um sistema de embalagens reaproveitáveis, as partes devem colaborar explicitamente para maximizar o uso do contêiner; do contrário, os recipientes podem ser perdidos, colocados em local errado ou esquecidos. Alternativamente, sistemas de depósito podem ser necessários em cadeias de suprimentos com fluxo mais livre, nas quais os membros são unidos por transações ocasionais ou não repetitivas. Sistemas de depósito são frequentemente usados para garrafas de bebidas, paletes e barris metálicos.

A decisão de investir em um sistema de embalagens reaproveitáveis envolve a consideração explícita da quantidade de ciclos de carga e custos do transporte de volta *versus* custos de compra e disposição de recipientes descartáveis. Os benefícios da melhoria no manuseio e da redução nos danos devem ser considerados, bem como os futuros custos de separação, monitoramento e limpeza dos recipientes reaproveitáveis.

Recipientes flexíveis

Como indica o nome, recipientes flexíveis não protegem um produto por meio do fechamento total. O tipo mais comum de conteinerização não rígida é o empilhamento de caixas principais em **paletes** ou **estrados**. A Figura 10.2 ilustra um palete de madeira. Um estrado, que é semelhante a um palete em tamanho e objetivo, é uma superfície plana de estocagem geralmente feita de papelão ou plástico. Como os estrados ficam encostados totalmente no piso, são necessárias empilhadeiras especiais para manusear as unidades de carga. A principal vantagem dos estrados em comparação aos paletes é o custo e o peso. Os estrados são menos dispendiosos que os paletes, e são insignificantes em termos de peso e volume.

A maioria das associações setoriais recomenda que seja usado um tamanho padronizado de palete ou estrado como plataforma de unitização de carga. A Grocery Manufacturers of America adotou o palete de 1 × 1,20 metro com entradas pelos quatro lados e estrados de tamanho semelhante para a distribuição de alimentos. A indústria de bebidas, por outro lado, padronizou paletes de 0,8 × 0,9 metro. Em todos os setores industriais, os tamanhos usados

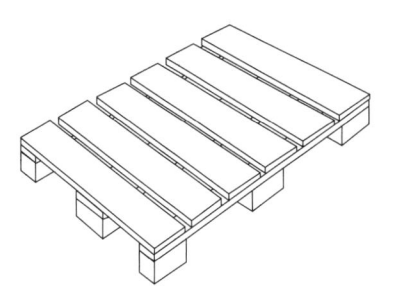

FIGURA 10.2 Exemplo de um palete de madeira.

com mais frequência são 1 × 1,20, 0,8 × 1 e 0,8 × 0,9. É prática comum primeiro identificar a dimensão da entrada mais frequente para os equipamentos de manuseio.

Geralmente, quanto maior uma plataforma, mais eficiente para o manuseio de materiais. Por exemplo, o palete de 1 × 1,20 metro oferece 0,48 metro quadrado a mais por camada de empilhamento do que a de 0,8 × 0,9 metro. Supondo que as caixas principais podem ser empilhadas em até 10 camadas, o espaço adicional de unitização do palete de 1 × 1,20 metro é de 4,8 metros quadrados. Isso é 67% maior que o de 0,8 × 0,9 metro. A determinação final do tamanho deve se basear na carga, na compatibilidade com o equipamento de manuseio e transporte usado por todo o sistema logístico e na prática padronizada pelo setor. Com equipamentos modernos de manuseio, encontram-se poucas restrições em termos de peso. Embora os próprios paletes não sejam flexíveis, as unidades de carga que eles contêm são muito flexíveis.

Há métodos diferentes para empilhar caixas principais em estrados e paletes, porém os quatro mais comuns são blocos, tijolos (*brick*), linhas e catavento (*pinwheel*). O método de blocos usa linhas com caixas de largura e altura iguais. No caso de largura e altura diferentes, emprega-se o padrão de tijolos, fileiras ou catavento. A Figura 10.3 ilustra esses quatro padrões básicos. Exceto no caso do método de blocos, as caixas são colocadas na unidade de carga arrumadas em um padrão de intertravamento com camadas contíguas formando ângulos de 90 graus umas com as outras. A estabilidade da carga é aumentada com o intertravamento. O padrão de blocos não apresenta esse benefício. Embora esses padrões ofereçam um bom ponto de partida quando há poucos tamanhos de caixas principais, a maioria dos padrões de paletes é determinada por *softwares*.

O uso da unitização flexível pode aumentar o potencial de danos se ela não for adequadamente afixada durante o manuseio ou o transporte. Na maioria das situações, a estabilidade da pilha não é suficiente para proteger uma unidade de carga. Métodos comuns de melhorar a estabilidade incluem cabos de amarração, apoios de canto, fitas metálicas, tratamento antiderrapagem, adesivos e embalagens termorretráteis. Esses métodos essencialmente prendem as caixas principais no padrão de empilhamento do palete. Métodos cada vez mais populares de proteger unidades de carga são os filmes termorretráteis e os filmes esticáveis. Ambos os filmes são semelhantes àqueles usados na cozinha para preservação de alimentos.

Foram organizadas empresas para gerenciamento de paletes como forma de superar os tradicionais problemas de devolução e troca. Paletes de alta qualidade são dispendiosos e difíceis de recuperar depois que saem do controle do dono. Quando ocorre a transferência para uma organização externa, os depósitos enviam os paletes de baixa qualidade e mantêm os melhores. As empresas de gerenciamento de paletes são fornecedores terceirizados que mantêm e alugam paletes de alta qualidade por uma tarifa variável por ciclo, o qual pode ser definido como o carregamento de paletes em um fabricante e o transporte para o depósito de um varejista. Empresas de gerenciamento de paletes assumem a responsabilidade pelo desenvolvimento, compra e manutenção de paletes, bem como pelo fornecimento de sistemas de controle e gerenciamento.

FIGURA 10.3 Padrões básicos de empilhamento de caixas em paletes.

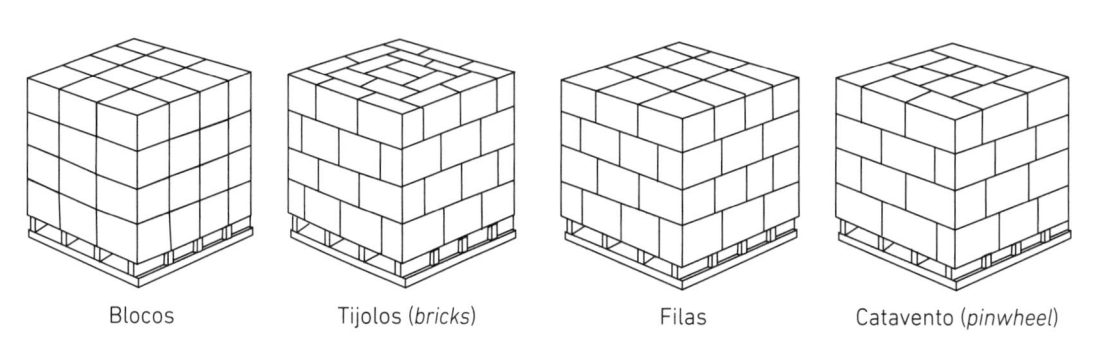

Blocos | Tijolos (*bricks*) | Filas | Catavento (*pinwheel*)

Fonte: Adaptado dos guias de paletização da National Wooden Pallet & Container Association, Arlington, VA.

COMUNICAÇÃO

A função final da embalagem logística é a comunicação ou transferência de informações. Essa função está se tornando cada vez mais crítica no fornecimento de identificação de conteúdo, rastreamento e instruções de manuseio.

O papel mais evidente da comunicação é a identificação do conteúdo de embalagens para todos os membros do canal. As informações típicas incluem fabricante, produto, tipo global do contêiner, quantidade, Código Universal de Produtos (UPC – *Universal Product Code*) e Código Eletrônico de Produtos (EPC – *Electronic Product Code*), e podem ser comunicadas por meio de código de barras ou tecnologia RFID. A informação na caixa é usada para identificar o produto para recebimento, separação do pedido e verificação da carga. A visibilidade é a principal consideração acerca da identificação do conteúdo, já que as pessoas que vão manuseá-lo devem conseguir observar ou ler eletronicamente a etiqueta a partir de distâncias razoáveis em todas as direções. A exceção para as embalagens de alta visibilidade são os produtos de valor elevado, que muitas vezes apresentam etiquetas pequenas ou mínimas para diminuir o potencial de furtos e roubos.

A facilidade de rastreamento da embalagem também é importante tanto para operações internas eficazes como para atender os clientes, que cada vez mais exigem que os produtos sejam rastreados à medida que se movimentam pela cadeia de suprimentos. O controle positivo de toda a movimentação reduz a perda de produtos e os furtos.

Um papel adicional da embalagem logística é fornecer instruções de manuseio e de proteção para os envolvidos. A informação deve apresentar quaisquer considerações especiais de manuseio do produto, como cuidados com os recipientes de vidro, restrições de temperatura, considerações sobre empilhamento ou questões ambientais. Se o produto for perigoso, como alguns produtos químicos, a embalagem ou o material que o acompanha deve oferecer instruções para lidar com vazamentos ou danos ao recipiente. Outro papel da embalagem é fornecer informações relacionadas à segurança. Essas questões são discutidas no Capítulo 16.

MANUSEIO DE MATERIAIS

Os AVANÇOS NA TECNOLOGIA e nos equipamentos de manuseio oferecem o potencial de melhorar substancialmente a produtividade logística. Os processos e tecnologias de manuseio impactam a produtividade ao influenciar os requisitos de mão de obra, espaço e principais equipamentos. É uma atividade logística fundamental que não pode ser desprezada. Embora os detalhes técnicos das tecnologias de manuseio de materiais sejam extensos e além do escopo deste livro, a seção a seguir apresenta considerações básicas sobre o manuseio e soluções alternativas.

CONSIDERAÇÕES BÁSICAS SOBRE O MANUSEIO

O manuseio logístico de materiais ocorre ao longo da cadeia de suprimentos. Existe uma diferença fundamental no manuseio de materiais a granel e de caixas principais. O manuseio de produtos a granel inclui situações em que os produtos são manipulados fora de caixas principais. Equipamentos especializados são necessários para manusear produtos a granel, como sólidos e *pellets*. O manuseio a granel de materiais fluidos e gasosos geralmente é realizado por meio do uso de dutos ou transportadores específicos. A discussão a seguir se concentra no manuseio de produtos embarcados em caixas principais.

Existem diversos princípios básicos para guiar a escolha de processos e tecnologias de manuseio de materiais. Os princípios resumidos na Tabela 10.2 apresentam uma base inicial para a avaliação de alternativas de manuseio de materiais.

TABELA 10.2
Princípios de manuseio de materiais.

Os equipamentos de manuseio e armazenamento devem ser o mais padronizados possível.
Quando em movimento, o sistema deve ser projetado para proporcionar o máximo de continuidade ao fluxo de produtos.
O investimento deve ser em equipamentos de manuseio, e não em equipamentos estacionários.
Os equipamentos de manuseio devem ser utilizados o máximo possível.
Na escolha de equipamentos de manuseio, a razão entre peso morto e carga útil deve ser minimizada.
Sempre que for prático, o retorno da gravidade deve ser incorporado ao projeto do sistema.

Os sistemas de manuseio podem ser classificados como **mecanizados**, **semiautomatizados**, **automatizados** e **orientados pela informação**. Uma combinação de mão de obra e equipamentos de manuseio é utilizada nos sistemas mecanizados para facilitar recebimento, processamento e/ou carregamento. Geralmente, a mão de obra constitui um alto percentual do custo geral no manuseio mecanizado. Sistemas automatizados, por sua vez, tentam minimizar a mão de obra o máximo possível ao substituí-la por investimentos em equipamentos. Quando uma combinação de sistemas mecanizados e automatizados é usada para manusear materiais, o sistema é denominado semiautomatizados. Um sistema orientado pela informação aplica tecnologia da informação para direcionar equipamentos de manuseio mecanizados e esforços de trabalho. Os sistemas de manuseio mecanizados são os mais comuns, mas o uso de sistemas semiautomatizados, automatizados e orientados pela informação está aumentando. Discutiremos em detalhes cada uma das abordagens ao manuseio.

SISTEMAS MECANIZADOS

Os sistemas mecanizados utilizam uma ampla gama de equipamentos de manuseio. Os tipos de equipamento usados em geral são empilhadeiras, paleteiras, transportadoras a cabo (*towlines*), veículos de reboque, esteiras rolantes e carrosséis.

Empilhadeiras

Empilhadeiras podem movimentar cargas de caixas principais tanto horizontal quanto verticalmente, mas são restritas ao manuseio de unidades de carga. Paletes, caixas ou contêineres também podem ser transportados, dependendo da natureza do produto.

Há muitos tipos de empilhadeiras disponíveis. As de longo alcance para estruturas verticais tem capacidade para até 12 metros de movimentação vertical. Empilhadeiras com garras laterais estão disponíveis para o manuseio de produtos sem paletes ou estrados. Outras variações estão disponíveis para operações em corredores estreitos ou carregamento lateral. A atenção específica a empilhadeiras para corredores estreitos tem aumentado nos últimos anos, já que os projetistas de depósitos buscam aumentar a densidade das prateleiras e a capacidade geral de armazenamento. As empilhadeiras não são econômicas quando se trata de movimentação horizontal de longa distância devido à alta proporção de mão de obra por unidade transferida. Para superar essa limitação um grande volume de pesquisa tem sido destinado às empilhadeiras "sem condutor". Esses novos avanços são discutidos junto a sistemas de manuseio semiautomatizado. As empilhadeiras convencionais são utilizadas nas operações de embarque e recebimento, bem como para posicionar os produtos em recipientes de grande volume, como contêineres. As duas fontes de energia mais comuns para empilhadeiras são o gás propano e as baterias.

Transportadores a cabo (*towlines*)

Os transportadores a cabo consistem em dispositivos baseados em cabos ou correntes, posicionados no chão ou em estruturas aéreas. São utilizados para fornecer energia constante a carrinhos de quatro rodas. A principal vantagem de um transportador a cabo é a movimentação contínua. No entanto, tais dispositivos de manuseio têm muito menos flexibilidade que as empilhadeiras. A aplicação mais comum dos transportadores a cabo é a separação de produtos armazenados em caixas. Os separadores de pedidos colocam as caixas nos carrinhos que, em seguida, são rebocados para a doca de carregamento. Inúmeros dispositivos de desacoplamento automatizados estão disponíveis para guiar os carrinhos desde o transportador a cabo principal até as docas de carregamento especificadas.

Um ponto de questionamento é o mérito relativo da instalação de transportadores a cabo no chão ou em estruturas aéreas. A instalação no chão é dispendiosa no caso de modificações e difícil de manter, do ponto de vista da limpeza. A instalação em estruturas aéreas é mais flexível, mas, a menos que o piso do depósito seja absolutamente reto, o transportador a cabo pode suspender as rodas da frente dos carrinhos e provocar danos nos produtos. O transportador a cabo aéreo também representa um perigo potencial para as operações de empilhadeiras.

Veículos de reboque

Os veículos de reboque consistem em uma unidade de força guiada por um motorista que reboca diversas carretas individuais de quatro rodas. O tamanho típico das carretas é de 1,2 × 2,4 metros. O veículo e as carretas, como os transportadores a cabo, são usados para a separação de pedidos. A principal vantagem de um veículo de reboque é a flexibilidade. Não é tão econômico quanto os transportadores a cabo porque cada unidade exige um motorista.

Esteiras rolantes

As esteiras rolantes são amplamente usadas em operações de carregamento e recebimento e servem como dispositivo básico de manuseio para diversos sistemas de separação de pedidos. Elas são classificadas de acordo com a fonte de energia: gravidade e movimentação por cilindros ou correias. Em algumas configurações a esteira rolante é alimentada por uma corrente. Sacrifica-se considerável flexibilidade da esteira nessas condições. As aplicações guiadas pela gravidade e por cilindros permitem rearranjos com o mínimo de dificuldade. Esteiras rolantes portáteis movidas por gravidade normalmente são usadas para carga e descarga e, em alguns casos, são transportadas em carretas rodoviárias para ajudar a descarregar os veículos.

Carrosséis

Um carrossel funciona por meio de um conceito diferente da maioria dos outros equipamentos mecanizados de manuseio. Em vez de exigir que o separador de pedidos vá até o local do armazenamento do estoque, o carrossel traz o estoque para o separador de pedidos. Um carrossel consiste em uma série de compartimentos montados em pistas ou prateleiras. Podem existir diversos níveis de pistas ou prateleiras, permitindo um armazenamento em carrossel de densidade muito alta. O carrossel inteiro gira, movendo o compartimento selecionado até um operador estacionário. A aplicação típica dos carrosséis é na seleção de itens a serem embalados. A fundamentação dos sistemas de carrossel é a diminuição da necessidade de mão de obra para separação de pedidos pela redução da distância e do tempo de movimentação das pessoas. Os carrosséis, em especial os sistemas modernos empilháveis ou em várias camadas, também reduzem significativamente a necessidade de espaço de armazenamento. Alguns sistemas de carrossel também utilizam listas de separação geradas por computador e rotação do carrossel orientada por computador para aumentar ainda mais a produtividade do separador de pedidos. Esses sistemas, como a separação por luz (*pick-to-light*), são denominados **separação sem papel**, porque não existe burocracia para atrasar os esforços dos empregados. Uma variação do sistema de carrossel consiste em prateleiras móveis. Essas estantes se movimentam horizontalmente para eliminar o corredor permanente entre as estantes. Esse sistema, muito usado em bibliotecas, oferece maior densidade de armazenamento, mas reduz a eficiência na separação, já que as estantes têm de ser movidas para dar acesso a produtos específicos.

A discussão sobre os equipamentos mecanizados de manuseio de materiais é representativa de uma ampla gama de alternativas. A maioria dos sistemas combina diferentes dispositivos de manuseio. Por exemplo, empilhadeiras podem ser usadas para movimentações verticais, enquanto paleteiras ou veículos de reboque são os principais métodos de transferência horizontal.

SISTEMAS SEMIAUTOMATIZADOS

O manuseio mecanizado muitas vezes é complementado por equipamentos semiautomáticos. Os mais comuns incluem sistemas de veículos guiados automaticamente, separação computadorizada, robótica e diversas formas de prateleiras móveis.

Veículos guiados automaticamente (AGV)

Um sistema AGV (*Automated Guided Vehicles*) normalmente substitui veículos de reboque e carretas mecanizados. A diferença essencial é que os AGVs são automaticamente guiados e posicionados, além de ser ativados sem um motorista.

Equipamentos de AGV normalmente se apoiam em um sistema de orientação óptico, magnético ou por rádio. Na aplicação óptica, linhas direcionais são colocadas no piso do depósito. O AGV é, então, direcionado por um feixe de luz apontado para essas linhas. AGVs magnéticos seguem um cabo energizado instalado debaixo do piso. A direção por rádio (wi-fi) é orientada por uma transmissão em alta frequência. A principal vantagem de um AGV é a redução de mão de obra direta. Os que usam sistemas de orientação sem fio não se limitam a rotas predeterminadas no depósito. Custos mais baixos e aumento de flexibilidade têm aumentado a aplicabilidade dos AGVs em movimentações de depósito que são repetitivas e frequentes ou são realizadas em áreas muito congestionadas.

Separação

Dispositivos de separação automatizada normalmente são usados em combinação com esteiras rolantes. À medida que os produtos são selecionados no depósito e colocados em uma esteira rolante para movimentação até a doca de carregamento, eles são separados em combinações específicas. Por exemplo, o estoque para atender diversos pedidos pode ser selecionado em lotes, gerando a necessidade de separação e sequenciamento em cargas individuais. A maioria dos controladores de separação pode ser programada para permitir o fluxo personalizado e a lógica de decisão para atender os requisitos alterados.

A separação automatizada tem como principais benefícios uma redução na mão de obra e um aumento significativo na velocidade e na exatidão em separar os pedidos. Sistemas de separação de alta velocidade, como os utilizados pela United Parcel Service, podem separar e alinhar pacotes em taxas que excedem um por segundo.

Robótica

Um dos métodos de manuseio de materiais com rápido crescimento envolve a utilização de robôs. O robô é uma máquina que pode ser programada para realizar uma ou mais atividades sem a intervenção de um operador ou condutor. A atenção inicial à robótica resultou das tentativas, no início dos anos 1980, de empregar robôs estacionários, com funções limitadas, na montagem de automóveis. O experimento automotivo não chegou a ser um sucesso total. No entanto, houve uma grande dose de progresso na robótica nos últimos 30 anos. Hoje, o uso principal da robótica é no manuseio de materiais em ambientes operacionais de produção e armazenamento.

Esse método está sendo cada vez mais utilizado em muitos ambientes diferentes de manuseio. Inicialmente, as aplicações da robótica eram atraentes como substitutas do trabalho manual em situações altamente repetitivas. Por exemplo, suas primeiras aplicações foram na paletização, separação de pedidos e situações rotineiras de manuseio de materiais. Um benefício básico da robótica é a precisão sustentável do seu desempenho. A justificativa econômica é motivada normalmente por uma combinação de cinco fatores: (1) limitações de espaço; (2) requisitos de velocidade do tempo de ciclo entre o pedido e a entrega; (3) volume previsível e substancial; (4) custos trabalhistas elevados; e/ou (5) ambientes de trabalho restritivos, como a separação de pedidos em depósitos refrigerados para alimentos.

Os últimos anos testemunharam progressos importantes no desenvolvimento da flexibilidade nas aplicações de robótica. A Genco, uma 3PL especializada em logística reversa, está testando o uso de empilhadeiras não tripuladas. O benefício potencial é a capacidade de manter a utilização contínua. Outras aplicações que estão ganhando popularidade são o posicionamento de produtos em prateleiras e a separação de pedidos em centros de distribuição de alimento refrigerados. Em ambos os casos, o uso de robôs reduz a exposição dos funcionários à baixa temperatura mantida no ambiente de trabalho.

A Diapers.com é uma empresa que criou um modelo de negócio parcialmente em torno do uso de manipuladores robóticos, chamados de "Máquinas Alaranjadas". Sendo uma empresa de comércio eletrônico, a Diapers.com mantém uma seção de quase 20 mil m^2 do seu depósito ocupada com prateleiras. Os robôs são máquinas pequenas, de cor laranja e retangulares (chamadas de tartarugas alaranjadas) que elevam e posicionam os produtos nas prateleiras para os selecionadores de pedidos, os quais ficam em estações de separação e embalagem espalhados por todo o perímetro do prédio. As prateleiras são então transportadas por robôs não tripulados para os selecionadores de pedidos. Na chegada, os selecionadores separam os produtos desejados, embalam-nos em caixas de transporte e os colocam em esteiras rolantes para os caminhões. A frota de separação de pedidos da Diapers.com conta com 260 robôs diferentes, cada um pesando cerca de 135 kg. Cada um deles tem capacidade para erguer 1.360 kg de prateleiras e produtos.[3]

O potencial para a aplicação dos robôs por toda a cadeia de suprimentos é promissor. Quase toda tarefa de manuseio que envolva movimentos repetitivos é candidata ao processamento automatizado ou robotizado. Quando a atividade é estacionária, como a paletização ou despaletização de caixas, a solução provável é alguma forma de automação. Quando a tarefa envolver a movimentação horizontal em várias direções, provavelmente a aplicação envolverá alguma forma de robotização.

Em longo prazo, é provável que formas limitadas de veículos não tripulados venham a ter maior utilização. Os aviões "drones" não tripulados estão sendo cada vez mais utilizados nas operações militares como armamento de ataque e para fins de vigilância. Carretas não tripuladas têm sido conduzidas com sucesso nas operações de pátio e por distâncias limitadas nas vias públicas. Embora essa forma de robótica exija a interação combinada entre o homem e a tecnologia, a gama de aplicações possíveis parece ilimitada. Particularmente interessante para as operações futuras da cadeia de suprimentos é a crescente combinação entre médicos e robôs na cirurgia médica. Em determinados procedimentos cirúrgicos, médicos experientes orientam e tomam decisões críticas durante a operação. O robô, que é uma máquina precisa, é instruído

---

[3] *Bloomberg Businessweek,* October 11 and 17, 2011, pp. 64-68; ibid, November 15 and 21, 2010, pp. 47-48.

pelo médico a seguir uma rotina específica e a realizar uma sequência exata de procedimentos cirúrgicos. Naturalmente, os médicos também estão presentes no local para auxiliar e executar os protocolos pré e pós-cirúrgicos. Uma questão importante para as aplicações futuras na cadeia de suprimentos é o potencial gerado pelo fato de o médico e o robô não precisarem estar na mesma localização física para executar um procedimento médico com êxito. Para capturar esse desdobramento, onde a especialização humana é combinada com a capacidade robótica, adotamos o termo **probótica.**

Existe um grande potencial para o maior uso da robótica no armazenamento e manuseio dos materiais. Particularmente interessantes são as aplicações que estão ampliando o potencial da probótica para além do interior do depósito e da fábrica.

Prateleiras móveis

Um dispositivo comum usado para reduzir o trabalho manual em depósitos são as prateleiras de estocagem em que o produto flui automaticamente para a posição desejada. A prateleira móvel contém esteiras rolantes e é construída para ser carregada pelos fundos. A parte de trás da estante é mais alta que a frente, causando um fluxo gravitacional em direção à frente. Quando as caixas ou unidades de carga são retiradas da parte da frente, todas as outras caixas ou unidades naquela estante específica fluem para a frente.

O uso de prateleiras móveis reduz a necessidade de empilhadeiras para transferir unidades de carga. Uma vantagem significativa do armazenamento nessas prateleiras é o potencial de rotatividade automática do produto, como resultado do carregamento pelos fundos. O carregamento pelos fundos facilita o gerenciamento de estoque do tipo **primeiro que entra, primeiro que sai** (**PEPS**) (**FIFO** – *First-In, First-Out*). As aplicações de prateleiras com fluxo gravitacional são variadas. Por exemplo, as prateleiras móveis são usadas para sequenciar pão fresco em padarias.

SISTEMAS AUTOMATIZADOS

Durante várias décadas, o conceito de manuseio automatizado ofereceu grande potencial e pouca realização. Os esforços iniciais de manuseio automatizado se concentravam em sistemas de separação de pedidos de caixas principais. Recentemente, a ênfase passou para os sistemas automatizados de armazenamento e coleta em estruturas verticais. Embora os conceitos básicos da automação continuem válidos, as principais barreiras são o alto investimento de capital e o baixo grau de flexibilidade.

Potencial de automação

O apelo da automação é que ela substitui a mão de obra por investimentos em equipamentos. Além de exigir menos mão de obra direta, o sistema automatizado tem potencial para funcionar com mais rapidez e acurácia do que seu equivalente mecanizado.

Até hoje, a maioria dos sistemas automatizados foi projetada e construída para aplicações específicas. As orientações dadas anteriormente para a seleção de sistemas de manuseio mecanizados (Tabela 10.2) não se aplicam a sistemas automatizados. Por exemplo, os equipamentos de armazenamento em um sistema automatizado fazem parte da capacidade de manuseio e podem representar até 50% do investimento total. A proporção entre peso morto e carga útil tem pouca relevância quando o manuseio é automatizado.

A tecnologia da informação desempenha um papel importante em todos os sistemas de manuseio, mas é essencial em sistemas automatizados. A tecnologia da informação controla o equipamento de separação automatizada e interage com o WMS. Uma grande desvantagem da automação é a dependência de redes de tecnologia da informação proprietárias. Para diminuir essa dependência, os sistemas automatizados mais novos estão usando os recursos de computação em nuvem.[4]

Separação de pedidos

Inicialmente, a automação era aplicada à separação de caixas principais ou à montagem de pedidos no depósito. Devido à grande intensidade de mão de obra na separação de pedidos, o objetivo básico era integrar o manuseio mecanizado, semiautomatizado e automatizado em um sistema que oferecesse as vantagens de alta produtividade e acurácia ao mesmo tempo que usasse o mínimo de mão de obra.

O processo geral começa com um dispositivo de separação de pedidos automatizado previamente carregado com o produto. O dispositivo em si consiste em uma série de prateleiras empilhadas verticalmente. O produto é carregado por trás e flui para a frente nas prateleiras móveis por meio de esteiras rolantes gravitacionais até parar na porta da prateleira. No meio ou na metade inferior das prateleiras, esteiras geram uma linha de fluxo de produtos, com diversas linhas de fluxo em posição vertical em relação umas às outras, servindo cada uma delas a um nível ou andar de portas de prateleiras.

Depois do recebimento de um pedido, o sistema de controle do depósito gera instruções sequenciadas para abrir as portas das estantes e deixar o produto, conforme necessário, fluir para a frente até as esteiras rolantes. Estas, por sua vez, transportam o produto até uma área de embalagem de pedidos para ser colocada em recipientes ou unitizada para carregamento antes de transferir os produtos para a área de espera. Idealmente, o produto é selecionado e carregado em sequência, de modo que possa ser descarregado na sequência desejada pelo cliente.

Quando comparados com a automação moderna, esses esforços iniciais no manuseio automatizado de embalagens eram altamente ineficientes. Era necessária uma grande quantidade de mão de obra para realizar o carregamento pré-selecionado de produtos nas estantes, e o equipamento de separação automatizada era muito caro. As aplicações iniciais se limitavam a produtos de valor extremamente alto, em caixas principais de tamanho padronizado, ou a situações em que as condições de trabalho justificavam o investimento. Por exemplo, esses sistemas iniciais foram amplamente testados para a separação de pedidos de alimentos congelados.

Foram feitos avanços substanciais na separação automatizada de produtos em caixas. O manuseio de produtos de alta rotatividade em caixas principais, comum no *cross-docking*, pode ser totalmente automatizado desde o ponto de recebimento de produtos até a colocação em carretas rodoviárias. Esses sistemas usam uma rede integrada de esteiras rolantes movidas por energia elétrica e gravidade que conecta o armazenamento dinâmico. Todo o processo é controlado por computadores e acoplado ao pedido e ao WMS. Depois que chega, o produto é automaticamente guiado até a posição de armazenamento dinâmico e os registros de estoque são atualizados. Quando os pedidos são recebidos, o produto é preparado para o tamanho da embalagem ou do veículo e é programado para a separação. No momento adequado, todos os produtos são guiados na sequência de carregamento e automaticamente transportados por esteiras rolantes até a doca de carregamento. Em algumas situações, o primeiro manuseio manual do produto dentro do depósito ocorre quando ele é empilhado no veículo de transporte de saída.[5]

---

[4] A computação em nuvem foi discutida no Capítulo 1.

[5] Para uma discussão mais abrangente da separação automatizada, ver Dan Gilmore, "Automated Case Picking 2009," Supply Chain Digest, October 15, 2009.

Estocagem/coleta automatizadas

Um sistema automatizado de manuseio de unidades de carga, ou **Sistema de Estocagem e Coleta Automatizadas (AS/RS** – *Automated Storage and Retrieval System*), que usa armazenamento em estruturas verticais elevadas é uma forma popular de automação. A Figura 10.4 ilustra o conceito de um AS/RS de estruturas elevadas. Os AS/RSs são especialmente adequados para itens como caixas pesadas ou produtos em ambientes controlados, como alimentos congelados. O conceito de manuseio em estrutura vertical elevada normalmente é automatizado desde o recebimento até o carregamento. Os quatro componentes principais de um AS/RS incluem prateleiras de armazenamento, equipamentos de estocagem e coleta, sistema de entrada/saída e sistema de controle.

O nome "estrutura vertical elevada" vem da aparência física da estante de armazenamento. O conjunto com as prateleiras é feito de aço e posicionado verticalmente, podendo chegar a até 36 metros de altura. A altura típica de empilhamento de caixas em paletes em um sistema de manuseio mecanizado é de 6 metros, então o potencial do armazenamento em estruturas verticais é evidente. Como os seres humanos não são parte integral dos AS/RSs, essas instalações normalmente são denominadas instalações "**às escuras**" (***lights-out facilities***), já que não precisam de iluminação.

A instalação vertical elevada típica consiste em fileiras de estantes de estocagens, as quais são separadas por corredores de 36 para mais de 250 metros de comprimento. As principais atividades de estocagem e coleta ocorrem nesses corredores. Um guindaste de estocagem e coleta viaja para cima e para baixo no corredor, alternadamente estocando e coletando produtos. Há uma variedade de equipamentos de estocagem e coleta disponíveis. A maioria das máquinas exige direcionamento no topo e na parte de baixo para proporcionar a estabilidade vertical necessária para a movimentação horizontal de alta velocidade e içamento vertical. A velocidade horizontal varia de 90 a 120 metros por minuto, com velocidade de içamento de 30 metros por minuto ou mais.

A primeira função do equipamento de estocagem e coleta é alcançar rapidamente o local de estocagem desejado. A segunda é colocar ou retirar produtos das prateleiras. Na maioria das vezes, a colocação e a retirada da carga são feitas por plataformas móveis, que podem entrar e sair da prateleira a uma velocidade de até 30 metros por minuto. Como a plataforma móvel só se movimenta por poucos centímetros, ela acelera e para rapidamente.

O equipamento de estocagem e coleta é, essencialmente, uma combinação de uma empilhadeira com uma plataforma construída em um guindaste móvel. A máquina se movimenta para cima e para baixo no corredor para colocar ou retirar uma unidade de carga de um com-

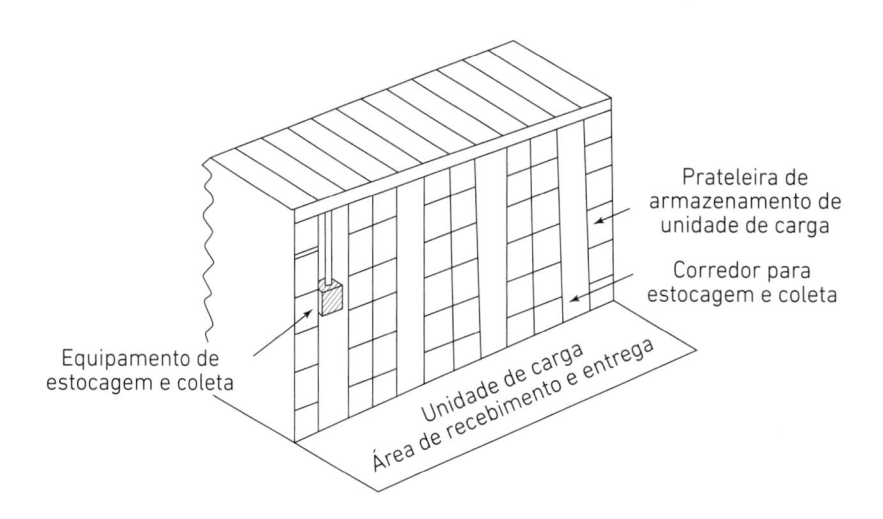

FIGURA 10.4 Instalação de depósito vertical elevado AS/RS.

partimento de estocagem. Quando o AS/RS opera com unidades de carga, o processo normalmente é automatizado. No entanto, o AS/RS muitas vezes incorpora separação manual quando o sistema separa caixas principais ou outros tipos de caixas. Em algumas instalações, a máquina de estocagem e coleta é posicionada para atender corredores diferentes por meio de dispositivos de transferência. Existem diversos arranjos e *layouts* de transferência disponíveis. As unidades de transferência podem ser **dedicadas** ou **não dedicadas**. O dispositivo de transferência dedicado está sempre parado no final do corredor em que o equipamento de estocagem e coleta está trabalhando. O dispositivo de transferência não dedicado é programado para trabalhar em diversos corredores e máquinas de coleta com o objetivo de atingir o máximo de capacidade do equipamento. A decisão de usar transferência de um corredor para outro em um sistema de estocagem em estruturas verticais recai sobre os aspectos econômicos da taxa de rotatividade e da quantidade de corredores incluídos no sistema geral.

O sistema de entrada/saída no armazenamento em estruturas verticais elevadas se preocupa com a movimentação de cargas que chegam e saem da área de prateleiras. Dois tipos de movimentação estão envolvidos. Primeiro, as cargas devem ser transportadas das docas de recebimento ou linhas de produção até a área de armazenamento. Segundo, dentro da área imediata em torno das prateleiras, as cargas devem ser posicionadas para entrada ou saída. O maior problema potencial no manuseio encontra-se na área em torno das estantes. Uma prática comum destina estações separadas para coleta e descarregamento que consigam manter um suprimento adequado de cargas para cada corredor, com o objetivo de utilizar completamente o equipamento. Para obter o máximo de desempenho de entrada/saída, o procedimento normal exige diferentes estações para transferir cargas de entrada e saída no mesmo corredor. As estações de coleta e descarregamento são ligadas aos sistemas de manuseio que transferem produtos de e para a área de armazenamento em estruturas verticais elevadas. O sistema de controle no armazenamento em estruturas verticais é semelhante aos sistemas automatizados de separação de pedidos descritos anteriormente. Além de programar chegadas e determinar locais, ele lida com o controle e o giro de estoque. O sistema de controle também rastreia a localização de produtos no AS/RS, a utilização de compartimentos de estocagem e as operações dos guindastes. No caso do armazenamento em estruturas verticais, a confiabilidade e a integridade do sistema são fundamentais para gerar produtividade e o máximo de utilização dos equipamentos.

Em aplicações de manufatura, o fluxo de produtos da produção é automaticamente transformado em unidades de carga. Depois, elas são transportadas para a área de armazenamento em estruturas verticais elevadas por esteiras rolantes. Quando a carga chega, é encaminhada a um compartimento de estocagem e transferida por esteiras rolantes elétricas até a estação de coleta adequada. Nesse ponto, o equipamento de estocagem e coleta assume o controle e movimenta a unidade de carga até o local planejado de armazenamento. Quando os pedidos são recebidos, o sistema de controle direciona a coleta das unidades de carga especificadas. A partir da estação de saída, a unidade de carga flui por meio de esteiras rolantes elétricas e gravitacionais até a doca de carregamento apropriada. Enquanto a coleta e a saída estão sendo realizadas, toda a burocracia necessária para iniciar o carregamento do produto é realizada.

Os AS/RSs buscam aumentar a produtividade no manuseio de materiais ao proporcionar a densidade máxima de armazenamento por metro quadrado de área e minimizar a mão de obra direta necessária. A natureza altamente controlada de um AS/RS oferece um manuseio confiável, livre de furtos e danos, com um controle extremamente preciso. No entanto, os AS/RSs de estruturas verticais elevadas em geral são melhores como dispositivos de estoque do que de manuseio, reduzindo, assim, seu apelo em situações em que giros de estoque rápidos são mais importantes que o armazenamento barato. A perda de flexibilidade levou algumas empresas a repensar o uso de sistemas automatizados.

SISTEMAS ORIENTADOS PELA INFORMAÇÃO

O conceito de manuseio orientado pela informação é relativamente novo e objeto de muitas pesquisas e desenvolvimento. Trata-se de um conceito atraente porque combina o típico controle do manuseio automatizado com a flexibilidade dos sistemas mecanizados. Sistemas orientados pela informação usam manuseio mecanizado controlado por tecnologia da informação. Três exemplos comuns de sistemas de manuseio de materiais orientados pela informação são operações por radiofrequência sem fio (**wi-fi**), identificação por radiofrequência (**RFID** – *Radio-Frequency Identification*) e operações orientadas pela luz.

RF sem fio (wi-fi) e RFID

O manuseio por radiofrequência (RF) sem fio usa equipamentos padrão de manuseio mecanizado de materiais coordenados por tecnologia da informação para fornecer ao operador orientações e controle em tempo real. Sistemas wi-fi típicos utilizam empilhadeiras. No entanto, o uso básico do wi-fi para instruir a movimentação das empilhadeiras é ampliado em uma aplicação orientada pela informação para se tornar um sistema de manuseio de materiais altamente integrado. Em termos de *layout* e projeto, as instalações do depósito muitas vezes são essencialmente as mesmas de qualquer instalação mecanizada. A diferença é que todas as movimentações de empilhadeiras são direcionadas e monitoradas por uma combinação de computador acoplado à empilhadeira, computador de mão ou comunicação ativada por voz. A troca de informações em tempo real é projetada para obter flexibilidade e melhor utilização.

A principal vantagem da RF é melhorar a velocidade e a flexibilidade das operações de empilhadeiras. Em vez de seguir instruções escritas à mão ou listas computadorizadas geradas em lotes, os motoristas recebem as atribuições de tarefas por meio de terminais RF de mão ou acoplados ao veículo. O uso de tecnologia de RF oferece comunicação em tempo real com os sistemas centrais de processamento de dados. Durante o funcionamento, o WMS, em conjunto com as operações, controla os planos computadorizados e inicia toda a movimentação, comunica os requisitos aos manuseadores de materiais e rastreia a realização completa de todas as tarefas. Sistemas de apoio à decisão analisam todos os requisitos de movimentação para instruir o equipamento de modo que o movimento direto seja maximizado e o movimento inútil seja minimizado. Esse processo de atribuição constante de tarefas às empilhadeiras é denominado **intercalação de tarefas**. Nele, as empilhadeiras recebem, independentemente de áreas de trabalho tradicionais, instruções para tarefas ou áreas de trabalho específicas que precisam de recursos, como recebimento ou carregamento.

O uso de habilidades de RFID gera a oportunidade da comunicação bidirecional entre produtos específicos e operadores de empilhadeiras. Como o produto equipado com RFID pode responder a uma solicitação do WMS ou do operador, existe potencial para identificar sua localização exata no depósito. Tal identificação positiva serve para facilitar o manuseio orientado pela informação.

O manuseio orientado pela informação apresenta grande potencial porque benefícios específicos da automação podem ser conseguidos sem um importante investimento de capital. Sistemas orientados pela informação também podem aumentar substancialmente a produtividade por meio do monitoramento do desempenho da empilhadeira, permitindo, assim, que a remuneração e/ou recompensa se baseie no desempenho. O principal obstáculo do manuseio orientado pela informação é a responsabilidade pela atribuição de tarefas. À medida que uma empilhadeira funciona durante o período de trabalho, ela pode estar envolvida na carga ou descarga de diversos veículos diferentes, separando itens para muitos pedidos e realizando diversas tarefas de manuseio não relacionadas. A ampla variedade de atribuições de tarefas aumenta a complexidade da direção do trabalho e pode diminuir a responsabilidade pelo desempenho. Essa complexidade aumenta os requisitos de habilidades dos motoristas.

Pesquisas relevantes estão sendo conduzidas para encontrar novos conceitos de projeto e *layout* de depósitos que explorem completamente o potencial do manuseio de materiais orientado pela informação. Um conceito, denominado **projeto caótico**, se baseia na flexibilidade do uso da tecnologia RFID para permitir que um depósito mantenha estoque e seja operado de modo a maximizar a eficiência na movimentação de entrada e saída. Um depósito que funcione de acordo com os princípios caóticos colocaria todos os produtos em posições atribuídas pelo WMS, em um esforço para minimizar o manuseio total.[6]

Separação por luz (*pick-to-light*)

A tecnologia denominada **separação por luz** (*pick-to-light*) é uma variação do sistema de carrossel que está se tornando cada vez mais comum. Nesses sistemas, os selecionadores de pedidos separam os itens diretamente para caixas ou esteiras rolantes a partir de nichos ou compartimentos de estocagem **iluminados**. Uma série de luzes ou uma **árvore de luzes** em frente a cada nicho de separação indica a quantidade de itens que devem ser retirados de cada nicho. Uma variação do sistema de separação por luz é a **colocação por luz** (*put-to-light*), em que os selecionadores de pedidos colocam o produto em recipientes iluminados. Como cada recipiente ou caixa se refere a um pedido ou cliente específico, a luz diz quais clientes devem receber determinado produto.

CONSIDERAÇÕES ESPECIAIS SOBRE O MANUSEIO

A principal missão do manuseio de materiais é facilitar o fluxo de produtos de modo ordenado e eficiente desde o fabricante até o ponto de venda. Esta seção identifica e discute considerações especiais importantes na escolha e operação de equipamentos de manuseio de materiais.

Atendimento eletrônico (*e-fulfillment*)

Satisfazer as necessidades de atendimento pela Internet atribui demandas especiais ao armazenamento e ao manuseio de materiais de uma empresa. Tanto os varejistas de lojas virtuais quanto os de lojas físicas que desejam entrar no ambiente de varejo eletrônico foram forçados a adaptar seus processos para atender as necessidades específicas desse mercado. Quatro considerações específicas que influenciam o armazenamento e o manuseio de materiais em um ambiente virtual são volume do pedido, produtos, pessoas e rastreamento. Primeiro, para atender os consumidores finais, uma instalação virtual normalmente tem de processar uma grande quantidade de pedidos muito pequenos. Isso significa que é difícil obter economia de escala substancial nas operações de separação de pedidos. Segundo, as instalações virtuais geralmente têm de lidar com uma ampla gama de produtos, o que se traduz em estoques grandiosos e no uso de práticas de *cross-docking* para consolidar os pedidos para carregamento. Empresas que decidem consolidar pedidos precisam ter a capacidade de receber e unir uma grande quantidade de pedidos muito pequenos rapidamente e com eficiência. Terceiro, uma instalação virtual usa muita mão de obra porque a flexibilidade necessária reduz a separação de pedidos a aplicações manuais ou limitadas da tecnologia de separação por luz. Em muitos casos, as operações de atendimento eletrônico (*e-fulfillment*) são sazonais, aumentando a necessidade de treinamento para funcionários novos e

---

[6] Duncan McFarlane and Yossi Sheffi, "The Impact of Automatic Identification on Supply Chain Operations," *International Journal of Logistics Management* 14, nº 1 (2003), pp. 1-17.

temporários. Quarto, o aumento das expectativas dos consumidores em relação ao rastreamento exige que várias atividades dentro do depósito e na interação com a transportadora sejam lidas e monitoradas eletronicamente. Apesar do rápido crescimento do varejo eletrônico, muitas empresas ainda estão tentando delinear os processos de armazenamento e manuseio de materiais mais adequados para apoiar essa atividade. Em muitos casos, os varejistas eletrônicos estão terceirizando o atendimento a prestadores de serviços integrados. De qualquer maneira, o ambiente de varejo eletrônico continuará a aumentar a demanda por operações de armazenamento e manuseio de materiais mais pontuais, com maior capacidade de resposta e integradas.

Preocupações ambientais

Há cada vez mais preocupações quanto ao impacto ambiental das operações de depósitos. Em especial, a atenção tem se voltado para os equipamentos de manuseio, como as empilhadeiras. A poluição gerada por empilhadeiras não elétricas é semelhante à de motores de automóveis. Também é crescente o interesse no manuseio e disposição de produtos perigosos usados ou estocados nas operações de depósitos. As empresas têm de garantir que esses materiais sejam dispostos de modo adequado para evitar o risco de poluição.

Ambiente regulatório

O depósito é uma das operações com maior necessidade de mão de obra na maioria das empresas. Também é uma das mais perigosas, já que ocorrem muitos acidentes anualmente. Para aumentar o nível de segurança, a OSHA está aumentando sua influência regulatória sobre as operações e tecnologias de armazenamento. Em março de 1999, a empresa determinou o treinamento e a reavaliação de todos os motoristas de empilhadeiras, instituindo a regulamentação *Powered Industrial Truck Operator Training* (Treinamento para Operadores de Empilhadeiras e Outros Veículos Industriais). Os motoristas reprovados no exame e os envolvidos em acidentes deveriam passar por um novo treinamento.

A OSHA se preocupa com todos os aspectos de segurança dentro das instalações logísticas da cadeia de suprimentos e nas docas de embarque e recebimento. Estão incluídas no programa de segurança permanente as inspeções regulares das instalações com o objetivo de assegurar que os padrões existentes estejam sendo seguidos nas operações diárias. A Tabela 10.3 foi reproduzida do Manual da OSHA, que discute a segurança nos depósitos, e apresenta as dez violações de segurança mais citadas nos armazéns.[7]

TABELA 10.3 Perigo nos depósito.

As operações de depósitos podem apresentar uma ampla variedade de perigos potenciais para os funcionários. Para instalações de depósitos, os dez padrões da OSHA mais citados são:
1. Empilhadeiras.
2. Comunicação de perigos.
3. Fiação elétrica.
4. Projeto do sistema elétrico.
5. Aberturas em pisos e paredes.
6. Saídas.
7. Transmissão de força mecânica.
8. Proteção respiratória.
9. Parada e identificação de equipamentos para manutenção.
10. Extintores de incêndio.

[7] Adaptado da OSHA: Working Safety Series; Warehousing, United States Government, OSHA 3220-10N, 2004, p. 1.

Processamento de devoluções

Produtos são retirados do mercado ou devolvidos ao fabricante por uma série de motivos. Isso ocorre especialmente em ambientes de varejo eletrônico, onde 30% dos pedidos são devolvidos. Normalmente, essa logística reversa não apresenta quantidade ou regularidade para justificar movimentação unitizada, então o único método conveniente de processar fluxos reversos é o manuseio manual. Quando for prático, o projeto de manuseio de materiais deve considerar o custo e o impacto de serviço da logística reversa. Esses fluxos muitas vezes envolvem paletes, caixas de papelão e embalagens, além de produtos danificados, fora da validade ou em excesso. Muitas empresas estão preferindo que as devoluções sejam processadas por um prestador de serviços integrados para separar os fluxos e reduzir a probabilidade de erros ou contaminações.[8]

Resumo

A embalagem exerce impacto significativo no custo e na produtividade logística. Seus custos mais evidentes são *design*, material e disposição. A embalagem afeta o custo de toda atividade logística. O controle de estoque depende da acurácia dos sistemas de identificação manual ou automática usados na embalagem de produtos. A velocidade, a exatidão e a eficiência da separação de pedidos são influenciadas pela identificação, configuração e facilidade de manuseio da embalagem. O custo de manuseio depende da capacidade e das técnicas de unitização. Os custos de transporte e de armazenamento são guiados pelo tamanho e densidade da embalagem. O serviço ao cliente depende da embalagem para apresentar qualidade durante a distribuição, oferecer informações e conveniência ao consumidor e para atender regulamentações ambientais. O conceito de *postponement* da embalagem para gerar flexibilidade estratégica é especialmente importante devido ao aumento do tamanho e da complexidade das cadeias de suprimentos globais.

O manuseio de materiais correto é fundamental para a produtividade de um depósito por diversas razões importantes. Primeira, uma quantidade significativa de horas de trabalho é dedicada a essa operação. Segunda, as habilidades de manuseio de materiais limitam os benefícios diretos que podem ser obtidos por meio da melhoria da tecnologia da informação. Embora a tecnologia da informação tenha apresentado novas tecnologias e capacidades, grande parte do manuseio de materiais envolve mão de obra. Terceira, até recentemente, o manuseio de materiais não era gerenciado de modo integrado com outras atividades logísticas nem recebia muita atenção. Por fim, a tecnologia de automação capaz de reduzir a mão de obra no manuseio de materiais só agora está começando a atingir seu potencial total. Embora o pleno potencial da robótica e da probótica continue no horizonte, estão sendo relatados avanços promissores.

Mesmo discutidos em separado, embalagem, conteinerização e manuseio de materiais representam partes essenciais do sistema de operação logística. Todos os três têm de ser considerados no projeto de uma cadeia de suprimentos integrada.

Questões para revisão

1 Discuta as diferenças entre recipientes rígidos e flexíveis. Discuta a importância da segurança da carga na unitização.

---

[8] Para uma discussão mais ampla sobre logística reversa, consulte o Capítulo 9.

2 Quais benefícios as unidades de carga flexíveis apresentam em relação aos recipientes rígidos?

3 Quais *trade-offs* estão envolvidos no uso de embalagens reaproveitáveis?

4 No quesito manuseio básico de materiais, qual é o papel de uma unidade de carga?

5 Por que os sistemas de manuseio automatizados não atingiram o potencial esperado?

6 Qual é a lógica por trás das "prateleiras móveis"?

Desafios

1 Suponha que os funcionários do depósito não queiram fixar a lista de conteúdos no lado de fora das caixas principais do exemplo de embalagem da página 268. A explicação do supervisor foi que levava tempo para fixar a lista e a atividade perturbava o manuseio eficiente das caixas para a doca de embarque do depósito. Seu argumento principal é que o novo procedimento acabava reduzindo a eficiência de manuseio do depósito. Como você defenderia a necessidade de se identificar os volumes?

2 O uso de empresas de gerenciamento de paletes oferece algumas vantagens claras em comparação com uma empresa possuindo seus próprios paletes. Sob quais condições você utilizaria paletes próprios *versus* paletes fornecidos por um terceiro? Compare a opção por empresas de gerenciamento de paletes com a decisão de possuir e operar uma frota própria de caminhões.

3 No exemplo da Diapers.com, os robôs estavam sendo utilizados para movimentar e posicionar prateleiras de produtos no local dos selecionadores de pedidos. Se for o caso, o que preocuparia você em relação a esse conceito? Em sua opinião, o que é necessário para que esse desdobramento da robótica represente um progresso importante? O modelo de negócio da Diapers.com é o comércio eletrônico. Suas reações seriam as mesmas se o centro de distribuição estivesse reabastecendo lojas de varejo?

4 Devido ao fato da Marinha e Aeronáutica operarem regularmente aeronaves não tripuladas para missões de vigilância e combate, a ideia de uma empilhadeira não tripulada parece uma ideia errônea. Por que não há aeronaves de carga não tripuladas como as da FedEx e UPS? Por que não há carretas não tripuladas se movendo entre as cidades? Em que a sua resposta seria diferente se tivéssemos rodovias dedicadas apenas ao tráfego de caminhões, até mesmo exclusivas ou em horários preestabelecidos? Onde você acha que o conceito de probótica vai chegar?

PARTE 3
Projeto logístico da cadeia de suprimentos

Uma das duas principais responsabilidades da gerência logística de uma empresa, como dissemos nos Capítulos 1 e 2, é participar no projeto logístico da cadeia de suprimentos. A Parte 3 contém três capítulos dedicados a diversas questões relacionadas ao projeto logístico. O Capítulo 11 estabelece a perspectiva global das operações empresariais de hoje. Poucas empresas desfrutam da simplicidade de fazer negócios dentro de um único país. A complexidade da globalização tem aumentado como resultado do aumento do alcance operacional. Devido à natureza dinâmica da empresa contemporânea, é comum os gerentes realizarem avaliações constantes de sua estrutura de apoio logístico. O Capítulo 12 se concentra no projeto da rede. Desenvolvemos e ilustramos um modelo integrado que combina as dimensões temporal e espacial da logística em uma única estrutura teórica. A estrutura de integração oferece a base para o desenvolvimento de processos, a quantificação dos *trade-offs* e a medição integrada. No Capítulo 13, a estrutura da rede é operacionalizada em termos de metodologia e técnica para orientar o planejamento dos sistemas logísticos. Um processo passo a passo para o planejamento oferece um guia para lidar com a estrutura de canais, projeto e implementação de estratégias. O Capítulo 13 também apresenta uma visão geral das ferramentas de planejamento e análises operacionais para ajudar os gerentes a lidar com as operações logísticas.

CAPÍTULO 11 | Cadeias de suprimentos globais

RESUMO DO CAPÍTULO

ECONOMIAS GLOBAIS
INTEGRAÇÃO DA CADEIA DE SUPRIMENTOS GLOBAL
LOGÍSTICA EM UMA ECONOMIA GLOBAL
ESTRATÉGIAS DE GLOBALIZAÇÃO
GERENCIANDO A CADEIA DE SUPRIMENTOS GLOBAL
SUPRIMENTOS GLOBAIS
FUNDAMENTAÇÃO LÓGICA PARA O SUPRIMENTO A PARTIR DE PAÍSES DE BAIXO CUSTO
DESAFIOS PARA O SUPRIMENTO A PARTIR DE PAÍSES DE BAIXO CUSTO
ORIENTAÇÕES PARA O SUPRIMENTO
RESUMO
QUESTÕES PARA REVISÃO
DESAFIOS

A globalização oferece muitas oportunidades e muitos desafios para as operações e estratégias da logística e da cadeia de suprimentos. As oportunidades incluem o aumento dos mercados e uma gama mais ampla de alternativas de fabricação com uma gama de vantagens, absolutas ou relativas, em relação aos recursos humanos e recursos materiais. Algumas regiões do mundo podem oferecer economia de escala significativa graças aos salários baixos, enquanto outras oferecem flexibilidade devido à especialização. Os desafios encontrados ao tirar vantagens desses benefícios incluem ambientes operacionais logísticos mais exigentes, considerações acerca da segurança e análises de custo total mais complexas. Este capítulo discute a fundamentação lógica das cadeias de suprimentos globais, as etapas da integração da cadeia de suprimentos e termina com as orientações para tomar decisões sobre compras globais.

ECONOMIAS GLOBAIS

INDEPENDENTEMENTE DO TAMANHO, a maioria das empresas hoje tem algum nível de operação global. Elas podem trabalhar com matérias-primas ou produtos originados de outros países ou ter como clientes empresas de outros países. Em muitos casos, as empresas estão envolvidas no fornecimento e na entrega global. Embora muitos acreditem que as empresas operam globalmente devido principalmente à busca por fornecimento e manufatura mais baratos, também existem muitas outras razões. Esta seção identifica algumas das principais razões pelas quais as empresas desenvolvem capacidades globais.

A Tabela 11.1 lista os principais objetivos das empresas que justificam a globalização. Embora muitos acreditem que a principal motivação para transferir as operações de manufatura e cadeia de suprimentos seja recursos e mão de obra de baixo custo, a razão muitas vezes é outra. Por exemplo, embora se acredite que muitas empresas mudaram a produção para a Ásia e a Índia para pagar salários mais baixos, sua principal motivação muitas vezes foi ter acesso a mercados em rápida expansão. Ainda que muitos tenham tirado vantagem dessa demanda crescente, o aumento da necessidade de funcionários de produção está elevando os salários nessas regiões bem mais rápido do que no mundo desenvolvido. Como resultado, o

Objetivo	Fundamentação lógica
Aumentar a receita	• Abrir mais mercados • Expandir-se mais que os concorrentes • Obter acesso a mercados que limitam o acesso sem operações locais
Conseguir economias de escala Reduzir os custos diretos	• Obter vantagem da capacidade de produção disponível • Obter vantagem de salários ou despesas imobiliárias mais baixos • Reduzir os requisitos de combustível, diminuindo a distância ou alterando o modal de transporte • Obter vantagem das diferenças dos requisitos de produção
Avançar a tecnologia	• Obter acesso à tecnologia avançada que pode não estar disponível nos locais atuais • Obter acesso a conhecimentos especializados ou habilidades de linguagem
Reduzir a carga tributária global da empresa	• Obter benefícios fiscais locais ou regionais relacionados à propriedade, ao estoque ou à receita • Obter reduções nos impostos de valor agregado devido à localização da produção ou outros serviços com valor agregado (isto é, embalagem, gerenciamento de estoque, customização)
Reduzir a incerteza de acesso ao mercado	• Comprar produtos de locais que envolvem menos incerteza nos transportes • Comprar produtos de locais que envolvem menos restrições de segurança
Melhorar a sustentabilidade	• Obter produtos ou outros recursos (incluindo recursos humanos) de locais que tenham disponibilidade contínua de materiais e especialização, como energia ou profissionais treinados

TABELA 11.1 Fundamentação lógica da globalização.

diferencial dos salários está diminuindo e as empresas estão começando a buscar outras fontes de produção de baixo custo. As empresas também estão começando a desenvolver recursos de cadeia de suprimentos na América do Sul e na África para tirar vantagem da produção de baixo custo e da proximidade do mundo desenvolvido.

As operações globais da cadeia de suprimentos estão se tornando, direta ou indiretamente, a regra para a maioria das empresas. As compras e o mercado globais oferecem muitas oportunidades para melhorar o desempenho da empresa, especialmente em termos de receita, volume e participação de mercado. As seções a seguir descrevem algumas estratégias que as empresas podem utilizar para conseguir esses benefícios e alguns desafios que elas podem encontrar.

INTEGRAÇÃO DA CADEIA DE SUPRIMENTOS GLOBAL

EMBORA UM SISTEMA LOGÍSTICO eficaz seja importante para a integração da cadeia de suprimentos doméstica, ele é absolutamente essencial para o fornecimento, a manufatura e o comércio global bem-sucedidos. A logística doméstica se concentra em realizar atividades de movimentação e armazenamento para apoiar a integração da cadeia de suprimentos em um ambiente relativamente controlado. A logística global tem de apoiar operações em uma variedade de cenários nacionais, políticos e econômicos diferentes, ao mesmo tempo que lida com o aumento da incerteza associada à distância, demanda, diversidade e documentação no comércio internacional.

Os desafios operacionais dos sistemas logísticos globais variam significativamente em cada grande região global. O desafio logístico norte-americano é o de uma ampla geografia, com muitas opções flexíveis de transporte e pouca necessidade de documentação aduaneira. A logística europeia, por sua vez, enfrenta uma geografia relativamente compacta envolvendo diversas situações políticas, culturais, regulatórias e linguísticas. A infraestrutura europeia também é um tanto congestionada devido à densidade populacional e ao fato de que muitas das estradas datam de muitos séculos atrás. O desafio logístico do Círculo do Pacífico é um ambiente baseado em ilhas com uma infraestrutura relativamente deficiente, exigindo transportes hidroviários e aéreos para superar grandes distâncias. Essas diferentes características exigem que as empresas com operações globais desenvolvam e mantenham uma grande variedade de habilidades e competências.

No passado, uma empresa poderia sobreviver operando apenas com estratégias para a América do Norte, Europa e Círculo do Pacífico. Embora fosse mais fácil criar e implementar estratégias regionais singulares, a duplicação resultante muitas vezes gerava perdas na economia de escala e má utilização de ativos. Embora a regionalização continue viável para algumas empresas, aquelas que desejam crescer e prosperar têm de enfrentar os desafios de projetar e operar uma empresa globalmente integrada. As iniciativas estratégicas de negócios devem mudar à medida que uma empresa e sua cadeia de suprimentos se tornam progressivamente mais globais.

LOGÍSTICA EM UMA ECONOMIA GLOBAL

As operações globais aumentam o custo e a complexidade logística. A última estimativa disponível, de 2008, indica que o custo logístico para nações industrializadas ultrapassou $ 9,4 trilhões, ou 13,8% do Produto Interno Bruto (**PIB**) global estimado. A Tabela 11.2 apresenta o PIB e a estimativa de custo logístico por país. Em relação à complexidade, as operações globais, em contraste com as operações domésticas, são caracterizadas por maior incerteza, maior variabili-

TABELA 11.2 Gastos nacionais com logística estimados para 2008.

Região	País	Logística (US$ milhões)	PIB (US$ milhões)	Logística (% do PIB)
América do Norte	Canadá	128.490	1.510.957	8,50%
	México	89.676	1.088.128	8,24%
	Estados Unidos	1.173.720	14.264.600	8,23%
	Região	**1.391.885**	**16.863.685**	**8,32%**
Europa	Áustria	25.907	415.321	6,24%
	Bélgica	46.749	506.392	9,23%
	República Tcheca	16.418	217.077	7,56%
	Dinamarca	22.423	342.925	6,54%
	França	188.005	2.865.737	6,56%
	Alemanha	341.371	3.667.513	9,31%
	Reino Unido	169.947	2.674.085	6,36%
	Grécia	51.770	357.549	14,48%
	Hungria	8.721	156.284	5,58%
	Irlanda	22.122	273.328	8,09%
	Itália	152.238	2.313.893	6,58%
	Holanda	83.106	868.940	9,56%
	Noruega	44.475	456.226	9,75%
	Polônia	54.920	525.735	10,45%
	Portugal	11.898	244.492	4,87%
	Espanha	151.513	1.611.767	9,40%
	Suécia	44.864	484.550	9,26%
	Região	**1.436.445**	**17.981.814**	**8,22%**
Círculo do Pacífico	Brasil	141.610	1.572.839	9,00%
	China	1.160.610	8.083.000	14,36%
	Egito	15.219	162.164	9,38%
	Índia	114.846	1.209.686	9,49%
	Hong Kong	16.642	215.559	7,72%
	Japão	440.482	4.923.761	8,95%
	Coreia do Sul	98.365	947.010	10,39%
	Nova Zelândia	9.799	128.492	7,63%
	Rússia	163.575	1.676.586	9,76%
	Arábia Saudita	30.067	481.631	6,24%
	Cingapura	16.771	181.939	9,22%
	Taiwan	65.494	729.443	8,98%
	Região	**2.273.218**	**20.312.110**	**9,26%**
Demais países		**4.648.152**	**15.492.391**	**30,00%**
Total		**9.749.700**	**70.650.000**	**13,80%**

dade, menor controle e menor visibilidade. A incerteza resulta das distâncias maiores, prazos de entrega mais longos e menos conhecimento do mercado. O aumento na variação é fruto dos requisitos únicos de clientes e documentação, bem como ambientes políticos inconstantes. O controle diminui, pois há uso intensivo de empresas de serviço internacionais em conjunto com potencial de intervenção governamental em áreas como alfândega e restrições comerciais. A visibilidade diminui por causa dos tempos maiores de trânsito e permanência com menos capacidade de monitorar e determinar exatamente onde se localizam as cargas.

Esses desafios complicam o desenvolvimento de uma estratégia eficiente e eficaz para a cadeia de suprimentos global. Felizmente, existem forças que impulsionam e facilitam a globalização e exigem operações logísticas sem fronteiras.

ESTRATÉGIAS DE GLOBALIZAÇÃO

A globalização da cadeia de suprimentos pode ser caracterizada utilizando-se quatro estratégias: (1) nenhuma estratégia internacional; (2) estratégia doméstica múltipla; (3) estratégia global; e (4) estratégia transnacional. São discutidas a seguir as características e as implicações na cadeia de suprimentos de cada estágio.

A primeira caracteriza as empresas que não têm uma estratégia internacional e descreve as empresas envolvidas apenas em operações domésticas. Embora possa haver algumas transações internacionais na forma de terceirização ou entrega, não há uma estratégia sistemática ou um plano para organizar ou aumentar as operações internacionais. A vantagem das operações puramente domésticas é que elas minimizam substancialmente a complexidade e há uma necessidade mínima de coordenação entre a cadeia de suprimentos e as outras funções da empresa. As desvantagens de não ter uma estratégia internacional são a dificuldade de responder aos clientes que operam globalmente e o crescimento limitado aos mercados locais.

A segunda, que é a estratégia doméstica múltipla, caracteriza as empresas que operam em vários países, tendo o país sede como dominante. Com essa estratégia, as empresas costumam ter cadeias de suprimento distintas e parcialmente autônomas em cada região do globo. Por exemplo, se uma empresa for sediada nos Estados Unidos, todas as atividades realizadas fora do país são internacionais e frequentemente são tratadas como secundárias em relação às operações domésticas. Geralmente, as operações internacionais são utilizadas para apoiar as operações domésticas, particularmente com relação ao suprimento de matérias-primas e bens para revenda. Nesse caso, as operações logísticas e da cadeia de suprimentos dentro de cada região são independentes das outras. A vantagem de uma estratégia doméstica múltipla é que a empresa pode se concentrar nos mercados locais, minimizando simultaneamente as necessidades de coordenação geral. Por exemplo, uma empresa pode se concentrar em mercados-chave emergentes, diminuindo ao mesmo tempo a complexidade operacional entre os mercados. As desvantagens de uma estratégia doméstica múltipla são: ela não responde bem aos clientes globais e é difícil desenvolver economias de escala.

A terceira, sobre operações globais, implica em operações transfronteiriças com alguma customização para o mercado local. Embora normalmente haja uma única sede que coordena as operações globais, as atividades logísticas e da cadeia de suprimento ocorrem em regiões do mundo inteiro. Geralmente, cada região ou país se concentra nas características do mercado regional. Embora haja motivação para coordenar as atividades da cadeia de suprimentos entre as regiões, não há um grande foco em reduzir a complexidade da marca, fabricação e logística. Por exemplo, produtos similares podem ser criados em várias regiões, com uma preocupação mínima quanto à redução da complexidade da fabricação e dos componentes. As transações entre regiões ou países diferentes costumam ser tratadas como transferências internas da empresa ou como relações pontuais cliente-fornecedor. Normalmente, a integração mais avançada nessas organizações se dá com as finanças integradas globalmente. Outras formas de integração, como o desenvolvimento de produtos, o marketing, a cadeia de suprimentos e o planejamento, são menos comuns. As vantagens das operações globais são a capacidade de se concentrar em vários mercados locais, satisfazer as necessidades dos clientes locais e a capacidade em tirar vantagem das marcas e produtos globais. Já as desvantagens são a sua dificuldade para responder de maneira integrada aos clientes globais e não ser escalável.

A quarta estratégia, a transnacional, caracteriza as empresas que mantêm operações regionais em todo o globo e utilizam estruturas centrais que aumentam a eficácia das atividades da empresa, além do seu desempenho. Embora geralmente ainda existam operações regionais, diferentes atividades podem se situar em regiões distintas para assegurar uma ampla perspectiva global. Por exemplo, as operações financeiras podem se situar em regiões como a Europa e os Estados Unidos, enquanto a produção e as compras poderiam estar na Ásia. O objetivo é gerenciar as atividades na região que consegue coordenar ou executar melhor essas atividades. Nessa estratégia, as empresas podem optar por manter uma quantidade limitada de centros de atendimento ao cliente consolidados (a IBM possui três, com mais três de reserva), uma quantidade limitada de instalações de controle da produção (mais uma vez, a IBM possui três – Estados Unidos, Europa e Ásia) e uma quantidade limitada de centros de compras. As principais vantagens de uma estratégia transnacional são: facilitar o foco global no desenvolvimento e no fornecimento de soluções, proporcionar economias de escala importantes e ser muito expansível, tanto para as empresas domésticas quanto para as globais. As principais desvantagens são que ela requer uma coordenação substancial e uma integração das informações, diminuindo a capacidade de a empresa responder às singularidades de cada mercado. Exemplos de empresas que se enquadram na especificação de transnacional são a ABB (Suíça), Coca-Cola (Estados Unidos), Dow Chemical (Estados Unidos), Hoechst (Alemanha), IBM (Estados Unidos), ICI (Reino Unido), Johnson & Johnson (Estados Unidos), Nestlé (Suíça), Novartis (Suíça) e Philips (Holanda). Elas se caracterizam por uma combinação de marcas globais produzidas e comercializadas no mundo inteiro, com sistemas e gestão integrados que conseguem coordenar as operações globais, sendo ao mesmo tempo sensíveis às considerações regionais e locais.

A Figura 11.1 ilustra como as empresas sem estratégia internacional conseguem evoluir. A dimensão horizontal se refere à capacidade de resposta local. A dimensão vertical representa o nível de integração global. Embora a categoria de "nenhuma estratégia internacional" possa ter uma capacidade de resposta local no país de origem, normalmente ela não demonstra qualquer capacidade de resposta fora desse país. Por outro lado, a "estratégia doméstica múltipla" pode ser muito focada nos mercados individuais, mas não há um caminho lógico para a integração global. Uma vez que cada divisão regional provavelmente tomaria as decisões para satisfazer melhor as necessidades dos seus clientes e regiões, haveria um esforço limitado movendo cada região para um plano integrado global. Na verdade, sem uma visão e uma motivação global forte a tendência natural seria a de uma empresa multidoméstica permanecer como multidoméstica. A empresa com estratégia global se move para uma operação global mais ampla, com customizações e operações para o mercado local. No entanto, existe uma sede global central que tende a orientar a estratégia e as operações. São empreendidos esforços para padronizar os "produtos e soluções mundiais" e as atividades são realizadas, e frequentemente centralizadas, no melhor local, a partir de uma perspectiva global.

A Tabela 11.3 compara e diferencia as várias características da logística e da cadeia de suprimento globais pela perspectiva: (1) dos produtos; (2) da estratégia de mercado; (3) da

```
                          Estratégia
      Alta   Estratégia global ──▶ transnacional

Integração global
                              ▲
                              │
      Baixa  Nenhuma estratégia ──▶ Estratégia
             internacional          doméstica múltipla

             Baixa              Alta
             Capacidade de resposta local
```

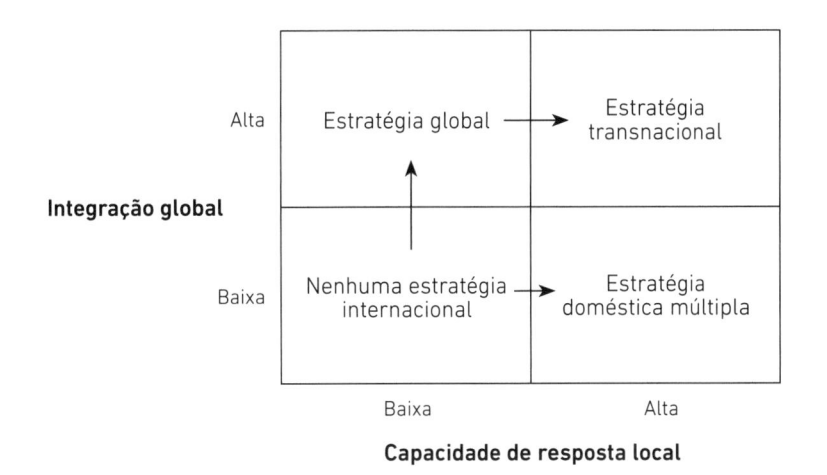

FIGURA 11.1
Estratégias de globalização.

Fonte: James Fitzsimmons, and Mona Fitzsimmons (2011), *Service Management: Operations, Strategy and Information Technology*, seventh edition (New York: McGraw-Hill), p. 352.

estratégia da cadeia de suprimentos; (4) da estratégia de gestão; e (5) do desenvolvimento de recursos humanos. Embora haja mais sinergia com os produtos, o marketing e as operações a ser alcançada à medida que a empresa evolui de nenhuma estratégia internacional para uma estratégia transnacional, também há desafios crescentes relativos à gestão e ao desenvolvimento de recursos humanos.

As estratégias domésticas múltiplas, globais e transnacionais podem influenciar as decisões logísticas em uma série de dimensões. Primeira, as opções de suprimentos e recursos podem ser influenciadas por restrições artificiais, normalmente impostas por governos nacionais, que assumem a forma de restrições de uso, leis de nacionalização de componentes ou sobretarifas. Uma restrição de uso é uma limitação, geralmente imposta pelo governo, que restringe o nível de vendas ou compra de produtos importados. Por exemplo, a empresa talvez precise utilizar as divisões internas para o fornecimento de matérias-primas, mesmo que o preço ou a qualidade não sejam competitivos. As leis de nacionalização de componentes especificam o percentual dos componentes de um produto que devem ser fornecidos pela economia local. As sobretarifas envolvem cobranças mais elevadas por produtos de origem estrangeira, impostas pelos governos a fim de manter a viabilidade dos fornecedores locais.

Estágios de globalização	Produtos	Estratégia de mercado	Estratégia da cadeia de suprimentos	Estratégia de gestão	Desenvolvimento de recursos humanos
Nenhuma estratégia internacional	Produto padrão para o mercado local	Estratégia única focada no mercado local	Direto ao cliente	Finanças simples	Intuitivo, com especialização limitada
Estratégia doméstica múltipla	Comercialização e logística domésticas	Clientes domésticos	Colaboração	Transação conduzida por finanças integradas	Gestão com foco no país de origem
Estratégia global	Customização para os mercados locais	Foco em áreas específicas do mercado que podem atravessar fronteiras internacionais	Subsidiárias com presença local	Operações descentralizadas com responsabilidade pela rentabilidade local	Alta direção com certa experiência internacional
Estratégia transnacional	Marcas globais e operações integradas	Clientes globais	Fluxo mundial de recursos-chave	Planejamento centralizado em escritórios globais	Treinamento e experiência internacionais

TABELA 11.3
Características diferenciais das estratégias globais.

Combinadas, as restrições de uso, as leis de nacionalização de componentes e as sobretarifas limitam a capacidade da administração para escolher aquele que em outras condições seria o fornecedor preferido.

Segunda, a logística para apoiar as operações globais aumenta a complexidade do planejamento. Um objetivo fundamental da logística é suavizar o fluxo de produtos a fim de facilitar a utilização eficiente da capacidade. Esse objetivo às vezes é difícil em um ambiente internacional devido à incerteza do transporte, restrições de infraestrutura, diferenças de fuso e idioma, e restrições governamentais.

Terceira, as operações globais ampliam os sistemas e práticas de logística domésticas para uma ampla gama de locais e ambientes de operação. Embora uma estratégia doméstica introduza algumas diferenças regionais nas operações logísticas, as operações globais introduzem uma complexidade muito maior, além de processos de exceção. Os gestores locais precisam acomodar as exceções e, ao mesmo tempo, permanecer alinhados à política corporativa e às orientações quanto aos procedimentos. Por exemplo, embora o suborno seja uma prática ilegal e antiética na maioria dos países desenvolvidos, esses pagamentos "facilitadores" podem ser a única maneira de conseguir que o produto seja movimentado ou liberado pela alfândega em alguns países em desenvolvimento. Em consequência, a gestão logística sediada no exterior quase sempre precisa acomodar os ambientes local, cultural, de idioma, de empregabilidade e político, sem a total compreensão da situação.

GERENCIANDO A CADEIA DE SUPRIMENTOS GLOBAL

Para melhorar a capacidade global de uma empresa, a gerência de logística tem de considerar cinco grandes diferenças entre operações domésticas e internacionais: (1) estrutura do ciclo de atividades; (2) transportes; (3) considerações operacionais; (4) integração dos sistemas de informação; e (5) alianças. Essas considerações devem, então, ser incorporadas à estratégia operacional global da empresa.

Estrutura do ciclo de atividades

A duração do ciclo de atividades é uma grande diferença entre as operações domésticas e as internacionais. Em vez de tempos em trânsito de 1 a 5 dias e ciclos de atividades de 2 a 10 dias ao todo, os ciclos de atividades globais muitas vezes duram semanas ou meses. Por exemplo, é comum os fornecedores de peças automotivas do Círculo do Pacífico levarem 60 dias desde a liberação do pedido até a entrega física em uma instalação de produção nos Estados Unidos. De modo semelhante, artigos de vestuário podem levar de 30 a 60 dias desde a liberação do pedido até que sejam recebidos em um depósito de distribuição nos Estados Unidos.

As razões que levam a esse tempo longo entre o pedido e a entrega são os atrasos nas comunicações, os requisitos financeiros, os requisitos especiais de embalagem, a programação de frete transoceânico, o tempo perdido em trânsito lento e a liberação alfandegária. A comunicação pode atrasar por causa das diferenças de fuso horário e idioma. Os atrasos financeiros são causados pelas exigências de tradução de cartas de crédito e pelas diferenças de moeda. Embalagens especiais podem ser necessárias para proteger os produtos de danos em trânsito em virtude da alta umidade, temperatura e outras condição climáticas. Depois que um produto é conteinerizado, ele deve ser agendado para movimentação até os portos e de um porto para outro com capacidade adequada de manuseio. Esse processo de agendamento pode levar até 30 dias, se os portos de origem e destino não estiverem localizados em linhas movimentadas ou se os navios que vão para o porto desejado não tiverem o equipamento necessário. O tempo de trânsito, depois que o navio está a caminho, varia de 10 a 21 dias. Os atrasos em portos são frequentes porque os navios têm de esperar que outras embarcações descarreguem e liberem as instalações do porto. A liberação alfandegária pode estender ainda mais o tempo total. Embora seja cada vez mais comum utilizar meios eletrônicos para pré-liberar as cargas de produtos na alfândega antes da chegada em portos internacionais, o tempo do ciclo de atividades ainda é grande. Problemas de segurança podem gerar atrasos adicionais. Outro problema é a disponibilidade restrita de contêineres. A movimentação da Ásia para os Estados Unidos geralmente é desequilibrada, já que mais material é importado para os Estados Unidos do que exportado para a Ásia. Como resultado, existe uma grande demanda de contêineres para movimentar produtos da Ásia para os Estados Unidos, mas pouca motivação para enviá-los de volta. Isso demonstra como o comércio desequilibrado, seja doméstico ou internacional, pode aumentar a complexidade das operações logísticas.

Esses fatores fazem que os ciclos de atividades logísticas internacionais sejam mais longos, menos consistentes e menos flexíveis do que nas operações domésticas típicas. Essa falta de consistência torna o planejamento e a coordenação mais difíceis. A determinação do *status* da carga e a antecipação da chegada também exige muito mais esforços. O ciclo de atividades mais longo também resulta em maior comprometimento de ativos, visto que há um estoque significativo em trânsito.

Transportes

A iniciativa norte-americana de desregulamentar os transportes no início da década de 1980 se estendeu globalmente. Houve quatro importantes mudanças globais: (1) propriedade e operação intermodal; (2) privatização; (3) cabotagem e acordos bilaterais; e (4) restrições de infraestrutura.

Historicamente, havia restrições regulatórias sobre direitos de propriedade e operação internacional de transportes. As transportadoras eram limitadas a operar em um único modal de transporte com poucos acordos operacionais ou de formação de preços em conjunto. Tradicionalmente, as linhas de barcos a vapor não podiam possuir ou administrar operações integradas em terra, como transportadoras rodoviárias ou ferroviárias. Sem propriedade, operações e acordos de preços conjuntos, a operação e o rastreamento dos carregamentos internacionais eram muito complexos. As cargas internacionais normalmente precisavam de diversas transportadoras para realizar uma única movimentação de frete. Especificamente, o governo – e não as forças de mercado – determinava a extensão de serviços que transportadoras estrangeiras podiam realizar. Embora algumas restrições de propriedade e operação permaneçam, os arranjos de marketing e alianças entre países melhoraram substancialmente a flexibilidade dos transportes. A remoção das restrições de propriedade multimodal nos Estados Unidos e na maioria dos outros países industrializados serviu para facilitar a movimentação integrada. Em resposta a algumas dessas mudanças nos requisitos de propriedade, diversos prestadores de serviços globais, como DeutschePost, FedEx e United Parcel Service, se estabeleceram.

A segunda influência dos transportes nas operações globais é o aumento da privatização das transportadoras. Historicamente, muitas transportadoras internacionais eram propriedade de governos nacionais, em um esforço para promover o comércio e oferecer segurança. Transportadoras de propriedade do governo normalmente são subsidiadas e muitas vezes utilizam sobretarifas para empresas estrangeiras que usam esses serviços. Preços artificialmente altos e mau serviço muitas vezes tornavam dispendioso e não confiável o uso dessas transportadoras estatais. Ineficiências e inflexibilidade também resultavam de uma forte sindicalização e regras de trabalho. A combinação de altos custos operacionais e baixa eficiência levava muitas transportadoras do governo a operar com prejuízo. Muitas delas foram privatizadas e agora operam em um ambiente competitivo. A privatização resultou em aumento da disponibilidade de transportadoras internacionais eficientes.

Mudanças nos serviços de cabotagem e em acordos bilaterais relacionados são a terceira influência dos transportes que exerce impacto sobre o comércio internacional. As leis de cabotagem exigem que passageiros ou produtos que se movimentam entre dois portos domésticos utilizem apenas transportadoras domésticas. Por exemplo, o transporte hidroviário de Los Angeles para Nova York tinha de usar uma transportadora norte-americana. Leis de cabotagem semelhantes restringiam os motoristas canadenses de transportar uma carga de retorno para Detroit depois de uma carga originária do Canadá ter sido entregue no Texas. As leis de cabotagem foram projetadas para proteger o setor de transportes domésticos, embora também tenham servido para reduzir a utilização geral de equipamentos de transporte e sua eficiência. A Comunidade Europeia diminuiu as restrições de cabotagem para aumentar a eficiência no comércio. Essa redução economizará para as empresas norte-americanas 10% a 15% nos custos de frete dentro da Europa. Embora os Estados Unidos não tenham rescindido suas leis de cabotagem em relação ao Canadá e ao México, algumas das restrições foram reduzidas para melhorar a utilização de equipamentos e reduzir o impacto ambiental.

Muitas regiões, tanto desenvolvidas quanto subdesenvolvidas, estão enfrentando grandes restrições na infraestrutura física. As operações globais estão aumentando significativamente a demanda específica por capacidades portuárias e aeroportuárias. Como grande parte da infraestrutura mundial foi desenvolvida há mais de 50 anos, ela foi projetada para uma capacidade substancialmente menor e sem muito crescimento em relação aos terrenos nas redondezas. Embora a tecnologia da informação e de manuseio tenha facilitado a rápida movimentação dos produtos em portos e aeroportos, o aumento do volume ainda resulta em congestionamentos substanciais. Ao mesmo tempo, orçamentos locais, estaduais e federais enxutos têm limitado o reinvestimento que poderia ser feito na infraestrutura existente. Como resultado, os gerentes logísticos estão sempre em busca de fornecedores, transportadoras ou portos alternativos.

Considerações operacionais

Existem inúmeras considerações operacionais para apoiar as cadeias de suprimentos globais. Primeira, as operações internacionais normalmente exigem diversos idiomas tanto para os produtos quanto para a documentação. Um produto técnico, como um computador ou calculadora, deve ter características locais, como idioma e caracteres do teclado tanto no produto quanto em seus manuais. De uma perspectiva logística, as diferenças nos idiomas aumentam drasticamente a complexidade, já que um produto é limitado a um país específico por conta de ser personalizado para um idioma. Por exemplo, ainda que a Europa Ocidental seja muito menor que os Estados Unidos em termos geográficos, exige relativamente mais estoque para apoiar os esforços de marketing, uma vez que podem ser necessários estoques separados para acomodar diversos idiomas. Embora a proliferação de produtos por causa de requisitos de linguagem tenha sido reduzida utilizando embalagens em diversos idiomas e estratégias de *postponement*, essas práticas nem sempre são aceitáveis. Alguns consumidores relutam em aceitar produtos que não estejam em embalagens em seu idioma nativo. Além das implicações do idioma do produto, as operações internacionais podem exigir documentação em diversas línguas para cada país pelo qual a carga deve passar. Embora o inglês seja padrão no comércio, alguns países exigem que a documentação de transportes e aduaneira seja fornecida no idioma local. Isso aumenta o tempo e o esforço das operações internacionais, já que documentos complexos têm de ser traduzidos antes do carregamento. Essas dificuldades de comunicação e documentação podem ser superadas por meio de transações eletrônicas padronizadas.

TABELA 11.4 Formas comuns de documentação logística internacional.

Carta de crédito comercial irrevogável para exportação. Contrato entre um importador e um banco que transfere as responsabilidades do pagamento do exportador para o banco do importador (supostamente mais confiável em termos de crédito).

Ordem de pagamento. Meio de pagamento para uma transação de importação/exportação. Existem dois tipos: transação a ser paga à vista com documentos apropriados (Ordem de pagamento à vista) e transação a ser paga em algum momento combinado depois do recebimento dos documentos apropriados (Ordem de pagamento a prazo). Qualquer um dos dois tipos é acompanhado de instruções e outros documentos (exceto carta de crédito) para a execução da operação.

Conhecimento de embarque. Emitido pela empresa embarcadora ou seu agente como prova de um contrato de frete para envio dos produtos e como um título de propriedade dos bens.

Documento de transporte combinado. Pode substituir o conhecimento de embarque quando os produtos são enviados por transporte aéreo (conhecimento aéreo) ou por mais de um modal de transporte.

Fatura comercial. Documento preparado pelo exportador para descrever precisamente os produtos e os termos de venda (semelhante a uma fatura usada em cargas domésticas).

Certificado de seguro. Explica qual tipo de cobertura é utilizada (incêndio, roubo, inundação), o nome da seguradora e o exportador cuja propriedade está sendo segurada.

Certificado de origem. Indica o país em que os produtos foram fabricados para identificar as tarifas e outras restrições impostas pelas autoridades governamentais.

A segunda consideração operacional é formada por ajustes nacionais, como em características de desempenho, características técnicas, considerações ambientais e requisitos de segurança. As diferenças na característica de desempenho incluem funções específicas dos produtos, como restrições de velocidade ou de processos. As características técnicas abrangem tomadas de energia, documentação e sistema métrico. As considerações ambientais incluem produtos químicos que podem ser usados ou o tipo e a quantidade de resíduo gerado. Requisitos de segurança incluem desligamento automático e documentação especializada. Embora possam não ser substanciais, as pequenas diferenças de requisitos entre países podem aumentar significativamente o número de itens necessários e consequentemente os níveis de estoque.

A terceira consideração operacional é a grande quantidade de documentação necessária para as operações internacionais. Embora as operações domésticas geralmente possam ser realizadas apenas com o uso de uma fatura e um conhecimento de carregamento, as operações internacionais exigem uma documentação substancial, apresentando o conteúdo dos pedidos, meios de transporte, financiamento e controle governamental. A Tabela 11.4 lista e descreve formas comuns de documentação internacional.

A quarta consideração operacional é a alta incidência de negócios à base de troca e de *drawback* encontrados em algumas situações internacionais. Embora muitas empresas prefiram transações em dinheiro, os negócios à base de troca são importantes. Em essência, nos negócios à base de troca um vendedor concorda em receber produtos como pagamento ou comprar produtos do comprador como parte de um acordo de vendas. Ainda que esses acordos tenham consequências financeiras, eles também têm grandes implicações para a logística e o marketing no que se refere ao manejo dos produtos recebidos como pagamento. *Drawback* descreve situações em que uma empresa paga um imposto alfandegário para importar produtos de um país estrangeiro, mas o imposto pago pode ser reembolsado ou devolvido se os próprios itens ou um produto comparável forem exportados. Por exemplo, a Pepsi fornecia xarope ao governo soviético que engarrafava e comercializava o refrigerante praticamente sem controle nenhum por parte da Pepsi. Em troca, a Pepsi recebia os direitos exclusivos de distribuição da vodca russa Stolichnaya nos Estados Unidos. Esses direitos exclusivos exigiam apoio logístico e de marketing.

Integração dos sistemas de informação

Um grande desafio na globalização é a integração dos sistemas de informação. Como as empresas muitas vezes se tornam globais por meio de aquisição e fusão, a integração dos sistemas normalmente fica para trás. A integração operacional exige a capacidade de direcionar pedidos e administrar estoques eletronicamente em todo o mundo. O desenvolvimento da integração da tecnologia de apoio representa um importante investimento de capital. Como discutimos no Capítulo 6, são necessários dois tipos de integração de sistemas para apoiar as operações globais. A primeira é um sistema de transações ou ERP global. O sistema ERP global é necessário para compartilhar dados em comum sobre clientes, fornecedores, produtos e recursos financeiros globais. Ele também é útil para fornecer informações comuns e consistentes a respeito do *status* do pedido e do estoque, independentemente de onde um cliente global está ou de onde o pedido deve ser entregue. O segundo requisito de integração de sistemas é um sistema de planejamento global que consiga maximizar a utilização geral de ativos de manufatura e logísticos ao mesmo tempo que atende os requisitos de serviço ao cliente. Poucas empresas têm sistemas de informação ou capacidades 100% integrados globalmente.

Alianças

A consideração final para as operações internacionais é a crescente importância das alianças com outras empresas. Embora as alianças com transportadoras e fornecedores de serviço especializado sejam importantes nas operações domésticas, elas são essenciais para o comércio internacional. Sem alianças, seria necessário que uma empresa que opera internacionalmente mantivesse contato com varejistas, atacadistas, fabricantes, fornecedores e prestadores de serviço em todo o mundo. Alianças internacionais oferecem acesso ao mercado e à especialização, além de reduzir o risco inerente das operações globais. A quantidade de alternativas e a complexidade da globalização exigem alianças.

Em resumo, a globalização é uma fronteira evolutiva que exige cada vez mais integração na cadeia de suprimentos. À medida que as empresas expandem seu foco para mercados internacionais, a demanda por competência logística aumenta, pois as cadeias de suprimentos, as variações e as incertezas ficam maiores, e será necessário providenciar mais documentação. Embora as forças da mudança impulsionem as operações sem fronteiras, a gestão logística da cadeia de suprimentos ainda enfrenta barreiras de mercado, financeiras e de canais, como distância, demanda, diversidade e documentação. O desafio é posicionar a empresa para obter vantagens dos benefícios do mercado e da produção globais por meio do desenvolvimento de uma competência logística mundial.[1]

SUPRIMENTOS GLOBAIS

UM DOS MAIORES DESAFIOS das empresas de hoje com impacto específico sobre a gestão logística é o aumento drástico das alternativas globais de suprimentos, sobretudo em países de baixo custo como a China. Empresas atuantes em praticamente todos os setores de bens duráveis estão investigando Ásia, Europa Oriental, América Latina e África como fontes potenciais de produtos prontos ou, pelo menos, de componentes. Esta seção avalia a fundamentação lógica para o suprimento a partir de países de baixo custo, identifica alguns dos desafios específicos e dá algumas orientações sobre a estratégia de compras globais.

---

[1] O Council of Supply Chain Management Professionals (CSCMP) produziu vários relatórios intitulados *Global Perspectives* que descrevem as características e os desafios da logística em mais de 20 países específicos. Os relatórios estão disponíveis gratuitamente em papel e em formato eletrônico para os membros no *site* <http://www.cscmp.org>. Para uma discussão mais abrangente, veja Greg Cudahy, Narendra Mulani, and Christophe Cases. "Mastering global operations in a multipolar world," *Supply Chain Management Review*, March 2008, pp. 22-29.

FUNDAMENTAÇÃO LÓGICA PARA O SUPRIMENTO A PARTIR DE PAÍSES DE BAIXO CUSTO

O aumento da necessidade de competitividade global está impulsionando muitas empresas, especialmente as de setores de bens duráveis e moda, a identificar e estabelecer relacionamentos com fornecedores em países de baixo custo. Existem inúmeras justificativas para isso. Primeira, o fornecimento situado em países onde os salários são baixos normalmente reduz o custo de manufatura. Embora seja uma estratégia que pode reduzir o custo de manufatura, algumas empresas não consideram o impacto do suprimento global sobre o custo total, sobretudo em relação aos componentes de custo logístico de transportes e estoque. Segunda, buscar fornecedores em países de baixo custo também pode aumentar a quantidade de fontes possíveis e, assim, aumentar a pressão competitiva sobre os fornecedores nacionais. Terceira, é uma estratégia que pode aumentar a exposição da empresa a tecnologias avançadas de produtos e processos. Sem a pressão dos fornecedores globais, pode haver relutância por parte dos fornecedores domésticos para investigar ou investir em novas tecnologias porque eles têm ativos significativos presos a tecnologias mais antigas. Por sua vez, os fornecedores globais podem se concentrar significativamente em novas tecnologias para estabelecer uma posição competitiva em mercados estrangeiros apesar das questões discutidas sobre as cadeias de suprimentos expandidas. A fundamentação lógica final para o suprimento a partir de países de baixo custo é o estabelecimento de uma presença local para facilitar as vendas no país estrangeiro. Por exemplo, o setor automobilístico norte-americano está aumentando os fornecedores em países de baixo custo para reduzir o custo de componentes, mas com isso também está tentando facilitar as vendas de automóveis nesses países. Por conta de restrições políticas ou jurídicas, muitas vezes uma empresa precisa ter relacionamentos e operações de produção locais para ter permissão de vender seu produto no país estrangeiro. A combinação desses fatores fortalece a ideia do suprimento a partir de países de baixo custo, mas é necessário considerar, também, os desafios.

DESAFIOS PARA O SUPRIMENTO A PARTIR DE PAÍSES DE BAIXO CUSTO

Embora a fundamentação lógica para o suprimento a partir de países de baixo custo seja substancial, também há uma longa lista de problemas e desafios relacionados a essas estratégias de suprimento. Esses problemas e desafios se complicam pelo fato de os benefícios e os custos relacionados favorecerem diferentes unidades organizacionais. O setor de compras ou produção pode receber os benefícios por meio de materiais ou componentes de custo mais baixo. Muitos dos custos e desafios para embarcar e garantir a entrega dos produtos são de responsabilidade da logística. Os benefícios e custos devem ser integrados em todo o processo da cadeia de suprimentos para que se tome a decisão correta em termos de suprimentos.

O primeiro desafio é identificar fontes capazes de produzir os produtos de acordo com a qualidade e a quantidade necessárias. Embora esteja se tornando mais fácil atingir o objetivo de qualidade, garantir que o fornecedor potencial tenha capacidade de atender as demandas de volume e de flutuação sazonal em um período aceitável muitas vezes continua sendo um desafio.

O segundo desafio considera a proteção da propriedade intelectual de uma empresa à medida que os produtos ou componentes são fabricados e transportados. Os fornecedores e os países envolvidos precisam ter restrições legais para proteger os projetos de produtos e os segredos comerciais relacionados.

O terceiro desafio diz respeito ao entendimento de questões relacionadas à conformidade de produtos importados/exportados. Pode haver regulamentações governamentais associadas ao volume de importação de determinado produto, antes que os impostos ou outras restrições sejam aplicados. O percentual de materiais fornecidos por países estrangeiros também pode restringir a capacidade de uma empresa de vender a clientes selecionados. Contratos com o governo podem exigir um nível específico de componentes de fabricação doméstica. Por exemplo, se o contrato exigir que o produto seja "*Made in the U.S.A.*", 95% dos componentes têm de ser de origem norte-americana.

O quarto desafio se refere à comunicação com fornecedores e empresas de transporte. Embora a negociação de compras com esses países não seja fácil, frequentemente há maior dificuldade na hora de lidar com transportadoras, agentes de carga e alfândega, por causa de diferenças entre fuso horário, idioma e tecnologia.

O quinto desafio é a necessidade de garantir a segurança do produto enquanto está em trânsito. A segurança da cadeia de suprimentos não apenas exige que o produto esteja em segurança; o processo também deve proteger contêineres e veículos envolvidos, cheios ou vazios.

O sexto desafio se refere ao estoque e ao risco de obsolescência associados à extensão do tempo em trânsito, que aumenta. Assim, é comum a empresa ter um a dois meses de suprimento de produtos em trânsito, o que deve ser contado como ativo e incorrer no custo associado de manutenção de estoques. Prazos de entrega estendidos também elevam o potencial de obsolescência, na medida em que os pedidos têm prazos de entrega mais longos e geralmente há pouca flexibilidade para trocas. Esses prazos de entrega estendidos também impactam a recuperação quando ocorre um problema de qualidade. É comum as empresas embarcar em componentes por transporte aéreo de fornecedores estrangeiros para se recuperar de problemas de qualidade inesperados ou cargas atrasadas.

O desafio final, que sintetiza os anteriores, se concentra na necessidade de entender a diferença entre o preço unitário e o custo total. Enquanto o preço unitário pode incluir os componentes e a mão de obra direta e indireta, a perspectiva do custo total precisa levar em conta outros elementos de custo, incluindo frete, estoque, obsolescência, tarifas aduaneiras, impostos, recuperação e outras considerações envolvendo os riscos.

ORIENTAÇÕES PARA O SUPRIMENTO

A decisão de comprar materiais e componentes localmente ou em um país de baixo custo é complexa. Embora os custos diretos e indiretos do produto representem um fator importante, muitos outros fatores devem ser considerados e bem ponderados. Produtos e componentes com longos períodos entre as alterações de produção são ideais para esse tipo de estratégia. Um exemplo contrário seria o ciclo de vida de um componente eletrônico, que normalmente é curto e, portanto, em geral tenderia para o fornecimento doméstico. Produtos e componentes que apresentam inúmeras variações geralmente também devem ser comprados localmente porque os longos prazos de entrega associados ao suprimento a partir de países de baixo custo dificultam a previsão de demanda do *mix* exato de produtos. Produtos ou componentes com alto nível de mão de obra devem tirar vantagem dos salários usualmente baixos que são pagos em países de baixo custo. Produtos ou componentes com grande conteúdo de propriedade intelectual devem ser comprados localmente, já que os sistemas jurídicos de muitos dos países de baixo custo não oferecem proteção adequada a segredos comerciais. O suprimento doméstico geralmente é adequado para produtos e componentes com custo de transporte relativamente alto, como produtos a granel ou que danificam com facilidade. Devido ao aumento dos preços da energia, muitas empresas estão começando a reconsiderar um fornecimento mais localizado. Produtos ou componentes com valor relativamente baixo são ideais para buscar fornecedores em países de baixo custo, já que o custo de manutenção de estoques enquanto eles estão em trânsito não é significativo. Produtos e componentes com restrições de segurança ou outras restrições de importação por parte do governo devem tender para os fornecimentos locais. Por exemplo, a importação de produtos eletrônicos pode sofrer atrasos na alfândega quando o fornecedor não tem a confiança

Critérios	Suprimento doméstico	Suprimento a partir de países de baixo custo
Duração do ciclo de vida do produto	Curta	Longa
Variações em tamanho, cor ou estilo do produto	Muitas	Poucas
Intensidade de mão de obra	Baixa	Alta
Conteúdo de propriedade intelectual	Alto	Baixo
Custo de transportes	Alto	Baixo
Valor do produto	Alto	Baixo
Restrições de segurança ou de importação	Altas	Baixas
Incerteza nos transportes	Alta	Baixa

TABELA 11.5 Orientações para o suprimento.

do governo importador por causa do potencial da existência de mercados paralelos. Por fim, é melhor procurar por fornecedores domésticos para produtos e componentes com alto grau de incerteza nos transportes devido a volumes relativamente baixos ou transportados em rotas comerciais com serviço limitado.

Não há resposta simples sobre quais produtos ou componentes devem ser comprados localmente, já que diversos critérios são um tanto qualitativos. A Tabela 11.5 lista os critérios gerais para o suprimento.[2] A determinação final depende do item específico e da experiência da empresa. À medida que as empresas aumentam suas operações e esforços de marketing globais, os gerentes logísticos devem se envolver cada vez mais para oferecer uma avaliação realista das implicações de custo total e desempenho.

Conforme a estratégia de uma cadeia de suprimentos se torna mais global, maiores complexidades são encontradas. Essas complexidades resultam do aumento das distâncias, diferenciais de demanda, diversidade cultural e documentação complexa. Apesar disso, as empresas enfrentam cada vez mais a necessidade de expandir suas operações para a arena global. Estratégias para conquistar uma participação no mercado mundial, em rápida expansão, variam de exportação/importação até presença local e verdadeira globalização. Independentemente do foco estratégico, o sucesso dependerá, em grande parte, das capacidades logísticas de uma empresa.

Resumo

As operações globais estão se tornando regra para os executivos de logística e cadeia de suprimentos. Suprimentos e marketing globais exigem análises de *trade-offs* mais complexas do que as tradicionalmente necessárias para a logística doméstica. Tanto os fatores quantitativos quanto os qualitativos são mais complexos. Embora os custos de transporte, estoque e armazenamento sejam substanciais nas operações globais, outros componentes do custo, incluindo impostos, tarifas, taxas, documentação e restrições à importação, também podem exercer forte impacto sobre o verdadeiro custo total. No entanto, além das considerações quantitativas, as operações internacionais apresentam inúmeras outras variáveis muito mais difíceis de quantificar. Muitas delas estão diretamente relacionadas às operações logísticas. As principais considerações qualitativas incluem gestão de relacionamentos, consistência da infraestrutura, confiabilidade da produção e dos transportes e segurança. Com o aumento das operações globais de marketing e produção, a gerência logística precisa estar mais envolvida no desenvolvimento e na implementação de estratégias globais.

[2] Para uma discussão mais detalhada sobre o suprimento, especificamente da Ásia e da China, veja Robert Handfield and Kevin McCormack, "What You Need to Know About Sourcing from China," *Supply Chain Management Review*, September 2005, pp. 28-36.

Questões para Revisão

1. Discuta como a gerência logística deve evoluir para refletir as diferentes necessidades de cada estágio do desenvolvimento internacional.

2. Discuta as considerações operacionais logísticas para se operar em um ambiente global.

3. Descreva as características da logística de uma empresa que está se transformando em uma empresa globalmente integrada.

4. Descreva algumas das estratégias que as empresas podem utilizar para superar os desafios relacionados ao congestionamento na infraestrutura de transportes.

5. Discuta a fundamentação lógica e os desafios relacionados ao suprimento a partir de países de baixo custo.

6. Discuta de que maneira as variações de produtos, restrições de segurança e de importação e incerteza nos transportes podem impactar as decisões de suprimento e mercados globais.

Desafios

1. Suponha que você foi convidado para assessorar uma empresa na sua região. Identifique as proposições de valor fundamentais que a empresa utiliza para concorrer em nível doméstico. Utilizando as proposições de valor que você identificou, elabore um argumento para a empresa aumentar suas estratégias globais com base nos pontos identificados na Tabela 11.1.

2. Para cada região na Tabela 11.2, identifique o país com o custo logístico percentualmente mais alto e mais baixo em relação ao PIB. Para cada um dos seis países (três regiões e o mais barato e mais caro em cada uma delas), compare e contraste a logística de cada país em relação ao PIB e explique as diferenças.

3. Descreva e explique como a estratégia de logística e da cadeia de suprimentos de uma empresa provavelmente vai evoluir à medida que a empresa passar de nenhuma estratégia internacional para uma estratégia global e para uma estratégia transnacional. Quais são os desafios que a empresa encontrará ao evoluir para cada uma das estratégias?

4. Escolha um componente ou produto acabado com o qual esteja familiarizado e que seja fornecido por um país de baixo custo. Elabore uma proposição de valor para o custo total, para avaliar o potencial de suprimento permanente de um país de baixo custo. Para cada um dos componentes (matéria-prima, manufatura, transporte, embalagem, estoque, manuseio, danos, risco e segurança), identifique os principais *trade-offs* associados ao fornecimento local *versus* fornecimento de um país de baixo custo. Com base na sua avaliação do ambiente atual no seu país, qual é a direção de cada um desses componentes do custo ao longo dos próximos cinco anos e qual é a provável tendência em relação ao suprimento de países de baixo custo?

Projeto da rede

CAPÍTULO 12

RESUMO DO CAPÍTULO

REDE DE INSTALAÇÕES DA EMPRESA
ESPECTRO DAS DECISÕES DE LOCALIZAÇÃO
PRESENÇA LOCAL: UM PARADIGMA OBSOLETO
REQUISITOS PARA DEPÓSITOS
ASPECTOS DE SUPRIMENTOS
ASPECTOS DE PRODUÇÃO
ASPECTOS DO RELACIONAMENTO COM O CLIENTE
JUSTIFICATIVAS DO ARMAZENAMENTO
CONCEITO E ANÁLISE DE SISTEMAS
INTEGRAÇÃO DO CUSTO TOTAL
ECONOMIA DOS TRANSPORTES
ECONOMIA DO ESTOQUE
REDE DE CUSTO TOTAL
FORMULANDO A ESTRATÉGIA LOGÍSTICA
MINIMIZAÇÃO DE CUSTOS
SERVIÇO LIMITE
ANÁLISE DE SENSIBILIDADE DO SERVIÇO
FINALIZANDO A ESTRATÉGIA
OUTRAS CONSIDERAÇÕES NO PROJETO DA REDE LOGÍSTICA
RESUMO
QUESTÕES PARA REVISÃO
DESAFIOS

Na maioria das vezes, os gerentes enfrentam uma tarefa nova e desafiadora quando são chamados a participar da reengenharia da rede logística. Devido ao ritmo acelerado das mudanças em quase todas as facetas das operações logísticas, os gerentes podem esperar uma descontinuidade considerável quando tentam usar experiências anteriores para orientar a criação e implementação de novas competências logísticas. Portanto, o sucesso ou o fracasso depende de a equipe de planejamento conseguir quantificar as forças em ação e racionalizar um plano de ação lógico e verossímil. Uma compreensão abrangente das construções teóricas que servem de base para a integração logística constitui uma etapa importante para o desenvolvimento de uma estratégia integrada.

Nos capítulos iniciais, a essência da estratégia logística foi identificada como atingir operações de menor custo total e, ao mesmo tempo, manter a flexibilidade. Flexibilidade é a chave para oferecer atendimento básico de alto nível ao cliente ao mesmo tempo que se mantém a capacidade operacional suficiente para atender e superar as expectativas fundamentais do cliente. Para explorar a flexibilidade, uma empresa precisa atingir um alto nível de integração de processos logísticos. A integração é necessária em dois níveis operacionais. Primeiro, as áreas operacionais da logística têm de ser integradas por meio de uma rede de instalações de depósitos. Essa integração da rede é essencial se uma empresa estiver usando a competência logística para obter vantagens competitivas. Segundo, a integração deve se estender além de uma única empresa ao apoiar os relacionamentos na cadeia de suprimentos. Este capítulo apresenta uma estrutura para ajudar os gerentes a atingir essa integração.[1]

---

[1] O leitor está avisado de que este capítulo aborda questões teóricas que determinam o projeto do sistema logístico. O material oferece uma estrutura para orientar a análise de *trade-offs*. Embora as discussões teóricas tenham a tendência de ser abstratas, os princípios apresentados são logicamente consistentes independentemente do cenário competitivo ou cultural em que a reengenharia logística é realizada.

Por exemplo, a Kimberley-Clark Company (KCC) realizou uma avaliação abrangente dos seus centros de distribuição para transformar a sua rede na "cadeia de suprimentos do futuro". O sistema anterior da KCC incluía 70 centros de distribuição associados às instalações de produção. O resultado era um sistema complexo e relativamente inflexível. Utilizando modelagem da rede de distribuição, a KCC conseguiu compreender como o seu fornecimento dinâmico introduziu uma complexidade expressiva na sua cadeia de suprimentos. Seu novo projeto de rede utiliza nove grandes centros de "composição" para satisfazer as necessidades dos seus clientes com combinações de produtos. Os benefícios desse projeto incluíram economias de escala importantes, diminuição dos estoques, um menor tempo de trânsito e menos despesas com transportes. A experiência da KCC ilustra porque é importante que as empresas reavaliem o seu projeto de rede da cadeia de suprimentos, já que clientes, linhas de produtos, estratégias de manufatura, fornecedores e oportunidades de transporte mudam.

REDE DE INSTALAÇÕES DA EMPRESA

Antes da disponibilidade de meios de transporte de superfície confiáveis e de baixo custo, a maior parte do comércio mundial se apoiava na movimentação de produtos e materiais por hidrovias. Durante esse período inicial, a atividade comercial se concentrava em torno de cidades portuárias. O transporte de produtos em terra era dispendioso e lento. Por exemplo, o prazo de entrega para um pedido de roupas feitas por encomenda de uma costa a outra dos Estados Unidos podia ser maior que nove meses. Embora a demanda por meios de transporte rápidos e eficientes existisse, a revolução tecnológica nos transportes só começou, nos Estados Unidos, com a invenção da locomotiva a vapor, em 1829. Hoje, o sistema de transportes nesse país inclui uma rede altamente desenvolvida de serviços ferroviários, hidroviários, aéreos, rodoviários e dutoviários. Cada alternativa de transporte oferece um tipo diferente de serviço a ser usado no sistema logístico. Essa disponibilidade de meios de transporte econômicos gera a oportunidade de estabelecer uma rede mais sofisticada de depósitos para servir os clientes.

A importância da análise da localização da instalação foi reconhecida desde meados do século XIX, quando o economista alemão Joachim von Thünen escreveu *The Isolated State*.[2] Para von Thünen, o principal determinante do desenvolvimento econômico era o preço do terreno e o custo para transportar produtos das fazendas até o mercado. O valor do terreno era visto como diretamente relacionado ao custo de transporte e à capacidade de um produto apresentar um preço adequado para cobrir todos os custos e resultar em uma operação lucrativa. O princípio básico de von Thünen dizia que o valor de um produto diminuía com a distância para o principal mercado de venda.

Depois de von Thünen, Alfred Weber generalizou a teoria da localização, evoluindo de uma sociedade agrária para uma sociedade industrial.[3] O sistema teórico de Weber consistia em inúmeros locais de consumo espalhados em uma área geográfica e unidos por custos lineares de transporte. Weber desenvolveu um esquema para classificar os principais materiais como **ubíquos** ou **localizados**. Materiais ubíquos eram aqueles disponíveis em todos os locais. Matérias-primas localizadas consistiam em depósitos minerais encontrados apenas em áreas selecionadas. Com base nessa análise, Weber desenvolveu um **índice de materiais**, que era a proporção de matéria-prima no peso total do produto acabado. Diversos tipos de indústrias receberam um **peso locacional** com base no índice de materiais. Utilizando essas duas medidas,

---

[2] Joachim von Thünen, *The Isolated State*, Beziehung auf Landwirtschaft und Nationalökonomie. Hamburg, 1826.

[3] Alfred Weber, *Theory of the Location of Industries*, traduzido por Carl J. Friedrich (Chicago, IL: University of Chicago Press, 1928).

Weber generalizou que as indústrias deveriam localizar suas instalações no ponto de consumo quando o processo de fabricação aumenta o peso do produto e perto do depósito de matéria-prima quando o processo de fabricação diminui o peso do produto. Por fim, se o processo de fabricação não aumentasse nem diminuísse o peso do produto, as empresas poderiam escolher os locais para instalar fábricas em um ponto intermediário.

Entre os exemplos de produtos com matérias-primas ubíquas que aumentam de peso temos as bebidas. Nesse caso, a adição de uma matéria-prima ubíqua, como a água, a torna muito cara para transportar, resultando geralmente em uma estratégia de distribuição descentralizada, com muitos centros de produção ou distribuição. Em contrapartida, os componentes eletrônicos normalmente não aumentam de peso no processo de fabricação, então o seu transporte é mais barato, resultando em uma quantidade relativamente menor de fábricas e centros de distribuição. Esses dois exemplos ilustram como a natureza do produto influencia o projeto de rede.

Diversos teóricos da localização vieram depois de von Thünen e Weber. As contribuições mais notáveis para uma teoria geral de localização foram desenvolvidas por August Lösch, Edgar Hoover, Melvin Greenhut, Walter Isard e Michael Webber.[4] Em seus escritos, esses cinco autores destacaram a importância da especialização geográfica na localização industrial, incluindo a quantificação da importância do transporte.

ESPECTRO DAS DECISÕES DE LOCALIZAÇÃO

Em relação ao planejamento logístico, o transporte oferece o potencial para unir locais geograficamente dispersos de fabricação, armazenamento e mercado em um sistema integrado. As instalações do sistema logístico incluem todos os locais em que o estoque de matérias-primas, produtos em processo ou produtos acabados é manuseado ou armazenado. Portanto, todas as lojas, depósitos de produtos acabados, fábricas e depósitos de estocagem de matéria-prima representam locais da rede logística. Segue-se que a escolha de locais individuais, bem como da rede composta, representa decisões logísticas importantes em termos competitivos e de custo.

A instalação de uma fábrica pode levar muitos anos para ser totalmente implementada. Por exemplo, a General Motors precisou de mais de cinco anos, desde a concepção do projeto até o início das operações, para construir a nova fábrica de montagem do Cadillac em Lansing, Michigan. Por outro lado, alguns arranjos de depósitos são suficientemente flexíveis para ser usados apenas durante certos períodos. A escolha de locais de varejo é uma decisão especializada, influenciada por condições competitivas e de marketing. A discussão a seguir se concentra na escolha de locais para depósitos. Entre todas as decisões de localização enfrentadas pelos gerentes logísticos, as que envolvem redes de depósitos são aquelas revistas com mais frequência.

PRESENÇA LOCAL: UM PARADIGMA OBSOLETO

Uma crença muito antiga no mundo dos negócios é de que uma empresa deve ter instalações em mercados locais para fazer negócios com sucesso. Durante o desenvolvimento econômico da América do Norte, serviços de transporte irregulares criaram uma séria dúvida em relação à capacidade de uma empresa cumprir promessas de realizar entregas pontuais e consistentes. Em resumo, os clientes achavam que, se um fornecedor não mantivesse estoque dentro da área do mercado local, seria difícil, se não impossível, oferecer uma entrega consistente. Essa percepção, denominada **paradigma da presença local**, resultou em estratégias logísticas compro-

---

[4] August Lösch, "Die Räumliche Ordnung der Wirtschaft" (Jena: Gustav Fischer Verlag, 1940); Edgar M. Hoover, "The Location of Economic Activity" (New York: McGraw-Hill Book Company, 1938); Melvin L. Greenhut, "Plant Location in Theory and Practice" (Chapel Hill, NC: University of North Carolina Press, 1956); Walter Isard et al., "Methods of Regional Analysis: An Introduction to Regional Science" (New York: John Wiley & Sons, Inc., 1960); Walter Isard, "Location and Space Economy" (Cambridge, MA: The MIT Press, 1968); and Michael J. Webber, "Impact of Uncertainty on Location" (Cambridge, MA: The MIT Press, 1972).

metidas com a distribuição antecipada de estoque. No início da década de 1960, era comum os fabricantes operarem 20 ou mais depósitos para servir aos Estados Unidos. Algumas empresas chegaram ao ponto de ter depósitos de linhas completas localizados perto de todos os principais mercados de vendas.

Quando uma tradição como o armazenamento local faz parte de uma estratégia bem-sucedida, é difícil mudar. No entanto, nas últimas décadas, o custo e o risco associados à manutenção da presença local exigiram reavaliação. Os serviços de transporte se expandiram drasticamente, e a confiabilidade aumentou a ponto de os prazos de entrega serem confiáveis e previsíveis. Avanços rápidos na tecnologia da informação reduziram o tempo necessário para identificar e comunicar os requisitos dos clientes. A tecnologia está disponível para monitorar veículos de transporte, fornecendo, assim, uma informação precisa sobre a entrega. A entrega no dia seguinte a partir de uma instalação de depósito localizada a 1.000 e 1.500 km de distância já é prática comum.

As economias de transportes, tecnologia da informação e estoque favorecem o uso de quantidades menores, e não maiores, de depósitos para atender os clientes em determinada área geográfica. Em muitas situações, a percepção do cliente sobre a presença local continua a influenciar a descentralização do estoque. A resposta à questão "Quanta presença local é desejável" é mais bem entendida pelo exame cuidadoso dos relacionamentos que orientam o projeto do sistema logístico.

REQUISITOS PARA DEPÓSITO

Os DEPÓSITOS SÃO INSTITUÍDOS com base em um sistema logístico para diminuir o custo total ou melhorar o serviço ao cliente. Em algumas situações, os benefícios da redução de custo e da melhoria no serviço podem ser simultâneos.

Os depósitos geram valor para os processos que apoiam. A manufatura exige **depósitos** para estocar, separar e sequenciar **materiais e componentes**. Os depósitos também são usados para estocar, sequenciar e combinar estoques para a consolidação de cargas para os próximos clientes na cadeia de suprimentos. Os depósitos usados para apoiar o atendimento ao cliente em geral são denominados **depósitos de produtos acabados**. Os requisitos para depósitos de produtos acabados estão diretamente relacionados às estratégias de produção e marketing.

Por conta dos requisitos especiais de manuseio de materiais e de estocagem, os depósitos normalmente se especializam em realizar serviços focalizados na entrada (matérias-primas e componentes) ou na saída (produtos acabados). Depósitos comprometidos com o apoio à produção normalmente se localizam perto das fábricas que apoiam; por outro lado, depósitos dedicados ao atendimento ao cliente quase sempre se localizam estrategicamente por toda a área de mercado atendida.

Tecnologia da informação, atendimento eletrônico, plataformas eletrônicas de suprimentos e estratégias empresariais baseadas na resposta se combinaram para alterar radicalmente como e por que os depósitos são usados. A justificativa econômica e a funcionalidade desejada de um depósito normalmente são muito diferentes no caso de instalações dedicadas a compras, produção ou atendimento ao cliente.

ASPECTOS DE SUPRIMENTOS

Os aspectos de suprimentos, como discutimos no Capítulo 4, concentram-se em usar depósitos para ajudar a comprar matérias-primas e componentes pelo menor custo total de suprimentos. Executivos de compras perceberam há muito que a combinação de preço de compra, desconto por quantidade, condições de pagamento e apoio logístico é necessária para atingir o menor custo. Em um esforço para desenvolver e apoiar relacionamentos profissionais dedicados e personalizados, a maioria das empresas reduziu o número total de fornecedores. A lógica é desenvolver uma quantidade limitada de relacionamentos com fornecedores que podem ser operacionalmente integrados à cadeia de suprimentos de uma empresa. Os objetivos da compra relacional são eliminar desperdícios, repetições e redundância não planejada.

Em um esforço para melhorar a eficiência operacional global, considerações sobre o ciclo de vida se tornaram fundamentais nas decisões de compras. A dinâmica relacional de trabalhar com poucos fornecedores se baseia em uma filosofia do tipo "do berço à cova", cobrindo desde o desenvolvimento de novos produtos até a recuperação e disposição de materiais não utilizados e estoques não vendidos. Esse foco de **ciclo fechado** resulta de práticas de compras que têm impacto direto sobre os requisitos e a funcionalidade dos depósitos. Serviços com valor agregado relacionados às compras estão cada vez mais desvinculados do preço de compra. Essa desvinculação de preço facilita a dedicação funcional e o desmembramento entre os fabricantes e seus fornecedores. Também há uma tendência em direção a estratégias empresariais baseadas em respostas, que está redefinindo as expectativas em relação ao apoio e à participação do fornecedor nos processos de agregação de valor. O resultado aparece em novos relacionamentos estruturais, como fornecedores de primeira camada e facilitadores principais. Finalmente, a sazonalidade de itens selecionados, as oportunidades de comprar por preços reduzidos e a necessidade de ajustar rapidamente os picos de produção continuam a fazer que o armazenamento de materiais selecionados seja uma decisão crítica de negócios.

Como resultado dessas tendências, o papel dos depósitos de matérias-primas e componentes continua a mudar. Antes eles eram tradicionalmente usados para empilhar matéria-prima e peças. Hoje, essas instalações dão mais ênfase à separação e ao sequenciamento dos componentes conforme fluem para a produção. O objetivo é dinamizar o fluxo de matérias-primas e componentes eliminando o manuseio e o armazenamento duplicados e a estocagem redundante em diversos locais ao longo da rede de suprimentos.

ASPECTOS DE PRODUÇÃO

Depósitos que apoiam a produção são usados para consolidar produtos acabados antes de enviar para o cliente. A capacidade de consolidar uma variedade de produtos contrasta com a expedição de produtos individuais. A principal vantagem de um depósito de produtos acabados é a possibilidade de fornecer aos clientes uma variedade completa de produtos em uma única fatura com tarifas de transporte de carga completa. Na verdade, a capacidade de um fabricante de oferecer essa combinação pode ser a principal razão para ele ser escolhido como fornecedor preferido.

Exemplos importantes de depósitos de produtos acabados são as redes usadas por empresas como General Mills, Johnson & Johnson, Kraft e Kimberly-Clark. Na Johnson & Johnson, os depósitos são usados para apoiar as unidades hospitalar e de consumo, servindo como consolidadores de estoque para diversas fábricas. Dessa forma, os clientes podem comprar variedades completas de produtos de diferentes origens com uma única fatura e um só pedido. A Kimberly-Clark fabrica uma ampla variedade de produtos em linhas de produção específicas (fábricas especializadas). Produtos de empresas como Kleenex, Scott Tissue e Huggies são fabricados em volume de economia de escala e depois temporariamente colocados em depósitos de produtos acabados. Carretas completas de produtos variados e específicos para um cliente são montadas no próprio depósito. Na Divisão Nabisco da Kraft, os depósitos se localizam próximos aos grandes clientes. Os estoques de todos os principais produtos são mantidos em cada depósito para facilitar carregamentos completos para os clientes.

O principal determinante do armazenamento necessário para apoiar a fabricação é a estratégia de produção específica implementada. No Capítulo 5, três estratégias de produção básicas – produção sob planejamento (MTP – *Make-to-plan*), produção sob pedido (MTO – *Make-to-order*) e montagem sob pedido (ATO – *Assemble-to-order*) – foram discutidas. A extensão da demanda que os depósitos de produtos acabados enfrentam pode ser diretamente vinculada aos requisitos de apoio a cada estratégia de produção. De modo geral, as estratégias de produção MTO exigem apoio de depósitos de matérias-primas e componentes, mas pouco ou nenhum armazenamento de produtos acabados. Por sua vez, as estratégias de produção MTP, que concentram os recursos para obter o máximo de economia de escala na produção, exigem capacidade substancial de depósitos de produtos acabados.

ASPECTOS DO RELACIONAMENTO COM O CLIENTE

Depósitos de atendimento ao cliente geram valor fornecendo variedade de produtos a atacadistas e varejistas. Um depósito geograficamente localizado perto dos clientes minimiza o custo de transporte, otimizando a consolidação e as quantidades movimentadas a partir das fábricas, seguido de relativamente pouca movimentação de saída para os clientes. O tamanho de uma área de mercado atendida por um depósito de apoio depende da quantidade de fornecedores, da velocidade desejada de serviço, do tamanho do pedido médio e do custo unitário de entrega. A instalação do depósito proporciona aos clientes variedade de estoque e capacidade de reabastecimento. Abrir um novo depósito é justificado quando é um meio de oferecer serviço competitivo ou vantagens de custos.

Reabastecimento rápido

Depósitos de atendimento ao cliente tradicionalmente ofereciam variedades de produtos de diversos fornecedores a varejistas. Uma loja normalmente não tem demanda suficiente para comprar estoque em grandes quantidades diretamente de atacadistas ou fabricantes. Em geral, o pedido de reabastecimento para o varejo é enviado a um atacadista que vende uma variedade de produtos de diversos fabricantes.

Depósitos de atendimento ao cliente são comuns nos setores alimentícios e de produtos de consumo cotidiano em geral. O depósito de alimentos moderno normalmente se localiza perto das lojas que atende. A partir desse depósito central, variedades de produtos consolidados podem reabastecer rapidamente os estoques do varejo por conta da proximidade geográfica. Lojas de grande porte podem receber diversas carretas completas do depósito diariamente. A localização do depósito dentro do mercado servido é justificada como a maneira menos dispendiosa de reabastecer rapidamente o estoque para um cliente final ou um varejista.

ATO baseado no mercado

O projeto de uma rede de depósitos de atendimento ao cliente está diretamente relacionado à estratégia de distribuição de estoque. Instalar um depósito é resultado da necessidade de distribuir o estoque em antecipação à demanda futura. Essa premissa significa que uma empresa manufatureira que utiliza esse tipo de rede de distribuição é, até certo ponto, dependente da previsão de estoque necessário para compensar o tempo de resposta para atender as solicitações de clientes. A discussão anterior indica que estoques distribuídos antecipadamente são comuns em situações em que as empresas usam estratégias de produção baseadas em estimativas ou quando trabalham com montagem descentralizada, sob pedido. Em situações de montagem sob pedido (ATO – *Assemble-to-order*), componentes comuns ou não diferenciados são estocados no depósito em antecipação à realização de produção ou montagem personalizada, no próprio depósito, de acordo com o recebimento de pedidos dos clientes.

Uma quantidade crescente de operações de ATO é realizada em depósitos localizados perto dos clientes, em contraste aos locais de produção centralizados. A montagem em proximidade com os principais mercados permite os benefícios do *postponement* ao mesmo tempo que evita o alto custo e o tempo relacionados a envios diretos de longa distância.

JUSTIFICATIVAS DO ARMAZENAMENTO

Os depósitos são justificados em um sistema logístico quando uma vantagem de serviço ou custo resulta de seu posicionamento entre fornecedores, fabricantes e clientes. A vantagem competitiva gerada ao estabelecer uma rede de depósitos pode resultar de um custo total mais baixo ou de entregas mais rápidas. Do ponto de vista da economia com transporte, as vantagens de custo resultam do uso do depósito para obter consolidação de cargas. No entanto, ela normalmente exige um estoque para apoiar a montagem dos pedidos personalizados. Uma alternativa para a consolidação ou para a montagem de pedidos é determinar instalações de separação por *cross-docking* que operam sem estoques predeterminados. Essas movimentações contínuas feitas de modo eficaz convertem os depósitos em instalações de composição, em vez de armazenamento de estoque. Evidentemente, algumas situações comerciais justificarão uma combinação de armazenamento de estoque com operações de *cross-docking* para atender de modo eficaz e econômico os clientes. Da perspectiva do gerenciamento integrado, as principais questões sobre o projeto do sistema logístico são: quantos depósitos uma empresa deve ter, e de que tipo? Onde devem se localizar? Quais serviços devem prestar? Quais produtos devem armazenar? A quais clientes devem servir? Essa sequência de perguntas inter-relacionadas representa o desafio clássico do projeto da rede logística. No caso de empresas manufatureiras, o projeto da rede começa com a estratégia de marketing e continua com o planejamento de produção e compras. No caso de empresas varejistas e atacadistas, a estrutura depende desde as estratégias de compra até as de relacionamento com os clientes.

CONCEITO E ANÁLISE DE SISTEMAS

O CONCEITO DE SISTEMAS é uma estrutura analítica que busca a integração **total** dos componentes essenciais para os objetivos definidos serem atingidos. Os componentes de um sistema logístico normalmente são denominados funções. As funções logísticas, como discutimos no Capítulo 2, foram identificadas como processamento de pedidos, estoque, transportes, armazenamento, manuseio, embalagem e projeto da rede de instalações. A **análise de sistemas** aplicada à logística procura quantificar os *trade-offs* entre essas funções. O objetivo da metodologia de análise de sistemas é criar um esforço conjunto, ou integrado, que seja maior que a soma das partes ou funções individuais. Essa integração cria uma inter-relação sinergética entre funções na busca de uma realização geral maior. Na terminologia de sistemas, a excelência funcional é definida em relação às contribuições de uma função para o processo como um todo em contraste com o desempenho isolado em uma área específica. Até as últimas décadas do século XX, a integração de processos geralmente era negligenciada pelos gerentes, que eram treinados para buscar a excelência funcional. O rápido desenvolvimento da tecnologia da informação aumentou a capacidade de identificar e entender os *trade-offs* para melhorar as iniciativas logísticas e de cadeias de suprimentos.

Quando analisado sob uma perspectiva de processos, o objetivo é o desempenho equilibrado entre as áreas funcionais dentro de uma empresa e em toda a cadeia de suprimentos. Por exemplo, a economia na produção normalmente é minimizada por longos turnos de produção e baixos custos de compras. Em contrapartida, o gerenciamento de processos integrados levanta questões sobre o custo total e do impacto de tais práticas para os clientes. Uma orientação financeira tradicional normalmente busca reduzir os estoques. Embora devam ser mantidas o mais baixo possível, reduções arbitrárias abaixo do nível necessário para facilitar as operações integradas normalmente aumentam o custo total. Um desejo básico de marketing é ter um estoque de produtos acabados disponível nos mercados locais. Acredita-se que o estoque armazenado em proximidade geográfica com os clientes facilita as vendas. Essa distribuição antecipada de estoque é arriscada e pode entrar em conflito direto com o processo de menor custo total. Na verdade, as estratégias de conectividade e atendimento baseadas na web estão gerando estratégias de armazenamento de estoque e logística completamente diferentes.

Na análise de sistemas, a atenção se volta para a interação entre componentes. Cada componente contribui com uma função específica para atingir os objetivos do sistema. Para ilustrar, considere um aparelho de som de alta fidelidade. Muitos componentes são integrados com o objetivo exclusivo de reprodução de som. Os alto-falantes, os transistores, o amplificador e outros componentes só têm razão de estar ali se contribuírem para um som de qualidade. No entanto, uma falha em qualquer um deles vai prejudicar o aparelho.

Assim, a teoria geral dos sistemas tem alguns princípios. Primeiro, o desempenho do sistema geral ou do processo é de importância singular. Os componentes só são importantes se melhorarem o desempenho do sistema como um todo. Por exemplo, se o aparelho de som pode atingir uma reprodução de som superior com dois alto-falantes, é desnecessário incluir alto-falantes adicionais. Segundo, os componentes individuais não precisam ter o melhor e mais otimizado projeto. A ênfase fica na relação integrada entre os componentes que constituem o sistema. Os transistores, por exemplo, estão escondidos dentro do aparelho de som. Portanto, não precisam ser esteticamente agradáveis. Gastar tempo e dinheiro no *design* de um transistor atraente não é necessário em relação à integração do sistema. Terceiro, há uma relação funcional, entre os componentes chamada **trade-off**, que serve para estimular ou obstruir o desempenho do sistema total. Suponha que um *trade-off* permita que um amplificador de menor qualidade seja usado se um transistor extra for adicionado ao sistema. Seu custo é justificado por causa da economia no custo do amplificador. Por fim, os componentes conectados como um sistema integrado devem gerar resultados melhores do que seria possível considerando seus desempenhos individuais. Na verdade, o resultado desejado pode ser impossível sem esse desempenho integrado. Tecnicamente, um aparelho de som funcionará sem alto-falantes, mas será impossível ouvir alguma coisa.

Os princípios da análise de sistemas são básicos e logicamente consistentes. Espera-se que um processo integrado com integração multifuncional obtenha resultados melhores que um processo deficiente no que diz respeito ao desempenho coordenado. Nos sistemas logísticos, o desempenho sinergético é o serviço almejado ao cliente pelo menor custo total possível. Embora seja lógica e indiscutível conceitualmente, a aplicação eficaz da integração de sistemas é operacionalmente difícil. No fundo, importa muito pouco quanto uma empresa gasta para realizar funções específicas como transporte, desde que os objetivos de desempenho geral sejam alcançados pelo menor custo total.

INTEGRAÇÃO DO CUSTO TOTAL

Forças econômicas como transporte e estoque devem determinar a rede inicial de instalações de depósitos de uma empresa. A discussão a seguir identifica os *trade-offs* de custos relacionados individualmente a transportes e estoque, e sua integração, para identificar a rede de instalações de menor custo total.

ECONOMIA DOS TRANSPORTES

A chave para obter transportes econômicos é resumida em dois princípios básicos. O primeiro, frequentemente denominado **princípio da quantidade**, é que cada carregamento deve ter o maior tamanho possível que a transportadora envolvida possa carregar legalmente no veículo que será usado. O segundo, denominado **princípio da atenuação** (*tapering*), é que grandes cargas devem ser transportadas pela maior distância possível. Ambos os princípios foram desenvolvidos em detalhes no Capítulo 8. Em combinação, eles servem para diluir o custo fixo relacionado ao transporte por meio do maior peso e distância possíveis.

Justificativa para um depósito baseada em custo

O princípio econômico básico para justificar a instalação de um depósito é a consolidação dos transportes. Os fabricantes normalmente vendem produtos em uma ampla área geográfica do mercado. Se os pedidos dos clientes tendem a ser pequenos, o potencial de economia de custo dos transportes consolidados pode oferecer a justificativa econômica para o estabelecimento de um depósito.

Para ilustrar, suponha que o tamanho médio do carregamento de um fabricante é 500 kg e a tarifa de frete aplicável para um cliente é de $ 7,28 por 100 kg. Cada transporte feito diretamente do local de fabricação ao mercado teria um custo médio de $ 36,40. A tarifa de transporte para cargas de 20 mil kg ou mais é de $ 2,40 por 100 kg. Já a taxa de entrega local é de $ 1,35 por 100 kg. Sob essas condições, produtos enviados para o mercado por tarifas baseadas em quantidades e entregues localmente custariam $ 3,75 por 100 kg, ou $ 18,75 por carregamento de 500 kg. Se houvesse um depósito para estocar os produtos que operasse por um custo menor que $ 17,65 por cargas de 500 kg ($ 36,40 − $ 18,75), ou $ 3,53 por 100 kg, o custo total de distribuição ao mercado utilizando o depósito seria reduzido. Considerando esses relacionamentos econômicos, instituir um depósito oferece o potencial de redução do custo logístico total.

A Figura 12.1 ilustra o princípio econômico básico da justificativa do depósito. *PL* é identificado como o local de produção, e *WL* é o local do depósito dentro de uma área de mercado específica. A linha vertical no ponto *PL*, denominada *Pc*, reflete os custos de manuseio e preparação de uma carga fracionada de 500 kg (*C*) e uma carga completa de 20 mil kg (*A*). A inclinação da linha *AB* reflete a tarifa de frete de carga completa da fábrica até o depósito *WL*, que neste exemplo tem relação linear com a distância. A linha vertical denominada *WC* no ponto *WL* representa o custo de operar o depósito e manter o estoque. As linhas denominadas *D* refletem os custos de entrega do depósito até os clientes dentro da área de mercado *Ma* até *Ma'*. A inclinação da linha *CD* reflete a tarifa de carga fracionada da fábrica até os clientes localizados entre a fábrica manufatureira e o limite *Ma*. A área cinza representa os locais em que o custo total de um carregamento de 500 kg para o cliente usando um depósito de consolidação seria mais baixo que o carregamento direto da fábrica.

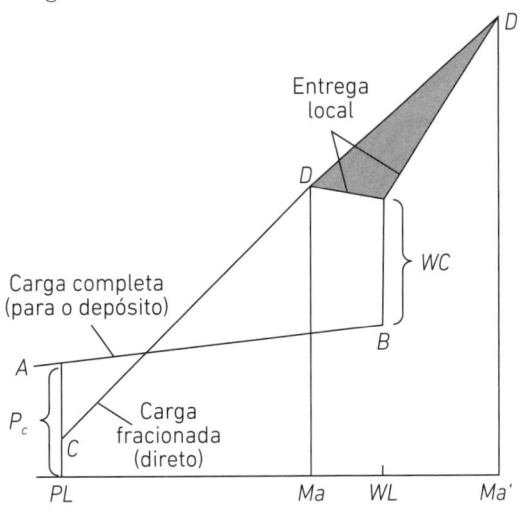

FIGURA 12.1 Justificativa econômica para uma instalação de armazenamento com base nos custos de transportes.

Do ponto de vista apenas do custo, não faria diferença se os clientes localizados exatamente nos pontos Ma' fossem atendidos pela fábrica manufatureira ou pelo depósito.

Minimização dos custos de transporte na rede

Como regra geral, os depósitos seriam acrescentados à rede em situações nas quais

$$\sum \frac{P_{\bar{v}} + T_{\bar{v}}}{N_{\bar{x}}} + W_{\bar{x}} + L_{\bar{x}} \leq \sum P_{\bar{x}} + T_{\bar{x}}$$

onde

$P_{\bar{v}}$ = custo de processamento da carga consolidada
$T_{\bar{v}}$ = custo de transporte da carga consolidada
$W_{\bar{x}}$ = custo de armazenamento de um pedido médio
$L_{\bar{x}}$ = entrega local de um pedido médio
$N_{\bar{x}}$ = quantidade de pedidos médios por carga consolidada
$P_{\bar{x}}$ = custo de processamento de um pedido médio
$T_{\bar{x}}$ = custo de frete direto de um pedido médio

A única limitação a essa generalização é que um volume suficiente de cargas esteja disponível para cobrir os custos fixos de cada instalação de depósito. Desde que o custo combinado de transporte consolidado, armazenamento e entrega local seja igual ou menor que o custo combinado de carregamento direto para os clientes, o estabelecimento e a operação de instalações de armazenamento adicionais seriam economicamente justificáveis.

A relação geral entre o custo de transporte e a quantidade de depósitos em uma rede está ilustrada na Figura 12.2. O custo total de transporte inicialmente diminuirá à medida que os depósitos forem adicionados à rede logística. Em operações reais, um local de consolidação pode ser um depósito ou uma instalação de *cross-docking* que ofereça fracionamento de carga para transporte. Não é necessário armazenar estoque em um depósito para atingir o menor custo de transporte. A redução nos custos de transporte resulta de carregamentos de grande volume consolidados até o local de fracionamento da carga, em conjunto com carregamentos pequenos de curta distância até o destino final. O custo de carregamento de pedidos pequenos direto da fábrica para os clientes está no extremo superior esquerdo da curva de custos ilustrada na Figura 12.2. No ponto inferior perto do meio da curva, identifica-se a quantidade de instalações necessárias para atingir a consolidação máxima de cargas, onde o custo de transporte é minimizado.

Se as instalações forem expandidas para além do ponto de consolidação máxima, o custo total de transporte aumentará porque o volume de suprimentos capaz de ser consolidado para cada instalação diminui. O aumento da frequência de carregamentos menores resulta em um

FIGURA 12.2 Custo de transporte como função da quantidade de locais de armazenamento.

custo mais alto por peso para o transporte até os depósitos. Em outras palavras, à medida que a frequência de carregamentos menores aumenta, o custo total de transporte também aumenta.

ECONOMIA DO ESTOQUE

O nível de estoque em um sistema logístico depende diretamente da quantidade de locais de armazenamento. A estrutura para o planejamento do desdobramento do estoque é o ciclo de atividades. Embora um dos elementos do ciclo de atividades seja o transporte, que proporciona cobertura espacial, o fator-chave da economia do estoque é o tempo. A distribuição antecipada de estoque em um sistema logístico melhora potencialmente o tempo de resposta do serviço. Essa distribuição também aumenta o estoque total do sistema, resultando em maiores custo e risco.

Justificativa para um depósito baseada em serviços

O estoque relacionado a um depósito consiste em **estoque cíclico, de segurança** e **em trânsito**. No caso de toda a rede logística, o comprometimento médio do estoque é

$$\bar{I} = \sum_{i=j}^{n} \frac{Q_i}{2} + SS_i + IT_i$$

onde
$\bar{I}$ = estoque médio em toda a rede
n = quantidade de ciclos de atividades na rede
Q_j = tamanho do pedido para o ciclo de atividades i
SS_i = estoque de segurança para o ciclo de atividades i
IT_i = estoque em trânsito para o ciclo de atividades i

À medida que depósitos são acrescentados a um sistema logístico, a quantidade de ciclos de atividades aumenta. Essa nova complexidade tem impacto direto sobre a quantidade de estoque necessário em toda a rede.

O impacto do acréscimo de depósitos sobre o estoque cíclico não é significativo. O nível de estoque cíclico em um sistema logístico é determinado pelo tamanho dos lotes de produção e transporte, que não mudam em função da quantidade de depósitos de produtos acabados. A combinação de custos de manutenção de estoques e pedidos, ajustados para levar em conta as tarifas de transporte para grandes volumes e os descontos nas compras, determina o LEC e o estoque cíclico resultante. No caso de situações de compras *just-in-time*, o estoque cíclico é determinado pelo tamanho do pedido de compras necessário para apoiar a corrida de produção ou montagem planejada. Em outras situações, a determinação do estoque cíclico é independente da quantidade de depósitos de produtos acabados no sistema logístico.

O estoque em trânsito é formado pelos produtos que estão em veículos de transporte. Enquanto em trânsito, esse estoque está **disponível para promessa**, mas não está acessível fisicamente. Disponível para promessa significa que ele pode ser prometido aos clientes por meio de uma reserva de estoque no sistema de gerenciamento de pedidos. À medida que mais ciclos de atividades são acrescentados a uma rede logística, o impacto percebido é que os ciclos existentes apresentarão uma redução no estoque em trânsito, que ocorre porque os dias em trânsito em toda a rede e a incerteza relacionada são reduzidos. Para ilustrar, suponha que um único produto está sendo vendido nos mercados A e B e atualmente é fornecido a partir do depósito X, como ilustra a Figura 12.3. Suponha que a previsão de vendas diárias é de 6 unidades para o mercado A e 7 para o mercado B. A duração do ciclo de atividades é de 6 dias para o mercado A e 10 dias para o mercado B.

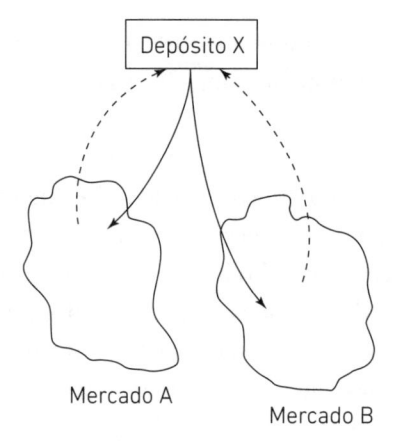

FIGURA 12.3
Rede logística:
dois mercados,
um depósito.

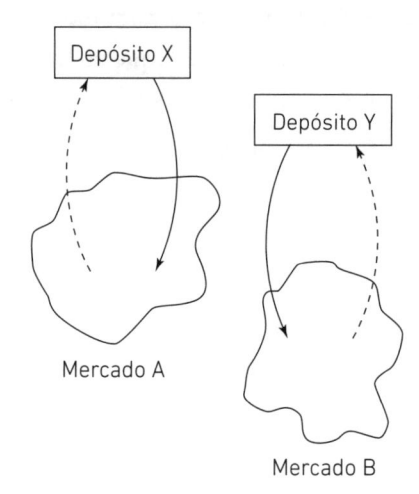

FIGURA 12.4
Rede logística:
dois mercados,
dois depósitos.

Sendo todos os outros fatores constantes, o que acontecerá com o estoque em trânsito se um segundo depósito for acrescentado, como na Figura 12.4? A Tabela 12.1 apresenta um resumo dos resultados. A principal mudança é que o ciclo de atividades para o mercado B foi reduzido de 10 para 4 dias. Portanto, o segundo depósito reduziu o estoque em trânsito médio da rede de 53 para 32 unidades. Deve-se observar que ele não criou ciclos de atividades adicionais no lado do fluxo logístico que diz respeito ao suporte ao cliente. No entanto, no lado de suprimentos, cada produto estocado no novo depósito exige uma fonte de reabastecimento. Supondo-se uma linha completa de produtos em cada um, a quantidade de ciclos de atividades necessários para reabastecer a rede aumentará toda vez que um novo depósito for adicionado.

Apesar do aumento da necessidade de reabastecimento de estoque, o estoque médio em trânsito para toda a rede diminuiu à medida que novos depósitos foram adicionados, devido a uma redução na quantidade de dias necessários para atender os clientes. Suponha que o depó-

TABELA 12.1 Estoque em trânsito em diferentes redes logísticas.

Previsão de vendas diárias	Área do mercado	Apenas depósito X	Dois depósitos		
			Depósito X	Depósito Y	Combinados
6	A	36	36	–	36
7	B	70	–	28	28
	∑ A + B	106			64
	$\bar{I}_A$	18			18
	$\bar{I}_B$	35			14
	∑ $\bar{I}$	53			32

Depósito X

Planta de manufatura	Duração do ciclo de atividades	Previsão de vendas	Estoque em trânsito	Ī
A	10	35	350	175
B	15	200	3.000	1.500
C	12	60	720	360
D	20	80	1.600	800
	57	375	5.670	2.835

TABELA 12.2 Estrutura logística: um depósito, quatro fábricas.

sito X é abastecido por quatro fábricas cujos ciclos de atividades e previsão de uso médio individuais estão ilustrados na Tabela 12.2.

Para fins de comparação, suponha um valor unitário de $ 5,00 para todos os produtos do depósito. Utilizando apenas o depósito X, o estoque médio seria de 2.835 unidades a $ 5,00 cada uma, ou $ 14.175.

A Tabela 12.3 ilustra o acréscimo do depósito Y. O estoque médio na rede logística de dois depósitos caiu para 2.248 unidades a $ 5,00 cada uma, ou seja, $ 11.240. Portanto, ainda que quatro novos ciclos de reabastecimento da fábrica para o depósito tenham sido adicionados à rede logística, o tempo médio em trânsito foi reduzido por causa da redução no total de dias de reabastecimento.

O acréscimo de depósitos normalmente reduz o total de dias em trânsito e, portanto, o estoque em trânsito. Esse resultado varia de acordo com as especificidades de cada situação. Cada rede deve ser cuidadosamente analisada para determinar o impacto sobre o estoque médio em trânsito. A chave para o entendimento da natureza geral do relacionamento é lembrar que o total de dias em trânsito é reduzido ainda que a quantidade de ciclos de atividades necessários aumente. A qualificação é que, embora um aumento na quantidade de ciclos de atividades normalmente reduza os dias em trânsito, também pode aumentar a incerteza geral do prazo de entrega. À medida que a quantidade de ciclos de atividades aumenta, a possibilidade de interrupções que levam a falhas potenciais de serviço também aumenta. Esse impacto potencial é resolvido pelo estoque de segurança.

O estoque de segurança é adicionado aos estoques cíclico e em trânsito para oferecer proteção contra incertezas na demanda e no ciclo de atividades. Ambos os aspectos da incer-

Planta de manufatura	Duração do ciclo de atividades	Previsão de vendas	Estoque em trânsito	Ī
Depósito X				
A	10	20	200	100
B	15	100	1.500	750
C	12	35	420	210
D	20	30	600	300
	57	185	2.720	1.360
Depósito Y				
A	5	15	75	38
B	8	100	800	400
C	6	25	150	75
D	15	50	750	375
	34	190	1.775	888
	$\sum XY = 91$	$\sum XY = 375$	$\sum XY = 4.495$	$\sum XY = 2.248$

TABELA 12.3 Estrutura logística: dois depósitos, quatro fábricas.

teza estão relacionados ao tempo. A incerteza na demanda se refere à demanda dos clientes que excede a previsão de vendas durante o período de reabastecimento. A incerteza do ciclo de atividades diz respeito à variação no total de dias necessários para reabastecer o estoque do depósito. Do ponto de vista do estoque de segurança, o resultado esperado do acréscimo de depósitos será um aumento no estoque médio do sistema. O objetivo do estoque de segurança é proteger contra as faltas de estoque não planejadas. Portanto, se a incerteza da rede aumenta em função do acréscimo de depósitos, então o estoque de segurança também provavelmente aumentará.

O acréscimo de depósitos à rede logística tem impacto sobre a incerteza de duas maneiras. Primeira, como a duração do ciclo de atividades é reduzida, a variabilidade nas vendas e a variabilidade do ciclo de atividade também são. Sendo assim, a redução na duração do ciclo de atividades alivia, até certo ponto, a necessidade de estoque de segurança para se proteger contra a variabilidade.

Acrescentar depósitos também tem impacto significativo no estoque médio. Cada novo ciclo de atividades adicionado ao sistema gera a necessidade de um estoque de segurança adicional. A introdução de mais um depósito para servir a uma área de mercado específica reduz o tamanho da distribuição estatística usada para determinar os requisitos de estoque de segurança para cada depósito. Na verdade, o tamanho da área de mercado atendida por qualquer instalação é reduzido sem a redução correspondente na incerteza. Para ilustrar, quando as demandas de diversos mercados são combinadas usando um único depósito, a variabilidade da demanda é dividida entre os mercados. Isso permite que os picos na demanda em um mercado sejam compensados pela baixa demanda em outros. Em essência, o estoque ocioso de um mercado pode ser usado para atender os requisitos de estoque de segurança de outros mercados.

Para ilustrar, a Tabela 12.4 apresenta um resumo das vendas mensais em três mercados de modo combinado e separado. As vendas médias dos três mercados combinados é de 21 unidades por mês (valor arredondado), com a maior variação acima da média ocorrendo no mês 6, quando as vendas chegaram a 29 unidades, ou 8 unidades acima da média. Se o objetivo é proporcionar total proteção contra faltas de estoque, e as vendas totais de 29 unidades têm probabilidade de ocorrer em qualquer mês, seria necessário um estoque de segurança de 8 unidades.

TABELA 12.4 Resumo das vendas em um mercado combinado e três mercados separados.

Mês	Vendas combinadas, todos os mercados	Vendas unitárias por mercado		
		A	B	C
1	18	9	0	9
2	22	6	3	13
3	24	7	5	12
4	20	8	4	8
5	17	2	4	11
6	29	10	5	14
7	21	7	6	8
8	26	7	7	12
9	18	5	6	7
10	24	9	5	10
11	23	8	4	11
12	23	12	2	9
Vendas totais	265	90	51	124
Média mensal de vendas	21,1	7,5	4,3	10,3
Valor acima da média	7	4	3	4

A média de vendas mensais aos mercados A, B e C é de 8, 4 e 10 unidades (valores arredondados), respectivamente. A demanda máxima acima da previsão ocorre no mercado A, com 4 unidades no mês 12; no mercado B, 3 unidades no mês 8; e, no mercado C, 4 unidades no mês 6. O total de cada um desses meses extremos é igual a 11 unidades. Se fossem planejados estoques de segurança para cada mercado em separado, seriam necessárias 11 unidades de estoque de segurança para toda a rede, embora apenas 7 unidades de estoque de segurança fossem necessárias para servir a todos os mercados a partir de um único depósito. Quando são usados três depósitos, é preciso aumentar 4 unidades no estoque de segurança de todo o sistema para manter a mesma disponibilidade.

Esse exemplo simplificado ilustra o impacto geral do acréscimo de depósitos a uma rede logística sobre o estoque de segurança. O ponto importante a entender é que o aumento de estoque de segurança resulta da incapacidade de agregar a incerteza em diferentes áreas de mercado. Como consequência, estoques de segurança exclusivos são necessários para ajustar a variação na demanda local.

Minimização dos custos de estoque na rede

O impacto geral do aumento da quantidade de depósitos em uma rede logística sobre o estoque médio é generalizado na Figura 12.5. Assume-se uma redução no estoque médio em trânsito, como ilustra a linha $\bar{I}_t$. A premissa é de que existe uma relação linear entre o estoque médio em trânsito e a quantidade de depósitos na rede. Como já observado nesta seção, essa relação pode não ser linear, dependendo das características do sistema específico a ser considerado. No entanto, a tendência geral é de uma redução linear à medida que os ciclos de atividades aumentam.

A curva denominada $\bar{I}_{ss}$ (estoque de segurança médio) aumenta à medida que depósitos são adicionados à rede. O estoque aumenta a uma taxa decrescente, já que o incremento líquido para cada nova instalação diminui. O estoque de segurança incremental é a soma do estoque acrescentado para acomodar a incerteza da demanda menos a redução de estoque necessária para acomodar menos incerteza no prazo de entrega. Portanto, o estoque incremental necessário para manter o desempenho de serviço ao cliente diminui para cada novo local de armazenamento no sistema. A curva do estoque médio, $\bar{I}$, representa o impacto combinado do estoque de segurança com o estoque em trânsito. Vale observar que o estoque de segurança sobrepõe-se ao impacto do estoque em trânsito. Em toda a rede, o estoque médio é igual ao estoque de segurança mais metade do tamanho do pedido de compras e mais o estoque em trânsito. Portanto,

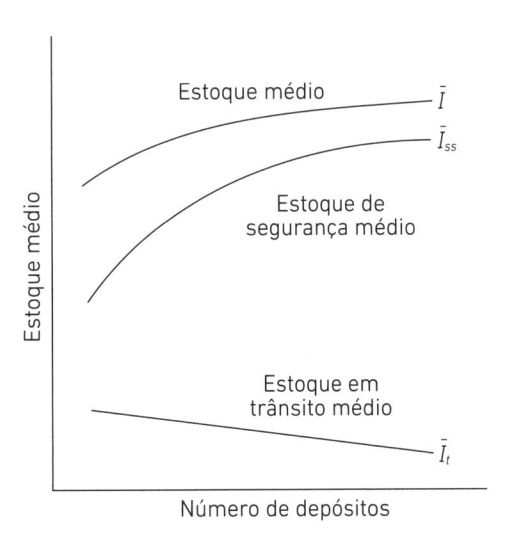

FIGURA 12.5 Estoque médio como função da quantidade de depósitos.

dada a mesma demanda e os mesmos objetivos de serviço ao cliente, o estoque total aumenta a uma taxa decrescente à medida que o número de depósitos em uma rede logística aumenta.

REDE DE CUSTO TOTAL

Como observamos anteriormente, a identificação do projeto da rede de menor custo total é o objetivo da integração logística. O conceito básico do custo total de todo o sistema logístico é apresentado na Figura 12.6. O ponto inferior na curva de custo total de transportes está entre sete e oito instalações. O custo total relacionado ao comprometimento do estoque médio aumenta com cada depósito adicional. Para o sistema todo, a rede de menor custo total inclui seis locais. O ponto de menor custo de estoque seria um único depósito.

Relações de *trade-off*

A identificação da rede de menor custo total de seis depósitos na Figura 12.6 ilustra as relações de *trade-off*. Observe que o **ponto de custo total mínimo do sistema não está no ponto de custo mínimo de transportes nem de estoque**. Essa compensação ilustra a importância da análise logística integrada.

Pressupostos e restrições

Na prática real, é difícil identificar e medir todos os aspectos do custo logístico total. São necessários muitos pressupostos para analisar a rede logística. Uma preocupação adicional é o fato de que análises como a ilustrada na Figura 12.6 não abrangem a complexidade da integração do custo total.

A imagem bidimensional na Figura 12.6 representa a projeção de vendas ao longo de um período de planejamento. Os requisitos de transporte são representados por uma carga média. Nas operações reais, é possível que nenhum desses pressupostos represente as verdadeiras circunstâncias. Primeira, a natureza do projeto da rede logística não é um problema de planejamento de curto prazo. Quando estão envolvidas decisões que envolvem instalações, o horizonte de planejamento deve considerar diversas alternativas de vendas. Segunda, os tamanhos reais das cargas e dos pedidos variam substancialmente em torno de uma média. Uma abordagem realista sobre o planejamento deve incorporar uma gama de tamanhos de carga apoiada

FIGURA 12.6 Rede de menor custo total.

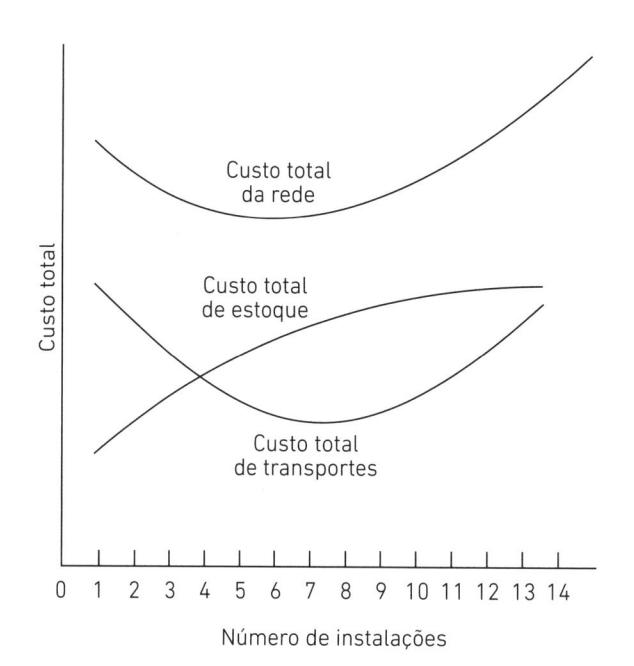

por alternativas logísticas para satisfazer os requisitos de serviço ao cliente. Nas operações reais, modos alternativos de transporte são utilizados quando necessário para obter a velocidade de entrega desejada.

Existem *trade-offs* significativos de custo entre estoque e transporte. O custo de estoque em função da quantidade de depósitos está diretamente relacionado ao nível desejado de sua disponibilidade. Se nenhum estoque de segurança for mantido no sistema, o requisito total de estoque se limitará aos estoques cíclico e em trânsito. Em uma situação sem estoque de segurança, o menor custo total do sistema estaria no ponto de menor custo de transporte, ou perto dele. Portanto, os pressupostos feitos a respeito da disponibilidade de estoque e da taxa de atendimento desejadas são essenciais para a análise de *trade-offs* e têm forte impacto sobre a solução do projeto de menor custo total.

O aspecto de escolha de locais, no planejamento da rede logística, é muito mais complexo do que simplesmente decidir quantas instalações escolher entre uma gama de locais, como ilustra a Figura 12.6. Uma empresa envolvida em logística de nível nacional tem uma ampla gama de escolha sobre onde localizar os depósitos. Nos Estados Unidos, há 50 estados onde um ou mais depósitos de distribuição podem ser instalados. Suponha que o total de depósitos permitido em um sistema logístico não possa exceder 50 e as instalações sejam limitadas ao máximo de uma por estado. Dadas essas opções, ainda existem $1,1259 \times 10^{15}$ combinações de depósitos a serem avaliadas na identificação da rede de menor custo total.

Para superar algumas dessas restrições, as variações no tamanho da carga e nas alternativas de transporte precisam ser introduzidas na análise. Estender a análise para um tratamento mais completo das variáveis normalmente exige o uso dos modelos e das técnicas de planejamento que serão discutidos no Capítulo 13. Quatro variáveis críticas são o tamanho da carga, o modal de transporte, a localização da demanda e as alternativas de locais. As constantes são o nível de disponibilidade de estoque, a duração do ciclo de atividades e os locais específicos de armazenamento sob avaliação.

Para avaliar a ampla gama de variáveis envolvidas no projeto de um sistema logístico, foram desenvolvidos modelos complexos. Os pressupostos necessários para apoiar o projeto do sistema integrado são importantes do ponto de vista de seu impacto sobre a formulação da estratégia.

FORMULANDO A ESTRATÉGIA LOGÍSTICA

Para finalizar a estratégia logística, é necessário avaliar as relações entre níveis alternativos de serviço ao cliente e custos associados. Embora existam dificuldades substanciais na medição de receita, a avaliação comparativa do desempenho do serviço e dos custos marginais associados oferece uma forma de se aproximar de um projeto ideal do sistema logístico. A abordagem geral consiste em: (1) determinar a rede de menor custo total; (2) medir a disponibilidade do serviço e a capacidade associadas ao projeto do sistema de menor custo total; (3) conduzir a análise de sensibilidade relacionada diretamente a serviços e custos incrementais com geração de receita; e (4) finalizar o plano.

MINIMIZAÇÃO DE CUSTOS

Assim como a reprodução física de uma área geográfica ilustra elevações, depressões e contornos de superfícies, um mapa econômico pode destacar os diferenciais de custo logístico. Geralmente, os custos mais altos de mão de obra e serviços essenciais ocorrem em grandes áreas metropolitanas. No entanto, devido à concentração de demanda, o custo logístico total resultante dos benefícios da consolidação de transporte e estoque normalmente é minimizado em áreas metropolitanas.

Uma estratégia de menor custo total busca uma rede do sistema logístico com os menores custos fixos e variáveis. Um projeto de sistema para conseguir o menor custo total é orientado apenas por *trade-offs* de custos. Em relação aos relacionamentos básicos, um projeto de menor custo total foi apresentado na Figura 12.6. O nível de serviço ao cliente associado a um projeto logístico de menor custo resulta da política de estoque de segurança e da proximidade física entre depósitos e clientes. O nível geral de serviço ao cliente associado ao sistema de menor custo total é denominado **nível de serviço limite**.

SERVIÇO LIMITE

Para estabelecer um nível de serviço limite, é necessário iniciar a reengenharia da rede com políticas relacionadas à **disponibilidade** e à **capacidade** de estoque desejadas. É prática comum basear a capacidade do serviço ao cliente no sistema existente de recebimento e processamento de pedidos, nas operações de armazenamento baseadas no tempo padrão de atendimento a pedidos nas instalações existentes e no tempo de entrega baseado na capacidade dos meios de transporte existentes. Dadas essas premissas, o desempenho atual oferece o ponto de partida para a avaliação das melhorias potenciais no serviço.

O ponto de partida típico para a análise de disponibilidade do serviço ao cliente é prever o desempenho de acordo com uma taxa de atendimento geralmente aceitável. Muitas vezes o padrão predominante no setor é usado como primeira aproximação. Por exemplo, se a disponibilidade de estoque de segurança for estabelecida a 97,75% para a probabilidade combinada de incerteza na demanda e no tempo de entrega, deve-se esperar que aproximadamente 98 de cada 100 itens pedidos sejam entregues conforme especificado.

Dados os pressupostos iniciais, cada cliente será atribuído a uma instalação com base no menor custo total. Em situações com diversos produtos, a escolha dos territórios de serviço de cada instalação dependerá dos produtos estocados em cada depósito e do grau de consolidação exigido pelos clientes. Como os custos têm diferenciais geográficos significativos, a área de serviço para qualquer instalação específica varia em tamanho e configuração. A Figura 12.7 apresenta uma ilustração da atribuição de áreas de serviço de depósitos com base no custo total de entrega equalizado. A irregularidade dos territórios atendidos resulta dos diferenciais de custo de transporte de saída a partir dos três depósitos.

Nessa figura, os depósitos são identificados pelas letras X, Y e Z. O custo hipotético associado a cada instalação representa todo o custo logístico de um pedido médio, excetuando-se o

FIGURA 12.7 Determinação dos territórios de serviço: sistema de menor custo em três pontos.

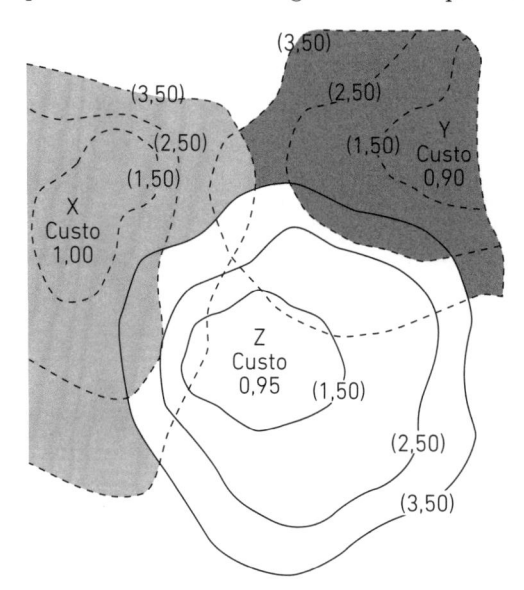

custo de transporte. O diferencial do custo do pedido médio entre instalações reflete as diferenças relacionadas à localização.

Em torno de cada instalação, as linhas de custo total são apresentadas em intervalos de $ 1,50, $ 2,50 e $ 3,50. O custo representado pela linha é o custo logístico total, incluindo o transporte para os pontos conectados ao longo da linha. Os clientes localizados dentro de determinada área podem ser atendidos a um custo menor do que o apresentado na linha. A área de serviço total de cada depósito é determinada pela atribuição do menor custo total. A linha de fronteira territorial representa o ponto de custo total igual entre dois depósitos. Ao longo dessa linha, o custo total de atendimento a um cliente é igual. No entanto, pode existir uma diferença substancial no tempo de entrega.

Supõem-se duas condições na Figura 12.7. Primeira, a ilustração se baseia na distribuição de um pedido médio. Portanto, os custos logísticos de saída são equalizados na média. Quando o tamanho do pedido é diferente da média, os limites territoriais alternativos variam de acordo com o tamanho da carga. Segunda, o tempo de entrega é estimado com base na distância. O estoque em trânsito também é estimado com base no tempo de entrega. De acordo com essa análise base do serviço limite, não se pode concluir que os tempos de entrega serão consistentes em certo território ou que custos logísticos totais iguais acontecerão em determinada área de serviço.

O fato de a rede inicial ser projetada para alcançar o menor custo logístico não significa que o serviço limite ao cliente será baixo. O tempo entre a entrada do pedido do cliente até a entrega do produto em um sistema de menor custo supostamente é maior na média do que em redes alternativas que foram modificadas para melhorar o desempenho geral do serviço. No entanto, clientes localizados perto de uma instalação de armazenamento em todas as redes têm potencial para receber entregas rápidas. Como a localização de menor custo tende a favorecer áreas de alta concentração de demanda, uma quantidade substancial de clientes terá potencial para entregas rápidas.

Com uma estimativa da duração esperada do ciclo do pedido em mãos, os gerentes estão em condição de comprometer-se com prazos de entrega ao cliente. Uma política de serviço poderia ser a seguinte: "A entrega de pedidos à área A será de 3 dias a partir do recebimento do pedido no depósito. É nossa política conseguir atender 98% de todos os pedidos dentro desse período".

O desempenho real de um sistema logístico é medido pelo grau em que os padrões de serviço são atingidos. Dada a quantificação das variáveis envolvidas, o serviço limite relacionado ao sistema de menor custo total oferece o ponto de partida para o desenvolvimento da plataforma de serviço básico de uma empresa. O próximo passo na formulação da política é testar a conveniência do nível de serviço limite para o cliente.

ANÁLISE DE SENSIBILIDADE DO SERVIÇO

O serviço limite resultante do projeto logístico de menor custo total oferece uma base para a **análise de sensibilidade do serviço**. A capacidade de serviço básico de uma rede pode ser aumentada ou diminuída pela variação na quantidade de depósitos, mudança em um ou mais ciclos de atividades para aumentar a velocidade ou a consistência das operações e/ou mudança na política de estoque de segurança.

Modificação de localização

A estrutura de armazenamento do sistema logístico estabelece o serviço que pode ser prestado sem alteração do ciclo produtivo ou da política de estoque de segurança. Para ilustrar a relação entre a quantidade de depósitos e o tempo de serviço resultante, suponha que uma medida importante é o

TABELA 12.5 Capacidade de serviço dentro de intervalos de tempo como função da quantidade de instalações.

Número de instalações	Percentual atendido da demanda por duração do ciclo de atividades (horas)			
	24	48	72	96
1	15	31	53	70
2	23	44	61	76
3	32	49	64	81
4	37	55	70	85
5	42	60	75	87
6	48	65	79	89
7	54	70	83	90
8	60	76	84	90
9	65	80	85	91
10	70	82	86	92
11	74	84	87	92
12	78	84	88	93
13	82	85	88	93
14	84	86	89	94

percentual atendido da demanda em determinado intervalo de tempo. O impacto geral do acréscimo de depósitos ao sistema é apresentado na Tabela 12.5, onde são ilustrados diversos pontos de interesse.

Primeiro, o serviço incremental é uma função decrescente. Por exemplo, os cinco primeiros locais de armazenamento oferecem desempenho 24 horas a 42% de todos os clientes. Para dobrar esse percentual do serviço de 42% para 84%, são necessários nove depósitos adicionais, ou um total de 14.

Segundo, altos níveis de serviço são alcançados muito mais rapidamente em ciclos de atividades mais longos. Por exemplo, quatro locais de armazenamento oferecem desempenho de 85% dentro do ciclo de atividades de 96 horas. Aumentando-se o total de locais de 4 para 14, aumenta-se esse desempenho em apenas 9 pontos percentuais. Por outro lado, um total de 14 depósitos não consegue atingir 85% em um ciclo de atividades de 24 horas.

Por fim, o custo total associado a cada local adicionado à rede logística aumenta substancialmente. Portanto, embora o serviço incremental resultante dos locais adicionais diminua, o custo incremental associado a cada novo local aumenta. O retorno de serviço para cada nova instalação é incrementalmente menor.

Frequentemente se pede que os gerentes logísticos estimem o impacto do acréscimo ou exclusão de depósitos sobre o estoque. Essa relação entre incerteza e estoque necessário é denominada **efeito portfólio**.[5] Esse efeito pode ser estimado pelo uso da **regra da raiz quadrada**. Originalmente proposta por Maister, essa regra sugere que o aumento do estoque de segurança como resultado do acréscimo de depósitos é igual à divisão da raiz quadrada da quantidade de depósitos na rede proposta pela raiz quadrada da quantidade de depósitos existentes.[6]

Por exemplo, suponha que um gerente quer estimar o impacto de mudar de uma rede de um depósito para uma rede de dois depósitos sobre o estoque. Na verdade, a rede será duplicada. Por motivos discutidos anteriormente, a variabilidade da demanda aumentará. Usando-se a regra da raiz quadrada, o estoque de segurança agregado (SSj) da empresa para um sistema de dois depósitos pode ser estimado como

---

[5] Para uma discussão mais acurada do efeito portfólio, veja Walter Zinn, Michael Levy, and Donald J. Bowersox, "Measuring the Effect of Inventory Centralization/Decentralization on Aggregate Safety Stock: The Square Root Law Revisited," *Journal of Business Logistics* 10, nº 1 (1989), pp. 1-14; and Philip T. Evers, "Expanding the Square Root Law: An Analysis of Both Safety and Cycle Stocks," *Logistics and Transportation Review* 31, nº 1 (1995), pp. 1-20.

[6] D. H. Maister, "Centralization of Inventories and the 'Square Root Law'", *International Journal of Physical Distribution* 6, nº 3 (1976), pp. 124-34.

$$SS_j = \frac{\sqrt{N_j}}{\sqrt{N_i}} \times SS_i$$

$$= \frac{\sqrt{2}}{\sqrt{1}} \times SS_i$$

$$= 1{,}41 \times SS_i$$

onde

SS_j = estoque de segurança agregado para Nj depósitos ou variações de produtos
N_j = número de depósitos ou variações de produtos na nova configuração
N_i = número de depósitos ou variações de produtos na configuração existente
SS_i = estoque de segurança agregado para N_i depósitos ou variações de produtos

O aumento no estoque resultante do acréscimo do segundo depósito é estimado como um acréscimo de 41% no estoque de segurança. A Tabela 12.6 ilustra o impacto da mudança em uma faixa de um a cinco depósitos. Embora a regra da raiz quadrada funcione razoavelmente bem na estimativa do impacto sobre o estoque, ela exige alguns pressupostos para a demanda. O primeiro pressuposto é de que os locais de armazenamento ou as variações de produtos devem ter aproximadamente o mesmo nível da demanda. Especificamente, se hoje existem dois locais de armazenamento, eles devem ter aproximadamente o mesmo nível de demanda para que a regra da raiz quadrada funcione com acurácia. Segunda, os níveis de demanda para cada depósito ou para cada variação de produto não devem estar correlacionados. Isso significa que as variações na demanda de cada local devem ser independentes. Por fim, a regra da raiz quadrada exige que a demanda de cada depósito se aproxime de uma distribuição normal. Embora a adequação desses pressupostos deva ser levada em consideração, a regra da raiz quadrada é um modo útil de estimar o impacto sobre o estoque ao adicionar ou excluir depósitos de uma rede logística.

Alteração do ciclo de atividades

A velocidade e a uniformidade do serviço podem ser modificadas para um mercado ou cliente específico alterando algum aspecto do ciclo de atividades. Para melhorar o serviço, podem ser implantados pedidos pela Internet e transporte especializado. Portanto, a proximidade geográfica e a quantidade de depósitos não são obrigatoriamente sinônimos de entrega rápida ou uniforme. A decisão de melhorar o serviço adotando um arranjo de ciclo de atividade mais rápido normalmente aumentará o custo variável. Em contrapartida, a melhoria no serviço acrescentando depósitos envolve um alto grau de custos fixos e pode resultar em menor flexibilidade geral no sistema.

Não se pode generalizar quando se trata da taxa de melhoria de custo ou serviço obtida de alterações no ciclo de atividades. A relação típica entre transportes *premium* e transportes de menor custo resulta em um incentivo significativo em favor de volumes maiores. Portanto,

Número de instalações	Nível do estoque de segurança
1	100
2	141
3	173
4	200
5	224

TABELA 12.6 Impacto de uma modificação na rede a partir de uma base com um depósito sobre o estoque.

se o volume do pedido for substancial, pode-se esperar que a economia da logística favoreça o uso de um depósito ou ponto de consolidação para atender uma área do mercado.

O impacto do uso de transporte *premium* elevará o custo total. Ajustes no sistema logístico de menor custo total podem ser justificados quando a melhoria no serviço resulta em aumento na lucratividade.

Modificação do estoque de segurança

Um modo direto de alterar o serviço é aumentar ou diminuir a quantidade de estoque de segurança mantido em um ou mais depósitos. O impacto do aumento do estoque de segurança em todo o sistema fará que a curva do custo do estoque médio suba. Um objetivo de aumento na disponibilidade do serviço ao cliente resultará no aumento dos estoques de segurança em cada depósito. À medida que a disponibilidade aumenta, os estoques de segurança necessários para atingir cada incremento de disponibilidade aumentam em uma taxa crescente.

FINALIZANDO A ESTRATÉGIA

Os executivos costumam cair na armadilha de ser excessivamente otimistas ao se comprometerem com os clientes. Isso pode resultar em clientes com expectativas altas demais e em seguida frustrados por causa de um desempenho inferior. Em parte, esse excesso de otimismo é resultante da falta de entendimento do custo total necessário para apoiar um serviço de alto nível com zero defeito.

O último passo para estabelecer uma estratégia é a avaliação do custo do serviço incremental em termos da geração de receita. Para ilustrar, suponha que o sistema atual esteja preparado para servir pelo menos 90% de todos os clientes com disponibilidade de 95% de estoque 60 horas depois do recebimento do pedido. Além disso, suponha que o sistema atual atenda esses objetivos pelo menor custo total utilizando uma rede de cinco depósitos. No entanto, o setor de marketing não está satisfeito com esses resultados e acredita que a capacidade de serviço deve ser aumentada a ponto de 90% de todos os clientes receberem 97% do estoque disponível em 24 horas. A gerência logística precisa estimar os custos desse compromisso estratégico.

A Figura 12.8 ilustra como avaliar estratégias alternativas. Suponha que o setor de marketing esteja solicitando um aumento de 2 pontos percentuais na disponibilidade de estoque, combinado com uma melhoria de 36 horas na capacidade de entrega. Suponha que a análise do projeto identifique que 12 instalações de armazenamento representam a rede de menor custo

FIGURA 12.8 Custo total comparativo para sistemas de 5 e 12 pontos de distribuição.

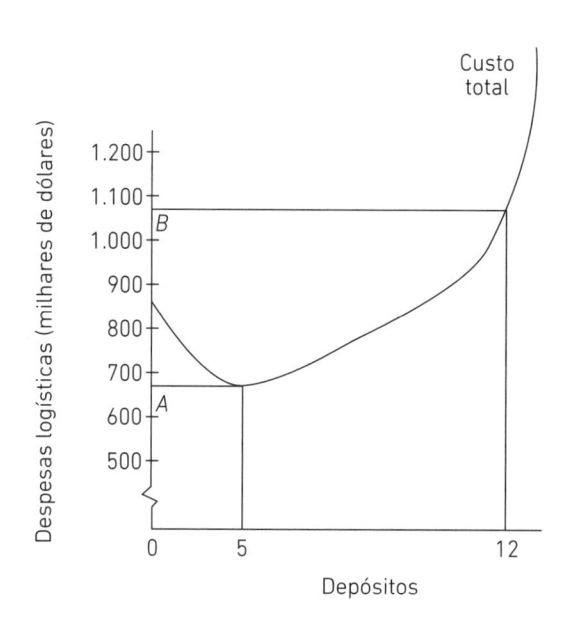

capaz de atingir os novos padrões de serviço. O custo total dessa expansão na capacidade de serviço é medido no eixo vertical da Figura 12.8 pela distância entre os pontos A e B. O custo total de atingir o nível de serviço solicitado pelo setor de marketing exigirá um aumento de aproximadamente $ 400 mil por ano no custo logístico. Supondo-se uma margem de lucro antes dos impostos de 10% das vendas, seria necessário gerar um aumento de $ 4 milhões nas vendas para compensar o custo de proporcionar o serviço adicional.

A aceitação ou rejeição da proposta do setor de marketing em relação ao aumento de serviço envolve posicionamento estratégico. A logística pode oferecer qualquer nível de desempenho que a estratégia geral de serviço ao cliente da empresa exigir. Depois de adotadas, as alterações na política influenciarão o projeto da rede logística. Para finalizar, a gestão da política logística normalmente exige considerar uma gama de alternativas estratégicas.

OUTRAS CONSIDERAÇÕES NO PROJETO DA REDE LOGÍSTICA

HISTORICAMENTE, AS PRINCIPAIS considerações que motivam o projeto da rede logística são a localização da demanda, os custos de material, os custos da mão de obra e os custos dos transportes, em ordem decrescente de prioridade.

A localização da demanda se refere à posição geográfica do mercado e ao perfil da carga em relação ao volume relativo, tamanho e características do mercado. Considerando os três fatores igualmente importantes, as empresas preferem localizar as instalações de produção e os centros de distribuição perto dos mercados consumidores. O fato da demanda na Ásia, Índia, América do Sul e Leste Europeu estar crescendo em um ritmo de dois dígitos motiva bastante as empresas a deslocarem suas atividades da cadeia de suprimentos para essas regiões. As vantagens no preço da mão de obra levaram muitas empresas para países de baixo custo como a China, a Índia e países do Leste Europeu. Os custos de material se referem ao custo total de obtenção de matérias-primas e componentes, incluindo o custo direto e o indireto. O custo direto representa o custo específico da aquisição de matérias-primas e componentes, bem como as tarifas, os impostos e as embalagens. O custo indireto de materiais inclui os custos de transação e os custos relacionados ao risco como segurança, obsolescência e possíveis riscos relacionados à propriedade intelectual. O custo dos transportes inclui o custo do frete relacionado à obtenção de matérias-primas, à movimentação do estoque em processo entre as fábricas e à distribuição final para os clientes. Outras considerações no projeto da cadeia de suprimentos incluem as políticas fiscais, risco operacional, sustentabilidade, disponibilidade de mão de obra treinada e o ambiente político global. Em situações específicas, o custo total e o diferencial de serviço resultantes da sustentabilidade e da politica fiscal podem ser os fatores predominantes na localização.

A política fiscal global e regional pode ter um impacto importante no projeto da cadeia de suprimentos. Irlanda e Cingapura são exemplos de situações políticas onde as políticas fiscais em relação aos impostos com valor agregado e zonas de comércio exterior são concebidas para atrair as indústrias. Muitas zonas de comércio livre norte-americanas estão usando abordagens similares para atrair a indústria para seus estados e suas províncias.

O risco da cadeia de suprimentos se refere aos perigos associados com o fornecimento de baixo custo. Desde 2000, muitas empresas aumentaram o seu fornecimento a partir de países de baixo custo em um esforço para reduzir o custo da mão de obra e o custo geral da manufatura. No entanto, em muitos casos essas empresas não compreenderam o custo total ou as implicações de risco e desde então realocaram o seu fornecimento. Um exemplo foi um operador logístico que escolheu um local asiático de baixo custo para realizar suas atividades de valor agregado. O problema passou a ser a disponibilidade de contêineres da Ásia para a América do Norte. A consequência imprevista para os clientes da empresa foram os prazos de entrega maiores e menos homogêneos da Ásia para a América do Norte. Para minimizar os riscos operacionais, muitas empresas estão se deslocando dos países de baixo custo para outros com menor risco.

Além do risco, muitas empresas estão avaliando cuidadosamente a sustentabilidade quando tomam decisões pertinentes ao projeto da cadeia de suprimentos. A sustentabilidade da cadeia de suprimentos possui várias dimensões, incluindo energia, mão de obra, estabilidade política e risco ambiental. A energia é fundamental tanto para as instalações operacionais da cadeia de suprimentos quanto para o transporte do produto pela cadeia de suprimentos. Gerentes de fábricas em algumas áreas da Ásia relatam que é comum se passar duas a três horas por dia sem eletricidade. Outra preocupação é o acesso a combustível com preço razoável para apoiar o transporte.

O acesso à mão de obra treinada também é uma consideração importante. Embora muitos países estejam passando por um desemprego elevado, existem alguns deles, tanto desenvolvidos quanto em desenvolvimento, onde a escassez de profissionais treinados e experientes na cadeia de suprimentos é uma preocupação crescente. Essa escassez inclui tanto posições administrativas quanto operacionais. No lado gerencial, o desafio é encontrar profissionais que compreendam as dimensões amplas da cadeia de suprimentos, incluindo os *trade-offs* entre as funções, globalização, tecnologia e integração estratégica. Embora as universidades nos países desenvolvidos estejam produzindo mais talentos em cadeia de suprimentos, a demanda está crescendo em um ritmo maior. Quanto à mão de obra operacional, o maior uso da tecnologia nos países desenvolvidos e em desenvolvimento torna mais difícil encontrar e manter trabalhadores treinados. Alguns gestores de fábrica na Ásia relatam uma rotatividade anual de 100% nos funcionários treinados.

Uma consideração final enfoca um ambiente que apoie as operações e seja politicamente estável. O ambiente inclui considerações políticas, regulatórias e financeiras. Essa estabilidade inclui governo, moeda e políticas estáveis que atraiam e retenham as empresas.

Em suma, o desafio dos projetos da cadeia de suprimentos para os gestores dessas cadeias é a expansão. Os gestores da cadeia de suprimento não devem apenas compreender os *trade-offs* funcionais tradicionais, mas também devem considerar uma ampla gama de fatores discutidos nesta seção. Assim, os profissionais da cadeia de suprimentos precisam ampliar o seu conhecimento para adquirir uma compreensão de um amplo espectro de *trade-offs* relevantes envolvidos no projeto e operação globais da cadeia de suprimentos.

Resumo

Os principais aspectos a serem considerados no projeto de uma rede logística são requisitos resultantes da integração de estratégias de compras, produção e relacionamento com o cliente. Dentro da estrutura dessas estratégias inter-relacionadas, os requisitos da logística integrada são satisfeitos quando se analisam *trade-offs* de custo total e de serviço. Essa capacidade é distribuída por meio de uma rede de instalações. As instalações de armazenamento são importantes para o desempenho dos requisitos logísticos e são justificáveis no projeto do sistema logístico como resultado de sua contribuição à redução do custo, melhoria do serviço ou uma combinação de ambas.

As economias de transportes e estoque são considerações críticas para o projeto da rede. Na equação do menor custo total, o transporte reflete os aspectos espaciais da logística. A capacidade de otimizar transportes é a principal justificativa para a inclusão de depósitos no projeto de uma rede. O estoque introduz a dimensão temporal da logística. O estoque médio aumenta à medida que cresce o número de depósitos em situação de demanda estável. A integração de custo total proporciona uma estrutura para a integração simultânea entre custos logísticos, de produção e de compras. Portanto, a análise do custo total oferece a metodologia para a integração da rede logística.

A análise precisa do custo total não está livre de problemas práticos. Em primeiro lugar, há o fato de que diversos custos importantes não são especificamente medidos ou registrados em sistemas de contabilidade. O segundo problema envolvido na análise do custo total é a necessidade de considerar uma ampla variedade de alternativas de projeto da rede. Para desenvolver uma análise completa de uma situação de planejamento, devem ser considerados tamanhos alternativos de carga, modais de transporte e faixa de locais de armazenamento disponíveis.

Esses problemas podem ser superados se houver cuidado na análise da rede. O formato de custo recomendado para a análise do custo total é o agrupamento de todos os custos funcionais associados a estoque e transportes. A contribuição significativa da integração do custo total é oferecer uma análise simultânea de custos impactados pelo tempo e pelo espaço envolvidos no projeto do sistema logístico.

A formulação de uma estratégia logística exige que a análise do custo total seja avaliada em termos do desempenho do serviço ao cliente. O serviço logístico é medido de acordo com a disponibilidade, a capacidade e a qualidade do desempenho. A completa realização de cada atributo de serviço está diretamente relacionada ao projeto da rede logística. Para apresentar o maior nível de apoio operacional logístico na integração empresarial, em teoria, cada cliente deve receber serviços até o ponto em que o custo e a receita marginais sejam iguais. Essa equalização marginal não é prática de conseguir; no entanto, a relação serve de objetivo para o planejamento.

A construção de uma política de serviço começa com a identificação e análise do projeto do sistema de menor custo total. Com uma meta de disponibilidade de estoque especificada, a capacidade de serviço associado ao projeto de menor custo pode ser quantificada. Esse nível de serviço inicial é denominado nível de serviço limite. Para avaliar modificações potenciais no projeto de menor custo, usa-se a análise de sensibilidade. Os níveis de serviço podem ser melhorados pela modificação: (1) da quantidade de instalações; (2) de um ou mais aspectos do ciclo de atividades; e/ou (3) do estoque de segurança.

Questões para revisão

1 Descreva o significado da integração espacial/temporal na integração do sistema logístico.

2 Qual justificativa lógica pode ser apresentada para apoiar a instalação de um depósito em um sistema logístico?

3 Por que os custos de transporte inicialmente diminuem à medida que aumenta a quantidade de depósitos em um sistema? Por que os custos de transporte passam a aumentar mais tarde, à medida que cresce o número de depósitos? Por que os custos de estoque aumentam à medida que aumenta a quantidade de depósitos em um sistema?

4 O que significa o nível de serviço limite de um sistema de menor custo?

5 Por que o serviço ao cliente não aumenta proporcionalmente aos aumentos no custo total quando um sistema logístico está sendo projetado?

6 Discuta as diferenças entre melhorar o serviço ao cliente por meio de transporte mais rápido e consistente, níveis mais altos de estoque e/ou maior quantidade de depósitos.

DESAFIOS

1 Na discussão da Kimberley-Clark, o texto observa que os "benefícios desse projeto incluíram economias de escala importantes, diminuição dos estoques, um menor tempo de trânsito e menos despesas com transportes". Descreva o racional que explica porque foi possível alcançar esses benefícios.

2 Descreva e explique as redes de distribuição mais adequadas para produtos com as seguintes características:
   a Produtos eletrônicos com alto valor e tamanho e peso relativamente pequenos;
   b Alimentos enlatados com baixo valor e peso relativamente alto;
   c Produtos médicos para os quais os hospitais e clínicas esperam que o fornecedor ofereça um serviço de entrega em quatro horas; e
   d Peças de reposição para aviões que tenham alto valor, sejam relativamente pequenas e fundamentais para a capacidade de voo do avião.

3 Descreva e explique o impacto no projeto da rede logística provocado pelo aumento de preço dos combustíveis.

4 À medida que as empresas aumentam a variação dos produtos devido à embalagem ou rotulagem diferenciadas, a complexidade da linha de produtos aumenta. Discuta e explique os *trade-offs* entre a maior complexidade do produto, o *postponement* de processo e o projeto da rede logística.

Planejamento logístico

CAPÍTULO 13

RESUMO DO CAPÍTULO

METODOLOGIA DE PLANEJAMENTO
FASE I: DEFINIÇÃO DO PROBLEMA E PLANEJAMENTO
ANÁLISE DE VIABILIDADE
PLANEJAMENTO DO PROJETO
FASE II: COLETA E ANÁLISE DE DADOS
PRESSUPOSTOS E COLETA DE DADOS
ANÁLISE
FASE III: RECOMENDAÇÕES E IMPLEMENTAÇÃO
RECOMENDAÇÕES
IMPLEMENTAÇÃO
MÉTODOS E TÉCNICAS DE ANÁLISE DA OPERAÇÃO DA CADEIA DE SUPRIMENTOS
DECISÕES DE PROJETO
LÓGICA DO PROJETO
DECISÕES DE ESTOQUE
DECISÕES DE TRANSPORTE
ANÁLISE DE LINHAS DE CARGA
ANÁLISE DE ESTOQUE
RESUMO
QUESTÕES PARA REVISÃO
DESAFIOS

O ambiente logístico da cadeia de suprimentos está evoluindo constantemente em resposta a alterações nos mercados, concorrentes, fornecedores, tecnologia e aspectos econômicos. Para desenvolver uma estratégia empresarial para se adaptar a um ambiente em constante mudança e avaliar com eficácia as alternativas, é necessária uma metodologia sistemática de planejamento e projeto. Este capítulo apresenta uma metodologia genérica que inclui uma visão geral das técnicas usadas para o planejamento logístico.

METODOLOGIA DE PLANEJAMENTO

Mesmo para empresas sólidas, os mercados, a demanda, o custo e os requisitos de serviço mudam rapidamente em resposta ao comportamento dos clientes e dos concorrentes. Para acomodar essa mudança, as empresas frequentemente enfrentam questões como: (1) Quantos depósitos nosso sistema logístico deve usar e onde eles devem ser instalados? (2) Quais são os *trade-offs* de estoque/serviço para cada depósito? (3) Que tipos de veículos de transporte devem ser usados e como devemos criar as rotas dos veículos? (4) O investimento em uma nova tecnologia de manuseio de materiais é justificável?

As respostas a essas perguntas normalmente são complexas e exigem muitos dados. A complexidade se deve ao grande número de fatores que influenciam o custo logístico total e a gama de soluções alternativas. A intensa necessidade de dados se deve à grande quantidade de informação necessária para avaliar as alternativas logísticas. Um projeto de sistema logístico típico deve avaliar uma gama de alternativas de serviços, pressupostos de custo e tecnologias operacionais. Essa análise exige um processo estruturado e ferramentas analíticas eficazes.

Assim como nenhum sistema logístico é adequado a todas as empresas, o método de identificação e avaliação de estratégias logísticas alternativas pode variar muito. No entanto, existe um

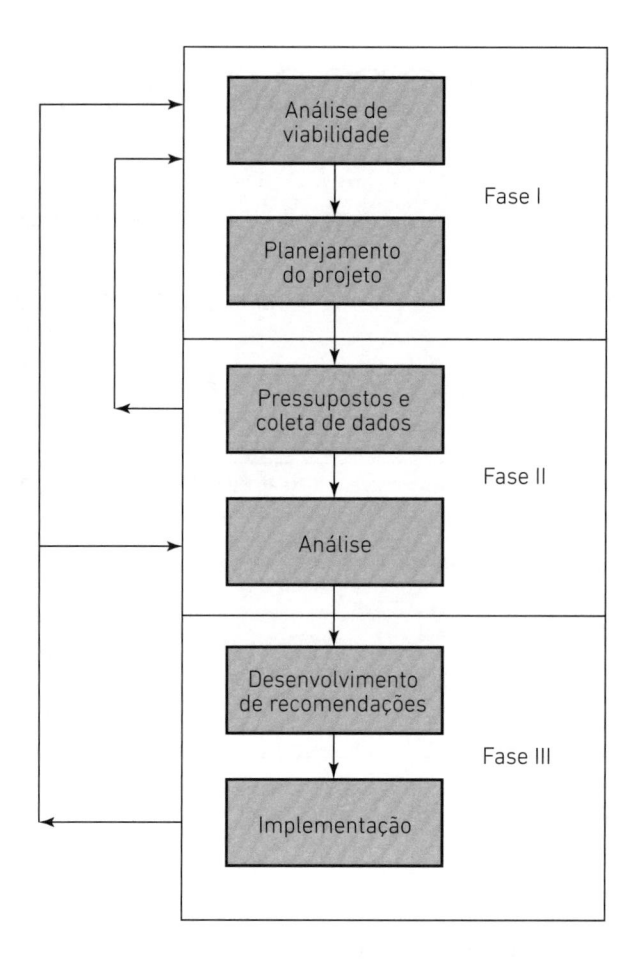

FIGURA 13.1 Processo de planejamento.

processo geral aplicável à maioria das situações de projeto e análise logística. A Figura 13.1 ilustra um fluxo de processo genérico de planejamento. O processo é segmentado em três fases: definição do problema e planejamento, coleta e análise de dados e recomendações e implementação.

FASE I: DEFINIÇÃO DO PROBLEMA E PLANEJAMENTO

A FASE I DO PROJETO oferece a base para toda a análise. Planejamento e definição do problema minucioso e bem documentado são essenciais para tudo o que se segue.

ANÁLISE DE VIABILIDADE

O projeto e planejamento logístico têm de começar com uma avaliação abrangente da atual situação operacional. O objetivo é entender as características ambientais, de processos e de desempenho do sistema atual e determinar quais modificações parecem merecer consideração, se houver alguma. O processo de avaliação das mudanças é denominado análise de viabilidade e inclui análise situacional, definição da lógica de apoio e estimativa de custo-benefício.

Análise situacional

A coleta de medições, características e informações sobre o desempenho que descrevem o atual ambiente logístico é denominada análise situacional. Uma análise típica exige avaliação operacional interna, assim como avaliação do mercado e da tecnologia para determinar as capacidades existentes e o potencial de melhoria.

A avaliação operacional interna se concentra no desenvolvimento de um entendimento claro das práticas e dos processos logísticos existentes. Traça o perfil do desempenho histórico, a disponibilidade de dados, as estratégias, as operações e as táticas políticas e práticas. A avaliação normalmente abrange o processo como um todo, bem como cada função logística. Para entender completamente como a logística apoia compras, operações de produção e atendimento ao cliente, a análise situacional deve abranger todas as funções da cadeia de suprimentos.

Uma avaliação interna completa examina todos os recursos principais, como força de trabalho, equipamentos, instalações, relacionamentos e informações. Em especial, ela deve se

TABELA 13.1 Tópicos selecionados para análise interna.

	Processos	Decisões	Medições
Serviço ao cliente	Qual é o fluxo atual de informação? Qual é o perfil dos pedidos e como está mudando? De que maneira os pedidos são recebidos?	Como são tomadas as decisões de atendimento aos pedidos? O que acontece quando não há estoque disponível para atender um pedido? Como são tomadas as decisões de alocação da capacidade de produção e armazenamento?	Quais são as principais métricas de serviço ao cliente? Como são medidas? Qual é o nível atual de desempenho?
Gerenciamento de materiais	Qual é o fluxo atual de materiais em fábricas e depósitos? Quais processos são realizados em cada local de manufatura e de armazenamento?	Como são tomadas as decisões de planejamento da produção e de programação?	Quais são as principais restrições de capacidade de produção e armazenamento? Quais são as principais métricas de desempenho do gerenciamento de materiais? Como são medidas? Qual é o nível atual de desempenho?
Transportes	Quais modais são usados atualmente? Qual é o perfil de peso dos pedidos e dos carregamentos e como diferem? Qual é o fluxo de solicitação, pagamento e troca de informações com as transportadoras? Qual é o fluxo de informação da documentação de carregamento?	Como são tomadas as decisões de escolha de modal e da transportadora para cada carregamento? Como são avaliadas as transportadoras?	Quais são as principais métricas de desempenho dos transportes? Como são medidas? Qual é o nível atual de desempenho? Quais são as características de desempenho econômico relativas a cada modal e transportadora?
Armazenamento	Quais instalações de armazenamento e manuseio são usadas atualmente? Quais funções desempenham? Quais linhas de produtos são mantidas em cada instalação? Quais funções de armazenamento, manuseio e outras com valor agregado são ou podem ser realizadas em cada instalação?	Como são tomadas as decisões de consolidação de cargas em cada instalação? Quais decisões são tomadas pelos manuseadores de materiais e como isso ocorre? Como os produtos são armazenados na instalação e como são tomadas as decisões de seleção de produtos?	Qual é o volume de rotatividade e armazenamento de cada instalação? Quais são as principais métricas de desempenho dos depósitos? Como são medidas? Qual é o nível atual de desempenho? Quais são as características de desempenho econômico relativas a cada instalação?
Estoques	Quais funções com valor agregado são exercidas pelos estoques atuais? A empresa é responsável por qual estoque? E onde ele é armazenado?	Como são tomadas as decisões de gerenciamento de estoque? Quem as toma e quais informações são usadas para apoiar as decisões?	Qual é o custo corporativo de manutenção de estoques? Quais são as principais métricas de desempenho do estoque? Como são medidas? Qual é o nível atual de desempenho?

concentrar em uma avaliação abrangente das capacidades e deficiências do sistema existente. Cada elemento do sistema logístico deve ser cuidadosamente examinado no que se refere a seus objetivos declarados e sua capacidade de atendê-los. Por exemplo, o sistema de informação de gerenciamento logístico está fornecendo e medindo constantemente as metas de serviço acordadas com o cliente? Da mesma forma, o processo de gerenciamento de materiais apoia adequadamente os requisitos da produção? A atual rede de depósitos ampara de modo eficaz os objetivos relacionados ao serviço ao cliente? Por fim, de que maneira as capacidades e medições de desempenho logístico se comparam em todas as unidades e locais de negócios da empresa? Essas e muitas perguntas semelhantes formam a base da autoavaliação necessária para a análise interna. A avaliação abrangente tenta identificar as oportunidades que podem motivar ou justificar o novo projeto ou refinamento do sistema logístico.

A Tabela 13.1 lista alguns tópicos frequentemente abordados em uma avaliação interna. O formato destaca que a avaliação tem de considerar os processos, as decisões e as medidas-chave para cada atividade logística principal. As considerações sobre o processo se concentram nos fluxos físicos e de informação por meio da cadeia de suprimentos. As considerações de decisão se concentram na lógica e nos critérios atualmente utilizados no gerenciamento da cadeia de suprimentos. As considerações de medição se concentram nos indicadores-chave de desempenho e na capacidade da empresa para medi-los. As métricas de desempenho da cadeia de suprimentos serão desenvolvidas em detalhes no Capítulo 15.

O conteúdo específico da avaliação depende do escopo da análise. É pouco comum a informação desejada estar prontamente disponível. O objetivo da avaliação interna não é a coleta acurada de dados, mas um olhar diagnosticado nos processos e procedimentos logísticos atuais, bem como fazer uma sondagem para determinar quais tipos de dados estão disponíveis. Mais significativamente, a avaliação interna é voltada para a identificação de áreas em que existe grande oportunidade de melhoria.

A avaliação do mercado é uma análise das tendências e da demanda de serviços exigidos pelos clientes. Seu objetivo é documentar e formalizar as percepções e desejos do cliente em relação a mudanças potenciais na capacidade logística da empresa. A avaliação pode incluir entrevistas com clientes selecionados ou pesquisas mais aprofundadas. A Tabela 13.2 ilustra alguns tópicos típicos de avaliação do mercado. Ela deve se concentrar nos relacionamentos externos com fornecedores, clientes e, em algumas situações, consumidores. Também deve considerar tendências nos requisitos e processos, bem como as capacidades da empresa e dos concorrentes.

A avaliação da tecnologia se concentra na aplicação e na capacidade das principais tecnologias logísticas, incluindo transportes, armazenamento, manuseio de materiais, embalagem e processamento de informações. A avaliação considera a capacidade da empresa em termos da tecnologia atual, assim como o potencial de aplicação de novas tecnologias. Por exemplo, a capacidade avançada de manuseio de materiais oferecida por prestadores de serviços integrados pode melhorar o desempenho logístico? Qual é o papel dos sistemas avançados de tecnologia da informação, comunicação e apoio à decisão para permitir uma maior capacidade de resposta logística? Por fim, de que maneira as tecnologias de comunicação como *wireless*, RFID, satélite ou outras podem contribuir para melhorar a capacidade do sistema logístico?

O objetivo da avaliação da tecnologia é identificar avanços tecnológicos que facilitam os *trade-offs* eficazes com outros recursos logísticos, como transportes ou estoque. A Tabela 13.3 ilustra tópicos comuns de avaliação da tecnologia em diversas funções logísticas selecionadas. Essa avaliação deve ser realizada com cada componente do sistema logístico, bem como com a perspectiva da integração total.

	Tendências de mercado	Capacidade da empresa	Capacidade dos concorrentes
Fornecedores	Quais serviços com valor agregado os fornecedores estão oferecendo? Quais são os principais "gargalos" com os atuais fornecedores?	Quais são as oportunidades de internalizar ou terceirizar serviços com valor agregado? De que maneira os processos podem ser alterados para reduzir gargalos?	Quais medidas os competidores estão tomando para melhorar o fluxo de produtos e informações com os fornecedores? Quais são os *benchmarks* dos concorrentes em relação à quantidade de fornecedores, características de custo e medições de desempenho?
Clientes	Quais são os principais "gargalos" e restrições no atendimento a clientes importantes? Quais são os impactos desses "gargalos" e restrições sobre o custo? De que maneira os padrões de pedido dos clientes estão mudando? Quais são os principais critérios de decisão dos clientes?	Quais funções ou atividades podem ser repassadas aos clientes ou removidas deles para melhorar o desempenho do sistema logístico? De que maneira os clientes avaliam nosso desempenho de acordo com seus principais critérios de medição?	Quais serviços os concorrentes estão oferecendo aos nossos clientes? Como é o desempenho dos concorrentes em relação às principais medições de desempenho identificadas pelos clientes?
Consumidores	De que maneira os padrões de compra dos consumidores estão mudando em relação ao local e ao momento da compra, além dos critérios de escolha? Quais são as tendências dos consumidores em relação às atividades logísticas, como quantidade comprada, embalagem, entrega em domicílio e qualidade dos produtos?	Como conseguimos responder a mudanças nos padrões de compras e nos critérios de escolha dos consumidores?	De que maneira nossos concorrentes estão respondendo a mudanças nos padrões de compras e critérios de escolha dos consumidores?
Riscos	Quais recursos específicos podem ser limitados no futuro?	Quais são as opções em vigor para evitar, minimizar, mitigar ou responder aos riscos?	Em quais riscos críticos os concorrentes podem ter vantagem sobre nossa empresa?

TABELA 13.2 Exemplos de tópicos de avaliação do mercado.

Lógica de apoio

A segunda tarefa da análise de viabilidade é o desenvolvimento de uma lógica de apoio para integrar as descobertas das avaliações interna, do mercado e da tecnologia. O desenvolvimento da lógica de apoio muitas vezes constitui a parte mais difícil do processo de planejamento estratégico. O objetivo da análise é oferecer à alta administração a melhor visão possível dos pontos fortes e fracos da atual capacidade do sistema logístico tanto para requisitos logísticos existentes quanto potenciais. O desenvolvimento de uma lógica de apoio se baseia em três caminhos para uma análise abrangente.

Primeiro, deve identificar a proposta de valor para justificar pesquisas e análises acuradas. Nesse sentido, o desenvolvimento de uma lógica de apoio força uma visão crítica de oportunidades potenciais de melhoria, incluindo a determinação da justificativa de custo-benefício constituir ou não um caso empresarial sólido. O desenvolvimento de uma lógica de apoio utiliza princípios logísticos, como o princípio da atenuação, o princípio de agregação de estoque e o princípio do menor custo total, discutidos em capítulos anteriores, para determinar a viabilidade de conduzir uma análise acurada para quantificar os benefícios potenciais. Embora completar tarefas remanescentes no processo de planejamento gerencial não comprometa a

	Tecnologia atual	**Estado da arte da tecnologia**
Previsão de demanda	Quais são as tecnologias atuais para coleta, manutenção e desenvolvimento de previsões?	Como as melhores empresas estão desenvolvendo previsões?
Entrada de pedidos	Quais tecnologias de entrada de pedidos são usadas atualmente? Quais tecnologias de entrada de pedidos estão sendo demandadas pelos clientes?	Como as melhores empresas estão realizando a entrada de pedidos? Quais novas tecnologias estão disponíveis para melhorar a eficácia da entrada de pedidos?
Processamento de pedidos	Qual é o processo de alocação de estoque disponível para os pedidos de clientes? Quais são as restrições da abordagem atual?	Como as melhores empresas estão realizando o processamento de pedidos? Quais novas tecnologias (*hardware* e *software*) estão disponíveis para melhorar a eficácia do processamento de pedidos?
Planejamento de necessidades	Quais processos de decisão são usados para determinar as necessidades de produção e distribuição de estoque? De que maneira esses processos são apoiados pelas atuais ferramentas de apoio à decisão e informação?	Como as melhores empresas estão tomando decisões de planejamento de produção e estoque? Quais novas tecnologias estão disponíveis para melhorar a eficácia do planejamento das necessidades?
Faturamento e EDI	Atualmente, como são transmitidos faturas, solicitações, avisos antecipados de carregamento e pagamentos?	Como as melhores empresas estão usando EDI? Quais novas tecnologias de comunicação e intercâmbio de dados estão disponíveis para melhorar o faturamento e outras formas de comunicação com o cliente?
Operações de depósito	Como são tomadas as decisões de programação e de pessoal dos depósitos? De que maneira as instruções de operação de depósitos são transmitidas a supervisores e manuseadores de materiais? De que maneira os supervisores e manuseadores de materiais dos depósitos acompanham atividades e desempenho?	Como as melhores empresas estão usando tecnologias de informação e de manuseio de materiais nos depósitos? Quais novas tecnologias de informação e de manuseio de materiais estão disponíveis para melhorar a eficácia das operações de depósito?
Transportes	Como são tomadas as decisões de consolidação, roteirização e programação de transportes? Como a documentação de transportes é desenvolvida e transmitida a transportadoras e clientes? De que maneira os custos de transporte são determinados, avaliados e monitorados? Quais tecnologias de embalagem e carregamento são usadas?	Como as melhores empresas estão usando tecnologias de informação, de embalagem e de carregamento com as transportadoras? Quais novas tecnologias de informação, de embalagem, de carregamento e de comunicação estão disponíveis para melhorar a eficácia das operações de transporte?
Apoio à decisão	Como são tomadas as decisões de planejamento logístico, tático e estratégico? Quais informações são usadas e qual análise é realizada?	Como as melhores empresas estão tomando decisões táticas ou estratégicas semelhantes? Quais tecnologias de informação e avaliação estão disponíveis para aumentar a eficácia na tomada de decisões?

TABELA 13.3 Avaliação típica de tecnologia.

implementação de um sistema por uma empresa nem mesmo garanta um projeto de sistema logístico melhor, os benefícios e riscos potenciais associados à mudança devem ser claramente identificados no desenvolvimento da lógica de apoio.

Segundo, desenvolver uma lógica de apoio avalia criticamente os procedimentos e práticas atuais com base em uma análise factual abrangente para identificar tendências. A identificação de áreas com potencial de melhoria, bem como aquelas em que as operações são satisfatórias, oferece uma base para determinar a necessidade de uma mudança estratégica. Por exemplo, pode ser evidente que o excesso de estoque ou o estoque obsoleto representem um problema sério e exista potencial significativo para reduzir os custos e melhorar o serviço. Embora o processo de avaliação frequentemente confirme que muitos aspectos do sistema existente estão mais certos do que errados, as decisões para considerar uma mudança devem se basear no potencial de melhorias. Se a lógica de apoio suporta a quantidade e a localização atual dos depósitos, a análise subsequente pode se concentrar no aperfeiçoamento dos níveis de estoque sem um risco sério de subotimização. Os resultados práticos desse processo de avaliação incluem classificação de questões de planejamento e avaliação priorizadas em categorias primárias e secundárias ao longo de horizontes de planejamento de curto e longo prazos.

Terceiro, o processo de desenvolvimento de uma lógica de apoio deve incluir afirmativas claras sobre alternativas potenciais de novo projeto. A afirmativa deve incluir: (1) definição dos atuais procedimentos e sistemas; (2) identificação das alternativas mais prováveis de projeto do sistema com base nas principais práticas competitivas do setor e nas teorias dominantes de logística integrada e cadeias de suprimentos; e (3) sugestão de abordagens inovadoras baseadas em novas teorias e tecnologias. As alternativas devem desafiar as práticas existentes, mas também devem ser práticas. Quanto menor é a frequência de novos projetos para reavaliar procedimentos e projetos atuais, mais importante é identificar a gama de opções a serem consideradas. Por exemplo, a avaliação de um sistema de gerenciamento logístico total ou da estrutura de cadeia de suprimentos deve levar em conta um conjunto mais amplo de opções se for realizada a cada cinco anos em vez de a cada dois anos.

A prática recomendada atualmente é aumentar a frequência de realização do projeto de todo o sistema. Algumas empresas importantes fazem uma revisão global do seu projeto de rede anualmente. Como exemplo, quando a Subway Restaurants lançou a sua promoção "$ 5 footlong", ela previu (e passou por) um aumento expressivo no volume de vendas. Com o aumento no volume e a diminuição das margens, a empresa precisou se certificar de que o seu sistema de suprimentos, fornecido pela Independente Purchasing Cooperative (IPC), e o seu sistema logístico, operado pela C.H. Robinson Worldwide, estavam otimizados. Para atingir o objetivo, a Subway reformulou o seu sistema logístico, consolidando as instalações de preparação de carne e vegetais, modernizando os equipamentos de transporte para fornecer capacidade multitemperatura e fornecendo um intercâmbio de informações mais sincronizado para facilitar as previsões. Isso exemplifica como uma iniciativa estratégica corporativa costuma despertar a necessidade de uma atualização expressiva na rede de suprimentos, que empregou uma análise completa, conforme descrevemos aqui.[1]

Nesse ponto do processo de planejamento e projeto, vale o esforço de construir diagramas e/ou esquemas de fluxo para ilustrar os conceitos básicos e as justificativas associadas a cada alternativa. As ilustrações devem apresentar oportunidades de práticas logísticas flexíveis, delinear claramente os requisitos de fluxo de informação e valor agregado e apresentar uma visão geral abrangente das opções. Algumas práticas logísticas refinadas ou segmentadas são difíceis de ilustrar em um único diagrama de fluxo. Por exemplo, variações regionais, variações no *mix* de produtos e políticas diferenciadas de frete são difíceis de ilustrar, embora constituam a base das alternativas de projeto.

Um procedimento recomendado requer que o gerente responsável pela avaliação da estratégia logística desenvolva uma declaração e justificativa lógica sobre os benefícios potenciais. Usando os conceitos de atendimento ao cliente discutidos no Capítulo 3 e a lógica e metodologia da integração logística do Capítulo 12, o gerente responsável deve documentar e justificar as modificações mais interessantes na estratégia.

---

[1] Jan Risi and John Wiehoff, "How Green Logistics Pays off in a Quick Service Loader's Supply Chain.", Council of Supply Chain Management Professionais 2010 Annual Meeting (San Diego, CA: September 28, 2010).

Estimativa de custo-benefício

A última tarefa na análise de viabilidade, a estimativa de custo-benefício, projeta os benefícios e riscos potenciais associados à realização de uma análise logística e à implementação das recomendações. Os benefícios devem ser categorizados considerando melhorias no serviço, bem como redução e prevenção de custos. As categorias não se excluem, já que a estratégia e as operações logísticas podem incluir algum grau dos três benefícios simultaneamente. Os riscos representam os obstáculos potenciais relacionados às mudanças propostas. Melhorar o serviço inclui uma estimativa do impacto do aumento na disponibilidade, qualidade ou capacidade. Serviços melhores aumentam a fidelidade dos clientes e também pode atrair novos negócios.

Os benefícios de redução de custos podem ser observados de dois modos. Primeiro, podem ocorrer como resultado de uma única redução nos recursos financeiros ou gerenciais necessários para apoiar e operar o sistema logístico. Por exemplo, o novo projeto logístico pode permitir a venda de depósitos, de equipamentos de manuseio ou de sistemas de tecnologia da informação. Reduções no capital aplicado em estoque e outros ativos relacionados à logística podem aumentar significativamente o desempenho de uma empresa se custos contínuos são eliminados e uma liberação de caixa é conseguida. Segundo, as reduções podem estar relacionadas às despesas diretas ou variáveis. Por exemplo, novas tecnologias de manuseio de materiais e de processamento de informações frequentemente reduzem o custo variável por permitir processamento e operações mais eficientes.

A prevenção de custos ajuda a impedir que a empresa envolva-se em programas e operações que aumentem custos. Por exemplo, muitas atualizações de tecnologia da informação e de manuseio de materiais são, pelo menos parcialmente, justificáveis a partir de uma análise financeira sobre as implicações de disponibilidade futura de mão de obra e níveis salariais. Iniciativas para reduzir o consumo de energia também podem evitar custos em períodos de alta dos preços da energia. Naturalmente, qualquer justificativa de prevenção de custos se baseia em uma estimativa de condições futuras e, portanto, é suscetível a certo grau de erro.

Não existem regras para determinar quando uma situação de planejamento oferece potencial adequado de custo-benefício para justificar uma análise aprofundada. O ideal é realizar alguma avaliação em intervalos regulares para garantir a viabilidade das operações logísticas atuais e futuras. Na análise final, a decisão de realizar um planejamento aprofundado dependerá de quão convincente é a lógica de apoio, quão verossímeis são os benefícios estimados e se eles oferecem retorno suficiente sobre o investimento para justificar mudanças organizacionais e operacionais. Esses benefícios potenciais devem ser colocados na balança contra os custos exigidos para completar o processo.

Embora nem sempre sejam um objetivo do processo de planejamento e projeto, oportunidades imediatas de melhoria frequentemente são possíveis. A rápida colheita de "frutas ao alcance da mão" muitas vezes pode aumentar a receita ou diminuir o custo o bastante para justificar o restante da análise. À medida que a equipe de projeto identifica essas oportunidades, o executivo responsável deve avaliar cada oportunidade para equilibrar o retorno rápido em relação ao risco de implementação.

PLANEJAMENTO DO PROJETO

O planejamento do projeto é a segunda atividade da Fase I. A complexidade do sistema logístico exige que os esforços para identificar e avaliar alternativas estratégicas ou táticas sejam planejados com cuidado para oferecer uma base sólida para as mudanças. O planejamento do projeto envolve tarefas específicas como declaração de objetivos, declaração de restrições, padrões de medição, lógica de pressupostos, técnicas de análise e plano de trabalho do projeto.

Declaração de objetivos

A declaração de objetivos documenta as expectativas de custos e serviços para revisões do sistema logístico. É essencial que eles sejam declarados especificamente e por causa de fatores mensuráveis. Os objetivos definem os segmentos de mercado ou setores de atuação, o cronograma de mudanças e as expectativas específicas de desempenho. Esses requisitos normalmente definem objetivos específicos que a gerência está tentando alcançar. Por exemplo, o texto a seguir sugere uma combinação de objetivos mensuráveis que podem ser usados para orientar a análise logística:

A Proporcionar aos 100 clientes mais lucrativos desempenho perfeito em todos os pedidos.

B A todos os outros clientes, proporcionar o seguinte desempenho:

1 Disponibilidade de estoque:
   - 99% para produtos da categoria A
   - 95% para produtos da categoria B
   - 90% para produtos da categoria C
2 Entrega desejada de 98% de todos os pedidos 48 horas depois do fechamento do pedido
3 Minimização dos carregamentos de depósitos secundários para clientes
4 Atendimento a pedidos de diversos produtos sem atrasos em um mínimo de 85% de todos os pedidos.
5 Demais pedidos com atraso de no máximo cinco dias.

A definição específica desses objetivos direciona os esforços de projeto do sistema para atingir níveis explícitos de desempenho de serviço ao cliente. O custo total do sistema para atender os objetivos de serviço pode, então, ser determinado usando-se um método analítico apropriado, como discutiremos mais tarde neste capítulo. Se o custo logístico total não estiver dentro das expectativas gerenciais, níveis alternativos de desempenho de serviço ao cliente podem ser testados por meio do uso de análise de sensibilidade para determinar o impacto sobre o custo logístico total.

Alternativamente, os objetivos de desempenho podem estabelecer restrições de custo total máximo e, depois, um sistema que atinge o nível máximo de serviço ao cliente dentro do orçamento logístico aceitável pode ser projetado. Essas soluções orientadas pelo custo são práticas, já que as recomendações certamente se adequarão à faixa orçamentária aceitável. No entanto, essas soluções de projeto limitado pelo custo não são sensíveis a fatores voltados para o serviço.

Declaração de restrições

A segunda consideração do planejamento do projeto se refere às suas restrições. Com base na análise situacional, espera-se que a alta administração faça algumas restrições no escopo das modificações permitidas no sistema. A natureza dessas restrições depende das circunstâncias específicas de cada empresa. No entanto, há dois exemplos típicos que ilustram como as restrições podem afetar todo o processo de planejamento.

Uma restrição comum ao projeto do sistema da rede de depósitos se refere às instalações existentes de produção e sua variedade de *mix* de produtos. Para simplificar, os gerentes frequentemente mantêm as instalações de produção e o *mix* de produtos constantes durante o novo projeto do sistema logístico. Essas restrições podem ser justificadas com base nos altos investimentos nas fábricas existentes e na capacidade de a organização absorver mudanças.

O segundo exemplo de restrição é a atividade de atendimento ao cliente de divisões separadas. Em empresas com um padrão tradicional de responsabilidade descentralizada em unidades de negócio, os gerentes podem decidir incluir algumas divisões em um sistema logístico centralizado enquanto deixa outras de fora. Portanto, algumas divisões são identificadas pela gerência como candidatas às mudanças, enquanto outras não são.

Todas as restrições de projeto servem para limitar o escopo da análise. No entanto, como declarou um executivo, "Por que estudar coisas sobre as quais não pretendemos fazer nada?". A menos que haja uma oportunidade razoável de alterar significativamente a estratégia ou as operações logísticas, é melhor que suas restrições sejam tratadas como limitação do estudo.

O objetivo de desenvolver uma declaração de restrições é ter um ponto de partida bem definido e uma perspectiva geral para o esforço de planejamento. Se forem utilizadas técnicas de análise quantitativa, as principais restrições podem ser reconsideradas depois. Em contraste com a análise situacional discutida anteriormente, a declaração de restrições define elementos organizacionais específicos, como prédios, sistemas, procedimentos e/ou práticas a serem mantidos no sistema logístico.

Padrões de medição e lógica de pressupostos

A análise de viabilidade frequentemente destaca a necessidade central de desenvolvimento de um padrão de medição. Esses padrões direcionam a análise ao identificar os pressupostos de custo e os objetivos de desempenho essenciais para a avaliação das recomendações. Os gerentes devem estipular padrões e objetivos de medição como um pré-requisito para a formulação do plano. É importante que os padrões reflitam adequadamente o desempenho total do sistema em vez de um foco limitado e subotimizado das funções logísticas. Depois de formulados, tais padrões devem ser monitorados e rastreados no processo de desenvolvimento do sistema para permitir a medição do impacto das mudanças. Embora haja considerável liberdade para a ação gerencial ao formular os padrões, é preciso tomar cuidado para não diluir a validade da análise e os resultados subsequentes estabelecendo objetivos impossíveis ou em mudança constante.

Um requisito importante é fazer uma lista de pressupostos que ofereçam a lógica de apoio aos padrões. Esses pressupostos devem receber aprovação da alta administração porque podem moldar significativamente os resultados do plano estratégico. Por exemplo, uma variação relativamente pequena no custo-padrão e no procedimento de avaliação do estoque pode gerar grandes variações no plano estratégico resultante.

Os padrões de medição devem definir como os componentes do custo, como transportes, estoque e processamento de pedidos, são quantificados, incluindo referências contábeis e financeiras acuradas. Os padrões também têm de incluir as especificações para medir questões relevantes do serviço ao cliente e o método de cálculo.

Plano de trabalho do projeto

Com base na análise da viabilidade, objetivos, restrições, padrões e técnicas analíticas, pode ser desenvolvido um plano de trabalho para o projeto e os recursos e o tempo necessário para sua realização identificados. As alternativas e oportunidades especificadas durante a análise de viabilidade oferecem a base para determinar o escopo do estudo. Por sua vez, o escopo determina o tempo necessário para realizar o estudo.

O gerenciamento de projetos é responsável por atingir os resultados esperados dentro das restrições de tempo e orçamento. Um dos erros mais comuns no planejamento estratégico é subestimar o tempo necessário para realizar uma tarefa. Os atrasos aumentam as despesas financeiras e reduzem a credibilidade do projeto. Felizmente, existem diversos pacotes de *software* de gerenciamento de projetos disponíveis para estruturar projetos, orientar a alocação de recursos e medir os progressos. Essas metodologias identificam os resultados práticos e o inter-relacionamento entre tarefas.

FASE II: COLETA E ANÁLISE DE DADOS

Depois que a análise de viabilidade e o plano do projeto estão prontos, a Fase II do processo se concentra na coleta e análise de dados. Essa fase requer definição de pressupostos, coleta de dados e análise de alternativas.

PRESSUPOSTOS E COLETA DE DADOS

Esta atividade estende a análise de viabilidade e o plano do projeto desenvolvendo pressupostos de planejamento e da identificação dos requisitos de coleta de dados ao: (1) definir as abordagens e técnicas de análise; (2) definir e rever pressupostos; (3) identificar fontes de dados; (4) coletar dados; e (5) coletar dados de validação.

Definição de abordagens e técnicas de análise

A tarefa inicial da Fase II é determinar a técnica de análise adequada à situação de planejamento considerada. Embora uma grande quantidade de opções esteja disponível, as técnicas mais comuns são a analítica, a simulação e a otimização. Uma abordagem analítica usa ferramentas numéricas, como planilhas, para avaliar cada alternativa logística. Um exemplo típico de abordagem analítica é a determinação de *trade-offs* de estoque/serviço usando as fórmulas discutidas no Capítulo 7. A disponibilidade e a capacidade das planilhas aumentaram o uso de ferramentas analíticas para a análise logística.

Uma abordagem de simulação pode ser comparada a um laboratório de testes de alternativas para a cadeia de suprimentos. A simulação é amplamente usada, sobretudo quando há incerteza significativa envolvida. O ambiente de testes pode ser físico, como um sistema modelo de manuseio de materiais que ilustra fisicamente o fluxo de produtos em um ambiente de menor escala, ou numérico, como um modelo de computador. Os *softwares* atuais fazem das simulações uma das abordagens com melhor custo-benefício para avaliação das alternativas logísticas dinâmicas. Por exemplo, uma simulação pode apresentar o modelo de fluxos, os níveis de atividade e as características de desempenho. Muitas simulações conseguem ilustrar características do sistema graficamente. Por exemplo, uma simulação dinâmica da cadeia de suprimentos pode ser usada para ilustrar o *trade-off* entre a estratégia de alocação de estoque e o desempenho da cadeia de suprimentos.[2]

A otimização usa programação linear ou matemática para avaliar as alternativas e escolher o melhor projeto ou as alternativas consideráveis. Embora a otimização tenha como benefício identificar a melhor opção, o escopo das otimizações normalmente é menor que o das aplicações típicas de simulação.

Definição e revisão de pressupostos

A definição e a revisão de pressupostos se fundamentam na análise da situação, nos objetivos do projeto, nas restrições e nos padrões de medição. Para fins de planejamento, os pressupostos definem as principais características operacionais, variáveis e econômicas dos sistemas atuais e alternativos. Embora o formato varie para cada projeto, os pressupostos geralmente se encaixam em três classes: (1) pressupostos de negócios; (2) pressupostos gerenciais; e (3) pressupostos de análise.

---

[2] Para uma ferramenta geral de modelagem que incorpore gráficos, ver W. David Kelton, Randall P. Sadowski, and David T. Sturrock, *Simulation with Arena*, 5th ed. (New York: McGraw-Hill).

Os pressupostos de negócios definem as características do ambiente de negócios geral, incluindo tendências relevantes de mercado, consumidor e produto, disponibilidade de recursos e ações dos concorrentes. Os pressupostos definem o amplo ambiente em que um plano logístico alternativo tem de operar e, geralmente, não dependem da empresa para mudar.

Os pressupostos gerenciais definem as características físicas e econômicas do ambiente logístico atual ou alternativo e geralmente permitem que os gerentes as alterem ou refinem. Em geral incluem os locais de armazenamento alternativos que podem ser considerados, modais de transporte e arranjos de propriedade, processos logísticos e custos fixos e variáveis.

Os pressupostos de análise definem as restrições e as limitações necessárias para adequar o problema à técnica de análise. Esses pressupostos frequentemente se concentram no tamanho do problema, no grau de detalhes da análise e na metodologia de solução. A Tabela 13.4 apresenta descrições mais acuradas de cada categoria de pressupostos.

Identificação de fontes de dados

Na prática, o processo de coleta de dados começa com uma análise de viabilidade. Além disso, é preciso especificar os dados detalhadamente para formular ou ajustar a técnica analítica desejada. Neste ponto do processo do planejamento, dados detalhados devem ser coletados e organizados para apoiar a análise. Em situações em que os dados são extremamente difíceis de coletar ou quando o nível necessário de exatidão é desconhecido, pode ser usada uma análise de sensibilidade para identificar o impacto dos dados. Por exemplo, uma análise base pode ser realizada usando custos de transporte estimados com regressões baseadas na distância. Se a análise indicar que a melhor resposta é muito sensível às tarifas de frete reais, é necessário um esforço adicional para obter tarifas de transporte mais exatas das transportadoras. Depois que a técnica está operacional, a análise de sensibilidade pode ser usada para identificar os principais fatores de solução. Quando os aspectos sensíveis, como despesas de transporte de saída, são identificados, um esforço adicional deve ser direcionado para aumentar a acurácia na obtenção desses dados.

TABELA 13.4 Elementos das categorias de pressupostos.

Categorias de pressupostos	Descrição
Pressupostos de negócios	
Escopo	Definição das unidades de negócios e linhas de produtos a serem incluídas.
Alternativas	Gama de opções que podem ser consideradas.
Tendências de mercado	Natureza e magnitude das mudanças nas preferências do mercado e nos padrões de compra. Mudanças projetadas na disponibilidade de recursos e custos.
Tendências do produto	Natureza e magnitude das mudanças nos padrões de compra do produto, especialmente em relação ao tamanho e ao tipo de embalagem.
Ações dos concorrentes	Pontos fortes, pontos fracos e estratégias logísticas dos concorrentes.
Pressupostos gerenciais	
Mercados	Padrões de demanda por área do mercado, produto e tamanho da carga.
Instalações de distribuição	Localizações, políticas operacionais, características econômicas e histórico de desempenho das instalações de distribuição atuais e potenciais.
Transportes	Tarifas de transporte para movimentação entre clientes e instalações de distribuição atuais e potenciais.
Estoque	Níveis de estoques e políticas operacionais para cada instalação de distribuição.
Pressupostos de análise	
Grupos de produtos	Informações agregadas e detalhadas de produtos para se adequar ao escopo da técnica de análise.
Áreas do mercado	Demanda agrupada dos clientes com o objetivo de agregar áreas do mercado para se adequar ao escopo da técnica de análise.

A primeira grande categoria de dados são as vendas e os pedidos dos clientes. A previsão anual de vendas e seu percentual mensal, bem como padrões de sazonalidade, normalmente são necessários para determinar o volume logístico e os níveis de atividade. Amostras históricas de faturas de clientes também são necessárias para determinar os padrões de frete por mercado e por tamanho da carga. A combinação de medidas agregadas dos perfis de demanda e frete caracteriza os requisitos logísticos que devem ser atendidos.

Dados específicos de clientes também são necessários para dar dimensão espacial a uma análise logística. A dimensão espacial indica que uma logística eficaz para clientes importantes requer que o custo e o tempo associados à entrega em locais exatos sejam quantificados. Na análise geral, clientes e mercados são agrupados por local, tipo, tamanho, frequência de pedidos e taxa de crescimento para reduzir a complexidade da análise. No entanto, esse agrupamento normalmente não é satisfatório para a avaliação da capacidade de serviço a clientes importantes.

Para a análise logística da cadeia de suprimentos, é necessário identificar e monitorar os custos associados à produção e às compras. Embora os locais das fábricas possam não ser um componente variável no projeto de um sistema logístico, normalmente é necessário considerar a quantidade e os locais das fábricas, o *mix* de produtos, as programações de produção e a sazonalidade. Políticas e custos associados à transferência de estoque, reabastecimento e processamento nos depósitos devem ser identificados. Em especial, regras de controle de estoque e procedimentos de alocação de produtos são elementos importantes. Por fim, para cada depósito existente ou potencial, é necessário estabelecer custos operacionais, capacidade, *mix* de produtos, níveis de armazenamento e capacidade de serviço.

Para os transportes, é preciso incluir a quantidade e o modal que será utilizado, assim como os critérios para sua seleção, tempo em trânsito, regras de frete e políticas. Se for incluído transporte próprio na análise, é necessário acrescentar informações sobre as características operacionais da frota própria.

A discussão precedente oferece uma perspectiva dos dados necessários para avaliar as alternativas logísticas. A principal justificativa para colocar o processo formal de coleta de dados depois da escolha da técnica de análise é ajustar os dados aos requisitos da técnica escolhida.

Também é útil documentar os projetos e fluxos do sistema logístico concorrente para conhecer suas estratégias e capacidades. Na maioria dos casos, essa informação está disponível em materiais publicados, relatórios anuais e é de domínio geral de executivos da empresa. O principal objetivo de coletar esses dados é para fornecer *benchmarks* dos concorrentes que comparam capacidades de serviço ao cliente, redes de instalações e capacidades operacionais.

Coleta de dados

Identificadas as fontes de dados alternativos, o processo de coleta de dados pode começar, recolhendo os dados necessários e convertendo para os formatos adequados à ferramenta de análise. Isso normalmente é uma tarefa tediosa e demorada, então é provável que ocorram erros. Os mais comuns são coletar dados de um período não representativo ou inspecionar dados que não refletem os principais componentes da atividade logística, como o volume de entrega ao cliente. Por esse motivo, o processo de coleta de dados deve ser cuidadosamente documentado para auxiliar na identificação de erros que podem reduzir a exatidão da análise e para determinar as alterações necessárias para alcançar uma acurácia adequada.

Dados de validação

Além de coletar dados para apoiar a análise alternativa, dados de validação também devem ser coletados para verificar se os resultados refletem a realidade. A questão central é saber se a abordagem analítica reflete exatamente as práticas logísticas históricas. O objetivo da validação é aumentar a credibilidade do processo de análise. Se o processo não gerar resultados verossímeis, a gerência terá pouca confiança nos resultados da análise e nas recomendações resultantes.

ANÁLISE

A análise envolve o uso da técnica e dos dados para avaliar alternativas logísticas estratégicas e táticas. O processo de análise inclui: (1) perguntas para análise; (2) validação da análise base; (3) análise de alternativas; e (4) análise de sensibilidade.

Perguntas para análise

A primeira tarefa é definir as perguntas para análise das alternativas e a faixa de incerteza aceitável. Essas perguntas devem ter como base os objetivos e as restrições da pesquisa ao identificar políticas e parâmetros operacionais específicos. Por exemplo, as perguntas para analisar a localização de um depósito devem identificar as combinações de locais específicos para a análise. No caso de uma análise de estoque, as perguntas podem se concentrar nos níveis alternativos de serviço e incerteza.

Suponha que um esforço de planejamento estratégico esteja concentrado em identificar uma rede de depósitos para atender o mercado doméstico norte-americano. Suponha que a rede atual use quatro depósitos: em Newark, New Jersey; Atlanta, Georgia; Chicago, Illinois; e Los Angeles, Califórnia. A Tabela 13.5 resume as características de volume de carga e custo do sistema existente. O volume de carga é definido pelo peso embarcado; e o custo é definido pelas despesas de transporte e de manutenção do estoque. Os questionamentos prováveis em relação a essa análise poderiam ser o impacto sobre o desempenho se Chicago ou qualquer outro depósito for fechado.

Outras alternativas podem incluir menos ou mais locais de armazenamento, a avaliação de locais diferentes ou políticas mais refinadas de gerenciamento de estoque, como estocagem estratificada com base no volume do produto. É importante reconhecer que é preciso tomar cuidado na hora de definir as perguntas para que um conjunto amplo de opções seja avaliado sem exigir modificações demoradas do modelo ou coleta adicional de dados.

Validação da análise base

A segunda tarefa envolve uma análise base do atual ambiente de logística. Os resultados devem ser comparados com os dados que foram coletados anteriormente para determinar o grau de ajuste entre as descobertas históricas e analíticas. A comparação deve se concentrar na identificação das diferenças significativas e na determinação de fontes de possíveis erros. Dados de entrada incorretos ou inexatos podem resultar em erros potenciais, assim como o uso de procedimentos de análise inadequados, inexatos ou dados de validação não representativos. À medida que são encontradas discrepâncias, os erros devem ser identificados e

TABELA 13.5 Resumo do desempenho de distribuição.

Centro de distribuição	Volume da carga (kg)	Custo do transporte de chegada ($)	Custo do transporte de saída ($)	Custo de manutenção de estoques ($)	Custo total ($)
Newark	314.340	317.000	264.000	476.000	1.057.000
Atlanta	61.870	62.000	62.000	92.000	216.000
Chicago	206.630	208.000	284.000	303.000	795.000
Los Angeles	4.545	5.000	5.000	6.000	16.000
Total	587.385	592.000	615.000	877.000	2.084.000

corrigidos. Em alguns casos, o erro não pode ser corrigido, mas pode ser explicado. Depois que as discrepâncias são removidas ou explicadas até ± 2%, a aplicação geralmente é aceita como uma representação válida.

Análise de alternativas

Uma vez validada a abordagem, o próximo passo é realizar uma avaliação das alternativas de projeto. A análise deve determinar as características de desempenho relevantes para cada projeto ou estratégia alternativos. As opções devem quantificar o impacto das mudanças nas políticas e práticas gerenciais que envolvem fatores como quantidade de depósitos, níveis de estoque almejados ou perfil de transporte para o tamanho da carga.

Análise de sensibilidade

Depois que essa análise de alternativas é realizada, as alternativas com melhor desempenho podem ser selecionadas para uma análise de sensibilidade mais aprofundada. Aqui, fatores incontroláveis, como demanda, custos dos recursos e ações dos concorrentes, podem ser alterados para avaliar a capacidade de cada alternativa de operar sob uma diversidade de condições. Por exemplo, suponha que a análise de alternativas indique que uma rede de quatro depósitos seja a compensação ideal de custo/serviço para o mercado da empresa, considerando o nível básico de demanda. A análise de sensibilidade testaria a adequação dessa solução em cenários alternativos de demanda ou custo. Em outras palavras, a decisão da rede de quatro depósitos ainda seria a correta se a demanda aumentasse ou diminuísse 10%? O ambiente atual requer uma avaliação sobre o impacto do aumento do custo da energia. A análise de sensibilidade, em conjunto com uma avaliação das probabilidades de cenários potenciais, é, então, usada em uma árvore de decisão para identificar a melhor alternativa para atender às expectativas.

FASE III: RECOMENDAÇÕES E IMPLEMENTAÇÃO

A Fase III operacionaliza os esforços de planejamento e projeto fazendo recomendações gerenciais específicas e desenvolvendo planos de implementação.

RECOMENDAÇÕES

Os resultados das análises de alternativas e de sensibilidade são revistos para finalizar as recomendações gerenciais. Esse processo de análise inclui quatro tarefas: (1) identificar a melhor alternativa; (2) estimar custos e benefícios; (3) desenvolver uma avaliação de riscos; e (4) desenvolver uma apresentação.

Estimativa de custos e benefícios

Na discussão anterior sobre planejamento estratégico, os benefícios potenciais foram identificados como melhoria no serviço, redução e prevenção de custos. Observamos que esses benefícios não se excluem e que uma estratégia sólida pode concretizar todos os benefícios simultaneamente. Na avaliação do potencial de uma estratégia logística específica, deve ser realizada uma análise comparativa das capacidades atuais de custos e de serviço com as condições projetadas em cada alternativa. A análise ideal de custo-benefício compara as alternativas para um período base e depois projeta operações comparativas ao longo de um horizonte de planejamento. Os benefícios podem ser projetados com base na economia única proporcionada pela implementação do novo projeto do sistema ou então na economia operacional recorrente (em uma base anual, por exemplo).

Identificação da melhor alternativa

As análises de alternativas e sensibilidade devem identificar as melhores opções a serem consideradas para a implementação. No entanto, diversas alternativas frequentemente geram resultados semelhantes ou comparáveis. As características de desempenho e as condições de cada alternativa devem ser comparadas para que as duas ou três melhores opções sejam identificadas. Embora o conceito de "melhor" tenha diferentes interpretações, ele geralmente apresentará a alternativa que atende os objetivos desejados de serviço pelo menor custo total.

Avaliação de riscos

Um segundo tipo de justificativa necessária para apoiar as recomendações de planejamento estratégico é uma avaliação dos riscos envolvidos. Essa avaliação considera a probabilidade de o ambiente planejado corresponder aos pressupostos. Além disso, leva em conta os perigos potenciais relacionados à mudança no sistema.

Os riscos relacionados à adoção de uma alternativa específica podem ser quantificados com uma análise de sensibilidade. Por exemplo, os pressupostos podem ser alternados e o impacto no desempenho do sistema para cada alternativa pode ser determinado. Para ilustrar, a análise de sensibilidade pode ser usada para identificar o desempenho do sistema em diferentes pressupostos de demanda e custos. Se a alternativa selecionada ainda for a melhor mesmo com a demanda aumentando ou diminuindo 20%, a gerência pode concluir que há pouco risco associado a erros moderados no ambiente de demanda. O resultado final de uma estimativa de riscos fornece uma avaliação financeira dos riscos se os pressupostos não se materializarem.

Apresentação

A tarefa final é desenvolver uma apresentação que identifica, quantifica e justifica as mudanças sugeridas. A apresentação e o relatório que a acompanha devem identificar as mudanças operacionais e estratégicas, oferecer uma argumentação lógica qualitativa da razão pela qual a mudança é adequada e também justificar as mudanças em relação ao serviço, às despesas, à utilização de ativos e às melhorias na produtividade. A apresentação deve conter gráficos, mapas e fluxogramas para ilustrar as mudanças nas práticas operacionais logísticas, nos fluxos e na rede de distribuição.

IMPLEMENTAÇÃO

A implementação real do plano ou projeto é a atividade final do processo. Embora a implementação real possa exigir uma série de etapas, existem quatro principais: (1) definição do plano de implementação; (2) cronograma da implementação; (3) definição dos critérios de aceitação; e (4) implementação do plano.

Definição do plano

A primeira tarefa é definir o plano de implementação considerando os eventos individuais, sua sequência e dependências. Embora o plano inicial possa estar em um nível macro, ele deve ser acurado para especificar as responsabilidades pelas atividades individuais. As dependências identificam os inter-relacionamentos entre eventos e, portanto, definem a sequência de realização.

Cronograma

A segunda tarefa é gerar o cronograma da implementação e dividir as responsabilidades identificadas em etapas. O cronograma deve oferecer um tempo adequado para a compra de instalações e equipamentos, negociação de acordos, desenvolvimento de procedimentos e treinamento. Em condições ideais, a programação da implementação deve utilizar métodos abrangentes de gerenciamento de projetos para orientar o processo.

Aceitação

A terceira tarefa define os critérios de aceitação para avaliar o sucesso do plano. Eles devem se concentrar nas melhorias do serviço, na redução de custos, na melhor utilização dos ativos e no aumento da qualidade. Se o foco principal for o serviço, os critérios de aceitação devem identificar os componentes de melhoria na disponibilidade de produtos ou na redução do tempo do ciclo de atividades. Se o foco principal for o custo, os critérios de aceitação devem definir as mudanças positivas e negativas esperadas em todas as categorias de custo afetadas. É importante que os critérios de aceitação envolvam uma ampla perspectiva, de modo que a motivação se concentre no desempenho de todo o sistema logístico, e não no desempenho de uma função individual. Também é importante que os critérios de aceitação incorporem informações de toda empresa.

Implementação do projeto

A tarefa final é a implementação do plano ou projeto. Ela deve incluir os controles adequados para garantir que o desempenho seja o esperado e os critérios de aceitação sejam cuidadosamente monitorados. É fundamental usar um processo formalizado para orientar o projeto do sistema logístico e os projetos de refinamento para garantir que os objetivos sejam documentados e entendidos e as análises sejam realizadas de modo adequado.

MÉTODOS E TÉCNICAS DE ANÁLISE DA OPERAÇÃO DA CADEIA DE SUPRIMENTOS

A GESTÃO DA CADEIA de suprimentos de alto desempenho exige análises abrangentes regulares das estratégias e operações da cadeia de suprimentos. Essa análise é uma avaliação estratégica das possibilidades da cadeia de suprimentos, como fontes supridoras, localização de fábricas e depósitos e as áreas de mercado, questões cada vez mais importantes para otimizar os fluxos nas cadeias de suprimentos globais. Uma simulação dinâmica pode ser usada para investigar a dinâmica dos estoques em diversos níveis, como entre fornecedores, fábricas e depósitos, e uma análise tática dos transportes ajuda na roteirização e programação de caminhões. A análise regular da linha de carga é indispensável para responder a mudanças nas tarifas e equilibrar os fluxos de cargas; análises táticas de estoque são necessárias para identificar itens com excesso de estoque e determinar os níveis adequados do estoque. Para essa gama de decisões, as seções a seguir descrevem as questões específicas, as técnicas analíticas alternativas e os requisitos típicos de dados.

DECISÕES DE PROJETO

Os gerentes logísticos e da cadeia de suprimentos muitas vezes enfrentam decisões envolvendo os projetos de rede e os processos estratégicos e operacionais. As redes de cadeia de suprimentos são a combinação de fornecedores, fábricas, depósitos, pontos de consolidação, prestadores de serviços e varejistas para fazer que o produto saia do estágio de matéria-prima e chegue até o consumidor final. As decisões mais amplas incluem fluxo de mercadorias e produtos, bem como o local onde as atividades com valor agregado devem acontecer dentro da cadeia de suprimentos. O aumento nas alternativas de fornecedores de materiais, a economia de escala na produção, a redução nos transportes e as opções de prestadores de serviços integrados aumentaram a necessidade de avaliar regularmente e de modo mais abrangente as possibilidades do projeto da cadeia de suprimentos. Nos últimos anos, a análise do projeto da cadeia de suprimentos está se ampliando para incluir o projeto dos canais de marketing como resultado das considerações de fornecedores e mercados globais. Por exemplo, muitas empresas estão investigando o uso de canais alternativos de venda, como a entrega em domicílio. A análise do projeto da cadeia de suprimentos pode ser usada para determinar os custos totais e as vantagens quando estratégias alternativas de canais como terceirização de atividades ou exportação são consideradas. As operações globais aumentam drasticamente a complexidade das alternativas de projeto da cadeia de suprimentos e a importância de uma avaliação acurada dos *trade-offs* da cadeia de suprimentos. Portanto, a importância da análise regular do projeto da cadeia de suprimentos tem aumentado substancialmente.

As decisões de projeto da cadeia de suprimentos se concentram na escolha da quantidade e da localização de fábricas, depósitos e outros nós da cadeia de suprimentos. Questões gerenciais típicas incluem:

1. Onde instalar as fábricas e quais produtos cada uma deve fabricar?
2. Quantos depósitos a empresa deve usar, e onde devem ser localizados?
3. Quais clientes ou áreas do mercado devem ser atendidos a partir de cada depósito?
4. Quais linhas de produtos devem ser fabricadas ou armazenadas em cada fábrica ou depósito?
5. Qual é o papel do centro de distribuição principal ou dos centros regionais em relação a depósitos locais?
6. Quais canais de marketing e suprimento devem ser usados para fornecer materiais e atender os mercados internacionais?
7. Qual combinação de instalações de depósitos independentes e próprios deve ser usada?
8. Quais prestadores de serviço e quais serviços com valor agregado devem ser empregados para atender os requisitos do mercado?

Um projeto típico de cadeia de suprimentos exige uma análise que considere as combinações das perguntas citadas.

Problemas típicos do projeto da cadeia de suprimentos podem ser caracterizados como muito complexos e com uso intensivo de dados. A complexidade é gerada pela quantidade de alternativas de fornecedores, fábricas, depósitos, mercados e produtos que podem ser consideradas; a intensidade de dados é criada porque a análise exige dados acurados de demanda e transportes para as estratégias existentes, bem como para as alternativas potenciais. Técnicas sofisticadas de análise e modelagem devem ser utilizadas para lidar de forma eficaz com a complexidade e a intensidade de dados necessários para identificar as melhores alternativas. Os sistemas de apoio à decisão usados para avaliar as alternativas de projeto da cadeia de suprimentos geralmente são uma forma de otimização matemática. Os requisitos gerais de lógica e dados serão descritos a seguir.

LÓGICA DO PROJETO

As técnicas de projeto da cadeia de suprimentos em geral usam um padrão de otimização para avaliar sistematicamente as opções do projeto. Elas se formam pelas combinações de estratégias de fornecedores, fábricas, depósitos e estocagem de produtos. Otimização linear ou inteira mista são técnicas comuns usadas para escolher uma entre inúmeras opções disponíveis dentro de restrições específicas. A otimização inteira mista é a mais comum porque pode forçar algumas variáveis a ser inteiras, como desejado, por exemplo, quando se pretende simular se um depósito deve ser aberto ou não.

FIGURA 13.2 Abordagem da análise do custo total.

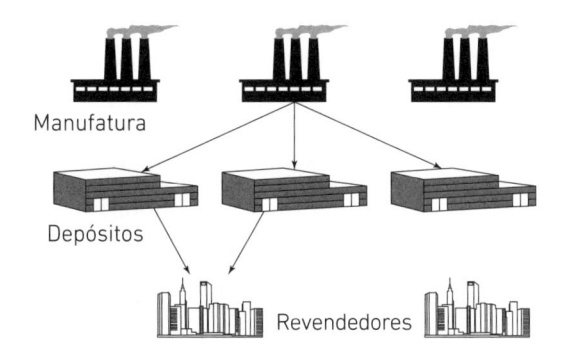

Componentes de despesas

Compras
+ Produção
+ Manuseio
+ Transporte de entrada
+ Manuseio no depósito
+ Estoque
+ Transporte até o cliente

Custo total

Um modelo de otimização considera a demanda agregada dos clientes, a disponibilidade agregada de suprimentos (pela compra ou pela produção), os possíveis fluxos de produtos e informações, as alternativas e os custos de transportes e outros custos variáveis como manuseio nos depósitos e impostos alfandegários. As ferramentas de projeto da rede da cadeia de suprimentos avaliam sistematicamente combinações alternativas de rede ao mesmo tempo que consideram as restrições relevantes. Para o escopo relevante do problema, a análise inclui custos fixos e variáveis resultantes da operação de instalações como fornecedores, fábricas, depósitos, pontos de consolidação, transportes, manuseio, produção e estoque.

A Figura 13.2 ilustra o escopo de uma análise de projeto da cadeia de suprimentos. As principais restrições ao projeto da cadeia de suprimentos são demandas regionais dos mercados, capacidade de produção das fábricas, capacidade de armazenamento dos depósitos e estratégia de estocagem de produtos. Independentemente do valor da otimização, a programação linear enfrenta problemas graves ao lidar com projetos complexos de sistemas logísticos. Primeiro, para formatar um projeto abrangente, é necessário desenvolver relacionamentos funcionais explícitos para toda a gama de opções de projeto. O relacionamento funcional deve levar em conta todas as combinações possíveis de fornecedores, locais de produção e locais de distribuição, atacadistas, mercados e produtos. A simples quantidade de alternativas e as restrições associadas resultam em um problema muito grande. Segundo, a característica de otimização da técnica é relativa, isto é, vale tanto quanto a definição dos problemas do projeto. O excesso de pressupostos de simplificação pode gerar uma solução matematicamente ótima, mas inútil em termos de prática empresarial. Terceiro, a capacidade dos procedimentos existentes de programação linear normalmente é limitada pela quantidade de camadas ou etapas na cadeia de suprimentos e pelo tamanho do problema. Por exemplo, problemas que exigem a análise de fluxos de locais de produção para depósitos e, depois, para os mercados (isto é, três camadas) podem ser facilmente resolvidos pela maioria dos otimizadores. No entanto, as restrições de tamanho podem dificultar a realização de uma análise completa da cadeia de suprimentos.

Como discutimos anteriormente neste capítulo, a fase de análise do processo inclui identificação de ferramentas adequadas, requisitos de dados e avaliação de alternativas. Cada tarefa será discutida a seguir.

Requisitos de dados

Os principais requisitos de dados para análise do projeto da cadeia de suprimentos incluem definições de mercado, produto, rede, demanda dos clientes, tarifas de transporte e custos fixos e variáveis.

A análise do projeto da cadeia de suprimentos exige que a demanda seja classificada ou atribuída a áreas geográficas de mercado. A combinação de áreas geográficas constitui uma

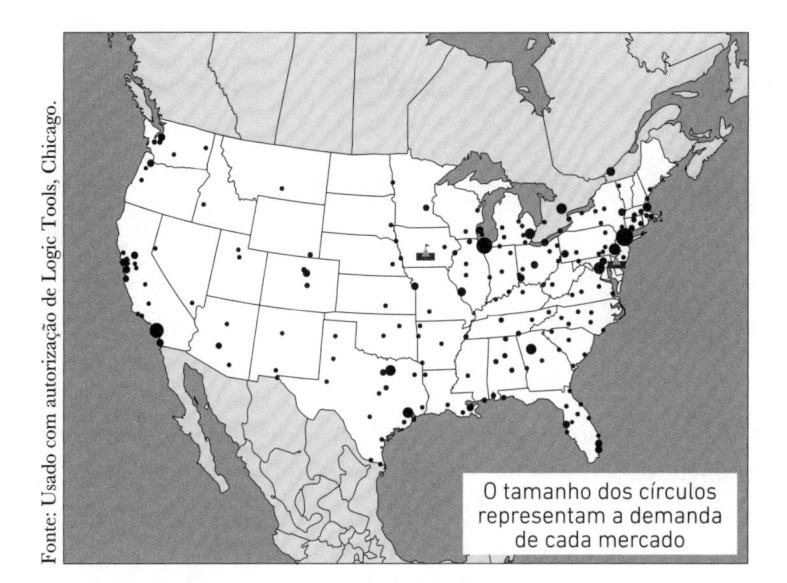

FIGURA 13.3
Rede da cadeia de suprimentos.

Fonte: Usado com autorização de Logic Tools, Chicago.

O tamanho dos círculos representam a demanda de cada mercado

área de serviço logístico, que pode ser um país ou região global. A demanda de cada cliente é atribuída a uma das áreas de mercado. A escolha de um método de definição do mercado é um elemento de extrema importância para o processo do projeto. A Figura 13.3 ilustra como os Estados Unidos podem ser segmentados em áreas de mercado para uma análise da cadeia de suprimentos. Cada ponto representa uma agregação de demanda. Diversas estruturas de definição de mercado foram desenvolvidas. As estruturas de modelagem da cadeia de suprimentos mais úteis são: (1) município; (2) área metropolitana; e (3) código postal. A estrutura mais comum usa o código postal, já que os registros das empresas normalmente incluem essa informação. Além disso, inúmeros dados de governo e de transportes estão disponíveis pelo código postal. As principais questões na hora da escolha de uma abordagem de definição de mercado se referem à quantidade de áreas necessárias para fornecer resultados exatos.

A definição de produto se reporta à quantidade de unidades de manutenção de estoques (SKUs – *Stock-keeping Units*) necessárias para realizar a análise. Embora os fluxos individuais de SKUs possam ser considerados na análise do projeto da cadeia de suprimentos, normalmente não precisa usar tantos detalhes. Itens individuais, especialmente aqueles com características semelhantes de distribuição, locais de produção e arranjos de canais, podem ser agrupados ou agregados para simplificar a análise. Análises típicas da cadeia de suprimentos são realizadas por famílias de produtos. A agregação de SKUs em famílias de produtos reduz a complexidade da análise e, portanto, o tempo necessário para coleta de dados e execução do otimizador.

A definição da rede especifica os membros do canal, as instituições e os possíveis locais que serão incluídos na análise. Questões específicas sobre as combinações de fornecedores, fabricantes, depósitos, atacadistas e varejistas devem ser consideradas. A definição da rede também se baseia nas alternativas de novas fábricas, depósitos ou membros do canal. A Figura 13.4 ilustra um canal para clientes industriais e varejistas. Embora o uso de uma definição mais abrangente reduza a possibilidade de subotimização do desempenho do sistema, a análise total do projeto dos canais e da cadeia de suprimentos aumenta a complexidade, resultando, novamente, em uma coleta de dados mais extensa e atrasos nas soluções. Os analistas da cadeia de suprimentos devem avaliar o equilíbrio entre o aumento da complexidade da análise e a melhoria no potencial de otimização de toda a cadeia de suprimentos.

A demanda do mercado define o volume da carga para cada área geográfica identificada como um mercado. Especificamente, a análise da cadeia de suprimentos se baseia no volume

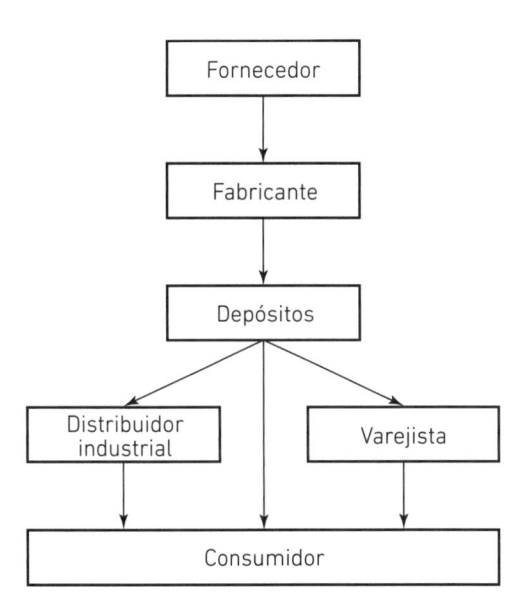

```
        Fornecedor
            ↓
        Fabricante
            ↓
        Depósitos
         ↙  ↓  ↘
Distribuidor  Varejista
industrial
         ↓    ↓    ↓
        Consumidor
```

FIGURA 13.4
Exemplo de rede de canais.

de produtos enviados a cada área de mercado. Embora o volume possa se referir à quantidade de unidades ou caixas enviadas a cada mercado, a maioria das análises do projeto da cadeia de suprimentos se baseia no peso, já que os custos de transporte são altamente influenciados pelo peso movimentado. A demanda do mercado utilizada na análise também pode se basear nos históricos de carregamentos ou no volume antecipado se forem esperadas mudanças substanciais. A demanda do mercado deve ser dividida em diferentes tamanhos de carga, já que os custos de transporte são influenciados pelo tamanho.

As tarifas de transporte de entrada e de saída são dados importantes para o projeto da cadeia de suprimentos. Elas devem ser providenciadas para cargas entre os membros da cadeia de suprimentos e os mercados existentes e potenciais. Além disso, as tarifas devem ser desenvolvidas para cada tamanho de carga e para cada ligação de transporte potencial entre os depósitos e mercados existentes e alternativos. É comum a análise da cadeia de suprimentos exigir mais que 1 milhão de tarifas individuais. Devido ao grande número, normalmente elas são desenvolvidas usando regressões recuperadas dos arquivos de tarifas das transportadoras.

Os custos fixos e variáveis associados à operação de fábricas e depósitos são o último grande fator do projeto da cadeia de suprimentos. Os custos variáveis são as despesas relacionadas a mão de obra, energia, utilidades e materiais. Em geral, elas são uma função do volume movimentado pela instalação. Os custos fixos incluem despesas relacionadas a instalações, equipamentos e gerenciamento. Dentro da faixa operacional de uma fábrica e de um depósito, os custos fixos permanecem relativamente constantes. Embora as diferenças de custo variável e fixo de acordo com a geografia normalmente não sejam substanciais, pequenas considerações geográficas devem ser incluídas para garantir a acurácia da análise. As principais diferenças resultam de peculiaridades geográficas nos salários, custo de energia, valor do terreno e impostos.

Outro fator que está influenciando cada vez mais o projeto de rede da cadeia de suprimentos envolve os impostos. Algumas cidades e países, especialmente aqueles envolvidos no comércio internacional, estão oferecendo incentivos fiscais para atrair empresas para instalar suas atividades da cadeia de suprimentos. Os incentivos fiscais podem aparecer na forma de redução do imposto de renda corporativo, imposto sobre propriedade e imposto sobre valor agregado. Irlanda, Cingapura e Emirados Árabes Unidos são exemplos de países que têm sido muito bem-sucedidos nessas estratégias.

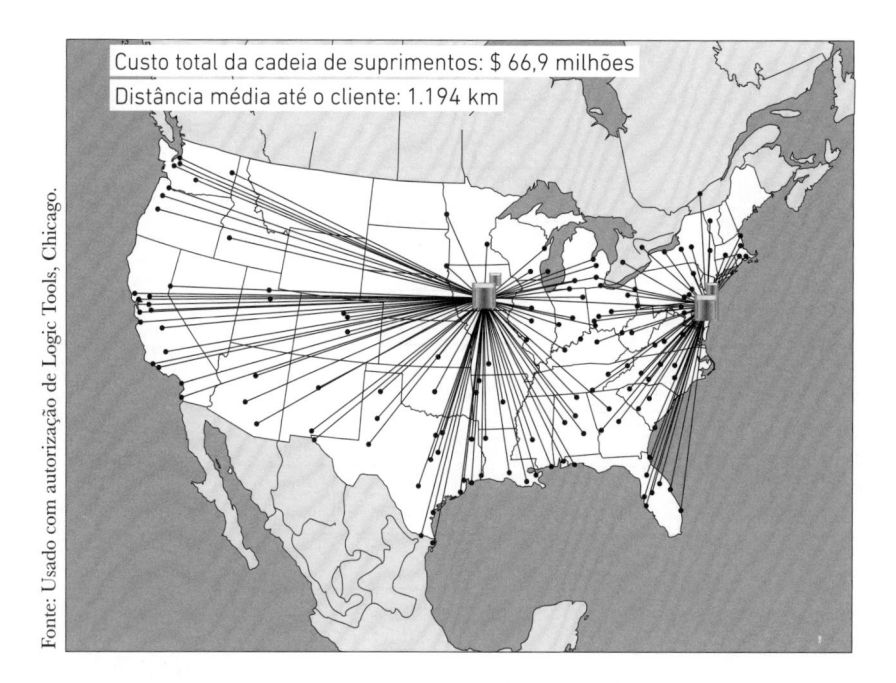

FIGURA 13.5
Rede base da cadeia de suprimentos.

Custo total da cadeia de suprimentos: $ 66,9 milhões
Distância média até o cliente: 1.194 km

Fonte: Usado com autorização de Logic Tools, Chicago.

Avaliação de alternativas

A análise do projeto da cadeia de suprimentos pode levar à avaliação de um grande número de alternativas, mesmo em uma análise relativamente pequena em que a empresa quer considerar todas as combinações possíveis para dez centros de distribuição diferentes, por exemplo. Existem 6,2 milhões de variações partindo de 10 combinações diferentes com um centro de distribuição até uma combinação com 10 centros de distribuição. Se cada alternativa pudesse ser avaliada em apenas um minuto, seriam necessários 11 anos para investigar todas as opções possíveis. E essa avaliação não incluiria verificar a combinação de diferentes fornecedores ou fábricas. Tudo isso enfatiza a importância da análise de viabilidade discutida anteriormente.

Em primeiro lugar, é preciso fazer uma análise base para validar os custos e determinar a credibilidade da ferramenta de análise. A Figura 13.5 ilustra os resultados base de um sistema de cadeia de suprimentos com duas fábricas e dois depósitos. A figura mostra uma cadeia de suprimentos composta de fábricas com depósitos conjugados na Pensilvânia e em Iowa. Como observamos na figura, o desempenho desse cenário é de $ 66,9 milhões e uma distância média de 1.194 km. Embora as ferramentas de projeto da cadeia de suprimentos apresentem bons dados de desempenho em relação ao custo, o serviço normalmente é registrado baseado na distância ou no tempo desde o pedido até a entrega, e não em uma medição como a taxa de atendimento. A distância é uma variável *proxy* que representa o tempo de trânsito do depósito até o cliente. Antes de investigar outros cenários, esses resultados devem ser comparados com os dados anteriores da empresa para determinar se os custos do modelo oferecem uma representação aproximada da atual operação da empresa. Se o histórico de custos e os custos do modelo não forem aproximadamente iguais, as diferenças devem ser investigadas para identificar erros ou encontrar alguma explicação. Uma variável pode ser o uso de transporte intermodal ou rodoviário e a diferença de tempo associada. Uma exatidão razoável é fundamental para aumentar a credibilidade gerencial.

Outras alternativas podem ser moldadas para investigar mais opções de projeto da cadeia de suprimentos. Em alguns casos, as ferramentas desse projeto podem avaliar sistematicamente uma série de alternativas, como determinar a quantidade de depósitos entre três e dez. Em outros casos, quando a quantidade ou o *mix* de produtos das fábricas estão sendo investigados, o analista deve identificar e avaliar cada opção em separado. Isso novamente enfatiza a necessidade da avaliação crítica de cada alternativa para obter informações de sua viabilidade.

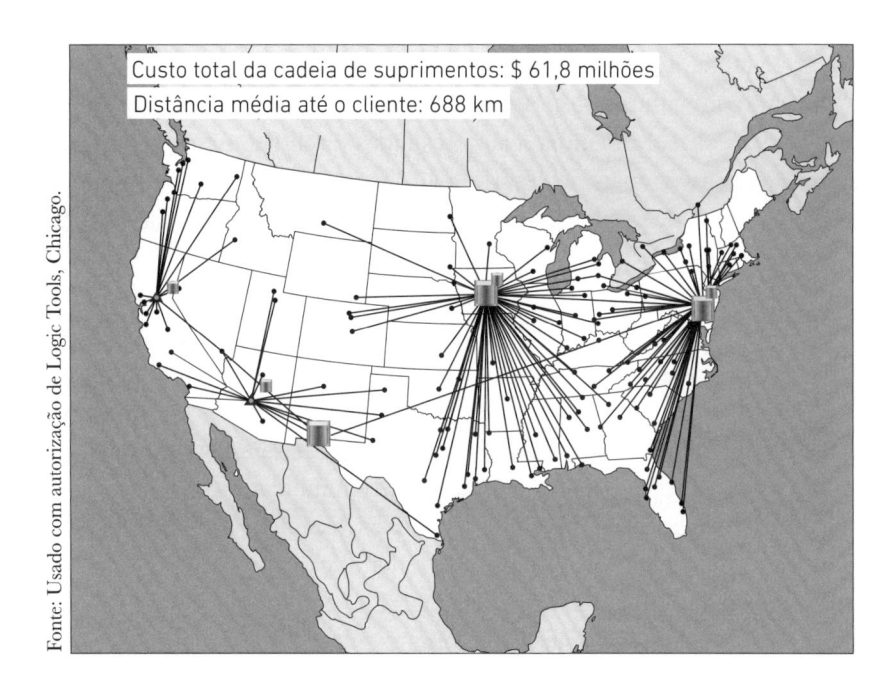

FIGURA 13.6 Rede alternativa da cadeia de suprimentos.

A Figura 13.6 ilustra um projeto da cadeia de suprimentos revisado com base na situação já discutida. Os resultados demonstram que uma cadeia de suprimentos com três fábricas e quatro depósitos gera um desempenho bem melhor do que o caso base. Como a figura destaca, o custo total é reduzido para $ 61,8 milhões, com uma distância média de 688 km entre o depósito e o cliente. Nesse caso, o projeto alternativo da cadeia de suprimentos pode melhorar o serviço no que se refere à distância até o cliente e reduzir o custo total.

Embora as ferramentas de projeto da cadeia de suprimentos estejam cada vez mais sofisticadas, existem algumas questões que devem ser consideradas em sua aplicação. A primeira se refere ao tratamento do custo de manutenção de estoques. Como ilustrado no Capítulo 12, esse custo teoricamente deve aumentar a uma taxa decrescente à medida que aumenta a quantidade de centros de distribuição. Embora geralmente isso seja verdade, pode haver exceções, como quando um centro de distribuição regional é usado para oferecer estoque de segurança para itens com baixa rotatividade em cinco depósitos. Mesmo que a quantidade total de depósitos seja aumentada para seis, é provável que o estoque total para prestar um serviço equivalente com eficácia seja menor por causa do acúmulo de estoque de segurança. Da mesma forma, muitas ferramentas de projeto da cadeia de suprimentos não têm processos padronizados para determinar as implicações de diferentes alternativas de projeto sobre o estoque. Como não há um processo padronizado, é importante entender e fazer os ajustes adequados ao custo de manutenção de estoques calculado pelas ferramentas de projeto da cadeia de suprimentos.

A segunda questão se refere a mudanças nos pressupostos relacionados aos tamanhos das cargas. A maioria das ferramentas de projeto da cadeia de suprimentos usa um tamanho de carga constante para cada linha de transporte. Embora isso seja aceitável desde que a quantidade de centros de distribuição não seja alterada significativamente, é provável que o tamanho da carga se alterasse com uma mudança significativa na quantidade de depósitos. Por exemplo, se os carregamentos atuais entre uma fábrica e quatro depósitos são do tamanho de uma carreta completa, é provável que os carregamentos sejam menores se a quantidade de depósitos for aumentada para oito. A análise deve considerar o impacto dessa mudança.

A terceira se refere ao foco da análise. No passado, uma quantidade substancial de análises de projetos de cadeias de suprimentos se concentrava no local de armazenamento. Como as redes logísticas eram relativamente estáveis, era desnecessário realizar análises do sistema logístico regulares; no entanto, a dinâmica de opções alternativas da cadeia de suprimentos, níveis de custo em constante mudança e disponibilidade de prestadores de serviços integrados exige que as redes de cadeias de suprimentos sejam avaliadas e refinadas com mais frequência hoje em dia. Também é cada vez mais necessário coordenar a estratégia de projeto da cadeia de suprimentos com o projeto de produtos e processos, o que pode exigir avaliações anuais, trimestrais ou, até mesmo, mensais.

Na última década, houve um aumento tanto no escopo quanto no foco da análise do projeto da cadeia de suprimentos. Em relação ao escopo, as análises consideram uma ampla gama de membros da cadeia de suprimentos, incluindo abastecedores de *commodities*, fornecedores, fabricantes, distribuidores e varejistas. Em relação ao foco, as análises de projeto da cadeia de suprimentos estão mudando da minimização do custo total para a maximização dos lucros ou do retorno sobre ativos. Projetos que maximizam a rentabilidade consideram a receita e os custos e são projetados para atribuir produtos e recursos disponíveis aos clientes mais rentáveis. Projetos que maximizam o retorno sobre os ativos identificam alternativas da cadeia de suprimentos que podem resultar em custos variáveis mais altos, mas utilizam menos ativos terceirizando ou utilizando prestadores de serviço. Como resultado do aumento das oportunidades possibilitado pela globalização, terceirização, consolidação organizacional, serviços compartilhados e mudanças no custo relativo, a análise contínua de alternativas da cadeia de suprimentos está se tornando mais regular.

DECISÕES DE ESTOQUE

As decisões de análise do estoque se concentram em determinar os parâmetros gerenciais de estoque para atender os níveis de serviço desejados com o mínimo de investimento. Os parâmetros de estoque se referem a estoque de segurança, ponto de reposição, tamanho do pedido e ciclos de análise de uma combinação específica de instalação e produto. Essa análise pode ser projetada para refinar os parâmetros de estoque periódica ou diariamente. Refinamentos diários tornam os parâmetros mais sensíveis a mudanças ambientais como níveis de demanda ou duração do ciclo de atividades; no entanto, também resultam em sistemas de gerenciamento de estoque mais agitados. A tensão do sistema causa aceleração ou retardamento frequentes de inúmeros pedidos pequenos.

A análise de estoque se concentra nas decisões discutidas no Capítulo 7. Questões específicas incluem: (1) Quantos produtos devem ser fabricados durante o próximo ciclo de produção? (2) Quais depósitos devem manter estoques de cada item? (3) Os itens de baixa rotatividade devem ser centralizados? (4) Qual é o tamanho ideal dos pedidos de reabastecimento (a decisão do tamanho do pedido de compras)? (5) Qual é o ponto de reposição necessário para os pedidos de reabastecimento (a decisão do estoque de segurança)?

Existem dois métodos para avaliar e escolher entre as opções de gerenciamento de estoque: analítico e simulação.

Métodos analíticos de estoque

Os métodos analíticos de estoque utilizam relacionamentos funcionais como os discutidos no Capítulo 7 para determinar os parâmetros ideais de estoque baseados no nível de serviço desejado. A Figura 13.7 ilustra o conceito analítico de estoque. A técnica usa os objetivos de serviço, as características da demanda, do ciclo de atividades e do sistema logístico como insumos para calcular os parâmetros ideais de estoque. Pela perspectiva do gerenciamento de estoque, os objetivos de serviço normalmente são definidos considerando a taxa de atendimento de pedidos ou por unidades. As características da demanda descrevem a média periódica e o desvio-

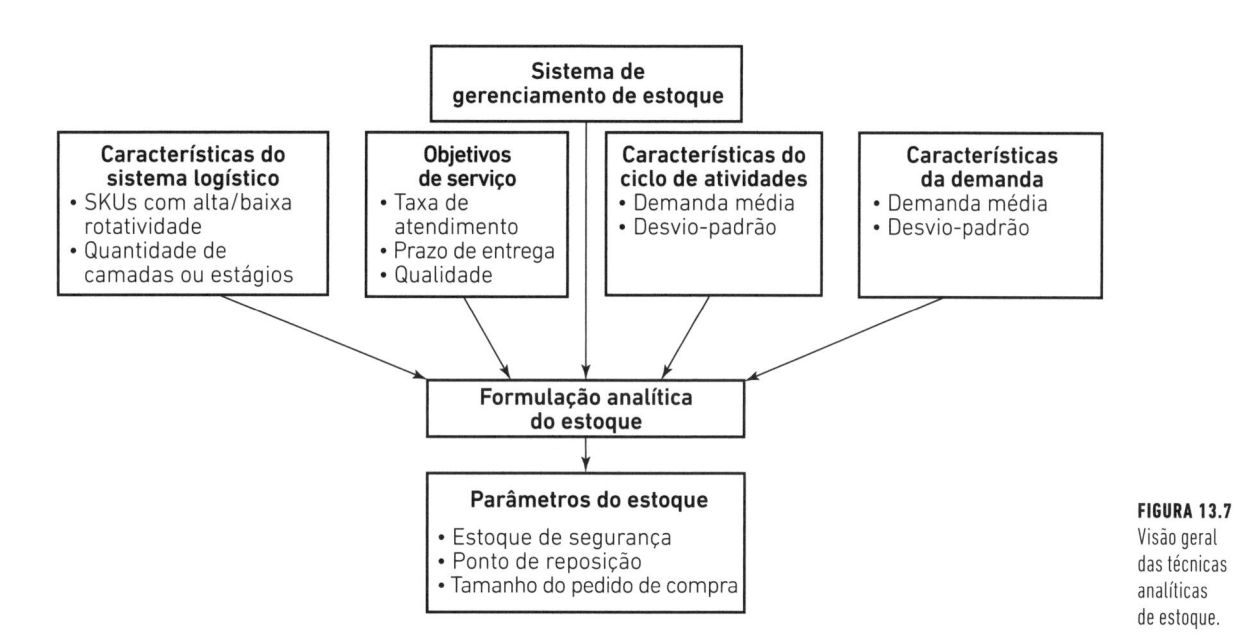

```
┌─────────────────────────┐
│      Sistema de         │
│ gerenciamento de estoque│
└─────────────────────────┘
```

Características do sistema logístico	Objetivos de serviço	Características do ciclo de atividades	Características da demanda
• SKUs com alta/baixa rotatividade • Quantidade de camadas ou estágios	• Taxa de atendimento • Prazo de entrega • Qualidade	• Demanda média • Desvio-padrão	• Demanda média • Desvio-padrão

Formulação analítica do estoque

Parâmetros do estoque
- Estoque de segurança
- Ponto de reposição
- Tamanho do pedido de compra

FIGURA 13.7 Visão geral das técnicas analíticas de estoque.

-padrão da demanda do cliente. As características do ciclo de atividades explicam a média e o desvio-padrão dos ciclos de atividades de reabastecimento. Já as características do sistema logístico descrevem a quantidade de estágios ou camadas de distribuição que exigem decisões gerenciais sobre o estoque. A técnica analítica de estoque se baseia nos pressupostos que descrevem os estágios de estoque do sistema logístico e as probabilidades referentes às características da demanda e do ciclo de atividades. As relações de probabilidade, juntamente aos objetivos de nível de serviço, determinam os parâmetros ideais de gerenciamento de estoque em relação à quantidade de pedidos de reabastecimento e pontos de ressuprimento.

A vantagem das técnicas analíticas de estoque é a capacidade de determinar diretamente os parâmetros ideais, dados certos pressupostos sobre o ambiente operacional. Por outro lado, as técnicas analíticas de estoque são limitadas no que se refere à exatidão quando os pressupostos não são atendidos. Por exemplo, como a maioria das técnicas analíticas de estoque supõe ciclos de demanda e de atividades com distribuição normal, as técnicas perdem acurácia quando a forma da demanda real ou os ciclos de atividades se desviam do pressuposto de normalidade. Apesar disso, as técnicas analíticas de estoque normalmente são um bom ponto de partida quando se tenta determinar os parâmetros ideais de estoque.[3]

Técnicas de simulação de estoque

A abordagem de simulação de estoque cria um modelo matemático e probabilístico do ambiente operacional logístico real. Como ilustra a Figura 13.8, a abordagem da simulação é semelhante à criação de um ambiente de testes para a rede da cadeia de suprimentos e suas políticas operacionais. A simulação é semelhante à abordagem analítica, mas os papéis dos parâmetros de estoque e níveis de serviço são invertidos.

Na simulação, devem-se inserir os dados de parâmetros de estoque, como os lotes de compras e os pontos de reposição. São essas as definições do ambiente que será testado. Os principais resultados da simulação são características da qualidade do serviço e do desempenho do estoque no ambiente de testes. A simulação, na verdade, avalia o desempenho de uma situação específica. Se o desempenho registrado não atingir os objetivos desejados, os parâmetros de estoque devem ser alterados e uma nova simulação deve ser realizada. Às vezes são necessárias

---

[3] Os professores interessados em acessar material complementar (em inglês) sobre o tema, entre no site www.grupoa.com.br e cadastre-se como professor. Encontre a página do livro por meio do campo busca e clique no link para o professor.

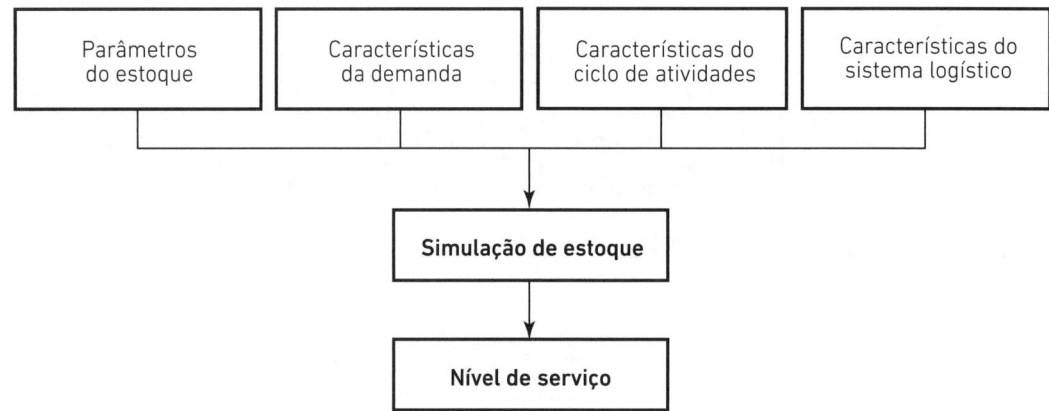

FIGURA 13.8
Visão geral das técnicas de simulação de estoque.

[Fluxograma: Parâmetros do estoque, Características da demanda, Características do ciclo de atividades, Características do sistema logístico → Simulação de estoque → Nível de serviço]

diversas simulações para identificar a combinação de parâmetros de estoque que gera o desempenho desejado.

O principal benefício das técnicas de simulação é a capacidade de modelar uma ampla gama de ambientes da cadeia de suprimentos sem simplificar os pressupostos. É possível simular com exatidão praticamente qualquer ambiente da cadeia de suprimentos incorporando características e políticas operacionais da rede. A principal desvantagem das técnicas de simulação é sua capacidade limitada em buscar e identificar as melhores soluções. Embora haja exemplos de simulação de estoque que incorporem algoritmos de busca, eles são limitados em relação à capacidade e escopo. Existem sinais de que a simulação está se tornando mais popular à medida que as empresas tentam entender a dinâmica do estoque no canal logístico.

As aplicações de apoio à decisão de estoque estão se tornando cada vez mais importantes devido à ênfase na melhoria dos níveis de estoque para reduzir a base de ativos logísticos. A demanda por parâmetros de estoque mais refinados aumentou a necessidade de técnicas de análise mais sofisticadas. As empresas de *software* responderam desenvolvendo aplicações integradas ou independentes.

DECISÕES DE TRANSPORTE

A análise de transportes se concentra na roteirização e na programação dos veículos para melhorar sua utilização ao mesmo tempo que se atendem as necessidades de serviço dos clientes. As decisões de transporte podem ser caracterizadas como estratégicas ou táticas. As estratégicas se referem à alocação de recursos em longo prazo, como em períodos estendidos de tempo. Sendo assim, as decisões estratégicas de roteirização identificam rotas de transporte fixas que podem ser usadas por meses ou anos. Já as táticas se referem às alocações de recursos em curto prazo, como rotas diárias ou semanais. O objetivo da análise de transportes é minimizar a combinação de veículos, horas e quilômetros necessários para entregar produtos. Questões típicas da análise de transportes incluem: (1) De que maneira as entregas devem ser agrupadas para formar rotas? (2) Qual é a melhor sequência de entrega para atender os clientes? (3) Quais rotas devem ser atribuídas a quais tipos de veículos? (4) Qual é o melhor tipo de veículo para atender diferentes tipos de clientes? (5) Qual sequência de entrega deve ser usada para atender as restrições de tempo impostas pelos clientes? A Figura 13.9 ilustra um problema típico de roteirização ou entrega. O depósito representa o local central de partida para todos os veículos de entrega, e cada parada representa a localização de um cliente, como um varejista.

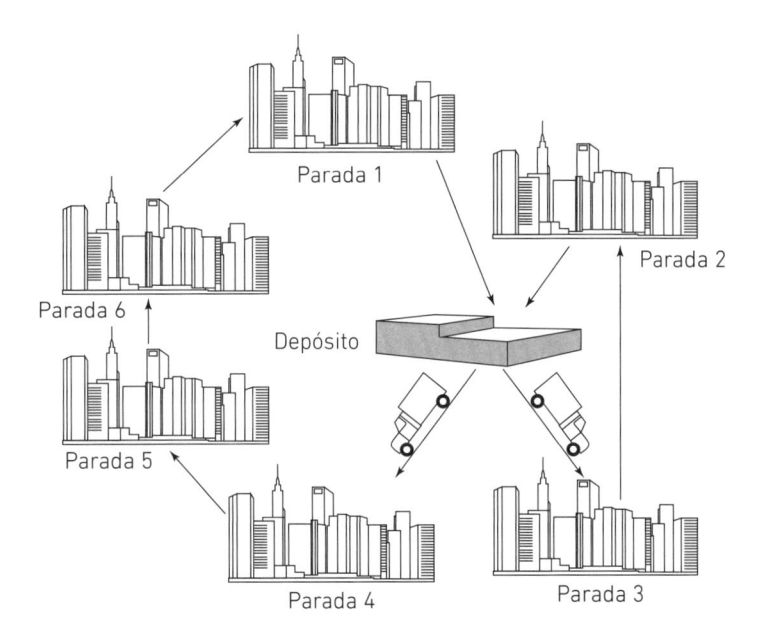

FIGURA 13.9 Problema típico de roteirização ou entrega.

Técnicas de análise de transportes

As análises de roteirização e programação foram muito pesquisadas para o planejamento tático e operacional da cadeia de suprimentos. Elas são especialmente importantes para empresas que realizam atividades de entrega de carga fracionada, como distribuição de encomendas ou bebidas. As técnicas geralmente podem ser classificadas como abordagens heurísticas, abordagens exatas, abordagens interativas e abordagens combinadas.

As abordagens heurísticas utilizam técnicas empíricas de agrupamento ou economia para desenvolver rotas acrescentando ou excluindo um sequencial de paradas. As abordagens exatas, ou ótimas, usam programação matemática (linear) para identificar as melhores rotas. Historicamente, os métodos de solução otimizada eram computacionalmente complexos demais até mesmo para os computadores mais rápidos, mas avanços recentes na programação matemática aumentaram suas capacidades. As principais dificuldades com a maioria dos procedimentos exatos são: (1) a grande quantidade de restrições e variáveis necessárias para representar até mesmo um problema básico de roteirização e programação; e (2) o impacto dessa grande quantidade de restrições e variáveis sobre o tempo de computação e o espaço de armazenamento.

As abordagens interativas utilizam uma combinação de simulação, calculadora de custos e capacidade gráfica para apoiar um processo de decisão interativo. O responsável da área avalia as alternativas para tomar uma decisão. O sistema de apoio à decisão interativa então determina e traça as rotas, calculando as características de desempenho em relação ao tempo e ao custo. Assim, o responsável pode avaliar interativamente as características de desempenho de cada alternativa e refinar a estratégia até não haver melhorias a acrescentar. A desvantagem evidente das abordagens interativas é a dependência dos conhecimentos e da habilidade do responsável pelas decisões, especialmente à medida que aumentam o tamanho e a complexidade do problema.

Combinações das três abordagens se mostraram eficazes. Dois critérios são importantes na avaliação das abordagens de solução alternativas: capacidade de generalização e acurácia. Capacidade de generalização é a habilidade de incorporar, de modo eficiente, extensões para situações especiais, como coletas e entregas, diversos depósitos, janelas de tempo, capacidades de veículos e horários permitidos para motoristas, em um cenário real. A acurácia se refere à capacidade de aproximar as características de desempenho e os resultados de uma solução ideal, e determina o nível e a credibilidade de uma possível economia como resultado da diminuição nas despesas operacionais dos veículos, melhor serviço ao cliente e aumento da produtividade da frota.

Requisitos de dados para análise de transportes

A análise de transportes exige três tipos de dados: rede, demanda de coleta e entrega e características operacionais. A rede define todas as rotas possíveis e é o centro de qualquer sistema de roteirização de transportes. Em alguns casos, uma rede é definida pelo uso de mapas de ruas da área de entrega. Cada interseção é um nó, e as ruas se tornam ligações. A rede contém as ligações entre os nós, a distância percorrida, o tempo em trânsito e quaisquer outras restrições especiais, como limites de peso ou pedágios. Uma rede de ruas é muito acurada e precisa, sobretudo quando existem restrições como rios e montanhas. Seu ponto negativo é o alto custo de desenvolvimento e manutenção. A outra abordagem envolve marcar os clientes em uma grade e, depois, calcular as possíveis ligações entre eles usando a distância em linha reta. As coordenadas de latitude e longitude são usadas com frequência. Embora um sistema de grade seja menos dispendioso de desenvolver e manter do que uma rede de ruas, ele é menos preciso e também não considera restrições. O uso de satélites de posicionamento global (GPS – *Global Positioning Satellites*) facilitou a determinação das instalações da rede e possíveis rotas. O GPS também é útil para dar orientações de entrega aos motoristas.

Os dados de demanda definem os requisitos de coleta e entrega periódicas do cliente. Para análises estratégicas ou de longo prazo, a demanda é especificada com base na média de coletas ou entregas periódicas por cliente. As rotas são, então, criadas com base na demanda média com uma alocação de capacidade para períodos de demanda extremamente alta. Para uma análise tática de roteirização, a demanda normalmente representa os pedidos de clientes programados para entrega durante o período de planejamento, por exemplo um dia. A análise tática permite que as rotas sejam precisamente atribuídas aos requisitos de entrega, sem alocação de incerteza.

As características operacionais definem a quantidade de veículos e suas restrições, as restrições dos motoristas e os custos operacionais. As restrições dos veículos são as restrições de capacidade e peso, bem como de descarga, como requisitos da doca. As restrições dos motoristas são o tempo no volante e o de descarga. Os custos operacionais são as despesas fixas e variáveis associadas a veículos e motoristas.

A análise de transportes para roteirização e programação de veículos está recebendo cada vez mais atenção por causa da eficácia e da disponibilidade de *softwares* de baixo custo, além do aumento do preço dos combustíveis. Muitas empresas envolvidas em operações diárias de transporte reduziram as despesas de transporte em 10% a 15% utilizando a análise tática ou a estratégia dos transportes. Visto que os clientes continuam a fazer pedidos menores, a análise de transportes se tornará cada vez mais importante para a tomada de decisões eficazes de roteirização, programação e consolidação.

FIGURA 13.10 Exemplo de linha de carga triangular.

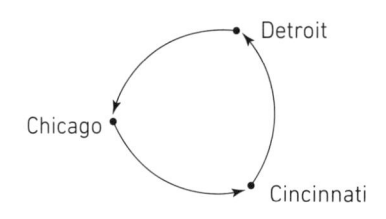

Origem	Destino	Peso (toneladas)	Carregamentos
Detroit	Chicago	396	23
Chicago	Cincinnati	231	17
Cincinnati	Detroit	91	8

TABELA 13.6 Análise de linhas de carga de movimentações mensais.

ANÁLISE DE LINHAS DE CARGA

Uma análise logística comum está relacionada às movimentações de transportes em linhas de cargas específicas. Essa análise pode ser realizada de modo muito específico entre instalações ou em uma base regional mais ampla. A análise de linhas de carga se concentra no equilíbrio de volume entre os pontos de origem e destino. Para maximizar a utilização de veículos, as movimentações devem ser equilibradas, ou aproximadamente iguais em ambas as direções. As linhas podem incluir dois ou mais pontos, como ilustra a Figura 13.10. Linhas de carga triangulares tentam coordenar a movimentação entre três pontos alternando as combinações de materiais e produtos acabados entre fornecedores, fabricantes e clientes.

A análise de linhas de carga envolve o volume movimentado e a quantidade de carregamentos ou viagens entre os pontos. O objetivo é identificar os desequilíbrios para melhorar a produtividade logística. Depois de identificar os desequilíbrios da linha, os gerentes tentam verificar o volume que pode ser transportado na direção mal utilizada. Isso pode ser feito pela troca de transportadoras ou modais, transferindo volumes para ou a partir de uma frota própria, aumentando a carga de retorno de matérias-primas, ou criando uma aliança com outro embarcador. Por outro lado, o volume na direção superutilizada poderia ser desviado para outras transportadoras ou embarcadores provenientes de um local alternativo.

A Tabela 13.6 ilustra uma análise de linhas que identifica claramente os desequilíbrios entre carregamentos. O gerente de transportes deve tentar equilibrar a movimentação triangular por meio do desenvolvimento de volume adicional entre Cincinnati e Detroit. O volume poderia ser desenvolvido pela mudança dos fornecedores de produtos para a área de Cincinnati ou pela criação de uma aliança com um embarcador que movimenta volumes entre Cincinnati e Detroit sem carga na viagem de retorno.

ANÁLISE DE ESTOQUE

Outra análise logística comum se concentra no desempenho e na produtividade do estoque. Uma análise de estoque típica é feita pelo modo ABC, como discutimos no Capítulo 7, e considera o volume relativo de vendas de um produto e o giro de estoque. Por exemplo, ao listar os dez maiores grupos de vendas e estoque em uma sequência decrescente, um gerente logístico pode rapidamente determinar os grupos de produtos que têm grande influência sobre os níveis de volume e estoque. Como indicamos no Capítulo 7, 80% das vendas normalmente são de responsabilidade de 20% dos itens. Também é comum que 80% dos itens em estoque sejam responsável por apenas 20% do volume. O conhecimento dessas características e dos itens que compõem cada grupo de produtos é útil na hora de criar metas para melhoria do gerenciamento de estoque. Itens que representam alto comprometimento do estoque em relação às vendas podem ser selecionados para receber esforços gerenciais intensos com o objetivo de reduzir o nível de estoque e melhorar o desempenho.

A Tabela 13.7 ilustra um relatório típico de análise de estoque. Esse exemplo está ordenado pelo volume de vendas, embora também haja uma lógica para o sequenciamento do relatório por nível de estoque ou giros de estoque. Itens com estoque relativamente alto ou giros baixos devem ser selecionados para receber atenção gerencial.

TABELA 13.7
Relatório típico de análise de estoque

Produto	Demanda total (unidades)	Custo unitário padrão	Valor das vendas	Percentual das vendas	Percentual acumulado das vendas	Estoque total	Valor do estoque	Percentual do estoque	Percentual acumulado do estoque	Item	Percentual acumulado dos itens	Giros de estoque	Classe
Peça A	3.487	423,76	1.477.656,03	14,35	14,35	453	191.931,32	16,58	16,58	1	4,00	7,70	A
Peça B	31.347	43,82	1.373.573,25	13,34	27,68	1.938	84.909,82	7,33	23,91	1	8,00	16,18	A
Peça C	21.221	47,49	1.007.770,10	9,79	37,47	1.652	78.447,73	6,78	30,69	1	12,00	12,85	A
Peça D	15.077	52,82	796.319,01	7,73	45,20	1.489	78.669,62	6,79	37,48	1	16,00	10,12	A
Peça E	14.956	35,22	526.774,13	5,11	50,32	1.767	62.241,97	5,38	42,86	1	20,00	8,46	A
Peça F	5.826	80,93	471.481,17	4,58	54,89	272	22.041,74	1,90	44,76	1	24,00	21,39	A
Peça G	57.304	8,16	467.868,82	4,54	59,44	3.630	29.637,63	2,56	47,32	1	28,00	15,79	A
Peça H	3.591	74,64	267.986,82	2,60	62,04	379	28.303,30	2,44	49,76	1	32,00	9,47	A
Peça I	8.139	32,46	264.225,47	2,57	64,60	1.467	47.640,20	4,11	53,88	1	36,00	5,55	A
Peça J	19.036	13,50	257.079,87	2,50	67,10	453	6.114,31	0,53	54,41	1	40,00	42,05	A
Peça K	8.169	31,38	256.344,63	2,49	69,59	153	4.806,26	0,42	54,82	1	44,00	53,34	A
Peça L	33.457	7,60	254.277,51	2,47	72,06	9.022	68.572,76	5,92	60,74	1	48,00	3,71	A
Peça M	6.609	38,32	253.245,67	2,46	74,52	1.655	63.401,31	5,48	66,22	1	52,00	3,99	A
Peça N	29.394	8,61	252.950,09	2,46	76,97	3.391	29.177,21	2,52	68,74	1	56,00	8,67	A
Peça O	17.296	14,45	249.861,10	2,43	79,40	1.414	20.420,37	1,76	70,50	1	60,00	12,24	A
Peça P	3.089	76,08	235.029,27	2,28	81,68	921	70.039,66	6,05	76,55	1	64,00	3,36	B
Peça Q	1.579	144,08	227.520,08	2,21	83,89	340	48.916,42	4,22	80,78	1	68,00	4,65	B
Peça R	6.577	34,41	226.278,06	2,20	86,09	440	15.155,23	1,31	82,09	1	72,00	14,93	B
Peça S	6.326	35,02	221.551,81	2,15	88,24	201	7.032,45	0,61	82,69	1	76,00	31,50	B
Peça T	5.041	43,11	217.344,77	2,11	90,35	970	41.808,09	3,61	86,30	1	80,00	5,20	B
Peça U	8.906	23,74	211.432,08	2,05	92,40	1.473	34.960,94	3,02	89,32	1	84,00	6,05	B
Peça V	2.106	99,55	209.613,04	2,04	94,44	314	31.234,67	2,70	92,02	1	88,00	6,71	B
Peça W	10.097	19,73	199.176,93	1,93	96,37	705	13.897,74	1,20	93,22	1	92,00	14,33	C
Peça X	10.031	19,85	199.145,62	1,93	98,31	2.489	49.412,08	4,27	97,49	1	96,00	4,03	C
Peça Y	34.529	5,05	174.510,19	1,69	100,00	5.753	29.077,41	2,51	100,00	1	100,00	6,00	C
TOTAL	**363.189**		**10.299.016**	**100,00%**		**42.740**	**1.157.850**	**100,00%**	**100,00%**	**25**		**8,89**	

Resumo

Este capítulo apresenta uma análise abrangente do processo de planejamento logístico, incluindo as decisões e as técnicas. Ele foi desenhado para orientar o gerente logístico durante todo o processo da análise situacional, identificação de alternativas, coleta de dados, avaliação quantitativa e desenvolvimento de recomendações viáveis.

A metodologia, que é genérica suficiente para a solução da maior parte dos problemas logísticos, inclui três fases: definição do problema e planejamento, coleta e análise de dados e recomendações e implementação. A fase de definição do problema e planejamento se preocupa com a análise de viabilidade e o planejamento do projeto. A análise de viabilidade inclui a análise situacional, o desenvolvimento da lógica de apoio e a estimativa de custo-benefício. O planejamento do projeto exige declarações de objetivos, restrições, padrões de medição, especificação da técnica de análise e desenvolvimento do plano de trabalho do projeto.

A fase de coleta e análise de dados desenvolve pressupostos, coleta dados e realiza as análises quantitativa e qualitativa. O desenvolvimento de pressupostos e a coleta de dados incluem etapas para definir a abordagem da análise, formalizar pressupostos, identificar fontes de dados e coletar e validar os dados. A etapa de análise define as questões que serão analisadas, conclusão da validação e análises bases, bem como a realização de análises de alternativas e de sensibilidade.

A fase de recomendações e implementação desenvolve o plano final. A etapa de desenvolvimento de recomendações identifica e avalia as melhores alternativas. A etapa de implementação define um curso de ação recomendado a partir do desenvolvimento de cronograma, critérios de aceitação e cronograma de execução final.

A análise regular do projeto da cadeia de suprimentos está se tornando cada vez mais crítica para responder às mudanças na disponibilidade global de materiais, nas demandas do mercado e na disponibilidade de recursos de produção. Em resposta a esse requisito, ferramentas de otimização do projeto da cadeia de suprimentos estão se tornando mais amplamente disponíveis para apoiar análises estratégicas e táticas. Ferramentas mais táticas, como simulação dinâmica e algoritmos de roteirização e programação, podem ser usadas para investigar e avaliar alternativas de estoque e transportes. A importância desses métodos e ferramentas abrangentes de planejamento e análise está crescendo como resultado da ampla gama de alternativas possíveis e da complexidade das cadeias de suprimentos globais. Análises táticas *ad hoc*, como equilíbrio das linhas de carga e análise de estoque ABC, devem ser realizadas regularmente para responder às mudanças nas tarifas de transporte, fluxos e demandas de produtos.

Questões para Revisão

1 Qual é o objetivo básico do estudo da análise e do projeto logístico? Normalmente trata-se de uma atividade realizada uma única vez?

2 Por que é importante desenvolver uma lógica de apoio para orientar o processo de planejamento logístico?

3 Por que uma avaliação de custo-benefício é importante para os esforços de projeto de sistemas logísticos?

4 De modo geral, quais são as diferenças essenciais entre as técnicas analíticas e de simulação?

5 Compare e diferencie as técnicas de otimização e as técnicas de simulação.

6 Compare e contraste as decisões estratégicas e táticas de transportes.

DESAFIOS

1 Suponha que você é responsável por integrar os sistemas logísticos de dois fabricantes nacionais de alimentos em consequência de uma fusão. Cada empresa atende o país inteiro, a partir de sete centros de distribuição, e entrega para uma base comum de clientes utilizando predominantemente o transporte fracionado (LTL). Identifique e explique as oportunidades de melhoria do desempenho após a fusão.

2 Na situação da Subway descrita anteriormente, descreva os *trade-offs* associados com:
   a Consolidar as instalações de preparação de carne e vegetais; e
   b Utilizar veículos de transporte multi-temperatura.

3 Compare e diferencie os problemas de análise de transporte característicos dos carregamentos completo (TL) e fracionado (LTL). Quando é adequado aplicar: (a) análise de roteirização; (b) análise de linhas de cargas; e (c) análise de rede?

4 O oeste do Michigan sedia três fábricas de móveis de escritório. Quando perceberam que estavam obtendo suprimentos dos mesmos fornecedores, elas acharam que poderia haver uma oportunidade para uma *joint venture* consolidar a movimentação de entrada das matérias-primas. Descreva os *trade-offs* que poderiam estar associados com essa iniciativa entre os concorrentes. Discuta os benefícios dessa estratégia.

PARTE 4
Administração

Esta última parte aborda a segunda responsabilidade principal da gerência logística de uma empresa: a administração. O Capítulo 14 aborda os princípios da administração que são essenciais para realizar operações integradas. Modelos colaborativos alternativos são desenvolvidos e ilustrados como forma de facilitar a cooperação entre clientes, fornecedores de materiais, prestadores de serviços e a empresa que gerencia o arranjo da cadeia de suprimentos. Também voltamos nossa atenção para a gestão de mudanças multiorganizacional e conceitos da organização de recursos humanos. A natureza onipresente das operações logísticas cria um desafio estrutural singular na organização. A dispersão das operações logísticas em amplas áreas geográficas serve para dedicar atenção especial ao desenvolvimento de processos eficazes de gerenciamento e controle. O Capítulo 15 focaliza a avaliação do desempenho e o desenvolvimento de medições de custo para apoiar o gerenciamento baseado em atividades. Damos particular atenção ao desenvolvimento das medidas de desempenho logístico e da cadeia de suprimentos. O Capítulo 16 trata da responsabilidade administrativa sobre a gestão de riscos da empresa. Ele se concentra especificamente nas dimensões de complexidade, regulamentos, disponibilidade de recursos e segurança.

CAPÍTULO 14 Colaboração

RESUMO DO CAPÍTULO

ORGANIZAÇÃO LOGÍSTICA
AGREGAÇÃO FUNCIONAL
MUDANÇA DE ÊNFASE NA FUNÇÃO PARA ÊNFASE NO PROCESSO
DESENVOLVIMENTO DE RELAÇÕES COLABORATIVAS
RELAÇÕES COLABORATIVAS E DE DEPENDÊNCIA
DESENVOLVENDO A CONFIANÇA
RISCO, PODER E LIDERANÇA
ESTRUTURA COLABORATIVA DA CADEIA DE SUPRIMENTOS
GESTÃO DE RELACIONAMENTOS
INICIANDO RELACIONAMENTOS
IMPLEMENTANDO RELACIONAMENTOS
MANTENDO RELACIONAMENTOS
TERMINANDO RELACIONAMENTOS
RESUMO
QUESTÕES PARA REVISÃO
DESAFIOS

Entre os tópicos da logística, poucos geram mais interesse gerencial do que o desenvolvimento e gestão de relacionamentos organizacionais. Durante muito tempo na história dos negócios, a ênfase estava voltada para os relacionamentos internos de uma organização, o que desenvolveu uma estrutura organizacional adequada para realizar o trabalho logístico com eficiência e eficácia. Evoluindo, a atenção hoje está voltada para a integração da logística com outras funções da empresa, especialmente marketing, operações e suprimento. No entanto, a revolução da informação e o foco na integração da cadeia de suprimentos estão forçando os executivos logísticos a repensar quase todos os aspectos da lógica organizacional tradicional e a estender esse pensamento aos relacionamentos com fornecedores e clientes. Na verdade, a essência do gerenciamento da cadeia de suprimentos está na capacidade de orquestrar relacionamentos colaborativos tanto internamente quanto com os parceiros da cadeia de suprimentos. A apresentação deste capítulo começa com uma atenção às práticas organizacionais internas. O tópico dominante da discussão ao longo do capítulo é a prática crescente da colaboração.[1]

ORGANIZAÇÃO LOGÍSTICA

ANTES DOS ANOS 1950, as funções agora reconhecidas como logística geralmente eram vistas como trabalho de facilitação ou apoio. A responsabilidade logística da organização normalmente era distribuída por toda a empresa. A Figura 14.1 é um organograma hipotético que ilustra a fragmentação básica daquela época, a qual muitas vezes significava que os aspectos do trabalho logístico eram realizados sem coordenação, resultando quase sempre em redundância e desperdício. As informações frequentemente eram distorcidas ou desatualizadas, e as linhas

---

[1] Este capítulo se baseia em uma década de pesquisas realizadas na Michigan State University e publicadas pelo Council of Supply Management Professionals. Essas publicações incluem: Donal J. Bowersox et al., *Leading Edge Logistics: Competitive Positioning for the 1990s* (Oak Brook, IL: Council of Logistics Management, 1989); Donald J. Bowersox et al., *Logistical Excelence: It's Not Business as Usual* (Burlington, MA: Digital Press, 1992); The Global Logistics Research Team at Michigan State University, *World Class Logistics; The Challenge of Managing Continuous Change* (Oak Brook, IL: Council of Logistics Management, 1995); Donald J. Bowersox, David J. Closs, and Theodore P. Stank, *21st Century Logistics: Making Supply Chain Integration a Reality* (Oak Brook, IL: Council of Logistics Management, 1999).

```
                          ┌─────────┐
                          │   CEO   │
                          └────┬────┘
            ┌──────────────────┼──────────────────┐
       ┌────┴────┐       ┌─────┴─────┐      ┌─────┴─────┐
       │ Finanças│       │ Manufatura│      │ Marketing │
       └────┬────┘       └─────┬─────┘      └─────┬─────┘
```

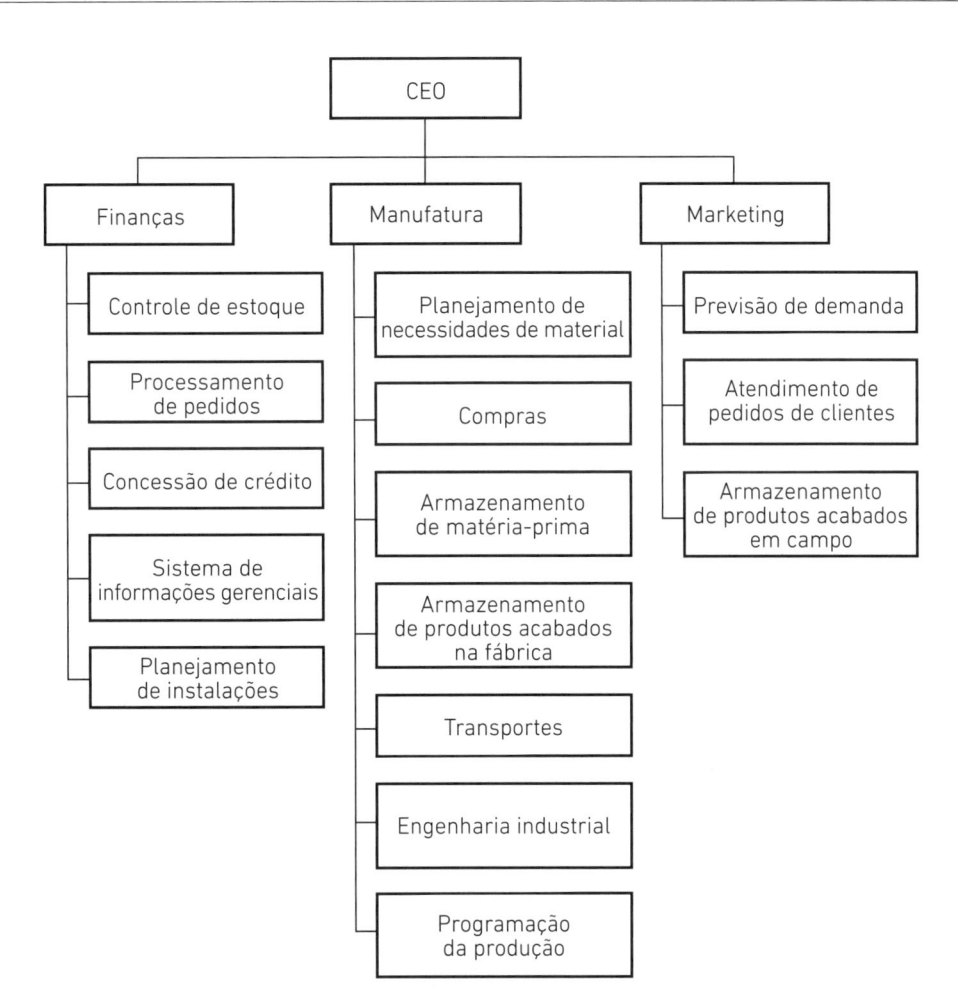

FIGURA 14.1 Organização tradicional de funções relacionadas à logística.

Ramos de Finanças: Controle de estoque; Processamento de pedidos; Concessão de crédito; Sistema de informações gerenciais; Planejamento de instalações.

Ramos de Manufatura: Planejamento de necessidades de material; Compras; Armazenamento de matéria-prima; Armazenamento de produtos acabados na fábrica; Transportes; Engenharia industrial; Programação da produção.

Ramos de Marketing: Previsão de demanda; Atendimento de pedidos de clientes; Armazenamento de produtos acabados em campo.

de autoridade e responsabilidade em geral eram obscuras. Os gerentes, reconhecendo a necessidade de controle do custo total, começaram a reorganizar e a combinar as funções logísticas em um único grupo gerencial. A estruturação da logística como uma organização integrada surgiu nos anos 1950.

AGREGAÇÃO FUNCIONAL

A motivação por trás da agregação funcional era uma convicção crescente de que o agrupamento das funções logísticas em uma única organização aumentaria a probabilidade de integração e facilitaria maior entendimento de como as decisões e os procedimentos em uma área operacional impactam o desempenho em outras áreas. A convicção era de que, em última instância, todas as funções se uniriam em um grupo único, voltado para o desempenho de todo o sistema. Esse paradigma da integração, baseado na proximidade organizacional, prevaleceu por 35 anos. Muitos tipos e níveis diferentes de integração funcional apareceram nesse período. Em muitas empresas, quando a organização logística parecia perfeita, surgiam novas e mais amplas ideias sobre o que constituía a estrutura ideal.

O nível mais alto de agregação funcional na organização logística é apresentado na Figura 14.2. Essa estrutura organizacional procura unificar todas as funções e operações logísticas sob o comando de um único gerente sênior. Organizações de natureza abrangente como a ilustrada na figura a seguir eram raras – e continuam a ser. No entanto, a tendência era claramente agrupar tantas funções logísticas operacionais e de planejamento quanto fosse prático sob uma única autoridade e responsabilidade. O objetivo era a administração estratégica de todas as movimentações e armazenamentos de materiais e produtos acabados para obter o benefício máximo para a empresa.

FIGURA 14.2 Agregação funcional logística.

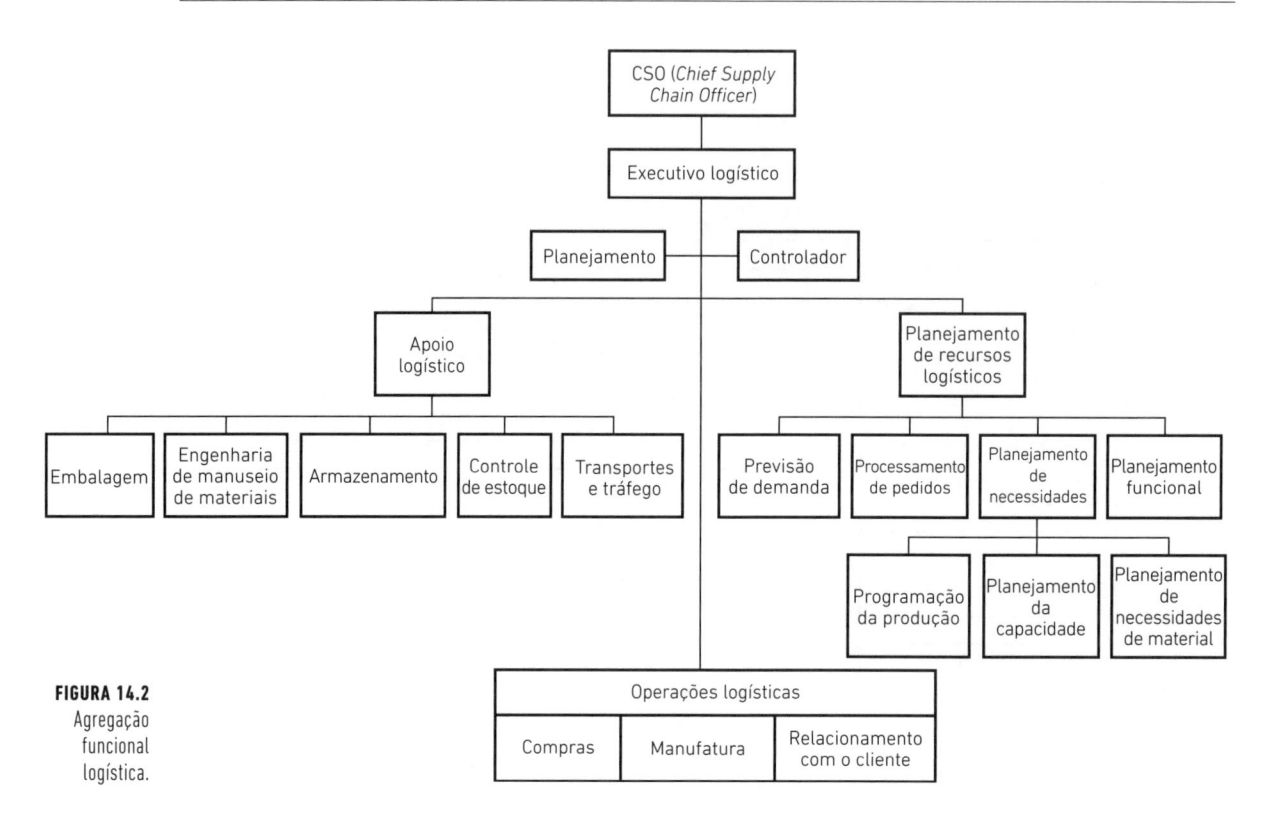

O rápido desenvolvimento de sistemas de informação logística representou um estímulo para as organizações funcionalmente integradas. A tecnologia da informação se tornou disponível para o planejamento e a operação de sistemas que integravam completamente as operações logísticas. Diversos aspectos apresentados na Figura 14.2 justificam uma discussão mais aprofundada.

Primeiro, cada área da logística – compras, manufatura e relacionamento com o cliente – é estruturada como uma operação separada. As linhas de autoridade e responsabilidade possibilitam que cada grupo de serviços de apoio seja entendido como parte de um esforço logístico integrado. Como as áreas de responsabilidade operacional são bem definidas, é possível apoiar a manufatura como uma unidade operacional semelhante a compras e relacionamento com o cliente. Como cada unidade é operacionalmente autossuficiente, cada uma pode manter a flexibilidade para se ajustar aos serviços críticos exigidos pela respectiva área operacional. Além disso, visto que todas as atividades logísticas podem ser planejadas e coordenadas de modo integrado, as sinergias operacionais entre as áreas podem ser exploradas.

Segundo, cinco habilidades agrupadas sob o apoio logístico estão posicionadas como serviços operacionais. Essa orientação de serviço compartilhado é o mecanismo de integração das operações logísticas. É importante reforçar que o apoio logístico não é uma organização de funcionários administrativos. Em vez disso, o grupo administra o trabalho logístico cotidiano, que é estruturado com responsabilidade matricial pela ligação direta entre as áreas de operação da logística.

Terceiro, o planejamento de recursos logísticos abrange todo o potencial de informações gerenciais para programar e coordenar as operações. O processamento de pedidos coloca o sistema logístico em operação e gera o banco de dados integrado necessário ao controle. O planejamento de recursos logísticos facilita a integração. Os planos de recursos logísticos se baseiam na previsão de produtos/mercados, processamento de pedidos e situação do estoque para determinar as necessidades gerais para qualquer período de planejamento. Com base nessa informação, a unidade de planejamento operacionaliza a manufatura coordenando a programação de produção, o planejamento de capacidade e o planejamento de necessidades de material.

Por fim, o planejamento e o controle gerais acontecem no nível mais alto da empresa. Essas iniciativas servem para facilitar a integração. O grupo de planejamento se preocupa com o posicionamento estratégico de longo alcance e é responsável pela melhoria da qualidade e pela reengenharia do sistema logístico. O controlador logístico se preocupa com a medição do desempenho de custos, o serviço ao cliente e o fornecimento de informações para a tomada de decisões gerenciais. O desenvolvimento de procedimentos para o controle logístico é uma das áreas mais críticas da administração logística integrada. A necessidade de medição acurada é resultado direto da ênfase crescente em melhorar o desempenho do serviço ao cliente. A tarefa de medição é extremamente importante por causa dos altos custos operacionais e de capital envolvidos na logística.

A organização logística funcionalmente integrada oferece uma única lógica para orientar a aplicação eficiente de recursos financeiros e humanos desde a compra de material até a entrega do produto final ao cliente. Portanto, ela posiciona a empresa para a administração dos *trade-offs* entre compras, manufatura e relacionamento com o cliente.

MUDANÇA DE ÊNFASE NA FUNÇÃO PARA ÊNFASE NO PROCESSO

Durante a segunda metade do século XX, as atividades empresariais essenciais para o desempenho logístico sofreram uma grande transformação. À medida que as empresas começaram a examinar o papel que a competência logística era capaz de desempenhar no desenvolvimento da fidelidade do cliente, ficou claro que a estrutura organizacional não era tão importante para o desempenho da logística quanto o desempenho multifuncional ou dos processos. As empresas de alto desempenho começaram a enfatizar o desempenho integrado dos oito processos-chave discutidos no Capítulo 1.[2] Até certo ponto, o foco no processo reduziu a pressão para agregar funções em unidades organizacionais muito abrangentes. A questão crítica deixou de ser como organizar funções individuais e passou a ser como superar as barreiras à integração e administrar melhor o processo logístico geral.

Barreiras à integração dos processos

Os gerentes não tentam integrar as operações em um vácuo. É importante reconhecer as barreiras que servem para inibir a integração de processos. As barreiras à integração interna têm suas origens em práticas funcionais tradicionais realizadas na empresa, sistemas de medição e recompensa, alavancagem de estoque, estrutura de informações e acúmulo de conhecimento.

A estrutura organizacional de uma empresa pode servir para refrear processos multifuncionais. A maioria das organizações empresariais busca alinhar autoridade e responsabilidade baseando-se no trabalho funcional. Em essência, tanto a estrutura quanto o orçamento financeiro seguem de perto as linhas de responsabilidade. A prática tradicional tem sido agrupar todas as pessoas envolvidas em tarefas determinadas em departamentos como compras, manufatura e logística. Cada uma dessas organizações tem uma responsabilidade operacional, que se reflete em seus objetivos funcionais. A crença administrativa tradicional era de que a excelência funcional seria automaticamente equivalente ao desempenho superior. Na administração integrada de processos, pouco importa quanto se gasta para exercer uma função específica, desde que os objetivos de desempenho do processo sejam alcançados com o menor custo total. A integração bem-sucedida de processos exige que os gerentes vejam além de sua estrutura organizacional e atinjam a integração multifuncional. Isso pode exigir uma mudança organizacional. Independentemente disso, a integração bem sucedida de processos requer uma modificação significativa no comportamento administrativo tradicional.

---

[2] Ver Capítulo 1, página 16.

Os sistemas tradicionais de medição e recompensa também servem para dificultar a coordenação multifuncional. Os sistemas de medição normalmente espelham a estrutura organizacional. A maioria dos sistemas de recompensa se baseia na realização funcional. Para facilitar a integração interna de processos, novas medições – chamadas tipicamente de **balanced scorecards** – precisam ser desenvolvidas. Os gerentes devem ser estimulados a ver cada função como parte de um processo, e não como um desempenho isolado. Às vezes, uma função pode ter de absorver custos maiores com o objetivo de atingir o menor custo total do processo. A menos que se tenha um sistema de medição e recompensa que não penalize os gerentes que absorvam os custos, a integração ficará mais na teoria que na prática.

O estoque também pode ser uma barreira à integração de processos, pois está comprovado que ele pode ser alavancado para facilitar o desempenho funcional. A posição tradicional é manter estoque suficiente para se proteger das incertezas operacionais e de demanda. Estocar matérias-primas e produtos acabados proporciona o máximo de economia de escala na produção, que pode resultar em baixo custo por unidade de produção. O comprometimento futuro de estoque para mercados locais pode alavancar as vendas. Embora essas práticas criem benefícios, elas também podem gerar um custo, que não é alocado para essa função. O desafio da integração é o equilíbrio entre custo e benefício de tal alavancagem e os riscos associados ao potencial de obsolescência do estoque.

Embora a tecnologia da informação seja uma grande facilitadora da integração de processos, um problema significativo resulta do fato de a estrutura e a disponibilidade da informação tradicionalmente terem sido baseadas nas relações funcionais da organização. Como resultado, a informação normalmente é formatada considerando requisitos e responsabilidades funcionais. O conteúdo e o fluxo de informação disponível acompanham as antigas linhas de comando e controle funcionais da organização. Quando os gerentes tentam reorganizar a empresa para dar fluência aos processos multifuncionais, a estrutura de informações é uma força invisível que mantém os fluxos de informação funcional tradicionais. O impacto dessa estrutura de informações é um dos principais motivos pelos quais os sistemas de Planejamento de Recursos Empresariais (ERP) têm muito apelo administrativo. A estrutura tradicional de informações também ajuda a explicar por que as implementações de ERP são tão difíceis.

Na maioria das situações empresariais, conhecimento é poder, então a má vontade em compartilhar e a falta de compreensão de como compartilhar conhecimento não são incomuns. Estimulando a especialização funcional e desenvolvendo uma força de trabalho composta de especialistas, as organizações inerentemente condenam a integração de processos. Considere, por exemplo, o que acontece quando um funcionário experiente se aposenta ou, por algum outro motivo, deixa a empresa. Os substitutos precisam ter tempo suficiente para aprender sua função, mas se a informação for restrita, todo o tempo do mundo pode não ser suficiente para colocar o novo funcionário no ritmo. Uma situação mais séria ocorre quando os gerentes não conseguem desenvolver procedimentos e sistemas para a transferência de conhecimento multifuncional. Grande parte das tarefas de processos é compartilhada de um trabalho para outro e não se restringe a uma área funcional específica, portanto a transferência de conhecimento e experiência é vital.

A grande barreira

Evidentemente, muitos obstáculos dificultam a integração funcional. Até certo ponto, as cinco barreiras discutidas na seção anterior contribuíram para uma situação comum nos negócios, denominada **a grande barreira**, a qual reflete uma condição organizacional em que a integração alcançada não é completa, como ilustra a Figura 14.3. A situação mais comum é quan-

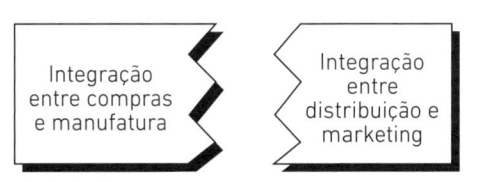

> Integração entre compras e manufatura > Integração entre distribuição e marketing

FIGURA 14.3 A grande barreira: os desafios de gerenciar ultrapassando fronteiras funcionais.

do uma empresa atinge apenas integração parcial em distribuição/marketing na parte externa da empresa e compras/produção na parte interna. O paradoxo é que as empresas alcançam operações altamente integradas com fornecedores dos quais compram materiais e componentes. As empresas também combinam operações no atendimento ao cliente para servir os consumidores. Essas iniciativas refletem uma integração multifuncional que, na verdade, se estende para além da empresa. Apesar dessas realizações, os gerentes relatam uma dificuldade considerável para vincular esses dois tipos de colaboração externa em um processo integrativo que abrange toda a empresa. Em resumo, os gerentes obtêm integração mais bem-sucedida com parceiros de negócios externos do que com os gerentes e departamentos dentro da própria empresa. O Planejamento de Vendas e Operações (S&OP), discutido no Capítulo 6, é um mecanismo para alcançar essa integração interna necessária.

O fenômeno da grande barreira é interessante e desafiador. O fato de essa descontinuidade operacional ser comum em empresas de muitos setores diferentes apoia a generalização. Primeiro, a integração parece ser mais fácil com grupos externos à empresa, como fornecedores e consumidores, em parte porque o equilíbrio de poder normalmente é claro e os objetivos, como vendas e custos, podem ser quantificados. Segundo, os altos gerentes da maioria das empresas não têm uma visão clara dos requisitos de processos internos e das medidas para impulsionar a integração de toda a empresa. Por fim, as barreiras citadas anteriormente servem para tornar a integração completa um estado final difícil de ser atingido na maioria das organizações.

Discussões com gestores de logística a respeito da grande barreira sugerem que uma atividade que apoia a separação é o fato de o desdobramento inicial do estoque muitas vezes ser programado sem uma perspectiva de sistema integrado. Por exemplo, à medida que o estoque escoa das linhas de produção altamente eficientes, a primeira decisão a respeito do desdobramento costuma se basear no espaço disponível no centro de distribuição ou na distribuição para um destino específico para ajudar a obter um transporte consolidado. Esse ou outros motivadores podem beneficiar o desempenho funcional específico, mas podem ser pouco úteis ou até mesmo prejudiciais para o desempenho do sistema como um todo.

A maioria dos observadores da prática logística atual percebe que caminhos significativos que levam à melhoria do desempenho de processos estão sendo alcançados como resultado da modificação e do reposicionamento das capacidades funcionais. A chave é alinhar, concentrar e medir o desempenho funcional com foco na contribuição para os processos. O objetivo é superar a grande barreira utilizando uma estratégia única, facilitada por processos bem definidos, medição relevante, previsão e planejamento em comum e um sistema de recompensas que dê apoio.

Estrutura de processos

A Figura 14.4 ilustra como a organização orientada por processos pode se estruturar em torno dos oito processos da cadeia de suprimentos discutidos no Capítulo 1. Cada processo-chave é guiado por um dono de processo que administra uma equipe de membros originários das áreas funcionais críticas que impactam em seu desempenho.

O conceito de organização de processos é visto como o resultado de três fatores: (1) o desenvolvimento de um ambiente de trabalho altamente envolvido com equipes autoadministra-

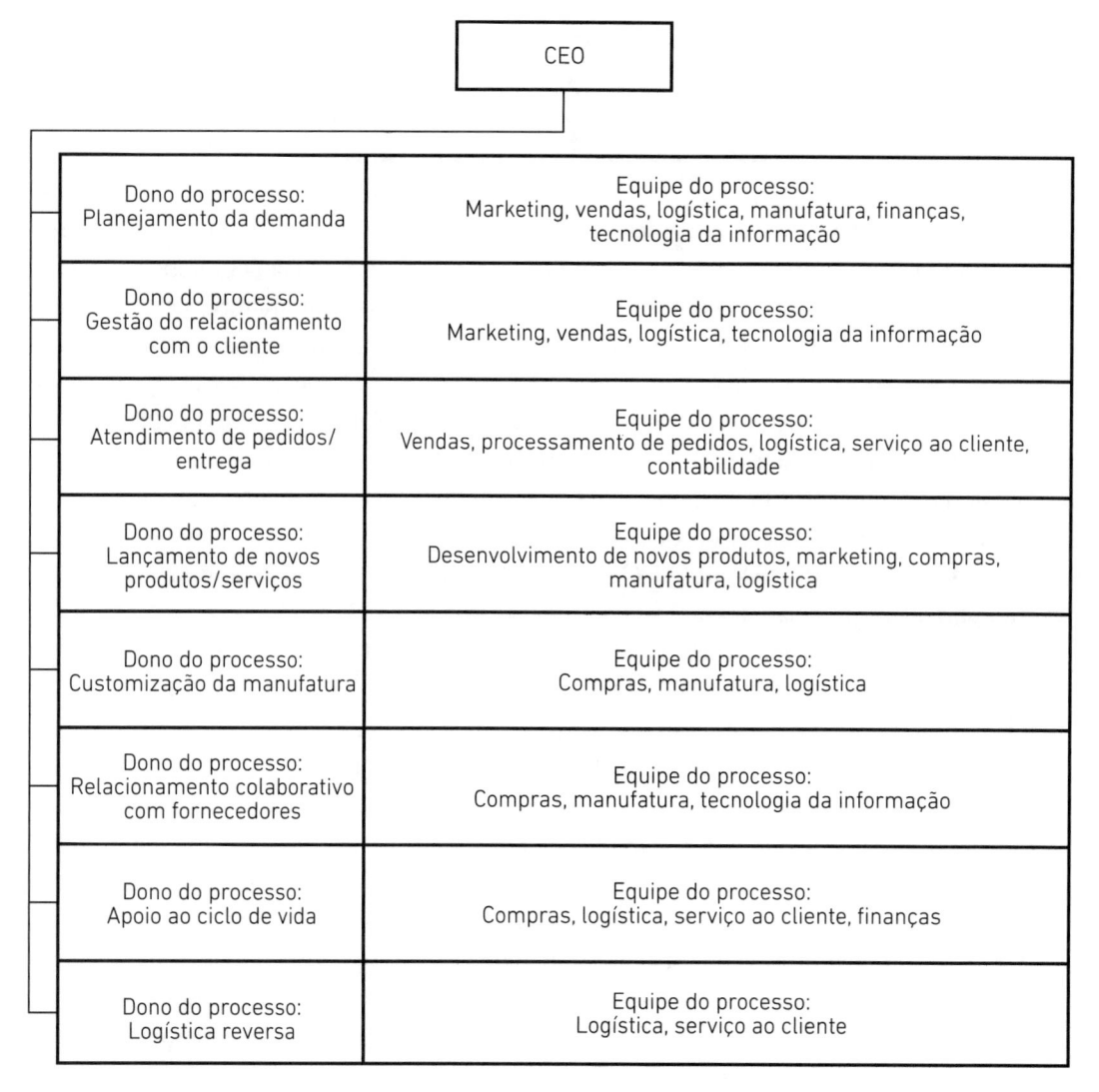

FIGURA 14.4 Organização baseada em processos.

```
                              ┌─────┐
                              │ CEO │
                              └──┬──┘
```

Dono do processo: Planejamento da demanda	Equipe do processo: Marketing, vendas, logística, manufatura, finanças, tecnologia da informação
Dono do processo: Gestão do relacionamento com o cliente	Equipe do processo: Marketing, vendas, logística, tecnologia da informação
Dono do processo: Atendimento de pedidos/ entrega	Equipe do processo: Vendas, processamento de pedidos, logística, serviço ao cliente, contabilidade
Dono do processo: Lançamento de novos produtos/serviços	Equipe do processo: Desenvolvimento de novos produtos, marketing, compras, manufatura, logística
Dono do processo: Customização da manufatura	Equipe do processo: Compras, manufatura, logística
Dono do processo: Relacionamento colaborativo com fornecedores	Equipe do processo: Compras, manufatura, tecnologia da informação
Dono do processo: Apoio ao ciclo de vida	Equipe do processo: Compras, logística, serviço ao cliente, finanças
Dono do processo: Logística reversa	Equipe do processo: Logística, serviço ao cliente

das como veículo para fortalecer os empregados visando gerar o desempenho máximo; (2) aumento na produtividade que resulta de processos gerenciais e não de funções, uma ideia que sempre esteve na essência da logística integrada; e (3) o rápido compartilhamento de informações precisas que permite que todas as facetas da organização sejam integradas. A tecnologia da informação é vista como pilar da nova empresa, substituindo a hierarquia organizacional.

A essência da argumentação em prol de uma reestruturação radical é que o conceito tradicional de mudança organizacional por meio da agregação funcional não é suficiente para estimular grandes avanços em serviço ou produtividade. A mudança organizacional tradicional altera ou realinha funções sem um novo projeto sério do processo básico de trabalho. Como essa reestruturação normalmente supõe que as organizações funcionais continuarão a realizar o trabalho básico, pouca ou nenhuma diferença ocorre na prática. Em essência, as empresas estão apenas ajustando antigas práticas empresariais em vez de projetar processos novos e mais eficientes.

Os desafios de gerenciar esses processos se dividem em três. Primeiro, todos os esforços devem se concentrar no valor agregado para o cliente. Existe uma atividade e ela é justificável apenas se contribuir com valor para o cliente. Portanto, um comprometimento deve ser motivado pela crença de que os clientes desejam que uma atividade específica seja realizada. Segundo, a logística integrada como parte de um processo exige que todas as habilidades necessárias para a realização da tarefa estejam disponíveis, independentemente de sua organização funcional. O agrupamento organizacional com base em funções selecionadas pode separar artificialmente os fluxos de trabalho naturais e gerar "gargalos". Quando são utilizadas estruturas horizontais, as habilidades críticas precisam ser posicionadas e disponibilizadas para garantir que a tarefa necessária será cumprida. Terceiro, o trabalho realizado em um contexto de processos deve estimular a sinergia. Com a integração dos sistemas, o projeto do trabalho como um processo significa que os equilíbrios organizacionais estão estruturados para alcançar desempenho máximo com o mínimo de investimento em insumos.

As mudanças radicais propostas pela modificação de uma orientação funcional para uma por processos têm mensagens diferentes para os gerentes envolvidos na logística. Pelo lado positivo, a adoção geral de uma orientação por processos se baseia nos princípios fundamentais da integração de sistemas. Na essência da logística integrada há um compromisso com a excelência funcional que contribui para o desempenho dos processos. Uma mudança geral para administração da logística como processo significa que ela será posicionada como contribuinte central para todas as iniciativas que se concentram no desenvolvimento de novos produtos, na geração, no atendimento e na entrega de pedidos de clientes. A tendência geral da integração de processos expande o potencial operacional e o impacto da logística.

DESENVOLVIMENTO DE RELAÇÕES COLABORATIVAS

UMA PERSPECTIVA DE CADEIA de suprimentos altera o modelo de negócios relevante de um grupo de empresas independentes com ligações frágeis para um esforço coordenado entre diversas empresas voltadas para a melhoria da eficiência na cadeia de suprimentos e para o aumento da competitividade. Embora nem todos os arranjos colaborativos da cadeia de suprimentos envolvam logística, a maioria o faz. Nesses arranjos, a atenção muda de uma administração logística empresarial para a coordenação do desempenho da cadeia de suprimentos. Duas convicções facilitam essa tendência em direção à eficiência e à competitividade.

Primeira, e fundamental, é que o comportamento cooperativo reduzirá os riscos e aumentará muito a eficiência do processo logístico global. Para atingir um alto grau de cooperação, é necessário que os participantes da cadeia de suprimentos compartilhem informações estratégicas. Essa partilha de informações não deve se limitar a dados de transações. De mesma importância – ou maior – é a boa vontade em compartilhar informações sobre planos futuros para que as empresas participantes possam desenvolver em conjunto a melhor maneira de satisfazer as necessidades dos clientes. A informação colaborativa é essencial para o posicionamento e a coordenação dos participantes, com o objetivo de fazer as coisas em conjunto de modo mais rápido e eficiente.

A segunda convicção é a oportunidade de eliminar o desperdício e os esforços repetidos. Como resultado da colaboração, é possível eliminar uma parte substancial do estoque empregado em um canal tradicional. A colaboração na cadeia de suprimentos também pode eliminar ou reduzir os riscos associados à especulação de estoque. A ideia de racionalização da cadeia de suprimentos não diz que ter estoques é ruim e deve ser totalmente eliminado; em vez disso, a distribuição de estoque deve ser impulsionada pelas necessidades econômicas e de serviço, e não por práticas tradicionais e antecipatórias.

Empresas que apresentam grande competitividade na cadeia de suprimentos exibem diversas semelhanças. Suas práticas colaborativas são impulsionadas pela tecnologia e suas soluções empresariais alcançam superioridade competitiva. Por fim, a maioria das iniciativas combina a experiência e os talentos dos principais participantes da cadeia de suprimentos com empresas terceirizadas ou prestadores de serviços integrados. Na essência dessas empresas se encontra um compromisso sólido com a criação e manutenção de uma cultura singular de cadeia de suprimentos. Essas culturas são forjadas em uma compreensão fundamental de risco, poder e liderança.

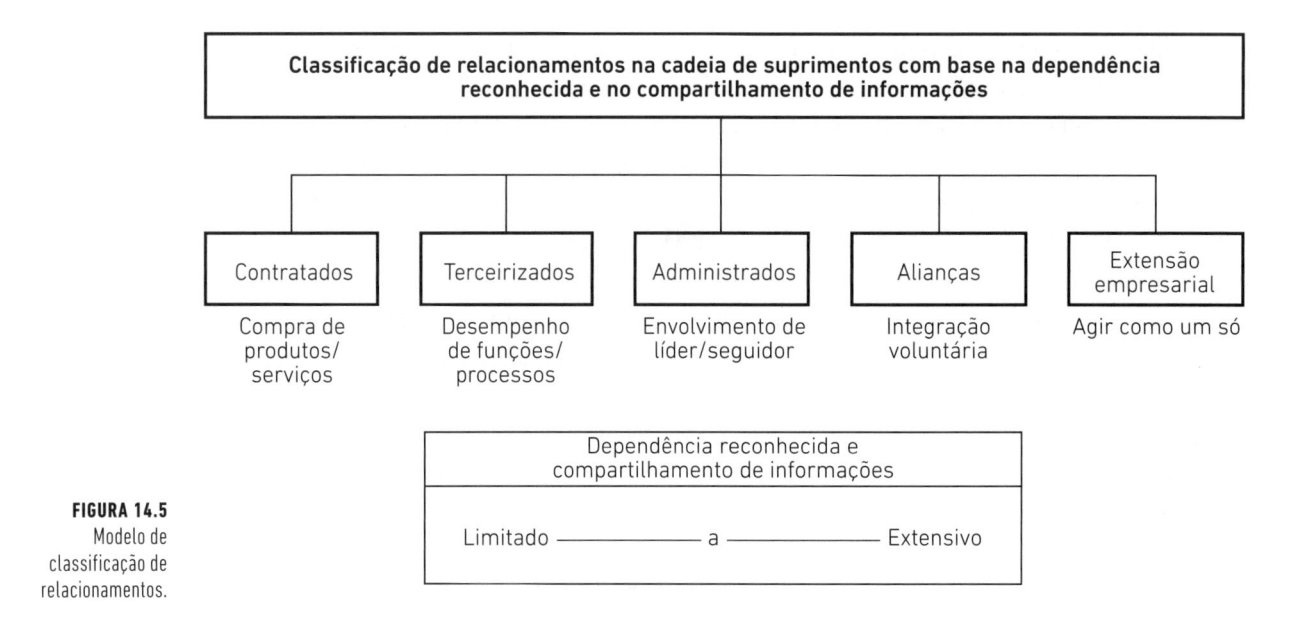

```
┌─────────────────────────────────────────────────────────────────────┐
│  Classificação de relacionamentos na cadeia de suprimentos com base na dependência │
│           reconhecida e no compartilhamento de informações          │
└─────────────────────────────────────────────────────────────────────┘
```

Contratados	Terceirizados	Administrados	Alianças	Extensão empresarial
Compra de produtos/serviços	Desempenho de funções/processos	Envolvimento de líder/seguidor	Integração voluntária	Agir como um só

```
┌──────────────────────────────────────────────┐
│    Dependência reconhecida e                 │
│    compartilhamento de informações           │
│                                              │
│    Limitado ─────── a ─────── Extensivo      │
└──────────────────────────────────────────────┘
```

FIGURA 14.5 Modelo de classificação de relacionamentos.

RELAÇÕES COLABORATIVAS E DE DEPENDÊNCIA

Existem diversos tipos e formas de relacionamentos interorganizacionais caracterizados como exemplos de integração e colaboração na cadeia de suprimentos.[3] A Figura 14.5 apresenta um modelo de classificação para esses relacionamentos.

Como discutimos anteriormente, a força motriz dos relacionamentos colaborativos entre as empresas de uma cadeia de suprimentos é o reconhecimento da dependência mútua. Quando uma empresa reconhece a dependência de seus fornecedores e/ou clientes, monta-se o cenário para a colaboração. O grau em que a dependência é mutuamente reconhecida e aceita por todas as partes envolvidas define a natureza do relacionamento resultante.

Como vemos na Figura 14.5, existem cinco formas básicas de colaboração entre os participantes da cadeia de suprimentos. Os mais elementares são os contratos e a terceirização. Nesses relacionamentos, a dependência é aceita apenas até certo ponto. Estabelecer contrato com um fornecedor ou cliente dá uma dimensão temporal à compra e à venda tradicional por inserir expectativas de preço, serviço e desempenho por certo período. Um fabricante pode estabelecer um contrato com um fornecedor de peças ou materiais para comprar determinados produtos por um período e preços específicos. Por sua vez, o fornecedor concorda em entregar os itens de acordo com os termos negociados e os requisitos de entrega. Frequentemente, essa forma de colaboração é chamada de antagônica, já que a relação normalmente se baseia em negociação. Como resultado da solução negociada, os termos de desempenho e os pagamentos associados são especificados de maneira clara. A não execução por qualquer uma das partes levará a sanções, à provável renegociação ou ao possível término da colaboração. Na terceirização, o foco muda da compra ou venda de um produto ou material para a realização de um serviço ou atividade. As tarefas terceirizadas vão desde a produção até atividades logísticas, como transportes ou armazenamento. No entanto, é fundamental entender que a formalização de contratos e a terceirização não necessariamente implicam integração e colaboração abrangentes na cadeia de suprimentos. Os relacionamentos envolvem um grau de compartilhamento de informações, em especial informações operacionais, mas há um planejamento conjunto limitado entre as empresas envolvidas, e geralmente existem períodos específicos para renegociar ou

---

[3] Para uma revisão abrangente da literatura sobre as relações na cadeia de suprimentos, ver Patricia J. Daugherty, "Review of Logistics and Supply Chain Relationships and Suggested Research Agenda," *International Journal of Physical Distribution and Logistics Management,*" vol. 41, nº 1, 2011, pp. 16-31.

rescindir os relacionamentos. Embora as empresas que terceirizam funções ou até mesmo processos devam manter relacionamentos cordiais com os prestadores de serviço, o serviço prestado é precisamente especificado em termos de desempenho e custo, e o relacionamento entre as empresas se baseia claramente em princípios tradicionais de comando e controle, assumindo o comprador o papel de líder.

Em relacionamentos administrados, uma empresa dominante assume a responsabilidade pela liderança e busca a colaboração de parceiros comerciais e/ou prestadores de serviço. Nesses relacionamentos, compartilham-se não só informações operacionais, mas, até certo ponto, informações estratégicas. Além disso, há um limitado planejamento conjunto, já que empresas independentes sabem que se sairão melhor se trabalharem juntas e seguirem o líder. Um diferencial desses relacionamentos é a expectativa de continuidade, sem prazo específico de rescisão ou renegociação. No entanto, embora o líder deva considerar o bem-estar de todos os participantes, o relacionamento é comandado e controlado com base no poder do líder.

Embora seja possível usar terminologia diferente, relacionamentos de fato colaborativos entre os participantes da cadeia de suprimentos podem ser descritos como alianças ou, em casos extremos, como extensão empresarial. O diferencial desses relacionamentos é que eles são governados pelo desejo e pela boa vontade dos participantes de trabalhar em conjunto, intelectual e operacionalmente. Eles concordam com a integração de recursos humanos, financeiros, operacionais ou técnicos para aumentar a eficiência e o impacto com os clientes. Em última instância, por meio da colaboração, as empresas participantes criam políticas conjuntas e integram operações. O relacionamento inclui planejamento conjunto extensivo e, espera-se, contínuo, um médio e, potencialmente, longo prazo. A extensão empresarial representa o extremo da interdependência e do compartilhamento de informações. Nesses casos, duas ou mais empresas desejam se integrar a ponto de serem vistas como uma única entidade. As alianças e os arranjos semelhantes estão crescendo rapidamente na gestão logística e da cadeia de suprimentos. Alguns exemplos desse sucesso são os amplamente divulgados arranjos do Walmart com a Procter & Gamble, os arranjos da Dell com seus fornecedores e os relacionamentos da H.E. Butt com seus fornecedores na indústria de alimentos.

DESENVOLVENDO A CONFIANÇA

É evidente que não pode haver colaboração real em relacionamentos da cadeia de suprimentos sem uma confiança significativa. Embora uma empresa poderosa possa influenciar o comportamento de uma organização menos poderosa, a mudança de comportamento pode ser temporária e certamente pode gerar má vontade. Na verdade, embora as pesquisas mostrem que compatibilidade tecnológica, intercâmbio de informações e sistemas de medição apropriados são problemas importantes a resolver nas alianças colaborativas, as questões de comportamento humano relacionadas à cultura e à confiança são de solução muito mais difícil. Para isso, é necessário compreender as diferentes formas de confiança.

Confiança baseada na credibilidade e no caráter

É claro que a confiança tem mais de uma dimensão. Embora existam diversos tipos de confiança, o melhor modo de entender a confiança na colaboração da cadeia de suprimentos é distinguir entre a confiança baseada na credibilidade e a confiança baseada no caráter.

A **confiança baseada na credibilidade** é fundamentada na percepção de uma organização quanto ao comportamento real e ao desempenho operacional de um parceiro potencial. Em essência, envolve uma percepção de que o parceiro está disposto a agir e consegue agir conforme prometido. Se os participantes da cadeia de suprimentos não puderem confiar no desempenho do parceiro conforme prometido, todos os esforços para desenvolver relacionamentos colaborativos falham. Dito de maneira simples, uma empresa que é considerada incapaz de cumprir o prometido também será considerada não confiável e, portanto, não merecedora de confiança em um relacionamento.

A **confiança baseada no caráter** é fundamentada na cultura e na filosofia de uma organização. Em essência, ela se origina das percepções de que os parceiros da cadeia de suprimentos estão interessados no bem-estar de cada um deles e não agirão sem considerar o impacto da ação sobre o outro. Quando esse aspecto da confiança é desenvolvido, os participantes não se sentem vulneráveis às ações uns dos outros. Parceiros confiáveis acreditam que cada um protegerá o interesse do outro. Por exemplo, um fabricante que compartilha seus planos de lançamento para um novo produto ou de promoção com um varejista confia que ele não compartilhará seus planos com um fabricante concorrente. Da mesma forma, o compartilhamento de informações de programação de produção com um fornecedor de componentes só ocorrerá quando o fabricante confiar que a informação será usada adequadamente.

É evidente que a confiança baseada na credibilidade é necessária à formação de relacionamentos colaborativos em cadeias de suprimentos, mas não é uma condição suficiente. Por exemplo, pode-se dizer que um parceiro que frequentemente ameaça punir e sempre vai em frente com essa punição tem credibilidade. No entanto, provavelmente não tem um caráter confiável.

A confiança claramente se desenvolve ao longo do tempo e por meio de repetidas interações entre organizações. Em especial, a confiança baseada no caráter evolui quando os parceiros percebem que cada um deles age de maneira justa e equitativa para com os outros. A ideia de confiança baseada no caráter é particularmente relevante quando um parceiro da cadeia de suprimentos é evidentemente mais poderoso que os outros.

Construindo a confiança nos relacionamentos

Construir a confiança exige, em primeiro lugar, que uma empresa demonstre credibilidade em suas operações, consistentemente cumprindo suas promessas de desempenho e atendendo as expectativas. No entanto, como observamos anteriormente, a credibilidade é apenas um aspecto da construção da confiança.

Em segundo lugar, o fundamental da construção da confiança é o compartilhamento completo e honesto de todas as informações necessárias ao funcionamento eficaz do relacionamento. Na verdade, o compartilhamento de informações e as comunicações foram destacados, ao longo deste livro, como a base da colaboração eficaz. Empresas que escondem informações ou não revelam fatos vitais provavelmente não são confiáveis.

Relacionada ao compartilhamento de informações encontra-se a explicação. Às vezes, uma empresa, por conta de pressões de concorrentes, pode ser obrigada a agir de forma que seus parceiros na cadeia de suprimentos podem considerar ameaçadora. Por exemplo, um fabricante que abre novos canais de distribuição pode ameaçar os varejistas existentes. Uma situação dessas surgiu quando a John Deere lançou uma segunda linha de tratores e recrutou a Home Depot e outros revendedores independentes, passando por cima de sua rede tradicional. Nessas situações, a confiança pode ser mantida por meio de uma explicação minuciosa sobre a fundamentação racional e o problema empresarial que estimularam tal decisão.

Em muitos sentidos, toda a discussão da gestão da cadeia de suprimentos também é uma discussão sobre a gestão de relacionamentos. O texto se concentrou em questões relacionadas aos processos logísticos na cadeia de suprimentos e na gestão desses processos além das fronteiras da empresa. Relacionamentos operacionais característicos entre participantes da cadeia de suprimentos diferem significativamente em intensidade e extensão da colaboração eficaz. Poder, liderança, conflito, cooperação, risco e recompensa são questões críticas na gestão de relacionamentos. No entanto, a solução dessas questões, em última instância, depende do desenvolvimento da confiança entre os participantes da cadeia de suprimentos.

RISCO, PODER E LIDERANÇA

A dependência é uma das principais direcionadoras para a solidariedade na cadeia de suprimentos. Quando as empresas participantes reconhecem a mútua dependência, surge o potencial para desenvolver relacionamentos colaborativos. A dependência inspira boa vontade para planejar a integração funcional, compartilhar informações importantes e participar de operações conjuntas. Os conceitos de **risco**, **poder** e **liderança** são essenciais para o entendimento da dependência e de como ela faz a integração da cadeia de suprimentos funcionar.

Risco

Empresas que participam de arranjos de cadeia de suprimentos devem reconhecer que são responsáveis pelo desempenho de papéis específicos. Também devem acreditar que seus negócios serão melhores, em longo prazo, como resultado da colaboração. Cada empresa deve se posicionar para se especializar em uma área ou função operacional com base em sua principal competência. A força motriz por trás da integração na cadeia de suprimentos é a alavanca dessas competências.

Como regra geral, um membro da cadeia de suprimentos cuja competência é altamente especializada comparativamente assumirá menos risco em relação ao desempenho geral. Por outro lado, empresas que têm muito em jogo se posicionarão como os principais facilitadores e enfrentarão os maiores riscos no arranjo da cadeia de suprimentos. Empresas especializadas quase sempre participarão de diversas cadeias de suprimentos. Por exemplo, um atacadista assume riscos estocando produtos para um fabricante específico. A prática tradicional entre os atacadistas é se proteger contra esses riscos oferecendo aos clientes uma variedade de produtos de fabricantes diferentes, reduzindo, assim, a dependência de um fornecedor específico.

Por outro lado, um fabricante com uma linha de produto limitada pode ficar totalmente preso a poucos arranjos de cadeia de suprimentos. Em essência, ele pode estar apostando no fato de que a colaboração será bem-sucedida. Para os fabricantes, o compromisso com arranjos de cadeias de suprimentos pode ser arriscado. O **risco desproporcional** entre os membros do canal é de grande importância porque estrutura relacionamentos de dependência e determina como a colaboração será administrada. Alguns participantes dependem mais do sucesso da cadeia de suprimentos que outros. Assim, pode-se esperar que os participantes com maior risco assumam papéis ativos e de responsabilidade para facilitar a colaboração.

Poder

Na prática, a prerrogativa e até mesmo a obrigação de liderar a ação em prol da colaboração estão nas mãos do participante que desfruta de maior poder. Em muitas situações, ele também assumirá os maiores riscos. Ao longo da última década ocorreram mudanças de poder significativas nos negócios. Uma das mais importantes é o aumento do poder dos varejistas, resultado de quatro fatores relativamente independentes.

Primeiro, a tendência geral das fusões de empresas do varejo resultou em menos empresas varejistas, mas mais dominantes, com cobertura de mercado mais ampla. Segundo, a proliferação de dados de ponto de venda, programas de fidelidade e uso de cartão de crédito oferece aos varejistas acesso fácil a informações vitais sobre o mercado. Dessa forma, eles estão prontos para identificar e atender rapidamente as tendências de consumo. Muitos varejistas de massa mantêm computadores nas lojas e se utilizam de informações dos pontos de venda para deixar os compradores informados sobre o desenvolvimento de tendências de mercado. O terceiro fator que favorece os varejistas é a crescente dificuldade e o alto custo que os fabricantes enfrentam para desenvolver novas marcas. O fato é que muitos produtos de marca própria dos varejistas apresentam maior penetração no mercado que as marcas tradicionais. Por exemplo, as lojas Gap e The Limited distribuem quase exclusivamente produtos de marca própria. Por fim, como discutimos neste livro, o processo de reabastecimento logístico mudou para uma postura baseada em respostas. O tempo exato e o gerenciamento sofisticado de um sistema logístico de alta velocidade, no ritmo do mercado, são, em termos ideais, impulsionados pela decisão de compra dos consumidores. Quando eles compram produtos, o valor final da cadeia de suprimentos é atingido.

Embora as forças citadas sejam uma realidade moderna, nem todas elas estão contribuindo para a transferência de poder na cadeia de suprimentos. Os ambientes comerciais complicados de hoje resultam em produtos sendo distribuídos cada vez mais por meio de canais que atendem os mercados específicos e voláteis, que mudam rapidamente. Novos formatos de varejo, tanto na Internet quanto em lojas físicas tradicionais, estão dificultando os arranjos de canais. O resultado é que os fabricantes têm uma crescente gama de alternativas para distribuir seus produtos.

Como substituto da confiança total no poder tradicional da marca, alguns fabricantes fizeram uma reengenharia em suas operações para se tornar os principais fornecedores de produtos ou de categorias de consumo específicas. A movimentação rumo à dominância de categorias permite-lhes oferecer maior valor a seus parceiros potenciais na cadeia de suprimentos. Além de marcas superiores a preços competitivos, a posição dominante em uma categoria envolve diversas capacidades operacionais fundamentais que aumentam a atratividade de uma empresa como participante da cadeia de suprimentos.

Existe potencial para alavancar a colaboração, já que tanto fabricantes quanto distribuidores reposicionaram as operações tradicionais. **Como regra geral, empresas poderosas tendem a se unir para desenvolver arranjos de cadeia de suprimentos.** Para que eles sejam bem-sucedidos, as partes dominantes dos arranjos cooperativos precisam fazer um acordo sobre o modelo de liderança.

Liderança

Assim como as empresas, as cadeias de suprimentos também precisam de líderes. No estágio atual de maturidade das cadeias de suprimentos não se pode generalizar quanto à forma como as empresas assumem a responsabilidade pela liderança. Em muitas situações, determinadas empresas são colocadas em posição de liderança apenas por causa de seu porte, poder econômico, apoio dos clientes ou portfólio abrangente de produtos. Em outros arranjos, por motivos menos óbvios, existe uma presença clara de liderança por parte de uma empresa, que é reconhecida na forma de mútua dependência e respeito por parte dos outros membros participantes da cadeia. Em outras situações, a liderança parece gravitar para a empresa que inicia o relacionamento. Independentemente de quem lidera, já se provou que existe mais comprometimento em relacionamentos em que os líderes exercitam o poder na forma de recompensas e especialização. Empresas que tentam liderar por meio de práticas coercitivas descobrem que os parceiros são muito menos comprometidos com o relacionamento e mais propensos a buscar arranjos alternativos.

ESTRUTURA COLABORATIVA DA CADEIA DE SUPRIMENTOS

É necessária uma estrutura integrada para definir a natureza da colaboração exigida nas alianças e na extensão empresarial. Essa estrutura requer que capacidades e competências essenciais à integração logística da cadeia de suprimentos sejam identificadas e implementadas. Gerar valor com a integração da cadeia de suprimentos é mais eficiente com a orquestração simultânea dos quatro fluxos mostrados na Figura 14.6: produtos/serviços, atendimento ao mercado, informações e caixa.

O fluxo de valor de produtos/serviços representa o movimento de agregação de valor de bens e serviços desde a fonte de matéria-prima até os clientes finais. O valor do produto aumenta à medida que ele passa pela cadeia de suprimentos por causa das modificações físicas, embalagem, proximidade com o mercado, customização, apoio a serviços e atividades relacionadas que intensificam a necessidade do produto para o consumidor final.

Embora o fluxo de produtos/serviços geralmente se movimente da base de recursos para os clientes finais, como observamos anteriormente, os arranjos da cadeia de suprimentos também têm de acomodar fluxos reversos críticos, como retirada de produtos do mercado, devoluções e reciclagem. O fluxo de atendimento ao mercado proporciona a estrutura que gera a administração de serviços pós-venda. O atendimento ao mercado também envolve intercâmbio de informações sobre padrões de venda e uso de produtos essenciais para o planejamento da cadeia de suprimentos. Os exemplos incluem requisitos de customização de produtos, dados de pontos de venda (PDV), consumo do cliente final e saídas dos depósitos. Essas informações oferecem aos membros da cadeia de suprimentos uma visão do momento e do local de consumo do produto. O planejamento e as operações podem ser mais bem sincronizados quando todos os participantes compartilham o entendimento dos padrões de demanda e consumo.

O fluxo de informações é o intercâmbio bidirecional de dados de transações, situação do estoque e planos estratégicos entre os participantes da cadeia de suprimentos. Exemplos típicos desse aspecto da colaboração incluem previsões, planos promocionais, pedidos de compra, recebimentos de pedidos, informações de carregamento e estoque, faturas, pagamentos e requisitos de reabastecimento. O intercâmbio de informações inicia, controla e registra o fluxo de valor de produtos/serviços. Historicamente feita em papel, uma quantidade cada vez maior do fluxo de informações agora é feita por meio de EDI e conectividade baseada na Internet.

O caixa normalmente flui na direção contrária das atividades com valor agregado. No entanto, em arranjos que envolvem promoções e descontos, o dinheiro flui para facilitar a movimentação de bens e serviços. A velocidade do fluxo de caixa e da utilização de ativos é fundamental para o desempenho superior da cadeia de suprimentos.

Naturalmente, esses quatro fluxos ocorrem entre empresas mesmo quando a cadeia de suprimentos não é integrada. No entanto, situações caracterizadas por pouca coordenação e integração entre os participantes da cadeia de suprimentos normalmente resultam em atrasos, redundâncias e ineficiências. Para facilitar os fluxos eficazes e eficientes da cadeia de suprimentos, as competências e suas capacidades de apoio devem ser integradas.

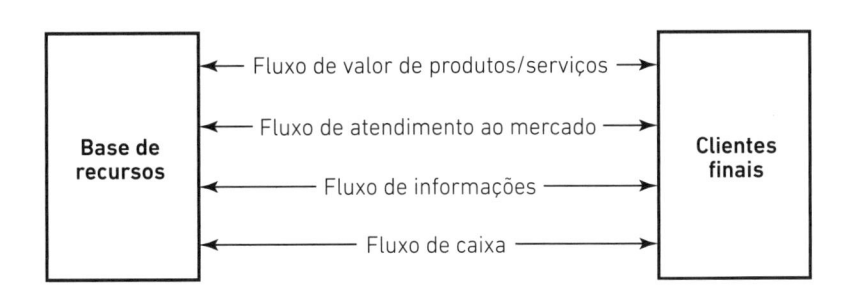

FIGURA 14.6 Fluxos da cadeia de suprimentos.

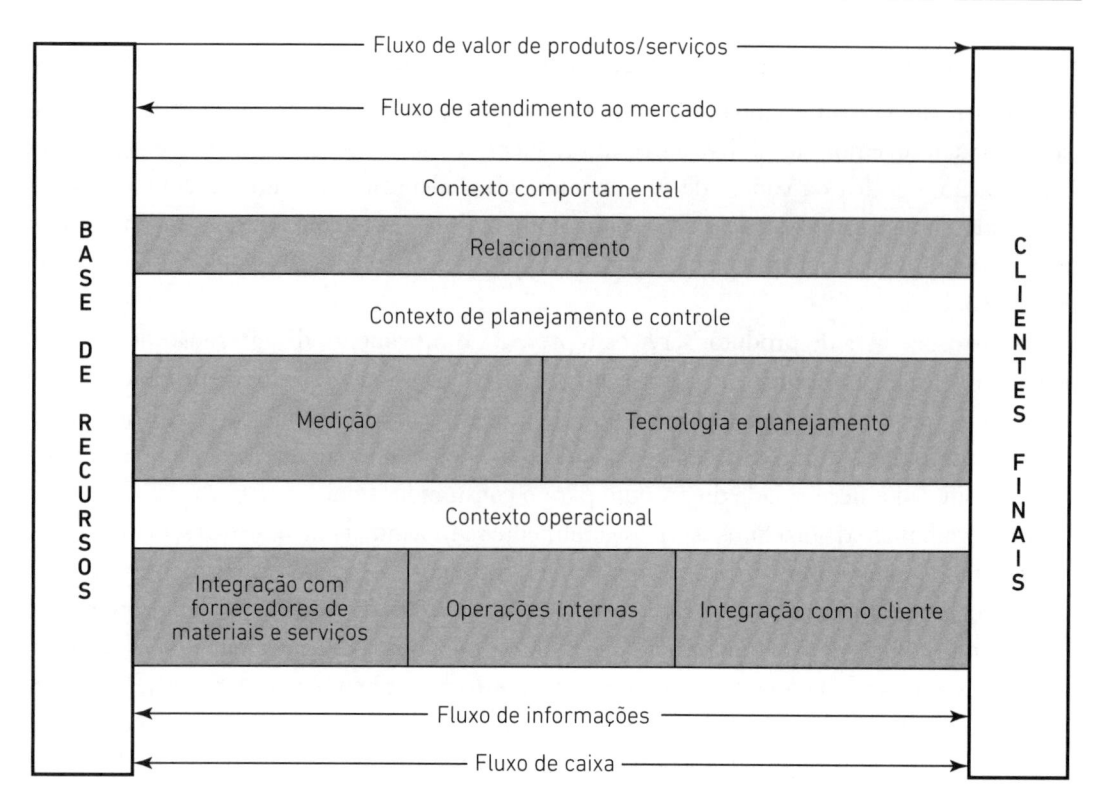

FIGURA 14.7 Modelo da cadeia de suprimentos.

Diagrama: Base de recursos → Clientes finais, com fluxos: Fluxo de valor de produtos/serviços; Fluxo de atendimento ao mercado; Contexto comportamental (Relacionamento); Contexto de planejamento e controle (Medição | Tecnologia e planejamento); Contexto operacional (Integração com fornecedores de materiais e serviços | Operações internas | Integração com o cliente); Fluxo de informações; Fluxo de caixa.

O modelo integrado da cadeia de suprimentos ilustrado na Figura 14.7 abrange uma ampla gama de capacidades e competências. Essa estrutura serve para facilitar as operações por meio da integração de tarefas, funções, capacidades e competências básicas.

Uma tarefa básica, como separação de pedidos ou condução de caminhão, é a parte mais visível das operações logísticas. As tarefas muitas vezes são específicas a um setor ou empresa em termos de conteúdo; no entanto, elas normalmente são agrupadas em unidades organizacionais para facilitar o controle. Por exemplo, todas as tarefas relacionadas ao armazenamento em geral são agrupadas. Outro agrupamento comum é a organização de todas as tarefas relacionadas a transportes em um departamento de transportes. Esses agrupamentos funcionais são significativos porque são elementos altamente visíveis de uma organização. Os departamentos tradicionalmente eram o foco de orçamentos financeiros, medições de desempenho e controle operacional. Arranjos de tarefas funcionais constituem os estímulos das melhores práticas logísticas. São as funções e os estímulos que se combinam para gerar valor. A mudança crítica no pensamento operacional é ver a excelência funcional no que se refere ao desempenho de processos, que aumenta a integração de *toda* a cadeia de suprimentos.

Para atingir a integração, o valor funcional deve se concentrar nas capacidades globais. Uma **capacidade** é o nível de conhecimento e realização essencial ao desenvolvimento do desempenho integrado. As capacidades se relacionam ao porquê de a tarefa estar sendo realizada em contraste com uma perspectiva funcional de como a tarefa é realizada. Ela reflete a contribuição de valor da tarefa. Inerente à capacidade está a aplicação de princípios integrativos que permitem que diversas funções sejam sincronizadas em competências que geram valor. Embora as tarefas e funções possam ser altamente relevantes para setores e situações de trabalho específicos, as capacidades são universais. Elas se estendem sobre a cadeia de suprimentos e são igualmente aplicáveis a fornecedores, fabricantes, atacadistas/ distribuidores e todos os formatos de varejo. As capacidades que refletem as melhores práticas logísticas são, até certo ponto, observáveis em todas as empresas que participam de uma cadeia de suprimentos.

	Contexto operacional			**Contexto de planejamento e controle**		**Contexto comportamental**
Competências	Integração com clientes	Integração interna	Integração com fornecedores de materiais/serviços	Integração de tecnologia e planejamento	Integração de medições	Integração de relacionamentos
Capacidade de apoio	Segmentação	Unificação multifuncional	Alinhamento estratégico	Gerenciamento de informações	Avaliação funcional	Especificidade de papéis
	Relevância	Padronização	Fusão operacional	Comunicação interna	Metodologia de custo total e baseada em atividades	Orientações
	Capacidade de resposta	Simplificação	Vínculo financeiro	Conectividade	Medidas abrangentes	Compartilhamento de informações
	Flexibilidade	Conformidade	Gerenciamento de fornecedores	Previsão e planejamento colaborativos	Impacto financeiro	Compartilhamento de ganhos/riscos
		Adaptação estrutural				

TABELA 14.1
Contexto, competências e capacidades de apoio da cadeia de suprimentos.

Exemplos de capacidades incluem a habilidade para: (1) identificar e acomodar as necessidades de clientes específicos; (2) trabalhar com parceiros da cadeia de suprimentos para atingir operações integradas; (3) compartilhar de modo eficaz informações operacionais e de planejamento entre parceiros da cadeia de suprimentos; (4) medir e entender o desempenho total da cadeia de suprimentos; e (5) compartilhar benefícios e riscos.

A fusão de capacidades resulta em **competências** universais. A Tabela 14.1 detalha as capacidades relacionadas a cada uma das seis competências integrativas agrupadas para o contexto da cadeia de suprimentos. O contexto operacional são os processos tradicionais relacionados a compras, produção e relacionamento com o cliente. O contexto de planejamento e controle incorpora sistemas de tecnologia da informação e de planejamento, bem como a competência de medição. O contexto comportamental se refere a como uma empresa administra relacionamentos internos e externos entre as entidades da cadeia de suprimentos.

O contexto operacional

As operações envolvem os processos que facilitam o atendimento de pedidos e o reabastecimento ao longo da cadeia de suprimentos. Para alcançar o desempenho ideal em um contexto operacional, as empresas devem estar voltadas para o cliente, atingir a coordenação interorganizacional e ser excelentes no desempenho funcional e de processos.

A integração com o cliente se baseia nas filosofias e atividades que desenvolvem intimidade e é a competência que constrói vantagens competitivas duradouras. As empresas sempre prestaram atenção às necessidades dos clientes, mas apenas recentemente começaram a identificar e a considerar suas diferenças de segmentação operacional eficiente. Qualquer empresa que busca a integração da cadeia de suprimentos também deve demonstrar forte compromisso com as capacidades de apoio de segmentação, relevância, capacidade de resposta e flexibilidade.

A integração interna se concentra nas atividades e nos processos conjuntos, dentro de uma empresa, que coordenam funções relacionadas a compras, produção e relacionamento com o cliente. Muitas empresas tentaram integrar a funcionalidade interna, mas provas quantitativas indicam que a "grande barreira" ainda existe em muitas organizações. As capacidades que apoiam a integração interna são a unificação multifuncional, a padronização, a simplificação, a conformidade e a adaptação estrutural.

A integração com fornecedores se concentra em capacidades que geram vínculos operacionais com parceiros da cadeia de suprimentos que ofereçam materiais e serviços. Embora o cliente seja o foco ou estímulo principal da cadeia de suprimentos, o sucesso total também depende de alinhamento estratégico, fusão operacional, vínculo financeiro e gerenciamento de fornecedores. A competência na integração com fornecedores resulta da realização de capacidades nos processos de trabalho internos. Empresas que desejam ser excelentes devem unir seus processos operacionais com os dos parceiros da cadeia de suprimentos para atender as amplas e exigentes expectativas dos clientes.

O contexto de planejamento e controle

A excelência operacional deve ser apoiada pelas capacidades integradas de planejamento e medição. Isso envolve conectar a tecnologia por meio da cadeia de suprimentos para monitorar, controlar e facilitar o desempenho em toda a cadeia de suprimentos.

A integração de planejamento e controle se refere ao projeto, à aplicação e coordenação de informações para melhorar compras, produção, atendimento a pedidos de clientes e planejamento de recursos. Essa competência inclui acesso a bancos de dados para compartilhamento de informações adequadas entre os participantes da cadeia de suprimentos. Ela também se refere a sistemas de transações para iniciar e processar pedidos de reabastecimento e de clientes. Além do gerenciamento de informações, é essencial que as capacidades relacionadas à comunicação, conectividade e colaboração internas sejam desenvolvidas. O planejamento, a previsão e o reabastecimento colaborativos, discutidos no Capítulo 6, ilustram essa capacidade.

A integração de medições é a capacidade de monitorar e registrar o desempenho funcional e de processo, tanto dentro da empresa quanto ao longo da cadeia de suprimentos. Como cada empresa é singular, o esforço colaborativo deve definir, operacionalizar e monitorar medições-padrão ou comuns. A competência em medições exige capacidades de avaliação funcional e metodologias baseadas em atividades, medidas abrangentes e avaliação de impacto financeiro.

O contexto comportamental

A gestão de relacionamentos eficaz é a última competência essencial em arranjos de cadeia de suprimentos. A implementação bem-sucedida da estratégia da cadeia de suprimentos se apoia nos relacionamentos básicos de negócios entre os parceiros. Em geral, os gerentes têm muito mais experiência em competir do que em colaborar.

Embora existam orientações para o desenvolvimento de relacionamentos significativos e característicos na cadeia de suprimentos, não há duas situações idênticas. Não existem atalhos ou substitutos para o compromisso necessário para a construção e o desenvolvimento de relacionamentos bem-sucedidos de longo prazo. Ao lidar com clientes, fornecedores e prestadores de serviços, as empresas devem especificar papéis, definir orientações, compartilhar informações, compartilhar riscos e ganhos, resolver conflitos e, quando necessário, conseguir dissolver um arranjo improdutivo. O conjunto de habilidades gerenciais necessário para a integração bem-sucedida da cadeia de suprimentos exige o desenvolvimento de uma cultura interorganizacional. Isso é especialmente verdadeiro quando o ambiente dinâmico em que as empresas concorrem entre si requer uma revisão regular de pressupostos, processos e medições para garantir que esses relacionamentos continuem relevantes.

Por fim, muitas evidências sugerem que os gerentes devem planejar o encerramento ou a renovação das cadeias de suprimentos. Embora alguns arranjos encontrem morte natural por causa da falta de impulso, outros podem perseverar até o ponto em que não representam mais práticas de primeira linha. Portanto, assim como a maioria das preocupações gerenciais, a integração da cadeia de suprimentos é uma situação dinâmica que deve ser continuamente reavaliada.

GESTÃO DE RELACIONAMENTOS

A GESTÃO DE RELACIONAMENTOS REPRESENTA uma responsabilidade frequentemente difícil para os gestores de logística.[4] Ao contrário das situações de gestão interna, os profissionais que representam suas empresas em uma situação de colaboração na cadeia de suprimentos muitas vezes não trabalham para a empresa que lidera a iniciativa da aliança. Desse modo, não existe a relação comum baseada na autoridade entre chefe e subordinado. A compensação é que todas as partes envolvidas em uma situação de colaboração compartilham uma visão de que o arranjo é benéfico para o seu sucesso conjunto. Portanto, as relações tradicionais baseadas na autoridade de comando e controle precisam ser substituídas por um modelo de liderança calcado no consenso e na colaboração. Essa seção discute alguns dos desafios e objetivos envolvidos na iniciação, implementação, manutenção e término das relações na cadeia de suprimentos.

INICIANDO RELACIONAMENTOS

As alianças estudadas são normalmente iniciadas por empresas que são o cliente do relacionamento. Uma explicação possível para esse padrão é o exercício do poder de compra. Em um relacionamento de comprador/vendedor, o vendedor normalmente implementa mudanças a pedido de seu cliente para facilitar o intercâmbio entre organizações. Além disso, quando os funcionários de um vendedor abordam um cliente potencial sobre a formação de uma aliança, a sugestão não carrega o mesmo peso e impacto de quando a sugestão é feita pela empresa compradora.

Outra consideração crítica durante o desenvolvimento de um relacionamento colaborativo é a necessidade de a empresa iniciante realizar uma avaliação aprofundada de suas práticas, políticas e cultura internas. A empresa iniciante deve avaliar sua capacidade de realizar as mudanças internas necessárias para implementar e apoiar um relacionamento de sucesso. Os compradores precisavam de um método para incorporar os benefícios intangíveis de uma aliança em avaliações competitivas. A chave para o comprador era a avaliação do custo total de propriedade, não estritamente o preço de compra.

Outra avaliação interna inclui a capacidade de dar real autonomia aos profissionais-chave da aliança para gerenciar o relacionamento. Por exemplo, os fabricantes precisavam avaliar com honestidade o nível de integração operacional e estratégica que podiam desenvolver com os prestadores de serviços. Uma integração que gerasse o tipo de vantagem competitiva previsto no projeto inicial da aliança, como aumento de produtividade ou resposta mais rápida aos pedidos de clientes, só poderia ser alcançada com um extenso compartilhamento de informações. As questões a serem abordadas se referem ao nível de capacidade dos sistemas, à coleta de dados, às análises, à medida de desempenho e ao treinamento necessário para permitir que as informações sejam compartilhadas de modo pontual e preciso.

A capacidade de integração também precisa ser avaliada quando a aliança envolve diversas fábricas, depósitos e/ou lojas de parceiros que operam sob diferentes condições, capacidades ou requisitos competitivos. Isso é especialmente importante em empresas que operam diversos depósitos e/ou lojas. Uma preocupação vital nessa situação é a capacidade de as unidades internas utilizarem práticas operacionais comuns e sistemas de informação compatíveis. A flexibilidade de se adaptar para atender os requisitos específicos baseados no mercado é importante para a viabilidade no longo prazo.

---

[4] Esta seção foi adaptada de Judith M. Schmitz, Robert Frankel, and David J. Freyer, "ECR Alliances: A Best Practice Model," Joint Industry Project on Efficient Consumer Response, Grocery Manufacturers Association, Washington, DC, 1995.

IMPLEMENTANDO RELACIONAMENTOS

A chave para uma implementação bem-sucedida é saber escolher o parceiro, que deve ter culturas compatíveis, uma visão estratégica comum e filosofias operacionais de apoio. Não é necessário que as culturas organizacionais sejam idênticas. Em vez disso, as intenções e filosofias estratégicas devem ser compatíveis para garantir que as competências essenciais e os pontos fortes sejam complementares.

Por exemplo, fabricantes iniciavam alianças com prestadores de serviços em parte para obter melhores operações de armazenamento, confiabilidade nos transportes e/ou melhorias em programas de consolidação; itens que apoiam sua vantagem competitiva estratégica no mercado. Embora os prestadores de serviços sejam líderes, os fabricantes podem ter uma conceitualização e operacionalização mais sofisticadas de qualidade, padrões de medição de desempenho e especialização. A atração entre parceiros se baseia, em grau considerável, na capacidade e na boa vontade dos prestadores de serviços de oferecer soluções operacionais e de informação criativas e inovadoras para os problemas do fabricante, bem como no desejo de internalizar a experiência na medição de qualidade e desempenho que são marca registrada do fabricante. Nesse sentido, a filosofia dos parceiros é de suporte mútuo, especialmente intensificando sua visão estratégica comum de melhoria dos processos logísticos ao longo de todo o sistema.

As alianças devem começar em pequena escala para possibilitar sucessos fáceis de alcançar ou vitórias logo no início. É importante que essas vitórias sejam reconhecidas para motivar os profissionais-chave e para criar confiança no desempenho da aliança. Por exemplo, nas alianças entre fabricante e fornecedor de materiais, começar em pequena escala significa não fazer investimentos iniciais em tecnologia da informação. Sistemas de comunicação manuais podem ser suficientes e oferecer oportunidade para profissionais-chave. Uma questão crítica é a implementação da aliança em sua forma mais simples e, depois, fazer o ajuste fino do arranjo com sofisticação tecnológica quando essas melhorias conseguirem acrescentar um valor substancial.

MANTENDO RELACIONAMENTOS

A continuidade no longo prazo depende de três atividades principais: (1) objetivos estratégicos e operacionais mútuos; (2) medições de desempenho bidirecionais; e (3) mecanismos de *feedback* formais e informais.

Os objetivos estratégicos e operacionais devem ser determinados mutuamente, quando a aliança é implementada. Talvez algumas empresas não compreendam que esses objetivos devem ser acompanhados, analisados e atualizados com frequência para obter melhorias em longo prazo. Por exemplo, se um fabricante desenvolve um novo produto, deve ser estabelecido um objetivo comum com os clientes a respeito do posicionamento desse produto, em especial seu lançamento no mercado. Esse objetivo deve incluir a consideração do papel crítico do varejista no lançamento e na aceitação do novo produto.

Os objetivos devem ter seu desempenho medido de forma que possam ser continuamente acompanhados. As medidas de desempenho usadas e sua frequência devem ser determinadas em conjunto. Além disso, devem ser bidirecionais. Muitas vezes, essas avaliações entre fabricantes e fornecedores de materiais se concentram especificamente nos atributos de desempenho dos fornecedores, como entrega no prazo e qualidade. Uma das alianças estudadas desenvolveu uma medida conjunta de sucesso – o estoque do sistema total. O fabricante reconheceu que era importante os dois parceiros reduzirem os estoques, e não apenas ele mesmo. A contagem do estoque do sistema total considera ambos os parceiros para garantir que as reduções sejam reais e beneficiem ambas as partes.

O *feedback* sobre desempenho pode ser oferecido por métodos formais e informais. Análises anuais são avaliações formais da atuação da aliança. Em geral, elas envolvem a alta administração e se concentram principalmente em examinar e atualizar os objetivos estratégicos. Análises trimestrais ou mensais não são tão formais quanto as análises anuais e normalmente não incluem a alta administração. Elas focalizam o rastreamento e a revisão de objetivos estratégicos e de desempenho operacional. Quando usadas, as análises permitem que sejam feitas mudanças na prática operacional para atingir os objetivos estratégicos e abrir caminho para que projetos de melhoria contínua sejam identificados.

Análises semanais/diárias também podem ser feitas informalmente. Elas são administradas pelos profissionais-chave e têm a intenção de resolver problemas específicos e identificar oportunidades potenciais de melhoria. São fundamentais para resolver ou evitar conflitos e permitem que os profissionais-chave desenvolvam relacionamentos próximos de trabalho. Em última análise, esses relacionamentos informais resultam em comportamentos cada vez mais colaborativos.

O desenvolvimento e a implementação de um esforço colaborativo entre a Lowe's e a Whirlpool ilustram a evolução que ocorre normalmente na colaboração da cadeia de suprimentos.[5] Durante muitos anos a relação entre as duas empresas se caracterizou pela falta de comunicação e colaboração. Por exemplo, em uma ocasião em que a Whirlpool lançou uma nova linha de produtos, tanto a Lowe's quanto a própria Whirlpool queriam a linha nas lojas o mais rápido possível. Quando foi definida a data de lançamento, o líder de equipe da Lowe's perguntou, "Quando vocês souberam que levariam essa linha ao mercado?". A resposta foi "Sabíamos há meses". Como a Whirlpool não compartilhou essa informação antecipadamente, as duas empresas tiveram que negociar a divisão dos custos de disposição da linha de produtos existente entre as duas empresas. Isso levou as duas empresas a buscarem uma relação mais colaborativa.

A relação enfocou inicialmente o planejamento colaborativo da demanda, concentrando-se nas previsões. Os esforços dependiam basicamente de previsões estatísticas e discutia-se pouco a respeito dos planos de marketing de cada empresa. No entanto, depois que o processo de previsão foi estabelecido, as empresas se voltaram para o planejamento dos suprimentos. As duas empresas trabalharam para desenvolver uma compreensão das metas de nível de estoque necessárias para cada uma delas. Nesse ponto, a colaboração se concentrou no planejamento da oferta e da demanda dos itens, com as previsões analisadas pelas equipes de previsão. Mas a colaboração em alto nível era limitada e os planos de vendas raramente levavam em conta os esforços de publicidade e promoção de nenhuma das duas empresas.

Depois, a Lowe's e a Whirlpool decidiram fundir seus esforços colaborativo com o processo de S&OP interno da Whirlpool. Estabeleceram também vínculos de colaboração nos níveis intermediários de gestão de vendas e marketing, resultando em um conjunto único de previsões e planos de vendas alinhados. As empresas começaram a trabalhar em colaboração nas promoções, lançamentos de produtos e planejamento de eventos especiais. Apesar das melhorias, vários desafios ainda permaneceram. O horizonte de planejamento era relativamente curto e a alta direção geralmente não se envolvia. Novos vínculos foram criados para ampliar o horizonte de planejamento para um ano. As análises críticas mensais com a alta direção foram estabelecidas, permitindo que ambas as empresas obtivessem um processo construído em torno de objetivos empresariais conjuntos. O resultado desse planejamento empresarial integrado ajudou a Lowe's e a Whirlpool a realizarem melhorias em várias mé-

---

[5] Esse tema foi adaptado do: Larry, Smith, Joseph C. Andraski, and Stanley E. Fawcett., "Integrated Business Planning: A Roadmap to Linking S&OP and CPFR," *Journal of Business Forecasting*, vol. 29, nº 4, 2011, p. 4.

tricas-chave. As vendas unitárias aumentaram 12%, enquanto os custos gerais de manutenção do estoque caíram 5%. As remessas no prazo melhoraram substancialmente. A Lowe's e a Whirlpool acreditam que um aspecto fundamental desses resultados foi a criação e evolução da sua relação de colaboração.

TERMINANDO RELACIONAMENTOS

Como uma parte importante da gestão de relacionamentos, as empresas precisam prever e planejar que em algum momento no futuro a aliança, até então promissora, não vai mais satisfazer as expectativas. Embora alguns arranjos possam encontrar uma morte natural como resultado da perda do ímpeto inicial, outros podem perseverar até o ponto em que não atendem mais as necessidades de um ou mais participantes ou já não incorporam as práticas mais modernas. Assim como na maioria das preocupações gerenciais, as alianças da cadeia de suprimentos representam situações dinâmicas que precisam ser permanentemente reavaliadas, reposicionadas e, às vezes, encerradas.

Por exemplo, uma relação de longa data entre a Kraft Foods e a Starbucks chegou a uma situação crítica em 2010. A partir de 1998, as empresas firmaram um acordo em que a Kraft distribuía o café da Starbucks e a sua marca Seattle's Best nos supermercados de todos os Estados Unidos. As vendas anuais cresceram de US$ 50 milhões para US$ 500 milhões em um período de 12 anos. A entrada da Starbucks no mercado de café instantâneo, porém, representou um movimento que ameaçava o negócio da Kraft.

A Starbucks lançou o Via, um café instantâneo que fez um sucesso considerável no mercado. Ela também queria entrar em uma parceria com a Green Mountain Coffee Roasters, uma empresa de café instantâneo que também vendia a marca Keurig de cafeteiras. A Kraft distribuía as cafeteiras Tassimo, a maior concorrente da Keurig. A Starbucks também divulgou planos para comprar outras empresas com o objetivo de ampliar a sua distribuição em supermercados, para então encerrar a sua relação de distribuição com a Kraft para aproveitar essas outras oportunidades. A Kraft divulgou um comunicado à imprensa dizendo que o acordo de distribuição original exigia que a Starbucks pagasse o valor justo de mercado acrescido de um prêmio no caso de encerramento da relação. Por sua vez, a Starbucks divulgou o seu próprio comunicado à imprensa afirmando que o desempenho da Kraft como distribuidora do seu café era "inaceitavelmente ruim" e que tinha justificativas legais para encerrar a sua participação no acordo.

Quando considerava a questão do término de uma relação, Donald Snyder, fundador e antigo líder da Snyder Transport, resumiu a questão muito bem durante uma aula de logística na Michigan State University. Ele disse aos alunos que o momento ideal para discutir o processo de encerramento era durante os estágios iniciais de formação desse relacionamento. Sua opinião era que as expectativas são muito altas no início de uma colaboração, quando as pessoas envolvidas acham que a relação proposta representa um envolvimento sério. Nesse ponto, a maioria delas está disposta a aceitar um procedimento lógico e justo para dissolver a colaboração.

Resumo

A logística está passando por uma enorme mudança. Novos conceitos e ideias a respeito de como as melhores organizações atingem os objetivos logísticos aparecem diariamente. O desafio é fazer a seleção entre as melhores práticas provadas pelo tempo e fundi-las com os novos conceitos e ideias mais efetivos.

Uma revisão cuidadosa do desenvolvimento da organização logística sugere que a maioria das empresas evoluiu por meio de muitas formas de agregação funcional. A evolução começou com uma estrutura altamente fragmentada, na qual as funções logísticas eram atribuídas a uma grande variedade de departamentos diferentes. Depois, por mais de cinco décadas, as empresas agruparam uma quantidade crescente de responsabilidades funcionais logísticas em unidades organizacionais específicas.

O advento da administração voltada para processos críticos surgiu no que se denomina organização horizontal. Hoje, as empresas de ponta estão começando a fazer testes com a administração de processos como meio de superar a divisão que existe entre as funções internas. O conceito tem apelo particular para o gerenciamento da logística, que lida com desafios substanciais em relação a escopos de tempo e geográfico nas operações.

Talvez a tarefa mais difícil de todas seja a gestão de mudanças na organização. Quer a mudança seja estratégica, envolvendo novos processos fundamentais, operacional ou apenas nos recursos humanos, os gerentes precisam desenvolver novas habilidades que lhes permitam implementar mudanças sem prejudicar o foco da organização.

Além de administrar a organização interna, os executivos de cadeia de suprimentos estão intimamente envolvidos na gestão de relacionamentos entre organizações. Relacionamentos colaborativos oferecem um mecanismo para reduzir os custos operacionais, melhorar a produtividade e atender as solicitações dos clientes. Uma integração bem-sucedida exige programas multiorganizacionais para facilitar as operações, a tecnologia e o planejamento, além da gestão de relacionamentos. Iniciar, implementar e manter relacionamentos com fornecedores e clientes depende muito da confiança entre essas empresas. Embora a credibilidade seja um aspecto fundamental da confiança, o sucesso na gestão de relacionamentos depende, em última instância, da avaliação do caráter, já que as empresas decidem de quais cadeias de suprimentos desejam participar.

QUESTÕES PARA REVISÃO

1 Discuta os três desafios que a logística enfrenta ao administrar com base em processos, e não em funções. Descreva-os e dê um exemplo de como eles podem ser superados.

2 De que maneira os sistemas de recompensa funcionam como barreiras à integração?

3 Em suas palavras, descreva e ilustre a "grande barreira". Você acredita que esse fenômeno é amplamente encontrado na prática, como o texto indica? Reforce sua posição com uma ilustração.

4 Faça a distinção entre confiança baseada na credibilidade e no caráter. Por que a confiança baseada no caráter é fundamental em relacionamentos colaborativos?

5 O que gera as diferenças?

6 Quais são as principais considerações na hora de se iniciar uma aliança logística? E na hora de implementar, manter e terminar?

Desafios

1 Usando o exemplo da Lowe's e Whirlpool (apresentado neste capítulo) como contexto, discuta quais são as questões envolvidas para cada empresa à medida que a relação passa do início para a maturidade.

2 A colaboração da Lowe's e da Whirlpool resultou na melhoria do desempenho de várias áreas. Quais ações específicas você acha que poderiam ter sido adotadas por gestores da cadeia de suprimentos, em consequência da colaboração, que levariam à melhoria do desempenho?

3 O que você sugeriria para a Lowe's e a Whirlpool como possíveis próximas etapas na sua relação colaborativa?

4 O que a Kraft e a Starbucks poderiam ter feito no início da sua relação de distribuição e que poderia ter resultado em um término mais amigável da relação? Seja o mais específico possível na sua explicação.

Medição do desempenho

CAPÍTULO 15

RESUMO DO CAPÍTULO

OBJETIVOS DO SISTEMA DE MEDIÇÃO
AVALIAÇÃO OPERACIONAL
PERSPECTIVAS FUNCIONAIS
MEDINDO O RELACIONAMENTO COM O CLIENTE
COMO DETERMINAR MÉTRICAS APROPRIADAS
MEDIDAS ABRANGENTES DA CADEIA DE SUPRIMENTOS
BENCHMARKING
TECNOLOGIA DA INFORMAÇÃO E MEDIÇÃO
AVALIAÇÃO FINANCEIRA
ANÁLISE DE CUSTOS E RECEITAS
MODELO ESTRATÉGICO DE RENTABILIDADE
REQUISITOS PARA RELATÓRIOS FINANCEIROS
RESUMO
QUESTÕES PARA REVISÃO
DESAFIOS

Gerar vantagem competitiva por meio de uma logística de alto desempenho exige sistemas de medição integrados. O antigo provérbio "Se não é possível medir algo, não é possível administrá-lo" é verdadeiro para as atividades logísticas internas da empresa e para com os parceiros externos da cadeia de suprimentos. Por esse motivo, deve-se estabelecer uma estrutura para a avaliação do desempenho.

OBJETIVOS DO SISTEMA DE MEDIÇÃO

SISTEMAS DE MEDIÇÃO EFICAZES devem ser construídos para cumprir três objetivos: monitorar, controlar e direcionar as operações logísticas.

O **monitoramento** é realizado estabelecendo medidas adequadas para acompanhar o desempenho do sistema com o objetivo de reportá-lo aos administradores. Por exemplo, normalmente desenvolvem-se medidas e coletam-se dados para relatar o desempenho dos serviços básicos relacionados a taxas de atendimento e entregas pontuais e calcular os custos logísticos como transportes e armazenagem. O **controle** é realizado quando existem padrões adequados de desempenho relativos às medidas estabelecidas para indicar quando o sistema logístico exige modificações ou atenção. Por exemplo, se as taxas de atendimento ficam muito abaixo dos padrões, os gerentes logísticos têm de identificar as causas e fazer ajustes para que o processo volte ao nível aceitável. O terceiro objetivo, **direcionamento**, se refere à motivação dos empregados e à recompensa pelo desempenho. Por exemplo, algumas empresas estimulam o pessoal dos depósitos a atingir altos níveis de produtividade. Eles recebem por oito horas de trabalho, com base nas medidas-padrão de coleta ou carregamento. Se as tarefas são completadas em menos de oito horas, eles podem usar o tempo livre para assuntos pessoais.

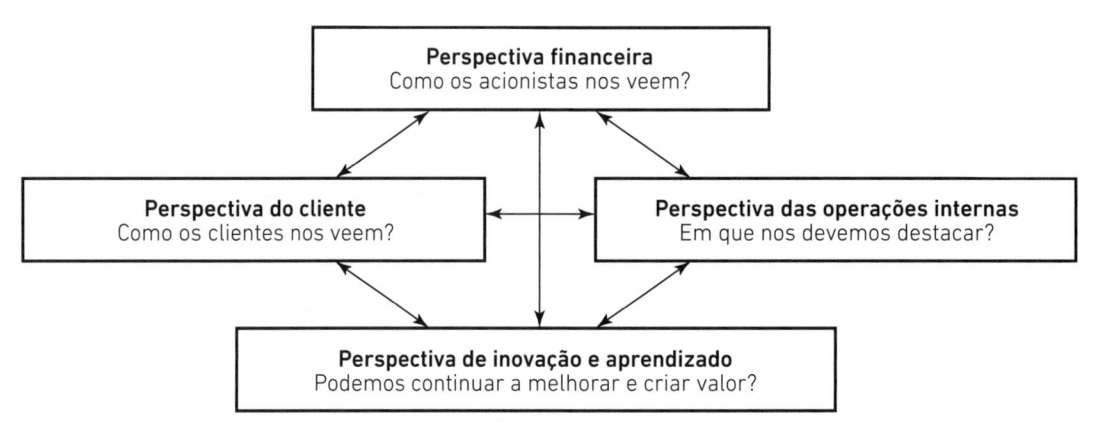

FIGURA 15.1
Balanced scorecard.

```
                    Perspectiva financeira
                   Como os acionistas nos veem?

  Perspectiva do cliente          Perspectiva das operações internas
  Como os clientes nos veem?      Em que nos devemos destacar?

              Perspectiva de inovação e aprendizado
              Podemos continuar a melhorar e criar valor?
```

Fonte: Adaptado de Robert S. Kaplan e David P. Norton, "The Balanced Scorecard–Measures That Drive Performance," *Harvard Business Review* 70, nº 1, 1992, p. 72.

O objetivo mais importante do desempenho logístico é aumentar o **valor para o acionista**. O *balanced scorecard* é uma estrutura desenvolvida por Kaplan e Norton para medir o desempenho.[1] Ele sugere que, embora seja fundamental aumentar o valor para o acionista, um sistema abrangente para avaliação de desempenho deve representar um equilíbrio entre métricas financeiras e não financeiras. O *balanced scorecard* envolve medições a partir de quatro perspectivas diferentes, como mostra a Figura 15.1.

A perspectiva do cliente se concentra em como eles percebem uma empresa e, portanto, deve incluir suas opiniões. Em um contexto de logística, métricas relacionadas a essa perspectiva geralmente incluem avaliar os serviços logísticos, a qualidade e a satisfação. A perspectiva das operações internas questiona o que deve ser feito internamente e costuma incorporar métricas relacionadas à qualidade do processo (taxas de danos, erros etc.), bem como a medição da eficiência e da produtividade. A perspectiva de inovação e aprendizado é orientada para o futuro e se concentra na melhoria de processos, bem como em esforços relacionados aos recursos humanos, que geralmente são considerados impulsionadores de melhorias em qualquer organização. O *benchmarking* também pode ser um aspecto da perspectiva de inovação e aprendizado. Por fim, segundo a perspectiva financeira, o sucesso financeiro deve ser alcançado em todas as organizações. Ser bem-sucedido nas outras três perspectivas não é adequado se a organização não consegue melhorar a lucratividade e o retorno sobre investimentos, o que aumenta o valor para o acionista.

É fundamental entender que o *balanced scorecard* não oferece um conjunto específico de métricas que devem ser implementadas em uma empresa. As métricas específicas devem derivar de uma compreensão da estratégia básica de negócios da empresa. Por exemplo, as métricas escolhidas por uma empresa que tenha optado por uma estratégia de "baixo custo" podem ser bem diferentes de uma organização que segue uma estratégia de "alto nível de serviço". O desafio para os executivos de logística é definir essa estratégia e selecionar um conjunto equilibrado de métricas apropriadas para orientá-los no monitoramento, controle e direcionamento para uma implementação bem-sucedida.

AVALIAÇÃO OPERACIONAL

UM SISTEMA PARA AVALIAR o desempenho logístico primeiro exige uma perspectiva funcional. Além do desempenho funcional básico, métodos avançados de medição do atendimento ao

[1] Robert S. Kaplan and David P. Norton: "The Balanced Scorecard – Measures That Drive Performance," *Harvard Business Review* 70, nº 1, 1992, p. 71-79.

cliente estão recebendo cada vez mais atenção em muitas organizações. Medir o desempenho da cadeia de suprimentos integrada é um grande desafio para os gerentes contemporâneos. Por fim, o *benchmarking* é um quarto aspecto na avaliação logística.

PERSPECTIVAS FUNCIONAIS

Embora existam muitas classificações diferentes das medidas funcionais logísticas, as pesquisas ao longo de alguns anos sugerem cinco categorias: (1) custo; (2) serviço ao cliente; (3) qualidade; (4) produtividade; e (5) gerenciamento de ativos.[2] A Tabela 15.1 apresenta uma visão geral das métricas relacionadas a cada uma dessas categorias. Evidentemente, também existem inúmeros outros exemplos.

Custo

O reflexo mais direto do desempenho logístico é o custo real para realizar operações específicas. Como mostra a Tabela 15.1, o desempenho de custos normalmente é medido em relação ao valor total gasto. No início do livro, identificamos que o trabalho da logística integrada incorpora cinco áreas inter-relacionadas: processamento de pedidos, estoque, transportes, armazenagem e manuseio de materiais e rede de instalações.[3] O custo logístico total é a soma dos custos relacionados à operação e à administração de cada uma dessas áreas de trabalho. Infelizmente, pesquisas recentes sugerem que poucas organizações realmente têm capacidade de coletar as informações necessárias para medir o custo total. Isso ocorre porque cada empresa tem orientações diferentes em relação às áreas que constituem a logística integrada ou porque faltam dados prontamente disponíveis.[4] No entanto, nos níveis de responsabilidade da alta administração, esse custo total deve ser monitorado de perto. Também é importante monitorar os dados de custo de cada uma das funções individuais para proporcionar diagnósticos e controles adequados. Os dados de custo funcional podem ser ainda mais refinados e medidos para atividades individuais, como separação de pedidos e carregamento de pedidos na função de armazenamento.

Também é comum monitorar e registrar os dados de custo como o percentual de vendas ou o custo por unidade de volume. Por exemplo, o custo de transporte frequentemente é registrado como um percentual do volume de vendas em dólares e como a soma de dólares gastos por pedido entregue. O custo de armazenamento também pode ser registrado como um percentual das vendas e o custo de atividades individuais registrado como custo de separação por item ou custo de carregamento por pedido. Essas medições, quando comparadas aos históricos ou padrões de desempenho, oferecem informações críticas sobre a necessidade potencial de se tomarem ações corretivas. Quando consideramos a quantidade de diferentes atividades logísticas que vão desde a entrada de um pedido até a separação de um item e a descarga de um veículo de entregas, e o número de modos variados em que podemos medir o volume, que vão desde o valor das vendas até o número de pedidos e o peso de produtos, podemos gerar uma longa lista de medidas de custo possíveis. A chave é os executivos logísticos identificarem as métricas mais adequadas para sua organização e aplicá-las consistentemente ao longo do tempo para controlar e direcionar as atividades.

---

[2] Donald J. Bowersox et al., *Leading Edge Logistics: Competitive Positioning For The 1990s* (Oak Brook, IL: Council of Logistics Management, 1989); World Class Logistics Research Team at Michigan State University, *World Class Logistics: The Challenge of Managing Continuous Change* (Oak Brook, IL: Council of Logistics Management, 1995); Donald J. Bowersox, David J. Closs, and Theodore P. Stank, *21st Century Logistics: Making Supply Chain Integration a Reality* (Oak Brook, IL: Council of Logistics Management, 1999).

[3] Veja o Capítulo 2.

[4] SC Digest Editorial Staff, "Getting to Accurate Total Landed Costs," *Supply Chain Digest*, June 9, 2008, pp. 1-4.

Custos	Serviço ao cliente	Qualidade	Produtividade	Gerenciamento de ativos
Custo total	Taxa de atendimento	Frequência de danos	Unidades embarcadas por empregado	Giro de estoque
Custo unitário	Falta de estoque	Acurácia da entrada de pedidos	Unidades por dólar de mão de obra	Níveis de estoque, número de dias de suprimento
Custo como percentual das vendas	Erros de envios	Acurácia da separação/entrega	Pedidos por representante de vendas	Estoque obsoleto
Frete de entrada	Entrega no prazo	Acurácia da documentação/ faturamento	Comparação com o padrão histórico	Retorno sobre o patrimônio líquido
Frete de saída	Pedidos em atraso	Disponibilidade de informações	Programas de metas	Retorno sobre investimento
Custo administrativo	Duração do ciclo	Acurácia das informações	Índice de produtividade	Classificação do estoque (ABC)
Processamento de pedidos no depósito	Consistência das entregas	Número de reclamações de crédito	Tempo de equipamento inoperante	Valor econômico agregado (EVA)
Mão de obra direta	Tempo de resposta às solicitações	Número de clientes que retornam	Produtividade da entrada de pedidos	
Comparação entre real e orçamento	Acurácia das respostas		Produtividade da mão de obra do depósito	
Análise de tendências de custo	Pedidos completos		Produtividade da mão de obra dos transportes	
Rentabilidade direta de produtos	Reclamações dos clientes			
Lucratividade do segmento de clientes	Reclamações da força de vendas			
Manutenção de estoque	Confiabilidade			
Custo dos produtos devolvidos	Satisfação			
Custo dos danos				
Custo das falhas de serviço				
Custo de pedidos em atraso				

TABELA 15.1
Métricas de desempenho típicas.

A Tabela 15.1 também apresenta outras medidas relacionadas ao custo do desempenho logístico, como rentabilidade direta de produtos, lucratividade dos clientes e custo das falhas de serviço. Na verdade, a maioria das empresas reconhece a importância dessas medidas, mas não possui as informações necessárias para avaliar esses custos com exatidão. A medição acurada dessas dimensões críticas exige um nível de sofisticação nos dados de contabilidade que apenas recentemente se tornou disponível. O custeio baseado em atividades será discutido posteriormente neste capítulo como meio de avaliar com mais exatidão os custos diretamente relacionados a clientes e produtos.

Serviço ao cliente

No Capítulo 3, os elementos do serviço básico ao cliente foram identificados como disponibilidade, desempenho operacional e confiabilidade do serviço. Uma plataforma de serviços básicos eficaz exige medidas específicas para avaliar o desempenho em cada dimensão.

A disponibilidade normalmente é medida pela taxa de atendimento. No entanto, é importante observar que ela pode ser calculada de diversas maneiras:

Taxa de atendimento por itens = $\dfrac{\text{Quantidade de itens entregues aos clientes}}{\text{Quantidade de itens solicitados pelos clientes}}$

Taxa de atendimento por linhas = $\dfrac{\text{Quantidade de linhas de pedidos entregues completas aos clientes}}{\text{Quantidade de linhas de pedidos solicitados pelos clientes}}$

Taxa de atendimento por valor = $\dfrac{\text{Valor total entregue aos clientes}}{\text{Valor total dos pedidos dos clientes}}$

Taxa de atendimento por pedidos = $\dfrac{\text{Quantidade de pedidos entregues completos}}{\text{Quantidade de pedidos dos clientes}}$

Evidentemente, a taxa de atendimento por pedidos, ou seja, os pedidos completamente enviados, é a medida mais rigorosa do desempenho de uma empresa em relação à disponibilidade de produtos. Nessa métrica, um pedido com apenas um item faltando em uma linha é considerado incompleto. Também é comum as empresas monitorarem a quantidade de faltas de estoque e a quantidade de atrasos nos pedidos durante determinado período como indicadores da disponibilidade.

O desempenho operacional lida com o tempo e normalmente é medido pela duração média do ciclo de pedido, consistência do ciclo de pedido e/ou entregas pontuais. A **duração média do ciclo do pedido** normalmente é calculada como a quantidade média de dias – ou outras unidades de tempo – decorridos entre o recebimento do pedido e a entrega aos clientes. A **consistência do ciclo de pedido** é medida ao longo de um grande número de ciclos de pedidos e compara o desempenho real com o planejado. Por exemplo, suponha que a duração média do ciclo de pedido é de cinco dias. Se 20% for completado em dois dias e 30% em oito dias, haverá uma grande inconsistência na média. Em situações em que as datas ou os prazos de entrega são especificados pelos clientes, a medida mais rigorosa do ciclo do pedido é a **entrega no prazo**, o percentual de vezes em que os requisitos de entrega do cliente são, de fato, atendidos.

Qualidade

O desempenho relacionado à confiabilidade do serviço geralmente se reflete na medição da qualidade logística de uma organização. Como mostra a Tabela 16.1, muitas das medidas de qualidade são projetadas para monitorar a eficácia de atividades individuais, enquanto outras se concentram na função logística total. A exatidão do desempenho no trabalho em atividades como entrada de pedidos, separação de produtos e preparação de documentos normalmente é controlada pelo cálculo da razão entre o número total de vezes em que a atividade é executada corretamente e o número total de vezes em que ela é executada. Por exemplo, uma acurácia de separação de 99,5% indica que em 99,5 de cada 100 vezes os itens corretos foram separados no depósito.

O desempenho geral de qualidade também pode ser medido de diversas maneiras. As medidas mais comuns incluem a frequência de danos, calculada como a quantidade de unidades danificadas em relação à quantidade total de unidades. Embora a frequência de danos possa ser medida em diversos pontos do processo logístico, como danos em depósitos, em carregamentos e em transportes, em geral ela só é detectada quando os clientes recebem as cargas ou em algum momento depois do recebimento. Sendo assim, muitas organizações também monitoram a quantidade de devoluções de produtos danificados ou defeituosos pelos clientes. Também é comum medir as reclamações e os reembolsos aos clientes.

Outros indicadores importantes do desempenho de qualidade se referem à informação. Muitas organizações medem especificamente sua capacidade de fornecer informações ao observar as situações em que elas não estão disponíveis de imediato. Também é comum monitorar situações em que informações inexatas são descobertas. Por exemplo, quando a contagem física do estoque difere da situação do estoque registrada no banco de dados, o sistema de informação deve ser atualizado para refletir a situação operacional real. Além disso, a ocorrência de informações inexatas deve ser registrada para futuras ações.

Produtividade

A relação entre a saída de bens, trabalhos completados e/ou serviços prestados e as quantidades de insumos ou recursos utilizados para produzir essa saída é chamada de produtividade. Se um sistema tem resultados claramente mensuráveis e insumos identificáveis e mensuráveis que podem ser associados aos resultados, a medição da produtividade é um tanto rotineira.

Geralmente, como mostra a Tabela 15.1, os executivos logísticos se preocupam muito em medir a produtividade da mão de obra. Embora seu insumo possa ser quantificado de diversas maneiras, a mais comum é por meio das despesas de mão de obra, horas trabalhadas ou número de empregados. Portanto, medidas típicas de produtividade da mão de obra em transportes incluem unidades embarcadas ou entregues por empregado, recursos financeiros utilizados com mão de obra e horas trabalhadas. A produtividade do depósito pode ser medida em unidades recebidas, separadas e/ou armazenadas por empregado, recursos financeiros ou horas. Medidas semelhantes podem ser desenvolvidas para outras atividades, como entrada e processamento de pedidos. Não raro os gerentes também estabelecem objetivos para a melhoria da produtividade e comparam o desempenho real com o objetivo ou, pelo menos, com o desempenho no ano anterior.

Gerenciamento de ativos

A utilização de investimentos de capital em instalações e equipamentos, bem como capital de giro investido em estoque, é a preocupação do gerenciamento de ativos. As instalações logísticas, os equipamentos e o estoque podem representar um segmento substancial dos ativos de uma empresa. Por exemplo, no caso de atacadistas, o estoque frequentemente ultrapassa 80% do capital total. As medidas de gerenciamento de ativos se concentram em como os gerentes logísticos usam o capital investido em operações.

As instalações e os equipamentos costumam ser medidos de acordo com a utilização da capacidade ou percentual de capacidade total usada. Por exemplo, se um depósito consegue embarcar 10 mil caixas por dia, mas embarca apenas 8 mil, a utilização da capacidade é de apenas 80%. Também é comum medir o uso de equipamentos em termos de tempo. Os gerentes logísticos normalmente se preocupam com a quantidade ou o percentual de horas em que os equipamentos não são utilizados, conhecido como **tempo inoperante**, que pode ser aplicado a transportes, depósitos e equipamentos de manuseio de materiais. Essas medidas indicam a utilização eficaz ou ineficaz do investimento de capitais em ativos.

A medição do gerenciamento de ativos também se concentra no estoque. **A taxa de giro de estoque** é a medida mais comum de desempenho. Ao longo do livro, a melhoria do giro de estoque foi destacada como um foco crítico do gerenciamento logístico. É importante entender como as empresas medem a taxa de giro de estoque. Na verdade, existem três medidas específicas, cada uma usada por diferentes tipos de empresa:

$$\text{Giro de estoque} = \frac{\text{Custo dos produtos vendidos durante um período}}{\text{Estoque médio, valorizado pelo custo dos produtos, durante o período}}$$

$$\text{Giro de estoque} = \frac{\text{Receita de vendas durante um período}}{\text{Estoque médio, valorizado pelo preço de venda dos produtos, durante o período}}$$

$$\text{Giro de estoque} = \frac{\text{Unidades vendidas durante um período}}{\text{Estoque médio em unidades durante o período}}$$

A grande maioria das empresas usa a primeira opção para medir a taxa de giro de estoque. No entanto, algumas organizações varejistas usam a segunda. Na verdade, as duas taxas devem apresentar aproximadamente o mesmo resultado. Quaisquer diferenças nos dois cálculos seriam resultantes de alterações na margem bruta (diferença entre vendas e custo dos produtos vendidos) durante o período.

A terceira abordagem, que usa unidades em vez de valores monetários, é especialmente aplicável a produtos cujo custo ou preço de venda muda significativamente em um período relativamente curto. Por exemplo, o giro de estoque de gasolina, que muda de custo e de preço quase diariamente, seria medido de modo mais adequado pelo cálculo de barris ou litros de gasolina vendidos e barris ou litros de gasolina em estoque em vez de quaisquer valores monetários.

Como observação final sobre o cálculo do giro, é fundamental que o estoque médio seja determinado pelo uso da maior quantidade possível de dados. Por exemplo, suponha que uma empresa não tinha estoque no começo do ano, depois comprou e manteve uma grande quantidade por 11 meses, e por fim vendeu todo o estoque antes do final do ano. Usando apenas as posições de estoque inicial e final, o estoque médio seria zero e o giro, infinito. Evidentemente, isso confundiria os gerentes.

O giro de estoque é frequentemente considerado um indicador "retroativo", pois ele observa o desempenho de uma empresa na gestão do estoque durante um período de tempo prévio como o ano anterior. Outra forma comum das empresas considerarem a medição do seu estoque é em termos de dias de suprimento, a qual é considerada uma medição "prospectiva". **Dias de suprimento** (também chamados de **dias de vendas** ou **dias de estoque**) é o número de dias que as operações podem ser suportadas com o estoque em mãos, contanto que não seja adquirido ou produzido mais estoque.

Os dias de suprimento fazem mais sentido quando são representados em relação à demanda futura prevista ou à taxa diária de uso. As vendas diárias ou a taxa de uso podem advir de previsões ou podem ser calculadas a partir da experiência mais recente de vendas/uso. Por exemplo, o estoque de automóveis é reportado frequentemente (e até mesmo divulgado em publicações como o *The Wall Street Journal*) como o número de dias de consumo, com base na taxa mais recente de vendas diárias, que podem ser atendidas pelo estoque existente de automóveis. Por exemplo, se houver atualmente 2 milhões de automóveis prontos no pátio de uma revendedora ou montadora e a previsão de vendas de automóveis for de 50 mil unidades/dia, então o indicador de dias de suprimento é igual a 40 dias.

Naturalmente, os 40 dias de suprimento calculados para os automóveis presumem que o estoque atual seja composto por automóveis que os consumidores realmente queiram comprar. Se os consumidores quiserem comprar veículos elétricos híbridos e o estoque atual consistir basicamente em carros com motores à gasolina, os 40 dias de suprimento seriam extremamente enganosos. Na gestão de estoques, geralmente faz mais sentido medir o desempenho de itens específicos em vez de medir o estoque agregado.

O **retorno sobre ativos** e o **retorno sobre investimentos** são de grande interesse para a alta gestão. A taxa de retorno é de uma importância tal que será discutida detalhadamente ainda neste capítulo.

A maioria das organizações tem melhorado seus sistemas de medições funcionais nos últimos dez anos. A quantidade de métricas específicas aumentou, e a qualidade da informação melhorou. Grande parte dessa melhoria pode ser atribuída a melhorias na tecnologia. Há alguns anos, a medição de entregas pontuais em geral não monitorava, de fato, o recebimento da entrega pelo cliente. A maioria das empresas não tinha nenhum mecanismo para captar informações sobre quando os clientes recebiam os pedidos. Em vez disso, normalmente elas mediam o carregamento pontual discriminando se o pedido havia sido enviado a tempo. Presumia-se que, se as cargas deixavam as instalações do fornecedor "pontualmente", elas também chegavam às instalações do cliente "pontualmente". Portanto, o aspecto da entrega do ciclo do pedido era ignorado. Hoje, com o uso de *links* EDI, satélites e rastreamento pela Internet, muitas organizações monitoram se os pedidos realmente chegam às instalações do cliente com pontualidade.

MEDINDO O RELACIONAMENTO COM O CLIENTE

O Capítulo 3 apresentou a conclusão de que o desempenho básico do serviço logístico é necessário, mas não suficiente para empresas verdadeiramente comprometidas com a excelência logística. Hoje, muitas empresas concentram-se em métodos alternativos para medir sua capacidade de atender os requisitos dos clientes. Como resultado, há necessidade de um conjunto adicional de medidas para empresas que se esforçam para ir além da medição do serviço ao cliente básico. As medições de pedidos perfeitos, desempenho absoluto e satisfação do cliente são três dessas abordagens. A palavra final em relacionamento com o cliente não tem métricas específicas, mas continua sendo o objetivo de empresas comprometidas com a gestão da cadeia de suprimentos.

Pedidos perfeitos

O conceito de pedido perfeito foi discutido no Capítulo 3 como um indicador do compromisso de uma organização com uma logística sem defeito. A entrega de pedidos perfeitos é a medida suprema de qualidade nas operações logísticas. Um pedido perfeito mede a eficácia do desempenho global de logística integrada da empresa, em vez de funções individuais. Ele mede se um pedido passa perfeitamente por todas as etapas – entrada do pedido, liberação de crédito, disponibilidade de estoque, separação correta, entrega no prazo, faturamento correto e pagamento sem deduções – do processo de gerenciamento de pedidos sem falhas, seja um serviço expresso, processamento de exceções ou intervenção manual. Na verdade, 20 elementos diferentes de serviço logístico podem impactar um pedido perfeito. Do ponto de vista da medição, o desempenho do pedido perfeito é calculado como a relação entre os pedidos perfeitos e a quantidade total de pedidos finalizados durante determinado período.

A AMR Research estima que o retorno para empresas que oferecem altos níveis de atendimento do pedido perfeito pode ser substancial. Melhorar o desempenho de pedido perfeito em 3% pode resultar em um aumento de 1% nos lucros.[5] Na realidade, medir o desempenho do

---

[5] Relatado em Susannah Patton, "The Perfect Order," *CIO* 18, nº 20, August 1, 2005, p. 1.

pedido perfeito não é uma tarefa simples. Dependendo dos itens do pedido, diversos sistemas de informação dentro da empresa devem ser integrados e ligados ao pedido original. Supondo que um pedido perfeito inclua atendimento ao pedido, entrega no prazo e acurácia no faturamento, três sistemas de informação diferentes devem estar ligados ao sistema de gerenciamento de pedidos: o sistema de gerenciamento de depósitos, o sistema de gerenciamento de transportes e o sistema de contas a receber.[6] Hoje, com algumas exceções, mesmo as melhores organizações logísticas registram um desempenho de apenas 60% a 70% de pedidos perfeitos. Simplesmente existem muitos fatores que podem dar errado em um pedido!

Desempenho absoluto

A maioria das medições básicas de serviço e qualidade – e até mesmo as medições de pedidos perfeitos – é agregada ao longo de muitos pedidos e durante um período de tempo. O problema que alguns executivos relatam com essas medições de média ao longo do tempo é que elas tendem a disfarçar o impacto real da organização sobre sua base de clientes. Para esses executivos essas medições podem, na verdade, resultar em um sentimento de complacência dentro da empresa, sendo mais adequado monitorar o desempenho absoluto o mais perto possível do tempo real. A abordagem do desempenho absoluto oferece uma indicação melhor de como o desempenho logístico de uma empresa impacta os clientes. Por exemplo, os gerentes podem achar que uma taxa de 99,5% de entregas pontuais represente um desempenho excelente. Como disse o executivo de uma grande empresa de encomendas: "Para nós, 99,5% de entregas pontuais significaria que, em um dia normal, mais de cinco mil clientes recebem pedidos atrasados. Não podemos nos sentir bem se tivermos esse tipo de impacto em todos esses clientes". Essa empresa – e muitas outras que querem atingir o máximo de impacto sobre o mercado – monitora as taxas absolutas de fracassos e sucessos, bem como as medidas mais comuns de taxas e percentuais.

Satisfação do cliente

Como mencionamos no início deste capítulo, medir as percepções e opiniões dos clientes é fundamental em um *balanced scorecard*. Todas as estatísticas geradas internamente relacionadas a serviço básico, pedido perfeito ou desempenho absoluto podem ser indicadores internos de atendimento ao cliente, mas quantificar a satisfação exige monitoramento, medição e coleta de informações do cliente. Embora uma discussão abrangente de metodologias de entrevista e pesquisa esteja além do escopo deste livro, a medição típica da satisfação requer uma investigação cuidadosa das expectativas, dos requisitos e das percepções do cliente sobre o desempenho da empresa em todos os aspectos das operações logísticas. Por exemplo, uma pesquisa básica mede as expectativas do cliente e as percepções de desempenho sobre a disponibilidade, duração do ciclo do pedido, disponibilidade de informações, acurácia do pedido, solução de problemas e outros aspectos da qualidade da logística. É importante coletar informações sobre as percepções gerais de satisfação do cliente além de avaliar atividades logísticas específicas. Algumas perguntas adicionais podem ser incluídas para capturar as percepções dos clientes quanto ao desempenho de concorrentes. Só é possível avaliar a satisfação real por meio da coleta de dados de clientes! Além disso, esforços para aumentar o sucesso do cliente só podem ser medidos a partir de sua própria perspectiva.

COMO DETERMINAR MÉTRICAS APROPRIADAS

Até agora, muitas métricas de desempenho foram descritas, mas não foi apresentada nenhuma estrutura para determinar as métricas adequadas ou priorizar a necessidade de métricas espe-

---

[6] Robert A. Novack and Douglas J. Thomas, "The Challenges of Implementing the Perfect Order Concept," *Transportation Journal* 43, nº 1, Winter 2004, p. 5.

FIGURA 15.2
Ilustração da estrutura de medição.

Eficiência
Base competitiva
Capacidade de resposta
Monitoramento
Frequência da medição
Diagnóstico
Operacional   Estratégico
Foco da medição

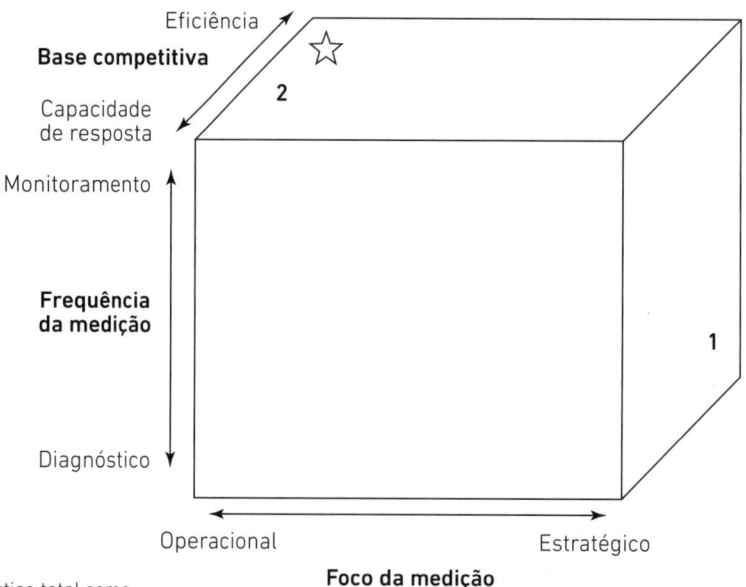

1. Custo logístico total como percentual das vendas
2. Taxa percentual de erros de separação
☆ Necessidade de medição

Fonte: Stanley E. Griffis, Thomas J. Goldsby, Martha Cooper, and David J. Closs, "Aligning Logistics Performance Measures to the Information Needs of the Firm," *Journal of Business Logistics* 28, nº 2, 2007, pp. 35-56.

cíficas. Na verdade, várias estruturas diferentes foram propostas nos livros de logística. Uma estrutura especialmente útil foi apresentada por Griffis, Cooper, Goldsby e Closs.[7] Eles propõem uma estrutura construída sobre três dimensões: (1) base competitiva; (2) foco da medição; e (3) frequência da medição.

Base competitiva é uma dimensão que reflete uma escolha estratégica fundamental entre o desempenho da logística baseada na resposta e o da logística eficiente. Eles observam que a capacidade de resposta que favorece o desempenho provavelmente ocorre em detrimento da eficiência. A dimensão do foco da medição representa as necessidades da organização ao longo de um *continuum*, variando de métricas operacionais àquelas que proporcionam direcionamento estratégico. A terceira dimensão – frequência da medição – sugere que algumas métricas são necessárias com frequência para monitorar o desempenho cotidiano, enquanto outras podem ser menos consultadas com o objetivo de diagnosticar problemas de desempenho.

A Figura 15.2 fornece uma ilustração dessa estrutura e um exemplo de sua aplicação. Suponha que uma empresa esteja interessada na avaliação frequente da eficiência nas operações (indicada pela estrela no diagrama). Na figura, apenas duas métricas são consideradas: (1) custo logístico total como percentual das vendas; e (2) taxa percentual de erros de separação. A proximidade da métrica 2 (taxa percentual de erros de separação) está mais alinhada com essa necessidade de avaliação do que a métrica 1 (custo logístico total como percentual das vendas). Isso não sugere que a métrica 1 também não seria adequada para uma organização, já que cada organização tem muitas necessidades de avaliação. Os autores sugerem que preencher totalmente a estrutura com muitas métricas possíveis permitiria a uma empresa escolher as métricas de desempenho mais adequadas às suas necessidades de medição.[8]

No final dos anos 1990, um grupo de executivos de grandes empresas criou uma organização chamada *Supply Chain Council*. Juntos eles desenvolveram o **modelo de referência**

---

[7] Stanley E. Griffis, Thomas J. Goldsby, Martha Cooper, e David J. Closs, "Aligning Logistics Performance Measures to the Information Needs of the Firm," *Journal of Business Logistics* 28, nº 2, 2007, pp. 35-56.

[8] Ibid. p. 47.

operacional da cadeia de suprimentos (chamado frequentemente de **SCOR** – *supply chain operational reference model*).[9] O modelo SCOR inclui métricas e também fornece ferramentas para representar graficamente e descrever os processos da cadeia de suprimentos. Um dos princípios básicos do modelo SCOR é que as métricas devem obedecer a um desdobramento hierárquico, de um nível para o próximo. Ou seja, as métricas de desempenho estratégico monitoradas pela alta gestão devem ser apoiadas por métricas mais detalhadas que possam ser utilizadas para diagnosticar e controlar as operações no nível tático. Por exemplo, o desempenho do pedido perfeito é sugerido como uma métrica no nível estratégico. Apoiando isso no nível tático encontram-se as métricas relacionadas a taxas de atendimento, entrega no prazo, taxas de danos e assim por diante. Quando são observados problemas no nível estratégico, por exemplo, o desempenho do pedido perfeito cai, e as métricas operacionais fornecem informações sobre onde os problemas realmente se manifestam. A estrutura SCOR é concebida para viabilizar a comunicação eficaz, tanto internamente quanto entre os membros da cadeia de suprimentos. Ela também sugere definições e requisitos de dados padrão para muitas métricas, que depois podem ser utilizados para comparar e fazer o *benchmarking* do desempenho.

MEDIDAS ABRANGENTES DA CADEIA DE SUPRIMENTOS

O foco contemporâneo no desempenho e na eficácia total da cadeia de suprimentos exige medidas que ofereçam uma perspectiva integrada, a qual deve ser comparável e consistente ao longo das funções da empresa e das instituições da cadeia de suprimentos. Sem medidas integradas, os gerentes de diferentes funções em diversas empresas podem apresentar perspectivas diferentes sobre o desempenho logístico real. Medidas específicas a serem consideradas são tempo de conversão de caixa, dias de suprimento de estoque da cadeia de suprimentos, tempo de permanência, percentual de estoque nas prateleiras, custo total da cadeia de suprimentos e tempo de resposta da cadeia de suprimentos.

Conversão de caixa

O conceito de conversão de caixa foi apresentado no Capítulo 1. Ele representa uma medida do uso eficaz do caixa de uma organização. Embora o estoque normalmente seja registrado como um ativo circulante no balanço patrimonial da empresa, o valor monetário pode não ser um indicador válido da distribuição real de ativos da organização. Uma parte do estoque pode ter sido entregue a clientes que, devido às condições de crédito da venda, ainda não pagaram as faturas correspondentes. Em contrapartida, uma organização pode dever a seus fornecedores produtos ou componentes que estão em sua propriedade. A duração do ciclo de conversão de caixa é o tempo necessário para converter um dólar gasto em estoque em um dólar recebido como receita de vendas. Pode ser medido pela soma dos dias de suprimento de estoque de uma empresa e dos dias de contas a receber pendentes, subtraindo-se os dias de contas a pagar pendentes. Considere um varejista hipotético que mantém um suprimento de estoque de 30 dias, tem 30 dias de crédito com os fornecedores e vende aos consumidores finais por meio de transações em dinheiro. Essa empresa teoricamente tem uma duração de ciclo de conversão de caixa igual a zero porque vende e recebe dos clientes finais assim que vence seu pagamento aos fornecedores. O mais importante: o investimento real da empresa em estoque é zero, independentemente do que diz o balanço patrimonial.

A duração do ciclo de conversão de caixa não é impactada apenas pela logística, embora a logística seja um aspecto importante. Ela é uma medida dos processos internos porque inclui um componente de marketing – preço para o cliente e condições de venda – bem como um

---

[9] Para saber mais sobre *Supply Chain Council* e o modelo SCOR, veja <www.supply-chain.org/>.

componente de compras – preço e condições do fornecedor. Ela oferece uma perspectiva integrada do real comprometimento de recursos financeiros da organização em estoque.

Dias de suprimento de estoque

Medidas tradicionais de desempenho, giro e dias de suprimento de estoque se concentram em empresas individuais. De uma perspectiva da cadeia de suprimentos, a falha nessas medidas pode melhorar o desempenho de uma empresa apenas passando seus estoques para seus fornecedores ou clientes. Os dias de estoque da cadeia de suprimentos se concentram no estoque total em todos os locais e normalmente são definidos como o estoque total de produtos acabados em todas as fábricas, depósitos, atacadistas e varejistas, expresso em dias de vendas disponíveis com base na atividade de vendas recente. Essa medida pode ser ampliada para incluir matérias-primas e componentes mantidos pelas fábricas e fornecedores. Esses estoques de itens não acabados são convertidos em unidades equivalentes de produtos acabados e incluídos como parte do estoque total real da cadeia de suprimentos. Essa medida, quando adotada por todos os membros de uma cadeia de suprimentos, fornece o foco das operações integradas.

Tempo de permanência

O tempo de permanência é outra medida que reflete o desempenho de toda a cadeia de suprimentos em relação ao gerenciamento de ativos. O tempo de permanência de estoque é a relação entre a quantidade de dias que ele fica parado, ou inativo, na cadeia de suprimentos e a quantidade de dias em que está sendo usado ou posicionado de maneira produtiva. Embora às vezes seja necessário o estoque ficar parado por motivos de controle de qualidade ou para combater a incerteza, um tempo de permanência longo reflete a magnitude potencial de estoque improdutivo. O tempo de permanência também pode ser calculado para outros ativos, especialmente veículos de transporte. Por exemplo, a utilização de carretas pode ser medida calculando a quantidade de dias em que uma unidade fica parada e vazia *versus* a quantidade de dias em que está carregada com produtos. Reduzir o tempo de permanência de ativos é um objetivo importante para muitos executivos logísticos. Ativos que ficam parados não contribuem para a produtividade na cadeia de suprimentos.

Percentual de estoque nas prateleiras

Em última instância, um objetivo-chave de todos os participantes de uma cadeia de suprimentos é ter produtos disponíveis quando e onde os clientes finais estiverem prontos para comprar. Medidas de empresas individuais relacionadas a taxas de atendimento em depósitos ou lojas oferecem pouca garantia de que os produtos estão disponíveis para a escolha do consumidor quando ele está comprando. Por exemplo, um estudo de varejistas de catálogo descobriu que os níveis de estoque realmente disponíveis eram de menos de 85% do estoque geral.[10] Por esse motivo, em alguns relacionamentos da cadeia de suprimentos, uma medida crítica do desempenho geral é o percentual de estoque nas prateleiras, tempo que um produto fica disponível na prateleira de uma loja. A fundamentação lógica é que os consumidores normalmente não podem ou não querem escolher e comprar um item que não está facilmente disponível na prateleira das lojas. Aumentar o percentual de estoque nas prateleiras beneficia todos os membros da cadeia de suprimentos, não apenas o varejista. Embora ele se concentre no impacto sobre o varejo, também considera o impacto sobre fornecedores quando seus produtos não estão nas prateleiras no momento em que os consumidores querem comprar.

[10] John C. Taylor and Stanley E. Fawcett, "Catalog Retailer In-Stock Performance: An Assessment of Customer Service Levels," *Journal of Business Logistics* 25, nº 2, 2004, pp. 119-135.

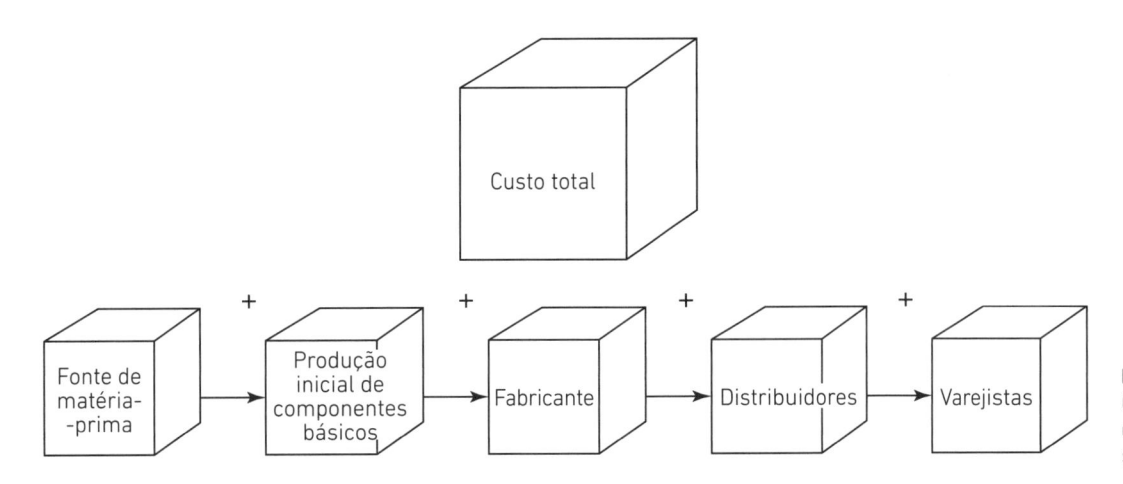

FIGURA 15.3 Custo total da cadeia de suprimentos.

Custo total da cadeia de suprimentos

Grande parte da discussão sobre custo até agora se concentrou nos custos logísticos de uma empresa individual. A Figura 15.3 ilustra que o custo total da cadeia de suprimentos é a agregação dos custos de todas as empresas da cadeia, não de uma organização individual. Essa perspectiva é absolutamente fundamental para o gerenciamento eficaz da cadeia de suprimentos. Concentrar-se no custo de uma única empresa pode levar à subotimização e a tentativas de uma empresa transferir custos para outra. Se o objetivo do gerenciamento da cadeia de suprimentos é reduzir o custo total, é razoável supor que uma organização pode, de fato, ter custos mais altos enquanto outras reduzem-nos. Desde que as reduções totais nos custos sejam maiores que o aumento de custo de um membro da cadeia de suprimentos, a cadeia de suprimentos como um todo é melhorada. Cabe, então, às empresas cujo custo é reduzido compartilhar os benefícios para compensar de modo justo aquelas cujo custo é aumentado. Essa disposição de compartilhar benefícios e riscos associados a mudanças na integração operacional é a essência do verdadeiro gerenciamento de relacionamentos discutido no capítulo anterior.

Tempo de resposta da cadeia de suprimentos

Uma medida interessante e extremamente significativa para o desempenho abrangente da cadeia de suprimentos é o **tempo de resposta da cadeia de suprimentos** (**SCRT** – *supply chain response time*). O SCRT é o tempo necessário para todas as empresas em uma cadeia de suprimentos reconhecerem uma mudança na demanda do mercado, internalizarem essa descoberta e replanejarem e ajustarem os resultados para atender essa demanda. Por exemplo, na indústria automobilística, quando foi descoberto que a demanda por veículos utilitários esportivos era bastante alta, foram necessários muitos anos até as empresas alcançarem produção e capacidade suficientes, fazerem novos arranjos de relacionamento com fornecedores e atenderem a demanda dos clientes. Na maioria dos casos, o desenvolvimento de uma medida para o SCRT seria uma aproximação conceitual, e não uma medida real. Apesar disso, é extremamente útil os executivos da cadeia de suprimentos pensarem considerando quanto tempo seria necessário para que uma cadeia de suprimentos preparasse todas as atividades, desde o fornecimento de matérias-primas até a distribuição final, quando a demanda por um produto é bem maior (ou menor) que a prevista.

BENCHMARKING

O *benchmarking* é um aspecto fundamental da medição de desempenho que torna os gerentes conscientes de práticas comerciais de primeira linha. Muitas empresas adotaram o *benchmarking* como ferramenta para suas operações em relação às de empresas líderes, tanto concorrentes

TABELA 15.2 Envolvimento com atividades de benchmarking.

Dimensão de desempenho	Percentual de empresas com alto desempenho	Percentual de empresas com médio desempenho
Serviço ao cliente	92,5	56,0
Administração de custos	80,0	47,1
Qualidade	70,0	31,0
Produtividade	77,5	38,5
Gerenciamento de ativos	55,0	25,8

Nota: Todos os valores são estatisticamente significativos ao nível de 0,05.

Fonte: Reproduzido com permissão de Donald J. Bowersox, David J. Closs, and Theodore P. Stank, *21st Century Logistics: Making Supply Chain Integration a Reality* (Oak Brook, IL, Council of Supply Chain Management Professionals, 1999), p. 97.

como não concorrentes, em setores afins ou não. Embora as medidas de desempenho de *benchmarking* tenham se tornado uma prática relativamente padrão, muitas empresas não fazem *benchmarking* de processos.

Uma decisão importante em *benchmarking* é a escolha das organizações a usar como modelo. Muitas empresas comparam o desempenho de unidades de negócios internas envolvidas em operações semelhantes ou localizadas em diferentes regiões. Por exemplo, a Johnson & Johnson, com mais de 150 unidades de negócios diferentes, tem amplas oportunidades para fazer *benchmarking* internamente. Como as unidades de negócios em grandes organizações diversificadas muitas vezes não percebem o que ocorre em outras unidades, o *benchmarking* interno oferece uma forma de compartilhar conhecimento, bem como melhorar o desempenho.

No entanto, o *benchmarking* interno oferece poucas informações sobre o desempenho dos concorrentes. Uma empresa pode estar atrás dos concorrentes e não saber disso. As informações sobre o desempenho de concorrentes podem ser usadas para identificar onde as melhorias são mais necessárias; no entanto, é extremamente difícil obter informações sobre os processos operacionais de concorrentes.

O *benchmarking* amplo envolve esforços para comparar as medidas e os processos às melhores práticas, independentemente de onde a prática relevante é encontrada. Ele não restringe as fontes de informação a uma empresa ou a um setor específico. O *benchmarking* amplo se apoia na filosofia de que é possível aprender com organizações em setores não relacionados que apresentam desempenho excepcional ou usam abordagens inovadoras. A L. L. Bean, uma empresa de vendas por correios e catálogos, se tornou um *benchmark* em processos de atendimento de pedidos para empresas em diversas áreas, como alimentos, cuidados pessoais e produtos eletrônicos.

O *benchmarking* é uma ferramenta importante no sistema de avaliação de desempenho de uma organização. Em um estudo de empresas de cadeias de suprimentos com melhores práticas mostrado na Tabela 15.2, descobriu-se que as empresas que apresentam alto nível de desempenho na cadeia de suprimentos têm muito mais probabilidade de se envolver em atividades de *benchmarking* do que empresas que demonstram desempenho médio. A tabela também mostra os resultados da pesquisa relacionados ao *benchmarking*. Em todas as categorias, empresas com alto desempenho se envolvem mais em *benchmarking* do que empresas com desempenho médio. É claro que o *benchmarking* é considerado um aspecto essencial de medição por organizações líderes.

TECNOLOGIA DA INFORMAÇÃO E MEDIÇÃO

Os avanços na tecnologia da informação aumentaram bastante a capacidade de as empresas rastrearem e monitorarem as métricas de desempenho. As empresas não precisam mais desenvolver aplicações manuais ou baseadas em planilhas para coletar, classificar e analisar dados de desempenho. Por exemplo, a maior parte das aplicações de *software* atuais para gerenciamento de transportes, gestão de depósitos, gestão de relacionamento com os clientes e gestão de relacionamento com fornecedores provê funções para medir e monitorar o desempenho logístico. Essas informações fornecidas por essa aplicações proporcionam aos gestores de logística a capacidade para tomarem as ações corretivas necessárias em um ambiente praticamente em tempo real.

Por exemplo, na IBM os sistemas acompanham o desempenho de cada fornecedor de acordo com os requisitos da empresa. Ela olha para cada fornecedor em relação ao custo e à eficácia com que ele satisfaz as necessidades da IBM. No lado do cliente, a empresa insere em cada contrato as principais métricas que ambas as partes vão considerar ao determinarem o desempenho da relação. Para assegurar a melhoria contínua, os executivos se reúnem trimestralmente com os fornecedores e clientes para analisar o desempenho e discutir soluções nas áreas em que as melhorias no desempenho são consideradas necessárias.

De modo similar, o Gillette Group, um distribuidor da Pepsi-Cola sediado no estado de Wisconsin, implementou uma aplicação tecnológica que lhe permite monitorar informações detalhadas a respeito da entrega de produtos. Em cada entrega a empresa é capaz de saber o destinatário, quem era o motorista, se a entrega foi feita no prazo, quais clientes devolveram produtos vencidos e outras informações relativas às entregas. O sistema permite que a empresa faça os ajustes e melhorias necessários em seus processos.

Naturalmente, nem todas as melhorias no desempenho exigem tecnologia sofisticada para fornecer informações críticas. Por exemplo, a Guinness, empresa de bebidas irlandesa, ficou muito surpresa ao saber que o seu distribuidor nos Estados Unidos atribuiu um desempenho de 50% em relação às suas entregas no prazo, quando a própria empresa havia estimado esse desempenho em quase 100%. O problema existia porque a Guinness encarava o serviço pela perspectiva de quando a entrega saía da instalação na Irlanda; o distribuidor nos Estados Unidos considerava quando a entrega chegava. A diferença só ficou evidente após discussões entre os executivos das duas empresas. A discrepância levou a Guinness a uma investigação detalhada de todas as etapas envolvidas em um carregamento de sua cervejaria em Dublin para os Estados Unidos e à necessidade de tecnologia para proporcionar uma maior visibilidade quanto à situação de cada carregamento.

Esses exemplos reforçam uma lição crítica quanto à medição do desempenho. Os dados e as métricas são requisitos críticos para monitorar a situação dos sistemas logísticos. A tecnologia pode ser um viabilizador fundamental nesse processo. No entanto, o controle do desempenho continua a ser responsabilidade da gestão, que utiliza as informações para determinar as mudanças necessárias nas operações logísticas visando melhorar esse desempenho.

AVALIAÇÃO FINANCEIRA

LEMBRE-SE DE QUE O *BALANCED SCORECARD* dá grande ênfase ao aumento do valor para o acionista. Portanto, os executivos logísticos devem estar informados e prontos para demonstrar como as práticas e os processos da cadeia de suprimentos afetam a saúde financeira de toda a organização. Os sistemas de medição devem permitir aos gerentes logísticos vincular o desempenho da cadeia de suprimentos diretamente aos resultados financeiros. Para fazer isso com eficácia, os gerentes logísticos devem estar bem fundamentados em duas ferramentas essenciais para a avaliação financeira: análise de custos e receitas e modelo estratégico de rentabilidade.

ANÁLISE DE CUSTOS E RECEITAS

A realização da integração logística exige estabelecer uma estrutura de análise de custos e receitas. As práticas contábeis tradicionais tornam esse tipo de estrutura complicada para executivos logísticos. A margem de contribuição e as metodologias de custo total foram suplantadas pelo uso do **custeio baseado em atividades** (**ABC** – *activity based costing*) como a maneira mais promissora de identificar e controlar as despesas logísticas.

Práticas de contabilidade

Os dois principais relatórios financeiros de uma empresa são o **balanço patrimonial** e a **demonstração do resultado do exercício**. O balanço patrimonial reflete a posição financeira de uma empresa em determinado momento. Seu objetivo é resumir ativos e passivos e indicar o valor líquido da propriedade. A demonstração do resultado do Exercício reflete as receitas e despesas associadas a certas operações ao longo de um período específico. Como sugere o nome, seu objetivo é determinar o sucesso financeiro das operações. As funções logísticas são parte integrante dos dois relatórios; no entanto, a principal deficiência no custeio e na análise logística é o método pelo qual os custos contábeis padronizados são identificados, classificados e registrados. Infelizmente, os métodos convencionais de contabilidade não satisfazem totalmente os requisitos de custeio logístico.

O primeiro problema resulta do fato de a prática contábil agregar custos de acordo com uma base contábil padrão ou natural, e não com base em atividades. A prática de agrupar despesas em contas naturais, como salários, aluguéis e depreciação, não consegue identificar ou atribuir responsabilidades operacionais. Para ajudar a agregação de acordo com contas naturais, é comum os relatórios serem subdivididos em áreas de responsabilidade gerencial ou organizacional dentro de uma empresa. As demonstrações de resultados do exercício internas geralmente classificam e agrupam despesas ao longo das linhas orçamentárias da organização. Portanto, os custos são acurados por responsabilidade gerencial. No entanto, muitas despesas associadas ao desempenho logístico ultrapassam as unidades organizacionais. Por exemplo, esforços para diminuir estoques reduzirão seu custo de manutenção, mas também podem gerar atrasos nos pedidos, o que aumentaria o custo total de transporte. O resultado se reflete em dados inadequados para a medição do desempenho integrado.

Uma deficiência da contabilidade envolve os métodos tradicionais de registro de despesas de transportes. Ainda é prática padrão na contabilidade deduzir as despesas de frete de entrada das vendas brutas como parte do custo dos produtos para chegar a um número de margem bruta. O frete de saída, por outro lado, geralmente é registrado como despesa operacional. No entanto, o problema se estende para além de onde o frete é contabilizado e registrado. Em muitas situações de compra, o frete não é registrado como um custo específico. Muitos produtos são comprados com base no preço de entrega, o que inclui os custos de transporte. A maioria dos procedimentos de compras avançados exige que as despesas por todos os serviços, incluindo transportes, sejam desvinculadas do custo total da compra por motivos de avaliação.

Uma deficiência final na prática contábil tradicional é a falha em especificar e atribuir o custo de estoque. A deficiência tem dois aspectos. Primeiro, os custos totais associados à manutenção de estoque, como seguros e impostos, não são identificados, resultando em valores incompletos no registro de custos de estoque. Segundo, o peso financeiro de ativos comprometidos em estoque de matérias-primas, produtos em processo e produtos acabados não é identificado, medido ou separado de outras formas de gastos de capital da empresa. Na verdade, se uma empresa aplica fundos internos para apoiar requisitos de estoque, é provável que nenhum gasto de capital apareça na demonstração de lucros e perdas.

Para resolver esses problemas, diversas modificações na contabilidade tradicional são necessárias para monitorar os custos logísticos. Em especial, as duas maiores despesas logísticas individuais – transportes e estoque – tradicionalmente são registradas de uma forma que esconde sua importância em vez de destacá-la. Embora a situação esteja melhorando, a separação e o registro de rotina dos custos logísticos não são práticas padrão na maioria das organizações.

Para controlar os custos e melhorar a eficiência operacional, é preciso identificar e coletar adequadamente todas as informações relevantes de custo de um modo que seja significativo para os tomadores de decisões. O custeio logístico também deve oferecer a esses executivos as informações para determinar se um segmento específico do negócio, como um cliente, pedido, produto, canal ou serviço, é lucrativo. Isso exige a adequação das receitas específicas com custos específicos.

Determinar o custo com eficácia requer identificar despesas específicas e incluí-las em um quadro de análise. Duas estruturas com inúmeros defensores são a **abordagem da contribuição** e a **abordagem do lucro líquido**.

Abordagem da contribuição

Uma abordagem da contribuição pura requer que todos os custos sejam identificados como fixos ou variáveis de acordo com seu comportamento. Custos fixos são aqueles que não se alteram diretamente com o volume de atividade. Em resumo, esses custos permaneceriam iguais mesmo que o volume fosse reduzido a zero. Por exemplo, o custo de um caminhão de entrega é fixo. Se o caminhão custa $ 40 mil, a empresa gasta $ 40 mil (ou a depreciação adequada) quer ele seja usado para uma ou mil entregas. Custos variáveis são aqueles que se alteram em razão do volume. O diesel necessário para operar um caminhão de entrega é variável: o custo total do diesel depende da frequência de uso e da distância que o caminhão percorre.

Na análise da contribuição, também é necessário distinguir custos diretos e indiretos. Custos diretos são os que ocorrem especificamente por causa da existência do produto, cliente ou outro segmento em consideração. Se esse segmento fosse eliminado, o custo direto deixaria de existir. Todos os custos variáveis podem estar diretamente associados a certos produtos, clientes e canais. Alguns custos fixos também podem ser diretos se existirem para dar apoio logístico a um segmento específico da empresa. Por exemplo, uma instalação de armazenamento pode ser construída somente para apoiar determinada linha de produtos ou uma grande conta de cliente. Os custos indiretos existem por conta de mais de um segmento da empresa e continuariam a existir mesmo que um segmento específico fosse eliminado. Portanto, um depósito que mantém diversas linhas de produtos continuaria a funcionar mesmo que uma linha fosse descontinuada. Nesse caso, o depósito é custo indireto para os produtos.

No método de análise da contribuição, é possível preparar demonstrações do resultado do exercício para identificar a rentabilidade de cada segmento determinando os custos fixos, variáveis, diretos e indiretos. A Tabela 15.3 apresenta um exemplo hipotético dessas demonstrações do resultado do exercício para uma empresa que analisa a lucratividade de dois clientes: um hospital e um varejista. Os custos variáveis dos produtos vendidos estão diretamente relacionados ao *mix* de produtos em cada segmento de clientes; incluem apenas mão de obra direta, materiais e suprimentos. Todos os custos gerais da fábrica são tratados como custos indiretos na abordagem da margem de contribuição. Os custos variáveis diretos incluem itens como comissão de vendas, descontos, determinados custos logísticos acerca do relacionamento com cada cliente e quaisquer outras despesas que variam diretamente com o volume de vendas por consumidor. Os custos fixos diretos incluem quaisquer outros custos que podem ser diretamente associados ao cliente específico. Esses custos podem incluir determinados aspectos de vendas,

TABELA 15.3 Demonstração de resultados da margem de contribuição para dois clientes.

	Hospital	Varejista	Total
Receita	$ 100.000	$ 150.000	$ 250.000
Menos: Custo variável dos produtos vendidos	42.000	75.000	117.000
Lucro bruto variável	58.000	75.000	133.000
Menos: Custo direto variável	6.000	15.000	21.000
Contribuição bruta do segmento	52.000	60.000	112.000
Menos: Custos diretos fixos	15.000	21.000	36.000
Contribuição líquida do segmento	$ 37.000	$39.000	76.000
Menos: Custos fixos indiretos			41.000
Lucro líquido			$ 25.000
Taxa de contribuição líquida do segmento	37%	26%	30,4%

salários e despesas, propaganda, transportes, armazenamento, processamento de pedidos e outras atividades logísticas. A chave é que essas despesas devem ser diretamente atribuíveis a esses clientes. Os custos fixos indiretos incluem todas as despesas que não podem ser facilmente associadas a um segmento certo. Muitas dessas despesas também podem ser custos relacionados à logística. Por exemplo, depósitos compartilhados, veículos de transporte e outros recursos usados em conjunto devem ser especificados como custos indiretos.

Na Tabela 15.3, os clientes estão cobrindo os custos diretos e fazendo uma expressiva contribuição aos custos fixos indiretos. No entanto, o hospital tem um percentual substancialmente mais alto de contribuição líquida que o varejista: 37% contra 26%. Grande parte dessa diferença é atribuível à diferença no lucro bruto variável, de 58% contra 50%. Essa diferença sugere que a análise do *mix* de produtos para o varejista deveria ser conduzida para determinar que a ênfase deve se voltar para um *mix* de produtos mais lucrativo. No entanto, a eliminação do varejista seria um erro claro, já que o cliente hospitalar teria de assumir todos os custos fixos indiretos, resultando em um prejuízo líquido de $ 4 mil.

Muitas empresas estão começando a perceber a necessidade de compreender melhor a lucratividade de segmentos específicos de seus negócios. Elas também estão constatando que os custos relacionados à logística são o principal determinante de quais clientes e produtos realmente estão contribuindo para os lucros globais da empresa. Por exemplo, depois de nascer de um desdobramento da Procter & Gamble, a Sunny Delight se viu como uma empresa relativamente pequena em um setor dominado por grandes empresas. A gestão percebeu rapidamente a necessidade de focar no aumento da lucratividade. Isso exigiu que a empresa mapeasse a receita, as promoções comerciais, o custo dos bens vendidos, a logística e quaisquer outros custos variáveis relacionados ao cliente para melhorar a eficiência global e a receita da empresa.

A gestão analisou dois clientes muito parecidos, com lucratividade ligeiramente diferente, para determinar por que havia essa diferença. A análise identificou que a diferença se devia à logística; não necessariamente nos custos de envio, mas nos custos de manuseio e nas multas por atraso. Depois de algumas discussões, agora o cliente coleta os seus pedidos, poupando uma quantidade significativa de dinheiro à Sunny Delight e a ele mesmo.

A Sunny Delight também utiliza a análise de lucratividade para ajudar a examinar a empresa após uma aquisição. Por exemplo, durante a recente aquisição da Veryfine, algumas linhas de produtos foram consideradas não rentáveis. No entanto, a Sunny Delight conseguiu analisar os dados de "gastos por tamanho de embalagem" e determinar que as despesas em promoções comerciais eram mais eficientes do que imaginavam. Desse modo, alguns produtos que eram candidatos à eliminação foram considerados, na realidade, bastante rentáveis.

Abordagem do lucro líquido

A abordagem do lucro líquido na avaliação financeira de segmentos requer que todos os custos operacionais sejam cobrados ou alocados a um segmento operacional. Os defensores dessa abordagem argumentam que todas as atividades de uma empresa existem para apoiar a produção e a entrega de bens e serviços aos clientes. Além disso, em muitas empresas a maioria dos custos é, na realidade, custo conjunto ou compartilhado. Para determinar a rentabilidade real de um canal, território ou produto, deve-se atribuir a cada segmento sua cota justa desses custos. No exemplo anterior, alocar custos fixos indiretos com base no volume de vendas resultaria que o hospital seria responsável por 40%, ou $ 16.400, e o varejista, por 60% ou $ 24.600. O lucro líquido do atendimento ao hospital seria de $ 20.600. O lucro líquido do cliente varejista seria de $ 14.400.

É evidente que surgem problemas significativos para determinar como alocar custos indiretos de forma justa e equitativa. Os defensores da abordagem da margem de contribuição argumentam que essas alocações são arbitrárias e resultam em avaliação financeira enganosa. Eles apontam o uso do volume de vendas como base para a alocação de despesas e a tendência inerente a essa abordagem. Por exemplo, o varejista citado é responsável por 60% do volume total de vendas, mas não necessariamente é responsável por 60% das despesas de propaganda, armazenamento, processamento de pedidos ou qualquer outra atividade compartilhada. Ele pode ser responsável por muito mais ou muito menos em cada categoria de despesas, dependendo de circunstâncias que não estão de forma alguma relacionadas simplesmente ao volume de vendas.

No entanto, os defensores do lucro líquido argumentam que as ideias tradicionais de custos fixos e variáveis e custos diretos e indiretos são muito simplistas. Grande parte dos chamados custos fixos indiretos não são, de fato, indiretos ou fixos. Essas despesas aumentam e diminuem, dependendo das demandas colocadas sobre a empresa pelos diversos segmentos operacionais.

Custeio baseado em atividades

Como solução parcial para o problema das alocações arbitrárias, o **custeio baseado em atividades** (**ABC** – *activity based costing*) sugere que os custos devem, primeiro, estar associados às atividades realizadas e, depois, as atividades devem estar relacionadas a produtos ou segmentos de clientes específicos da empresa. Suponha, por exemplo, que as despesas de processamento de pedidos são basicamente um custo fixo indireto em nosso exemplo hipotético, somando $ 5 mil. Alocar essas despesas aos dois clientes com base no volume de vendas resulta em uma alocação de $ 2 mil para o hospital e $ 3 mil para o varejista. No entanto, é provável que o hospital faça muitos pedidos durante o ano, cada um com uma quantidade pequena, enquanto o varejista faz apenas alguns pedidos grandes. Se o hospital fizesse 80 pedidos e o varejista 20, uma abordagem ABC alocaria 80% para o hospital, ou $ 4 mil, e 20% para o varejista, ou $ 1 mil, das despesas de processamento de pedidos. A aplicação de uma lógica semelhante a outros custos fixos indiretos identificando os fatores decisivos de atividades e custos poderia resultar em maior refinamento da lucratividade do cliente.

Identificar as atividades, as despesas relacionadas e os fatores decisivos das despesas representa o maior desafio na abordagem ABC. O custo de processamento de pedidos pode ser relacionado à quantidade de pedidos em uma empresa e ao número de linhas em cada pedido em outra empresa. As despesas de separação de pedidos em depósitos podem ser relacionadas à quantidade de itens separados em uma empresa e à quantidade de quilos em outra. Os transportes podem ser relacionados à soma de entregas em uma empresa e à quantidade de quilômetros percorridos em outra. De acordo com os defensores desse método de custeio baseado em atividades, um dos custos que deve ser excluído da alocação a segmentos é o de capacidade excedente. Portanto, se um sistema de processamento consegue processar 5 milhões de pedidos ao ano, mas só é utilizado para 4 milhões deles, a capacidade excedente não deve ser alocada a nenhum segmento. De modo semelhante, se um depósito e seus empregados conseguem manusear 100 mil carregamentos, mas só são usados para 80 mil, a capacidade excedente é o custo do período, e não o custo atribuível a um segmento operacional existente. No entanto, todos os outros custos devem estar associados por meio de um sistema baseado em atividades.

Grande parte da diferença entre as abordagens da margem de contribuição e do lucro líquido para a análise do custo do segmento está desaparecendo à medida que os analistas desenvolvem abordagens melhores para identificar o comportamento das despesas. Os defensores do custeio direto e da margem de contribuição provavelmente continuariam a associar os custos a segmentos com base nas atividades realizadas, desde que a base de associação refletisse o custo real da atividade. Historicamente, seus argumentos se baseiam na justiça e na adequação do método de alocação. Mesmo o mais fervoroso defensor do custeio total, por outro lado, não argumentaria a favor da alocação arbitrária de custos. Progressos recentes, como custeio baseado em atividades orientadas pelo tempo, prometem mais exatidão e podem ajudar a resolver essa controvérsia.[11]

MODELO ESTRATÉGICO DE RENTABILIDADE

Embora o custeio e a avaliação da lucratividade sejam aspectos importantes do controle financeiro, a medida mais crítica do sucesso estratégico é o **retorno sobre investimentos** (**ROI** – *return on investment*). Existem duas maneiras de ver o ROI: o **retorno sobre o patrimônio líquido** (**RONW** – *return on net worth*), que mede a rentabilidade dos recursos que os donos da empresa investiram na organização; e o **retorno sobre ativos** (**ROA** – *return on assets*), que mede a rentabilidade gerada por meio do gerenciamento dos ativos operacionais de uma empresa. Embora os donos e investidores provavelmente estejam mais interessados no RONW, o ROA oferece uma medida de quão bem os gerentes estão utilizando os ativos para gerar lucros.

A Figura 15.4 apresenta o **Modelo Estratégico de Rentabilidade** (**SPM** – *Strategic Profit Model*), com dados hipotéticos. O SPM é uma ferramenta usada com frequência para analisar o ROI em uma empresa. Na verdade, ele incorpora tanto os dados de demonstrações do resultado do exercício quanto os de balanços patrimoniais e demonstra como esses dados se relacionam entre si para resultar no ROA.

Um dos principais benefícios do SPM é que ele mostra claramente que um objetivo financeiro fundamental da empresa é alcançar determinada meta e aumentar o ROA. Com muita frequência, os gerentes se concentram em objetivos mais limitados. Por exemplo, os gerentes de vendas podem se concentrar nas vendas como objetivo principal da empresa e, portanto, basear suas decisões no volume de vendas. Os gerentes logísticos podem se concentrar na minimização dos custos ou no giro e achar que as decisões devem se basear na redução de despesas ou no aumento da utilização eficiente dos ativos da empresa. O SPM demonstra que existem duas maneiras fundamentais pelas quais uma empresa pode aumentar o retorno sobre ativos: administrando a margem de lucro líquido e/ou administrando o giro de ativos. As operações logísticas têm impacto significativo sobre ambas.

---

[11] Patricia Everaert, Werner Bruggeman, Gerrit Sarens, Steven Anderson, and Yves Levant, "Cost Modeling in Logistics Using Time-Driven ABC: Experiences From a Wholesaler," *International Journal of Physical Distribution & Logistics Management* 38, nº 2, 2008, pp. 172-189.

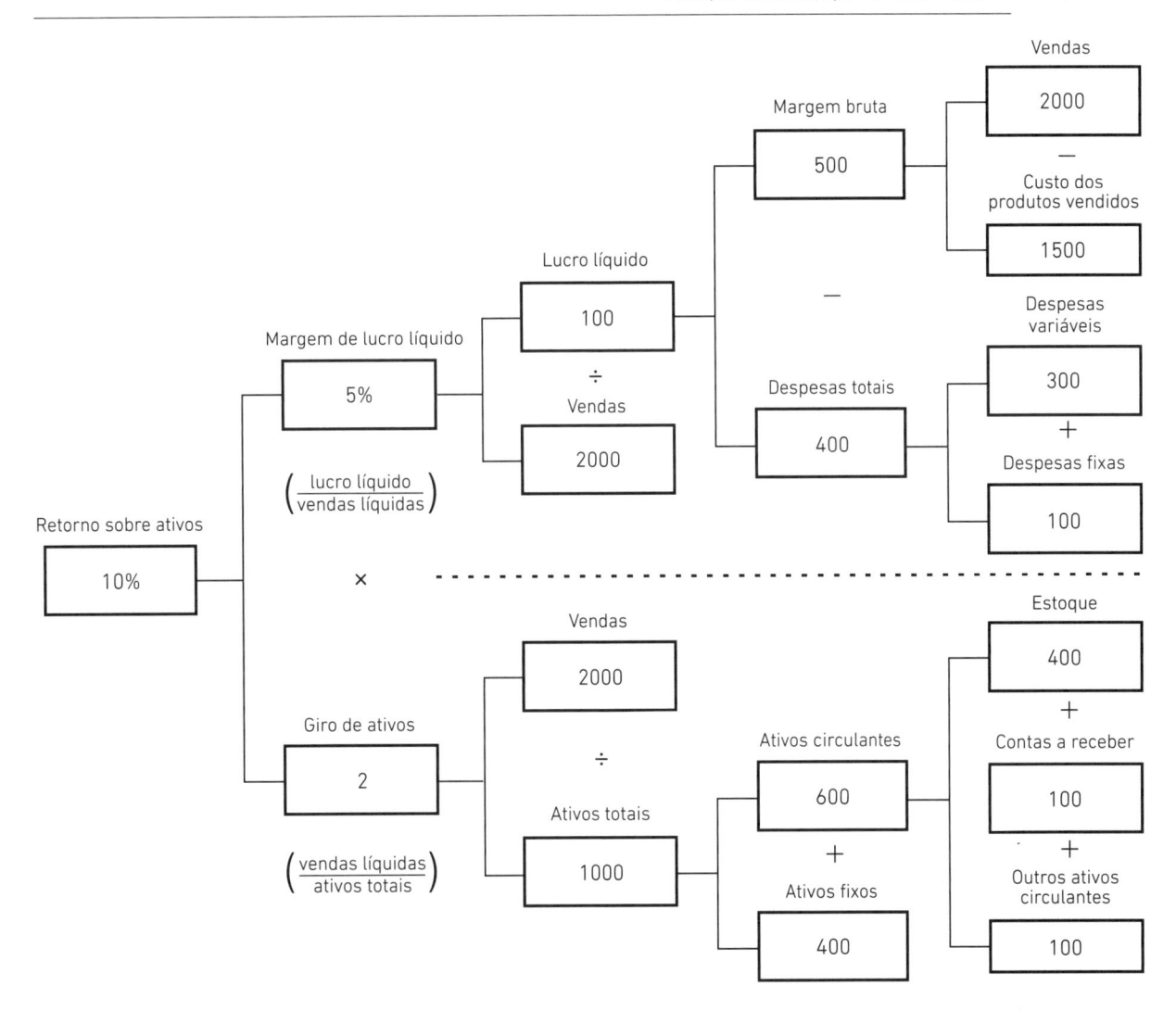

```
                                                                              Vendas
                                                                             ┌──────┐
                                                                             │ 2000 │
                                                      Margem bruta           └──────┘
                                                      ┌──────┐                  −
                                                      │ 500  │               ┌──────────┐
                                                      └──────┘               │ Custo dos│
                                                                             │ produtos │
                                           Lucro líquido                     │ vendidos │
                                           ┌──────┐                          └──────────┘
                                           │ 100  │                          ┌──────┐
                                           └──────┘                          │ 1500 │
              Margem de lucro líquido          −                             └──────┘
              ┌──────┐                                                       Despesas
              │  5%  │                                                       variáveis
              └──────┘                                    Despesas totais    ┌──────┐
                                           ÷              ┌──────┐           │ 300  │
                                           Vendas         │ 400  │           └──────┘
              (lucro líquido /             ┌──────┐       └──────┘              +
               vendas líquidas)            │ 2000 │                          Despesas fixas
                                           └──────┘                          ┌──────┐
Retorno sobre ativos                                                         │ 100  │
┌──────┐                                                                     └──────┘
│ 10%  │      ×
└──────┘      -  -  -  -  -  -  -  -  -  -  -  -  -  -  -  -  -  -  -  -  -  -  -  -  -
                                                                             Estoque
                                           Vendas                            ┌──────┐
                                           ┌──────┐                          │ 400  │
                                           │ 2000 │                          └──────┘
              Giro de ativos               └──────┘                             +
              ┌──────┐                                    Ativos circulantes Contas a receber
              │  2   │                     ÷              ┌──────┐           ┌──────┐
              └──────┘                     Ativos totais  │ 600  │           │ 100  │
                                           ┌──────┐       └──────┘           └──────┘
              (vendas líquidas /           │ 1000 │          +                  +
               ativos totais)              └──────┘       Ativos fixos       Outros ativos
                                                          ┌──────┐           circulantes
                                                          │ 400  │           ┌──────┐
                                                          └──────┘           │ 100  │
                                                                             └──────┘
```

FIGURA 15.4
Modelo estratégico da rentabilidade.

Margem de lucro líquido

Expressa como percentual, a margem de lucro líquido representa o lucro líquido dividido pelas vendas líquidas. No entanto, indo além dessa expressão simples, a margem de lucro líquido mede a proporção de cada dólar vendido que é retido pela empresa como lucro líquido. Por exemplo, a empresa hipotética tem uma margem de lucro líquido de 5%; isso simplesmente significa que, de cada dólar, $ 0,05 representa o lucro líquido para a empresa. É importante observar que a margem de lucro líquido também é dividida em diversos componentes específicos. Esses componentes são volume de vendas, custo dos produtos vendidos e despesas operacionais. Para avaliar completamente se a margem de lucro líquido de uma empresa é adequada e pode ser melhorada, é necessário investigar cada componente para determinar se um aumento ou redução em qualquer componente ou em qualquer combinação de componentes pode levar a um desempenho melhor da margem de lucro líquido.

Giro de ativos

O resultado das vendas totais divididas pelos ativos totais é o giro de ativos, que mede a eficiência dos gerentes na utilização dos ativos. Ele mostra quanto do total de vendas está sendo gerado por dólar que a empresa investiu em ativos. Por exemplo, a empresa hipotética com uma taxa de giro de ativos de 2:1 está gerando $ 2,00 em volume de vendas para cada dólar investido em ativos. Como ilustra a Figura 15.4, existem diversos ativos usados para gerar vendas. Os mais importantes são estoques, contas a receber e ativos fixos. O estoque é um ativo especialmente importante para muitas empresas porque em geral representa uma das maiores áreas de investimento em ativos. Portanto, é comum, em logística, se concentrar especificamente no gerenciamento da taxa de giro de estoque.

Aplicações do SPM

O SPM pode ser usado para muitos tipos diferentes de análise logística. Dois dos mais comuns são o impacto de alterações em atividades ou processos logísticos sobre o ROA e a análise do ROA por segmentos.

A Figura 15.5 ilustra um recálculo do ROA supondo que a empresa hipotética conseguisse uma redução de estoque de $ 100,00. O impacto mais evidente dessa redução no estoque ocorre reduzindo o ativo de estoque de $ 400,00 para $ 300,00. Uma alteração correspondente nos ativos totais resulta em uma nova taxa de giro de ativos de 2,22 contra o caso inicial, de 2,0 vezes. Por questões didáticas, supomos que o volume de vendas permanece o mesmo.

No entanto, uma redução no estoque médio também tem impacto sobre as despesas operacionais. Os custos de manutenção de estoques, discutidos no Capítulo 7, também devem ser reduzidos. Neste exemplo, supondo-se um custo de manutenção de estoques de 20%, a redução de despesas chega a $ 20,00, aumentando o lucro líquido para $ 120,00 e a margem de lucro líquido para 6%. O impacto combinado de redução de estoque sobre a margem de lucro e o giro de ativos resulta em um aumento no ROA, de 10% para mais de 13,3%. Não é de surpreen-

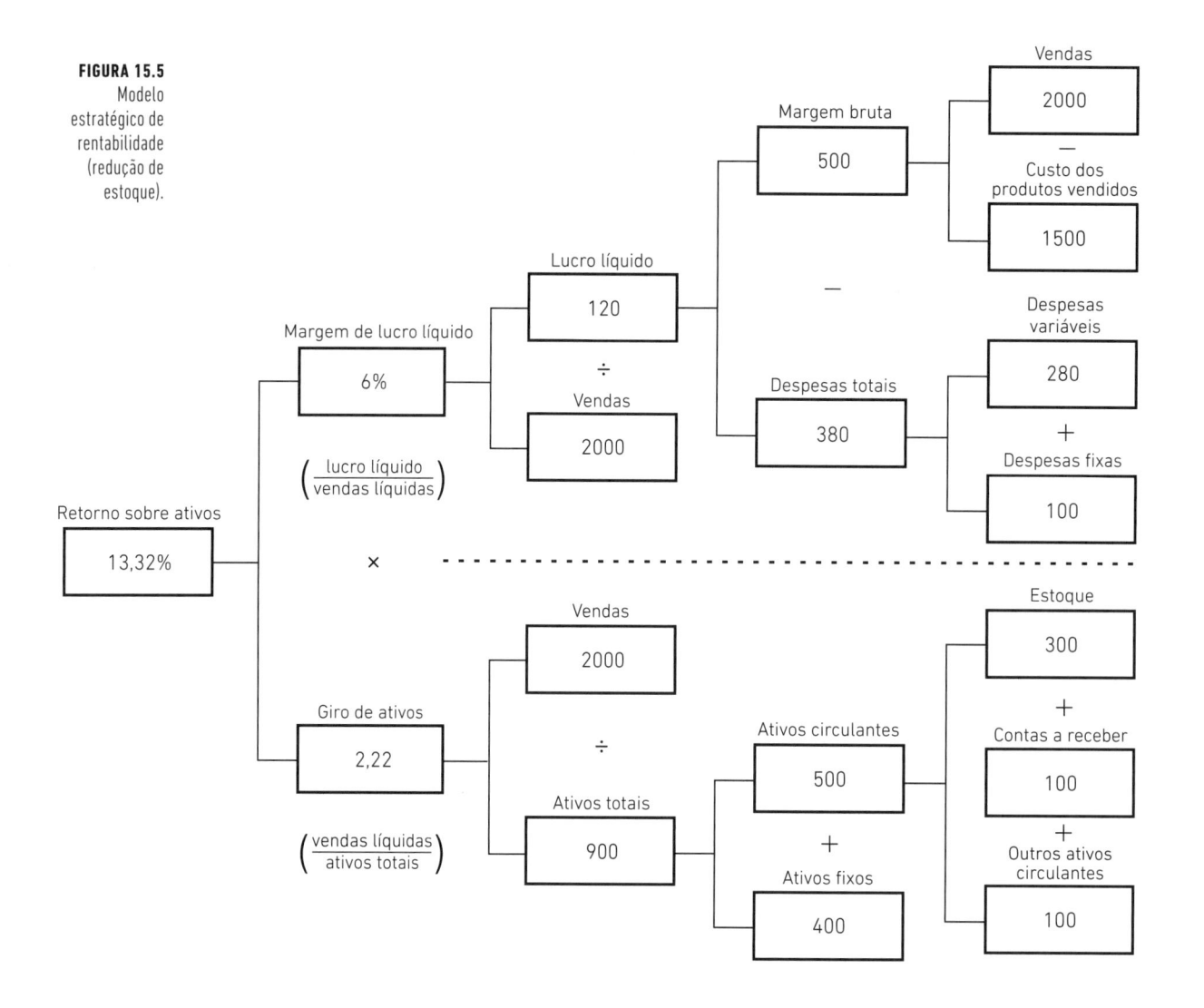

FIGURA 15.5 Modelo estratégico de rentabilidade (redução de estoque).

	Produto A	Produto B
Vendas	$ 100.000	$ 50.000
Custo dos produtos	60.000	35.000
Margem bruta	40.000 (40%)	15.000 (30%)
Despesas diretas	25.000	9.000
Margem de contribuição	15.000 (15%)	6.000 (12%)
Estoque médio	40.000	10.000
CMROI	37,5%	60%

TABELA 15.4 CMROI para dois produtos.

der que muitas organizações estejam se concentrando em métodos para melhorar o gerenciamento de estoque!

O pressuposto simplificador de não apresentar mudanças nas vendas poderia estar sujeito a novas avaliações por meio do uso do SPM. Uma variedade de cenários sobre mudanças potenciais em volume, despesas e investimentos pode ser proposta e analisada. Na verdade, a estrutura do SPM é muito adaptável a um modelo de planilha, que permite a investigação e análise de muitas alterações diferentes nas operações logísticas e seu impacto projetado sobre o ROA. Alterações na estrutura das instalações ou nos métodos com mudanças projetadas em despesas, investimento em ativos e nível de vendas podem ser analisadas para projetar o impacto sobre o ROA.

O SPM, em conjunto com os conceitos discutidos na seção sobre análise de custos e receitas, também pode ser usado para analisar o retorno sobre ativos gerado por diversos segmentos de produtos ou clientes de uma empresa. A Tabela 15.4 apresenta um modelo de cálculo do **retorno da margem de contribuição sobre investimento em estoques** (**CMROI** – *contribution margin return on inventory investment*) para dois produtos. A margem de contribuição de cada produto é calculada usando-se apenas as despesas diretamente associadas a cada um.

Nenhum custo indireto foi alocado. De modo semelhante, os investimentos em ativos diretamente associados a produtos específicos devem ser identificados. Nesse caso, o único investimento direto em ativos é o investimento em estoques. Observe que o produto B tem margem bruta e margem de contribuição inferiores, mas, na verdade, apresenta um retorno substancialmente maior devido ao baixo investimento em estoque médio. Em outras situações, por exemplo, a análise do retorno de clientes sobre ativos, contas a receber e outros investimentos diretos em ativos associados a um cliente específico devem ser incluídos.

Outras análises de rentabilidade do segmento e ROI podem ser realizadas usando a estrutura do SPM. É necessário considerar e identificar cuidadosamente esses custos e investimentos em ativos associáveis a segmentos específicos. Com essa abordagem, o executivo logístico tem uma ferramenta útil e poderosa para identificar como os processos, atividades e decisões logísticos impactam os objetivos financeiros da organização.

Um problema enfrentado pelos executivos logísticos é que as abordagens típicas para avaliação do desempenho logístico geralmente não são expressas em relação aos que sejam significativos para outros executivos seniores. Por exemplo, as despesas de transportes por quilômetro, as despesas de separação de produtos em depósitos e as medidas relacionadas a custos são extremamente importantes em termos da administração dessas atividades específicas, mas são um tanto obscuras para executivos de finanças e marketing. A estrutura do SPM é uma ferramenta muito útil para relacionar as atividades logísticas aos objetivos financeiros gerais da organização. Ela oferece um mecanismo para monitorar especificamente como as mudanças nos ativos ou despesas logísticas se relacionam diretamente a medidas que são mais significativas para outros executivos: medidas como margem de lucro, giro de ativos e retorno sobre ativos.

REQUISITOS PARA RELATÓRIOS FINANCEIROS

Devido à grande quantidade de erros administrativos financeiros em grandes corporações, o congresso norte-americano aprovou, em 2002, o Sarbanes-Oxley Act – SOX (Lei Sarbanes-Oxley). Embora a lei tenha como foco os relatórios financeiros de corporações para seus acionistas, ficou evidente, logo depois de sua aprovação, que ela também apresentava implicações importantes para a gestão logística e da cadeia de suprimentos, especialmente em relação a como o desempenho é medido e registrado.

A Seção 404 da SOX exige que uma empresa apresente um relatório de controle interno junto ao relatório corporativo anual. A *Securities and Exchange Commission* (SEC) avalia os controles internos usados pela empresa para determinar sua adequação para garantir a consistência e a exatidão dos relatórios financeiros. Sendo assim, toda empresa incluída na lei deve ter capacidades de medição interna que obedeçam aos requisitos da SEC. Observe que a SEC não especifica quais devem ser os controles e medidas internos, mas exige que os controles garantam a integridade das informações financeiras. Em essência, as empresas devem demonstrar que seus sistemas de medição garantem que os dados financeiros, como receita, custo de produtos vendidos, ativos e passivos, sejam relatados com acurácia. Isso tem um impacto direto sobre a medição do desempenho logístico.[12]

A Tabela 15.5 apresenta exemplos de atividades logísticas e da cadeia de suprimentos, os elementos financeiros afetados e as medidas que podem ser utilizadas para garantir a acurácia das informações financeiras. A APICS, uma associação profissional, e a Protiviti, uma empresa de consultoria, sugerem que as medidas internas mostradas na coluna 5 da tabela podem ser usadas para validar os elementos financeiros mostrados nas colunas 3 e 4. Por exemplo, medir a exatidão do estoque é fundamental para garantir que a empresa registre com acurácia o custo das vendas em sua demonstração de resultados e o investimento em estoque no balanço patrimonial. Da mesma forma, outras medidas internas mostradas na tabela podem estar diretamente vinculadas a itens na demonstração de resultados e no balanço patrimonial. Embora a estrutura sugerida na tabela seja apenas um exemplo, ela demonstra o fato de que as empresas são obrigadas pela SOX a ter um sistema de medição interna que garanta a acurácia das informações financeiras.

De especial importância para os executivos de logística e cadeia de suprimentos são os requisitos da SOX para medir e reportar todas as responsabilidades, obrigações ou transações externas ao balanço patrimonial que possam ter efeito material sobre os relatórios financeiros. Atividades como estoques gerenciados por fornecedores, contratos de compra de longo prazo e subsídios de posicionamento são exemplos de tais itens. Assim, as tentativas de obter vantagem competitiva utilizando essas abordagens se tornam de conhecimento público devido aos requisitos de transparência da SOX.[13]

Além de reportar as transações, também se exige que as empresas reportem todos os eventos que possam ter efeito material sobre os relatórios financeiros. Considere, por exemplo, o transporte de produtos que têm prazo de entrega longo e/ou têm potencial para ser retidos por muito tempo em uma fronteira internacional devido a riscos à segurança ou atrasos nos transportes. Em muitas situações, o comprador pode ser obrigado por contrato a pagar pelos produtos independentemente de quando são recebidos. Portanto, o comprador possui o estoque mas não recebe a posse real por algum tempo.[14] Historicamente, essas situações eram essen-

---

[12] Roger Morton, "SOX and the Supply Chain," *Logistics Today* 45, nº 10, October 2004, p. 27.

[13] S. Scott Nadler e John F. Kros, "An Introduction to Sarbanes-Oxley and its Impact on Supply Chain Management," *Journal of Business Logistics* 29, nº 1, 2008, p. 244.

[14] Peter M. Tirshwell, "How to Avoid This," *Journal of Commerce*, November 2, 2004, p. 1.

Processo da cadeia de suprimentos	Transações da cadeia de suprimentos	Elementos do relatório financeiro (balanço patrimonial)	Elementos do relatório financeiro (demonstração de resultados)	Elementos da cadeia de suprimentos (alguns exemplos)
Nível de atividade				
Planejamento	Matérias-primas são compradas	• Matérias-primas • Contas a pagar • Caixa e débitos	• Custo de vendas	• Desempenho de entrega do fornecedor • Custo e qualidade • Entregas planejadas
Compras	Compra de equipamentos, material direto e indireto e serviços	• Propriedade e equipamentos (líquido) • Contas a pagar • Caixa e débitos	• Depreciação • Impostos	• Desempenho de entrega do fornecedor • Custo e qualidade • Entregas planejadas
Produção	Produtos são fabricados ou matérias-primas são convertidas	• Matérias-primas • Produtos em processo • Contas a pagar • Despesas provisionais • Salários a pagar • Caixa	• Custo de vendas • Salários • Utilidades	• Entrega no prazo • Qualidade e custo • Acurácia na roteirização • Desempenho do plano de produção • Desempenho da programação de produção • Taxa de rejeição • Níveis de produtos em processo • Produção planejada
Armazenamento	Matérias-primas, produtos em processo ou acabados são armazenados	• Matérias-primas • Produtos em processo • Produtos acabados • Contas a pagar • Despesas provisionais • Salários a pagar • Caixa	• Custo de vendas • Salários • Utilidades	• Acurácia do estoque • Níveis de fila, proteção e estoque de segurança • Giro de estoque • Taxa de rejeição
Transportes	Produtos são transportados	• Produtos em processo • Produtos acabados • Contas a pagar • Salários a pagar • Caixa	• Custo de vendas • Salários	• Entrega no prazo • Qualidade e custo • Taxa de rejeição
Vendas	Produtos ou serviços são vendidos	• Contas a receber (líquido) • Produtos acabados • Reservas de garantia • Comissões a pagar • Caixa	• Receita líquida • Custo de vendas • Despesas de vendas • Despesas de marketing • Comissões	• Desempenho do plano de vendas • Serviço ao cliente • Percentual de alterações em pedidos • Acurácia da entrada de pedidos
Devoluções	Produtos vendidos são devolvidos	• Contas a receber (líquido) • Reservas de estoque • Contas a pagar • Reservas de garantia • Comissões a pagar • Caixa	• Receita líquida	• Qualidade e serviço ao cliente • Devoluções planejadas

TABELA 15.5 Medidas logísticas e da cadeia de suprimentos relacionadas a relatórios financeiros.

cialmente desconhecidas dos executivos seniores, mas, no ambiente atual, esse compromisso financeiro e seu impacto devem ser reconhecidos. Basicamente, os requisitos de segurança na cadeia de suprimentos e de transparência total da situação financeira da organização forçaram os executivos seniores a conhecerem bem mais dos detalhes das operações logísticas. Eles também estimulam a capacidade de monitorar a localização e a situação de cargas de modo frequente e detalhado.

Embora muitos gerentes acreditem que os requisitos legais da SOX são um fardo para a organização, outros a veem como oportunidade de melhoria. Os requisitos por um conhecimento mais acurado de onde estão os produtos acabados e os materiais o tempo todo, desde o ponto de origem até a chegada ao destino final, tornam necessário que as empresas comprometam mais recursos para fornecer maior visibilidade da cadeia de suprimentos para os gerentes. Em contrapartida, ao ter maior visibilidade, existe uma oportunidade para melhorar as decisões ao baseá-las em informações mais frequentes e melhores.

Resumo

O gerenciamento eficaz das operações logísticas e da integração da cadeia de suprimentos exige uma estrutura de avaliação do desempenho e controle financeiro. O *balanced scorecard* oferece a estrutura para monitorar o desempenho do sistema, controlar atividades e direcionar os funcionários para que atinjam níveis mais altos de produtividade.

Sistemas de medição de desempenho abrangentes incluem medidas para cada uma das funções logísticas. Cinco dimensões críticas do desempenho funcional devem ser abordadas: custo, serviço ao cliente, qualidade, produtividade e gerenciamento de ativos. Empresas líderes ampliam seus sistemas de medição funcional para incluir medidas voltadas para sua capacidade de atender os requisitos de clientes. Isso inclui medições de desempenho absoluto, em vez de desempenho médio, pedidos perfeitos, medições voltadas para o consumidor e satisfação do cliente. Dadas as inúmeras métricas que podem ser usadas para avaliar o desempenho logístico, escolher as medições mais adequadas para uma empresa é uma tarefa difícil que deve ser guiada pelas necessidades de informações específicas de uma organização. Para ajudar a alcançar a integração na cadeia de suprimentos, as empresas líderes instituíram um conjunto de medidas entre empresas, como dias de suprimento de estoque e seu tempo de permanência, duração do ciclo de conversão de caixa e custo total da cadeia de suprimentos.

A avaliação financeira eficaz exige conhecimento da análise de custos e receitas e do modelo estratégico de rentabilidade. As práticas contábeis tradicionais normalmente são inadequadas para o custeio logístico. A tomada de decisões eficaz exige que os gerentes consigam associar as receitas com as despesas relativas ao atendimento a clientes, canais e produtos específicos. As abordagens de contribuição e lucro líquido representam formatos alternativos para a análise de custos e receitas. O custeio baseado em atividades oferece aos gerentes a capacidade de monitorar as despesas logísticas nos segmentos que geram receita. Uma ferramenta adicional para o controle é o modelo estratégico de rentabilidade. Esse modelo proporciona aos gerentes a capacidade de avaliar o impacto das decisões logísticas sobre a rentabilidade, a utilização de ativos e o retorno sobre eles. Também permite avaliar os segmentos de modo mais preciso em relação ao lucro e retorno sobre investimentos. A Lei Sarbanes-Oxley exige que relatórios financeiros incluam a transparência de transações e eventos logísticos significativos tanto no balanço patrimonial quanto nas informações de rentabilidade corporativa.

Questões para revisão

1 Discuta brevemente os três objetivos do desenvolvimento e implementação de sistemas de medição de desempenho.

2 De que maneira o conceito de *balanced scorecard* ajuda a orientar os gerentes logísticos no desenvolvimento de um sistema de medição de desempenho?

3 O ideal de um pedido perfeito é um objetivo operacional realista?

4 Por que as medidas abrangentes do desempenho da cadeia de suprimentos, como o custo total da cadeia de suprimentos, são tão difíceis de desenvolver?

5 Compare e contraste a abordagem da contribuição com a abordagem do lucro líquido na análise de custos e receitas.

6 De que maneira o modelo estratégico de rentabilidade pode ser integrado à análise de custos e receitas com o objetivo de analisar o retorno sobre ativos de um segmento específico de clientes?

DESAFIOS

1 Em sua opinião, quais são as dificuldades enfrentadas pelas empresas como Gillette Group e Guinness no desenvolvimento de sistemas que fornecem informações em tempo real relativas ao desempenho logístico? Considere na sua resposta o exemplo de medição da entrega no prazo da Guinness em vez de envio no prazo.

2 Suponha que você trabalhe em uma empresa pequena e com pouca capacidade para investir em tecnologia. Quais atitudes você poderia tomar para obter as métricas que empresas como Gillette Group e Guinness obtêm através do investimento em tecnologia?

3 Em sua opinião, quais são as principais barreiras para implementar a análise da lucratividade de clientes e de produtos como a que é feita pela Sunny Delight?

4 Que tipos de decisões diferentes das que foram discutidas no exemplo a Sunny Delight e outras empresas poderiam melhorar através da análise detalhada da lucratividade de clientes e produtos?

CAPÍTULO 16 — Riscos e sustentabilidade

RESUMO DO CAPÍTULO

EVOLUÇÃO DAS REPONSABILIDADES DOS PROFISSIONAIS DA CADEIA DE SUPRIMENTOS
PROCESSOS E RECURSOS
COMPLEXIDADE DO PRODUTO
TERCEIRIZAÇÃO
GESTÃO DE RISCOS E SEGURANÇA
REGULAMENTAÇÃO
FINANCEIRA E TRIBUTÁRIA
SEGURANÇA
SUSTENTABILIDADE
AMBIENTAL
ÉTICA
EDUCACIONAL
ECONÔMICA
EXEMPLOS DE SUSTENTABILIDADE NA CADEIA DE SUPRIMENTOS
RESUMO
QUESTÕES PARA REVISÃO
DESAFIOS

O foco da gestão da cadeia de suprimentos está se expandindo rapidamente para incluir novas dimensões. Embora essas expansões aumentem as demandas de executivos de logística e cadeia de suprimentos em relação aos conhecimentos e às competências, elas também ampliam a importância e o papel da cadeia de suprimentos na competitividade da empresa. Especificamente, a liderança da cadeia de suprimentos deve assumir um papel mais ativo e crítico na administração e no equilíbrio entre a cadeia de suprimentos e outras dimensões de riscos corporativos e de sustentabilidade. O Capítulo 16 começa pela descrição de como as responsabilidades dos gestores de logística e da cadeia de suprimentos estão evoluindo. O capítulo identifica então desafios específicos que estão fora do escopo tradicional da gestão de logística e da cadeia de suprimentos, bem como discute alguns aspectos relacionados a esses desafios. A consideração adequada desse amplo escopo de responsabilidades aumenta a contribuição que a gestão da logística e da cadeia de suprimentos pode dar para a competitividade da empresa. A discussão ilustra como as responsabilidades dos gestores de logística e da cadeia de suprimentos estão evoluindo a partir dos *trade-offs* interfuncionais limitados para a sustentabilidade global da empresa.

EVOLUÇÃO DAS RESPONSABILIDADES DOS PROFISSIONAIS DA CADEIA DE SUPRIMENTOS

Conforme discutimos nos capítulos anteriores, a gestão logística e da cadeia de suprimentos exige a avaliação e tomada de decisão eficaz envolvendo os *trade-offs* entre compras, produção e logística. Historicamente, como ilustra a Figura 16.1, esse papel tem sido o de satisfazer os objetivos de atendimento ao cliente, buscando ao mesmo tempo o menor custo total por meio da gestão dos *trade-offs* funcionais incluídos na cadeia de suprimentos. Embora haja desafios expressivos no gerenciamento desses *trade-offs* da cadeia de suprimentos, os principais executivos estão se envolvendo mais ativamente em uma ampla gama de *trade-offs* de processos e re-

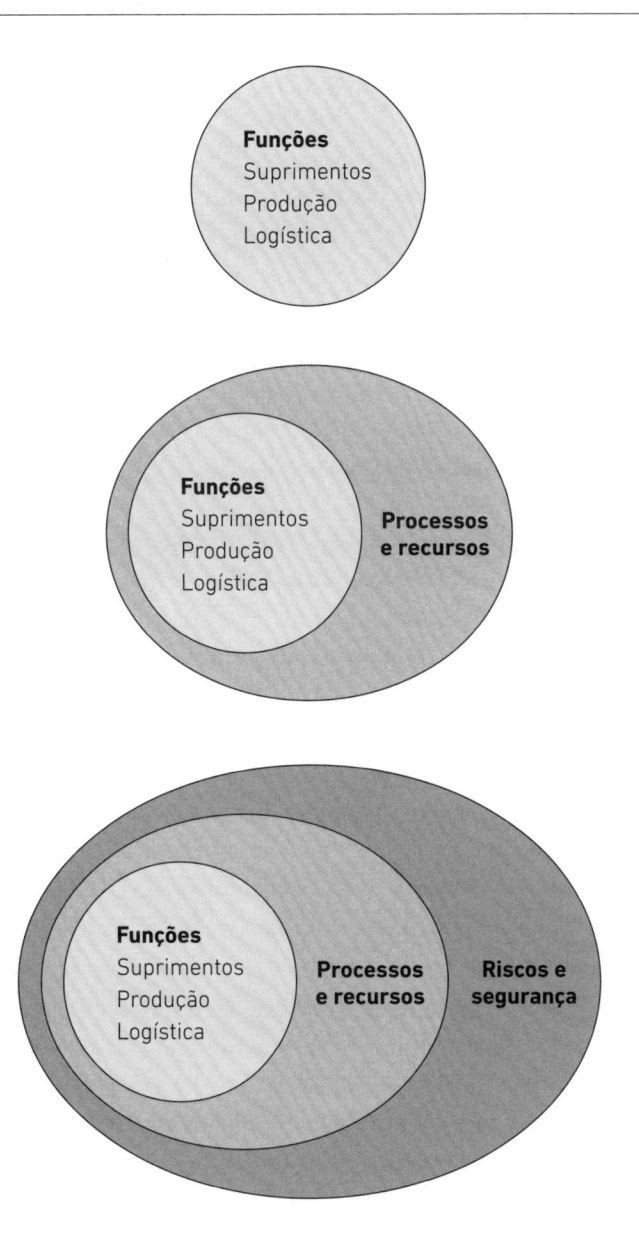

FIGURA 16.1
Evolução das responsabilidades dos profissionais da cadeia de suprimentos.

FIGURA 16.2
Evolução das responsabilidades: processos e recursos.

FIGURA 16.3
Evolução das responsabilidades: riscos e segurança.

cursos, como ilustra a Figura 16.2. Esses processos e recursos, apresentados na Tabela 1.2 do Capítulo 1 deste livro, normalmente vão além das funções tradicionais da cadeia de suprimentos ou até mesmo além da empresa. Algumas dessas decisões pertinentes a processos ou a recursos incluem a complexidade do produto e a terceirização.

Além dos processos e recursos, os profissionais de logística também estão se envolvendo cada vez mais na gestão de riscos e na segurança. A Figura 16.3 ilustra como as preocupações ligadas ao risco e à segurança expandem a responsabilidade da gestão logística. Embora a gestão logística sempre tenha estado preocupada com a incerteza da demanda e do ciclo de atividades, as empresas globais de hoje se deparam com dimensões de risco muito mais amplas. Algumas dessas dimensões incluem finanças, segurança e proteção.

Embora a gestão de riscos da cadeia de suprimentos inclua uma ampla gama de considerações, os gestores de logística precisam aumentar ainda mais a sua responsabilidade, incluindo a sustentabilidade geral da empresa. Muitas empresas recorrem ao conceito de *triple bottom line* quando fazem referência à sustentabilidade, pois ele inclui as dimensões ambiental, ética e econômica. Uma vez que muitas decisões globais da cadeia de suprimentos afetam diretamente essas dimensões, é cada vez mais importante que os executivos de logística se envolvam na análise a

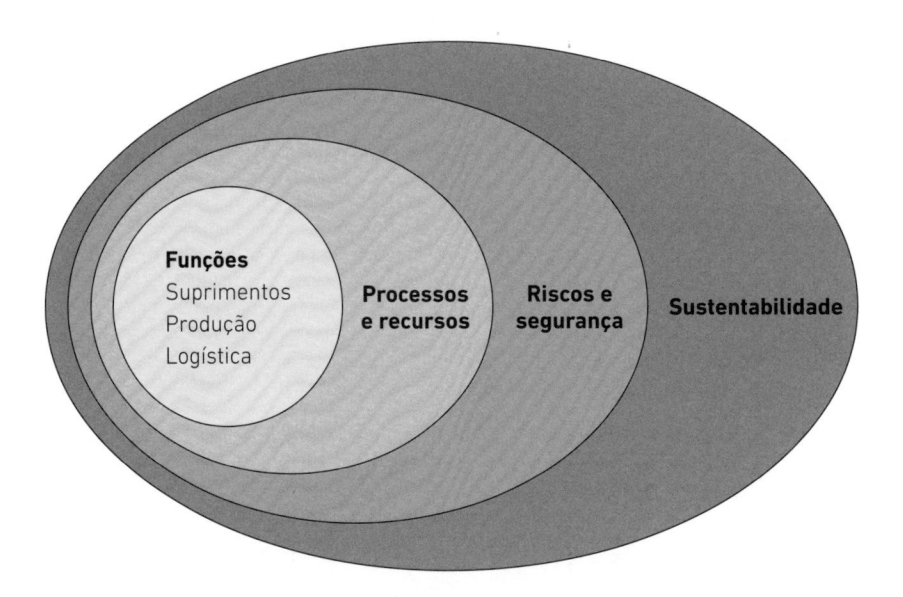

FIGURA 16.4
Evolução das responsabilidades: sustentabilidade.

[Diagrama com elipses concêntricas: Funções (Suprimentos, Produção, Logística) → Processos e recursos → Riscos e segurança → Sustentabilidade]

avaliação dos *trade-offs* envolvidos. Indo além da visão do *triple bottom line*, esse texto inclui as dimensões ambiental, ética, econômica e educacional quando considera a sustentabilidade. A Figura 16.4 ilustra como a sustentabilidade agora está começando a fazer parte da gestão logística.

Para cada expansão de responsabilidade discutida acima (processos e recursos, gestão de riscos e segurança, e sustentabilidade), as seções a seguir descrevem a natureza das decisões da cadeia de suprimentos que devem ser consideradas e as soluções que as empresas estão utilizando.

PROCESSOS E RECURSOS

Muitos dos oito processos da cadeia de suprimentos discutidos no Capítulo 1 interagem com as funções da empresa fora da cadeia de suprimentos ou mesmo fora da própria empresa. Embora algumas dessas decisões sobre processos e recursos estejam fora do escopo tradicional da gestão da cadeia de suprimentos, muitas delas têm implicações importantes na gestão da cadeia de suprimentos. Por exemplo, quando a área de marketing desenvolve e lança novos produtos, normalmente se introduz mais complexidade ao material, a qual tem implicações importantes na gestão da cadeia de suprimentos. Outras considerações sobre processos incluem a terceirização da atividade logística. A discussão a seguir demonstra como as decisões relativas à complexidade do produto e à terceirização influenciam as decisões logísticas pertinentes a processos e recursos.

COMPLEXIDADE DO PRODUTO

A complexidade do produto se refere ao número de variações de projeto que a empresa decide oferecer e, correspondentemente, suportar. Para isso, as atividades necessárias são todas as ações relacionadas ao desenvolvimento do produto, ao suprimento, à manufatura, à entrega e ao suporte pós-venda. O gerenciamento da complexidade é o conjunto de decisões, processos de apoio, sistemas de valores e iniciativas referentes ao portfólio de produtos mais eficaz, como o *mix* de variantes do produto, conjuntos de recursos e escolhas de componentes. Pela perspectiva da cadeia de suprimentos, é de conhecimento geral que o aumento da complexidade resulta em custo mais elevado. A justificativa principal é que o aumento das variações do produto resulta em mais estoque e menos economia de escala, e também exige mais atenção gerencial. No entanto, pela perspectiva de marketing e globalização, o aumento da complexidade muitas vezes pode resultar em aumento da receita, que pode melhorar a rentabilidade e a utilização dos ativos. O resultado é a necessidade de *trade-offs* eficazes combinando as perspectivas de marketing e de cadeia de suprimentos.

- Melhor desenvolvimento de produtos
- Mais qualidade e confiabilidade dos produtos
- Melhor previsão de demanda e serviço ao cliente
- Menos custos/recursos de apoio a vendas
- Maior flexibilidade e redução do prazo de entrega
- Maior risco para uma gama mais ampla de produtos se os componentes comuns falharem

TABELA 16.1 Benefícios da baixa complexidade.

- Aumento da receita
- Maior custo dos produtos
- Menos capacidade para mudar/inovar
- Outros custos/riscos
- Perda de vendas
- Redução de oportunidades de serviço e suporte

TABELA 16.2 Características da alta complexidade.

Em geral, menos complexidade do produto (ou mais atributos comuns) reduz os custos relacionados à cadeia de suprimentos, como lista a Tabela 16.1. Isso simplifica o desenvolvimento dos produtos, uma vez que menos pesquisas e testes são necessários para gerar poucas variações do produto. Da mesma forma, pouca complexidade resulta em menos problemas de qualidade e confiabilidade. A Toyota é amplamente conhecida por se concentrar na redução da complexidade de produtos. Ela tem apenas duas variantes de travas de portas de automóvel, enquanto outras empresas automotivas têm mais de dez. Menos SKUs também permitem previsões mais acertadas. A Divisão Mundial de Equipamentos Comerciais e de Consumo da John Deere tem se concentrado muito na redução da complexidade dos componentes e dos fluxos para seus equipamentos de jardins e gramados e reduziu seus estoques de produtos acabados aproximadamente pela metade, ou $ 1 bilhão.[1] A baixa complexidade também reduz os custos de vendas e suporte. Ter menos variações de um produto significa que menos volume de estoque e treinamento são necessários para oferecer suporte ao cliente. A Procter & Gamble também relatou numerosas iniciativas para reduzir a complexidade dos centros de distribuição, das linhas de produtos, das embalagens e das vitrines.[2]

Por sua vez, as variações reduzidas de um produto podem diminuir a atratividade para o mercado. Por exemplo, os consumidores podem decidir não comprar um item específico porque não tem a combinação exata de recursos ou características que desejam. Esses recursos e características podem incluir cores, capacidades técnicas, tamanho, qualidade e suporte. Alguns produtos tendem a ter muitas variantes para satisfazer as necessidades dos consumidores como automóveis, eletrodomésticos, telefones celulares e eletrônicos. Os profissionais de marketing argumentam que as variações são necessárias para que o consumidor não mude para outra marca. A Tabela 16.2 resume as características do aumento da complexidade do produto. Embora se argumente que mais complexidade pode aumentar a receita e reduzir as vendas perdidas por causa de um ajuste melhor aos desejos dos consumidores, a variação normalmente resulta em maior custo da cadeia de suprimentos. Mais complexidade também pode reduzir a capacidade da empresa de inovar devido à necessidade de consistência, compatibilidade e desafios relacionados à atualização de produtos existentes. Mais variações do produto aumentam substancialmente a dificuldade com a inovação e a mudança.

[1] James Cooke, "Running Inventory Like a Deere," *CSCMP's Supply Chain Quarterly*, Quarter 4, 2007, pp. 46-50.

[2] Jonathan Birchall and Elizabeth Rigby, "P&G Fights to Keep 3.5 billion Consumers Happy," *Financial Times* (London, UK), June 27, 2008, p. 16.

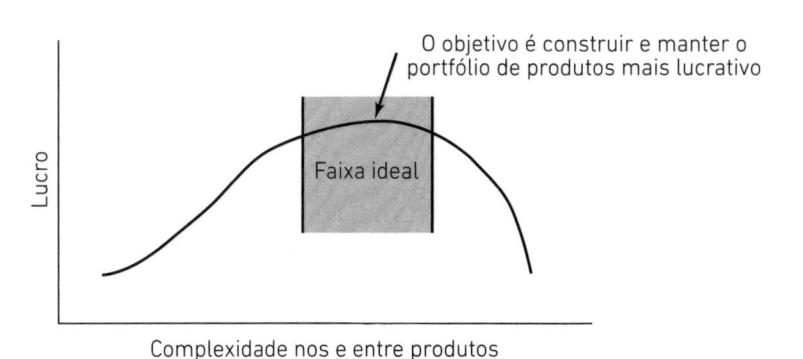

FIGURA 16.5 Complexidade e lucratividade.

Como a complexidade do produto tem impacto sobre as considerações de mercado e de custo, o objetivo da empresa é identificar o equilíbrio que maximiza os lucros, como ilustra a Figura 16.5. Ter poucas variações de produto provavelmente resulta em perda de vendas e em lucro menor. Ter variações demais resulta em aumento de receita, mas, em algum momento, o custo associado a cada variação aumenta mais rapidamente do que a receita, diminuindo a lucratividade. Como ilustra a Figura 16.5, o objetivo é construir e manter o portfólio mais lucrativo de produtos.[3]

TERCEIRIZAÇÃO

Outro meio usado para gerenciar riscos é a terceirização da logística e de partes da cadeia de suprimentos para operadores logísticos (3PL – *third-party logistics*) ou integradores logísticos. Operadores e integradores logísticos oferecem atividades relacionadas à cadeia de suprimentos como transporte, armazenamento, manufatura leve, tecnologia da informação, atendimento ao cliente e processamento de devoluções para outras empresas, com base contratual. Os operadores logísticos geralmente oferecem serviços integrados de transportes e armazenamento. Os prestadores de serviços integrados são mais como orquestradores de recursos que solicitam e coordenam os serviços dos operadores logísticos, bem como oferecem especialização em gerenciamento de recursos.

Enquanto algumas empresas veem a terceirização da logística como um meio para reduzir custos, em uma base muito mais ampla isso também pode ajudar na gestão de riscos. Do ponto de vista de custos, a terceirização da logística pode reduzi-los porque a maioria das empresas que oferecem serviços logísticos não é sindicalizada. Assim, fabricantes sindicalizados podem mudar suas atividades de manuseio de materiais, armazenamento e transporte para um provedor de serviços de logística pagando um salário mais baixo. A terceirização da logística também pode alterar o risco da cadeia de suprimentos atribuindo uma atividade de cadeia de suprimentos a um parceiro que possa aproveitar as economias de escala, de escopo ou de especialização. Especificamente, um parceiro da cadeia de suprimentos que se concentra mais em uma atividade da cadeia de suprimentos, como armazenamento, transporte, conhecimento técnico ou experiência em processos, provavelmente pode concluir a tarefa com menos risco e com um custo menor. A terceirização da logística também pode reduzir o risco reunindo toda a capacidade para vários clientes, minimizando o risco de não conseguir atender as demandas dos clientes se um aumento súbito ocorrer. A Tabela 16.3 enumera os benefícios que as empresas estão conquistando com o uso de serviços de logística integrada ou terceirização. Esses benefícios contribuem para a empresa que terceiriza suas atividades reduzindo os riscos associados à incerteza, capacidade, processos e especialização.

---

[3] David Closs, Mark Jacobs, Morgan Swink, and G. Scott Webb, "Toward a Theory of Competencies for the Management of Product Complexity: Six Case Studies," *Journal of Operations Management* 26, 2008, pp. 590-610. Para uma discussão mais ampla da complexidade e de seu impacto sobre as operações, veja John L. Mariotti, *The Complexity Crisis* (Avon, MA: Platinum Press), 2008.

Benefício	Mudança
Redução do custo logístico	15%
Redução dos ativos fixos logísticos	25%
Redução do custo dos estoques	11%
Duração média do ciclo de pedido	Diminuiu de 17 para 12 dias
Taxa média de atendimento de pedidos	Aumentou de 73% para 81%
Acurácia média dos pedidos	Aumentou de 83% para 85%

TABELA 16.3 Benefícios mensuráveis com o uso de 3PLs.

Fonte: C. John Langley, "The State of Logistics Outsource: 2010 Third-Party Logistics" (Atlanta, GA: Georgia Tech, 2010), p. 11.

Serviços Logísticos Terceirizados	% Respondentes
Transportes domésticos	83
Transportes internacionais	75
Armazenamento	74
Desembaraço aduaneiro e corretagem	58
Expedição	53
Cross-docking	38
Etiquetagem, embalagem, montagem e construção de kits de produtos	36
Logística reversa (defeito, conserto, devolução)	35
Planejamento e gerenciamento de transportes	31
Auditoria e pagamento de conhecimento de frete	28
Serviços de tecnologia da informação	20
Consultoria em cadeia de suprimentos	18
Entrada, processamento e atendimento de pedidos	16
Gerenciamento de frota	15
Serviço ao cliente	13
Serviços de fornecedor líder de logística/4PL	13

TABELA 16.4 Tipos de serviços terceirizados com integradores logísticos.

A Tabela 16.4 lista os tipos de serviços que são terceirizados para operadores e integradores logísticos. O percentual dos entrevistados ilustra que a maior parte da terceirização está relacionada a transporte e armazenamento. No entanto, há um número crescente de empresas que estão terceirizando o gerenciamento de pedidos, a manufatura leve e a consultoria para 3PLs e prestadores de serviço integrados. Embora o custo continue sendo importante, as empresas também estão buscando gerenciar o risco global por meio do acesso à especialização.

GESTÃO DE RISCOS E SEGURANÇA

Os GESTORES LOGÍSTICOS tradicionalmente têm concentrado seus esforços em reduzir a incerteza da demanda e do ciclo de atividades. Embora quase sempre isso tenha sido um desafio relevante, a regulamentação, as estratégias financeiras e tributárias, e a segurança ampliaram bastante as dimensões que precisam ser consideradas pela gestão da cadeia de suprimentos. A seguir são discutidos alguns aspectos específicos que merecem consideração.

REGULAMENTAÇÃO

A gestão da cadeia de suprimentos envolve muitas interações com entidades externas como consumidores, fornecedores, governo e concorrentes. Como resultado, a gestão da cadeia de suprimentos está cada vez mais sujeita a regulamentações para proteger indivíduos, comércio e meio ambiente, que podem promover ou restringir as atividades da cadeia de suprimentos. Uma lei sobre incentivos pode oferecer vantagens financeiras ou tributárias por realizar a atividade da cadeia de suprimentos em determinado país ou região. Uma restrição pode limitar os tipos de atividades e o impacto admissível em uma região. O escopo de uma regulamentação específica pode abranger o mundo ou ser limitada a uma região local. A Organização Mundial do Comércio (WTC – *World Trade Organization*) é um organismo global que promove muitas políticas que tentam, simultaneamente, melhorar o comércio global e limitar o impacto generalizado.[4] Em contrapartida, muitas regulamentações são limitadas a um local específico. Uma análise detalhada das regulamentações sobre incentivos e restrições está além do escopo deste livro.

FINANCEIRA E TRIBUTÁRIA

O Capítulo 13 discutiu os conceitos e processos relativos ao planejamento logístico da cadeia de suprimentos. Embora atender os requisitos de serviço desejados seja o foco principal, um requisito fundamental é minimizar o custo total da cadeia de suprimentos. Para isso, combinam-se os custos relacionados de suprimentos, manufatura, logística e atendimento ao cliente. Considerações sobre impostos nacionais, regionais e até mesmo locais estão se tornando cada vez mais significativas para o projeto da cadeia de suprimentos.

Os impostos nacionais, estaduais e municipais podem afetar o projeto da cadeia de suprimentos de várias maneiras, incluindo impostos sobre propriedade, renda e valor agregado. Conforme países e localidades tentam manter ou criar empregos, eles consideram incentivos fiscais referentes às atividades da cadeia de suprimentos para atrair empresas. Estados e cidades têm usado incentivos fiscais sobre propriedades e redução ou eliminação temporária de impostos para atrair empresas a instalar fábricas e centros de distribuição em suas áreas. Os políticos acreditam que essa é uma boa política pública para atrair empregos e o consequente aumento da base de impostos sobre propriedades e renda. Embora as empresas tenham, tradicionalmente, considerado os impostos ao tomarem decisões sobre a cadeia de suprimentos e a localização de instalações, as diferenças de taxas entre locais não foram fatores decisivos. No entanto, conforme os impostos aumentaram, essas reduções ou eliminações temporárias têm levado as empresas a mudar suas instalações entre cidades e estados relativamente próximos. Por exemplo, muitas empresas abriram depósitos em ou perto de Reno, Nevada, em vez da Califórnia, para reduzir os impostos sobre propriedade e estoque.

Mais recentemente, os países começaram a usar abatimentos fiscais para atrair instalações da cadeia de suprimentos para locais que, em outras situações, não seriam desejáveis. Nesses casos, os países mudaram suas políticas fiscais para reduzir os impostos de valor agregado e de renda (corporativos e/ou individuais). O imposto de valor agregado tem regras específicas em cada país e pode variar entre 10%-40% do aumento de valor. Como exemplo, a União Europeia permitiu à Irlanda oferecer um imposto reduzido às empresas dos setores eletrônico e farmacêutico. Para esses setores, as empresas poderiam fabricar os produtos na Irlanda com um imposto de valor agregado de 10%-12%, em vez de cerca de 20% no restante da Europa. Como essa política gerou uma redução de 5%-10% nos impostos sobre o produto, dependendo da margem de contribuição, o diferencial muitas vezes era grande o suficiente para relocar as instalações para a Irlanda, embora a estratégia, de uma perspectiva operacional, possa resultar em custos totais maiores na cadeia de suprimentos. Com o imposto de renda corporativo na faixa de 30%-50%, as empresas também estão preferindo mover as principais atividades da cadeia de suprimentos para locais com vantagens corporativas e pessoais no imposto de renda.

---

[4] Para uma visão mais detalhada sobre a Organização Mundial do Comércio, veja <http://www.wto.org>.

Quer sejam impostos sobre propriedade, valor agregado ou de renda, muitos governos estão usando estratégias fiscais para atrair empresas para seus territórios. Em alguns casos, tais decisões podem melhorar o desempenho financeiro global da empresa, minimizando os impostos globais. No entanto, a decisão estimulada pelos impostos também pode apresentar desafios para a cadeia de suprimentos. Na situação citada, por exemplo, embora a estratégia fiscal tenha atraído empresas para a Irlanda, a insularidade e a dependência da capacidade de transporte aéreo geraram muitos problemas operacionais para a cadeia de suprimentos que precisaram ser resolvidos. Outros locais, como Cingapura, Ásia, América do Sul, Oriente Médio e África, estão desenvolvendo estratégias de alinhamento fiscal. O resultado é que os executivos da cadeia de suprimentos devem trabalhar com suas contrapartes financeiras para o alinhamento tributário da cadeia de suprimentos.[5] O alinhamento visa ajudar as empresas a conseguir um imposto favorável no mundo todo.

Existem duas estratégias de cadeia de suprimentos que as empresas podem usar para fazer o alinhamento fiscal. A primeira é um modelo que centraliza funções-chave e os riscos do negócio em um país com impostos baixos. Por exemplo, as empresas podem centralizar as compras corporativas ou o gerenciamento de estoque em um país com impostos baixos e depois organizar seus preços de transferência intracorporativos para concretizar uma parte substancial da renda no local com vantagens fiscais. A segunda é uma estratégia incremental, que considera as implicações fiscais de alterações incrementais na cadeia de suprimentos, como localização única de instalação. Essa estratégia requer que as empresas considerem sistematicamente as implicações dos impostos sobre propriedade, valor agregado e renda nas decisões da cadeia de suprimentos.

Embora essas estratégias fiscais tenham sido usadas por alguns países para atrair atividades da cadeia de suprimentos das empresas, estados e cidades passaram a utilizar estratégias semelhantes para atrair empresas para suas localidades. Isso provavelmente deve aumentar conforme muitos políticos regionais tentam manter os empregos locais e a base tributária. No entanto, é importante reconhecer que, embora estratégias fiscais vantajosas possam ser criadas rapidamente, elas também podem ser retiradas. Portanto, a duração dos incentivos deve ser bem avaliada.

SEGURANÇA

As operações globais cada vez mais exigem cadeias de suprimentos seguras para proteger a empresa, seus produtos e sua reputação. Cadeias de suprimentos seguras exigem que a empresa não apenas projete esses processos internos para reduzir o risco em relação à segurança, mas também que colabore com parceiros da cadeia de suprimentos, além do governo, para minimizar os riscos envolvidos nas operações entre empresas e entre fronteiras. Esta seção discute as ações que as empresas estão tomando para desenvolver cadeias de suprimentos mais seguras e as iniciativas que os governos estão tomando para reduzir o risco. É importante que os executivos da cadeia de suprimentos entendam a necessidade de colaboração. A não colaboração leva ao aumento do risco ou a redundâncias, sendo que ambos expõem os consumidores a riscos maiores e a um custo mais elevado.

Desenvolvimento de uma cadeia de suprimentos segura

A segurança na cadeia de suprimentos consiste da aplicação de políticas, procedimentos e tecnologia para proteger ativos, produtos, instalações, equipamentos, informações e funcionários de roubos, danos ou terrorismo e para evitar o uso da cadeia de suprimentos para mercados paralelos de

---

[5] Maurice Emmer and Dan Lange, "Advantages of Tax-Aligning the Supply Chain," *Financial Executive* 23, nº 8, October 2007, pp. 56-59.

contrabando, pessoas ou armas de destruição em massa. Os desafios de segurança na cadeia de suprimentos impostos pela ameaça de terrorismo têm implicações significativas para empresas, fornecedores, clientes, transportadoras, operadoras de terminais, governos e parceiros comerciais globais. Na verdade, a economia global depende da segurança e da resiliência da cadeia de suprimentos. Embora a segurança na cadeia de suprimentos tenha sido definida anteriormente, sua **resiliência** refere-se à capacidade de resistir e se recuperar de um incidente. Uma cadeia de suprimentos resiliente é proativa em antecipar e planejar seus passos para evitar e reagir a incidentes de segurança; assim são rapidamente reconstruídas ou estabelecem meios alternativos de operação.

Fundamentação lógica para a proteção da cadeia de suprimentos[6]

O aumento das ameaças de terrorismo exige elevada consciência da segurança da empresa e da cadeia de suprimentos. No passado, as empresas podem ter considerado apenas a ameaça potencial quando avaliavam os aspectos de defesa. No entanto, dada a interconectividade entre empresas, produtos e infraestrutura de transportes nas atuais cadeias de suprimentos globais de alta velocidade, há uma crescente preocupação de que as interrupções podem ter – e normalmente terão – impacto sobre as operações além de empresas individuais, levando à necessidade de uma estrutura mais ampla de defesa da cadeia de suprimentos.

As empresas devem aumentar proativamente a resiliência da sua cadeia de suprimentos contra o terrorismo. Elas também precisam melhorar sua segurança total, para proteger clientes, o público e o valor da marca. Isso começa com a compreensão das cinco principais consequências adversas potenciais de falhas na segurança da cadeia de suprimentos: (1) um ataque terrorista à cadeia de suprimentos de uma empresa pode interromper a capacidade de entrega aos clientes, levando à perda de receita no curto prazo, e gerar falhas de serviço; (2) pode haver redução no valor da marca se os clientes acreditarem que o ataque ocorreu por uma falha de segurança resultante de negligência; (3) insatisfação dos investidores por causa da perda de receita e subsequente venda de investimentos de capital; (4) essa interrupção também pode aumentar o rigor das regulamentações; e (5) um ataque terrorista poderia resultar em significativa responsabilidade legal.

Embora esses itens citados provavelmente sejam consequências primárias para a empresa-alvo, também existe a probabilidade de consequências secundárias que se estendem e incluem os parceiros da cadeia de suprimentos. Se estes perceberem que o ataque foi possível devido a esforços insuficientes de segurança, o relacionamento na cadeia de suprimentos pode sofrer e ser dissolvido.

Os desafios para proteger a cadeia de suprimentos são significativos, especialmente no ambiente de hoje, em que várias entidades estão envolvidas na movimentação entre organizações e entre fronteiras, em que um produto é manuseado diversas vezes e há muitas mudanças de propriedade. A quantidade de partes envolvidas nessas trocas gera grandes desafios quando se considera que os esforços de proteção de uma empresa podem ser anulados pela desatenção ou inadequação de um único parceiro da cadeia de suprimentos.

A proteção da marca e a segurança são as principais razões para aumentar a proteção. Os profissionais temem que a contaminação do produto danifique as percepções dos clientes quanto à sua marca. Relacionadas ao valor da marca estão as questões da pirataria, o mercado paralelo e a falsificação de produtos. As empresas protegem os ativos da cadeia de suprimentos para reduzir o roubo e oferecer aos clientes uma garantia da origem do produto.

---

[6] Essa pesquisa foi apoiada pelo Departamento de Segurança Interna dos Estados Unidos (Department of Homeland Security – número N-00014-04-1-0659) por meio de uma subvenção concedida ao Centro Nacional de Proteção e Defesa de Alimentos (National Center for Food Protection and Defense) da University of Minnesota. Quaisquer opiniões, constatações, conclusões ou recomendações expressas nesta publicação são de responsabilidade dos autores e não representam a política ou a posição do Department of Homeland Security (Departamento de Segurança Interna dos Estados Unidos).

Para se protegerem, as empresas agora exigem mais segurança de seus fornecedores. Quer esse requisito venha na forma de programas de certificação de qualidade, auditorias ou outras iniciativas de segurança, como o C-TPAT – *Customs-Trade Partnership Against Terrorism* (Parceria Aduaneira e de Comércio Contra o Terrorismo), as empresas precisam ser mais vigilantes quanto a quem está envolvido na manufatura e/ou distribuição de seus produtos e estabelecer requisitos que possam ser monitorados regularmente. Certamente, os recentes *recalls* na indústria de brinquedos destacam a necessidade de mais rigor nesse contexto.

A pressão do governo é outro impulsionador significativo. Embora muitas iniciativas, como o C-TPAT, sejam voluntárias, o governo formalizou medidas regulamentares. A Bioterrorism Act (Lei de Bioterrorismo) de 2002, por exemplo, exige que as indústrias de processamento de alimentos rastreiem matérias-primas e produtos acabados uma camada acima e uma camada abaixo na cadeia de suprimentos. Além disso, em um esforço para oferecer aos consumidores mais informações sobre a origem do produto, orientações regulatórias e voluntárias foram desenvolvidas para apresentar informações sobre o país de origem para alguns produtos agrícolas e alimentares.

Embora essas iniciativas estejam levando as empresas a serem proativas na criação de programas de segurança, muitos gerentes ainda estão míopes quanto à vulnerabilidade da empresa e têm demorado para iniciar programas de segurança. Uma possível explicação é que os gerentes acham que a empresa não será alvo de um ataque terrorista. Outros gerentes podem acreditar que suas obrigações de segurança terminam quando os bens são transferidos para outro parceiro da cadeia de suprimentos.

A estrutura de segurança

Essa estrutura identifica as competências essenciais que as empresas devem desenvolver para se proteger, bem como suas cadeias de suprimentos e seus clientes. Como define essa estrutura, as cadeias de suprimentos exigem dez competências de segurança para proteger seus produtos e a si mesmas.

TABELA 16.5 Definições das competências de segurança da cadeia de suprimentos.

Competência	Definição
Estratégia de processos	Compromisso executivo de reforçar a segurança e instituir uma cultura de segurança dentro da empresa
Gerenciamento de processos	Grau em que as disposições específicas de segurança são integradas aos processos de gerenciamento do fluxo de materiais e produtos dentro e fora da empresa
Administração de infraestrutura	Disposições de segurança que foram implementadas para garantir a infraestrutura física e os produtos (por exemplo, edifícios e veículos de transporte)
Administração das comunicações	Troca de informações internas entre funcionários, gerentes e fornecedores para melhorar a segurança
Tecnologia administrativa	Eficácia dos sistemas de informação existentes para identificar e responder a uma violação de segurança potencial
Tecnologia de processos	Tecnologias específicas (por exemplo, selos eletrônicos e identificação por radiofrequência) implementadas para limitar o acesso e monitorar a movimentação de produtos
Métricas	Disponibilidade e uso de medições para melhor identificar e gerenciar as ameaças de segurança
Administração de relacionamentos	Troca de informações e colaboração entre a empresa e seus parceiros da cadeia de suprimentos (por exemplo, clientes e fornecedores)
Administração da colaboração com prestadores de serviços	Compartilhamento de informações e colaboração entre a empresa e seus prestadores de serviços logísticos (por exemplo, empresas de transporte, fornecedores de armazenamento, 3PLs etc.)
Administração da interface com o público	Relacionamentos e trocas de informações relacionados à segurança com o governo e o público

Competência	Exemplos
Estratégia de processos	• A alta gerência acredita que a segurança na cadeia de suprimentos é crítica para a proteção dos consumidores e da marca • A empresa tem representação multifuncional na equipe de gerenciamento de crises de segurança no nível sênior • O apoio gerencial à conscientização sobre segurança é evidenciado por meio de treinamento contínuo
Gerenciamento de processos	• Procedimentos definidos para realizar *recalls* de produtos • Procedimentos padronizados para controlar o recebimento e o carregamento de produtos • Aplicação de sistema de análise de perigos e pontos críticos de controle (HACCP)
Administração de infraestrutura	• Uso de portões, fechaduras, controles de acesso e guardas para restringir o acesso a áreas sensíveis • Uso de equipamentos de monitoramento para detectar atividades não autorizadas • Controles para limitar o acesso de não empregados a instalações e operações
Administração das comunicações	• Incorpora módulos sobre prevenção de incidentes de contaminação/segurança ao treinamento de funcionários • Estabelece protocolos pré-definidos de comunicação para uso em caso de um incidente de contaminação/segurança • Estabelece protocolos pré-definidos para elaboração de relatórios em caso de um incidente de contaminação/segurança
Tecnologia administrativa	• Capacidade de compartilhar rapidamente informações com empregados no caso de um incidente de contaminação/segurança • Sistemas de informação seguros • Capacidade de monitorar transações por origem, destino, data, descrição e rota
Tecnologia de processos	• Capacidade de controlar e monitorar mercadorias e produtos ao longo de toda a cadeia de suprimentos • Capacidade de acompanhar produtos recuperados e devolvidos • Veículos de transportes são lacrados enquanto não estão sob o controle da empresa
Métricas	• Medidas para controlar e monitorar áreas vulneráveis (por exemplo, produtos, instalações e base de fornecedores) • Métricas de segurança da cadeia de suprimentos baseadas em uma combinação de orientações internas, setoriais e governamentais
Administração da colaboração com prestadores de serviços/ gestão de relacionamentos	• Aplica auditorias externas (e não apenas internas) para verificar os procedimentos de segurança • Mantém um banco de dados de informações de contatos de emergência para prestadores de serviços • Exige que os prestadores de serviços usem as orientações de segurança governamentais ou setoriais
Administração da interface com o público	• Cumpre regulamentações governamentais sobre arquivamento de registros de ameaças e incidentes • Estabelece uma estratégia de comunicação para fornecer informações sobre incidentes de contaminação/segurança aos órgãos governamentais adequados

TABELA 16.6 Exemplos de iniciativas relacionadas às competências de segurança.

As competências de segurança são criadas desenvolvendo habilidades de segurança como infraestrutura, processos, ativos e recursos que atingem e mantêm a segurança na cadeia de suprimentos. A Tabela 16.5 define as competências específicas de segurança, enquanto a Tabela 16.6 oferece exemplos de iniciativas específicas que as empresas estão usando para aplicar cada competência.

Operações entre fronteiras

Dada a natureza global das cadeias de suprimentos, as empresas são dependentes de procedimentos, leis e regulamentos que podem ser específicos em diferentes países. Decisões sobre fornecedores provavelmente são tomadas caso a caso, de acordo com a situação de confiabilidade do parceiro e de seu país de origem. Preocupa saber se os parceiros da cadeia de suprimentos e os prestadores de serviço demonstraram ser confiáveis quando se trata de garantir a segurança do produto quando ele está sob seu controle. Por fim, os gerentes da cadeia de suprimentos devem se envolver na avaliação da segurança da cadeia de suprimentos e no planejamento de contingências, e as equipes multifuncionais devem desenvolver planos de gerenciamento de crises que incluam componentes de planejamento, mitigação, detecção, resposta e recuperação.

Com o objetivo de promover o crescimento econômico e aumentar o comércio internacional, os governos são responsáveis por facilitar a movimentação de pessoas e produtos entre fronteiras e, em última instância, pela segurança das pessoas, do país e do comércio. No caso de agências governamentais, o foco tradicional tem estado no controle do comércio, garantindo a coleta de impostos e taxas e restringindo o fluxo de itens ilegais com inspeção amostral de produtos importados para garantir a segurança. O foco contemporâneo, no entanto, está mudando pois é possível trabalhar com parceiros confiáveis, o que aumenta a segurança da inspeção de produtos exportados e do rastreamento de informação. No entanto, a própria ideia de parceiros confiáveis deve ser desenvolvida sobre uma plataforma de cooperação global.

Os Estados Unidos e muitos de seus parceiros comerciais responderam à ameaça de terrorismo iniciando esforços para aumentar a segurança e facilitar o comércio. O Congresso norte-americano obrigou a Diretoria de Segurança nas Fronteiras e nos Transportes (*Directorate of Border and Transportation Security*) do Departamento de Segurança Interna dos Estados Unidos (DHS – *Department of Homeland Security*) a garantir o fluxo rápido, ordenado e eficiente do tráfego e do comércio legais. A Agência de Alfândega e Proteção de Fronteiras dos Estados Unidos (*United States Customs and Border Protection*), agora parte do DHS, tentou facilitar o comércio e aumentar a segurança por meio de programas como o C-TPAT – *Customs-Trade Partnership Against Terrorism* (Parceria Aduaneira e de Comércio contra o Terrorismo), o *Container Security Initiative* (CSI) e outros programas relacionados.[7] A C-TPAT busca certificar antecipadamente embarcadores selecionados por meio de autoavaliações de procedimentos de segurança em conjunto com auditorias e verificações alfandegárias. A CSI exige a pré-inspeção de contêineres em conjunto com um rastreamento rápido quando a carga chega aos Estados Unidos. O AMR – *Advanced Manifest Rule* (Regulamento de Manifesto Antecipado) e, mais recentemente, a ACI – *Advance Cargo Information* (Informação Antecipada de Carga) exigem dados detalhados sobre a carga antes que ela seja levada para os Estados Unidos ou embarcada a partir do país por vias hidroviárias, aéreas, ferroviárias ou rodoviárias.[8] O programa FAST – *Free and Secure Trade* (Comércio Livre e Seguro) permite que produtos de baixo risco carregados por transportadoras confiáveis para empresas confiáveis passem rapidamente pelas fronteiras ao mesmo tempo que reserva os recursos de inspeção para cargas desconhecidas ou de alto risco. Todas essas providências exigem cooperação internacional. A próxima evolução desses avanços será a utilização de tecnologia para melhorar a detecção de falsificações, aumentar a eficiência e a eficácia do rastreamento e expandir o escopo de "parceiros confiáveis" em uma grande quantidade de locais de carregamento.

Esses esforços globais não estão restritos a iniciativas do governo norte-americano. A Organização Mundial do Comércio (WTO – *World Trade Organization*) também busca facilitar o comércio ao auxiliar os controles e a inspeção para a etapa de exportação compartilhando informações uniformes entre agências governamentais, empresas, fornecedores, transportadoras e clientes. A Organização Aduaneira Mundial (WCO – *World Customs Organization*), incluindo os 161 países membro envolvidos na iniciativa *Global Standards for*

---

[7] Para uma discussão mais detalhada e atual sobre essas iniciativas para aumentar a segurança na cadeia de suprimentos, veja o *site* do U.S. Department of Homeland Security (Departamento de Segurança Interna dos Estados Unidos) em <http://www.dhs.gov>.

[8] A AMR se aplica a cargas marítimas. A Advance Electronic Presentation of Cargo Information (Apresentação Eletrônica Antecipada de Informações de Cargas) abrange transporte marítimo, aéreo, ferroviário e rodoviário. Requisitos semelhantes foram impostos por Israel em novembro de 2003 e outros se seguiram.

Supply Chain Security (Padrões Globais para a Segurança na Cadeia de Suprimentos), busca, de modo semelhante, facilitar o comércio desenvolvendo e promovendo orientações para ajudar as administrações aduaneiras a trabalharem em conjunto para conseguir a liberação rápida de cargas de baixo risco em fronteiras.

Os programas aduaneiros norte-americanos, bem como os esforços da WTO e da WCO, ampliaram os processos de verificação alfandegária para incluir produtos exportados, confiando nas declarações que incluem dados essenciais para a avaliação adequada do risco da carga. Os dados incluem descrição do produto, preço, origem e destino, embarcador, destinatário e fornecedor de transportes a serem usados por fabricantes, transportadoras e outras entidades certificadas. A Organização Internacional de Normalização (ISO – *International Organization for Standardization*) está trabalhando com o Conselho Estratégico de Tecnologia de Segurança (*Strategic Council on Security Technology*) em uma iniciativa chamada SST – *Smart and Secure Tradelanes* (Vias Comerciais Inteligentes e Seguras). A SST está desenvolvendo uma plataforma tecnológica para monitorar contêineres globalmente e gerar registros de auditoria de cadeia de custódia.

SUSTENTABILIDADE[9]

À MEDIDA QUE A RESPONSABILIDADE dos profissionais da cadeia de suprimentos se expande, o escopo aumenta e passa a exercer um papel importante na garantia, em longo prazo, da sustentabilidade de uma empresa. Embora muitos encarem a sustentabilidade abrangendo os 3 Es (economia, ambiente e equidade – *economic, environment and equity*) e os 3 Ps (pessoas, lucros, planeta – *people, profit and planet*), é evidente que a articulação mais cuidadosa entre "equidade" e "pessoas", nas dimensões Ética e Educacional, proporciona uma estrutura mais prática para examinar os desafios e implicações da sustentabilidade na cadeia de suprimentos. Desse modo, essa discussão divide a sustentabilidade em quatro dimensões: (1) ambiental; (2) ética; (3) educacional; e (4) econômica. A Figura 16.6 ilustra a interação entre elas.

AMBIENTAL

Para muitas pessoas e organizações, particularmente os iniciantes em sustentabilidade, as questões ambientais ou ecológicas têm sido sinônimo de sustentabilidade. Em muitas organizações, as regulamentações externas resultam frequentemente em "respostas" na forma de iniciativas ambientais. No entanto, essas forças externas estão pressionando cada vez mais por mudanças nos processos e nas economias internas de custo. Existe uma grande variabilidade entre as empresas quanto ao comprometimento organizacional com a dimensão ambiental da sustentabilidade, até mesmo em empresas do mesmo setor. Algumas empresas da cadeia de suprimentos enfatizam a sustentabilidade ambiental em valores, estratégias, estruturas e processos comerciais da empresa. Ao mesmo tempo, as empresas têm níveis de comprometimento muito diferentes em relação às preocupações ambientais, resultando em três categorias de empresas: (1) empresas ecologicamente proativas (busca consistente da sustentabilidade dentro de um sistema de livre mercado); (2) empresas de consumo tradicionais (motivadas mais pelas crenças do consumidor quanto ao meio ambiente e à reputação da empresa/produto); e (3) empresas ecologicamente reativas (busca da sustentabilidade no âmbito do atendimento a requisitos regulatórios e governamentais).

Ao longo da última década, muitas empresas tomaram a decisão de investir na sustentabilidade ambiental basicamente por uma perspectiva de conformidade reativa. No entanto, acre-

---

[9] Adaptado de: David J. Closs, Cheri Speier, and Nathan Meacham, "Sustainability to Support End-to-End Value Chains: The Role of Supply Chain Management," *Journal of the Academy of Marketing Science* 39:1, February 2011, pp. 101-116.

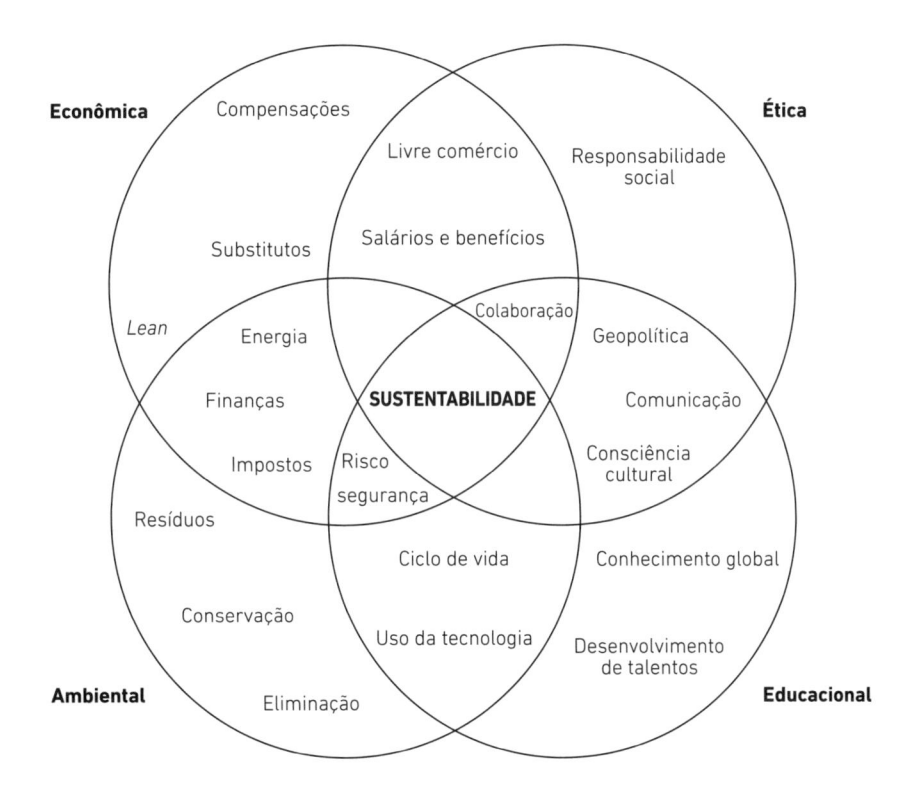

FIGURA 16.6
Dimensões da sustentabilidade.

Fonte: David J. Closs, Cheri Speier, and Nathan Meacham, "Sustainability to Support End-to-End Value Chains: The Role of Supply Chain Management," *Journal of the Academy of Marketing Science* 39:1, February 2011, pp. 103.

dita-se cada vez mais que em determinadas circunstâncias as empresas podem aumentar seus lucros ao adotarem práticas sustentáveis. Essas perspectivas ambientais incluem conservação, redução e boas práticas de gestão empresarial.

Conservação

As empresas focam na conservação analisando as maneiras de gerenciar melhor e minimizar a dependência dos recursos energéticos, da água e de outros recursos naturais. Pela perspectiva da cadeia de suprimentos, a conservação eficaz e o gerenciamento dos recursos envolvem muitas funções da cadeia de suprimentos. Pela perspectiva de suprimentos, existem muitas oportunidades para reduzir o volume dos recursos escassos utilizados no projeto final do produto ou no próprio processo de fabricação através da substituição de materiais ou da reconfiguração. De modo similar, os processos operacionais podem se concentrar em desenvolver produtos mais "verdes" ou em eliminar os resíduos associados ao descarte de produtos. Finalmente, a logística e os transportes são reconhecidos como uma das barreiras mais significantes para a sustentabilidade, particularmente nas áreas urbanas, devido ao consumo expressivo de combustíveis fósseis, emissão de poluentes, ruídos e congestionamentos. Ao mesmo tempo, a logística urbana é fundamental para a geração de riqueza por meio do suporte ao consumo nas áreas urbanas. Os *trade-offs* entre o impacto ambiental negativo e a geração de riqueza podem ser gerenciados pelo uso de períodos definidos de movimentação, carga e descarga na logística da área urbana e pelo projeto para logística reversa.

Redução do uso

A redução do uso envolve redução de resíduos, aumento da reciclagem, diminuição da emissão de gases do efeito estufa e gerenciamento dos produtos no fim da vida. A diminuição dos resíduos na produção é uma das estratégias mais visíveis que estão sendo implementadas pelas empresas através dos processos de produção enxuta (*lean*). Além disso, as empresas podem tentar reduzir ou eliminar subprodutos desnecessários ou tóxicos durante os processos de fabricação.

Práticas de gestão empresarial

Por fim, as empresas podem criar um impacto ambiental sustentável implementando práticas mais eficazes de gestão empresarial nos vários processos organizacionais. Por exemplo, os esforços de projeto mais proativos e a colaboração com os participantes da cadeia de suprimentos podem levar a um menor consumo de matérias-primas e a menos resíduos associados com a ampliação da vida útil do produto e/ou à melhoria da embalagem dos produtos (como a adoção de recipientes reutilizáveis). Essa atividade tem sido chamada de **compra ambiental** ou **responsabilidade social em compras**. De modo similar, os esforços de projeto da cadeia de suprimentos e de colaboração com fornecedores e clientes podem resultar em decisões de localização das instalações que favoreçam mais o meio ambiente ou, talvez, em uma decisão de terceirizar as operações de produção ou logística para reduzir o impacto ambiental da empresa.

ÉTICA

A dimensão ética da sustentabilidade abrange muitas questões relativas à responsabilidade social corporativa. Embora a responsabilidade social corporativa tenha sido definida de várias maneiras, a definição mais comum é aquela que abrange as expectativas econômicas, legais, éticas e de voluntariado que a sociedade tem em relação às empresas em um determinado momento. Pensando sobre a definição da responsabilidade social corporativa, é possível concluir que o termo **sustentabilidade** oferece um rótulo diferente para definir um conceito comparável. Examinando mais atentamente, é evidente que esses construtos têm conceituações semelhantes de alguns elementos centrais, especificamente as considerações econômicas, sociais e ambientais. Pesquisas mais recentes sugerem que a dimensão ética da sustentabilidade pode ser dividida em três categorias: relações com os funcionários, envolvimento com a comunidade e práticas de gestão empresarial.

Relações éticas com os funcionários

Muitas empresas desenvolveram um código de conduta corporativa que descreve as condições de trabalho dos funcionários prescritas pela empresa. Esse tipo de comprometimento pode ser particularmente importante nos países em desenvolvimento e em outras áreas com políticas trabalhistas e/ou sindicatos limitados ou fracos. Além disso, a implementação desses códigos foi especialmente importante para as empresas com atividades de produção ou logísticas em países em desenvolvimento frente à crescente reação dos consumidores contra o trabalho infantil, reivindicações de salários justos e boas condições de trabalho. A maior diligência na implementação dos códigos de conduta nas cadeias de suprimento globais provocou a integração dos princípios de sustentabilidade nas decisões de suprimentos, na alocação de recursos suficientes para adaptar as práticas do código de conduta e na implementação de fortes processos de gestão de mudanças a fim de garantir a aceitação e a participação ativa dos funcionários.

Envolvimento com a comunidade

O componente de envolvimento com a comunidade descreve as expectativas explícitas (voluntariado) ou implícitas (socorro em caso de catástrofes, redução da fome/pobreza/doença) da empresa associada à participação dos funcionários nas comunidades onde a empresa se insere. Uma série de empresas desenvolveu expectativas explícitas de voluntariado dos funcionários –

frequentemente por motivos diferentes (de boas relações públicas a comprometimentos altruísticos profundos com a comunidade) e com diferentes políticas (por exemplo, tempo de folga para apoiar atividades de voluntariado). Embora um comprometimento com o voluntariado dos funcionários descreva as expectativas de uma empresa e os objetivos para os funcionários de modo permanente, outras empresas podem criar expectativas sobre a participação em eventos imprevistos. Todas as comunidades correm riscos de diferentes tipos de desastres naturais e/ou provocados pelo homem e as empresas podem se planejar e preparar os funcionários para prestarem apoio nesses casos fornecendo produtos e capital humano. As recentes respostas de empresas a desastres naturais, como furacões e terremotos, ilustram o crescente suporte ao envolvimento com a comunidade.

Práticas de gestão empresarial

Por fim, uma empresa pode dar início a certas práticas de gestão empresarial a fim de promover o comportamento ético associado a materiais seguros, aquisição, produção e entrega de seus produtos, incluindo a segurança dos produtos, a comercialização responsável e a rastreabilidade dos produtos. Por uma perspectiva minimalista, diferentes regulamentações e politicas governamentais nacionais resultam na firme adesão à segurança dos produtos e aos processos de rastreabilidade. De modo similar, a elaboração e implementação de práticas de comercialização responsáveis pode ser conceituada através da qualidade das práticas de vida que aumentam o bem-estar dos consumidores sem prejudicar outras partes interessadas.

EDUCACIONAL

A sustentabilidade educacional visa garantir que a mão de obra seja treinada adequadamente e também providenciar para que uma nova mão de obra substitua os funcionários atuais no futuro. Essas iniciativas, assim como as dimensões éticas, podem ser decompostas em três categorias, incluindo as relações com os funcionários, o desenvolvimento de talentos e as práticas de gestão empresarial.

Relações educacionais com os funcionários

Uma das mais visíveis dimensões da sustentabilidade das relações com os funcionários se concentra na segurança do local de trabalho. Um número cada vez maior de empresas relata formalmente riscos de saúde e segurança e dados incorporados aos seus relatórios corporativos não financeiros. As relações com os funcionários também abrangem questões como a qualidade de vida do funcionário, incluindo o equilíbrio entre trabalho e vida pessoal e o forte incentivo em desenvolver estilos de vida saudáveis.

Desenvolvimento de talentos

Um dos requisitos de sustentabilidade mais críticos para a empresa diz respeito à habilidade e agilidade do capital humano da empresa. O desenvolvimento de talentos inclui uma série de habilidades da empresa que facilita o desenvolvimento de uma mão de obra com as aptidões necessárias e uma série de experiências para entregar de maneira sustentável os produtos/serviços da empresa ao longo do tempo. Os objetivos de sustentabilidade adequados devem ser incorporados ao processo de recrutamento do capital humano para garantir que os funcionários tenham as "competências pessoais", além da competência técnica para satisfazer de forma sustentável as necessidades de gestão e trabalho da empresa nas geografias globais nas quais a empresa escolheu operar. Além das competências e capacidades exigidas dos funcionários, o desenvolvimento de talentos inclui práticas visíveis de diversidade e inclusão. À medida que as empresas de produtos e serviços ampliam a sua cadeia de suprimentos global e a base de clientes, essa diversidade é fundamental para compreender mercados, culturas, "nivelando" os funcionários no mundo inteiro que se exponham e compreendam os diferentes mercados nos quais a empresa atua.

Práticas de gestão empresarial

Embora seja fundamental que a empresa tenha *expertise* interna para apoiar os processos da cadeia de suprimentos global e os processos de relacionamento com o cliente, também será importante ampliar essa competência para outros participantes da cadeia de suprimentos. Especificamente, é fundamental implementar programas de treinamento de fornecedores que facilitem a compreensão do fornecedor e da empresa em relação às expectativas de sustentabilidade e parcerias. Os esforços do Walmart nos últimos anos em reunir os fornecedores para tratar de questões relativas a produtos, embalagens e cadeia de suprimentos, levando a uma maior sustentabilidade, são um exemplo excelente desse tipo de atividade. Um componente final da educação diz respeito ao planejamento da continuidade do negócio, tanto internamente à empresa quanto na cadeia de suprimentos.

ECONÔMICA

A dimensão econômica da sustentabilidade concentra-se no esforço permanente para reduzir o custo total da cadeia de suprimentos, associado com a maneira que a empresa conduz o seu negócio, equilibrado pelas outras iniciativas estratégicas e de sustentabilidade que direcionam os investimentos da empresa. Como observamos anteriormente, uma das distinções centrais entre sustentabilidade e responsabilidade social corporativa é a incorporação das considerações econômicas no processo de decisão associado aos investimentos em sustentabilidade. Sendo assim, as duas dimensões econômicas são a gestão interna e externa.

Gestão interna

Os elementos de gestão interna da sustentabilidade econômica se concentram no fornecimento estratégico, na melhoria contínua e nas abordagens de produção enxuta nas operações, além da otimização dos transportes. O foco dessa categoria é identificar, avaliar e operacionalizar de maneira eficaz os *trade-offs* funcionais ou de processos. Essa gama de considerações sustentáveis implica a existência de uma grande diversidade de *trade-offs* a serem considerados. Por exemplo, o uso dos princípios de *postponement* pode reduzir o custo total por meio de um *trade-off* que diminui o custo de produção, mas aumenta o custo logístico. Por uma perspectiva mais ampla, a descentralização das plantas de processamento de materiais perigosos para locais mais próximos dos clientes pode aumentar o custo de produção (devido à menor economia de escala), mas pode reduzir o custo total ao minimizar o risco da empresa.

Gestão externa

As iniciativas de gestão externa associadas com a sustentabilidade econômica incluem a gestão de fornecedores e a geração de mercado. A gestão externa amplia as possibilidades da gestão interna ao considerar a terceirização de processos ou atividades visando reduzir o custo global ou melhorar a sustentabilidade da empresa. Por exemplo, a empresa pode optar por terceirizar certas atividades ou processos (como a responsabilidade pela fabricação ou pelo transporte) para aumentar o potencial em alcançar economias de escala. De modo similar, uma empresa pode optar pela terceirização de uma atividade que representa um risco de mercado ou da cadeia de suprimentos, como a responsabilidade pela propriedade do estoque ou pelo abastecimento.

EXEMPLOS DE SUSTENTABILIDADE NA CADEIA DE SUPRIMENTOS

Uma vez que a sustentabilidade da empresa pode ser afetada por essa ampla gama de fatores, existem muitos exemplos que demonstram como as quatro dimensões acima influenciam as operações da cadeia de suprimentos. Cinco exemplos são apresentados para ilustrar os desafios.

Gestão de talentos da cadeia de suprimentos

Um dos maiores desafios enfrentados pelos executivos da cadeia de suprimento global é o desenvolvimento e a retenção de talentos. Sem um repositório dos talentos existentes e um canal para os talentos futuros, fica cada vez mais difícil as empresas manterem a competitividade global. Duas dimensões de especialização são particularmente importantes para a gestão sustentável da cadeia de suprimentos. A primeira é a especialização multifuncional que desenvolve e mantém de forma sistemática o conhecimento relativo à gama de funcionalidades da cadeia de suprimentos, incluindo o atendimento aos clientes, logística, produção e compras. A segunda é um conhecimento amplo e profundo em relação às necessidades globais e à operações de cada país. Embora geralmente não seja possível que os profissionais tenham as duas coisas, cada empresa precisa desenvolver uma equipe de talentos adequada, incluindo combinações de ambos os tipos de pessoas. As diretrizes para desenvolver esse tipo de equipe são discutidas a seguir.

Mais importante, um profissional de gestão da cadeia de suprimentos deve ter experiência em várias funções da cadeia e também deve ser capaz de liderar ou dirigir o projeto, implementação e gestão de soluções multifuncionais da cadeia de suprimentos. Embora essas soluções possam ser completamente internas, geralmente elas ultrapassam os limites da empresa e envolvem várias camadas de fornecedores e clientes. Essas soluções exigem a integração e coordenação dos oito processos da cadeia de suprimentos introduzidos no Capítulo 1.

No nível sênior, um executivo de gestão da cadeia de suprimentos precisa avaliar e solucionar *trade-offs* entre as funções da cadeia, outras funções da empresa e organizações externas. Para identificar e avaliar esses *trade-offs* de maneira eficaz, é essencial uma mistura suficiente de conhecimento funcional profundo com uma compreensão da integração multifuncional e a colaboração multiempresarial. Por exemplo, um executivo de gestão da cadeia de suprimentos precisa ser capaz de equilibrar o serviço ao cliente e a qualidade com os custos totais da cadeia de suprimentos em todas as organizações e funções. Para ter sucesso nesse equilíbrio, o líder da cadeia de suprimentos precisa considerar todas as atividades de planejamento, gestão e medição da cadeia de suprimentos envolvidas na gestão de suprimentos, produção, logística e atendimento aos clientes. É importante que a avaliação inclua os produtos, serviços e soluções, além das informações relacionadas. Ao atingir o equilíbrio ideal, o profissional também precisa considerar a coordenação e colaboração com os clientes e fornecedores, bem como as outras partes interessadas na cadeia de suprimentos como vendas e marketing.

Além de identificar os *trade-offs*, é essencial desenvolver e implementar soluções integradas e abrangentes. As soluções inovadoras de ponta a ponta na cadeia de suprimentos precisam ser implementadas em uma escala empresarial ampla.

O trabalho do profissional da cadeia de suprimentos também inclui disseminar o conhecimento e a experiência para ajudar os parceiros de negócios no projeto e na execução dos processos da cadeia de suprimentos. Para esse fim, os profissionais devem ser encarados por seus pares e pela alta gestão como consultores em cadeia de suprimentos. Eles devem ser capazes de aplicar os princípios e metodologias de gestão da cadeia de suprimentos a outras partes da organização e definir a arquitetura de solução dos problemas complexos no nível da empresa. Finalmente, o profissional também deve ser capaz de analisar o desempenho global da empresa a fim de suportar a vantagem competitiva sustentável.

O executivo de gestão da cadeia de suprimentos precisa desenvolver as habilidades e capacidades para trabalhar de forma efetiva, como foi descrito acima. O desenvolvimento de habilidades e conhecimentos certos pode melhorar o desempenho não só da cadeia de suprimentos, mas também da empresa. Os gestores da cadeia de suprimentos não podem mais contar somente com as habilidades funcionais do passado para assegurar um futuro brilhante. Ao contrário, eles precisam desenvolver habilidades de gestão multifuncionais que devem ser integradas e alinhadas com a estratégia empresarial. Em muitos casos, essa gestão integrada exige a redefinição das habilidades, papéis e responsabilidades do profissional tradicional da cadeia de suprimentos. É evidente que são necessárias várias habilidades para gerenciar a complexidade e incerteza inerentes à gestão da cadeia de suprimentos. Além disso, os gestores da cadeia de suprimentos precisam estar abertos ao aprendizado contínuo, já que as habilidades atuais podem perder a sua importância no futuro.

A importância de possuir as habilidades certas na cadeia de suprimentos é sublinhada por Myers e colaboradores.[10] Seu estudo demonstrou que a experiência e educação de um gestor da cadeia de suprimentos não são indicadores do seu desempenho profissional; em vez disso, a qualificação profissional prevê o sucesso. Portanto, é importante que os executivos que pretendem atuar na cadeia de suprimentos aproveitem as oportunidades e recebam capacitação para desenvolver a qualificação profissional necessária para aumentar seu potencial de sucesso.

Embora os pesquisadores e profissionais apontem para o desenvolvimento da gestão da cadeia de suprimentos, há discordância em relação a como o processo vai evoluir. A maioria concorda que as habilidades independentes do contexto são importantes para os profissionais da cadeia de suprimentos. Essas habilidades incluem capacidades de gestão mais amplas como habilidades interpessoais e sociais, coordenação, gestão da mudança, comunicação, habilidades de tomada de decisão, habilidades de resolução de problemas, gestão do tempo e habilidades culturais.

Porém, em relação às habilidades técnicas e tecnológicas há alguma discordância. Alguns pesquisadores sugeriram que a gestão da cadeia de suprimentos não deveria incluir habilidade técnicas. Outros as consideram fundamentais para desenvolver habilidades gerenciais multifuncionais e multiempresariais. Alguns especialistas enfatizaram especialmente as habilidades e a experiência em tecnologia da informação. No entanto, segundo a literatura está claro que os pesquisadores não estão defendendo as habilidades técnicas profundas. O consenso parece ser que os profissionais da cadeia de suprimentos não têm apenas que ser competentes em sua especialização técnica, mas também precisam ter habilidades de liderança independentes do contexto e transpor os limites da função e da empresa.

Dischinger e colaboradores sugeriram que o verdadeiro executivo da cadeia de suprimentos precisa ter habilidades e capacidades nas cinco áreas seguintes: (1) funcional; (2) técnica; (3) liderança; (4) gestão global; e (5) experiência e credibilidade.[11]

Um executivo de gestão da cadeia de suprimentos deve ter experiência no assunto e habilidades relevantes em várias das principais funções da cadeia de suprimentos, incluindo compras, transportes, planejamento da demanda/fornecimento, produção, operações globais e relacionamento com o cliente. Em condições ideais, os que se aproximam do nível de liderança sênior trabalharam no nível operacional em várias funções para compreender totalmente os processos, desafios e problemas diários. Essa experiência funcional inclui uma combinação de experiências operacionais e gerenciais.

---

[10] M. B. Myers, D. A. Griffith, P. J. Daugherty, and R. F. Lusch, "Maximizing the Human Capital Equation in Logistics: Education, Experience, and Skills," *Journal of Business Logistics* 25, nº 1, 2004, pp. 211-232.

[11] John Dischinger, David Closs, Eileen McCullogh, Cheri Speier, Willian Grenoble, and Donna Marshall, "The Emerging Supply Chain Management Profession," *Supply Chain Management Review*, January/February 2006, pp. 62-68.

Dada a crescente dependência da tecnologia na cadeia de suprimentos, um verdadeiro profissional de gestão da cadeia de suprimentos precisa ter experiência na aplicação eficaz da tecnologia da informação. Isso não sugere que um executivo de gestão da cadeia de suprimentos deve ter experiência no desenvolvimento da tecnologia. Em condições ideais, um líder sênior terá enfrentado os desafios da escolha, implementação e aplicação da tecnologia. Uma compreensão bem desenvolvida da relação entre os processos da cadeia de suprimentos e as soluções de tecnologia da informação também é uma parte fundamental desse conjunto de habilidades.

Um executivo de gestão da cadeia de suprimentos precisa demonstrar uma ampla gama de habilidades de liderança. A maioria das tarefas de gestão da cadeia de suprimentos requer habilidade para liderar projetos envolvendo clientes, parceiros e/ou concorrentes e, ao mesmo tempo, interagir de forma eficaz com os executivos internos e externos. Um executivo da cadeia de suprimentos também precisa demonstrar liderança e experiência em ambientes complexos e em empresas com arranjos matriciais. Essa experiência vai garantir que as iniciativas e recursos da cadeia de suprimentos sejam gerenciados e integrados de forma eficaz. Outras habilidades de liderança estão relacionadas com a comunicação, negociação, resolução de problemas, liderança de equipe e gerenciamento de projetos.

No atual ambiente abrangente da cadeia de suprimentos, um executivo de gestão dessa cadeia precisa ter experiência em planejamento e operações globais. Essa experiência fornece os conhecimentos sobre o ambiente global da cadeia de suprimentos e seus desafios. Em condições ideais, os profissionais terão tido uma ou duas experiências trabalhando fora do seu país natal. Outro aspecto desejável é ter amplo envolvimento e responsabilidade no planejamento e operações globais.

Experiência e credibilidade

Um executivo de gestão da cadeia de suprimentos precisa ter conhecimento, profundidade crítica e experiência suficientes para avaliar o ambiente competitivo, conceituar a estratégia, avaliar e organizar soluções e implementar mudanças, tanto na organização quanto com os parceiros da cadeia de suprimentos. A habilidade é alcançada pelo desenvolvimento de experiência e credibilidade dentro da empresa e também pelo desenvolvimento de uma substancial credibilidade externa, que pode ser alcançada através de uma série de atividades, como a participação em conferências e associações setoriais, recebimento de prêmios e patentes, e publicações em periódicos de negócios e profissionais.

De modo similar, hoje o desenvolvimento do executivo da cadeia de suprimentos será diferente do passado. Como resultado, os departamentos de recursos humanos e operacionais precisarão trabalhar mais em colaboração e mudar suas expectativas em relação à formação de futuros talentos. As linhas sólidas na Figura 16.7 ilustram o que pareceria um plano de carreira no passado. Muitas vezes os talentos ascendiam a hierarquia das áreas funcionais de planejamento da demanda/suprimento, compras, produção, logística ou atendimento de pedidos. Embora os profissionais nesse caso fossem completamente fundamentados em suas funções, nem sempre eles compreendiam os processos integrados ou os *trade-offs* funcionais. As linhas pontilhadas na Figura 16.7 ilustram o plano de carreira multifuncional necessário para desenvolver o profissional de cadeia de suprimentos dos dias de hoje.

À medida que as estruturas organizacionais se tornam mais horizontais e a liderança da cadeia de suprimentos requer habilidades empresariais mais holísticas, as empresas precisam desenvolver uma gama de modelos de treinamento. As certificações são especialmente úteis para uma mão de obra sem treinamento formal em cadeia de suprimentos e também podem ampliar o conjunto de habilidades dos gestores de nível intermediário com formação universi-

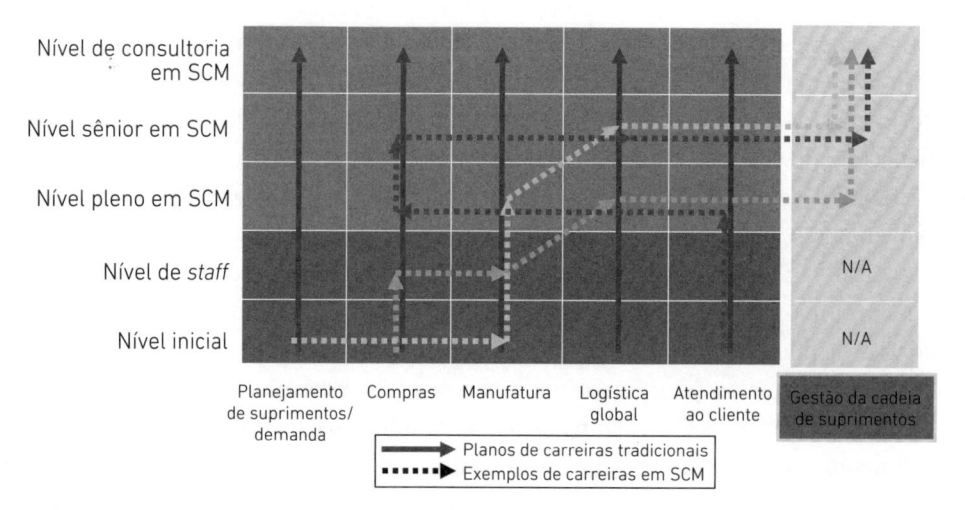

FIGURA 16.7 Planos de carreira multifuncionais na cadeia de suprimentos.

Fonte: John Dischinger, David Closs, Eileen McCullogh, Cheri Speier, William Grenoble, and Donna Marshall, "The Emerging Supply Chain Management Profession," *Supply Chain Management Review*, January/February 2006, pp. 62-68.

tária em gestão da cadeia de suprimentos. Além disso, a educação continuada é necessária para expor os líderes emergentes às mudanças promovidas pelos avanços tecnológicos e para desafias sua visão sobre os paradigmas atuais da indústria. Consequentemente, as empresas vão achar útil desenvolver relações estratégicas com as instituições de ensino para garantir a criação de valor em longo prazo.

Para desenvolver uma organização para a cadeia de suprimentos, particularmente em nível global, as empresas precisam enfrentar a difícil tarefa de identificar novos talentos e treinar seus líderes emergentes para satisfazer as necessidades ainda não identificadas. Elas também precisam realizar um planejamento sucessório eficaz que lhes permita reter e desenvolver a base fundamental de talentos. As empresas com as cadeias de suprimentos mais bem-sucedidas e competitivas reconhecem que o conhecimento técnico e o treinamento em si não são suficientes. Os executivos de gestão da cadeia de suprimentos precisam ser capazes de atender as mudanças rápidas de uma economia global que exige uma maior conectividade entre as empresas e regiões geográficas e as tecnologias em rápida evolução. Eles também devem ter uma gama de conhecimento mais ampla nas áreas operacionais relacionadas e precisam possuir mais habilidades de liderança e comunicação para que se tornem um recurso adaptável e assegurem a vantagem competitiva no futuro.

Mudanças nos preços dos combustíveis

A variabilidade dos preços do diesel nos Estados Unidos tem sido objeto de preocupação diária. Depois de aumentar mais de 300% desde 1999, a tendência de alta se inverteu abruptamente no final de 2008 com a entrada do país em uma recessão. Após a queda em 2008, os preços do diesel aumentaram em todo o ano de 2010 e continuaram a subir em 2011. A Figura 16.8 ilustra os preços com base nos dados do Departamento de Energia dos Estados Unidos. O diesel é a principal fonte de combustível que suporta as operações globais da cadeia de suprimentos, representando aproximadamente 30% do custo geral dos transportes. Portanto, um aumento de 100% no seu preço aumenta o custo geral dos transportes em 30%. O resultado dessa flutuação radical no preço do combustível e no custo geral dos transportes é que as cadeias de suprimentos precisam ser reavaliadas regularmente para determinar qual estrutura de rede e estratégia são melhores para uma empresa.

A volatilidade do preço do combustível influencia as decisões pertinentes à cadeia de suprimentos de duas maneiras. Primeira, ela pode influenciar radicalmente a viabilidade e o fluxo do

FIGURA 16.8 Preço do diesel nos Estados Unidos desde 1999.

Fonte: Departamento de Energia dos Estados Unidos.

comércio global. Com um preço de US$ 4,50 por galão de diesel, as empresas estão reconsiderando as fontes de suprimento e os modais de transporte utilizados. Os preços mais elevados favorecem as operações mais localizadas, como é exemplificado pela IKEA posicionando uma fábrica na Virgínia e o maior volume fabricado pelas siderúrgicas na região central dos Estados Unidos.[12]

O aumento no custo dos transportes também reduz a vantagem relativa dos países de mão de obra mais barata. O custo mais alto do combustível desvia mais fretes internacionais das transportadoras aéreas para as transportadoras marítimas. A implicação é que os tomadores de decisão da cadeia de suprimentos podem se abastecer em fornecedores menos distantes com o *postponement* sendo utilizado para personalizar os produtos nos mercados locais.

Segunda, o aumento no custo dos transportes também pode mudar a rede logística doméstica. Com base na discussão do Capítulo 13 sobre a curva do custo total, o aumento no custo dos transportes vai deslocar a curva do custo total dos transportes para cima e para a direita. A Figura 16.9 ilustra como os aumentos no custo dos transportes de 25%, 50% e 100% fazem que a curva do custo total se desloque. Para o preço base do combustível, a figura ilustra que o número de centros de distribuição com menor custo total é igual a sete. À medida que o preço do combustível aumenta, a estrutura de menor custo total aumenta para dez centros de distribuição. Para aplicar esse conceito, a Procter & Gamble está considerando novos centros de distribuição para responder aos aumentos recentes no custo dos transportes.

Regulamentações ambientais

Existem muitas dimensões de regulamentação ambiental que afetam diretamente as atividades da cadeia de suprimentos. Há duas especialmente importantes devido à crescente atividade dos grupos políticos e de consumidores. Elas incluem iniciativas verdes e reciclagens/devoluções.

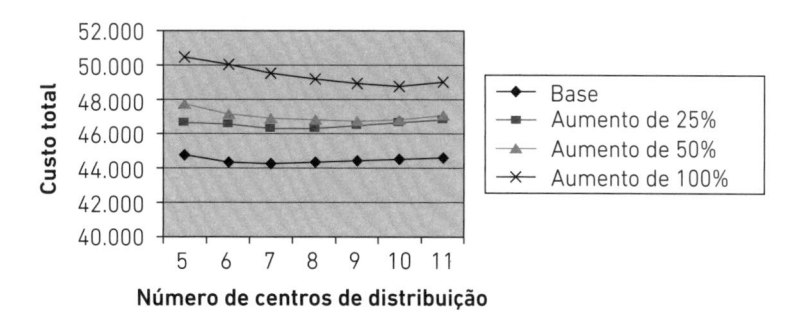

FIGURA 16.9 Número ideal de centros de distribuição de acordo com o preço do combustível.

[12] David Lynch, "Transport Costs Could Alter World Trade," *USA Today*, August 11, 2008.

As iniciativas verdes incluem uma grande variedade de regulamentações e atividades voltadas para reduzir diretamente o impacto da cadeia de suprimentos sobre o meio ambiente. Entre os exemplos, temos as emissões de gases dos veículos, a redução do uso de materiais de embalagens e a reformulação da cadeia de suprimentos. Nos Estados Unidos, o governo federal obrigou os fabricantes de veículos a reduzirem suas emissões. Essa imposição resultou na melhoria da tecnologia do diesel nas aplicações rodoviárias e marítimas.[13] Por exemplo, os portos de Long Beach e Los Angeles, Califórnia, têm restrições quanto aos tipos de diesel e ao horário em que se pode coletar e entregar cargas no porto. Um exemplo relacionado é o aumento das regulamentações que restringem os horários de coleta e entrega nas áreas congestionadas, como as regiões centrais de grandes cidades ou portos. Muitas cidades estão restringindo o horário de operação permitido aos caminhões e programando a operação dos portos para reduzir a concentração de caminhões.

Em relação à embalagem, algumas empresas estabeleceram suas próprias iniciativas para reduzir os desperdícios e as despesas de transportes. Após o seu foco em RFID discutido no Capítulo 5, o Walmart começou a trabalhar com seus principais fornecedores para reduzir o desperdício nas embalagens. Especificamente, eles estabeleceram um *scorecard on-line* para orientar os fornecedores.[14] Seu objetivo é reduzir as embalagens em 5% por volta de 2013. O Walmart ampliou os requisitos de redução das embalagens para a Ásia, resultando assim em implicações globais.

Algumas empresas estão reformulando sua cadeia de suprimentos para cumprir padrões ambientais regulamentados ou sociais. As iniciativas de reformulação da cadeia de suprimentos incluem a realocação de fábricas e centros de distribuição para minimizar o uso de energia ou as emissões de carbono, "adaptação ecológica" das instalações com iluminação e empilhadeiras que agridam menos o meio ambiente, mudança nos modais de transporte e diminuição dos riscos no transporte. A Dow Chemical e a Whirlpool demonstraram esforços expressivos para reduzir o impacto ambiental das suas cadeias de suprimentos.[15]

As iniciativas de reciclagem/devolução estão ocorrendo há muitos anos, mas estão passando por uma nova fase de crescimento. Os governos estão modificando as regulamentações para incentivar as empresas a aceitarem e promoverem a devolução pelo consumidor dos produtos usados e das embalagens. Muitos estados americanos exigem depósitos de vasilhames de bebida em um esforço para incentivar o retorno destinado à reciclagem. Alguns estados estão elaborando planos para incluir os vasilhames de suco e água nesses depósitos para estimular ainda mais a reciclagem. A União Europeia fomentou uma legislação mais ampla, exigindo a reciclagem do lixo eletrônico. A diretriz Waste Electrical and Electronic Equipment (**WEE**) exige que os fabricantes assumam a responsabilidade pelo recolhimento e pelo processamento dos seus produtos no final da vida.[16] Especificamente, as empresas que fabricam eletrodomésticos e eletrônicos na Europa são obrigadas a habilitar cadeias de suprimento reversas que aceitem o produto no final da vida, devolvam-no a uma instalação de reprocessamento e o recondicionem para a venda ou o decomponham em componentes que possam ser reutilizados ou reciclados. Iniciativas similares estão começando a ser elaboradas no setor automotivo. Outros países desenvolvidos estão começando a considerar leis similares.

---

[13] Para mais detalhes, ver <www.epa.gov/otaq/highway-diesel/index.htm>.

[14] Marcus Kabel, "Wal-Mart Goes Online to Cut Packaging Waste," *Transport Topics*, nº 3746, June 18, 2007, p. S11.

[15] Para uma discussão mais detalhada sobre essas iniciativas de reformulação, ver Esther D'Amico, "Shippers Focus on Safety and Security Link across Supply Chain," *Chemical Week* 170, nº 2, January 1, 2008, p. 9; and James A. Cooke, "The Greening of Whirlpool's Supply Chain," *CSCMP Quarterly*, Quarter 2, 2008, pp. 46-49.

[16] Rita Gamberini, Elisa Gebennini, Andrea Grassi, Cristina Mora, and Bianca Rimini, "An Innovative Modelo of WEEE Recovery Network Management in Accordance with the EU Initiatives," *International Journal of Environmental Technology and Management* 8, nº 4, 2008, p. 348.

Existem duas questões que as empresas precisam considerar diante das inciativas de reciclagem. A primeira diz respeito a quão ativa a empresa deve ser na orientação e promoção dessas iniciativas. Em muitos casos, as empresas querem minimizar o seu envolvimento ou pelo menos a sua visibilidade para que não sejam rotuladas como "anti-ambientais". No entanto, às vezes é vantajoso as empresas se tornarem ativamente envolvidas para educar os formadores de opinião e os consumidores em relação aos *trade-offs* associados às alternativas regulatórias e políticas. Isso é particularmente verdadeiro quando há uma série de entidades governamentais envolvidas. Por exemplo, muitos estados americanos estão exigindo a reciclagem dos recipientes de bebidas, como mencionamos anteriormente. Embora se possa discutir o custo e os benefícios relativos dessas iniciativas, os sistemas de reciclagem atuais têm uma série de variantes distintas. Em alguns casos, o consumidor devolve o produto a ser reciclado para os varejistas, em outros para centros de reciclagem. Nas situações em que entidades políticas distintas implementam políticas diferentes, as empresas são obrigadas a desenvolver sistemas de reciclagem para atender cada situação específica. Isso reduz substancialmente as economias de escala e aumenta o custo da reciclagem. O envolvimento mais proativo dos líderes setoriais pode educar os políticos e consumidores em relação aos custos totais associados a cada opção e aos benefícios da padronização.

A segunda questão diz respeito ao projeto de um sistema de logística reversa. Em alguns casos, os formuladores de políticas públicas "projetam" o sistema definindo o processo na legislação. Por exemplo, a lei de reciclagem de recipientes de bebida do Michigan exige que os varejistas aceitem recipientes de bebida vazios de todas as marcas que venderem. Por sua vez, o distribuidor é obrigado a providenciar que os recipientes vazios sejam recolhidos. Outros estados usam sistemas de retorno diferentes. Em outros setores, como os de câmeras e produtos eletrônicos, a cadeia de suprimentos utilizada na distribuição inicial do produto também realiza a atividade de logística reversa. A vantagem de usar o sistema atual é que não é necessário manter um sistema distinto; já desvantagem é que o fluxo reverso pode atrapalhar a eficiência do canal. Organizações como o Reverse Logistics Executive Council trabalham em conjunto com os fabricantes, distribuidores e varejistas para projetar sistemas de logística reversa que sejam eficazes e eficientes.

Manutenção da cadeia de suprimentos global

O terremoto e o tsunami ocorridos no Japão em 2011 aumentaram a consciência quanto à interconexão e os riscos relacionados às cadeias de suprimento globais. O Japão é a terceira maior economia do mundo e um fornecedor vital de peças e equipamentos para grandes setores como os de computadores, produtos eletrônicos e automóveis. Os piores danos foram a nordeste de Tóquio, perto do epicentro do terremoto, embora o coração industrial do Japão esteja situado bem ao sul. No entanto, surgiram problemas expressivos devido à falta de energia elétrica e às interrupções nos transportes por todo o país. Em todo o Japão e no mundo, muitas empresas que utilizam componentes eletrônicos foram obrigadas a paralisar temporariamente as fábricas devido à falta de componentes ou à busca de fornecedores alternativos. Outro exemplo é a localização das principais instalações nos países que não possuem governos estáveis. A instabilidade política em uma região com uma instalação-chave na cadeia de suprimentos resulta em uma interrupção na produção ou nas operações.

Em muitos casos, as cadeias de suprimentos mudaram para operações mais consolidadas e suprimento único para tirar vantagem da mão de obra mais barata e das economias de escala. Isso resultou na transferência maciça de produção e distribuição para regiões do globo que normalmente enfrentam desafios políticos, de infraestrutura, de mão de obra ou ambien-

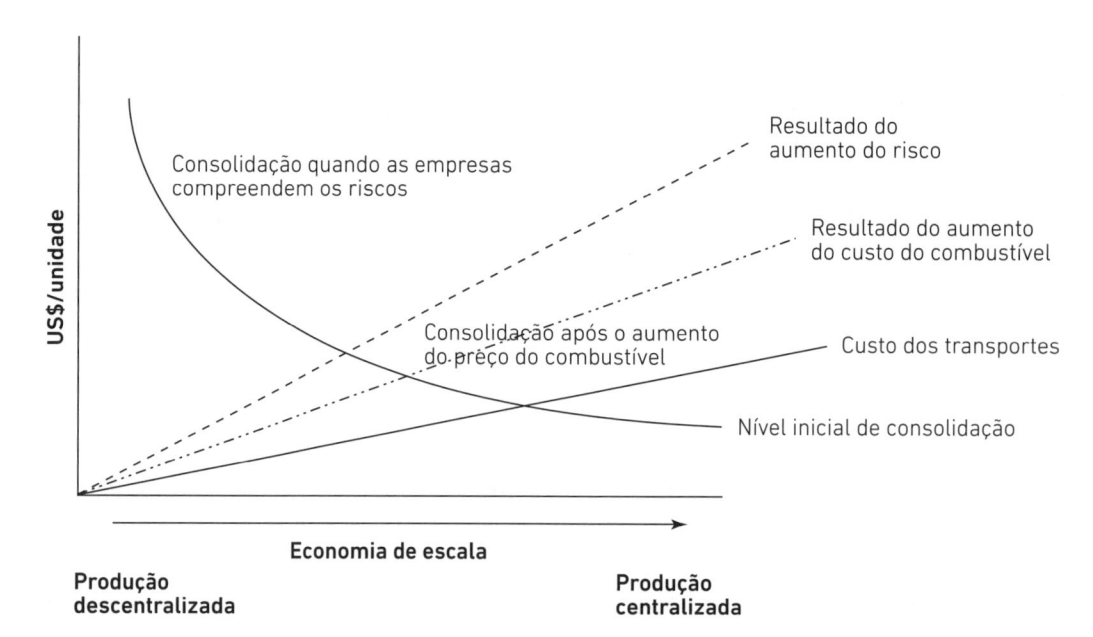

FIGURA 16.10 Alterações na dinâmica do projeto da cadeia de suprimentos.

Gráfico: US$/unidade vs. Economia de escala (Produção descentralizada → Produção centralizada), mostrando curvas de "Consolidação quando as empresas compreendem os riscos", "Resultado do aumento do risco", "Resultado do aumento do custo do combustível", "Consolidação após o aumento do preço do combustível", "Custo dos transportes" e "Nível inicial de consolidação".

tais. Embora tenha sido relativamente fácil quantificar os *trade-offs* relacionados ao custo da mão de obra e às economias de escala, os riscos associados à política, à infraestrutura, à mão de obra e ao ambiente não são tão óbvios. Eventos recentes demonstraram que os riscos podem ser substanciais e que é necessário considerar esses elementos durante a tomada de decisões pertinentes à cadeia de suprimentos. A sustentabilidade da cadeia de suprimentos global requer que as decisões sobre suprimentos, produção e logística considerem adequadamente os *trade-offs* entre os custos tradicionais da cadeia de suprimentos e os riscos associados à sustentabilidade. A Figura 16.10 ilustra a evolução das cadeias de suprimento globais sustentáveis. Primeiro, as empresas consolidam as suas instalações da cadeia de suprimentos (fábricas ou centros de distribuição) para alcançar economias de escala e reduzir o seu custo por unidade. O limite do potencial de consolidação surge quando as economias de escala relacionadas à produção são superadas pelo custo dos transportes. Segundo, à medida que o custo dos transportes aumentar em relação ao custo de fabricação, as empresas vão utilizar instalações menores na cadeia de suprimentos para reduzir a sua dependência dos transportes. Terceiro, à medida que as empresas começarem a compreender o custo associado aos riscos, elas vão continuar a reduzir o seu nível de consolidação, tanto em termos de instalações quanto de fornecedores, para reduzir o seu risco global.

As empresas estão começando a compreender que a sustentabilidade global exige a consideração de muitas dimensões, as quais variam dos *trade-offs* dentro da cadeia de suprimentos até os *trade-offs* com o consumidor externo, o governo, o meio ambiente e o ambiente comercial. Os gestores de logística e da cadeia de suprimentos têm oportunidades para exercer um papel cada vez maior na avaliação desses *trade-offs* multidimensionais e ajudar suas empresas a assegurarem que as estratégias resultantes sejam competitivas.

Resumo

Os executivos de logística e cadeia de suprimentos aumentaram substancialmente a sua visibilidade na empresa ao longo dos últimos vinte anos. Eles passaram a se envolver mais na avaliação dos *trade-offs* multifuncionais, tanto dentro da empresa quanto externamente, e também no desenvolvimento das estratégias corporativas. No entanto, essa vantagem resulta em uma responsabilidade maior pelas decisões envolvendo processos, recursos, riscos e sustentabilidade global da empresa. Este capítulo descreve algumas dessas dimensões, com considerações específicas quanto aos gestores de logística e cadeia de suprimentos. O capítulo começa descrevendo uma estrutura que demonstra como as responsabilidades dos gestores de logística e cadeia de suprimentos estão mudando da avaliação dos *trade-offs* multifuncionais e se tornando participantes-chave no desenvolvimento e execução das estratégias para assegurar a sustentabilidade global da empresa. Os líderes atuais de logística e cadeia de suprimentos precisam compreender a sustentabilidade global da empresa e ser capazes de posicionar suas recomendações e estratégias nesse contexto.

Após a introdução da estrutura, o capítulo descreve como a gestão da logística precisa se envolver na gestão de processos e recursos externos à organização da cadeia de suprimentos e à empresa. O primeiro exemplo analisa como as decisões sobre o desenvolvimento de produtos afetam os custos da empresa e da cadeia de suprimentos. É importante que a logística trabalhe com outras funções da empresa para avaliar os *trade-offs* associados às decisões sobre desenvolvimento de produtos. O segundo exemplo discute o uso da terceirização na logística e em outras atividades da cadeia de suprimentos. Dado o foco na melhoria da gestão e utilização dos recursos, provavelmente as empresas vão continuar a terceirizar mais atividades relacionadas à logística e cadeia de suprimentos.

A terceira dimensão da estrutura amplia a responsabilidade da logística, incluindo a gestão de riscos. Os gestores da cadeia de suprimentos precisam considerar uma gama crescente de riscos além da tradicional incerteza da demanda e do ciclo de atividades. O capítulo demonstra três tipos de riscos externos à cadeia de suprimentos e que podem afetar expressivamente as operações. O primeiro é a mudança constante do ambiente regulatório que impacta as operações da cadeia de suprimentos, a documentação, a tecnologia e os equipamentos. O segundo é o ambiente financeiro e tributário que exerce uma forte influência sobre a localização geográfica das atividades da cadeia de suprimentos. O terceiro diz respeito às mudanças nos requisitos de segurança para proteger os produtos e as fronteiras.

A quarta dimensão da estrutura amplia a responsabilidade da logística, incluindo a sustentabilidade global da empresa. O capítulo introduz uma estrutura de sustentabilidade que inclui as dimensões ambiental, ética, educacional e econômica. A dimensão ambiental agrega os elementos de conservação, redução do uso e práticas relacionadas de gestão empresarial. A dimensão ética inclui elementos das relações com os funcionários, envolvimento com a comunidade e práticas relacionadas de gestão empresarial. A dimensão educacional se concentra nas relações educacionais com os funcionários, desenvolvimento de talentos e práticas relacionadas de gestão empresarial. A dimensão econômica inclui os *trade-offs* internos e externos à empresa. Com o crescente foco de muitas empresas no sentido da sustentabilidade empresarial global, é importante que os gestores de logística e cadeia de suprimentos compreendam o papel que as suas decisões exercem nesse objetivo. A seção conclui com exemplos específicos demonstrando como os preços dos combustíveis, a gestão de talentos, as regulamentações ambientais e o projeto da cadeia de suprimentos podem afetar a sustentabilidade da empresa.

Existem muitas formas de a sustentabilidade da empresa ser influenciada pelas estratégias e decisões pertinentes a suprimentos. É importante que os gestores de logística e cadeia de suprimentos empreguem as estruturas para apoiar a amplitude da tomada de decisão e sejam capazes de identificar e avaliar os *trade-offs* necessários.

Questões para revisão

1. Discuta as implicações para a liderança na cadeia de suprimentos conforme o foco muda da minimização do custo total da cadeia de suprimentos para a maximização da sustentabilidade empresarial.

2. Discuta os riscos e benefícios para o marketing e para a cadeia de suprimentos relacionados à complexidade do produto.

3. Discuta o papel que as empresas devem desempenhar ao responder às mudanças nas políticas públicas sobre as iniciativas ambientais nos locais onde operam.

4. Descreva o papel que a gestão da logística e a da cadeia de suprimentos deve assumir no cumprimento das iniciativas de segurança C-PAT, CSI, AMR e ACI.

5. Discuta como a estratégia fiscal regional e local sobre propriedade, valor agregado, estoque e renda pode influenciar o projeto da cadeia de suprimentos.

6. Discuta as implicações do aumento no preço dos combustíveis no projeto da cadeia de suprimentos. Como as empresas globais podem atenuar o impacto desse aumento do preço dos combustíveis?

Desafios

1. Identifique e discuta os *trade-offs* associados à operação de uma cadeia de suprimentos que lida com a movimentação direta e reversa em comparação com cadeias de suprimentos distintas para cada uma dessas movimentações.

2. Compare e diferencie os papéis que a gestão da logística, a gestão da cadeia de suprimentos, a área de qualidade, a segurança corporativa, os prestadores de serviços de logística e o governo exercem para aumentar a segurança da cadeia de suprimentos.

3. Descreva o papel que a tecnologia da informação pode desempenhar no aumento da segurança na cadeia de suprimentos. Concentre a discussão nas seguintes tecnologias: identificação por radiofrequência, rastreamento e monitoramento de cargas, sistemas de planejamento da cadeia de suprimentos e uso de 3PLs ou integradores logísticos.

4. Escolha um setor e discuta como cada um dos seguintes aspectos da sustentabilidade vai impactar o projeto da cadeia de suprimentos ao longo dos próximos dez anos. Depois que você avaliar cada um deles individualmente, discuta qual será o impacto agregado e quais serão os fatores motivadores principais.
    a. Custo dos combustíveis
    b. Regulamentações ambientais
    c. Oportunidades de crescimento do mercado
    d. Maiores restrições de segurança
    e. Congestionamento nas principais vias de transporte
    f. Maior alinhamento tributário promovido por governos locais e nacionais

Epílogo

Na análise final, o desafio do gerenciamento logístico é superar a perspectiva funcional tradicional para ajudar a capturar e promover a necessidade de os gerentes reinventarem o seu significado, que é simples: atender os clientes. Embora às vezes seja difícil entender o porquê, o fato é que a maioria das empresas necessita de transformações significativas para reposicionar recursos com o intuito de alcançar melhor esse objetivo básico. Por muitos motivos, a complexidade domina as empresas modernas. A reinvenção de uma empresa envolve simplificação, padronização e integração. É tudo uma questão de voltar ao básico. A logística é básica.

O gerente logístico do futuro será muito mais um líder de mudanças e muito menos um técnico. O desafio da mudança será impulsionado pela necessidade de sincronizar a velocidade e a flexibilidade da competência logística com o processo de gerar valor para o cliente. A tecnologia e a técnica não serão fatores limitadores. Se nenhuma tecnologia for inventada por uma década ou mais, ainda não teremos explorado completamente a tecnologia disponível hoje. A maior parte dos conceitos que estão sendo promovidos como novas maneiras de melhorar a produtividade já está ultrapassada. Conceitos como custeio baseado em atividades (ABC – *activity based costing*), concorrência baseada no tempo, análise de estoque ABC, integração de processos, colaboração, resposta rápida, segmentação, e assim por diante, não são novos. O que é novo é que o líder de hoje tem suporte da tecnologia da informação que faz que esses conceitos funcionem.

Evidentemente, o desafio de reinventar a empresa não está a cargo apenas dos especialistas em logística, mas é de sua responsabilidade participar do processo, especialmente aqueles que lideram operações globais, respondem por muitos recursos humanos e de capital e facilitam a entrega de bens e serviços aos clientes. O futuro executivo de logística não poderá negligenciar a responsabilidade por contribuir e participar do gerenciamento de mudanças necessário para transformar a empresa com o objetivo de entrar na era da informação digital.

Para finalizar o livro, os autores reuniram citações e declarações que acreditam captar o significado e a intensidade de sua mensagem. Ao gerente logístico de hoje e de amanhã, que enfrentará os desafios da mudança, oferecemos as seguintes citações como fonte de compaixão e inspiração:

SOBRE MUDANÇAS: A LOGÍSTICA NÃO É UMA OCUPAÇÃO ORDINÁRIA

A experiência ensina que os homens são tão governados pelo que estão acostumados a ver e praticar que as melhorias mais simples e óbvias nas ocupações mais ordinárias são adaptadas com hesitação, relutância e em graduações lentas. – *Alexander Hamilton,* 1791

SOBRE A ORGANIZAÇÃO: É UMA QUESTÃO DE PERSPECTIVA

Treinamos muito [...] mas parecia que cada vez que estávamos começando a formar equipes, nós éramos reorganizados. Descobri mais tarde na vida que temos a tendência de enfrentar qualquer situação nova por meio da reorganização; e ela pode ser um método maravilhoso para criar a ilusão de progresso ao mesmo tempo que gera confusão, ineficiência e desmoralização. – *Petronius,* 200 a.C.

SOBRE NOVAS IDEIAS: ALGUMAS NÃO SÃO TÃO NOVAS

É possível sonhar com uma produção tão organizada que nenhuma empresa se preocuparia ou outra unidade econômica seria obrigada a manter estoques de matérias-primas ou de produtos acabados [...] imagine suprimentos de todo tipo fluindo para as fábricas assim que as máquinas estivessem prontas para usá-los; produtos fluindo para as carretas e caminhões apenas subindo para as plataformas de carregamento; produtos chegando às prateleiras dos revendedores assim que o espaço estivesse disponível [...] em tais condições, o fardo das despesas e dos riscos carregado pela sociedade devido aos estoques necessários ao processo de produção seria mínimo. – *Everett S. Lyon,* 1929

SOBRE RECONHECIMENTO: O QUE VOCÊ FEZ POR MIM ULTIMAMENTE?

O especialista em logística

Os especialistas em logística são uma raça de homens tristes e amargurados cuja demanda aumenta muito em tempos de guerra, e que afundam ressentimente na obscuridade em tempos de paz. Eles só lidam com fatos, mas têm de trabalhar para homens que negociam de acordo com teorias. Eles surgem em épocas de guerra porque a guerra é um fato. Desaparecem em épocas de paz porque a paz é, em grande parte, teoria. As pessoas que negociam de acordo com teorias, e empregam especialistas em logística em épocas de guerra e os ignoram em épocas de paz, são os generais.

Os generais são uma raça abençoada que irradia confiança e poder. Eles só se alimentam de ambrosia e só bebem néctar. Em tempos de paz, caminham confiantes e podem invadir um mundo simplesmente passando as mãos sobre um mapa, apontando os dedos decisivamente para corredores de terra e bloqueando desfiladeiros e obstáculos com a lateral das mãos. Em épocas de guerra, têm de caminhar mais lentamente porque cada general tem um especialista em logística cavalgando em suas costas e ele sabe que, a qualquer momento, o especialista pode se inclinar para a frente e sussurrar: "Não, você não pode fazer isso". Os generais os temem na guerra e, na paz, tentam esquecê-los.

Correndo com folga ao lado dos generais, encontram-se os estrategistas e os táticos. Os especialistas em logística desprezam os estrategistas e os táticos, pois eles desconhecem a existência dos especialistas em logística até que sejam promovidos a generais – o que geralmente ocorre.

Às vezes, um especialista em logística se torna general. Quando isso acontece, ele tem de se associar a generais que ele odeia; ele tem um séquito de estrategistas e táticos que despreza; e, nas suas costas, há um especialista em logística que ele teme. É por isso que os que se tornam generais sempre têm úlcera e não podem comer ambrosia. – *Autor desconhecido; disponibilizado pelo major William K. Bawden, RCAF*

Problemas

GRUPO 1: INFORMAÇÃO E PREVISÃO

1 Mike McNeely, gerente de logística da Illumination Light Company, pensou em substituir o sistema manual de gerenciamento de pedidos dos clientes da empresa por um sistema eletrônico, um aplicativo EDI. Ele estima que o sistema atual, incluindo a mão de obra, custe $ 2,50 por pedido, para transmissão e processamento, quando o volume anual de pedidos fica abaixo de 25.000. Caso o volume de pedidos seja igual ou superior a 25.000 em determinado ano, o sr. McNeely terá de contratar mais um representante de serviço ao cliente para ajudar no recebimento de pedidos no processo manual. Isso elevaria o custo variável para $ 3 por pedido. Ele também estima que a taxa de erros na colocação e transferência de pedidos é de 12 por 1.000 pedidos.

O EDI custaria $ 100.000 inicialmente para ser implementado e os custos variáveis serão de $ 0,50 por pedido, independentemente do volume. O aplicativo poderia adquirir e manter informações sobre os pedidos com uma taxa de erro de 3 por 1.000 pedidos. Um especialista em EDI também seria necessário para manter o sistema funcionando o tempo todo. Seu salário é de $ 38.000 no primeiro ano e aumenta 3% a cada ano subsequente.

Os erros nos pedidos custam $ 5 por ocorrência, em média, para ser corrigidos no sistema manual. Os erros do EDI custam $ 8, em média, para ser corrigidos, já que o especialista inspeciona o sistema em busca de falhas na maioria das ocasiões.

a Se a empresa espera que o volume de pedidos nos próximos 5 anos seja de 20.000, 22.000, 25.000, 30.000 e 36.000 por ano, o EDI seria pago nos primeiros 5 anos?

b Quais efeitos, além do custo, o sr. McNeely deve considerar ao implementar o EDI?

2 O Sr. McNeely atualmente forma lotes de pedidos para processar no sistema manual de gerenciamento de pedidos. Os pedidos são agrupados para processamento diário. Se o sr. McNeely optar por implementar o EDI, isso pode afetar seus atuais meios de processamento de pedidos? Em caso positivo, como?

3 A Quality Marketing Technologies, Inc., contratou você como representante de vendas. Pediram a você que ligasse para a Quikee Stop, uma pequena rede de lojas de conveniência com cinco instalações na sua região. Quais os benefícios do Código Universal de Produtos (UPC) e das aplicações de código de barras você poderia apontar para incentivar a Quikee Stop a utilizar essas tecnologias para acompanhar as vendas em suas lojas?

4 A Comfortwear Hosiery, Inc., fabrica meias para homens em sua instalação manufatureira em Topeka, Kansas. As meias são armazenadas em um depósito próximo à fábrica antes da distribuição a instalações em Los Angeles, Memphis e Dayton. O depósito usa uma abordagem de previsão de cima para baixo para determinar as quantidades esperadas demandadas em cada centro de distribuição (CD).

A previsão agregada mensal para junho é de 12.000 pares de meias. Historicamente, o CD de Los Angeles demandou 25% das meias do depósito. Memphis e Dayton demandaram 30% e 35%, respectivamente. Os 10% restantes são enviados diretamente do depósito.

a Com base na previsão agregada, quantos pares de meias deve-se esperar que cada CD demande em junho?

b Suponha que a previsão agregada para julho resulte em um aumento de 6% sobre a previsão de junho. Quantos pares de meias cada CD demandará em julho?

5 Kathleen Boyd, diretora de logística da Scenic Calendar Company, deseja avaliar dois métodos de previsão de demanda por séries temporais. Ela coletou dados trimestrais de vendas dos anos 2003 e 2004.

2003		2004	
Trimestre	Vendas reais	Trimestre	Vendas reais
1	1.200	1	1.300
2	800	2	800
3	200	3	250
4	1.000	4	1.200

a Use a técnica de médias móveis para encontrar as vendas previstas para o terceiro trimestre de 2004 com base nas vendas reais dos três trimestres anteriores.

b Use a suavização exponencial simples para prever as vendas de cada trimestre em 2004, considerando que a sra. Boyd previu qualitativamente 900 calendários para o quarto trimestre de 2003. Boyd atribuiu um fator alfa de 0,1 para a sensibilidade das séries temporais.

c Repita o problema de suavização exponencial simples do item (d) com a sra. Boyd empregando um fator alfa de 0,2.

d Até que ponto as técnicas de médias móveis e suavização exponencial simples parecem funcionar na situação da sra. Boyd? De que forma as técnicas parecem falhar?

6 Michael Gregory, gerente de logística da Muscle Man Fitness Equipment, descobriu que seu atual sistema de previsão de vendas nacionais historicamente tem apresentado uma taxa de erro de 20%. Devido a esse nível de erro, os gerentes dos CDs da Muscle Man mantêm estoques em suas instalações, custando à empresa, em média, $ 3.000 por mês.

Ao melhorar sua metodologia de previsão e diminuir seus horizontes de previsão, o sr. Gregory prevê diminuir o nível de erro para 12%. Com uma previsão melhor, os gerentes dos CDs da Muscle Man indicaram que se sentem confortáveis com níveis de estoque mais baixos. O sr. Gregory prevê reduções de 40% no custo mensal de manutenção de estoques.

a Se a melhoria do sistema de previsão custar $ 1.000 a mais por mês do que o sistema antigo, o sr. Gregory deve implementar a mudança?

b Por que os clientes da Muscle Man podem incentivar a empresa a melhorar suas capacidades de previsão?

GRUPO 2: OPERAÇÕES

1 Stan Busfield, gerente do centro de distribuição da Hogan Kitchenwares, deve determinar quando reabastecer seu estoque de espátulas. O CD tem uma demanda diária de 400 unidades. A duração média do ciclo de atividades de espátulas é de 14 dias. O sr. Busfield exige que 500 espátulas sejam mantidas como estoque de segurança para lidar com a incerteza da demanda. Qual é o ponto de reposição das espátulas?

2 O Sr. Busfield recentemente concluiu um curso de gestão de logística e agora percebe que há custos significativos associados aos pedidos e à manutenção de estoque em seu centro de distribuição. Ele descobriu que o LEC é a lógica de reabastecimento que minimiza esses custos. Em um esforço para encontrar o LEC de xícaras de medidas, o sr. Busfield reuniu dados relevantes. Ele espera vender 44.000 xícaras de medidas este ano. A Hogan compra por $ 0,75 cada xícara de medidas da Shatter Industries, que cobra $ 8 para processar cada pedido. Além disso, o sr. Busfield estima que o custo de manutenção de estoques da empresa é de 12% ao ano.

   a Encontre o LEC das xícaras de medidas para o Sr. Busfield. Suponha que ele passa a ter a propriedade dos produtos quando chegam ao seu CD.

   b Agora, suponha que o Sr. Busfield precise arranjar um transporte de entrada das xícaras de medidas, já que a Hogan passa a ter a propriedade dos produtos no ponto de carregamento do fornecedor. Quantidades abaixo de 4.000 xícaras de medidas custam 5 centavos por unidade para embarcar. Quantidades de 4.000 ou mais xícaras de medidas custam 4 centavos por unidade para embarcar. Determine a diferença dos custos totais associada a um LEC de 4.000 unidades e a um LEC igual ao encontrado no item (a) quando se consideram os custos de transporte.

   c Dadas as informações acima e a alternativa de LEC de baixo custo determinadas no item (b), use a lógica período-pedido-quantidade para determinar o número de pedidos de xícaras de medidas que a Hogan faria a cada ano e o intervalo de tempo entre os pedidos.

3 Dave Jones gerencia o estoque do depósito da Athleticks, uma distribuidora de relógios esportivos. Por experiência, ele sabe que o relógio de corrida PR-5 tem uma demanda média diária de 100 unidades e um ciclo de atividades de 8 dias. O sr. Jones não exige estoque de segurança neste momento.

   a Suponha que ele analise constantemente os níveis de estoque. Encontre o ponto de reposição para o relógio de corrida PR-5.

   b Determine o nível de estoque médio do relógio PR-5.

   c De que maneira o ponto de reposição pode mudar se o sr. Jones analisar o estoque uma vez por semana? Encontre o ponto de reposição nessas condições.

   d Encontre o nível de estoque médio do relógio PR-5 sob essa análise periódica.

4 John Estes supervisiona a distribuição de produtos Tastee Snacks do depósito da fábrica para seus dois centros de distribuição nos Estados Unidos. O depósito atualmente tem 42.000 unidades do produto mais popular da empresa, Chocolate Chewies. Ele mantém 7.000 unidades do produto no depósito como estoque de segurança. O CD de Cincinnati tem um estoque de 12.500 unidades e necessidades diárias de 2.500 unidades. O CD de Phoenix tem um estoque de 6.000 unidades e necessidades diárias de 2.000 unidades.

   a Determine os suprimentos de Chocolate Chewies em cada CD para dias comuns.

   b Levando em consideração as informações anteriores e sua resposta ao item (a), use a lógica da alocação proporcional para determinar o número de Chocolate Chewies a serem alocados a cada CD.

5 A Stay Safe International produz equipamentos de segurança industrial na sua fábrica em Evansville, Indiana. A empresa começou a usar o Planejamento de Necessidades de Distribuição (DRP) para coordenar a distribuição de produtos acabados da fábrica a CDs em Dallas, no Texas, e em Lexington, na Virginia.

Centro de distribuição de Dallas
Saldo disponível: 220
Estoque de segurança: 80
Ciclo de atividades: 1 semana
Tamanho do lote: 200

	Saldo disponível	Semana					
		1	2	3	4	5	6
Necessidades brutas		60	70	80	85	90	80
Recebimentos agendados							
Disponível programado							
Pedidos planejados							

CD1

Centro de distribuição de Lexington
Saldo disponível: 420
Estoque de segurança: 100
Ciclo de atividades: 2 semanas
Tamanho do lote: 400

	Saldo disponível	Semana					
		1	2	3	4	5	6
Necessidades brutas		100	115	120	125	140	125
Recebimentos agendados							
Disponível programado							
Pedidos planejados							

CD2

Depósito de Evansville
Saldo disponível: 900
Estoque de segurança: 250
Prazo de entrega: 2 semanas
Tamanho do lote: 650

	Saldo disponível	Semana					
		1	2	3	4	5	6
Necessidades brutas	0						
Recebimentos agendados							
Disponível programado							
Pedidos planejados							
Progr. mestre - repet.							
Progr. mestre - início							

a Levando em consideração a informação a seguir sobre capacetes, complete a programação DRP para o depósito e cada CD.

b Suponha que, sem aviso, não mais do que 500 unidades possam ser distribuídas do depósito aos CDs em determinada semana, devido a um problema na fábrica. Os capacetes são vendidos por $ 12 cada um saindo do CD de Dallas e $ 14 saindo de Lexington. Explique se o depósito deve atrasar os embarques até que os requisitos dos dois CDs possam ser satisfeitos ou se deve alocar com base na necessidade.

6 A Scorekeeper, Inc., fabrica placares para estádios. A Tabela 1 ilustra a demanda por placares da Scorekeeper nos últimos 25 dias. A demanda média diária é de 6 unidades.

TABELA 1

Dia	Demanda	Dia	Demanda
1	4	14	6
2	3	15	4
3	4	16	2
4	6	17	5
5	7	18	6
6	8	19	7
7	6	20	6
8	5	21	6
9	6	22	5
10	10	23	7
11	8	24	8
12	7	25	9
13	5		

a A distribuição da demanda é normal? Como você sabe?

b Calcule o desvio-padrão para a demanda diária. Nesse caso, suponha que o ciclo de atividades é constante.

TABELA 2

Ciclo de atividades (em dias)	Frequência (f)
10	4
11	8
12	16
13	8
14	4

A Tabela 2 resume os ciclos de atividades da Scorekeeper nos últimos 40 reabastecimentos. A duração esperada do ciclo é de 12 dias.

c A distribuição do ciclo de atividades é normal? Como você sabe?

d Calcule o desvio-padrão para o ciclo de atividades.

e Dadas as suas respostas aos itens (b) e (d), encontre o estoque de segurança necessário a 1 desvio-padrão combinado sob condições de incertezas de demanda e de ciclo de atividades.

f Se o tamanho do pedido de compra típico é de 36 unidades, encontre o estoque médio a 3 desvios-padrão sob incertezas da demanda e do ciclo de atividades.

g A Scorekeeper está se esforçando para chegar a um nível de 99% de disponibilidade do produto. Dadas as informações acima, bem como sua resposta ao item (e), encontre o valor da função da curva de perda normal, $f(k)$.

h Use a Tabela 7.14 para encontrar o valor de k, dada a sua resposta ao item (g), e calcule o estoque de segurança necessário para o nível desejado de disponibilidade de 99%.

i Qual será o estoque de segurança necessário para 99% de disponibilidade se o tamanho do pedido de compra mudar para 30 unidades?

7 A The Chemical Company XYZ deve enviar 9.500 galões de agrotóxicos saindo de sua fábrica em Cincinnati, Ohio, para um cliente em Columbia, Missouri. A XYZ tem um contrato em vigor com a Henderson Bulk Trucking Company, bem como com a Central States Railroad. As duas transportadoras estão disponíveis para a movimentação. A Henderson vai cobrar $ 600 por caminhão-tanque, e a tarifa da Central States é de $ 1.000 por caminhão-tanque. Os tanques da Henderson têm capacidade máxima de 7.000 galões. A XYZ tem uma frota de caminhões-tanque de 23.500 galões disponível em Cincinnati.

a Dada essa informação, avalie o custo de cada alternativa.

b Quais outros fatores qualitativos devem ser considerados nesta decisão?

8 Carole Wilson, gerente de transportes da Applied Technologies, tem um carregamento de 150 monitores de computador vindo da fábrica da empresa em Santa Fe Springs, Califórnia. O carregamento, avaliado em $ 29.250, se destina a um CD em St. Louis, Missouri. John Miller, gerente de recebimento do CD em St. Louis, estabeleceu que o tempo de trânsito padrão para o carregamento seria de 2,5 dias. O sr. Miller avalia um custo de oportunidade de $ 6 por monitor para cada dia além do padrão. A sra. Wilson tem três opções de transporte disponíveis.

a A Cross Country Haulers, uma transportadora rodoviária, pode enviar os monitores por uma taxa contratada de $ 1,65/milha. A distância entre Santa Fe Springs e St. Louis é de 1.940 milhas. A Cross Country estima que consegue levar a carga em 3 dias. Um caminhão pode transportar 192 monitores.

b A Sea-to-Shining Sea (STSS) Railway pode pegar a carga na doca da fábrica e entregar os monitores diretamente no CD de St. Louis. A STSS pode enviar o vagão com monitores por uma taxa única de $ 1.500. A sra. Wilson recentemente teve atrasos com a troca de vagões e espera que a entrega demore 5 dias.

c A sra. Wilson também negociou um acordo com a Lightning Quick Intermodal, Inc. (LQI), uma transportadora que usa transporte rodoviário e ferroviário. A LQI pode pegar a carga de caminhão na fábrica e entregá-la em um pátio ferroviário intermodal em Bakersfield, Califórnia, onde a carreta é colocada em um vagão plataforma. A ferrovia usada, a Rocky Mountain Railway (RMR), entrega a carreta a outro pátio intermodal perto de St. Louis, onde ela é descarregada e transportada por caminhão até o CD. A Lightning Quick oferece o transporte da origem até o destino por $ 2.500. O tempo em trânsito é estimado em 2,5 dias. Por experiência, o sr. Miller descobriu que o manuseio adicional inerente ao serviço da Lightning Quick resulta em perdas e danos de 3% dos produtos. A recuperação dessas perdas é difícil e normalmente resulta em apenas 33,3% de reembolso imediato do prejuízo.

Avalie o custo de cada alternativa de transporte.

9 Bill Berry, gerente de vendas de transportes da Speedy Trucking Company, considerou atender um novo cliente, a El Conquistador, Inc., importadora de produtos da Venezuela, transportando 12 caminhões com cargas completas de produtos a cada mês desde o porto de recebimento em Bayonne, Nova Jérsia, até um distribuidor em Pittsburgh, Pensilvânia, por $ 850,00 por carga completa. Cada caminhão deve partir do terminal da Speedy em Secaucus, Nova Jérsia, a 12 milhas do porto marítimo. A distância entre Bayonne e Pittsburgh é de 376 milhas. Após a descarga em Pittsburgh, os caminhões retornam vazios ao terminal de Secaucus, a 380 milhas do distribuidor.

a Se custa à Speedy uma média de $ 1,20 por milha para operar um caminhão, o sr. Berry deve aceitar o negócio pela tarifa negociada? Por quê?

b O sr. Berry coordenou movimentações de cargas de retorno com um novo cliente em Youngstown, Ohio. O novo cliente, a Super Tread, Inc., envia pneus de sua fábrica em Youngstown para o porto de Bayonne para exportação. Cada carga da Conquistador será acompanhada de uma carga de retorno da Super Tread (12 cargas completas/mês). A Speedy cobrará da Super Tread $ 1,30 por milha. Bayonne fica a 430 milhas de Youngstown. A distância de Pittsburgh a Youngstown é de 65 milhas. Os caminhões devem retornar ao terminal em Seacaucus depois da entrega da carga de retorno (antes de pegar outra carga em Bayonne). Os termos do contrato com a Conquistador, definidos no item (a), permanecem intactos. Quanto o sr. Berry pode esperar que a Speedy lucre (perca) por viagem com o novo acordo?

c Quanto o sr. Berry pode esperar que a Speedy lucre por mês com o novo acordo se a empresa fechar o negócio?

d Vale a pena fazer o acordo de carga de retorno? Por quê?

10 A Super Performance Parts (SPP) fabrica dispositivos de frenagem exclusivamente para a Ace Motor Company, uma fabricante de automóveis. A SPP aluga espaço em um depósito independente a 20 milhas da fábrica da empresa. A SPP foi abordada por um grupo de quatro outros fornecedores da Ace com a ideia de construir um depósito consolidado para gerar economias de transporte e manuseio de materiais. Seria necessário um investimento de $ 200 mil de cada uma das cinco empresas para adquirir o depósito. O investimento inicial assegura 10 anos de participação no acordo. As despesas operacionais anuais estão previstas em $ 48.000 para cada parte. A SPP atualmente paga $ 6.000 por mês para usar as instalações do depósito independente. O transporte de saída da SPP do depósito independente costuma envolver quantidades LTL. Hoje, seu custo anual de transporte de saída é de $ 300.000. A SPP espera que com o armazenamento consolidado utilize mais plenamente quantidades de carga completa (TL) com as despesas de transporte compartilhadas entre o grupo de fornecedores. Os custos anuais de transporte de saída da SPP seriam reduzidos em 25% no plano consolidado. As diferenças nos custos de transporte de entrada são consideradas insignificantes, nesse caso.

a Compare os custos de estocagem e transporte associados ao armazenamento consolidado em oposição ao atual plano de transporte direto da SPP. Há algum ganho aparente de eficiência com a consolidação?

b Além do potencial de reduzir custos, de que outra forma a SPP poderá se beneficiar se participar do depósito consolidado?

c Quais desvantagens podem existir em um depósito consolidado em oposição a uma situação de transporte direto?

11 A Essen Beer Company tem uma cervejaria na Península Superior de Michigan e está montando seu centro de distribuição em Jackson, Michigan, na Península Inferior do estado. A companhia envasa suas bebidas em barris e em latas, que por sua vez são embaladas em caixas com 24 latas. Os barris devem ser mantidos em temperaturas abaixo de 15 °C até a entrega no varejo. O departamento de logística da empresa deve determinar se vai operar depósitos próprios individuais para barris e caixas ou se vai recorrer a um único depósito com barris colocados em um ambiente controlado em separado das caixas. Suponha que as caixas não devem ser armazenadas ou transportadas em ambientes refrigerados.

A Essen tem uma demanda semanal de 300 barris e 5.000 caixas. A empresa contratou transportes de carga completa com a Stipe Trucking Service, que opera carretas refrigeradas e não refrigeradas, assim como carretas multicompartimentadas que são metade refrigeradas e metade não. Um caminhão refrigerado pode armazenar 72 barris, enquanto um caminhão não refrigerado armazena 400 caixas. A carreta multicompartimentada armazena 36 barris e 200 caixas. Os custos desses serviços e outras despesas relacionadas estão detalhados a seguir:

Custos de carga completa	
Refrigerada	$ 550
Não refrigerada	$ 400
Multicompartimentada	$ 500
Despesas do depósito	
DEPÓSITOS INDIVIDUAIS	
Para armazenamento em caixas:	
Capital	$ 1.250/semana
Mão de obra	$ 2.500/semana
Para armazenamento em barris:	
Capital	$ 2.500/semana
Mão de obra	$ 1.600/semana
DEPÓSITO ÚNICO CONSOLIDADO	
Capital	$ 3.500/semana
Mão de obra	$ 3.200/semana

a Considerando a demanda e todos os custos descritos, qual representa a alternativa de menor custo total: o depósito único consolidado ou os dois depósitos individuais?

b Agora vamos supor que a Stipe Trucking Service fornecerá *apenas* carretas multicompartimentadas para atender o depósito consolidado proposto. Qual é a alternativa de menor custo nesse cenário?

12 A Comfy Mattresses, Inc., está abrindo uma nova fábrica em Orlando, Flórida. Ron Lane, gerente de distribuição, foi convidado a encontrar o menor custo do sistema de logística de saída. Dado um volume de vendas anual de 24.000 colchões, determine os custos associados a cada opção a seguir.

a Construir um depósito próprio perto da fábrica por $ 300.000. O custo variável, incluindo a manutenção e a mão de obra do depósito, é estimado em $ 5 por unidade. O transporte feito por uma transportadora contratada custa $ 12,50 por unidade, em média. Nenhum serviço de transporte externo é necessário para o carregamento de colchões da fábrica para o depósito nesse cenário. O investimento fixo no depósito pode ser depreciado uniformemente ao longo de 10 anos.

b Alugar espaço em um depósito independente a 10 milhas da fábrica, que não requer nenhum investimento fixo, mas que tem custos variáveis de $ 8 por unidade. O transporte de saída feito por uma transportadora contratada custaria $ 12,50 por unidade, em média. A transportadora também cobra $ 5 por unidade para levar os colchões da fábrica para o depósito.

c Contratar os serviços de armazenamento e transporte da Freeflow Logistics Company, uma empresa de logística integrada, com depósito localizado a 25 milhas da fábrica. A Freeflow exige um investimento fixo de $ 150.000 e cobra $ 20 por unidade para todos os serviços originados na fábrica. O investimento fixo envolve um acordo de 10 anos com a Freeflow.

d Cite algumas vantagens, além do custo, que a alternativa de baixo custo acima possa ter sobre as outras alternativas.

13 Sara Ritter é gerente de distribuição da Fiesta Soft Drink Company. Ela está considerando a automação completa do depósito da fábrica. Atualmente, o depósito utiliza um sistema mecanizado de manuseio de materiais. O sistema atual emprega 20 trabalhadores por um salário médio de $ 13/hora. Os funcionários trabalham em média 2.000 horas por ano. A mecanização custa $ 18.000 ao ano para ser mantida. O equipamento foi comprado há 2 anos com pagamentos anuais de $ 25.000. No nono ano, o equipamento mecânico será substituído por novas máquinas com custos fixos anuais de $ 35.000. Além disso, para manter o novo equipamento com os mesmos 20 funcionários, a Fiesta vai gastar $ 12.000 por ano.

O equipamento automatizado custaria $ 1,2 milhão inicialmente para ser implementado. Apenas oito trabalhadores e um especialista em automação seriam necessários para manter as operações no novo sistema. Os trabalhadores ganhariam $ 16/hora por 2.000 horas de trabalho ao ano. O especialista em automação ganharia um salário de $ 56.000 ao ano, aumentando 2% ao ano depois do primeiro ano. Grande parte do antigo equipamento mecanizado poderia ser imediatamente vendida por um total de $ 125.000. A manutenção do sistema automatizado é estimada em $ 60.000 ao ano, com esse custo aumentando 3% ao ano depois do primeiro ano. Espera-se que o sistema automatizado atenda a Fiesta por 15 anos.

a Examine o fluxo de caixa em cada sistema. Qual é o período de retorno financeiro da automação?

b Quais vantagens, além da economia de custos no longo prazo, poderia ter um depósito automatizado em relação a sistemas que usam muita mão de obra?

14 A Mitchell Beverage Company produz o Cactus Juice, uma bebida alcoólica popular. Recentemente, a empresa passou por problemas de furtos de produtos no depósito. Em um mês, 3.200 garrafas de Cactus Juice, representando 0,4% do volume do mês, não foram localizadas para carregamento. Se o problema não for resolvido, prevê-se que ele continuará nesse ritmo. A previsão do volume de vendas anual de Cactus Juice é de 9,6 milhões de garrafas. Cada garrafa é vendida por $ 4,50.

Steve Davis, vice-presidente de distribuição, pediu a você que avalie as seguintes opções de segurança para reduzir o problema de furtos.

a Contratar quatro seguranças para patrulhar o piso do depósito 24 horas por dia, 7 dias por semana. A empresa ofereceria um salário de $ 14,50/hora aos guardas, bem como um pacote de benefícios com valor estimado de $ 2.000 por funcionário ao ano. A presença de guardas deve reduzir os furtos para 0,2% do volume. Apenas um guarda estaria de serviço a cada momento.

b Implementar um sistema de detecção eletrônica baseada em tecnologia de código de barras. Isso exigiria a compra de equipamentos de código de barras para a instalação de embalagem e armazenamento. Dispositivos de leitura eletrônica também devem ser comprados e colocados nas entradas do depósito. Alarmes soam sempre que um item com código de barras passa por uma entrada do depósito sem ter sido liberado. O pacote de detecção eletrônica, incluindo impressoras e leitoras de código de barras, vai custar $ 120.000. Além disso, os funcionários da fábrica e do depósito serão treinados para usar o novo equipamento a um custo único de $ 8.000. A manutenção mensal do sistema deve custar $ 800. Ainda, um especialista em código de barras deve ser contratado. O especialista ganharia um salário de $ 49.000 ao ano. O furto de produtos deve ser reduzido para 0,1% do volume com o sistema de segurança eletrônica. O sistema tem uma vida útil estimada de 8 anos. Distribua todos os custos uniformemente ao longo da vida útil do equipamento.

c Instalar câmeras de segurança em locais estratégicos em todo o depósito. Foi determinado que seis câmeras podem gravar adequadamente as operações do depósito. Cada câmera custa $ 1.200. Os dispositivos de suporte e a instalação vão custar $ 36.000. Quatro seguranças seriam contratados com a finalidade de acompanhar os monitores de segurança para detectar atividades suspeitas. Sempre haveria um guarda de serviço. Cada guarda ganha $ 12/hora, em uma semana de trabalho de 42 horas, e recebe um pacote de benefícios no valor de $ 1.000 por ano. Nesse sistema, o furto seria de 0,05% do volume. O equipamento de monitoramento deve ter uma vida útil de 12 anos. Distribua todos os custos fixos uniformemente ao longo da vida útil do equipamento.

A empresa deveria implementar uma das opções citadas ou não fazer nenhum investimento e permitir que o furto continue a uma taxa de 0,4% do volume? Compare os custos e benefícios de cada opção em uma base anual.

15 A Chronotronics fabrica dois modelos de radiorrelógios: o X-100 e o X-250 *deluxe*. Os dois produtos atualmente são embalados em uma caixa de papelão ondulado simples. Em uma observação rigorosa, a empresa descobriu que 0,5% do X-100 e do X-250 é danificado entre a embalagem e a entrega ao cliente. A Chronotronics pode empacotar um dos modelos, ou ambos, em papelão ondulado duplo, o que poderia reduzir pela metade os danos ao produto. A atual embalagem de papelão simples custa $ 0,80 por unidade. A embalagem dupla custa 20% mais. Os modelos X-100 e X-250 têm valores de mercado de $ 40 e $ 70, respectivamente. As unidades danificadas são consideradas perda total. A Chronotronics vendeu 12.000 X-100 e 7.000 X-250 no ano passado. As previsões indicam vendas consistentes para o X-100 e um aumento de 5% nas vendas do X-250 durante o próximo ano. *Nota*: Arredonde a perda total das unidades para o próximo número inteiro.

- **a** Pela perspectiva de menor custo, a Chronotronics deve utilizar a embalagem dupla para o X-100 no próximo ano?
- **b** Pela perspectiva de menor custo, a Chronotronics deve utilizar a embalagem dupla para o X-250 no próximo ano?
- **c** Pela discussão feita anteriormente no livro, como as melhorias na embalagem afetariam os custos de transporte?

16 A empresa onde você trabalha está planejando lançar uma nova linha de produtos. Sua tarefa é determinar as implicações de estoque do novo produto. O produto típico é embarcado a uma média de 20 unidades por dia do CD central da empresa. Padrões históricos de vendas indicam que o desvio-padrão das vendas diárias deve ser de aproximadamente 3. O ciclo de atividades típico para produtos comparáveis tem tido uma média de 7 dias e um desvio-padrão de 2.

- **a** Supondo uma quantidade de reabastecimento da fábrica de 200 unidades, qual é o estoque de segurança e o estoque médio para uma taxa de atendimento por unidade de 95%?
- **b** Quais seriam as implicações de estoque (estoque de segurança e estoque médio) se aumentasse o objetivo da taxa de atendimento para 99%?
- **c** Quais seriam as implicações de estoque para o reabastecimento diário com um objetivo de taxa de atendimento de 99%, supondo que se mantenha o mesmo nível de incerteza da demanda e do ciclo de atividades?

17 Como representante de logística da equipe de vendas de um fabricante, você foi solicitado a quantificar os benefícios que podem ser vendidos a um cliente usando serviço e transporte mais consistentes. O cliente quer 99% de disponibilidade em seus centros de distribuição, que são reabastecidos pelo fabricante. A demanda média diária do CD do cliente é de 1.000 unidades, com um desvio-padrão de 250. Historicamente, o ciclo de atividades de reabastecimento é de 10 dias, com desvio-padrão de 4 dias. O cliente tem utilizado uma taxa de manutenção de estoques de 20%, e o valor médio de cada caixa é de $ 25. O cliente coloca semanalmente um pedido de compra de 7.000 unidades.

- **a** Qual é o estoque médio e o custo de manutenção de estoques anual para a situação atual?
- **b** Qual é o impacto sobre o estoque médio e o custo de manutenção de estoques quando se reduz a variação do ciclo de atividades do fabricante em 2 dias?
- **c** Como se compara a redução da variação do ciclo de atividades em 2 dias com a redução da duração média do ciclo de atividades em 2 dias em termos de estoque médio e custo de manutenção de estoque?

18 A Spartan Plastics fornece componentes a montadoras da indústria automobilística. Atualmente, ela envia diretamente da fábrica em St. Louis, Missouri, para as fábricas em Lansing, Michigan; Toledo, Ohio; e 8 fábricas de montagem perto de Detroit, Michigan. No total, existem 10 fábricas de montagem que recebem, cada uma, cerca de 3.000 libras de carregamentos por dia. Atualmente, a empresa envia carga fracionada (LTL) de sua fábrica para cada fábrica de montagem a um custo de $ 0,0013 por libra por milha. A empresa está considerando duas alternativas de transporte para reduzir o custo. A primeira é usar uma abordagem *milk-run*, na qual um caminhão sai de St. Louis, faz uma parada em Lansing, depois nas fábricas de Detroit e, finalmente, em Toledo. O custo de transporte para a abordagem *milk-run* seria de $ 1,30 por milha mais $ 100/parada, não incluindo a parada final em Toledo. A segunda alternativa é a consolidação de uma carga completa (TL) para Ypsilanti, Michigan, e depois fazer um *cross-dock* dos componentes para entrega na fábrica de montagem por um provedor logístico. O custo da carga completa ainda é de $ 1,30 por milha, e o custo por entrega a cada fábrica de montagem saindo de Ypsilanti é de $ 200.

- **a** Quais são as características de custo de cada opção de entrega?
- **b** Quais são as características qualitativas e de serviço de cada opção de entrega?

19 A Presswick Industries fornece plásticos utilizados para aplicações médicas, como injeções farmacêuticas e coletores de amostras para laboratório. A empresa produz os recipientes e tubos e, em seguida, envia para os clientes que incorporam os plásticos em *kits* que são usados em hospitais e laboratórios. Atualmente, a Presswick apenas carrega os recipientes e tubos em caixas de papelão ondulado e envia para os clientes, responsáveis pela disposição desse papelão. A empresa está considerando a possibilidade de utilizar embalagens retornáveis com alguns de seus principais clientes para beneficiar mais o meio ambiente e, talvez, reduzir o custo também. O custo atual do papelão ondulado por unidade (recipiente ou tubo) é de $ 0,05, com um adicional de $ 0,02 por unidade para a disposição. O custo da embalagem reciclável é de $ 0,25 por unidade de capacidade, que pode ser usada várias vezes. A embalagem reciclável não tem de ser eliminada, mas deve ser transportada de volta para a Presswick, a um custo de $ 0,02 por unidade de capacidade. Suponha que as embalagens recicláveis só possam ser usadas por um ano, porque o plástico começa a quebrar.

- **a** Em que nível de volume anual faz sentido usar as embalagens recicláveis em comparação às embalagens de papelão ondulado?
- **b** Quais outros fatores qualitativos devem ser considerados nessa decisão?

20 A Forest Green Products fornece verduras a redes de supermercados em todo o Centro-Oeste. Atualmente, a empresa tem centros de distribuição em Columbus, Ohio; St. Louis, Missouri; e Minneapolis, Minnesota. Os requisitos de capacidade anuais típicos da Forest Green são de 5 milhões de caixas, com uma divisão de 35%, 40% e 25% para Columbus, St. Louis e Minneapolis, respectivamente. A empresa está reavaliando sua capacidade de manuseio de materiais e de armazenamento em cada instalação. As alternativas tecnológicas a serem consideradas são sistemas mecanizados, semiautomáticos e orientados pela informação. A Tabela 3 resume o custo de aquisição, o custo fixo anual, o custo variável por caixa e a vida útil de cada alternativa de sistema. O custo de aquisição e o custo fixo anual são cotados em termos de dólares por milhão de unidades de capacidade. Em outras palavras, um CD que exige 2 milhões de unidades de capacidade duplicaria o custo especificado. O custo fixo anual não inclui a depreciação do custo de aquisição. Suponha que a metragem quadrada total dos três CDs é a mesma.

- **a** Qual alternativa de sistema deve ser utilizada para cada CD com base no custo anual? De que maneira essa decisão muda se o valor presente líquido (VPL) for considerado ao longo da vida do sistema? Suponha uma taxa de desconto de 10%.

Alternativa de manuseio de materiais	Custo de aquisição único	Custo fixo anual	Custo variável por caixa	Vida útil (Anos)
Mecanizada	$ 1.000.000	$ 50.000	$ 0,30	10
Semiautomatizada	$ 3.000.000	$ 200.000	$ 0,08	5
Orientada pela informação	$ 1.500.000	$ 150.000	$ 0,15	7

TABELA 3

    b Suponha que, para simplificar, a Forest Green queira usar apenas uma alternativa de sistema para os três CDs. Qual é a opção com o menor VPL para a vida do sistema na combinação de CDs?

    c Quais outros fatores qualitativos devem ser considerados?

Índice de nomes

Os números de página seguidos de n se referem às notas.

Alderson, Wroe, 23n
Anderson, David L., 78n
Anderson, Matthew G., 92n
Anderson, Steven, 392n
Andraski, Joseph C., 369n
Artman, Les, 92n

Berry, Leonard L., 70n, 70
Birchall, Jonathan, 403n
Bowersox, Donald J., 67n, 310n, 350n, 375n, 386n
Britt, Frank F., 78n
Bruggeman, Werner, 392n
Bucklin, Louis P., 62n
Burns, Ken, 207n
Butler, Renee J., 69n

Calantone, Roger J., 29n, Caldwell, Bruce, 118n
Carbone, James, 98n
Cases, Christophe, 286n
Chang, Anita, 206n
Christensen, R. T., 110n
Closs, David J., 67n, 144, 154, 194, 273, 350n, 375n, 382n, 386n, 404n, 412n, 413, 418n, 420
Cooke, James Aaron, 403n, 422n
Cooper, Martha C., 382n
Corsten, Daniel, 64n
Cox, J., 110n
Crane, Stephen P., 134
Cudahy, Greg, 286n
Culliton, James W., 35n

D'Amico, Esther, 422n
Daugherty, P. J., 418n
Daugherty, Patricia, 358n
de Holan, Pablo, 1
Dischinger, John, 418n, 420

Emmer, Maurice, 407n
Eveaert, Patricia, 392n
Evers, Philip T., 310n

Favre, Donovan J., 78n
Fawcett, Stanley E., 369n, 384n
Fearon, Harold, 83
Fitzsimmons, James, 281

Fitzsimmons, Mona, 281
Ford, Henry, 5n
Forrester, Jay W., 149n, 150
Fox, Robert E., 110n
Frankel, Robert, 367n
Frayer, David J., 367n
Friedrich, Carl J., 4

Gamberini, Rita, 422n
Geary, Steve, 101n
Gebennini, Elisa, 422n
Gilmore, Dan, 267n
Gilmore, James N., 75n
Goldratt, Eliyahu M., 110n
Goldsby, Thomas J., 382n
Gooley, Toby, 214n
Grassi, Andrea, 422n
Greenhut, Melvin L., 40n, 293n
Grenoble, William, 418n, 420
Griffis, Stanley E., 382n
Griffith, D. A., 418n
Gruen, Tom, 64n
Gunn, Thomas G., 109n

Handfield, Robert, 289n
Hanon, David, 101n
Hoover, Edgar M., 40n, 293n
Hyndman, Robert, 150n

Isard, Walter, 40n, 293n

Jacobs, Mark, 404n
Jeffery, Mariah M., 69n
Johnson, Matt, 143

Kabel, Marcus, 422n
Kaplan, Robert S., 374n
Katz, Paul B., 92n
Kelton, W. David, 327n
Kros, John F., 396n

Lambert, Douglas M., 162n
Lange, Dan, 407n
Langley, C. John, 405
Leenders, Michiel, 89
Levant, Yves, 392n
Levy, Michael, 310n
Lewis, Howard T., 35n

Linebaugh, Kate, 120n
Lösch, August, 40n, 293n
Lusch, R. F., 418n
Lynch, David, 421n

Maister, D. H., 310n
Makridakis, Spyros, 150n
Malone, Linda C., 69n
Mariotti, John L., 404n
Marshall, Donna, 418n, 420
McCormack, Kevin, 289n
McCullogh, Eileen, 418n, 420
McFarlane, Duncan, 271n
Meacham, Nathan, 412n, 413
Melnyk, Steven A., 110n
Monahan, Sean, 78n
Monczka, Robert, 93
Mora, Cristina, 422n
Morton, Roger, 396n
Mulani, Narendra, 286n
Myers, M. B., 418n

Nadler, S. Scott, 396n
Nardone, Robert, 78n
Norton, David P., 374n
Novack, Robert A., 381n

O'Reilly, Joseph, 214n

Palmer, Kimberly, 118n
Parasuraman, A., 70n, 71
Parekh, Deep R., 132n
Patton, Susannah, 380n
Peppers, Don, 61n
Pilar, Frank T., 120n
Pine, Joseph, II, 75n
Raugau, V. Kasturi, 36n
Rigby, Elizabeth, 403n
Rimini, Bianca, 422n
Risi, Jan, 323n
Rogers, Martha, 61n

Sabbath, Robert, 79n, 79
Sadowski, Randall P., 327n
Salvador, Fabrizio, 120n
Sarens, Gerritt, 392n
Schmitz, Judith M., 367n
Schulz, John D., 208n

Shapito, Benson P., 36n
Sheffi, Yossi, 271n
Smith, Larry, 369n
Snyder, Donald, 370
Speier, Cheri, 412n, 413, 418n, 420
Stalk, George, Jr., 26n
Stank, Theodore P., 67n, 350n, 375n, 386n
Steele, Jack D., 35n
Sturrock, David T., 327n
Sviokla, John j., 36n
Swink, Morgan, 104n, 404n

Taylor, Frederick W., 16n
Taylor, John C., 384n
Teague, Paul, 87n
Thomas, Douglas J., 381n
Tirshwell, Peter M., 396n
Tweede, Diane, 254n
Tyndall, Gene, 27n

Vitasek, Kate, 101n
von Thunen, Joachim, 292n, 293

Webb, G. Scott, 404n
Webber, Alan M., 26n
Webber, Michael J., 40n, 293n
Weber, Alfred, 40n, 292n, 293
Wheelright, Steven, 150n
Whipple, Judith M., 79n, 79,
Wiehoff John, 323n
Wilson, Rosalyn, 32n, 33

Zeiger, Ari, 118n
Zeithaml, Valerie, 70n, 71
Zinn, Walter, 310n

Índice

Os números de página seguidos de n se referem às notas.

A

Auditoria de conhecimento de frete, 222-223
4PL (Fourth-party logistics), 19-20
ABB, 279-280
Abordagem
  anexada, 139-141
  da contribuição, ao custeio, 389-391
  do lucro líquido na avaliação financeira, 390-392
  exata, 341-344
  heurística, 341-344
  interativa, 341-344
  "melhor de todos", 139-141
Aceitação, 332-333
Acordo de Livre Comércio da América do Norte (NAFTA), 208-209
Acordos bilaterais, 283-285
Acurácia, 343-344
Administração da movimentação, 219-220
Administração Federal de Segurança em Transportadoras Rodoviárias (Federal Motor Carrier Safety Administration), 221-222
Administração geral, 11-12
Administração Marítima (Maritime Administration), 213-215
Agência de Logística Militar (Defense Logistics Agency), 125-126, 233-234
Agência de Proteção Ambiental (EPA), 233-234
Agentes, 201-203
  de cargas, 202-203, 213-216
  de transporte, 202-203, 215-216
Agregação funcional, 350-353
Agrupamento empírico, 341-343
Alianças, 143-144, 286-287, 358-359, 366-368
Alinhamento tributário da cadeia de suprimentos (TASC), 406-407
Alocação
  de custos, 217-218
  de recursos, 138-139
  proporcional, 189-191
Alta complexidade, 402-403
Alteração de rota, 201-202
Amazon, 80-82
AmeriCold Logistics, 241-242
Aministração de Segurança e Saúde Ocupacional (Occupational Safety and Health Administration – OSHA), 233-234, 272-273
AMR Research, 380-381
Análise
  avaliação de alternativas, 329-331, 337-341
  base, 337-339
  contínua de estoque, 185-187
  da cadeia de suprimentos; Ver Planejamento
  de custos e receitas, 387-392
  de decisões, 9-11
  de gastos, 93-95
  de linhas de carga, 344-345
  de rentabilidade da linha de produtos, 38-39
  de sensibilidade de serviços, 309-313, 329-332
  de sistemas, 297-299
  de viabilidade, 317-325
  decisão, 9-11
  decisões de estoque, 340-343, 345-346
  decisões de transporte, 341-345
  disponibilidade, 307-309
  do Custo Total (TCA – total cost analysis), 17-18
  do mix de produtos, 243-244
  laboratorial, 256-257
  linha de carga, 344-345
  lógica do projeto, 334-341
  operacional interna, 318-320
  periódica de estoque, 186-188
  programação, 341-344
  requisitos de dados de projeto, 335-338
  sistemas, 297-299
  situacional, 318-321
  técnicas usadas para, 327-328
Antitruste, 17-18
APICS, 395-396
Aplicação estatística unilateral, 177-178
Apple, 103
Área de separação, 244-246
Áreas de mercado geográficas, 335-336
Armazenamento (armazenagem) 227-253; Ver também Estocagem
  acurácia e auditorias, 249-250
  análise do mix de produtos, 243-244
  aspectos de atendimento ao cliente, 295-298
  aspectos de suprimentos, 293-295
  benefícios, 229-236, 293-294
  centralizado, 47-48
  consolidação, 46-48, 229-230
  cross-docking, 27-28, 49-50, 193-194, 230-232, 238-239, 266-267
  custos, 375-377
  danos, 39-40, 222-223, 250-251, 267-268
  de matérias-primas e componentes, 293-295
  de produtos, 201-202
  de produtos acabados, 293-295
  economia do estoque, 300-306
  em veículos de transporte, 201-202
  embarque, 236-238
  escolha do local, 241-244
  estocagem sazonal, 233-234
  estratégia de rede, 241-242
  estratégico, 227-236
  estrutura combinada, 47-49
  expansão, 243-244
  fracionamento, 46-48, 229-230, 300
  independente, 18-20, 240-241
  justificativa para, 297-298
  justificativa baseada em custo, 299-300
  justificativa baseada em serviços, 300-305
  layout, 237-239, 244-246
  localização, 40-41, 291-293
  manuseio de materiais; Ver Manuseio de materiais
  minimização dos custos de estoque na rede, 304-306
  minimização dos custos de transportes na rede, 300-301
  modificação de localização, 309-313
  mudança de papel da, 293-294
  nível de serviço limite, 307-310
  para apoiar a produção, 294-296
  presença local, 229-230, 292-294
  processamento de logística reversa, 233-234
  projeto, 242-244
  projeto da rede de instalações, 40-41
  própria, 19-20, 239-240
  reabastecimento rápido, 295-296

recebimento, 236-237
reconfigurações, 230-232
rede de custo total, 305-307
roubos, 249-251
segurança e manutenção, 249-252, 272-273
serviços prestados, 234-236
sistemas escalonados, 46-48, 51
tamanho, 245-246
terceirizada, 240-242
vertical elevado, 267-269
Arquivo de clientes, 107-108
Arranjos
de fornecedor de serviços, 49-50
de trabalho, 22-23
Árvore de luz, 271-272
Aspectos
de suprimentos, 293-295
econômicos de transportes, 215-217, 298-301
financeiros da cadeia de suprimentos, 25-28
Assimilação de fretes, 225-226
Assinaturas digitais, 203
Associação do Tráfego de Fretes Rodoviários (National Motor Traffic Freight Association), 227-228
Atacado, 160-162
Atendimento, 271-272
de pedidos, 271-272
eletrônico (*e-fulfillment*), 271-272
Atendimento ao cliente
depósitos, 295-298
estratégias de, 78-82
Auditoria
de conhecimentos de frete, 222-223
de fornecedores, 95-96
Avaliação(ões)
de tecnologia, 319-322
do mercado, 318-320, 320-321
internas, 367-368
Aviso Antecipado de Embarque, 219-220, 222-223

B
Baixa complexidade, 400-402, 403-404
Balanced scorecard, 353-354, 374-375
Balanço Patrimonial, 388-389
Bancos de dados, 147-148
de previsões, 147-148
relacional, 9-11
Barreiras à integração dos processos, 352-355
Base competitiva, 381-382
BASF, 86-87
Benchmarking, 385-387
interno, 385-387
Berço
à cova, 294-295
ao berço, 45-46

BMW, 120-121
Bose Corporation, 100-101
Brights, 234-236
Bristol Meyers Squibb, 235-236
Byrd Amendment (emenda Byrd), 203

C
C.H. Robinson Worldwide, 323-324
Cabotagem e acordos bilaterais, 203, 283-285
Cadeia de suprimentos
capacidade de resposta, 20-26
colaboração na; *Ver* Relacionamentos colaborativos
extensão empresarial, 18-19, 358-359
financeiros, 2-28
gestão integrada, 15-22
globalização, 27-29
mobilidade na, 7-8
processos-chave, 16-17
relacionamentos estendidos, 378-381
resultados dos serviços, 61-64
sincronização da, 51-55
Caixa preta, 137-138
Caixas principais, 40-41, 254-257, 258-263
Câmbio, compras, 98-99
Caminhões de propriedade dos embarcadores, 207-208
Canais de distribuição, 3-6
relacionais, 143-144
Capacidade, 211, 307-309, 364-366
de acondicionamento, 216-217
de fabricação, 121-122
de resposta, 20-26, 44-45
de resposta local, 279-281
de serviços, 104-105
para promessa (CTP – *Capable-to-promise*), 138-139
Capital,
custo de, 167-168
limitado, 173-174
Características,
da demanda, 340-342
produto, 104-105
Carga(s)
a bordo, 223-224
aninhadas, 216-217
completa (TL – *Truckload*), 207-208
de retorno, 217-218
fracionada (LTL – *Less-than-truckload*), 207-208
unitária, 254
Carreta sobre vagão-plataforma (TOFC – *Trailer on a flatcar*), 212-215
Carrosséis, 263-264
Carta de crédito, 285-286
comercial irrevogável para exportação, 285-286

Catálogos eletrônicos, 98-99
Caterpillar, 112-113
Centralização da gestão de estoques, 47-48, 163-164
Centro de distribuição, 227-228; *Ver também* Armazenagem
Certificação de fornecedores, 91-92, 97-98
Certificado
de origem, 285-286
de seguro, 285-286
Ciclo de atividades
características do, 340-342
estoque, 163-165
estrutura, 52-53-54
importância de, 53-54
incerteza, 54-55, 174-176, 178-180
insumos para, 52-53
modificação, 311-313
operações globais, 281-284
resultados, 52-53
sistemas de informação e, 9-11
velocidade, 65-66
Ciclo de entrega, 281-283
Ciclo de vida, 45-46, 87-89, 294-295
Classes de tarifas, 218
Classificação
ABC, 195-197
dos modais, 211
em transportes, 218
Cliente,
atendimento ao, 78-82, 295-298
intermediários, 58-60
definição, 7n, 58-60
Coca-Cola, 279-280
Código de barras, 261-262
Código de conduta, 414-415
Código Eletrônico de Produtos (EPC – *Electronic Product Code*), 261-262
Código Universal de Produtos (UPC – *Universal Product Code*), 261-262
Colaboração entre empresas, 4-5, 17-18
Coleta e análise de dados, 326-332
Colocação por luz (*Put-to-light*), 271-272
Comerciantes
de consumo, 412-413
verdes, 412-413
verdes proativos, 412-413
verdes reativos, 412-413
Comércio eletrônico, 44-45, 97-99
Comissão Federal de Comércio (FTC – Federal Trade Commission), 17-18
Compartilhamento de informações, 356-357, 359-361
Competências, 364-366
administrativas globais, 417-420
Complexidade de produtos, 402-404

Componente
  cíclico, de uma previsão, 146-147
  de tendência de uma previsão, 146-147
  irregular, de uma previsão, 147-148
  promocional de uma previsão, 146-148
  quantitativo de uma previsão, 147-149
Composição (*Mixing*), 230-232
Composição numérica, 179-182
Compra
  ambiental, 413-414
  antecipada, 246-249, 312-313
  com cartão de crédito, 94-95
  do usuário, 90-92
  relacional, 294-295
Compras; *Ver também* Suprimentos
  alavancadas, 94-96
  críticas, 95-96
  de "gargalos", 94-95
  de pequeno volume, 93-94
  definição, 42-44
  globais, 286-289
  rotineiras, 94-95
Comprometimento de ativos, 44-45
Computação na nuvem, 14-15, 266-267
Comunicação, 70-72, 72-73, 260-262
  boca a boca, 70-72
Conceito de sistemas, 297-299
Concorrência baseada no tempo, 21-22
Condições de pagamento, 26-27
Conectividade do consumidor, 15-16
Confiabilidade, 34-35, 66-68, 103-104, 211
Confiança,
  baseada na credibilidade, 358-361
  baseada no caráter, 358-361
  desenvolvimento da, 358-361
Conformidade, 104-105
  da cadeia de suprimentos, 14-16
Conhecimento(s)
  das necessidades dos clientes, 71-72
  de frete, 223-224
  de frete pré-pago, 223-224
Conhecimento de embarque, 67-68, 223, 285-286
  governamental, 223
  negociável, 223
  notificado por pedido, 223
  padrão, 223
  para exportação, 223
Conluio, 17-18
  de preços, 17-18
Conselho Executivo de Logística Reversa (Reverse Logistics Executive Council), 423-424
Consideração simultânea de recursos, 125-128

Consignador, 201-202
Consignatário, 201-203
Consistência, 34-35, 39-40, 65-67
  do ciclo de pedido, 65-67, 281-284, 377-378
Consolidação
  área de mercado, 220-221
  de cargas, 39-40, 44-45, 219-222, 297-298, 299
  de cargas de vários embarcadores, 221-222
  de depósitos, 46-48, 229-230
  de fornecedores, 91-92, 94-95, 294-295
  de frete, 39-40,, 44-45, 219-222, 297-298, 299
  por área de mercado, 220-221
  proativa, 220-222
  reativa, 220-221
Consumer Products Safety Commission (CPS), 233-234
Consumidores, como usuários finais, 58-60
Contabilidade
  financeira do estoque, 11-12
  geral, 11-12
Contagem cíclica, 249-250
Container Security Initiative (CSI), 411-412
Contas a receber, 11-12
Contêiner sobre vagão-plataforma (COFC – *Container on a flatcar*), 212-215
Conteinerização, 254, 258-260
Continued Dumping and Subsidy Act (Lei de Subsídio e Dumping Continuados), 203
Controle, 373
  administrativo, 9-11
  reativo de estoques, 187-189
Conveniência geográfica como resultado dos serviços, 62-63
Conversão de caixa, 26-27, 382-384
Costco, 62-63
CPFR, 142-144
Criação de valor, 362-363
Cross-docking, 27-28, 49-50, 193-194, 230-232, 238-239, 266-267
C-TPAT – *Customs-Trade Partnership Against Terrorism* (Parceria Aduaneira e de Comércio Contra o Terrorismo), 203, 409-412
Custeio baseado em atividades (ABC – *Activity-based costing*), 17-18, 375-377, 387-388, 391-392
Custo
  de materiais, 312-313
  de prevenção, 105-107
  logístico, 375-377
  logístico total, 375-377
  total, 35-36, 86-90, 305-307, 385
  total do sistema, 38-39

unitário de produção, 16-17
Custo total de produção (TCM – *total cost of manufacturing*), 115-117
Customização
  em massa, 112-113, 116-118
  tardia, 24-25
Custos
  administrativos, 32-33
  associados, 217-218
  avaliação, 105-107
  baseados em atividades, 17-18, 375-377, 387-388, 391-392
  comuns, 218
  conjuntos, 217-218
  de armazenamento, 375-377
  de avaliação, 105-107
  de capital, 167-168
  de estocagem, 168-169
  de estoque, 388-389
  de manutenção de estoques, 32-33, 85-86, 167-169, 338-340
  de mão de obra, 312-313
  de materiais, 312-313
  de obsolescência, 168-169
  de prevenção, 105-107
  de processo, 17-18
  de produção, 115-117
  de seguro, 167-168
  de transportes, 38-39, 44-45, 217-218, 420-422
  do ciclo de vida, 87-89
  fixos, 217-218, 389-390
  fixos e variáveis, 205-206, 211
  impostos, 167-168
  logísticos, 28-29, 31-33, 35-36, 277-279, 375-377
  logísticos totais, 392-395
  menor custo total do processo, 17-18
  totais, 35-36, 86-90, 305-307, 385
  total desembarcado, 375-377
  variáveis, 217-218, 389-390
Custos de falha, 105-107
  externa, 105-107
  internas, 105-107

D
Dados
  de demanda, 344-335
  de validação, 329-330
  de vendas, 328-329
Danos, 39-40, 222-223, 250-251, 267-268
Data Mining, 11-12
Data warehouse, 11-12
Decisão produzir-comprar, 89-91;
  Ver também Terceirização
Decisões
  de estoque, 340-343
  de projeto, 333-335
Declaração
  de objetivos, 324-326

de restrições, 325-327
Deere & Company, 108-109
Defeitos, 3n, 45-46, 67-69, 120-122, 379-381
Definição
  de produtos, 335-336
  de rede, 336-337
Dell, 103, 112-113, 117-118, 358-359
Demanda, 145-147
  dependente, 166-167
  dependente superestimada, 184-185
  independente, 166-167
  sazonal, 146-147
Demonstração do Resultado do Exercício, 388-390
Demurrage (sobre-estadia), 201-202
Densidade, 216-217
  do produto, 216-217
Departamento de Segurança Interna dos Estados Unidos (*Department of Homeland Security*), 411-412
Departamento de Transportes dos Estados Unidos (*Department of Transportation*), 212, 233-234
Dependência, 357-359
  reconhecida, 4-6
Depósito(s)
  de fracionamento, 46-48, 229-230, 300
  de matérias-primas e componentes, 293-295
  de produtos acabados, 293-295
  independentes, 18-20, 240-241
  próprios, 19-20, 239-240
  terceirizados, 240-242
Desacoplamento, 162-163
Descontos
  à vista, 86-89
  em dinheiro, 86-89
  nos transportes, 171-173
  pagamento à vista, 26-27, 86-89
  para coleta, 225-226
  quantidade, 86-89, 173-174
Desempenho
  absoluto, 380-381
  benchmarking, 385-387
  como dimensão da qualidade, 103-104
  feedback, 368-369
  fornecedores, 69-72, 96-98
  medição, 9-11
  operacional, 34-35, 65-67
  padrões de, 72-73, 326-327
Desenvolvimento
  da apresentação, 332-333
  de fornecedores, 97-98
  de produtos, 92-94
Design de embalagens, 257-259
Despesas, 31-33, 204
Desregulamentação, 19-22, 205-206, 283-284

Desvinculação, 87-89, 223-224, 294-295
Desvio Absoluto Médio (DAM), 155-156
Desvio-padrão, 176-178
Detention (Retenção), 201-202
DeutschePost, 283-284
Diagrama de serra, 165-166
Diapers.com, 264-266
Dias de suprimento, 379-380, 383-384
Direcionamento, 373
Discrepância na quantidade/variedade/tempo, 61-62
Disponibilidade
  de materiais, 34-35, 63-66, 307-309
  de transportes, 211
  taxa de atendimento e, 375-377
Disponível para promessa (ATP – *Available-to-promise*), 138-139, 300-301
Dispositivo de transferência
  dedicado, 268-269
  não dedicado, 268-269
Dispositivos de separação, 264-265
Distância, 215-216
Distribuição
  de Poisson, 178-179
  direta, 46-48, 51
  flexível, 51
  normal, 176-177
Documentação, 223-224
Documento de transporte combinado, 285-286
Dow Chemical, 279-280, 422-423
Drawback, 285-286
Durabilidade, 104-105
Duração média do ciclo de pedido, 377-378
Dutoviário, 208-211

E
Economia
  da densidade, 216-217
  da distância, 215-216
  de escala, 108-109, 143-145, 276-277, 353-354
  de escopo, 108-110
  do estoque, 300-306
  do peso, 215-217
Efeito portfólio, 310-311
Eficiência, 52-53
Electronic Signatures in Global and National Commerce Act (Lei de Assinaturas Eletrônicas no Comércio Global e Nacional), 203
Eliminação de resíduos, 356-357
Embalagem
  caixas principais, 40-41, 254-257, 258-263
  como função da logística, 39-41
  conteinerização, 254, 258-260
  danos a produtos, 257-258
  industrial, 254

  minimização do volume ocupado, 257-258
  modular, 254-257
  paletes, 259-261
  para o consumidor, 254
  projeto, 257-259
  proteção de, 256-257
  recipientes flexíveis, 259-261
  recipientes rígidos, 258-260
  regulamentação ambiental, 422-423
  retornável, 258-260
  transferência de informações, 260-262
  unitização, 173-174, 254, 258-261
Embarcador, 201-203
Embarque, 236-238
Empilhadeiras, 262-263
Empresas baseadas na Web, 202-203
Empresas de gerenciamento de paletes, 260-261
Encerramento dos relacionamentos, 369-370
Engenharia
  de processos, 17-18
  de valor, 92-93
Entrega; *Ver também* Transportes
  combinada, 220-221
  direto na loja (DSD), 193-194
  fracionada, 49-50
  no prazo, 377-378
  programada por área, 220-221
  velocidade de, 34-35, 38-39
Entrepostos aduaneiros, 240-241
Envolvimento do fornecedor logo no início do projeto, 92-93
Equipamentos de manuseio, 217-218
Equipes multifuncionais, 95-96
Era da informação, 3-4
Erro percentual absoluto médio (MAPE – *Mean absolute percentage error*), 155-156
Erros na previsão, 154-157
Escalabilidade, 109-110
Especialização
  funcional, 353-355
  geográfica, 162-163, 291-293
  multifuncional, 416-421
Estantes móveis, 263-264
Esteiras rolantes, 263-264
Estética, 104-105
Estimativa de custo/benefício, 323-325
Estocagem; *Ver também* Armazenamento (armazenagem)
  ativa, 238-239
  automatizada, 267-271
  custos de, 168-169
  estendida, 238-240
  planos de, 237-239, 245-246
  sazonal, 233-234, 238-239
  seletiva, 49-50
  vertical elevada, 267-269
Estoque(s)
  acurácia, 249-250

análise de, 345-346
auditoria, 249-250
barreiras à integração dos processos, 353-354
base, 52-53
capacidade para promessa (CTP – *Capable-to-promise*), 138-139
consignado, 160-162
controle de, 185-188
custos, 388-389
custos de manutenção de estoques, 32-33, 85-86, 167-169, 338-340
de linhas completas, 234-235
de produtos em processo, 41-42
de segurança, 52-53, 164-165, 178-182, 300-301, 303-305, 310-313
desdobramento (*deployment*) de, 129-130
dias de suprimento, 379-380, 383-384
disponibilidade de, 63-66
disponível para promessa (ATP – *Available-to-promise*), 138-139, 300-301
efeito portfólio, 310-311
em trânsito, 164-165, 200-201, 300-305
faltas de, 64-65, 85-86, 174-177
fluxo de, 41—44
funções de, 162-163
gerenciado pelos fornecedores, 193-194
giro de, 26-27, 36-37, 165-166, 378-379, 393-395
indicadores de desempenho, 163-165
Just-in-case, 166-167
médio, 164-167
minimização do tempo de permanência, 26-28, 51, 383-384
níveis de serviço, 163-165
ponto de reposição, 165-166, 168-170
primeiro que entra, primeiro que sai (PEPS) (FIFO – *First-in, first-out*), 265-266
reabastecimento rápido, 295-296
redução de, 44-45, 393-395
riscos, 160-162
seletivo, 49-50
sistemas puxados, 187-188
taxa de atendimento, 64-65, 180-185
técnicas analíticas, 340-342
Estoque gerenciado pelo fornecedor (VMI – *Vendor-managed inventory*), 193-194
Estoque obsoleto, 164-165
especulativo, 164-165
Estoque ocasional, 234-235

técnicas de simulação, 341-343
Estrados, 259-261
Estratégia transnacional, 279-280
Estratégias empresariais baseadas na resposta, 294-295
Estrutura
colaborativa da cadeia de suprimentos, 362-367
de informações, 353-354
escalonada, 46-48, 51
Ethan Allen, 62-63
Ética, 281-283, 413-415
Exceções operacionais, 9-11
Exigências sazonais de estoque, 163-164
Expansão, 243-244
Expectativa de vida de um produto, 104-105
Expectativas do cliente, 69-72
Experiência e credibilidade, 418-421
Exportação, 287-288
Extensão empresarial, 18-19, 358-359

F
FOB, 172-173, 223-224
Fábrica dentro da fábrica, 120-121
Fábrica focada, 120-121
Falhas, 34-35
Falsificação, 407-409
FAST – *Free and Secure Trade* (Comércio Livre e Seguro), 411-412
Fator alfa, 152-153
Fatores de mercado, 217-218
Fatura comercial, 285-286
Federal Express, 70-72, 73-75, 207-212, 283-284
Feedback sobre desempenho, 368-369
Fidelidade, cliente, 74-75
Fisher-Price, 90-91
Fishyback, 212-215
Flexibilidade, 34-35, 66-67, 291
Fluxo
de atendimento do mercado, 363-365
de caixa, 363-364
de informações, 43-44, 363-364
de produtos/serviços, 362-365
via *cross-docking*, 49-50
Fluxos da cadeia de suprimentos, 362-365
Foco fecha-circuito, 294-295
Fonte única, 91-92
Food and Drug Administration (FDA), 233-234
Força da marca, 107-109, 362-363
Formação de preços
a partir de um ponto (local) base, 224-226
descontos, 26-27, 86-89, 173-174
descontos para coleta, 225-226
desvinculação de preço, 94-95, 223-224, 294-295

na entrega, 224-226
por zona única, 224-225
por zonas múltiplas, 224-225
preço líquido, 26-27
preços FOB, 223-224
sobretarifas, 280-283
transportes, 212-213, 218-219
Fornecedor(es)
aceitáveis, 97-98
auditorias de, 95-96
avaliação de, 95-99
certificação de, 91-92, 97-98
consistência de, 65-66
de países de baixo custo, 286-289
de primeira camada, 230-232
desempenho, 69-72, 96-98
desenvolvimento de, 86-87, 96-97
envolvimento inicial com, 92-93
escolha de, 95-99
fonte única, 91-92
preferidos, 97-98
principal, 230-232
redução no número de, 91-92, 94-95, 294-295
Fornecimento; *Ver também* Suprimentos
de fonte única, 91-92
internacional, 286-289
Fornecimento global, 286-289; *Ver também* Globalização
Free on board, 172-173, 223-224
Frequência, 211
Frete ABF, 207-208
Frete fantasma, 225-226
Funcionalidade básica, 246-249
Funções avançadas, 246-249

G
Gama, 109-110
"Gargalos", 109-110
Genco, 264-265
General Mills, 294-295
General Motors, 85-86, 292-293
Generalização, 343-344
Gerber Baby Foods, 230-232, 257-258
Gerenciamento
de ativos, 378-380
de capacidade, 141-143
de devoluções, 233-234
de recursos, 137-138, 145-146
de valor, 92-94
operacional, 218-220
Gestão da cadeia de suprimentos; *Ver também* Relacionamentos colaborativos
carreira, 418-421
definição, 3-4
especialização necessária, 416-421
estrutura de, 7-8
papel da, 400-403
retenção de talentos, 416-420
Gestão
da demanda, 126-20329, 136-138

de ativos, 378-380
de categorias, 80-82
de reclamações, 222-223
de recursos, 137-138, 145-146
de resíduos, 208-209
de riscos; *Ver* Gestão de riscos
de suprimentos, 42-43
de talentos, 416-420
externa, 416-417
integrada, 5-7
interna, 415-416
operacional, 218-220
Gestão da Qualidade Total (GQT), 45-46, 67-68, 105-108
Gestão de estoques
alocação proporcional, 189-191
análise contínua, 185-187
análise de rentabilidade da linha de produtos, 38-39
análise periódica, 186-188
centralização, 47-48, 163-164
classificação ABC, 195-197
classificação de produto/mercado, 195-197
código de barras e leitura, 261-262
contagem cíclica, 249-250
DRP, 190-194
estratégias de, 36-39, 196-198
incerteza da demanda, 174-179
incerteza do ciclo de atividades, 54-55, 174-176, 178-180
métodos reativos, 187-189
minimizando o investimento, 85-86
planejamento das necessidades, 145-146, 184-185, 190-194
políticas para, 184-195, 196-197
quando pedir, 168-170
quanto pedir, 169-174
reabastecimento colaborativo de estoque, 193-195
regra dos 80/20, 36-37, 78-79, 93-94, 195-196
RFID, 236-237, 261-262, 269-272, 422-423
Gestão de relacionamentos; *Ver também* Relacionamentos colaborativos
agregação funcional, 350-353
alianças, 143-144, 286-287, 358-359, 366-368
CRM, 12-15, 42-44, 80-82
implementando relacionamentos, 367-368
iniciando relacionamentos, 366-368
mantendo relacionamentos, 368-370
terminando relacionamentos, 369-370
Gestão de riscos
avaliação de, 331-333
complexidade de produtos, 402-404

níveis de, 361-362
regulatório, 405-406
segurança, 406-412
Gestão do relacionamento com os clientes (CRM – Customer relationship management), 12-15, 42-44, 80-82
Gillette Group, 387-388
Giro de ativos, 393-395
Giro de estoque, 26-27, 36-37, 165-166, 378-379, 393-395
Global Standards for Supply Chain Security (Padrões Globais para a Segurança na Cadeia de Suprimentos), 411-412
Globalização
alianças, 286-287
atrasos, 281-284
ciclos de atividades, 281-284
considerações operacionais, 284-286
custos, 28-29, 277-279
desafios da, 277-279, 287-289
documentação necessária, 285-286
drawback, 285-286
estratégias de, 277-283
fornecimento, 286-289
integração dos sistemas de informação, 285-286
justificativa para, 27-29, 276-277
leis de nacionalização de componentes, 280-283
NAFTA, 207-209
negócios à base de troca, 285-286
políticas fiscais, 313-314
prazo de entrega, 281-284, 287-288
presença local, 229-230, 280-281, 292-294
problemas de idioma, 284-285
questões de exportação/importação, 287-288
questões de segurança, 406-412
transportes, 283-285
versus operações domésticas, 281-287
Governo, transportes e, 202-203
GQT, 45-46, 67-68, 105-108
Grande barreira, 354-356
Green Mountain Coffee Roasters, 369-370
Grocery Manufacturers of America, 259-260
Grupos de trabalho funcionais, 363-364
Guinness, 387-388

H

H.E. Butt's, 358-359
H.H. Brown Shoe Company, 257-258
Habilidades
funcionais, 417-420
técnicas, 417-420
Hewlett-Packard, 257-258
Hipóteses de negócio, 327-329

Hoechst, 279-280
Home Depot, 241-242, 359-361
Honda, 92-93, 120-121, 230-232
Horas de serviço, (HOS), 221-223

I

IBM, 53-54, 76-78, 279-280, 387-388
ICI, 279-280
Identificação da melhor alternativa, 331-332
Identificação por radiofrequência (RFID – *Radio frequency identification*), 236-237, 261-262, 269-272, 422-423
IKEA, 257-258, 420-422
Implantação de rede, 241-242
Importação, 287-288
Imposto de renda, 406-407
Impostos de valor agregado, 405-407
Incerteza
ciclo de atividades, 54-55, 174-176, 178-180
demanda, 174-179
estimativa da taxa de Atendimento, 180-185
estoque de segurança com incerteza combinada, 178-182
proteção contra, 162-164
reabastecimento em situações de demanda dependente, 184-185
Independent Purchasing Cooperative (IPC), 323-324
Índice de materiais, 292-293
Informação Antecipada de Carga (ACI – *Advance Cargo Information*), 411-412
Informações sobre o país de origem, 409-410
Iniciativas verdes, 420-424
Inovação, fornecedores e, 86-87
Instalações,
"às escuras" (*lights-out facilities*), 267-268
centrais, 49-50
localização de, 40-41, 291-293
Insumos, para o ciclo de atividades, 52-53
Integração
com o cliente, 365-366
com os fornecedores, 365-366
da medição, 366-367
de canais, 5-6
de planejamento e controle, 365-367
interna, 365-366
multifuncional, 353-354
planejamento e controle, 365-367
sistemas de informação, 285-286
vertical da propriedade, 5-6
Integridade dos dados, 139-141
Intercalação de tarefas, 269-271
Intercâmbio eletrônico de dados (EDI – Electronic data interchange), 54, 98-99

Intermediários, 213216
 não operacionais, 213-216
Internalização *versus* terceirização, 89-91
Internet
 atendimento eletrônico (*e-fulfillment*), 271-272
 catálogos eletrônicos, 98-99
 comércio eletrônico, 44-45, 97-99
 conectividade do consumidor, 15-16
 EDI, 54 98-99
 transportes, 202-203

J

J.B. Hunt Transportation Sources, 207-208
JIT II, 100-101
John Deere, 112-113, 359-361, 402-403
Johnson & Johnson, 45-46, 279-280, 294-295, 385-387
Jones Act (Lei Jones), 203
Justificativa para um depósito baseada
 em custo, 299-300
 em serviços, 300-305
Just-in-time (JIT), 85-86, 100-101, 227-228

K

Kane Is Able Inc., 19-20
Kellogg, 53-54, 230-232
Keurig, 369-370
Kimberly-Clark, 291-292, 294-295
Kraft Foods, 241-242, 294-295, 369-370
Kroger, 58-60

L

L.L. Bean, 385-387
Layout de depósitos, 237-239, 244-246
LEC, 87-89, 166-167, 169-174
Lei do Bioterrorismo (Bioterrorism Act), 409-410
Leis de incentivo, 405-406
Leis de nacionalização de componentes, 280-283
Letra de câmbio, 285-286
Levi Strauss, 117-118
Liberação de caixa, 27-28
Liderança, 362-363, 417-420
Limitação de preparações de linhas/setups, 109-110
Limited Logistics Services, 17-18
Linha de produção, 112-113
Linha de transporte, 217-218
Localização
 da demanda, 312-313
 de depósitos, 40-41, 291-293
Lógica
 de apoio, desenvolvimento de, 320-324

de suposições, 326-327
do projeto, 334-341
Logística
 4PL (*Fourth-party logistics*), 19-20
 apoio à manufatura, 42- 43
 arranjos operacionais, 45-49
 baseada na resposta, 219-220
 baseada no desempenho, 101-102
 baseada no tempo, 219-220
 benefícios dos serviços, 32-33-36
 berço ao berço, 45-46
 custos, 28-29, 31-33, 35-36, 277-279, 375-377
 definição, 4-5, 31-32
 despesas, 31-33, 277-279
 distribuição direta, 46-48, 51
 distribuição flexível, 48-51
 fluxo de informações, 43-44
 global; *Ver* Globalização
 objetivos da, 31-32
 objetivos operacionais, 43-46
 operação de *cross-docking*, 27-28, 49-50, 193-194, 230-232, 238-267
 operadores logísticos (3PL – *Third-party logistics*), 19-20, 403-405
 prestadores de serviços integrados (ISP – *Integrated service providers*),18-22, 49-50, 207-208, 225-226, 230-232, 240-242
 processamento de pedidos, 36-38
 projeto da rede de instalações, 40-41
 qualidade do serviço, 34-35
 razões para o mau desempenho, 125-126
 reversa, 15-16, 39-40, 45-46, 200-201, 233-234, 272-273, 423-424
 serviços básicos, 34-35-36
 sistema escalonado, 46-48
 terceirização, *Ver* Terceirização.
Lote Econômico de Compra (LEC), 87-89, 166-167, 169-174
Lowe's, 143-144, 368-370
Lucratividade, 60-61, 79-80

M

Manifesto de carga, 223-224
Manufatura, 42-43
 custos de, 115-117
 enxuta, 100-101, 117-120
 estratégias, 110-117
 flexível, 22-23, 119-121
 força da marca, 107-109, 362-363
 "gargalos", 109-110
 JIT, 85-86, 100-101, 227-228
 JIT II, 100-101
 lean, 100-101, 117-120
 linha de produção, 112-113
 montar sob pedido (ATO – *assemble-to-order*), 100-101, 114-115, 128-129, 295-298

MRP, 121-122, 184-185, 190-194
 perspectivas, 107-111
 prazo de entrega, 110-111, 138-139
 processamento contínuo, 112-113
 processamento em lotes, 112-113
 produção por encomenda, 111-112
 produção sob pedido (MTO – *Make-to-order*), 21-22, 100-101, 113-115, 128-129, 295-296
 produção sob planejamento (MTP – *Make-to-plan*), 114-116, 295-296
 programa mestre de produção, 42-43
 projeto de acordo com o pedido, 113-114
 projeto para logística (*design for logistics*), 122-123
 projeto para manufatura, 121-122
 requisitos de marketing e, 113-114
 restrições, 109-110
 tempo ocioso, 110-111
 terceirização de, 108-109
 variedade, 108-110
 volume, 108-109
Manuseio de materiais
 a granel, 261-262
 ambiente regulatório, 272-273
 armazenamento, 237-239, 245-246
 atendimento eletrônico (*e-fulfillment*), 271-272
 automatizado, 265-271
 código de barras e leitura, 261-262
 como função da logística, 39-41
 de produtos a granel, 261-262
 durante a estocagem, 236-237
 embarque, 236-238
 empilhadeiras, 262-263
 importância de, 39-40
 mecanizado, 261-262, 262-264
 orientados pela informação, 261-263, 269-272
 paletes, 259-261
 preocupações ambientais, 272-273
 princípios de, 235-238, 261-262
 processamento de devoluções, 272-273
 recebimento, 236-237
 RF sem fio, 269-272
 robótica, 264-266
 segurança, 272-273
 semiautomatizado, 263-266
 separação de pedidos, 266-268
 separação sem papel, 263-264
Manutenção preventiva, 47-48
Margem de lucro líquido, 393-395
Marketing
 canais de, 5-6
 de relacionamento, 60-62
 micromarketing, 61-62
 orientado para o cliente, 58-64
 princípios básicos de, 58-61
 transacional, 60-62

Marketing one-to-one, 61-62
Marte, 117-118
Materiais, 42-43
   de acondicionamento, 257-258
   ubíquos, 291-293
Matérias-primas localizadas, 291-293
Matriz portfólio
Mattel, 90-91
Maytag, 103-104
Média, 176-177
Mediana, 176-177
Médias móveis ponderadas, 150-153
Medição da cadeia de suprimentos, 382-385
Medidas de controle, 9-11
Meijer Superstores, 230-232
Meio ambiente; *Ver também* Sustentabilidade
   berço ao berço, 45-46
   conservação, 413-414
   impacto do transporte sobre, 201-202
   manuseio de materiais e, 272-273
   materiais perigosos, 233-234
   normas ISSO I4000, 107-108
   reciclagem, 233-234, 422-424
   redução do uso, 413-414
   regulamentação, 420-424
   suporte ao ciclo de vida, 45-46, 87-89, 294-295
Melhores práticas, 16-17
Melhoria contínua da qualidade, 72-73
Menor custo total do processo, 17-18
Mercados, 202-203
   paralelos, 407-409
Merchandising em massa, 61-62
Método de
   blocos, 260-261
   definição de mercado, 335-336
Minimização
   de peso, 257-258
   do custo de estoque na rede, 304-306
   do custo de transportes na rede, 300-301
   do volume, 257-258
   do volume ocupado, 257-258
   tempo de permanência, 26-28, 51, 383-384
Modal, 203
Modais, de transporte, 18-19
Modelo
   de cadeia de suprimentos, 6-8
   de custo para atender, 35-36
   de negócios, 20-23
   de negócio de base antecipatória (empurrado), 20-22
   de negócios baseado na resposta (puxado), 21-23
   de referência operacional da cadeia de suprimentos, 382-383

Modelo Estratégico de Rentabilidade (SPM – *Strategic Profit Model*), 391-395
Modelo SCOR, 382-383
Modificação de localização, 309-313
Modo de segurança, 58-60
Monitoramento, 373
Montagem, 230-232
Montagem sob pedido (ATO – *assemble-to-order*) baseada no mercado, 295-298
Montagem sob pedido (ATO – *Assemble-to-order*), 100-101, 114-115, 128-129, 295-298
Motor Carrier Regulatory Reform and Modernization Act (Lei da Reforma e Modernização Regulatórias do Transporte Rodoviário), 19-20
Motorola, 121-122
Movimentação de produtos, 200-202
MPS, 42-43
MRP, 121-122, 184-185, 190-194

N
NAFTA, 207-209
National Cooperative Research and Development Act (Lei da Cooperação Nacional em Pesquisa e Desenvolvimento), 17-18
National Transportation Plan (Plano Nacional de Transportes), 212
Navegação de cabotagem, 203
Navio porta-contêiner, 213-215
Negociação, 221-222
Nestlé, 279-280
Nike, 19-20
Níveis de serviço, 163-165, 307-310
Nível de serviço limite, 307-310
Normas ISO, 107-108, 411-412
Nós, 52-53, 333-334
Novartis, 279-280

O
Objetivos, 31-32, 368-369
   compras, 85-90
   declaração de, 324-326
   dos sistemas de medição, 373-375
   estratégicos, 368-369
   operacionais, 368-369
Oferta e demanda, equilibrando, 162-164
OHL, 49-50
Operações empresariais
   compras, 12-13
   desdobramento (*deployment*) do estoque, 129-130
   ERP, 12-15
Operações orientadas pela luz, 269-271, 271-272
Operadores logísticos (3PL – *Third-party logistics*), 19-20, 403-405

Operadores unimodais, 212
Ordem de pagamento, 285-286
Organização
   agregação funcional, 350-353
   barreiras à integração dos processos, 352-355
   de processos, 355-357
   grande barreira, 354-356
   mudança de função para processo, 352-357
Organização Aduaneira Mundial (WCO – World Customs Organization), 411-412
Organização Internacional de Normalização (ISO – *International Organization for Standardization*), 107-108, 411-412
Organização Mundial do Comércio (WTC – *World Trade Organization*), 203, 405-406, 411-412
Organogramas, 350-352
OSHA, 233-234, 272-273
Otimização, 327-328, 334-335
   de recursos, 137-139
   inteira mista, 334-335
   linear, 334-335

P
Padrões
   de desempenho, 72-73, 326-327
   de qualidade, 107-108
   serviço ao cliente, 68-69
Padronização, 254-256
Pagamento à vista, 26-27, 86-89
Paleteiras, 262-263
Paletes, 259-261
Paradigma da especialização de processos, 18-19
Paradigma do compartilhamento de informações, 18-19
Parcerias, 143-144
Partes por milhão, 121-122
Patriot Act (Lei Patriota), 203
Peças de reposição, 49-50
Pedidos
   completos enviados, 64-66
   de reabastecimento, 164-165, 166-167
   perfeitos, 3-4, 67-69, 73-75, 379-381
   processamento de, 36—38
   quantidade e, 87-89, 164-167, 169-172
Pepsi, 285-286, 387-388
Percentual de estoque nas prateleiras, 383-384
Percepção do cliente, 72-73
Perdas e danos, 39-40, 222-223, 250-251, 267-268
Períodos de "congelamento" de programações, 138-139
Peso
   da carga, 215-217

locacional, 292-293
Philips, 279-280
Piggyback, 212-213
Planejamento
    análise de viabilidade, 317-325
    anterior ao pedido, 221-222
    aplicações, 126-130
    cadeia de suprimentos, 125-130
    colaborativo, 144-146
    coleta e análise de dados, 326-332
    da cadeia de suprimentos, 125-130, 138-143
    da produção, 128-129
    de cargas, 219-220
    de recursos, 132-133
    decisões de projeto, 333-335
    definição do problema, 317-327
    do projeto, 324-327
    estratégico, 9-11
    estratégico, 9-11; *Ver também* Planejamento
    lógica do projeto, 334-341
    logístico, 128-130
    metodologia de, 317-318
    necessidades, 145-146, 184-185, 190-194
    planos de negócio, 132-133, 142-143
    pressupostos, 326-329
    produção, 128-129
    projeto, 324-327
    recomendações e implementação, 331-334
    sistemas ERP, 14-16
Planejamento das necessidades, 145-146, 184-185, 190-194
    de vendas, 174-176
    gerenciamento de recursos, 145-146
    séries temporais, 150-154
    técnicas, 149-155
Planejamento de Necessidades de Distribuição (DRP – *Distribution Requirements Planning*), 190-194
Planejamento de Necessidades de Material (MRP – *Materials Requirements Planning*), 121-122, 184-185, 190-194
Planejamento de vendas e operações (S&OP – *sales and operations planning*); *Ver* Planejamento de vendas e operações (S&OP – *Sales and operations planning*)
Planejamento e programação avançados (APS), 129-130, 135-143, 189-190
Planejamento de Recursos Empresariais (ERP – *Enterprise Resource Planning*)
    componentes de, 11-12
    data warehouse, 11-12
    integração e administração, 11-13
    operações empresariais, 12-15
    planejamento e monitoramento, 14-16

    planejamento e programação avançados, 129-130, 135-143, 189-190
    razões para implementar, 11-12, 353-354
    sistemas globais, 285-286
Planejamento de vendas e operações (S&OP – *sales and operations planning*)
    benefícios, 133-135
    chaves para o sucesso, 133-135
    conflitos, 131-132
    definição, 14-15, 130-131
    desdobramento (*deployment*) do estoque, 129-130
    IBP, 141-142
    integração funcional e, 354-355
    necessidades, 130-131
    planejamento das necessidades, 145-146, 184-185, 190-194
    planejamento e programação avançados (APS), 129-130, 135-143, 189-190
    processo, 130-135
    sistemas de informação e, 14-15, 131-132
Planejamento, Previsão e Reabastecimento Colaborativos (CPFR – *Collaborative Planning, Forecasting, and Replenishment*), 142-144
Plano
    de marketing sem restrições, 132-133
    de negócio, 132-133, 142-143
    de trabalho do projeto, 326-327
    de vendas, 132-133
Plano de negócios integrado (IBP – *Integrated Business Planning*), 141-142
Poder, 361-363
Política de estoques, 163-164
Ponte terrestre (land bridge), 213-215
Ponto de reposição, 165-166, 168-170
Portais de negócios, 134-137
Pós-auditoria, 222-223
Posicionamento, 237-238, 244-245
Posicionamento de paletes, 244-245
Postal Accountability and Enhancement Act (Lei de Responsabilidade e Melhoria do Serviço Postal), 212-213
Postponement (Postergação), 22-25, 114-115, 234-236, 284-285
    de armazenagem, 234-236
    de forma, 22-23
    de manufatura, 22-25
    geográfico, 24-26
    logístico, 24-25
Powered Industrial Truck Operators Training (Treinamento para Operadores de Empilhadeiras e Outros Veículos Industriais), 272-273

Prateleiras móveis, 265-266
Práticas
    de contabilidade, 388-390
    de gestão empresarial, 413-414
Prazo de entrega, 110-111, 138-139, 281-284, 287-288
Pré-auditoria, 222-223
Preço(S)
    líquido, 26-27
    na entrega, 224-226
    dos combustíveis, 420-422
Presença local, 229-230, 280-281, 292-294
Preservação, 413-414
Pressupostos, 326-329
    gerenciais, 327-329
    para a análise, 327-329
Prestadores de serviços com base em ativos, 19-20
Prestadores de serviços integrados (ISP – *Integrated service providers*), 18-22, 49-50, 207-208, 225-226, 230-232, 240-242
Previsão
    acurácia da, 154-157
    causal, 153-155
    colaborativa, 144-146
    componentes, 145-148
    CPFR, 142-144
    da demanda, 149-150
    das necessidades do cliente, 36-37
    de vendas, 174-176
    definição, 143-144
    erros, 154-157
    gerenciamento, 148-150
    operacional, 147-148
    por regressão, 153-155
    processo, 147-150
    qualitativa, 150-151
    regressão, 153-155
Primeiro que Entra, Primeiro que Sai (PEPS) (FIFO – *First-In, First-Out*), 265-266
Princípio da atenuação (*tapering*), 215-216, 298-299
Princípio de Pareto, 40-41, 78-79, 93-94, 195-196
Privatização, 283-284
Problemas de idioma no comércio internacional, 284-285
Probótica, 265-266
Processamento
    contínuo, 112-113
    de devoluções, 272-273
    em lotes, 112-113
Procter & Gamble, 61-62, 80-82, 86-87, 358-359, 402-403, 420-422
Produção
    por encomenda, 111-112
    por pedido, 113-114
    sob pedido, 21-22
Produção para estoque (MTS – *Make-to-stock*), 113-114

Produção sob pedido (MTO – *Make-to-order*), 100-101, 113-115, 128-129, 295-296
Produção sob planejamento (MTP – *Make-to-plan*), 114-116, 295-296
Production Amendments of 1993 e 2004 (Emendas de Produção de 1993 e 2004), 17-18
Produtividade, 377-379
Produto, 42-43
Produto Interno Bruto (PIB), 31-33, 277-279
Programa mestre de produção (MPS – *Master production schedule*), 42-43
Programação, 218-220, 332-333, 341-344
  de equipamentos, 218-220
  linear, 334-335, 341-343
  matemática, 137-138
Projeto
  caótico, 271-272
  da rede de instalações, 40-41
  para capacidade de serviço, 121-122
  para montagem, 121-122
  para seis sigma, 121-122
Projeto de rede, 291-316
  avaliação da estratégia, 311-313
  conceito de sistemas, 297-299
  economia de transportes, 298-301
  economia do estoque, 300-306
  formulando a estratégia, 306-313
  integração do custo total, 298-307
  rede de custo total, 305-307
  rede de instalações da empresa, 291-294
  requisitos para depósitos, 293-298
Projeto do sistema
  coleta e análise de dados, 326-332
  decisões de projeto, 333-335
  definição do problema, 317-327
  lógica do projeto, 334-341
  planejamento do projeto, 324-327
  pressupostos, 326-329
Projeto para logística (*Design for logistics*), 122-123
Projeto para manufatura (DFM), 121-122
Proposição de valor logístico, 32-37
Proteção
  contra incertezas, 162-164
  da cadeia de suprimentos, 406-412
  da marca, 407-409
Protiviti, 395-396
Público, como um participante dos transportes, 202-203

Q

Quadro de escolhas do cliente, 22-23
Qualidade
  contínua, 72-73
  custos, 105-107
  defeitos, 3n, 45-46, 67-69, 120-122, 379-381
  dimensões de, 103-107
  GQT, 45-46, 67-68, 105-108
  medição da, 377-378
  normas ISO, 107-108, 411-412
  padrões, 107-108
  percebida, 104-107
  seis sigma, 3-4, 67-68, 120-122
  serviços logísticos, 34-35
Quantidade
  descontos por quantidade, 86-89, 173-174
  discrepância na, 61-62
  princípio da, 298-299
  Resposta rápida (QR), 193-194

R

Racionalização da cadeia de suprimentos, 356-357
Rádio sem fio, 263-265
Rastreamento, 221-222
Raytheon, 75-77
Reabastecimento
  colaborativo de estoque, 193-195
  de estoque, 38-39
  em situações de demanda dependente, 184-185
  por perfis, 193-195
  rápido, 295-296
Recebimento, 236-237
Recibo de conhecimento de frete, 223-224
Reciclagem, 233-234, 422-424
Recipientes
  flexíveis, 259-261
  rígidos, 258-260
Reclamações por sobretarifa, 222-223
Reclamações por subtarifas, 222-223
recomendações e implementação, 331-334
Recuperação de falhas, 66-67
Recursos humanos, 11-13
Rede de instalações da empresa, 291-294
Redirecionamento, 126-128
Redução
  da variação, 44-45
  de resíduos, 413-414; *Ver também* Sustentabilidade
Reebok, 117-118
Regra da raiz quadrada, 310-311
Regra dos 80/20, 36-37, 78-79, 93-94, 195-196
Regressão
  múltipla, 153-154
  simples, 153-154
Regulamentação
  ambiental, 420-424
  desregulamentação, 19-22, 205-206, 283-284
  financeira e tributária, 405-407
  promocional, 405-406
  restritiva, 405-406
  social, 422-423
  transportes, 203
Regulamento de Manifesto Antecipado (AMR – *Advanced Manifest Rule*), 411-412
Relacionamentos administrados, 358-359
Relacionamentos colaborativos; *Ver também* Gestão de Relacionamentos
  Alianças, 143-144, 286-287, 358-359, 366-368
  Compartilhamento de informações, 356-357
  Confiança, 358-361
  Contexto comportamental, 366-367
  Contexto operacional, 364-366
  Dependência e, 357-359
  Eliminação de desperdícios, 356-357
  Liderança, 362-363
  Poder, 361-363
  Risco, 361-362
  Terceirização e, 357-359
Relevância, 52-53
Reliance Network, 203
Remanufatura, 233-234
Renascimento logístico, 4-5, 31-32
Requisitos
  de dados, 343-345
  de dados de projeto, 335-338
  logísticos periódicos, 130-131
Resíduos de Equipamentos Elétricos e Eletrônicos (WEEE – *Wastes of Electric and Electronic Equipments*), 422-423
Resiliência da cadeia de suprimentos, 407-409
Responsabilidade, 217-218
  social da empresa, 413-414; *Ver também* Sustentabilidade
Restrição de uso, 413-414
Restrições
  de capacidade, 109-110, 126-128
  de equipamentos, 109-110
  de preparação de linhas/*setups*, 109-110
  declaração de, 325-327
  teoria das, 109-110
Resultado(s)
  do serviço, 61-64
  do ciclo de atividades, 52-53
Retorno da margem de contribuição sobre investimento em estoques (CMROI – *Contribution margin return on inventory investment*), 394-396
Retorno sobre ativos (ROA – *Return on assets*), 379-380, 392-395
Retorno sobre investimentos (ROI – *Return on investment*), 379-380, 391-393

Retorno sobre o patrimônio líquido (RONW – *Return on net worth*), 392-393
Retorno vazio, 217-218
Revendedores, 233-234
Revolução da cadeia de suprimentos, 4-6
RF sem fio, 269-272
RFID, 236-237, 261-262, 269-272, 422-423
Risco(s)
 desproporcional, 361-362
 de suprimentos, 90-91
ROA, 379-380, 392- 395
Robótica, 264-266
ROI, 379-380, 391-393
RONW, 392-393
Rotatividade de produtos, 237-238
Roteirização, 219-220, 341-344
Roubos, 249-251
 de cargas, 250-251
 em depósitos, 249-251

S
S&OP; *Ver* Planejamento de vendas e operações (S&OP – *sales and operations planning*)
Sacrifício do cliente, 74-75
Sam's Club, 62-63
Sarbanes-Oxley Act (Lei Sarbanes-Oxley), 395-398
Satélites de posicionamento global (GPS), 344-335
Satisfação do cliente
 definição, 68 -72
 fidelidade e, 74-75
 lacunas,71-73
 limitações, 73-75
 medição, 380-382
 modelo de, 69-73
 razões para o fracasso, 70-72
 versus felicidade, 73-75
Schneider National, 207-208
Scorecard
 balanced, 353-354, 374-375
 fornecedor, 96-98
Sears, 17-18
Seattle's Best, 369-370
Securities and Exchange Commission (SEC), 395-396
Segmentação
 de mercados, 60-62
 de requisitos, 94-95
Segurança, 250-252, 272-273
 em depósitos, 249-251
 na cadeia de suprimentos, 406-412
Seis sigma, 3-4, 67-68, 120-122
Separação, 230-232
 de pedidos, 266-268
 discreta, 245-246
 e manuseio durante a estocagem, 236-237
 em lotes, 245-246
 em ondas, 245-249
 por luz (*Pick-to-light*), 263-264, 271-272
 sem papel, 263-264
Serviço ao Cliente
 análise de sensibilidade de serviços, 309-313.
 atributos dos bens
 confiabilidade do serviço, 34-35, 66-68
 definição, 63-64
 desempenho operacional, 34-35, 65-66
 disponibilidade, 34-35, 63-66, 211, 307-309, 375-377
 expectativas crescentes,71-73
 extraordinário, 63-64
 flexibilidade, 34-35, 66-67, 291
 medição, 375-378
 nível de serviço limite, 307-310
 padrões, 68-69
 pedido perfeito, 3, 67-69, 73-75, 379-381
 plataformas de serviços básicos, 68-69
 seleção de estratégias, 78-82
 serviços com valor agregado, 19-20, 76-78, 87-89, 234-236, 246-249, 294-295
 velocidade, 65-66
Serviços, 211
 com valor agregado, 19-20, 76-78, 87-89, 234-236, 246-249, 294-295
 de encomendas via terrestre, 212
 de entrega de encomendas, 212-213
 de Segurança ADT, 97-98
 expressos, 221-222
 logístico básico, 34-35-36
 rodoaéreo, 212-213
 terceirização de, 85-86
Setor ferroviário, 203, 205-207, 212-215
Setup
 externo , 119-121
 interno, 119-121
Simulação, 148-149, 327-328, 333-334, 341-343
 dinâmica, 148-149, 333-334
Sistema(s)
 de apoio à previsão, 148-149
 de formação de preços a partir de um ponto (local) base, 224-226
 de gestão de eventos, 14-16
 de recompensa, 353-354
 de transações, 8-11
 legados, 11-12
 puxados de estoques, 187-188
Sistema de Gerenciamento de Depósitos (WMS – *Warehouse Management System*), 14-15, 245-249-250
Sistema de Gerenciamento de Pátio (YMS – Yard Management System), 14-15, 218-220, 247-250
Sistema de Gerenciamento de Transportes (TMS – *Transportation Management System*), 14-15, 218-219, 246-249, 249-250
Sistema de Planejamento e Programação Avançados (APS – *Advanced Planning and Scheduling*), 129-130, 135-143, 189-190
Sistemas de estocagem e coleta automatizadas (AS/RS – *Automated storage and retrieval systems*), 267-271
Sistemas de informação, 94-95, 202-203
 da cadeia de suprimentos
Sistemas de manuseio
 automatizados, 265-271
 mecanizados, 261-264
 orientados pela informação, 261-263, 269-272
 semiautomatizados, 263-266
Sistemas de medição
 análise de custos e receitas, 387-392
 atendimento ao cliente, 379-382
 avaliação financeira, 387-398
 balanced scorecard, 353-354, 374-375
 benchmarking, 385-387
 cadeia de suprimentos, 382-385
 controle, 373
 desempenho de custos, 375-377
 determinando apropriados, 381-383
 direcionamento, 373
 gerenciamento de ativos, 378-380
 métricas comuns, 374-375
 Modelo Estratégico de Rentabilidade (*Strategic Profit Model*), 391-395
 monitoramento, 373
 objetivos de, 373-375
 perspectivas funcionais, 375-379
 produtividade, 377-379
 qualidade, 377-378
 registro financeiro, 395-398
 satisfação do cliente; *Ver* Satisfação do cliente
 serviço ao cliente, 375-378
 tecnologia da informação e, 385-388
SKU, 145-146
Smart and Secure Tradelanes (SST), 411-412
Snyder Transport, 369-370
Sobretarifas, 280-283
Software como serviço (SaaS), 14-15
Staggers Rail Act (Lei ferroviária Staggers), 19-20, 203
Steel Service Center, 111-112
Suavização, 152-154
 ajustável, 153-154

expandida, 153-154
exponencial, 152-154
Suborno, 281-283
Subway Restaurants, 323-324
Sucesso do cliente, 74-78
Sunny Delight, 390-391
Supply Chain Council, 382-383
Suprimentos; *Ver também* Compras
  a partir de países de baixo custo, 286-289
  análise de gastos, 93-95
  comércio eletrônico, 44-45, 97-99
  compras críticas, 95-96
  compras de rotina, 94-95
  compras para alavancagem, 94-96
  consolidação de volume, 91-95
  contínuo, 85-86
  custo total de propriedade (TCO – *total cost of ownership*), 86-90
  de "gargalos", 94-95
  de pequeno volume, 93-94
  de serviços de logística, 100-102
  definição, 42-44
  envolvimento do fornecedor logo no início do projeto, 92-93
  gerenciamento de valor, 92-94
  importância de, 85-86
  integração operacional, 91-93
  internalização *versus* terceirização, 89-91
  objetivos, 85-90
  papel na gestão da cadeia de suprimentos, 85-90
  segmentação de requisitos, 94-95
Surface Transportation Board (STB) (Conselho de Transportes Terrestres), 203
Sustentabilidade; *Ver também* Ambiente
  cadeia de suprimentos, 313-314
  desempenho, 52-53
  econômica, 415-417
  educacional, 414-416
  ética e, 413-415
  exemplos, 416-425
  gestão de talentos, 416-420
  global, 423-425
  práticas de gestão empresarial, 413-414
  responsabilidade pela, 400-402
Swift Transportation, 207-208

T

Tamanho(s)
  das cargas, 339-340
  do lote, 22-23, 62-63, 87-89, 169-170
  do lote de produção, 173-174
Target, 17-18, 52-53, 61-62, 241-242
Tarifário, 218
Taxa de atendimento
  definição, 375-377
  disponibilidade, 375-377
  estimativa de, 180-185
  por item, 375-377
  por linha, 163-164, 375-377
  por pedido, 163-164, 375-377
  por unidade, 163-164
  por valor, 375-377
  serviço ao cliente e, 64-65
Tarifas mínimas, 212
  de atratividade, 167-168
Técnicas
  analíticas de estoque, 340-342
  de previsão baseadas em séries temporais, 150-154
  de previsão causal, 153-155
  qualitativas de previsão, 150-151
Tecnologia da informação, 3-4, 266-267, 351-352, 353-354, 385-388
Tecnologia de comunicação
  código de barras e leitura, 261-262
  controle administrativo, 9-11
  controle gerencial, 9-11
  CRM e, 80-82
  de atendimento, 2-4
  de equipamento inoperante, 378-379
  de espera como resultado de serviços, 62-63
  de permanência, 26-28, 51, 383-384
  de recuperação, 34-35
  de resposta, 385
  de segurança, 184-185
  definição, 15-16
  desdobramento (*deployment*) do estoque, 129-130
  EDI, 54, 98-99
  ERP; *Ver* Planejamento de Recursos Empresariais (ERP – *Enterprise Resource Planning*)
  importância dos, 8-9
  inoperante, 110-111, 378-379
  Integração empresarial, 11-13
  Internet; *Ver* Internet
  módulos de, 10-16
  níveis de funcionalidade, 8-11
  operacional, 110-111
  operações empresariais, 12-15
  planejamento e monitoramento, 14-16
  RFID, 236-237, 261-262, 269-272, 422-423
  sistema de transações, 8-11
  sistemas de execução, 138-139, 142-143
  sistemas de planejamento, 138-143
  sistemas legados, 11-12
  software como serviço, 14-15
Tempo de Resposta da Cadeia de Suprimentos (SCRT – *Supply Chain Response Time*), 385
Teoria
  da localização, 291-293
  das restrições, 109-110
Terceirização, 357-359
  benefícios da, 403-405
  colaboração e, 357-359
  da manufatura, 108-109
  dos serviços, 85-86
  ISPs e, 18-22
  versus internalização, 89-91
Termos do frete, 223-224
Terrorismo, 203, 407-412
The Gap, 361-362
The Limited, 361-362
TNT, 283-284
Tomada de decisões
  de estoque, 340-343
  de projeto, 333-335
  de transporte, 341-345
Toyota, 402-403
Toys R Us, 7-8
Trabalho básico, 363-364
Trade-offs, 16-17, 298-299, 305-307
Transações independentes, 26-27
Transferência, 236-237
  de informações, 260-262
  Eletrônica de Fundos (TEF), 26-27
Transportadoras, 201-203
Transportadores a cabo (*towlines*), 262-263
Transporte, 200-226; *Ver também* Logística
  administração da movimentação, 219-220
  aéreo, 209-211, 212
  agentes de carga, 202-203, 213-216
  agentes de transporte, 202-203, 215-216
  análise de, 341-345
  aspectos econômicos, 215-219, 298-301
  auditoria, 222-223
  Aviso Antecipado de Embarque, 219-220, 222-223
  cabotagem e acordos bilaterais, 203, 283-285
  características operacionais, 211
  classificação dos modais, 211
  conhecimento de embarque, 67-68, 223-, 285-286
  consistência, 39-40
  controle, 221-223
  custos, 38-39, 44-45, 217-218, 420-422
  de materiais perigosos, 233-234
  de pequenos volumes, 212
  demurrage (sobre-estadia), 201-202
  descontos, 171-173
  despesas, 204
  desregulamentação, 19-22, 205-206, 283-284
  documentação, 223-224
  dutoviário, 208-211
  ferroviário, 203, 205-207, 212-215
  formação de preços, 212-213, 218-219, 223-226

funcionalidade, 200-202
gerenciamento operacional, 218-220
gestão de reclamações, 222-223
global, 283-285
hidroferroviário (*trainship*), 212-215
hidroviário, 203, 208-209
importância de, 200-201
intermediários não operacionais, 213216
intermodal, 212-215, 283-284
meio ambiente, 201-202
negociação, 221-222
operadores unimodais, 212
participantes, 201-203
piggyback, 212-213
planejamento de cargas, 219-220
privatização, 283-284
problemas com infraestrutura, 211-212
programação de equipamentos e gerenciamento de pátio, 218-220
regulamentação, 203
requisitos, 38-40
rodoviário, 206-209, 212-215
roteirização, 219-220, 341-344
segurança, 213-215
serviço de encomendas via terrestre, 212
serviços expressos, 221-222
serviços prestados, 200-202
tamanho do pedido de compra, 171-173
tarifas e classificação, 218-219
terceirizado, 18-20, 207-208
velocidade, 38-40, 211
Treinamento, 141-142
Trens dedicados, 205-206
Três sigma, 121-122
Tributação, 167-168, 405-407
Tyco International, 97-98, 101-102

U

U.S. Department of Defense, 101-102

Unidade de estocagem (SKU – *stockkeeping unit*), 145-146
Unidade(s)
 de negócios interdependentes, 26-27
 de tempo, 191-193
Uniform Freight Classification (Classificação Uniforme de Frete), 218
Unilever, 78-79
United Parcel Air, 209-211
United Parcel Service, 19-20, 73-75, 205-206, 208-209, 212, 212, 224-225, 246-249, 264-265, 283-284
United States Postal Service (correios norte-americanos), 212-213, 224-225
Unitização, 173-174, 254, 258-261
USA Patriot Act, 203
Usuário final organizacional, 58-60
Utilidade, 60-61
 da forma, 60-61
 de localização, 60-61
 de posse, 60-61
 de recursos, 126-128
 do espaço, 257-258
Utilização, 126-128, 257-258

V

Vagão plataforma com empilhamento duplo de contêineres, 205-207
Vagões
 articulados, 205-207
 com três andares para automóveis, 205-206
 especiais para eletrodomésticos, 205-206
Validação base, 329-331
Valor, 5-7, 32-33
 de mercado, 5-7
 econômico, 5-7
 para o acionista, 374-375

relevante, 6-7
Variedade, 108-110
 de produtos como resultado de serviços, 62-64
 e opção convenientes de produtos/serviços, 5-6
 e opções de escolha de produtos/serviços, 5-6
 discrepância na, 61-62
Veículos de reboque, 262-264
Veículos guiados automaticamente (AGV – *Automated guided vehicles*), 263-265
Velocidade
 de entrega, 34-35, 38-39
 de serviço, 65-66
 do produto, 237-238
 do transporte, 38-39-40, 211
 tempo de atendimento, 2-4
Visibilidade da cadeia de suprimentos, 14-15, 125-126
Volume
 consolidação de, 91-92, 94-95
 da carga, 215-217
 manufatura, 108-109
 tarifas de transporte e, 171-173

W

Walmart, 17-18, 52-53, 61-62, 80-82, 145-146, 193-194, 358-359, 422-423
Werner Express, 207-208
Whirlpool, 143-144, 235-236, 368-370, 422-423
Wi-fi, 269-272

Y

YRC National Com-Way Freight, 207-208

Z

Zero defeito, 3-4, 45-46, 67-69, 379-381

IMPRESSÃO:
Pallotti
Santa Maria - RS - Fone/Fax: (55) 3220.4500
www.pallotti.com.br